OR
Schweizerisches Obligationenrecht

Vollständige Ausgabe des Gesetzes samt einschlägigen Nebengesetzen und Verordnungen nach neuestem Stand. Mit Verweisungen, Anmerkungen und Hinweisen auf die Rechtsprechung des Bundesgerichts, mit Sachregister. Herausgegeben von Dr. iur. Heinz Aeppli, Zürich.

30., überarbeitete Auflage
der von Dr. iur. W. Stauffacher
begründeten Ausgabe.

Dreißigste, überarbeitete Auflage
© Orell Füssli Verlag Zürich 1992
Satz und Druck:
Orell Füssli Graphische Betriebe AG Zürich
Einband: Eibert AG, Eschenbach
Printed in Switzerland
ISBN 3 280 02156 1

Aus dem Vorwort zur 1. und 2. Auflage

Am 1. Juli 1937 tritt das Gesetz in Kraft, das von der Redaktionskommission der letzte Baustein zum schweizerischen Zivilgesetzbuch genannt wird; es enthält die Titel 24 bis 33 des Obligationenrechts, das seinerseits den fünften Teil des Zivilgesetzbuches bildet. Das alte Obligationenrecht, vom 14. Juni 1881, war, nach Revision der übrigen Titel, am 1. Januar 1912, mit dem Zivilgesetzbuch neu in Kraft getreten. Die Revision der Titel 24 bis 33, also in der Hauptsache des Gesellschaftsrechtes und des Handelsregisters, wurde durch einen Entwurf von Prof. Eugen Huber, dem Schöpfer des Zivilgesetzbuches, in Angriff genommen. Dieser Entwurf lag im März 1920 vor; er enthielt als neue Gesellschaftsform die «Gelegenheitsgesellschaft», welche, zusammen mit der Kollektiv- und der Kommanditgesellschaft, die «Handelsgesellschaften ohne Persönlichkeit» bildete. Den übrigen Gesellschaftsformen, der Aktien-, der Kommanditaktiengesellschaft und der Genossenschaft, den «Handelsgesellschaften mit Persönlichkeit», gingen gemeinsame Bestimmungen voraus. In einem Anhang war, inoffiziell, die Gesellschaft mit beschränkter Haftung aufgenommen. Einen Abschnitt der «Wertpapiere» bildete die Gläubigergemeinschaft bei Anleihensobligationen, die, 1918 als bundesrätliche Notverordnung erlassen, eine dauernde Rechtseinrichtung werden sollte. Zum Wechselrecht war die Wechselordnung nach dem internationalen Abkommen vom 23. Juli 1912, mit Abänderungen und Ergänzungen, erklärt. Prof. Eugen Huber mußte das Werk bald aus den Händen legen; er starb am 24. April 1923.

Die nächste Etappe des Revisionswerkes war ein Entwurf von alt Bundesrat Dr. A. Hoffmann vom Dezember 1923; nach Bearbeitung durch eine große Expertenkommission – und nach dem Ableben von Dr. Hoffmann – unterbreitete der Bundesrat der Bundesversammlung den Gesetzesentwurf über die Revision der Titel 24 bis 33 mit Botschaft vom 21. Februar 1928. Die Gelegenheitsgesellschaft war gestrichen, dagegen die Gesellschaft mit beschränkter Haftung endgültig aufgenommen. Die Trennung in Handelsgesellschaften mit und ohne juristische Persönlichkeit war fallengelassen; es sollte keine Stellung genommen werden zur Frage, ob die Kollektiv- sowie die Kommanditgesellschaft die juristische Persönlichkeit besitzen, und die Genossenschaft sollte nicht als Handelsgesellschaft behandelt werden. Die Haager Wechselordnung vom 23. Juli 1912 blieb die Grundlage des Wechselrechtes.

Das Genfer Abkommen vom 7. Juni 1930/19. März 1931 zur Vereinheitlichung des Wechsel- und Checkrechts hatte Änderungen des Entwurfs zur Folge, welche mit der bundesrätlichen Nachtragsbotschaft vom 12. Februar 1932 vorgelegt wurden.

Die eidgenössischen Räte beschäftigten sich mit diesen letzten Entwürfen in den Jahren 1931 bis 1936; die stenographischen Verhandlungsberichte liegen in einer Separatausgabe vor. Den Abschluß des Werkes bildet der Präsidialbericht der von der Bundesversammlung bestellten Redaktionskommission vom 8. Dezember 1936.

Dieser Ausgabe sind die Einführungsartikel des Zivilgesetzbuches vorangestellt, die auch das Obligationenrecht beherrschen. Mit den Anmerkungen sollen die vielverzweigten Zusammenhänge übersichtlicher gemacht werden, und sie verweisen auf einige grundlegende Entscheidungen des Bundesgerichts, wie sie auch der berücksichtigen kann, der nicht in die Einzelheiten eines Kommentars eingehen will. Die Randtitel, die Bestandteil des Gesetzes bilden, sind aus Gründen der Übersichtlichkeit in den Text gesetzt.

Zürich, im März/August 1937

Dr. Stauffacher

Aus dem Vorwort zur 18. Auflage

Nachdem der verdienstvolle Begründer und bisherige Herausgeber dieser Gesetzesausgabe, Dr. W. Stauffacher, leider am 17. Oktober 1967 verstorben war, übertrug die Verlagsleitung mir die ehrenvolle Aufgabe, die Edition fortzuführen. Ich werde mich bemühen, dies weiterhin im Sinne Dr. Stauffachers zu tun, also eine wissenschaftlich einwandfreie, für den praktischen Gebrauch bestimmte Taschenausgabe der einschlägigen Rechtsquellen vorzulegen.

Zürich, im März 1969

Dr. Heinz Aeppli

Vorwort zur 20. Auflage

Die umfassende Revision des Arbeitsvertragsrechts brachte gegenüber der letzten Auflage zahlreiche Textänderungen mit sich, die auch beim Sachregister zu berücksichtigen waren. Aufgehoben wurden dadurch die bisherigen Anhänge II (Kündigung bei Militärdienst) und VIII (Anstellung der Handelsreisenden). An ihrer Stelle haben wir neu den bedeutsamen Bundesbeschluß gegen Mißbräuche im Mietwesen (samt dazugehörender Verordnung) aufgenommen. Verschiedene Änderungen erfuhr auch die Handelsregisterverordnung. Die Präjudizien des Bundesgerichts wurden nachgetragen.

Zürich, 20. Oktober 1972

Dr. Heinz Aeppli

Vorwort zur 30. Auflage

Endlich hat unser Parlament das neue Aktienrecht unter Dach gebracht. Zwar läuft dabei gegenwärtig noch die Frist für ein Referendum. Aber allem Anschein nach wird es nicht ergriffen werden, so daß wir den neuen Text (Art. 620 ff. und Anhang VIIa; Inkrafttreten vermutlich 1. Juli 1992) aufgenommen haben. Hingegen ist das Referendum gegen das neue BG über das bäuerliche Bodenrecht (BGBB) und das damit verbundene BG über die Teilrevision des ZGB und des OR vom 4. Oktober 1991 eingeleitet worden, so daß hier die Rechtslage noch unsicher ist. Wir haben daher die dadurch möglichen Änderungen von OR Art. 216 ff. und LPG als Eventualtexte aufgenommen.

Definitiv geworden sind hingegen die neuen Art. 6a und 40a ff. (Widerrufsrecht bei Haustürgeschäften usw.). Wieweit im übrigen ein Beitritt der Schweiz zum EWR (Volksabstimmung wohl im Lauf von 1992) Gesetzesänderungen mit sich brächte, ist heute noch nicht abzusehen.

Das Sachregister ist à jour gebracht, die präjudiziellen Bundesgerichtsentscheide sind bis BGE 117 II 111 nachgetragen worden.

Zürich, 1. Januar 1992

Dr. Heinz Aeppli

Abkürzungen

Die bloßen Ziffern der Anmerkungen bedeuten Artikel des Obligationenrechts

AS:	Amtliche Sammlung der eidgenössischen Gesetze und Verordnungen seit 1948
BG:	Bundesgesetz
BGE:	Entscheidungen des schweizerischen Bundesgerichtes, amtliche Sammlung
BRB:	Bundesratsbeschluß
BS:	Bereinigte Sammlung der Bundesgesetze und Verordnungen 1848–1947
BV:	Bundesverfassung vom 29. Mai 1874, SR 101
ArbG:	BG über die Arbeit in Industrie, Gewerbe und Handel vom 13. März 1964, SR 822.11
BankG:	BG über die Banken und Sparkassen vom 8. November 1934, SR 952.0
Bo:	Botschaft (Bericht) des Bundesrates zur Revision 1920, 1928, 1932
EHG:	BG betr. die Haftpflicht der Eisenbahn- und Dampfschiffunternehmungen vom 28. März 1905, SR 221.112.742
ETranspG:	BG über den Transport auf Eisenbahnen und Schiffen vom 11. März 1948, SR 742.40
ElektrG:	BG betr. die elektrischen Schwach- und Starkstromanlagen vom 24. Juni 1902, SR 734.0
HandelsrG:	BG über die Handelreisenden vom 4. Oktober 1930, SR 943.1
IPRG:	BG über das Internationale Privatrecht, SR 291
JagdG:	BG über die Jagd und den Schutz wildlebender Säugetiere und Vögel vom 20. Juni 1986, SR 922.0
KUVG:	BG über die Kranken- und Unfallversicherung vom 13. Juni 1911, SR 832.01

LPG:	BG über die landwirtschaftliche Pacht. Anh. X
LuftfahrtG:	BG über die Luftfahrt vom 21. Dezember 1948, SR 748.0
MMG:	BG betr. die gewerblichen Muster und Modelle vom 30. März 1900, SR 232.11
MSchG:	BG betr. den Schutz der Fabrik- und Handelsmarken, der Herkunftsbezeichnung von Waren und der gewerblichen Auszeichnungen vom 26. September 1890, SR 232.11
PatG:	BG betr. die Erfindungspatente vom 25. Juni 1954, SR 232.14
PostVG:	BG betr. den Postverkehr vom 5. April 1910, SR 783.0
SchKG:	BG über Schuldbetreibung und Konkurs vom 11. April 1889, SR 281.1
SchUeB:	Schluß- und Übergangsbestimmungen
SR:	Systematische Sammlung des Bundesrechts
StGB:	Schweizerisches Strafgesetzbuch vom 21. Dezember 1937, SR 311.0
SVG:	BG über den Straßenverkehr vom 19. Dezember 1958, SR 741.01
URG:	BG betr. das Urheberrecht an Werken der Literatur und Kunst vom 7. Dezember 1922, SR 231.1
VVG:	BG über den Versicherungsvertrag vom 2. April 1908, SR 221.229.1
VZG:	Verordnung des Bundesgerichtes über die Zwangsverwertung von Grundstücken vom 23. April 1920, SR 281.42
VerantwG:	BG über die Verantwortlichkeit des Bundes sowie seiner Behördemitglieder und Beamten vom 14. März 1958, SR 170.32
ZGB:	Schweizerisches Zivilgesetzbuch vom 10. Dezember 1907, SR 210

Inhaltsverzeichnis

Erste Abteilung
Allgemeine Bestimmungen

1. Titel Die Entstehung der Obligationen

1. Abschnitt. Die Entstehung durch Vertrag

	Artikel
A. Abschluß des Vertrages	
I. Übereinstimmende Willensäußerung	*1–2*
II. Antrag und Annahme	*3–9*
III. Beginn der Wirkungen eines unter Abwesenden geschlossenen Vertrages	*10*
B. Form der Verträge	
I. Erfordernis und Bedeutung im allgemeinen	*11*
II. Schriftlichkeit	*12–16*
C. Verpflichtungsgrund	*17*
D. Auslegung der Verträge, Simulation	*18*
E. Inhalt des Vertrages	
I. Bestimmungen des Inhaltes	*19*
II. Nichtigkeit	*20*
III. Übervorteilung	*21*
IV. Vorvertrag	*22*
F. Mängel des Vertragsabschlusses	
I. Irrtum	*23–27*
II. Absichtliche Täuschung	*28*
III. Furchterregung	*29–30*
IV. Aufhebung des Mangels durch Genehmigung des Vertrages	*31*
G. Stellvertretung	
I. Mit Ermächtigung	*32–37*
II. Ohne Ermächtigung	*38–39*
III. Vorbehalt besonderer Vorschriften	*40*
H. Widerrufsrecht bei Haustürgeschäften und ähnlichen Verträgen	
I. Geltungsbereich	*40a*
II. Grundsatz	*40b*
III. Ausnahmen	*40c*
IV. Orientierungspflicht des Anbieters	*40d*
V. Widerruf	*40e/f*
VI. Gerichtsstand	*40g*

Schweizerisches Obligationenrecht

2. Abschnitt. Die Entstehung durch unerlaubte Handlungen

A. Haftung im allgemeinen   Artikel

    I. Voraussetzungen der Haftung *41*
   II. Festsetzung des Schadens *42*
  III. Bestimmung des Ersatzes *43*
  IV. Herabsetzungsgründe   *44*
   V. Besondere Fälle *45–49*
  VI. Haftung mehrerer *50–51*
 VII. Haftung bei Notwehr, Notstand und Selbsthilfe *52*
VIII. Verhältnis zum Strafrecht *53*

B. Haftung urteilsunfähiger Personen *54*

C. Haftung des Geschäftsherrn *55*

D. Haftung für Tiere

    I. Ersatzpflicht *56*
   II. Pfändung des Tieres *57*

E. Haftung des Werkeigentümers

    I. Ersatzpflicht *58*
   II. Sichernde Maßregeln *59*

F. Verjährung *60*

G. Verantwortlichkeit öffentlicher Beamter und Angestellter *61*

3. Abschnitt. Die Entstehung aus ungerechtfertigter Bereicherung

A. Voraussetzung

    I. Im allgemeinen *62*
   II. Zahlung einer Nichtschuld *63*

B. Umfang der Rückerstattung

    I. Pflicht des Bereicherten *64*
   II. Ansprüche aus Verwendungen *65*

C. Ausschluß der Rückforderung *66*

D. Verjährung *67*

2. Titel **Die Wirkung der Obligationen**

1. Abschnitt. Die Erfüllung der Obligationen

A. Allgemeine Grundsätze

    I. Persönliche Leistung *68*
   II. Gegenstand der Erfüllung *69–73*

Systematisches Register

	Artikel
B. Ort der Erfüllung	74

C. Zeit der Erfüllung

I. Unbefristete Verbindlichkeit	75
II. Befristete Verbindlichkeit	76–78
III. Erfüllung der Geschäftszeit	79
IV. Fristverlängerung	80
V. Vorzeitige Erfüllung	81
VI. Bei zweiseitigen Verträgen	82–83

D. Zahlung

I. Landesmünze	84
II. Anrechnung	85–87
III. Quittung und Rückgabe des Schuldscheins	88–90

E. Verzug des Gläubigers

I. Voraussetzung	91
II. Wirkung	92–95

F. Andere Verhinderung der Erfüllung	96

2. Abschnitt. Die Folgen der Nichterfüllung

A. Ausbleiben der Erfüllung

I. Ersatzpflicht des Schuldners	97–98
II. Maß der Haftung und Umfang des Schadenersatzes	99–101

B. Verzug des Schuldners

I. Voraussetzung	102
II. Wirkung	103–109

3. Abschnitt. Beziehungen zu dritten Personen

A. Eintritt eines Dritten	110
B. Vertrag zu Lasten eines Dritten	111

C. Vertrag zugunsten eines Dritten

I. Im allgemeinen	112
II. Bei Haftpflichtversicherung	113

3. Titel **Das Erlöschen der Obligationen**

A. Erlöschen der Nebenrechte	114
B. Aufhebung durch Übereinkunft	115

Schweizerisches Obligationenrecht

C. Neuerung Artikel
    I. Im allgemeinen *116*
    II. Beim Konto-Korrent-Verhältnis *117*

D. Vereinigung *118*

E. Unmöglichwerden einer Leistung *119*

F. Verrechnung
    I. Voraussetzung *120–123*
    II. Wirkung der Verrechnung *124*
    III. Fälle der Ausschließung *125*
    IV. Verzicht *126*

G. Verjährung
    I. Fristen *127–132*
    II. Wirkung auf Nebenansprüche *133*
    III. Hinderung und Stillstand der Verjährung *134*
    IV. Unterbrechung der Verjährung *135–138*
    V. Nachfrist bei Rückweisung der Klage *139*
    VI. Verjährung bei Fahrnispfandrecht *140*
    VII. Verzicht auf die Verjährung *141*
    VIII. Geltendmachung *142*

4. Titel **Besondere Verhältnisse bei Obligationen**

1. Abschnitt. Die Solidarität

A. Solidarschuld
    I. Entstehung *143*
    II. Verhältnis zwischen Gläubiger und Schuldner *144–147*
    III. Verhältnis unter den Solidarschuldnern *148–149*

B. Solidarforderung *150*

2. Abschnitt. Die Bedingungen

A. Aufschiebende Bedingung
    I. Im allgemeinen *151*
    II. Zustand bei schwebender Bedingung *152*
    III. Nutzen in der Zwischenzeit *153*

B. Auflösende Bedingung *154*

C. Gemeinsame Vorschriften
    I. Erfüllung der Bedingung *155*
    II. Verhinderung wider Treu und Glauben *156*
    III. Unzulässige Bedingungen *157*

Systematisches Register

	3. Abschnitt. Haft- und Reugeld. Lohnabzüge. Konventionalstrafe	Artikel
A.	Haft- und Reugeld	*158*
B.	(aufgehoben)	*159*
C.	Konventionalstrafe	
	I. Recht des Gläubigers	*160–162*
	II. Höhe, Ungültigkeit und Herabsetzung der Strafe	*163*

5. Titel **Die Abtretung von Forderungen und die Schuldübernahme**

A. Abtretung von Forderungen
   - I. Erfordernisse *164–166*
   - II. Wirkung der Abtretung *167–173*
   - III. Besondere Bestimmungen *174*

B. Schuldübernahme
   - I. Schuldner und Schuldübernehmer *175*
   - II. Vertrag mit dem Gläubiger *176–177*
   - III. Wirkung des Schuldnerwechsels *178–179*
   - IV. Dahinfallen des Schuldübernahmevertrages *180*
   - V. Übernahme eines Vermögens oder eines Geschäftes *181*
   - VI. Vereinigung und Umwandlung von Geschäften *182*
   - VII. Erbteilung und Grundstückkauf *183*

Zweite Abteilung

Die einzelnen Vertragsverhältnisse

6. Titel **Kauf und Tausch**

1. Abschnitt. Allgemeine Bestimmungen

A. Rechte und Pflichten im allgemeinen *184*

B. Nutzen und Gefahr *185*

C. Vorbehalt der kantonalen Gesetzgebung *186*

2. Abschnitt. Der Fahrniskauf

A. Gegenstand *187*

B. Verpflichtungen des Verkäufers
   - I. Übergabe *188–191*
   - II. Gewährleistung des veräußerten Rechtes *192–196*
   - III. Gewährleistung wegen Mängel der Kaufsache *197–210*

Schweizerisches Obligationenrecht

C. Verpflichtungen des Käufers — Artikel
    I. Zahlung des Preises und Annahme der Kaufsache *211*
    II. Bestimmung des Kaufpreises *212*
    III. Fälligkeit und Verzinsung des Kaufpreises *213*
    IV. Verzug des Käufers *214–215*

3. Abschnitt. Der Grundstückkauf

A. Formvorschriften *216*

B. Bedingter Kauf und Eigentumsvorbehalt *217*

C. Veräußerung von Grundstücken *218*

D. Gewährleistung *219*

E. Nutzen und Gefahr *220*

F. Verweisung auf den Fahrniskauf *221*

4. Abschnitt. Besondere Arten des Kaufes

A. Kauf nach Muster *222*

B. Kauf auf Probe oder auf Besicht
    I. Bedeutung *223*
    II. Prüfung beim Verkäufer *224*
    III. Prüfung beim Käufer *225*

C. Abzahlungsgeschäfte
    I. Der Abzahlungsvertrag *226a–m*
    II. Der Vorauszahlungsvertrag *227a–i*
    III. Gemeinsame Bestimmungen *228*

D. Versteigerung
    I. Abschluß des Kaufes *229*
    II. Anfechtung *230*
    III. Gebundenheit des Bietenden *231–232*
    IV. Barzahlung *233*
    V. Gewährleistung *234*
    VI. Eigentumsübergang *235*
    VII. Kantonale Vorschriften *236*

5. Abschnitt. Der Tauschvertrag

A. Verweisung auf den Kauf *237*

B. Gewährleistung *238*

Systematisches Register

7. Titel **Die Schenkung**

	Artikel
A. Inhalt der Schenkung	239
B. Persönliche Fähigkeit	
I. Des Schenkers	240
II. Des Beschenkten	241
C. Errichtung der Schenkung	
I. Schenkung von Hand zu Hand	242
II. Schenkungsversprechen	243
III. Bedeutung der Annahme	244
D. Bedingungen und Auflagen	
I. Im allgemeinen	245
II. Vollziehung der Auflagen	246
III. Verabredung des Rückfalls	247
E. Verantwortlichkeit des Schenkers	248
F. Aufhebung der Schenkung	
I. Rückforderung der Schenkung	249
II. Widerruf und Hinfälligkeit des Schenkungsversprechens	250
III. Verjährung und Klagerecht der Erben	251
IV. Tod des Schenkers	252

8. Titel **Die Miete**

1. Abschnitt. Allgemeine Bestimmungen

	Artikel
A. Begriff und Geltungsbereich	
I. Begriff	253
II. Geltungsbereich	253a–253b
B. Koppelungsgeschäfte	254
C. Dauer des Mietverhältnisses	255
D. Pflichten des Vermieters	
I. Im allgemeinen	256
II. Auskunftspflicht	256a
III. Abgaben und Lasten	256b
E. Pflichten des Mieters	
I. Zahlung des Mietzinses und der Nebenkosten	257–257d
II. Sicherheiten durch den Mieter	257e
III. Sorgfalt und Rücksichtnahme	257f
IV. Meldepflicht	257g
V. Duldungspflicht	257h

Schweizerisches Obligationenrecht

		Artikel
F.	Nichterfüllung oder mangelhafte Erfüllung des Vertrages bei Übergabe der Sache	258

G. Mängel während der Mietdauer

  I. Pflicht des Mieters zu kleinen Reinigungen und Ausbesserungen 259
  II. Rechte des Mieters 259a–259i

H. Erneuerungen und Änderungen

  I. Durch den Vermieter 260
  II. Durch den Mieter 260a

J. Wechsel des Eigentümers

  I. Veräußerung der Sache 261
  II. Einräumung beschränkter dinglicher Rechte 261a
  III. Vormerkung im Grundbuch 261b

K. Untermiete 262

L. Übertragung der Miete auf einen Dritten 263

M. Vorzeitige Rückgabe der Sache 264

N. Verrechnung 265

O. Beendigung des Mietverhältnisses

  I. Ablauf der vereinbarten Dauer 266
  II. Kündigungsfristen 266a–266f
  III. Außerordentliche Kündigung 266g–266k
  IV. Form der Kündigung 266l–266o

P. Rückgabe der Sache

  I. Im allgemeinen 267
  II. Prüfung der Sache 267a

Q. Retentionsrecht des Vermieters

  I. Umfang 268
  II. Sachen Dritter 268a
  III. Geltendmachung 268b

2. Abschnitt. Schutz vor mißbräuchlichen Mietzinsen und andern mißbräuchlichen Forderungen des Vermieters bei der Miete von Wohn- und Geschäftsräumen

A. Mißbräuchliche Mietzinse

  I. Regel 269
  II. Ausnahmen 269a

B. Indexierte Mietzinse 269b

Systematisches Register

	Artikel
C. Gestaffelte Mietzinse	269c
D. Mietzinserhöhungen und andere einseitige Vertragsänderungen durch den Vermieter	269d
E. Anfechtung des Mietzinses	
I. Herabsetzungsbegehren	270–270a
II. Anfechtung von Mietzinserhöhungen und andern einseitigen Vertragsänderungen	270b
III. Anfechtung indexierter Mietzinse	270c
IV. Anfechtung gestaffelter Mietzinse	270d
F. Weitergeltung des Mietvertrages während des Anfechtungsverfahrens	270e

3. Abschnitt. Kündigungsschutz bei der Miete von Wohn- und Geschäftsräumen

A. Anfechtbarkeit der Kündigung	
I. Im allgemeinen	271
II. Kündigung durch den Vermieter	271a
B. Erstreckung des Mietverhältnisses	
I. Anspruch des Mieters	272
II. Ausschluß der Erstreckung	272a
III. Dauer der Erstreckung	272b
IV. Weitergeltung des Mietvertrags	272c
V. Kündigung während der Erstreckung	272d
C. Verfahren: Behörden und Fristen	273
D. Wohnung der Familie	273a
E. Untermiete	273b
F. Zwingende Bestimmungen	273c

4. Abschnitt. Behörden und Verfahren

A. Grundsatz	274
B. Schlichtungsbehörde	274a
C. Gerichtsstand	274b
D. Schiedsgericht	274c
E. Verfahren bei der Miete von Wohn- und Geschäftsräumen	
I. Grundsatz	274d
II. Schlichtungsverfahren	274e
III. Gerichtsverfahren	274f

		Artikel
F.	Ausweisungsbehörde	274g

8. Titel bis **Die Pacht**

A. Begriff und Geltungsbereich

    I. Begriff ... 275
    II. Geltungsbereich ... 276–276a

B. Inventaraufnahme ... 277

C. Pflichten des Verpächters

    I. Übergabe der Sache ... 278
    II. Hauptreparaturen ... 279
    III. Abgaben und Lasten ... 280

D. Pflichten des Pächters

    I. Zahlung des Pachtzinses und der Nebenkosten ... 281–282
    II. Sorgfalt, Rücksichtnahme und Unterhalt ... 283–285
    III. Meldepflicht ... 286
    IV. Duldungspflicht ... 287

E. Rechte des Pächters bei Nichterfüllung des Vertrags und bei Mängeln ... 288

F. Erneuerungen und Änderungen

    I. Durch den Verpächter ... 289
    II. Durch den Pächter ... 289a

G. Wechsel des Eigentümers ... 290

H. Unterpacht ... 291

J. Übertragung der Pacht auf einen Dritten ... 292

K. Vorzeitige Rückgabe der Sache ... 293

L. Verrechnung ... 294

M. Beendigung des Pachtverhältnisses

    I. Ablauf der vereinbarten Dauer ... 295
    II. Kündigungsfristen und -termine ... 296
    III. Außerordentliche Beendigung ... 297–297b
    IV. Form der Kündigung bei Wohn- und Geschäftsräumen ... 298

N. Rückgabe der Sache

    I. Im allgemeinen ... 299
    II. Prüfung der Sache und Meldung an den Pächter ... 299a
    III. Ersatz von Gegenständen des Inventars ... 299b

O. Retentionsrecht ... 299c

Systematisches Register

		Artikel
P.	Kündigungsschutz bei der Pacht von Wohn- und Geschäftsräumen	300
Q.	Behörden und Verfahren	301

R. Viehpacht und Viehverstellung

I. Rechte und Pflichten des Einstellers	302
II. Haftung	303
III. Kündigung	304

9. Titel Die Leihe

1. Abschnitt. Die Gebrauchsleihe

A. Begriff 305

B. Wirkung

I. Gebrauchsrecht des Entlehners	306
II. Kosten der Erhaltung	307
III. Haftung mehrerer Entlehner	308

C. Beendigung

I. Bei bestimmtem Gebrauch	309
II. Bei unbestimmtem Gebrauch	310
III. Beim Tod des Entlehners	311

2. Abschnitt. Das Darlehen

A. Begriff 312

B. Wirkung

I. Zinse	313–314
II. Verjährung des Anspruchs auf Aushändigung und Annahme	315
III. Zahlungsunfähigkeit des Borgers	316

C. Hingabe an Geldes Statt 317

D. Zeit der Rückzahlung 318

10. Titel Der Arbeitsvertrag

1. Abschnitt. Der Einzelarbeitsvertrag

A. Begriff und Entstehung

I. Begriff	319
II. Entstehung	320

B. Pflichten des Arbeitnehmers

I. Persönliche Arbeitspflicht	321
II. Sorgfalts- und Treuepflicht	321a

Schweizerisches Obligationenrecht

	Artikel
III. Rechenschafts- und Herausgabepflicht	321b
IV. Überstundenarbeit	321c
V. Befolgung von Anordnungen und Weisungen	321d
VI. Haftung des Arbeitnehmers	321e

C. Pflichten des Arbeitgebers

    I. Lohn 322–322d
    II. Ausrichtung des Lohnes 323–323b
    III. Lohn bei Verhinderung an der Arbeitsleistung 324–324b
    IV. Abtretung und Verpfändung von Lohnforderungen 325
    V. Akkordlohn 326–326a
    VI. Arbeitsgeräte, Material und Auslagen 327–327c
    VII. Schutz der Persönlichkeit des Arbeitnehmers 328–328a
    VIII. Freizeit und Ferien 329–329e
    IX. Übrige Pflichten 330–330a

D. Personalfürsorge

    I. Pflichten des Arbeitgebers 331
    II. Pflichten der Personalfürsorgeeinrichtung 331a–331c

E. Rechte an Erfindungen und anderen immateriellen Gütern

    I. Erfindungen 332
    II. Gewerbliche Muster und Modelle 332a

F. Übergang des Arbeitsverhältnisses 333

G. Beendigung des Arbeitsverhältnisses

    I. Befristetes Arbeitsverhältnis 334
    II. Unbefristetes Arbeitsverhältnis 335–335c
    III. Kündigungsschutz 336–336c
    IV. Fristlose Auflösung 337–337d
    V. Tod des Arbeitnehmers oder des Arbeitgebers 338–338a
    VI. Folgen der Beendigung des Arbeitsverhältnisses 339–339d
    VII. Konkurrenzverbot 340–340c

H. Unverzichtbarkeit und Verjährung 341

J. Vorbehalt und zivilrechtliche Wirkungen des öffentlichen Rechts 342

K. Zivilrechtspflege 343

2. Abschnitt. Besondere Einzelarbeitsverträge

A. Der Lehrvertrag

    I. Begriff und Entstehung 344–344a
    II. Wirkungen 345–345a
    III. Beendigung 346–346a

Systematisches Register

		Artikel
B.	Der Handelsreisendenvertrag	
	I. Begriff und Entstehung	347–347a
	II. Pflichten und Vollmachten des Handelsreisenden	348–348b
	III. Besondere Pflichten des Arbeitgebers	349–349e
	IV. Beendigung	350–350a
C.	Der Heimarbeitsvertrag	
	I. Begriff und Entstehung	351–351a
	II. Besondere Pflichten des Arbeitnehmers	352–352a
	III. Besondere Pflichten des Arbeitgebers	353–353c
	IV. Beendigung	354
D.	Anwendbarkeit der allgemeinen Vorschriften	355

3. Abschnitt. Gesamtarbeitsvertrag und Normalarbeitsvertrag

A.	Gesamtarbeitsvertrag	
	I. Begriff, Inhalt, Form und Dauer	356–356c
	II. Wirkungen	357–357b
	III. Verhältnis zum zwingenden Recht	358
B.	Normalarbeitsvertrag	
	I. Begriff und Inhalt	359
	II. Zuständigkeit und Verfahren	359a
	III. Wirkungen	360

4. Abschnitt. Zwingende Vorschriften

A.	Unabänderlichkeit zuungunsten des Arbeitgebers und des Arbeitnehmers	361
B.	Unabänderlichkeit zuungunsten des Arbeitnehmers	362

11. Titel **Der Werkvertrag**

A.	Begriff	363
B.	Wirkungen	
	I. Pflichten des Unternehmers	364–371
	II. Pflichten des Bestellers	372–374
C.	Beendigung	
	I. Rücktritt wegen Überschreitung des Kostenansatzes	375
	II. Untergang des Werkes	376
	III. Rücktritt des Bestellers gegen Schadloshaltung	377
	IV. Unmöglichkeit der Erfüllung aus Verhältnissen des Bestellers	378
	V. Tod und Unfähigkeit des Unternehmers	379

Schweizerisches Obligationenrecht

12. Titel **Der Verlagsvertrag**

		Artikel
A.	Begriff	380
B.	Wirkungen	
	I. Übertragung des Urheberrechts und Gewährleistung	381
	II. Verfügung des Verlaggebers	382
	III. Bestimmung der Auflagen	383
	IV. Vervielfältigung und Vertrieb	384
	V. Verbesserungen und Berichtigungen	385
	VI. Gesamtausgaben und Einzelausgaben	386
	VII. Übersetzungsrecht	387
	VIII. Honorar des Verlaggebers	388–389
C.	Beendigung	
	I. Untergang des Werkes	390
	II. Untergang der Auflage	391
	III. Endigungsgründe in der Person des Urhebers und des Verlegers	392
D.	Bearbeitung eines Werkes nach Plan des Verlegers	393

13. Titel **Der Auftrag**

1. Abschnitt. Der einfache Auftrag

A.	Begriff	394
B.	Entstehung	395
C.	Wirkungen	
	I. Umfang des Auftrages	396
	II. Verpflichtungen des Beauftragten	397–401
	III. Verpflichtungen des Auftraggebers	402
	IV. Haftung mehrerer	403
D.	Beendigung	
	I. Gründe	404–405
	II. Wirkung des Erlöschens	406

2. Abschnitt. Der Kreditbrief und der Kreditauftrag

A.	Kreditbrief	407
B.	Kreditauftrag	
	I. Begriff und Form	408
	II. Vertragsunfähigkeit des Dritten	409
	III. Eigenmächtige Stundung	410
	IV. Kreditnehmer und Auftraggeber	411

3. Abschnitt. Der Mäklervertrag

	Artikel
A. Begriff und Form	412
B. Mäklerlohn	
I. Begründung	413
II. Festsetzung	414
III. Verwirkung	415
IV. Heiratsvermittlung	416
V. Herabsetzung	417
C. Vorbehalt kantonalen Rechtes	418

4. Abschnitt. Der Agenturvertrag

I. Bundesgesetz über den Agenturvertrag

A. Allgemeines	
I. Begriff	418a
II. Anwendbares Recht	418b
B. Pflichten des Agenten	
I. Allgemeines und Delcredere	418c
II. Geheimhaltungspflicht und Konkurrenzverbot	418d
C. Vertreterbefugnis	418e
D. Pflichten des Auftraggebers	
I. Im allgemeinen	418f
II. Provision	418g–418l
III. Verhinderung an der Tätigkeit	418m
IV. Kosten und Auslagen	418n
V. Retentionsrecht	418o
E. Beendigung	
I. Zeitablauf	418p
II. Kündigung	418q–418r
III. Tod, Handlungsunfähigkeit, Konkurs	418s
IV. Ansprüche des Agenten	418t–418u
V. Rückgabepflichten	418v

14. Titel Die Geschäftsführung ohne Auftrag

A. Stellung des Geschäftsführers	
I. Art der Ausführung	419
II. Haftung des Geschäftsführers im allgemeinen	420
III. Haftung des vertragsunfähigen Geschäftsführers	421

Schweizerisches Obligationenrecht

	Artikel
B. Stellung des Geschäftsherrn	
I. Geschäftsführung im Interesse des Geschäftsherrn	422
II. Geschäftsführung im Interesse des Geschäftsführers	423
III. Genehmigung der Geschäftsführung	424

15. Titel Die Kommission

A. Einkaufs- und Verkaufskommission
- I. Begriff — 425
- II. Pflichten des Kommissionärs — 426–430
- III. Rechte des Kommissionärs — 431–438

B. Speditionsvertrag — 439

16. Titel Der Frachtvertrag

A. Begriff — 440

B. Wirkungen
- I. Stellung des Absenders — 441–443
- II. Stellung des Frachtführers — 444–454

C. Staatlich genehmigte und staatliche Transportanstalten — 455

D. Mitwirkung einer öffentlichen Transportanstalt — 456

E. Haftung des Spediteurs — 457

17. Titel Die Prokura und andere Handlungsvollmachten

A. Prokura
- I. Begriff und Bestellung — 458
- II. Umfang der Vollmacht — 459
- III. Beschränkbarkeit — 460
- IV. Löschung der Prokura — 461

B. Andere Handlungsvollmachten — 462

C. (aufgehoben) — 463

D. Konkurrenzverbot — 464

E. Erlöschen der Prokura und der andern Handlungsvollmachten — 465

18. Titel Die Anweisung

A. Begriff — 466

Systematisches Register

		Artikel
B.	Wirkungen	
	I. Verhältnis des Anweisenden zum Anweisungsempfänger	467
	II. Verpflichtung des Angewiesenen	468
	III. Anzeigepflicht bei nicht erfolgter Zahlung	469
C.	Widerruf	470
D.	Anweisung bei Wertpapieren	471

19. Titel Der Hinterlegungsvertrag

A. Hinterlegung im allgemeinen
    I. Begriff 472
    II. Pflichten des Hinterlegers 473
    III. Pflichten des Aufbewahrers 474–479
    IV. Sequester 480

B. Die Hinterlegung vertretbarer Sachen 481

C. Lagergeschäft
    I. Berechtigung zur Ausgabe von Warenpapieren 482
    II. Aufbewahrungspflicht des Lagerhalters 483
    III. Vermengung der Güter 484
    IV. Anspruch des Lagerhalters 485
    V. Rückgabe der Güter 486

D. Gast- und Stallwirte
    I. Haftung der Gastwirte 487–489
    II. Haftung der Stallwirte 490
    III. Retentionsrecht 491

20. Titel Die Bürgschaft

A. Voraussetzungen
    I. Begriff 492
    II. Form 493
    III. Zustimmung des Ehegatten 494

B. Inhalt
    I. Besonderheiten der einzelnen Bürgschaftsarten 495–498
    II. Gemeinsamer Inhalt 499–508

C. Beendigung der Bürgschaft
    I. Dahinfallen von Gesetzes wegen 509
    II. Bürgschaft auf Zeit; Rücktritt 510
    III. Unbefristete Bürgschaft 511
    IV. Amts- und Dienstbürgschaft 512

Schweizerisches Obligationenrecht

Artikel

21. Titel Spiel und Wette

A. Unklagbarkeit der Forderung 513
B. Schuldverschreibungen und freiwillige Zahlung 514
C. Lotterie- und Ausspielgeschäfte 515

22. Titel Der Leibrentenvertrag und die Verpfründung

A. Leibrentenvertrag
  I. Inhalt 516
  II. Form der Entstehung 517
  III. Rechte des Gläubigers 518–519
  IV. Leibrenten nach dem Gesetz über den Versicherungsvertrag 520

B. Verpfründung
  I. Begriff 521
  II. Entstehung 522–523
  III. Inhalt 524
  IV. Anfechtung und Herabsetzung 525
  V. Aufhebung 526–528
  VI. Unübertragbarkeit, Geltendmachung bei Konkurs und Pfändung 529

23. Titel Die einfache Gesellschaft

A. Begriff 530

B. Verhältnis der Gesellschafter unter sich
  I. Beiträge 531
  II. Gewinn und Verlust 532–533
  III. Gesellschaftsbeschlüsse 534
  IV. Geschäftsführung 535
  V. Verantwortlichkeit unter sich 536–538
  VI. Entzug und Beschränkung der Geschäftsführung ... 539
  VII. Geschäftsführende und nichtgeschäftsführende Gesellschafter 540–541
  VIII. Aufnahme neuer Gesellschafter und Unterbeteiligung 542

C. Verhältnis der Gesellschafter gegenüber Dritten
  I. Vertretung 543
  II. Wirkung der Vertretung 544

D. Beendigung der Gesellschaft
  I. Auflösungsgründe 545–546
  II. Wirkung der Auflösung auf die Geschäftsführung ... 547
  III. Liquidation 548–550
  IV. Haftung gegenüber Dritten 551

Dritte Abteilung

Die Handelsgesellschaften und die Genossenschaft

24. Titel Die Kollektivgesellschaft

1. Abschnitt. Begriff und Errichtung

Artikel

- A. Kaufmännische Gesellschaft 552
- B. Nichtkaufmännische Gesellschaft 553
- C. Registereintrag
  - I. Ort und Inhalt 554
  - II. Vertretung 555
  - III. Formelle Erfordernisse 556

2. Abschnitt. Verhältnis der Gesellschafter unter sich

- A. Vertragsfreiheit. Verweisung auf die einfache Gesellschaft 557
- B. Gewinn- und Verlustrechnung 558
- C. Anspruch auf Gewinn, Zinse und Honorar 559
- D. Verluste 560
- E. Konkurrenzverbot 561

3. Abschnitt. Verhältnis der Gesellschaft zu Dritten

- A. Im allgemeinen 562
- B. Vertretung
  - I. Grundsatz 563
  - II. Umfang 564
  - III. Entziehung 565
  - IV. Prokura und Handlungsvollmacht 566
  - V. Rechtsgeschäfte und Haftung aus unerlaubten Handlungen ... 567
- C. Stellung der Gesellschaftsgläubiger
  - I. Haftung der Gesellschafter 568
  - II. Haftung neu eintretender Gesellschafter 569
  - III. Konkurs der Gesellschaft 570
  - IV. Konkurs von Gesellschaft und Gesellschaftern 571
- D. Stellung der Privatgläubiger eines Gesellschafters 572
- E. Verrechnung 573

Schweizerisches Obligationenrecht

	Artikel
4. Abschnitt. Auflösung und Ausscheiden	
A. Im allgemeinen	574
B. Kündigung durch Gläubiger eines Gesellschafters	575
C. Ausscheiden von Gesellschaftern	
I. Übereinkommen	576
II. Ausschließung durch den Richter	577
III. Durch die übrigen Gesellschafter	578
IV. Bei zwei Gesellschaftern	579
V. Festsetzung des Betrages	580
VI. Eintragung	581
5. Abschnitt. Liquidation	
A. Grundsatz	582
B. Liquidatoren	583
C. Vertretung von Erben	584
D. Rechte und Pflichten der Liquidatoren	585
E. Vorläufige Verteilung	586
F. Auseinandersetzung	
I. Bilanz	587
II. Rückzahlung des Kapitals und Verteilung des Überschusses	588
G. Löschung im Handelsregister	589
H. Aufbewahrung der Bücher und Papiere	590
6. Abschnitt. Verjährung	
A. Gegenstand und Frist	591
B. Besondere Fälle	592
C. Unterbrechung	593
25. Titel Die Kommanditgesellschaft	
1. Abschnitt. Begriff und Errichtung	
A. Kaufmännische Gesellschaft	594
B. Nichtkaufmännische Gesellschaft	595
C. Registereintrag	
I. Ort und Inhalt	596
II. Formelle Erfordernisse	597

Systematisches Register

	Artikel
2. Abschnitt. Verhältnis der Gesellschafter unter sich	
A. Vertragsfreiheit. Verweisung auf die Kollektivgesellschaft	598
B. Geschäftsführung	599
C. Stellung des Kommanditärs	600
D. Gewinn- und Verlustbeteiligung	601
3. Abschnitt. Verhältnis der Gesellschaft zu Dritten	
A. Im allgemeinen	602
B. Vertretung	603
C. Haftung des unbeschränkt haftenden Gesellschafters	604
D. Haftung des Kommanditärs	
I. Handlungen für die Gesellschaft	605
II. Mangelnder Eintrag	606
III. Name des Kommanditärs in der Firma	607
IV. Umfang der Haftung	608
V. Verminderung der Kommanditsumme	609
VI. Klagerecht der Gläubiger	610
VII. Bezug von Zinsen und Gewinn	611
VIII. Eintritt in eine Gesellschaft	612
E. Stellung der Privatgläubiger	613
F. Verrechnung	614
G. Konkurs	
I. Im allgemeinen	615
II. Konkurs der Gesellschaft	616
III. Vorgehen gegen den unbeschränkt haftenden Gesellschafter	617
IV. Konkurs des Kommanditärs	618
4. Abschnitt. Auflösung, Liquidation, Verjährung	619
26. Titel **Die Aktiengesellschaft**	
1. Abschnitt. Allgemeine Bestimmungen	
A. Begriff	620
B. Mindestkapital	621
C. Aktien	
I. Arten	622
II. Zerlegung und Zusammenlegung	623
III. Ausgabebetrag	624

Schweizerisches Obligationenrecht

	Artikel
D. Zahl der Mitglieder	625

E. Statuten

I. Gesetzlich vorgeschriebener Inhalt	626
II. Weitere Bestimmungen	627–628

F. Gründung

I. Errichtungsakt	629–630
II. Belege	631
III. Einlagen	632–635a

G. Eintragung in das Handelsregister

I. Anmeldung	640
II. Inhalt der Eintragung	641
III. Zweigniederlassungen	642

H. Erwerb der Persönlichkeit

I. Zeitpunkt. Mangelnde Voraussetzungen	643
II. Vor der Eintragung ausgegebene Aktien	644
III. Vor der Eintragung eingegangene Verpflichtungen	645

J. Statutenänderung ... 647

K. Erhöhung des Aktienkapitals

I. Ordentliche und genehmigte Kapitalerhöhung	650–652h
II. Bedingte Kapitalerhöhung	653–653i
III. Vorzugsaktien	654–656

L. Partizipationsscheine

I. Begriff; anwendbare Vorschriften	656a
II. Partizipations- und Aktienkapital	656b
III. Rechtsstellung des Partizipanten	656c–656g

M. Genußscheine ... 657

N. Eigene Aktien

I. Einschränkung des Erwerbs	659
II. Folgen des Erwerbs	659a
III. Erwerb durch Tochtergesellschaften	659b

2. Abschnitt. Rechte und Pflichten der Aktionäre

A. Recht auf Gewinn- und Liquidationsanteil

I. Im allgemeinen	660
II. Berechnungsart	661

XXXII

Systematisches Register

		Artikel
B.	Geschäftsbericht	
	I. Im allgemeinen	662–662a
	II. Erfolgsrechnung	663
	III. Bilanz	663a
	IV. Anhang	663b
	V. Beteiligungsverhältnisse bei Publikumsgesellschaften	663c
	VI. Jahresbericht	663d
	VII. Konzernrechnung	663e–663g
	VIII. Schutz und Anpassung	663h
	IX. Bewertung	664–670
C.	Reserven	
	I. Gesetzliche Reserven	671–671b
	II. Statutarische Reserven	672–673
	III. Verhältnis des Gewinnanteils zu den Reserven	674
D.	Dividenden, Bauzinse und Tantiemen	
	I. Dividenden	675
	II. Bauzinse	676
	III. Tantiemen	677
E.	Rückerstattung von Leistungen	
	I. Im allgemeinen	678
	II. Tantiemen im Konkurs	679
F.	Leistungspflicht des Aktionärs	
	I. Gegenstand	680
	II. Verzugsfolgen	681–682
G.	Ausgabe und Übertragung der Aktien	
	I. Inhaberaktien	683
	II. Namenaktien	684
H.	Beschränkung der Übertragbarkeit	
	I. Gesetzliche Beschränkung	685
	II. Statutarische Beschränkung	685a–687
	III. Interimsscheine	688
J.	Persönliche Mitgliedschaftsrechte	
	I. Teilnahme an der Generalversammlung	689–690
	II. Unbefugte Teilnahme	691
	III. Stimmrecht in der Generalversammlung	692–695
	IV. Kontrollrechte der Aktionäre	696–697
	V. Recht auf Einleitung einer Sonderprüfung	697a–697g
K.	Offenlegung von Jahresrechnung und Konzernrechnung	697h

Schweizerisches Obligationenrecht

3. Abschnitt. Organisation der Aktiengesellschaft   Artikel

A. Die Generalversammlung

    I. Befugnisse *698*
    II. Einberufung und Traktandierung *699–701*
    III. Vorbereitende Maßnahmen; Protokoll *702*
    IV. Beschlußfassung und Wahlen *703–704*
    V. Abberufung des Verwaltungsrates und der Revisionsstelle . *705*
    VI. Anfechtung von Generalversammlungsbeschlüssen ... *706–706b*

B. Der Verwaltungsrat

    I. Im allgemeinen *707–711*
    II. Organisation *712–715a*
    III. Aufgaben *716–716b*
    IV. Sorgfalts- und Treuepflicht *717*
    V. Vertretung *718–721*
    VI. Organhaftung *722*
    VII. Kapitalverlust und Überschuldung *725–725a*
    VIII. Abberufung und Einstellung *726*

C. Die Revisionsstelle

    I. Wahl *727–727d*
    II. Amtsdauer, Rücktritt, Abberufung und Löschung im Handelsregister ... *727e*
    III. Einsetzung durch den Richter *727f*
    IV. Aufgaben *728–730*
    V. Besondere Bestimmungen *731*
    VI. Prüfung der Konzernrechnung *731a*

4. Abschnitt. Herabsetzung des Aktienkapitals

A. Herabsetzungsbeschluß *732*

B. Aufforderung an die Gläubiger *733*

C. Durchführung der Herabsetzung *734*

D. Herabsetzung im Falle einer Unterbilanz *735*

5. Abschnitt. Auflösung der Aktiengesellschaft

A. Auflösung im allgemeinen

    I. Gründe *736*
    II. Anmeldung beim Handelsregister *737*
    III. Folgen *738*

Systematisches Register

		Artikel
B.	Auflösung mit Liquidation	
	I. Zustand der Liquidation. Befugnisse	739
	II. Bestellung und Abberufung der Liquidatoren	740–741
	III. Liquidationstätigkeit	742–745
	IV. Löschung im Handelsregister	746
	V. Aufbewahrung der Geschäftsbücher	747
C.	Auflösung ohne Liquidation	
	I. Fusion	748–750
	II. Übernahme durch eine Körperschaft des öffentlichen Rechts	751

6. Abschnitt. Verantwortlichkeit

A.	Haftung	
	I. Für den Emissionsprospekt	752
	II. Gründungshaftung	753
	III. Haftung für Verwaltung, Geschäftsführung, und Liquidation	754
	IV. Revisionshaftung	755
B.	Schaden der Gesellschaft	
	I. Ansprüche außer Konkurs	756
	II. Ansprüche im Konkurs	757
	III. Wirkung des Entlastungsbeschlusses	758
C.	Solidarität und Rückgriff	759
D.	Verjährung	760
E.	Gerichtsstand	761

7. Abschnitt. Beteiligung von Körperschaften des öffentlichen Rechts 762

8. Abschnitt. Ausschluß der Anwendung des Gesetzes auf öffentliche Anstalten 763

27. Titel **Die Kommanditaktiengesellschaft**

A.	Begriff	764
B.	Verwaltung	
	I. Bezeichnung und Befugnisse	765
	II. Zustimmung zu Generalversammlungsbeschlüssen	766
	III. Entziehung der Geschäftsführung und Vertretung	767

		Artikel
C.	Aufsichtsstelle	
	I. Bestellung und Befugnisse	768
	II. Verantwortlichkeitsklage	769
D.	Auflösung	770
E.	Kündigung	771

28. Titel Die Gesellschaft mit beschränkter Haftung

1. Abschnitt. Allgemeine Bestimmungen

A.	Begriff	772
B.	Stammkapital	773
C.	Stammeinlage	774
D.	Zahl der Mitglieder	775
E.	Statuten	
	I. Gesetzlich vorgeschriebener Inhalt	776
	II. Weitere Bestimmungen	777–778
F.	Gründung	779
G.	Eintragung in das Handelsregister	
	I. Anmeldung	780
	II. Inhalt der Eintragung	781
	III. Zweigniederlassungen	782
H.	Erwerb der Persönlichkeit	783
J.	Statutenänderung	
	I. Beschluß	784
	II. Eintragung	785
	III. Erhöhung des Stammkapitals	786–787
	IV. Herabsetzung des Stammkapitals	788

2. Abschnitt. Rechte und Pflichten der Gesellschafter

A.	Gesellschaftsanteile	
	I. Im allgemeinen	789
	II. Anteilbuch. Liste	790
	III. Übertragung	791–792
	IV. Zwangsvollstreckung	793–794
	V. Teilung	795
	VI. Erwerb durch einen Mitgesellschafter	796
	VII. Anteile mehrerer	797

Systematisches Register

		Artikel
B.	Einzahlung	
	I. Pflicht und Art	798
	II. Verzug	799–801
C.	Haftung der Gesellschafter	802
D.	Nachschüsse	803
E.	Anspruch auf Gewinnanteil	
	I. Im allgemeinen	804
	II. Bilanzvorschriften und Reservefonds	805
	III. Rückerstattung bezogener Gewinnanteile	806
F.	Erwerbung oder Pfandnahme eigener Anteile	807

3. Abschnitt. Organisation der Gesellschaft

A.	Gesellschafterversammlung	
	I. Gesellschaftsbeschlüsse	808
	II. Einberufung	809
	III. Befugnisse	810
B.	Geschäftsführung und Vertretung	
	I. Durch die Gesellschafter	811
	II. Durch andere Personen	812
	III. Wohnsitz der Geschäftsführer	813
	IV. Umfang, Beschränkung und Entziehung	814
	V. Zeichnung, Eintragung	815
	VI. Prokura und Handlungsvollmacht	816
	VII. Anzeigepflicht bei Kapitalverlust und bei Überschuldung	817
	VIII. Konkurrenzverbot	818
C.	Kontrolle	819

4. Abschnitt. Auflösen und Ausscheiden

A.	Auflösungsgründe	820
B.	Anmeldung beim Handelsregister	821
C.	Austritt und Ausschließung durch den Richter	822
D.	Liquidation	823
E.	Umwandlung einer Aktiengesellschaft in eine Gesellschaft mit beschränkter Haftung	
	I. Voraussetzungen	824
	II. Rechte der Aktionäre	825
	III. Rechte der Gläubiger	826

5. Abschnitt. Verantwortlichkeit 827

29. Titel Die Genossenschaft

1. Abschnitt. Begriff und Errichtung

	Artikel
A. Genossenschaft des Obligationenrechts	828
B. Genossenschaften des öffentlichen Rechts	829
C. Errichtung	
I. Erfordernisse	830–831
II. Statuten	832–833
III. Konstituierende Versammlung	834
IV. Eintragung in das Handelsregister	835–837
V. Erwerb der Persönlichkeit	838

2. Abschnitt. Erwerb der Mitgliedschaft

A. Grundsatz	839
B. Beitrittserklärung	840
C. Verbindung mit einem Versicherungsvertrag	841

3. Abschnitt. Verlust der Mitgliedschaft

A. Austritt	
I. Freiheit des Austrittes	842
II. Beschränkung des Austrittes	843
III. Kündigungsfrist und Zeitpunkt des Austrittes	844
IV. Geltendmachung im Konkurs und bei Pfändung	845
B. Ausschließung	846
C. Tod des Genossenschafters	847
D. Wegfall einer Beamtung oder Anstellung oder eines Vertrages	848
E. Übertragung der Mitgliedschaft	
I. Im allgemeinen	849
II. Durch Übertragung von Grundstücken oder wirtschaftlichen Betrieben	850
F. Austritt des Rechtsnachfolgers	851

4. Abschnitt. Rechte und Pflichten der Genossenschafter

A. Ausweis der Mitgliedschaft	852
B. Genossenschaftsanteile	853
C. Rechtsgleichheit	854

Systematisches Register

	Artikel
D. Rechte	
I. Stimmrecht	855
II. Kontrollrecht der Genossenschaft	856–857
III. Allfällige Rechte auf den Reinertrag	858–863
IV. Abfindungsanspruch	864–865
E. Pflichten	
I. Treuepflicht	866
II. Pflicht zu Beiträgen und Leistungen	867
III. Haftung	868–878

5. Abschnitt. Organisation der Genossenschaft

	Artikel
A. Generalversammlung	
I. Befugnisse	879
II. Urabstimmung	880
III. Einberufung	881–884
IV. Stimmrecht	885
V. Vertretung	886
VI. Ausschließung vom Stimmrecht	887
VII. Beschlußfassung	888–889
VIII. Abberufung der Verwaltung und Kontrollstelle	890
IX. Anfechtung der Generalversammlungsbeschlüsse	891
X. Delegiertenversammlung	892
XI. Ausnahmebestimmungen für Versicherungsgenossenschaften	893
B. Verwaltung	
I. Wählbarkeit	894–895
II. Amtsdauer	896
III. Verwaltungsausschuß	897
IV. Geschäftsführung und Vertretung	898–901
V. Pflichten	902–903
VI. Rückerstattung entrichteter Zahlungen	904
VII. Einstellung und Abberufung	905
C. Kontrollstelle	
I. Wahl	906
II. Tätigkeit der Kontrollstelle	907–910

6. Abschnitt. Auflösung der Genossenschaft

	Artikel
A. Auflösungsgründe	911
B. Anmeldung beim Handelsregister	912
C. Liquidation. Verteilung des Vermögens	913

Schweizerisches Obligationenrecht

	Artikel
D. Fusion	914
E. Übernahme durch eine Körperschaft des öffentlichen Rechts	915

7. Abschnitt. Verantwortlichkeit

A. Haftung gegenüber der Genossenschaft	916
B. Haftung gegenüber Genossenschaft, Genossenschaftern und Gläubigern	917
C. Solidarität und Rückgriff	918
D. Verjährung	919
E. Bei Kredit- und Versicherungsgenossenschaften	920

8. Abschnitt. Genossenschaftsverbände

A. Voraussetzungen 921

B. Organisation
    I. Delegiertenversammlung 922
    II. Verwaltung 923
    III. Überwachung, Anfechtung 924
    IV. Ausschluß neuer Verpflichtungen 925

9. Abschnitt. Beteiligung von Körperschaften des öffentlichen Rechts 926

Vierte Abteilung

Handelsregister, Geschäftsfirmen und kaufmännische Buchführung

30. Titel   Das Handelsregister

A. Zweck und Einrichtung
    I. Im allgemeinen 927
    II. Haftbarkeit 928
    III. Verordnung des Bundesrates 929
    IV. Öffentlichkeit 930
    V. Handelsamtsblatt 931

B. Eintragungen
    I. Beginn der Wirksamkeit 932
    II. Wirkungen 933
    III. Eintragung einer Firma 934–936

Systematisches Register

	Artikel
IV. Änderungen	937
V. Löschung	938
VI. Konkurs von Handelsgesellschaften und Genossenschaften	939
VII. Pflichten des Registerführers	940–941
VIII. Nichtbefolgung der Vorschriften	942–943

31. Titel Die Geschäftsfirmen

A. Grundsätze der Firmenbildung

    I. Allgemeine Bestimmungen 944
    II. Einzelfirmen 945–946
    III. Gesellschaftsfirmen 947–951
    IV. Zweigniederlassungen 952
    V. Übernahme eines Geschäftes 953
    VI. Namensänderung 954

B. Überwachung 955

C. Schutz der Firma 956

32. Titel Die kaufmännische Buchführung

A. Pflicht zur Buchführung 957

B. Bilanzvorschriften

    I. Bilanzpflicht 958
    II. Bilanzgrundsätze 959–960
    III. Unterzeichnung 961

C. Pflicht zur Aufbewahrung der Bücher 962

D. Editionspflicht 963

E. Strafbestimmungen 964

Fünfte Abteilung

Die Wertpapiere

33. Titel Die Namen-, Inhaber- und Ordrepapiere

1. Abschnitt. Allgemeine Bestimmungen

A. Begriff des Wertpapiers 965

B. Verpflichtung aus dem Wertpapier 966

Schweizerisches Obligationenrecht

		Artikel
C.	Übertragung des Wertpapiers	
	I. Allgemeine Form	967
	II. Indossierung	968–969
D.	Umwandlung	970
E.	Kraftloserklärung	
	I. Geltendmachung	971
	II. Verfahren, Wirkung	972
F.	Besondere Vorschriften	973

2. Abschnitt. Die Namenpapiere

A.	Begriff	974
B.	Ausweis über das Gläubigerrecht	
	I. In der Regel	975
	II. Beim hinkenden Inhaberpapier	976
C.	Kraftloserklärung	977

3. Abschnitt. Die Inhaberpapiere

A.	Begriff	978
B.	Einreden des Schuldners	
	I. Im allgemeinen	979
	II. Bei Inhaberzinscoupons	980
C.	Kraftloserklärung	
	I. Im allgemeinen	981–986
	II. Bei Coupons im besonderen	987
	III. Bei Banknoten und ähnlichen Papieren	988
D.	Schuldbrief und Gült	989

4. Abschnitt. Der Wechsel

A.	Wechselfähigkeit	990
B.	Gezogener Wechsel	
	I. Ausstellung und Form des ganzen Wechsels	991–1000
	II. Indossament	1001–1010
	III. Annahme	1011–1019
	IV. Wechselbürgschaft	1020–1022
	V. Verfall	1023–1927
	VI. Zahlung	1028–1032
	VII. Rückgriff mangels Annahme und mangels Zahlung	1033–1052

Systematisches Register

	Artikel
VIII. Übergang der Deckung	*1053*
IX. Ehreneintritt	*1054–1062*
X. Ausfertigung mehrerer Stücke eines Wechsels (Duplikate). Wechselabschriften (Wechselkopien)	*1063–1067*
XI. Änderungen des Wechsels	*1068*
XII. Verjährung	*1069–1071*
XIII. Kraftloserklärung	*1072–1080*
XIV. Allgemeine Vorschriften	*1081–1085*
XV. Geltungsbereich der Gesetze	*1086–1095*

C. Eigener Wechsel *1096–1099*

5. Abschnitt. Der Check

I. Ausstellung und Form des Checks	*1100–1107*
II. Übertragung	*1108–1113*
III. Checkbürgschaft	*1114*
IV. Vorlegung und Zahlung	*1115–1122*
V. Gekreuzter Check und Verrechnungscheck	*1123–1127*
VI. Rückgriff mangels Zahlung	*1128–1131*
VII. Gefälschter Check	*1132*
VIII. Ausfertigung mehrerer Stücke eines Checks	*1133*
IX. Verjährung	*1134*
X. Allgemeine Vorschriften	*1135–1137*
XI. Geltungsbereich der Gesetze	*1138–1142*
XII. Anwendbarkeit des Wechselrechts	*1143*
XIII. Vorbehalt besondern Rechts	*1144*

6. Abschnitt. Wechselähnliche und andere Ordrepapiere

A. Im allgemeinen

I. Voraussetzungen	*1145*
II. Einrede des Schuldners	*1146*

B. Wechselähnliche Papiere

I. Anweisungen an Ordre	*1147–1150*
II. Zahlungsversprechen an Ordre	*1151*

C. Andere indossierbare Papiere *1152*

7. Abschnitt. Die Warenpapiere

A. Erfordernisse *1153*

B. Der Pfandschein *1154*

C. Bedeutung der Formvorschriften *1155*

XLIII

34. Titel Anleihensobligationen

Artikel

1. Abschnitt. Prospektzwang bei Ausgabe von Anleihensobligationen *1156*

2. Abschnitt. Gläubigergemeinschaft bei Anleihensobligationen

A. Voraussetzungen *1157*

B. Anleihensvertreter
  - I. Bestellung *1158*
  - II. Befugnisse *1159–1161*
  - III. Dahinfallen der Vollmacht *1162*
  - IV. Kosten *1163*

C. Gläubigerversammlung
  - I. Im allgemeinen *1164*
  - II. Einberufung *1165–1166*
  - III. Abhaltung *1167–1168*
  - IV. Verfahrensvorschriften *1169*

D. Gemeinschaftsbeschlüsse
  - I. Eingriffe in die Gläubigerrechte *1170–1179*
  - II. Andere Beschlüsse *1180–1182*

E. Besondere Anwendungsfälle
  - I. Konkurs des Schuldners *1183*
  - II. Nachlaßvertrag *1184*
  - III. Anleihen von Eisenbahn- oder Schiffahrtsunternehmungen *1185*

F. Zwingendes Recht *1186*

Schlußbestimmungen

Schluß- und Übergangsbestimmungen

A. Anwendbarkeit des Schlußtitels *1*

B. Anpassung alter Gesellschaften an das neue Recht
  - I. Im allgemeinen *2*
  - II. Wohlfahrtsfonds *3*
  - III. Umwandlung von Genossenschaften *4*

C. Bilanzvorschriften
  - I. Vorbehalt außerordentlicher Verhältnisse *5*
  - II. Früher entstandene Währungsverluste *6*

Systematisches Register

		Artikel
D.	Haftungsverhältnisse der Genossenschafter	7
E.	Geschäftsfirmen	8
F.	Früher ausgegebene Wertpapiere	
	I. Namenpapiere	9
	II. Aktien	*10–11*
	III. Wechsel und Checks	12
G.	Gläubigergemeinschaft	13
H.	Sitzverlegung ausländischer Gesellschaften	14
J.	Abänderung des Schuldbetreibungs- und Konkursgesetzes	15
K.	Verhältnis zum Bankengesetz	
	I. Allgemeiner Vorbehalt	16
	II. Abänderung einzelner Vorschriften	17
L.	Aufhebung von Bundeszivilrecht	18
M.	Inkrafttreten dieses Gesetzes	19

Schweizerisches Obligationenrecht

Anhänge

	Seite
I. Verordnung über die Gläubigergemeinschaft bei Anleihensobligationen	*446*
II. Bundesbeschluß über eine Sperrfrist für die Veräußerung nichtlandwirtschaftlicher Grundstücke und die Veröffentlichung von Eigentumsübertragungen von Grundstücken	*449*
III. Verordnung über die Mindestanzahlung und die Höchstdauer beim Abzahlungsvertrag	*454*
IV. Verordnung betr. das Verfahren bei der Gewährleistung im Viehhandel	*455*
V. Handelsregisterverordnung	*459*
Va. Gebührentarif für das Handelsregister	*498*
Vb. Bundesgesetz betr. Strafbestimmungen zum Handelsregister- und Firmenrecht	*507*
VI. Bundesgesetz über den Erwerb von Grundstücken durch Personen im Ausland	*509*
VII. Übergangsbestimmungen zum neuen Bürgschaftsrecht	*527*
VIIa. Schluß- und Übergangsbestimmungen zum neuen Aktienrecht	*529*
VIII. Verordnung über die Miete und Pacht von Wohn- und Geschäftsräumen	*532*
IX. Bundesgesetz gegen den unlauteren Wettbewerb	*541*
X. Bundesgesetz über die landwirtschaftliche Pacht	*550*
Xa. Pachtzinsverordnung	*567*
Alphabetisches Sachregister	*571*

Schweizerisches Zivilgesetzbuch

Einleitung

A. Anwendung des Rechts

1. Das Gesetz findet auf alle Rechtsfragen Anwendung, für die es nach Wortlaut oder Auslegung eine Bestimmung enthält.

Kann dem Gesetz keine Vorschrift entnommen werden, so soll der Richter nach Gewohnheitsrecht und, wo auch ein solches fehlt, nach der Regel entscheiden, die er als Gesetzgeber aufstellen würde.

Er folgt dabei bewährter Lehre und Überlieferung.

<small>Lücke im Gesetz: BGE 76 II 62; 87 II 361; 90 I 141.</small>

B. Inhalt der Rechtsverhältnisse
I. Handeln nach Treu und Glauben

2. Jedermann hat in der Ausübung seiner Rechte und in der Erfüllung seiner Pflichten nach Treu und Glauben zu handeln.

Der offenbare Mißbrauch eines Rechtes findet keinen Rechtsschutz.

<small>BGE 64 II 289; 65 II 138; 88 II 24; 90 II 26. Formvorschriften: BGE 72 II 41; 112 II 330. Verjährung: BGE 69 II 103; 76 II 117. Prozeß- und Betreibungsrecht: BGE 79 III 66; 83 II 348. Clausula rebus sic stantibus: BGE 59 II 304, 377; 68 II 173. Umgehung: BGE 72 II 73; 79 II 83. Durchgriff: BGE 108 II 213.</small>

II. Guter Glaube

3. Wo das Gesetz eine Rechtswirkung an den guten Glauben einer Person geknüpft hat, ist dessen Dasein zu vermuten.

Wer bei der Aufmerksamkeit, wie sie nach den Umständen von ihm verlangt werden darf, nicht gutgläubig sein konnte, ist nicht berechtigt, sich auf den guten Glauben zu berufen.

<small>Abs. 1: Juristische Person: BGE 56 II 187. Abs. 2: BGE 107 II 41; 116 II 459.</small>

III. Richterliches Ermessen

4. Wo das Gesetz den Richter auf sein Ermessen oder auf die Würdigung der Umstände oder auf wichtige Gründe verweist, hat er seine Entscheidung nach Recht und Billigkeit zu treffen.

C. Verhältnis zu den Kantonen
I. Kantonales Zivilrecht und Ortsübung

5. Soweit das Bundesrecht die Geltung kantonalen Rechtes vorbehält, sind die Kantone befugt, zivilrechtliche Bestimmungen aufzustellen oder aufzuheben.

Wo das Gesetz auf die Übung oder den Ortsgebrauch verweist, gilt das bisherige kantonale Recht als deren Ausdruck, solange nicht eine abweichende Übung nachgewiesen ist.

Ortsgebrauch: BGE 42 II 119. Handelsusancen: BGE 47 II 163; 53 II 310.

II. Öffentliches Recht der Kantone

6. Die Kantone werden in ihren öffentlich-rechtlichen Befugnissen durch das Bundeszivilrecht nicht beschränkt.

Sie können in den Schranken ihrer Hoheit den Verkehr mit gewissen Arten von Sachen beschränken oder untersagen oder die Rechtsgeschäfte über solche Sachen als ungültig bezeichnen.

D. Allgemeine Bestimmungen des Obligationenrechtes

7. Die allgemeinen Bestimmungen des Obligationenrechtes über die Entstehung, Erfüllung und Aufhebung der Verträge finden auch Anwendung auf andere zivilrechtliche Verhältnisse.

E. Beweisregeln
I. Beweislast

8. Wo das Gesetz es nicht anders bestimmt, hat derjenige das Vorhandensein einer behaupteten Tatsache zu beweisen, der aus ihr Rechte ableitet.

OR 42f. Behauptungslast: BGE 87 II 141. Gegenbeweislast: BGE 65 III 137; 66 II 147; 88 II 190; 115 II 305. Negat. Beweis: BGE 74 IV 94; 90 I 141.

II. Beweis mit öffentlicher Urkunde

9. Öffentliche Register und öffentliche Urkunden erbringen für die durch sie bezeugten Tatsachen vollen Beweis, solange nicht die Unrichtigkeit ihres Inhaltes nachgewiesen ist.

Dieser Nachweis ist an keine besondere Form gebunden.

SchlT ZGB 55. Formlosigkeit des Gegenbeweises: BGE 55 I 23.

III. Beweisvorschriften

10. Wo das Bundesrecht für die Gültigkeit eines Rechtsgeschäftes keine besondere Form vorsieht, darf das kantonale Recht auch für die Beweisbarkeit des Rechtsgeschäftes eine solche nicht vorschreiben.

OR 12ff. Beweismittel: BGE 86 II 302.

Fünfter Teil
Das Obligationenrecht

Erste Abteilung
Allgemeine Bestimmungen

Erster Titel
Die Entstehung der Obligationen

1. Abschnitt Die Entstehung durch Vertrag

A. Abschluß des Vertrages
I. Übereinstimmende Willensäußerung
1. Im allgemeinen

1. Zum Abschlusse eines Vertrages ist die übereinstimmende gegenseitige Willensäußerung der Parteien erforderlich.

Sie kann eine ausdrückliche oder stillschweigende sein.

<small>8. Vertragsfähigkeit: ZGB 12ff. Übereinstimmung: BGE 64 II 11.</small>

2. Betreffend Nebenpunkte

2. Haben sich die Parteien über alle wesentlichen Punkte geeinigt, so wird vermutet, daß der Vorbehalt von Nebenpunkten die Verbindlichkeit des Vertrages nicht hindern solle.

Kommt über die vorbehaltenen Nebenpunkte eine Vereinbarung nicht zustande, so hat der Richter über diese nach der Natur des Geschäftes zu entscheiden.

Vorbehalten bleiben die Bestimmungen über die Form der Verträge.

<small>12ff. BGE 108 II 112. Nebenpunkte: BGE 54 II 303.</small>

II. Antrag und Annahme
1. Antrag mit Annahmefrist

3. Wer einem andern den Antrag zum Abschlusse eines Vertrages stellt und für die Annahme eine Frist setzt, bleibt bis zu deren Ablauf an den Antrag gebunden.

Er wird wieder frei, wenn eine Annahmeerklärung nicht vor Ablauf dieser Frist bei ihm eingetroffen ist.

<small>Subskription, Submission. VVG 1.</small>

2. Antrag ohne Annahmefrist
a) Unter Anwesenden

4. Wird der Antrag ohne Bestimmung einer Frist an einen Anwesenden gestellt und nicht sogleich angenommen, so ist der Antragsteller nicht weiter gebunden.

Wenn die Vertragschließenden oder ihre Bevollmächtigten sich persönlich des Telephons bedienen, so gilt der Vertrag als unter Anwesenden abgeschlossen.

b) Unter Abwesenden

5. Wird der Antrag ohne Bestimmung einer Frist an einen Abwesenden gestellt, so bleibt der Antragsteller bis zu dem Zeitpunkte gebunden, wo er den Eingang der Antwort bei ihrer ordnungsmäßigen und rechtzeitigen Absendung erwarten darf.

Er darf dabei voraussetzen, daß sein Antrag rechtzeitig angekommen sei.

Trifft die rechtzeitig abgesandte Annahmeerklärung erst nach jenem Zeitpunkte bei dem Antragsteller ein, so ist dieser, wenn er nicht gebunden sein will, verpflichtet, ohne Verzug hievon Anzeige zu machen.

3. Stillschweigende Annahme

6. Ist wegen der besonderen Natur des Geschäftes oder nach den Umständen eine ausdrückliche Annahme nicht zu erwarten, so gilt der Vertrag als abgeschlossen, wenn der Antrag nicht binnen angemessener Frist abgelehnt wird.

395. IPRG 123. BGE 71 II 223; 100 II 18; 112 II 500; 114 II 250.

3a. Zusendung unbestellter Sachen

6a. Die Zusendung einer unbestellten Sache ist kein Antrag.

Der Empfänger ist nicht verpflichtet, die Sache zurückzusenden oder aufzubewahren.

Ist eine unbestellte Sache offensichtlich irrtümlich zugesandt worden, so muß der Empfänger den Absender benachrichtigen.

4. Antrag ohne Verbindlichkeit, Auskündung, Auslage

7. Der Antragsteller wird nicht gebunden, wenn er dem Antrage eine die Behaftung ablehnende Erklärung beifügt, oder wenn ein solcher Vorbehalt sich aus der Natur des Geschäftes oder aus den Umständen ergibt.

Die Versendung von Tarifen, Preislisten und dergleichen bedeutet an sich keinen Antrag.

Dagegen gilt die Auslage von Waren mit Angabe des Preises in der Regel als Antrag.
<small>Abs. 3: BGE 80 II 35. Anh. IX Art. 20a ff.</small>

5. Preisausschreiben und Auslobung

8. Wer durch Preisausschreiben oder Auslobung für eine Leistung eine Belohnung aussetzt, hat diese seiner Auskündung gemäß zu entrichten.

Tritt er zurück, bevor die Leistung erfolgt ist, so hat er denjenigen, die auf Grund der Auskündung in guten Treuen Aufwendungen gemacht haben, hiefür bis höchstens zum Betrag der ausgesetzten Belohnung Ersatz zu leisten, sofern er nicht beweist, daß ihnen die Leistung doch nicht gelungen wäre.
<small>Auch mündlich: BGE 39 II 595.</small>

6. Widerruf des Antrages und der Annahme

9. Trifft der Widerruf bei dem anderen Teile vor oder mit dem Antrage ein, oder wird er bei späterem Eintreffen dem andern zur Kenntnis gebracht, bevor dieser vom Antrag Kenntnis genommen hat, so ist der Antrag als nicht geschehen zu betrachten.

Dasselbe gilt für den Widerruf der Annahme.

III. Beginn der Wirkungen eines unter Abwesenden geschlossenen Vertrages

10. Ist ein Vertrag unter Abwesenden zustande gekommen, so beginnen seine Wirkungen mit dem Zeitpunkte, wo die Erklärung der Annahme zur Absendung abgegeben wurde.

Wenn eine ausdrückliche Annahme nicht erforderlich ist, so beginnen die Wirkungen des Vertrages mit dem Empfange des Antrages.

B. Form der Verträge
I. Erfordernis und Bedeutung im allgemeinen

11. Verträge bedürfen zu ihrer Gültigkeit nur dann einer besonderen Form, wenn das Gesetz eine solche vorschreibt.

Ist über Bedeutung und Wirkung einer gesetzlich vorgeschriebenen Form nicht etwas anderes bestimmt, so hängt von deren Beobachtung die Gültigkeit des Vertrages ab.

19 II. ZGB 10. IPRG 124. Abs. 1: BGE 81 II 507. Abs. 2: BGE 75 II 148; 86 II 230.

II. Schriftlichkeit
1. Gesetzlich vorgeschriebene Form
a) Bedeutung

12. Ist für einen Vertrag die schriftliche Form gesetzlich vorgeschrieben, so gilt diese Vorschrift auch für jede Abänderung, mit Ausnahme von ergänzenden Nebenbestimmungen, die mit der Urkunde nicht im Widerspruche stehen.

493 V, 494 III.

b) Erfordernisse

13. Ein Vertrag, für den die schriftliche Form gesetzlich vorgeschrieben ist, muß die Unterschriften aller Personen tragen, die durch ihn verpflichtet werden sollen.

Sofern das Gesetz es nicht anders bestimmt, gilt als schriftliche Form auch der Brief oder das Telegramm, vorausgesetzt, daß der Brief oder die Aufgabedepesche die Unterschrift derjenigen trägt, die sich verpflichten.

115. Einfache Schriftlichkeit, öffentliche Beurkundung: ZGB 10. Schriftlichkeit: BGE 50 II 392; 85 II 568; 112 II 326 (Telex).

c) Unterschrift

14. Die Unterschrift ist eigenhändig zu schreiben.

Eine Nachbildung der eigenhändigen Schrift auf mechanischem Wege wird nur da als genügend anerkannt, wo deren Gebrauch im Verkehr üblich ist, insbesondere wo es sich um die Unterschrift auf Wertpapieren handelt, die in großer Zahl ausgegeben werden.

Für den Blinden ist die Unterschrift nur dann verbindlich, wenn sie beglaubigt ist, oder wenn nachgewiesen wird, daß er zur Zeit der Unterzeichnung den Inhalt der Urkunde gekannt hat.

622 V, 1085, 1100 Ziff. 6. Unterschrift: BGE 33 II 105. Blankett.

d) Ersatz der Unterschrift

15. Kann eine Person nicht unterschreiben, so ist es, mit Vorbehalt der Bestimmungen über den Wechsel, gestattet, die Unterschrift durch ein beglaubigtes Handzeichen zu ersetzen oder durch eine öffentliche Beurkundung ersetzen zu lassen.

2. Vertraglich vorbehaltene Form

16. Ist für einen Vertrag, der vom Gesetze an keine Form gebunden ist, die Anwendung einer solchen vorbehalten worden, so wird vermutet, daß die Parteien vor Erfüllung der Form nicht verpflichtet sein wollen.

Geht eine solche Abrede auf schriftliche Form ohne nähere Bezeichnung, so gelten für deren Erfüllung die Erfordernisse der gesetzlich vorgeschriebenen Schriftlichkeit.

<small>13/15. Abs. 1: BGE 105 II 75.</small>

C. Verpflichtungsgrund

17. Ein Schuldbekenntnis ist gültig auch ohne die Angabe eines Verpflichtungsgrundes.

<small>Formlosigkeit. 243. Bedeutung, Ordreklausel: BGE 65 II 81; 75 II 295.</small>

D. Auslegung der Verträge, Simulation

18. Bei der Beurteilung eines Vertrages sowohl nach Form als nach Inhalt ist der übereinstimmende wirkliche Wille und nicht die unrichtige Bezeichnung oder Ausdrucksweise zu beachten, die von den Parteien aus Irrtum oder in der Absicht gebraucht wird, die wahre Beschaffenheit des Vertrages zu verbergen.

Dem Dritten, der die Forderung im Vertrauen auf ein schriftliches Schuldbekenntnis erworben hat, kann der Schuldner die Einrede der Simulation nicht entgegensetzen.

<small>Abs.1: Auslegung: BGE 34 II 528; 64 II 11. Contra proferentem: BGE 87 II 95. Simulation: BGE 50 II 148; 54 II 438; 112 II 337. Fiduziarisches Rechtsgeschäft: BGE 71 II 99; 85 II 99. Inkasso: BGE 71 II 169. Usancen: BGE 47 II 163; 53 II 310. Lücke: BGE 83 II 308; ZGB 5.</small>

E. Inhalt des Vertrages
I. Bestimmung des Inhaltes

19. Der Inhalt des Vertrages kann innerhalb der Schranken des Gesetzes beliebig festgestellt werden.

Von den gesetzlichen Vorschriften abweichende Vereinbarungen sind nur zulässig, wo das Gesetz nicht eine unabänderliche Vorschrift aufstellt oder die Abweichung nicht einen Verstoß gegen die öffentliche Ordnung, gegen die guten Sitten oder gegen das Recht der Persönlichkeit in sich schließt.

<small>ZGB 27. Anh. IX (UWG). Bedeutung: BGE 80 II 39.</small>

II. Nichtigkeit

20. Ein Vertrag, der einen unmöglichen oder widerrechtlichen Inhalt hat oder gegen die guten Sitten verstößt, ist nichtig.

Betrifft aber der Mangel bloß einzelne Teile des Vertrages, so sind nur diese nichtig, sobald nicht anzunehmen ist, daß er ohne den nichtigen Teil überhaupt nicht geschlossen worden wäre.

<small>119. ZGB 28. Konkurrenzverbot. Boykott: BGE 57 II 342, 491; 85 II 496. Preiskartell: BGE 62 II 99. Höchstpreise: BGE 47 II 464. «Ewige Verpflichtung»: BGE 67 II 224. Abs. 1: BGE 80 II 329; 81 II 619; 109 II 15; 115 II 232. Abs. 2: BGE 107 II 216; 112 II 433.</small>

III. Übervorteilung

21. Wird ein offenbares Mißverhältnis zwischen der Leistung und der Gegenleistung durch einen Vertrag begründet, dessen Abschluß von dem einen Teil durch Ausbeutung der Notlage, der Unerfahrenheit oder des Leichtsinns des andern herbeigeführt worden ist, so kann der Verletzte innerhalb Jahresfrist erklären, daß er den Vertrag nicht halte, und das schon Geleistete zurückverlangen.

Die Jahresfrist beginnt mit dem Abschluß des Vertrages.

<small>Wucher: BGE 53 II 488. Unerfahrenheit, Leichtsinn: BGE 61 II 36. Art. 73 Abs. 2, 314 Anm.</small>

IV. Vorvertrag

22. Durch Vertrag kann die Verpflichtung zum Abschluß eines künftigen Vertrages begründet werden.

Wo das Gesetz zum Schutze der Vertragschließenden für die Gültigkeit des künftigen Vertrages eine Form vorschreibt, gilt diese auch für den Vorvertrag.

<small>165 II, 216 II. Bürgschaft: 493 VI.</small>

F. Mängel des Vertragsabschlusses
I. Irrtum
1. Wirkung

23. Der Vertrag ist für denjenigen unverbindlich, der sich beim Abschluß in einem wesentlichen Irrtum befunden hat.

2. Fälle des Irrtums

24. Der Irrtum ist namentlich in folgenden Fällen ein wesentlicher:

1. wenn der Irrende einen anderen Vertrag eingehen wollte als denjenigen, für den er seine Zustimmung erklärt hat;

1. Titel. Die Entstehung der Obligationen

2. wenn der Wille des Irrenden auf eine andere Sache oder, wo der Vertrag mit Rücksicht auf eine bestimmte Person abgeschlossen wurde, auf eine andere Person gerichtet war, als er erklärt hat;

3. wenn der Irrende eine Leistung von erheblich größerem Umfange versprochen hat oder eine Gegenleistung von erheblich geringerem Umfange sich hat versprechen lassen, als es sein Wille war;

4. wenn der Irrtum einen bestimmten Sachverhalt betraf, der vom Irrenden nach Treu und Glauben im Geschäftsverkehr als eine notwendige Grundlage des Vertrages betrachtet wurde.

Bezieht sich dagegen der Irrtum nur auf den Beweggrund zum Vertragsabschlusse, so ist er nicht wesentlich.

Bloße Rechnungsfehler hindern die Verbindlichkeit des Vertrages nicht, sind aber zu berichtigen.

Abs. 1, Ziff. 3: SVG 87 Abs. 2. BGE 102 II 81; 105 II 23. Ziff. 4: BGE 91 II 275; 109 II 105, 319; 113 II 25; 114 II 131. Abs. 3: BGE 116 II 685.

3. Geltendmachung gegen Treu und Glauben

25. Die Berufung auf den Irrtum ist unstatthaft, wenn sie Treu und Glauben widerspricht.

Insbesondere muß der Irrende den Vertrag gelten lassen, wie er ihn verstanden hat, sobald der andere sich hiezu bereit erklärt.

4. Fahrlässiger Irrtum

26. Hat der Irrende, der den Vertrag nicht gegen sich gelten läßt, seinen Irrtum der eigenen Fahrlässigkeit zuzuschreiben, so ist er zum Ersatze des aus dem Dahinfallen des Vertrages erwachsenen Schadens verpflichtet, es sei denn, daß der andere den Irrtum gekannt habe oder hätte kennen sollen.

Wo es der Billigkeit entspricht, kann der Richter auf Ersatz weiteren Schadens erkennen.

Voraussetzungen: BGE 69 II 238. Abs. 1: Negatives Vertragsinteresse, Vertrauensschaden. BGE 113 II 25.

5. Unrichtige Übermittlung

27. Wird beim Vertragsabschluß Antrag oder Annahme durch einen Boten oder auf andere Weise unrichtig übermittelt, so finden die Vorschriften über den Irrtum entsprechende Anwendung.

II. Absichtliche Täuschung

28. Ist ein Vertragschließender durch absichtliche Täuschung seitens des andern zu dem Vertragsabschlusse verleitet worden, so ist der Vertrag für ihn auch dann nicht verbindlich, wenn der erregte Irrtum kein wesentlicher war.

Die von einem Dritten verübte absichtliche Täuschung hindert die Verbindlichkeit für den Getäuschten nur, wenn der andere zur Zeit des Vertragsschlusses die Täuschung gekannt hat oder hätte kennen sollen.

<small>Zivilrechtlicher Betrug. 203. BGE 64 II 144; 81 II 219; 112 II 503. Gehilfen: BGE 63 II 78. Dolus eventualis: BGE 53 II 150. Verschweigen: BGE 116 II 431.</small>

III. Furchterregung
1. Abschluß des Vertrages

29. Ist ein Vertragschließender von dem andern oder von einem Dritten widerrechtlich durch Erregung gegründeter Furcht zur Eingehung eines Vertrages bestimmt worden, so ist der Vertrag für den Bedrohten unverbindlich.

Ist die Drohung von einem Dritten ausgegangen, so hat, wo es der Billigkeit entspricht, der Bedrohte, der den Vertrag nicht halten will, dem andern, wenn dieser die Drohung weder gekannt hat noch hätte kennen sollen, Entschädigung zu leisten.

<small>Abs. 1: Widerrechtlich: franz. Text «sans droit». Juristische Personen: BGE 76 II 368.
Abs. 2: Entschädigung 41 ff.</small>

2. Gegründete Furcht

30. Die Furcht ist für denjenigen eine gegründete, der nach den Umständen annehmen muß, daß er oder eine ihm nahe verbundene Person an Leib und Leben, Ehre oder Vermögen mit einer nahen und erheblichen Gefahr bedroht sei.

Die Furcht vor der Geltendmachung eines Rechtes wird nur dann berücksichtigt, wenn die Notlage des Bedrohten benutzt worden ist, um ihm die Einräumung übermäßiger Vorteile abzunötigen.

<small>Abs. 2: BGE 110 II 132.</small>

IV. Aufhebung des Mangels durch Genehmigung des Vertrages

31. Wenn der durch Irrtum, Täuschung oder Furcht beeinflußte Teil binnen Jahresfrist weder dem anderen eröffnet, daß er den

Vertrag nicht halte, noch eine schon erfolgte Leistung zurückfordert, so gilt der Vertrag als genehmigt.

Die Frist beginnt in den Fällen des Irrtums und der Täuschung mit der Entdeckung, in den Fällen der Furcht mit deren Beseitigung.

Die Genehmigung eines wegen Täuschung oder Furcht unverbindlichen Vertrages schließt den Anspruch auf Schadenersatz nicht ohne weiteres aus.

<small>23 ff. 28 II. 41 ff. Abs. 1, Form, Wirkung: BGE 64 II 135; 79 II 145. Abs. 2: BGE 82 II 425. Verwirkung: BGE 74 II 100.</small>

G. Stellvertretung
I. Mit Ermächtigung
1. Im allgemeinen
a) Wirkung der Vertretung

32. Wenn jemand, der zur Vertretung eines andern ermächtigt ist, in dessen Namen einen Vertrag abschließt, so wird der Vertretene und nicht der Vertreter berechtigt und verpflichtet.

Hat der Vertreter bei dem Vertragsabschlusse sich nicht als solchen zu erkennen gegeben, so wird der Vertretene nur dann unmittelbar berechtigt oder verpflichtet, wenn der andere aus den Umständen auf das Vertretungsverhältnis schließen mußte, oder wenn es ihm gleichgültig war, mit wem er den Vertrag schließe.

Ist dies nicht der Fall, so bedarf es einer Abtretung der Forderung oder einer Schuldübernahme nach den hiefür geltenden Grundsätzen.

<small>55, 101, 401, 425. IPRG 126. Bürgschaft: 493 VI. Selbstkontrahieren: BGE 89 II 324. Substitution: 398 III. Blankovollmacht: BGE 78 II 372.</small>

b) Umfang der Ermächtigung

33. Soweit die Ermächtigung, im Namen eines andern Rechtshandlungen vorzunehmen, aus Verhältnissen des öffentlichen Rechtes hervorgeht, ist sie nach den Vorschriften des öffentlichen Rechtes des Bundes und der Kantone zu beurteilen.

Ist die Ermächtigung durch Rechtsgeschäft eingeräumt, so beurteilt sich ihr Umfang nach dessen Inhalt.

Wird die Ermächtigung vom Vollmachtgeber einem Dritten mitgeteilt, so beurteilt sich ihr Umfang diesem gegenüber nach Maßgabe der erfolgten Kundgebung.

<small>396 III.</small>

2. Auf Grund von Rechtsgeschäft
a) Beschränkung und Widerruf

34. Eine durch Rechtsgeschäft erteilte Ermächtigung kann vom Vollmachtgeber jederzeit beschränkt oder widerrufen werden, unbeschadet der Rechte, die sich aus einem unter den Beteiligten bestehenden anderen Rechtsverhältnis, wie Einzelarbeitsvertrag, Gesellschaftsvertrag, Auftrag, ergeben können.

Ein vom Vollmachtgeber zum voraus erklärter Verzicht auf dieses Recht ist ungültig.

Hat der Vertretene die Vollmacht ausdrücklich oder tatsächlich kundgegeben, so kann er deren gänzlichen oder teilweisen Widerruf gutgläubigen Dritten nur dann entgegensetzen, wenn er ihnen auch diesen Widerruf mitgeteilt hat.

404, 565, 705, 726, 815, 905.

b) Einfluß von Tod, Handlungsunfähigkeit u. a.

35. Die durch Rechtsgeschäft erteilte Ermächtigung erlischt, sofern nicht das Gegenteil vereinbart ist oder aus der Natur des Geschäftes hervorgeht, mit dem Tod, der Verschollenerklärung, dem Verluste der Handlungsfähigkeit oder dem Konkurs des Vollmachtgebers oder des Bevollmächtigten.

Die nämliche Wirkung hat die Auflösung einer juristischen Person oder einer in das Handelsregister eingetragenen Gesellschaft.

Die gegenseitigen persönlichen Ansprüche werden hievon nicht berührt.

c) Rückgabe der Vollmachtsurkunde

36. Ist dem Bevollmächtigten eine Vollmachtsurkunde ausgestellt worden, so ist er nach dem Erlöschen der Vollmacht zur Rückgabe oder gerichtlichen Hinterlegung der Urkunde verpflichtet.

Wird er von dem Vollmachtgeber oder seinen Rechtsnachfolgern hiezu nicht angehalten, so sind diese den gutgläubigen Dritten für den Schaden verantwortlich.

d) Zeitpunkt der Wirkung des Erlöschens der Vollmacht

37. Solange das Erlöschen der Vollmacht dem Bevollmächtigten nicht bekannt geworden ist, berechtigt und verpflichtet er den Vollmachtgeber oder dessen Rechtsnachfolger, wie wenn die Vollmacht noch bestehen würde.

Ausgenommen sind die Fälle, in denen der Dritte vom Erlöschen der Vollmacht Kenntnis hatte.

II. Ohne Ermächtigung
1. Genehmigung

38. Hat jemand, ohne dazu ermächtigt zu sein, als Stellvertreter einen Vertrag abgeschlossen, so wird der Vertretene nur dann Gläubiger oder Schuldner, wenn er den Vertrag genehmigt.

Der andere ist berechtigt, von dem Vertretenen innerhalb einer angemessenen Frist eine Erklärung über die Genehmigung zu verlangen, und ist nicht mehr gebunden, wenn der Vertretene nicht binnen dieser Frist die Genehmigung erklärt.

<small>Falsus procurator. 540 II, 564, 605, 998, Anhang VIII 7.</small>

2. Nichtgenehmigung

39. Wird die Genehmigung ausdrücklich oder stillschweigend abgelehnt, so kann derjenige, der als Stellvertreter gehandelt hat, auf Ersatz des aus dem Dahinfallen des Vertrages erwachsenen Schadens belangt werden, sofern er nicht nachweist, daß der andere den Mangel der Vollmacht kannte oder hätte kennen sollen.

Bei Verschulden des Vertreters kann der Richter, wo es der Billigkeit entspricht, auf Ersatz weitern Schadens erkennen.

In allen Fällen bleibt die Forderung aus ungerechtfertigter Bereicherung vorbehalten.

<small>Abs. 1: BGE 104 II 94 (Verjährungsfrist); 116 II 689.</small>

III. Vorbehalt besonderer Vorschriften

40. In bezug auf die Vollmacht der Vertreter und Organe von Gesellschaften, der Prokuristen und anderer Handlungsbevollmächtigter bleiben die besonderen Vorschriften vorbehalten.

H. Widerrufsrecht bei Haustürgeschäften und ähnlichen Verträgen
I. Geltungsbereich

40a. Die nachfolgenden Bestimmungen sind auf Verträge über bewegliche Sachen und Dienstleistungen, die für den persönlichen oder familiären Gebrauch des Kunden bestimmt sind, anwendbar, wenn:

a) der Anbieter der Güter oder Dienstleistungen im Rahmen einer beruflichen oder gewerblichen Tätigkeit gehandelt hat und

b) die Leistung des Kunden 100 Franken übersteigt.

Die Bestimmungen gelten nicht für Versicherungsverträge.

Bei wesentlicher Veränderung der Kaufkraft des Geldes paßt der Bundesrat den in Absatz 1 Buchstabe b genannten Betrag entsprechend an.

II. Grundsatz

40b. Der Kunde kann seinen Antrag zum Vertragsabschluß oder seine Annahmeerklärung widerrufen, wenn ihm das Angebot gemacht wurde:

a) in Wohnräumen oder in ihrer unmittelbaren Umgebung;

b) in öffentlichen Verkehrsmitteln oder auf öffentlichen Straßen und Plätzen;

c) an einer Werbeveranstaltung, die mit einer Ausflugsfahrt oder einem ähnlichen Anlaß verbunden war.

III. Ausnahmen

40c. Der Kunde hat kein Widerrufsrecht, wenn er:

a) selber die Vertragsverhandlungen angeregt oder diese im Rahmen eines bestehenden Vertragsverhältnisses geführt hatte;

b) bereits früher mit dem Anbieter in gleicher Weise Verträge abgeschlossen oder vom Anbieter wiederholt gleichartige Sachen bezogen oder Dienstleistungen in Anspruch genommen hatte;

c) seine Erklärung an einem Markt- oder Messestand abgegeben hat.

IV. Orientierungspflicht des Anbieters

40d. Der Anbieter muß den Kunden über das Widerrufsrecht sowie über Form und Frist des Widerrufs unterrichten und ihm seine Adresse bekanntgeben.

V. Widerruf
1. Form und Frist

40e. Der Kunde muß dem Anbieter den Widerruf schriftlich erklären.

Die Widerrufsfrist beträgt sieben Tage und beginnt, sobald der Kunde:

1. Titel. Die Entstehung der Obligationen

a) den Vertrag beantragt oder angenommen hat und
b) sein Widerrufsrecht sowie die Adresse des Anbieters kennt.

Die Frist ist eingehalten, wenn die Widerrufserklärung am siebenten Tag der Post übergeben wird.

2. Folgen

40f. Hat der Kunde widerrufen, so müssen die Parteien bereits empfangene Leistungen zurückerstatten.

Hat der Kunde eine Sache bereits gebraucht, so schuldet er dem Anbieter einen angemessenen Mietzins.

Hat der Anbieter eine Dienstleistung erbracht, so muß ihm der Kunde Auslagen und Verwendungen nach den Bestimmungen über den Auftrag (Art. 402) ersetzen.

Der Kunde schuldet dem Anbieter keine weitere Entschädigung.

VI. Gerichtsstand

40g. Bei Streitigkeiten über das Widerrufsrecht kann der Kunde den Richter am Wohnsitz des Beklagten oder an seinem eigenen Wohnsitz anrufen.

2. Abschnitt **Die Entstehung durch unerlaubte Handlungen**

A. Haftung im allgemeinen
I. Voraussetzung der Haftung

41. Wer einem andern widerrechtlich Schaden zufügt, sei es mit Absicht, sei es aus Fahrlässigkeit, wird ihm zum Ersatze verpflichtet.

Ebenso ist zum Ersatze verpflichtet, wer einem andern in einer gegen die guten Sitten verstoßenden Weise absichtlich Schaden zufügt.

BGE 64 II 259; 66 II 121; 71 II 115; 112 II 32; 116 II 695 (Gefälligkeit). OR und Spezialgesetze: BGE 40 II 360. SVG 58 ff. KUVG 128/9. PatG 38 ff. MSchG 24 ff. MMG 24 ff. URG 42 ff. LuftfahrtG Art. 64, 77. ZivilschutzG Art. 77 ff. GewässerschutzG SR 814.20 Art. 35. AtomenergieG (SR 732.0) 12–26. Kernenergiehaftpflicht G (SR 732.44). IPRG 129 ff. Culpa in contrahendo: BGE 80 III 53; 105 II 75; 108 II 419. In Revision.

II. Festsetzung des Schadens

42. Wer Schadenersatz beansprucht, hat den Schaden zu beweisen.

Der nicht ziffermäßig nachweisbare Schaden ist nach Ermessen des Richters mit Rücksicht auf den gewöhnlichen Lauf der Dinge und auf die vom Geschädigten getroffenen Maßnahmen abzuschätzen.

<small>ZGB 8. Kausalzusammenhang: BGE 57 II 39, 110, 545; 60 II 419; 80 III 58. Wahrscheinlichkeitsbeweis: BGE 74 II 81; 81 II 55.</small>

III. Bestimmung des Ersatzes

43. Art und Größe des Ersatzes für den eingetretenen Schaden bestimmt der Richter, der hiebei sowohl die Umstände als die Größe des Verschuldens zu würdigen hat.

Wird Schadenersatz in Gestalt einer Rente zugesprochen, so ist der Schuldner gleichzeitig zur Sicherheitsleistung anzuhalten.

<small>EHG 3. ElektrG 36. SVG 58 ff. BGE 54 II 196. Abs. 1: BGE 82 II 31; 111 II 164.</small>

IV. Herabsetzungsgründe

44. Hat der Geschädigte in die schädigende Handlung eingewilligt, oder haben Umstände, für die er einstehen muß, auf die Entstehung oder Verschlimmerung des Schadens eingewirkt oder die Stellung des Ersatzpflichtigen sonst erschwert, so kann der Richter die Ersatzpflicht ermäßigen oder gänzlich von ihr entbinden.

Würde ein Ersatzpflichtiger, der den Schaden weder absichtlich noch grob fahrlässig verursacht hat, durch Leistung des Ersatzes in eine Notlage versetzt, so kann der Richter auch aus diesem Grunde die Ersatzpflicht ermäßigen.

<small>SVG 58 ff. EHG 5. ElektrG 27 ff. Abs. 1, Arglist: BGE 68 II 285.</small>

V. Besondere Fälle
1. Tötung und Körperverletzung
a) Schadenersatz bei Tötung

45. Im Falle der Tötung eines Menschen sind die entstandenen Kosten, insbesondere diejenigen der Bestattung, zu ersetzen.

Ist der Tod nicht sofort eingetreten, so muß namentlich auch für die Kosten der versuchten Heilung und für die Nachteile der Arbeitsunfähigkeit Ersatz geleistet werden.

Haben andere Personen durch die Tötung ihren Versorger verloren, so ist auch für diesen Schaden Ersatz zu leisten.

EHG 2. PostVG 47. Versorger: BGE 72 II 166, 196; 82 II 38, 134; 114 II 144. Schaden: BGE 64 II 424, 429; 66 II 177; 69 II 25. Arzt, Sorgfaltspflicht: BGE 70 II 209. Hausfrau, Mutter: BGE 101 II 257; 102 II 90; 108 II 434.

b) Schadenersatz bei Körperverletzung

46. Körperverletzung gibt dem Verletzten Anspruch auf Ersatz der Kosten, sowie auf Entschädigung für die Nachteile gänzlicher oder teilweiser Arbeitsunfähigkeit, unter Berücksichtigung der Erschwerung des wirtschaftlichen Fortkommens.

Sind im Zeitpunkte der Urteilsfällung die Folgen der Verletzung nicht mit hinreichender Sicherheit festzustellen, so kann der Richter bis auf zwei Jahre, vom Tage des Urteils an gerechnet, dessen Abänderung vorbehalten.

Erwerbsfähigkeit: BGE 65 II 234. Pfändbarkeit: BGE 58 II 129. Versicherungsleistungen: BGE 58 II 254; 73 II 40; 104 II 307. Abs. 1: BGE 111 II 295; 112 II 118; 116 II 295. EHG 3/4. ElektrG 36.

c) Leistung von Genugtuung

47. Bei Tötung eines Menschen oder Körperverletzung kann der Richter unter Würdigung der besonderen Umstände dem Verletzten oder den Angehörigen des Getöteten eine angemessene Geldsumme als Genugtuung zusprechen.

EHG 8. PostVG 47. ElektrG 42. Vererblich: BGE 81 II 389. Betrag: BGE 107 II 349; 108 II 422; 112 II 131; Selbstverschulden: BGE 116 II 733.

2. Unlauterer Wettbewerb

48. Ersetzt durch das Bundesgesetz über den unlauteren Wettbewerb Anh. IX.

3. Bei Verletzung der Persönlichkeit

49. Wer in seiner Persönlichkeit widerrechtlich verletzt wird, hat Anspruch auf Leistung einer Geldsumme als Genugtuung, sofern die Schwere der Verletzung es rechtfertigt und diese nicht anders wiedergutgemacht worden ist.

Anstatt oder neben dieser Leistung kann der Richter auch auf eine andere Art der Genugtuung erkennen.

Tort moral. ZGB 28. Anhang IX 2. Juristische Person: BGE 64 II 21. Abs. 1: BGE 112 II 220. BGE 115 II 474 (Ferien); 117 II 50.

VI. Haftung mehrerer
1. Bei unerlaubter Handlung

50. Haben mehrere den Schaden gemeinsam verschuldet, sei es als Anstifter, Urheber oder Gehilfen, so haften sie dem Geschädigten solidarisch.

Ob und in welchem Umfange die Beteiligten Rückgriff gegeneinander haben, wird durch richterliches Ermessen bestimmt.

Der Begünstiger haftet nur dann und nur so weit für Ersatz, als er einen Anteil an dem Gewinn empfangen oder durch seine Beteiligung Schaden verursacht hat.

<small>143 ff. IPRG 140. Gemeinsam: BGE 71 II 110.</small>

2. Bei verschiedenen Rechtsgründen

51. Haften mehrere Personen aus verschiedenen Rechtsgründen, sei es aus unerlaubter Handlung, aus Vertrag oder aus Gesetzesvorschrift dem Verletzten für denselben Schaden, so wird die Bestimmung über den Rückgriff unter Personen, die einen Schaden gemeinsam verschuldet haben, entsprechend auf sie angewendet.

Dabei trägt in der Regel derjenige in erster Linie den Schaden, der ihn durch unerlaubte Handlung verschuldet hat, und in letzter Linie derjenige, der ohne eigene Schuld und ohne vertragliche Verpflichtung nach Gesetzesvorschrift haftbar ist.

<small>101. Unechte Solidarität: Anm. zu 143. VVG 72, 96. BGE 81 II 167. KUVG 100, 129. ElektrG 28 ff. JagdG 13. Abs. 1: BGE 115 II 42. Abs. 2: BGE 115 II 24.</small>

VII. Haftung bei Notwehr, Notstand und Selbsthilfe

52. Wer in berechtigter Notwehr einen Angriff abwehrt, hat den Schaden, den er dabei dem Angreifer in seiner Person oder in seinem Vermögen zufügt, nicht zu ersetzen.

Wer in fremdes Vermögen eingreift, um drohenden Schaden oder Gefahr von sich oder einem andern abzuwenden, hat nach Ermessen des Richters Schadenersatz zu leisten.

Wer zum Zwecke der Sicherung eines berechtigten Anspruches sich selbst Schutz verschafft, ist dann nicht ersatzpflichtig, wenn nach den gegebenen Umständen amtliche Hilfe nicht rechtzeitig erlangt und nur durch Selbsthilfe eine Vereitelung des Anspruches oder eine wesentliche Erschwerung seiner Geltendmachung verhindert werden konnte.

<small>ZGB 701.</small>

VIII. Verhältnis zum Strafrecht

53. Bei der Beurteilung der Schuld oder Nichtschuld, Urteilsfä-

1. Titel. Die Entstehung der Obligationen   **54–56**

higkeit oder Urteilsunfähigkeit ist der Richter an die Bestimmungen über die strafrechtliche Zurechnungsfähigkeit oder an eine Freisprechung durch das Strafgericht nicht gebunden.

Ebenso ist das strafgerichtliche Erkenntnis mit Bezug auf die Beurteilung der Schuld und die Bestimmung des Schadens für den Zivilrichter nicht verbindlich.

60 II. Strafurteil: BGE 57 II 32. Abs. 2: BGE 107 II 151.

B. Haftung urteilsunfähiger Personen

54. Aus Billigkeit kann der Richter auch eine nicht urteilsfähige Person, die Schaden verursacht hat, zu teilweisem oder vollständigem Ersatze verurteilen.

Hat jemand vorübergehend die Urteilsfähigkeit verloren und in diesem Zustand Schaden angerichtet, so ist er hiefür ersatzpflichtig, wenn er nicht nachweist, daß dieser Zustand ohne sein Verschulden eingetreten ist.

ZGB 333 Abs. 1: BGE 102 II 226; 103 II 330.

C. Haftung des Geschäftsherrn

55. Der Geschäftsherr haftet für den Schaden, den seine Arbeitnehmer oder andere Hilfspersonen in Ausübung ihrer dienstlichen oder geschäftlichen Verrichtungen verursacht haben, wenn er nicht nachweist, daß er alle nach den Umständen gebotene Sorgfalt angewendet habe, um einen Schaden dieser Art zu verhüten, oder daß der Schaden auch bei Anwendung dieser Sorgfalt eingetreten wäre.

Der Geschäftsherr kann auf denjenigen, der den Schaden gestiftet hat, insoweit Rückgriff nehmen, als dieser selbst schadenersatzpflichtig ist.

101, 339, 585 IV, 718 III, 814 IV, 899 III. ZGB 55, 333. SVG 58. KUVG 129. Abs. 1: BGE 50 II 493; 68 II 289; 77 II 247; 110 II 456.

D. Haftung für Tiere
I. Ersatzpflicht

56. Für den von einem Tier angerichteten Schaden haftet, wer dasselbe hält, wenn er nicht nachweist, daß er alle nach den Umständen gebotene Sorgfalt in der Verwahrung und Beaufsichtigung angewendet habe, oder daß der Schaden auch bei Anwendung dieser Sorgfalt eingetreten wäre.

Vorbehalten bleibt ihm der Rückgriff, wenn das Tier von einem andern oder durch das Tier eines andern gereizt worden ist.

(Abs. 3: aufgehoben.)

JagdG. BGE 64 II 375; 67 II 28, 122; 104 II 23; 110 II 136; 115 II 237.

II. Pfändung des Tieres

57. Der Besitzer eines Grundstückes ist berechtigt, Dritten angehörige Tiere, die auf dem Grundstücke Schaden anrichten, zur Sicherung seiner Ersatzforderung einzufangen und in seinen Gewahrsam zu nehmen und, wo die Umstände es rechtfertigen, sogar zu töten.

Er ist jedoch verpflichtet, ohne Verzug dem Eigentümer davon Kenntnis zu geben und, sofern ihm dieser nicht bekannt ist, zu dessen Ermittelung das Nötige vorzukehren.

ZGB 700, 719, 725, 919.

E. Haftung des Werkeigentümers
I. Ersatzpflicht

58. Der Eigentümer eines Gebäudes oder eines andern Werkes hat den Schaden zu ersetzen, den diese infolge von fehlerhafter Anlage oder Herstellung oder von mangelhafter Unterhaltung verursachen.

Vorbehalten bleibt ihm der Rückgriff auf andere, die ihm hiefür verantwortlich sind.

254 ff. BGE 60 II 342; 69 II 398. Werk: BGE 61 II 255; 79 II 78. Kausalhaftung: BGE 35 II 243. Öffentl.-rechtliche Körperschaft, Gemeinwesen: BGE 63 II 145. 70 II 87; 91 II 201; 117 II 50.

II. Sichernde Maßregeln

59. Wer von dem Gebäude oder Werke eines andern mit Schaden bedroht ist, kann von dem Eigentümer verlangen, daß er die erforderlichen Maßregeln zur Abwendung der Gefahr treffe.

Vorbehalten bleiben die Anordnungen der Polizei zum Schutze von Personen und Eigentum.

ZGB 679. BGE 98 II 319.

F. Verjährung

60. Der Anspruch auf Schadenersatz oder Genugtuung verjährt in einem Jahre von dem Tage hinweg, wo der Geschädigte Kenntnis

1. Titel. Die Entstehung der Obligationen **61–62**

vom Schaden und von der Person des Ersatzpflichtigen erlangt hat, jedenfalls aber mit dem Ablaufe von zehn Jahren, vom Tage der schädigenden Handlung an gerechnet.

Wird jedoch die Klage aus einer strafbaren Handlung hergeleitet, für die das Strafrecht eine längere Verjährung vorschreibt, so gilt diese auch für den Zivilanspruch.

Ist durch die unerlaubte Handlung gegen den Verletzten eine Forderung begründet worden, so kann dieser die Erfüllung auch dann verweigern, wenn sein Anspruch aus der unerlaubten Handlung verjährt ist.

<small>Abs. 1, Kenntnis: BGE 79 II 436; 82 II 44. Abs. 2, Strafurteil: BGE 66 II 160; 91 II 429; 96 II 39; 106 II 213; 107 II 151. Anhang IX 7. SchKG 7. BankG 45. PatG 48. MSchG 28. MMG 27. URG 44. EHG 14. ElektrG 37. PostVG 45.</small>

G. Verantwortlichkeit öffentlicher Beamter und Angestellter

61. Über die Pflicht von öffentlichen Beamten oder Angestellten, den Schaden, den sie in Ausübung ihrer amtlichen Verrichtungen verursachen, zu ersetzen oder Genugtuung zu leisten, können der Bund und die Kantone auf dem Wege der Gesetzgebung abweichende Bestimmungen aufstellen.

Für gewerbliche Verrichtungen von öffentlichen Beamten oder Angestellten können jedoch die Bestimmungen dieses Abschnittes durch kantonale Gesetze nicht geändert werden.

<small>928. ZGB 5, 42, 59, 426 ff. SchKG 5. Kantonale Kompetenz: BGE 59 II 186; 63 II 30; 70 II 223. VerantwG 3 ff. BGE 77 I 95. Spitalarzt: BGE 111 II 149.</small>

3. Abschnitt Die Entstehung aus ungerechtfertigter Bereicherung

A. Voraussetzung
I. Im allgemeinen

62. Wer in ungerechtfertigter Weise aus dem Vermögen eines andern bereichert worden ist, hat die Bereicherung zurückzuerstatten.

Insbesondere tritt diese Verbindlichkeit dann ein, wenn jemand ohne jeden gültigen Grund oder aus einem nicht verwirklichten oder nachträglich weggefallenen Grund eine Zuwendung erhalten hat.

<small>1052, 1143 Z. 14. SchKG 86. IPRG 127 f. Abs. 1, Legitimation: BGE 70 II 121; 106 II 29.</small>

II. Zahlung einer Nichtschuld

63. Wer eine Nichtschuld freiwillig bezahlt, kann das Geleistete nur dann zurückfordern, wenn er nachzuweisen vermag, daß er sich über die Schuldpflicht im Irrtum befunden hat.

Ausgeschlossen ist die Rückforderung, wenn die Zahlung für eine verjährte Schuld oder in Erfüllung einer sittlichen Pflicht geleistet wurde.

Vorbehalten bleibt die Rückforderung einer bezahlten Nichtschuld nach Schuldbetreibungs- und Konkursrecht.

Rechtsirrtum: BGE 70 II 272. Entschuldbarkeit: BGE 64 II 127.
Öffentliches Recht: BGE 78 I 88.

B. Umfang der Rückerstattung
I. Pflicht des Bereicherten

64. Die Rückerstattung kann insoweit nicht gefordert werden, als der Empfänger nachweisbar zur Zeit der Rückforderung nicht mehr bereichert ist, es sei denn, daß er sich der Bereicherung entäußerte und hiebei nicht in gutem Glauben war oder doch mit der Rückerstattung rechnen mußte.

Bereicherung: BGE 73 II 108; 82 II 437.

II. Ansprüche aus Verwendungen

65. Der Empfänger hat Anspruch auf Ersatz der notwendigen und nützlichen Verwendungen, für letztere jedoch, wenn er beim Empfange nicht in gutem Glauben war, nur bis zum Betrage des zur Zeit der Rückerstattung noch vorhandenen Mehrwertes.

Für andere Verwendungen kann er keinen Ersatz verlangen, darf aber, wenn ihm ein solcher nicht angeboten wird, vor der Rückgabe der Sache, was er verwendet hat, wieder wegnehmen, soweit dies ohne Beschädigung der Sache selbst geschehen kann.

ZGB 939.

C. Ausschluß der Rückforderung

66. Was in der Absicht, einen rechtswidrigen oder unsittlichen Erfolg herbeizuführen, gegeben worden ist, kann nicht zurückgefordert werden.

Bedeutung: BGE 66 II 258; 74 II 27; 75 II 297; 99 Ia 417; 102 II 401.

D. Verjährung

67. Der Bereicherungsanspruch verjährt mit Ablauf eines Jahres, nachdem der Verletzte von seinem Anspruch Kenntnis erhalten hat, in jedem Fall aber mit Ablauf von zehn Jahren seit der Entstehung des Anspruchs.

Besteht die Bereicherung in einer Forderung an den Verletzten, so kann dieser die Erfüllung auch dann verweigern, wenn der Bereicherungsanspruch verjährt ist.

60 III, 127 ff., 109 (BGE 60 II 28), 1052 (BGE 53 II 119). Kenntnis: BGE 64 II 134; 82 II 429; 110 II 335. Mieter: BGE 105 II 92.

Zweiter Titel
Die Wirkung der Obligationen

1. Abschnitt Die Erfüllung der Obligationen

A. Allgemeine Grundsätze
I. Persönliche Leistung

68. Der Schuldner ist nur dann verpflichtet, persönlich zu erfüllen, wenn es bei der Leistung auf seine Persönlichkeit ankommt.

289, 306 II, 327, 529, 542.

II. Gegenstand der Erfüllung
1. Teilzahlung

69. Der Gläubiger braucht eine Teilzahlung nicht anzunehmen, wenn die gesamte Schuld feststeht und fällig ist.

Will der Gläubiger eine Teilzahlung annehmen, so kann der Schuldner die Zahlung des von ihm anerkannten Teiles der Schuld nicht verweigern.

85, 1029 II, 1143 Z. 8. ZGB 2. BGE 75 II 140.

2. Unteilbare Leistung

70. Ist eine unteilbare Leistung an mehrere Gläubiger zu entrichten, so hat der Schuldner an alle gemeinsam zu leisten, und jeder Gläubiger kann die Leistung an alle gemeinsam fordern.

Ist eine unteilbare Leistung von mehreren Schuldnern zu entrichten, so ist jeder Schuldner zu der ganzen Leistung verpflichtet.

Sofern sich aus den Umständen nicht etwas anderes ergibt, kann alsdann der Schuldner, der den Gläubiger befriedigt hat, von den übrigen Schuldnern verhältnismäßigen Ersatz verlangen, und es gehen, soweit ihm ein solcher Anspruch zusteht, die Rechte des befriedigten Gläubigers auf ihn über.

209.

3. Bestimmung nach der Gattung

71. Ist die geschuldete Sache nur der Gattung nach bestimmt, so steht dem Schuldner die Auswahl zu, insofern sich aus dem Rechtsverhältnis nicht etwas anderes ergibt.

Er darf jedoch nicht eine Sache unter mittlerer Qualität anbieten.
185 II.

4. Wahlobligation

72. Ist die Schuldpflicht in der Weise auf mehrere Leistungen gerichtet, daß nur die eine oder die andere erfolgen soll, so steht die Wahl dem Schuldner zu, insofern sich aus dem Rechtsverhältnis nicht etwas anderes ergibt.

5. Zinse

73. Geht die Schuldpflicht auf Zahlung von Zinsen und ist deren Höhe weder durch Vertrag noch durch Gesetz oder Übung bestimmt, so sind Zinse zu fünf vom Hundert für das Jahr zu bezahlen.

Dem öffentlichen Rechte bleibt es vorbehalten, Bestimmungen gegen Mißbräuche im Zinswesen aufzustellen.
104, 313/4, 1045/6. ZGB 795. BankG 10. Kantonal: BGE 80 II 329. Interkantonales Konkordat über Maßnahmen zur Bekämpfung von Mißbräuchen im Zinswesen vom 8. Oktober 1957, SR 221.121.1.

B. Ort der Erfüllung

74. Der Ort der Erfüllung wird durch den ausdrücklichen oder aus den Umständen zu schließenden Willen der Parteien bestimmt.

Wo nichts anderes bestimmt ist, gelten folgende Grundsätze:

1. Geldschulden sind an dem Orte zu zahlen, wo der Gläubiger zur Zeit der Erfüllung seinen Wohnsitz hat;

2. wird eine bestimmte Sache geschuldet, so ist diese da zu übergeben, wo sie sich zur Zeit des Vertragsabschlusses befand;

3. andere Verbindlichkeiten sind an dem Orte zu erfüllen, wo der Schuldner zur Zeit ihrer Entstehung seinen Wohnsitz hatte.

Wenn der Gläubiger seinen Wohnsitz, an dem er die Erfüllung fordern kann, nach der Entstehung der Schuld ändert und dem Schuldner daraus eine erhebliche Belästigung erwächst, so ist dieser berechtigt, an dem ursprünglichen Wohnsitze zu erfüllen.
189, 991 Z. 5, 1084, 1096 Z. 4, 1100 Z. 4, 1101. VVG 22.

C. Zeit der Erfüllung
I. Unbefristete Verbindlichkeit

75. Ist die Zeit der Erfüllung weder durch Vertrag noch durch die Natur des Rechtsverhältnisses bestimmt, so kann die Erfüllung sogleich geleistet und gefordert werden.

80, 102 II.

II. Befristete Verbindlichkeit
1. Monatstermin

76. Ist die Zeit auf Anfang oder Ende eines Monats festgesetzt, so ist darunter der erste oder der letzte Tag des Monates zu verstehen.

Ist die Zeit auf die Mitte eines Monates festgesetzt, so gilt der fünfzehnte dieses Monates.

2. Andere Fristbestimmung

77. Soll die Erfüllung einer Verbindlichkeit oder eine andere Rechtshandlung mit dem Ablaufe einer bestimmten Frist nach Abschluß des Vertrages erfolgen, so fällt ihr Zeitpunkt:

1. wenn die Frist nach Tagen bestimmt ist, auf den letzten Tag der Frist, wobei der Tag, an dem der Vertrag geschlossen wurde, nicht mit gerechnet und, wenn die Frist auf acht oder fünfzehn Tage lautet, nicht die Zeit von einer oder zwei Wochen verstanden wird, sondern volle acht oder fünfzehn Tage;

2. wenn die Frist nach Wochen bestimmt ist, auf denjenigen Tag der letzten Woche, der durch seinen Namen dem Tage des Vertragsabschlusses entspricht;

3. wenn die Frist nach Monaten oder einem mehrere Monate umfassenden Zeitraume (Jahr, halbes Jahr, Vierteljahr) bestimmt ist, auf denjenigen Tag des letzten Monates, der durch seine Zahl dem Tage des Vertragsabschlusses entspricht, und, wenn dieser Tag in dem letzten Monate fehlt, auf den letzten Tag dieses Monates.

Der Ausdruck «halber Monat» wird einem Zeitraume von fünfzehn Tagen gleichgeachtet, die, wenn eine Frist auf einen oder mehrere ganze Monate und einen halben Monat lautet, zuletzt zu zählen sind.

In gleicher Weise wird die Frist auch dann berechnet, wenn sie nicht von dem Tage des Vertragsabschlusses, sondern von einem andern Zeitpunkte an zu laufen hat.

Soll die Erfüllung innerhalb einer bestimmten Frist geschehen, so muß sie vor deren Ablauf erfolgen.

932 II, 1026. Europäisches Übereinkommen über die Berechnung von Fristen, vom 16. Mai 1972 (SR 0.221.122.3).

3. Sonn- und Feiertage

78. Fällt der Zeitpunkt der Erfüllung oder der letzte Tag einer Frist auf einen Sonntag oder auf einen andern am Erfüllungsorte staatlich anerkannten Feiertag, so gilt als Erfüllungstag oder als letzter Tag der Frist der nächstfolgende Werktag.

Abweichende Vereinbarungen bleiben vorbehalten.

1028, 1081 ff. Ausdehnung auf Samstag: SR 173.110.3.

III. Erfüllung zur Geschäftszeit

79. Die Erfüllung muß an dem festgesetzten Tage während der gewöhnlichen Geschäftszeit vollzogen und angenommen werden.

IV. Fristverlängerung

80. Ist die vertragsmäßige Frist verlängert worden, so beginnt die neue Frist, sofern sich aus dem Vertrage nicht etwas anderes ergibt, am ersten Tage nach Ablauf der alten Frist.

V. Vorzeitige Erfüllung

81. Sofern sich nicht aus dem Inhalt oder der Natur des Vertrages oder aus den Umständen eine andere Willensmeinung der Parteien ergibt, kann der Schuldner schon vor dem Verfalltage erfüllen.

Er ist jedoch nicht berechtigt, einen Diskonto abzuziehen, es sei denn, daß Übereinkunft oder Übung einen solchen gestatten.

VI. Bei zweiseitigen Verträgen
1. Ordnung in der Erfüllung

82. Wer bei einem zweiseitigen Vertrage den andern zur Erfüllung anhalten will, muß entweder bereits erfüllt haben oder die Erfüllung anbieten, es sei denn, daß er nach dem Inhalte oder der Natur des Vertrages erst später zu erfüllen hat.

107 ff. ZGB 2. Zweiseitig: BGE 84 II 149.

2. Rücksicht auf einseitige Zahlungsunfähigkeit

83. Ist bei einem zweiseitigen Vertrag der eine Teil zahlungsunfähig geworden, wie namentlich, wenn er in Konkurs geraten oder fruchtlos gepfändet ist, und wird durch diese Verschlechterung der Vermögenslage der Anspruch des andern gefährdet, so kann dieser seine Leistung so lange zurückhalten, bis ihm die Gegenleistung sichergestellt wird.

Wird er innerhalb einer angemessenen Frist auf sein Begehren nicht sichergestellt, so kann er vom Vertrage zurücktreten.

107, 266, 316, 354. ZGB 897. VVG 37, 55. Zahlungsunfähigkeit: BGE 68 II 179; 105 II 28. Abs. 2, Folge: BGE 64 II 265.

D. Zahlung
I. Landesmünze

84. Geldschulden sind in Landesmünze zu bezahlen.

Ist in dem Vertrage eine Münzsorte bestimmt, die am Zahlungsorte keinen gesetzlichen Kurs hat, so kann die geschuldete Summe nach ihrem Werte zur Verfallzeit dennoch in der Landesmünze bezahlt werden, sofern nicht durch den Gebrauch des Wortes «effektiv» oder eines ähnlichen Zusatzes die wortgetreue Erfüllung des Vertrages ausbedungen ist.

1031, 1092, 1122. Bedeutung: BGE 54 II 266; 74 II 90. BG über das Münzwesen vom 18. Dezember 1970, SR 941.10. BG über die Schweizer. Nationalbank vom 23. Dezember 1953, SR 951.11. IPRG 147.

II. Anrechnung
1. Bei Teilzahlung

85. Der Schuldner kann eine Teilzahlung nur insoweit auf das Kapital anrechnen, als er nicht mit Zinsen oder Kosten im Rückstande ist.

Sind dem Gläubiger für einen Teil seiner Forderung Bürgen gestellt, oder Pfänder oder andere Sicherheiten gegeben worden, so ist der Schuldner nicht berechtigt, eine Teilzahlung auf den gesicherten oder besser gesicherten Teil der Forderung anzurechnen.

69.

2. Bei mehreren Schulden
a) Nach Erklärung des Schuldners oder des Gläubigers

86. Hat der Schuldner mehrere Schulden an denselben Gläubiger zu bezahlen, so ist er berechtigt, bei der Zahlung zu erklären, welche Schuld er tilgen will.

Mangelt eine solche Erklärung, so wird die Zahlung auf

diejenige Schuld angerechnet, die der Gläubiger in seiner Quittung bezeichnet, vorausgesetzt, daß der Schuldner nicht sofort Widerspruch erhebt.

b) Nach Gesetzesvorschrift

87. Liegt weder eine gültige Erklärung über die Tilgung noch eine Bezeichnung in der Quittung vor, so ist die Zahlung auf die fällige Schuld anzurechnen, unter mehreren fälligen auf diejenige Schuld, für die der Schuldner zuerst betrieben worden ist, und hat keine Betreibung stattgefunden, auf die früher verfallene.

Sind sie gleichzeitig verfallen, so findet eine verhältnismäßige Anrechnung statt.

Ist keine der mehreren Schulden verfallen, so wird die Zahlung auf die Schuld angerechnet, die dem Gläubiger am wenigsten Sicherheit darbietet.

75 ff.

III. Quittung und Rückgabe des Schuldscheins
1. Recht des Schuldners

88. Der Schuldner, der eine Zahlung leistet, ist berechtigt, eine Quittung und, falls die Schuld vollständig getilgt wird, auch die Rückgabe des Schuldscheines oder dessen Entkräftung zu fordern.

Ist die Zahlung keine vollständige oder sind in dem Schuldscheine auch andere Rechte des Gläubigers beurkundet, so kann der Schuldner außer der Quittung nur die Vormerkung auf dem Schuldscheine verlangen.

2. Wirkung

89. Werden Zinse oder andere periodische Leistungen geschuldet, so begründet die für eine spätere Leistung ohne Vorbehalt ausgestellte Quittung die Vermutung, es seien die früher fällig gewordenen Leistungen entrichtet.

Ist eine Quittung für die Kapitalschuld ausgestellt, so wird vermutet, daß auch die Zinse bezahlt seien.

Die Rückgabe des Schuldscheines an den Schuldner begründet die Vermutung, daß die Schuld getilgt sei.

73.

3. Unmöglichkeit der Rückgabe

90. Behauptet der Gläubiger, es sei der Schuldschein abhanden gekommen, so kann der Schuldner bei der Zahlung fordern, daß der Gläubiger die Entkräftung des Schuldscheines und die Tilgung der Schuld in einer öffentlichen oder beglaubigten Urkunde erkläre.

Vorbehalten bleiben die Bestimmungen über Kraftloserklärung von Wertpapieren.

E. Verzug des Gläubigers
I. Voraussetzung

91. Der Gläubiger kommt in Verzug, wenn er die Annahme der gehörig angebotenen Leistung oder die Vornahme der ihm obliegenden Vorbereitungshandlungen, ohne die der Schuldner zu erfüllen nicht imstande ist, ungerechtfertigterweise verweigert.

211. Abruf-, Sukzessivliefergeschäft: BGE 59 II 306.

II. Wirkung
1. Bei Sachleistungen
a) Recht zur Hinterlegung

92. Wenn der Gläubiger sich im Verzuge befindet, so ist der Schuldner berechtigt, die geschuldete Sache auf Gefahr und Kosten des Gläubigers zu hinterlegen und sich dadurch von seiner Verbindlichkeit zu befreien.

Den Ort der Hinterlegung hat der Richter des Erfüllungsortes zu bestimmen, jedoch können Waren auch ohne richterliche Bestimmung in einem Lagerhause hinterlegt werden.

b) Recht zum Verkauf

93. Ist nach der Beschaffenheit der Sache oder nach der Art des Geschäftsbetriebes eine Hinterlegung nicht tunlich, oder ist die Sache dem Verderben ausgesetzt, oder erheischt sie Unterhaltungs- oder erhebliche Aufbewahrungskosten, so kann der Schuldner nach vorgängiger Androhung mit Bewilligung des Richters die Sache öffentlich verkaufen lassen und den Erlös hinterlegen.

Hat die Sache einen Börsen- oder Marktpreis oder ist sie im Verhältnis zu den Kosten von geringem Werte, so braucht der Verkauf kein öffentlicher zu sein und kann vom Richter auch ohne vorgängige Androhung gestattet werden.

Selbsthilfeverkauf. 82.

c) Recht zur Rücknahme

94. Der Schuldner ist so lange berechtigt, die hinterlegte Sache wieder zurückzunehmen, als der Gläubiger deren Annahme noch nicht erklärt hat oder als nicht infolge der Hinterlegung ein Pfandrecht aufgehoben worden ist.

Mit dem Zeitpunkte der Rücknahme tritt die Forderung mit allen Nebenrechten wieder in Kraft.

2. Bei anderen Leistungen

95. Handelt es sich um die Verpflichtung zu einer andern als einer Sachleistung, so kann der Schuldner beim Verzug des Gläubigers nach den Bestimmungen über den Verzug des Schuldners vom Vertrage zurücktreten.

F. Andere Verhinderung der Erfüllung

96. Kann die Erfüllung der schuldigen Leistung aus einem andern in der Person des Gläubigers liegenden Grunde oder infolge einer unverschuldeten Ungewißheit über die Person des Gläubigers weder an diesen noch an einen Vertreter geschehen, so ist der Schuldner zur Hinterlegung oder zum Rücktritt berechtigt, wie beim Verzug des Gläubigers.

Ungewißheit: BGE 59 II 232.

2. Abschnitt Die Folgen der Nichterfüllung
A. Ausbleiben der Erfüllung
I. Ersatzpflicht des Schuldners
1. Im allgemeinen

97. Kann die Erfüllung der Verbindlichkeit überhaupt nicht oder nicht gehörig bewirkt werden, so hat der Schuldner für den daraus entstehenden Schaden Ersatz zu leisten, sofern er nicht beweist, daß ihm keinerlei Verschulden zur Last falle.

Die Art der Zwangsvollstreckung steht unter den Bestimmungen des Schuldbetreibungs- und Konkursrechtes und der eidgenössischen und kantonalen Vollstreckungsvorschriften.

119. BGE 41 II 736; 82 II 338; 111 II 263; 113 II 246.

2. Bei Verbindlichkeit zu einem Tun oder Nichttun

98. Ist der Schuldner zu einem Tun verpflichtet, so kann sich der Gläubiger, unter Vorbehalt seiner Ansprüche auf Schadenersatz, ermächtigen lassen, die Leistung auf Kosten des Schuldners vorzunehmen.

Ist der Schuldner verpflichtet, etwas nicht zu tun, so hat er schon bei bloßem Zuwiderhandeln den Schaden zu ersetzen.

Überdies kann der Gläubiger die Beseitigung des rechtswidrigen Zustandes verlangen und sich ermächtigen lassen, diesen auf Kosten des Schuldners zu beseitigen.

BGE 114 II 329.

II. Maß der Haftung und Umfang des Schadenersatzes
1. Im allgemeinen

99. Der Schuldner haftet im allgemeinen für jedes Verschulden.

Das Maß der Haftung richtet sich nach der besonderen Natur des Geschäftes und wird insbesondere milder beurteilt, wenn das Geschäft für den Schuldner keinerlei Vorteil bezweckt.

Im übrigen finden die Bestimmungen über das Maß der Haftung bei unerlaubten Handlungen auf das vertragswidrige Verhalten entsprechende Anwendung.

2. Wegbedingung der Haftung

100. Eine zum voraus getroffene Verabredung, wonach die Haftung für rechtswidrige Absicht oder grobe Fahrlässigkeit ausgeschlossen sein würde, ist nichtig.

Auch ein zum voraus erklärter Verzicht auf Haftung für leichtes Verschulden kann nach Ermessen des Richters als nichtig betrachtet werden, wenn der Verzichtende zur Zeit seiner Erklärung im Dienst des andern Teiles stand, oder wenn die Verantwortlichkeit aus dem Betriebe eines obrigkeitlich konzessionierten Gewerbes folgt.

Vorbehalten bleiben die besondern Vorschriften über den Versicherungsvertrag.

Freizeichnung. Abs. 3: VVG 97, 98.

3. Haftung für Hilfspersonen

101. Wer die Erfüllung einer Schuldpflicht oder die Ausübung eines Rechtes aus einem Schuldverhältnis, wenn auch befugter Weise, durch eine Hilfsperson, wie Hausgenossen oder Arbeitnehmer, vornehmen läßt, hat dem andern den Schaden zu ersetzen, den die Hilfspersonen in Ausübung ihrer Verrichtungen verursacht.

Diese Haftung kann durch eine zum voraus getroffene Verabredung beschränkt oder aufgehoben werden.

Steht aber der Verzichtende im Dienst des andern oder folgt

die Verantwortlichkeit aus dem Betriebe eines obrigkeitlich konzessionierten Gewerbes, so darf die Haftung höchstens für leichtes Verschulden wegbedungen werden.

<small>55. ZGB 55. Rechtsnatur: BGE 80 II 253. Abs. 1: BGE 92 II 239; 108 II 420; 112 II 347; 117 II 65.</small>

B. Verzug des Schuldners
I. Voraussetzung

102. Ist eine Verbindlichkeit fällig, so wird der Schuldner durch Mahnung des Gläubigers in Verzug gesetzt.

Wurde für die Erfüllung ein bestimmter Verfalltag verabredet, oder ergibt sich ein solcher infolge einer vorbehaltenen und gehörig vorgenommenen Kündigung, so kommt der Schuldner schon mit Ablauf dieses Tages in Verzug.

<small>75. Fixgeschäft: 108 Ziff. 3, 190. VVG 20.</small>

II. Wirkung
1. Haftung für Zufall

103. Befindet sich der Schuldner im Verzuge, so hat er Schadenersatz wegen verspäteter Erfüllung zu leisten und haftet auch für den Zufall.

Er kann sich von dieser Haftung durch den Nachweis befreien, daß der Verzug ohne jedes Verschulden von seiner Seite eingetreten ist oder daß der Zufall auch bei rechtzeitiger Erfüllung den Gegenstand der Leistung zum Nachteile des Gläubigers betroffen hätte.

<small>Abs. 2: BGE 117 II 65.</small>

2. Verzugszinse
a) Im allgemeinen

104. Ist der Schuldner mit der Zahlung einer Geldschuld in Verzug, so hat er Verzugszinse zu fünf vom Hundert für das Jahr zu bezahlen, selbst wenn die vertragsmäßigen Zinsen weniger betragen.

Sind durch Vertrag höhere Zinse als fünf vom Hundert, sei es direkt, sei es durch Verabredung einer periodischen Bankprovision, ausbedungen worden, so können sie auch während des Verzuges gefordert werden.

Unter Kaufleuten können für die Zeit, wo der übliche Bank-

2. Titel. Die Wirkung der Obligationen

diskonto am Zahlungsorte fünf vom Hundert übersteigt, die Verzugszinse zu diesem höheren Zinsfuße berechnet werden.

73. ZGB 818 Abs. 2. Abs. 3: BGE 116 II 140.

b) Bei Zinsen, Renten, Schenkungen

105. Ein Schuldner, der mit der Zahlung von Zinsen oder mit der Entrichtung von Renten oder mit der Zahlung einer geschenkten Summe im Verzuge ist, hat erst vom Tage der Anhebung der Betreibung oder der gerichtlichen Klage an Verzugszinse zu bezahlen.

Eine entgegenstehende Vereinbarung ist nach den Grundsätzen über Konventionalstrafe zu beurteilen.

Von Verzugszinsen dürfen keine Verzugszinse berechnet werden.

Abs. 1: SchKG 149 Abs. 4. Abs. 2: 160ff.

3. Weiterer Schaden

106. Hat der Gläubiger einen größeren Schaden erlitten, als ihm durch die Verzugszinse vergütet wird, so ist der Schuldner zum Ersatze auch dieses Schadens verpflichtet, wenn er nicht beweist, daß ihm keinerlei Verschulden zur Last falle.

Läßt sich dieser größere Schaden zum voraus abschätzen, so kann der Richter den Ersatz schon im Urteil über den Hauptanspruch festsetzen.

1045/6. Kursverlust: BGE 60 II 340; 76 II 375; 109 II 436.

4. Rücktritt und Schadenersatz
a) Unter Fristansetzung

107. Wenn sich ein Schuldner bei zweiseitigen Verträgen im Verzuge befindet, so ist der Gläubiger berechtigt, ihm eine angemessene Frist zur nachträglichen Erfüllung anzusetzen oder durch die zuständige Behörde ansetzen zu lassen.

Wird auch bis zum Ablaufe dieser Frist nicht erfüllt, so kann der Gläubiger immer noch auf Erfüllung nebst Schadenersatz wegen Verspätung klagen, statt dessen aber auch, wenn er es unverzüglich erklärt, auf die nachträgliche Leistung verzichten und entweder Ersatz des aus der Nichterfüllung entstandenen Schadens verlangen oder vom Vertrage zurücktreten.

82, 97, 214. BGE 49 II 33. Kursverlust: BGE 60 II 340. Sukzessivliefergeschäft: BGE 52 II 142; 84 II 150. Wahlerklärung: BGE 54 II 313; 76 II 304; 86 II 234. Positive Vertragsverletzung: BGE 69 II 244. Schaden: BGE 116 II 441.

b) Ohne Fristansetzung

108. Die Ansetzung einer Frist zur nachträglichen Erfüllung ist nicht erforderlich:

    1. wenn aus dem Verhalten des Schuldners hervorgeht, daß sie sich als unnütz erweisen würde;

    2. wenn infolge Verzuges des Schuldners die Leistung für den Gläubiger nutzlos geworden ist;

    3. wenn sich aus dem Vertrage die Absicht der Parteien ergibt, daß die Leistung genau zu einer bestimmten oder bis zu einer bestimmten Zeit erfolgen soll.

<small>Bedeutung: BGE 54 II 31. Ziff. 3: Fixgeschäft. 190, 214/5, 226, 254.</small>

c) Wirkung des Rücktritts

109. Wer vom Vertrage zurücktritt, kann die versprochene Gegenleistung verweigern und das Geleistete zurückfordern.

Überdies hat er Anspruch auf Ersatz des aus dem Dahinfallen des Vertrages erwachsenen Schadens, sofern der Schuldner nicht nachweist, daß ihm keinerlei Verschulden zur Last falle.

<small>Negatives Vertragsinteresse. BGE 61 II 256. 208/9; 114 II 152. VVG 21, 25.</small>

3. Abschnitt   Beziehungen zu dritten Personen

A. Eintritt eines Dritten

110. Soweit ein Dritter den Gläubiger befriedigt, gehen dessen Rechte von Gesetzes wegen auf ihn über:

    1. wenn er eine für eine fremde Schuld verpfändete Sache einlöst, an der ihm das Eigentum oder ein beschränktes dingliches Recht zusteht;

    2. wenn der Schuldner dem Gläubiger anzeigt, daß der Zahlende an die Stelle des Gläubigers treten soll.

<small>Subrogation. 70, 149, 401, 505, 1062. ZGB 827 II. Versicherung: BGE 64 II 139. Ziff.1: BGE 108 II 188.</small>

B. Vertrag zu Lasten eines Dritten

111. Wer einem andern die Leistung eines Dritten verspricht, ist, wenn sie nicht erfolgt, zum Ersatze des hieraus entstandenen Schadens verpflichtet.

<small>430. Garantievertrag und Bürgschaft: Siehe Art. 492 Anm.</small>

C. Vertrag zugunsten eines Dritten
I. Im allgemeinen

112. Hat sich jemand, der auf eigenen Namen handelt, eine

Leistung an einen Dritten zu dessen Gunsten versprechen lassen, so ist er berechtigt, zu fordern, daß an den Dritten geleistet werde.

Der Dritte oder sein Rechtsnachfolger kann selbständig die Erfüllung fordern, wenn es die Willensmeinung der beiden andern war, oder wenn es der Übung entspricht.

In diesem Falle kann der Gläubiger den Schuldner nicht mehr entbinden, sobald der Dritte dem letzteren erklärt hat, von seinem Rechte Gebrauch machen zu wollen.
VVG 60, 76 ff. SVG 65, 75, 76.

II. Bei Haftpflichtversicherung

113. Wenn ein Dienstherr gegen die Folgen der gesetzlichen Haftpflicht versichert war und der Dienstpflichtige nicht weniger als die Hälfte an die Prämien geleistet hat, so steht der Anspruch aus der Versicherung ausschließlich dem Dienstpflichtigen zu.
VVG 60, 87.

Dritter Titel
Das Erlöschen der Obligationen

A. Erlöschen der Nebenrechte

114. Geht eine Forderung infolge ihrer Erfüllung oder auf andere Weise unter, so erlöschen alle ihre Nebenrechte, wie namentlich die Bürgschaften und Pfandrechte.

Bereits erlaufene Zinse können nur dann nachgefordert werden, wenn diese Befugnis des Gläubigers verabredet oder den Umständen zu entnehmen ist.

Vorbehalten bleiben die besonderen Vorschriften über das Grundpfandrecht, die Wertpapiere und den Nachlaßvertrag.
68 ff., 115 ff., 120 ff., 980. ZGB 863. SchKG 303. IPRG 148.

B. Aufhebung durch Übereinkunft

115. Eine Forderung kann durch Übereinkunft ganz oder zum Teil auch dann formlos aufgehoben werden, wenn zur Eingehung der Verbindlichkeit eine Form erforderlich oder von den Vertragschließenden gewählt war.
Erlaß: BGE 52 II 220. 54 II 202; 69 II 377.

C. Neuerung
I. Im allgemeinen

116. Die Tilgung einer alten Schuld durch Begründung einer neuen wird nicht vermutet.

Insbesondere bewirkt die Eingehung einer Wechselverbindlichkeit mit Rücksicht auf eine bestehende Schuld oder die Ausstellung eines neuen Schuld- oder Bürgschaftsscheines, wenn es nicht anders vereinbart wird, keine Neuerung der bisherigen Schuld.

Novation. BGE 114 II 258.

II. Beim Konto-Korrent-Verhältnis

117. Die Einsetzung der einzelnen Posten in einen Konto-Korrent hat keine Neuerung zur Folge.

Eine Neuerung ist jedoch anzunehmen, wenn der Saldo gezogen und anerkannt wird.

Bestehen für einen einzelnen Posten besondere Sicherheiten, so werden sie, unter Vorbehalt anderer Vereinbarung, durch die Ziehung und Anerkennung des Saldos nicht aufgehoben.

Abs. 2: BGE 104 II 190.

D. Vereinigung

118. Wenn die Eigenschaften des Gläubigers und des Schuldners in einer Person zusammentreffen, so gilt die Forderung als durch Vereinigung erloschen.

Wird die Vereinigung rückgängig, so lebt die Forderung wieder auf.

Vorbehalten bleiben die besondern Vorschriften über das Grundpfandrecht und die Wertpapiere.

1001, 1108, 1152. ZGB 863. Erbe: BGE 71 II 220.

E. Unmöglichwerden einer Leistung

119. Soweit durch Umstände, die der Schuldner nicht zu verantworten hat, seine Leistung unmöglich geworden ist, gilt die Forderung als erloschen.

Bei zweiseitigen Verträgen haftet der hienach freigewordene Schuldner für die bereits empfangene Gegenleistung aus ungerechtfertigter Bereicherung und verliert die noch nicht erfüllte Gegenforderung.

Ausgenommen sind die Fälle, in denen die Gefahr nach Gesetzesvorschrift oder nach dem Inhalt des Vertrages vor der Erfüllung auf den Gläubiger übergeht.

20, 62 ff., 97, 185, 207, 376 III, 378, 390. Unmöglichkeit: BGE 57 II 534; 69 II 100; 111 II 352; 112 II 235.

F. Verrechnung
I. Voraussetzung
1. Im allgemeinen

120. Wenn zwei Personen einander Geldsummen oder andere Leistungen, die ihrem Gegenstande nach gleichartig sind, schulden, so kann jede ihre Schuld, insofern beide Forderungen fällig sind, mit ihrer Forderung verrechnen.

Der Schuldner kann die Verrechnung geltend machen, auch wenn seine Gegenforderung bestritten wird.

Eine verjährte Forderung kann zur Verrechnung gebracht werden, wenn sie zu der Zeit, wo sie mit der andern Forderung verrechnet werden konnte, noch nicht verjährt war.

75, 573. Gleichartigkeit: BGE 63 II 391. Öffentl. Recht: BGE 72 I 379.

2. Bei Bürgschaft

121. Der Bürge kann die Befriedigung des Gläubigers verweigern, soweit dem Hauptschuldner das Recht der Verrechnung zusteht.

502.

3. Bei Verträgen zugunsten Dritter

122. Wer sich zugunsten eines Dritten verpflichtet hat, kann diese Schuld nicht mit Forderungen, die ihm gegen den andern zustehen, verrechnen.

112. VVG 17 III, 18 III.

4. Im Konkurse des Schuldners

123. Im Konkurse des Schuldners können die Gläubiger ihre Forderungen, auch wenn sie nicht fällig sind, mit Forderungen, die dem Gemeinschuldner ihnen gegenüber zustehen, verrechnen.

Die Ausschließung oder Anfechtung der Verrechnung im Konkurse des Schuldners steht unter den Vorschriften des Schuldbetreibungs- und Konkursrechts.

SchKG 213/4.

II. Wirkung der Verrechnung

124. Eine Verrechnung tritt nur insofern ein, als der Schuldner dem Gläubiger zu erkennen gibt, daß er von seinem Rechte der Verrechnung Gebrauch machen wolle.

Ist dies geschehen, so wird angenommen, Forderung und Gegenforderung seien, soweit sie sich ausgleichen, schon in dem Zeitpunkte getilgt worden, in dem sie zur Verrechnung geeignet einander gegenüberstanden.

Vorbehalten bleiben die besonderen Übungen des kaufmännischen Konto-Korrent-Verkehres.

117.

III. Fälle der Ausschließung

125. Wider den Willen des Gläubigers können durch Verrechnung nicht getilgt werden:

1. Verpflichtungen zur Rückgabe oder zum Ersatze hinterlegter, widerrechtlich entzogener oder böswillig vorenthaltener Sachen;

2. Verpflichtungen, deren besondere Natur die tatsächliche Erfüllung an den Gläubiger verlangt, wie Unterhaltsansprüche und Lohnguthaben, die zum Unterhalte des Gläubigers und seiner Familie unbedingt erforderlich sind;

3. Verpflichtungen gegen das Gemeinwesen aus öffentlichem Rechte.

340. Ziff. 3: BGE 110 V 183.

IV. Verzicht

126. Auf die Verrechnung kann der Schuldner zum voraus Verzicht leisten.

Voraussetzungen: BGE 72 II 28.

G. Verjährung
I. Fristen
1. Zehn Jahre

127. Mit Ablauf von zehn Jahren verjähren alle Forderungen, für die das Bundeszivilrecht nicht etwas anderes bestimmt.

60, 67, 210, 251, 315, 371, 454, 591, 619, 760, 919, 1069, 1098. ZGB. IPRG 148.
Rechtsmißbrauch: BGE 76 II 117. Natur, Zweck: BGE 90 II 437.

2. Fünf Jahre

128. Mit Ablauf von fünf Jahren verjähren die Forderungen:

1. für Miet-, Pacht- und Kapitalzinse, sowie für andere periodische Leistungen;
2. aus Lieferung von Lebensmitteln, für Beköstigung und für Wirtsschulden;
3. aus Handwerksarbeit, Kleinverkauf von Waren, ärztlicher Besorgung, Berufsarbeiten von Anwälten, Rechtsagenten, Prokuratoren und Notaren sowie aus dem Arbeitsverhältnis von Arbeitnehmern.

Periodisch: BGE 78 II 149. Verzugszins: BGE 52 II 217. Ziff. 3: BGE 116 II 428.

3. Unabänderlichkeit der Fristen

129. Die in diesem Titel aufgestellten Verjährungsfristen können durch Verfügung der Beteiligten nicht abgeändert werden.

4. Beginn der Verjährung
a) Im allgemeinen

130. Die Verjährung beginnt mit der Fälligkeit der Forderung.

Ist eine Forderung auf Kündigung gestellt, so beginnt die Verjährung mit dem Tag, auf den die Kündigung zulässig ist.

b) Bei periodischen Leistungen

131. Bei Leibrenten und ähnlichen periodischen Leistungen beginnt die Verjährung für das Forderungsrecht im ganzen mit dem Zeitpunkte, in dem die erste rückständige Leistung fällig war.

Ist das Forderungsrecht im ganzen verjährt, so sind es auch die einzelnen Leistungen.

5. Berechnung der Fristen

132. Bei der Berechnung der Frist ist der Tag, von dem an die Verjährung läuft, nicht mitzurechnen und die Verjährung erst dann als beendigt zu betrachten, wenn der letzte Tag unbenützt verstrichen ist.

Im übrigen gelten die Vorschriften für die Fristberechnungen bei der Erfüllung auch für die Verjährung.

II. Wirkung auf Nebenansprüche

133. Mit dem Hauptanspruche verjähren die aus ihm entspringenden Zinsen- und andere Nebenansprüche.

73, 114.

III. Hinderung und Stillstand der Verjährung

134. Die Verjährung beginnt nicht und steht stille, falls sie begonnen hat:

1. für Forderungen der Kinder gegen die Eltern während der Dauer der elterlichen Gewalt;
2. für Forderungen der Mündel gegen den Vormund und die vormundschaftlichen Behörden während der Dauer der Vormundschaft;
3. für Forderungen der Ehegatten gegen einander während der Dauer der Ehe;
4. für Forderungen der Arbeitnehmer, die mit dem Arbeitgeber in Hausgemeinschaft leben, während der Dauer des Arbeitsverhältnisses;
5. solange dem Schuldner an der Forderung eine Nutznießung zusteht;
6. solange eine Forderung vor einem schweizerischen Gerichte nicht geltend gemacht werden kann.

Nach Ablauf des Tages, an dem diese Verhältnisse zu Ende gehen, nimmt die Verjährung ihren Anfang oder, falls sie begonnen hatte, ihren Fortgang.

Vorbehalten bleiben die besonderen Vorschriften des Schuldbetreibungs- und Konkursrechtes.

ZGB 586 II. SchKG 207 III, 297. Ziff. 6: BGE 88 II 290; 90 II 437.

IV. Unterbrechung der Verjährung
1. Unterbrechungsgründe

135. Die Verjährung wird unterbrochen:

1. durch Anerkennung der Forderung von seiten des Schuldners, namentlich auch durch Zins- und Abschlagszahlungen, Pfand- und Bürgschaftsbestellung;
2. durch Schuldbetreibung, durch Klage oder Einrede vor einem Gerichte oder Schiedsgericht, sowie durch Eingabe im Konkurse und Ladung zu einem amtlichen Sühneversuch.

1070. Ziff.1, Stundung: BGE 65 II 232. Ziff.2, Klage, Zeitpunkt: BGE 63 II 170; 65 II 166; 114 II 261. Verwirkung: BGE 74 II 100.

2. Wirkung der Unterbrechung unter Mitverpflichteten

136. Die Unterbrechung der Verjährung gegen einen Solidarschuldner oder den Mitschuldner einer unteilbaren Leistung wirkt auch gegen die übrigen Mitschuldner.

3. Titel. Das Erlöschen der Obligationen

Ist die Verjährung gegen den Hauptschuldner unterbrochen, so ist sie es auch gegen den Bürgen.

Dagegen wirkt die gegen den Bürgen eingetretene Unterbrechung nicht gegen den Hauptschuldner.

1071. Abs. 1: BGE 104 II 225.

3. Beginn einer neuen Frist
a) Bei Anerkennung und Urteil

137. Mit der Unterbrechung beginnt die Verjährung von neuem.

Wird die Forderung durch Ausstellung einer Urkunde anerkannt oder durch Urteil des Richters festgestellt, so ist die neue Verjährungsfrist stets die zehnjährige.

b) Bei Handlungen des Gläubigers

138. Wird die Verjährung durch eine Klage oder Einrede unterbrochen, so beginnt im Verlaufe des Rechtsstreites mit jeder gerichtlichen Handlung der Parteien und mit jeder Verfügung oder Entscheidung des Richters die Verjährung von neuem.

Erfolgt die Unterbrechung durch Schuldbetreibung, so beginnt mit jedem Betreibungsakt die Verjährung von neuem.

Geschieht die Unterbrechung durch Eingabe im Konkurse, so beginnt die neue Verjährung mit dem Zeitpunkte, in dem die Forderung nach dem Konkursrechte wieder geltend gemacht werden kann.

Abs. 1: BGE 106 II 32.

V. Nachfrist bei Rückweisung der Klage

139. Ist die Klage oder die Einrede wegen Unzuständigkeit des angesprochenen Richters oder wegen eines verbesserlichen Fehlers angebrachtermaßen oder als vorzeitig zurückgewiesen worden, so beginnt, falls die Verjährungsfrist unterdessen abgelaufen ist, eine neue Frist von sechzig Tagen zur Geltendmachung des Anspruches.

Verwirkung: BGE 61 II 154.

VI. Verjährung bei Fahrnispfandrecht

140. Durch das Bestehen eines Fahrnispfandrechtes wird die Verjährung einer Forderung nicht ausgeschlossen, ihr Eintritt verhindert jedoch den Gläubiger nicht an der Geltendmachung des Pfandrechtes.

VII. Verzicht auf die Verjährung

141. Auf die Verjährung kann nicht zum voraus verzichtet werden.

Der Verzicht eines Solidarschuldners kann den übrigen Solidarschuldnern nicht entgegengehalten werden.

Dasselbe gilt unter mehreren Schuldnern einer unteilbaren Leistung und für den Bürgen beim Verzicht des Hauptschuldners.

VIII. Geltendmachung

142. Der Richter darf die Verjährung nicht von Amtes wegen berücksichtigen.

Vierter Titel

Besondere Verhältnisse bei Obligationen

1. Abschnitt Die Solidarität

A. Solidarschuld
I. Entstehung

143. Solidarität unter mehreren Schuldnern entsteht, wenn sie erklären, daß dem Gläubiger gegenüber jeder einzeln für die Erfüllung der ganzen Schuld haften wolle.

Ohne solche Willenserklärung entsteht Solidarität nur in den vom Gesetze bestimmten Fällen.

50, 51, 308, 403, 478, 497, 544, 568, 645, 759, 797, 802, 869, 918, 1044. IPRG 143. Unechte Solidarität: BGE 55 II 315. 59 II 367, 1044; 62 II 139; 63 II 149.

II. Verhältnis zwischen Gläubiger und Schuldner
1. Wirkung
a) Haftung der Schuldner

144. Der Gläubiger kann nach seiner Wahl von allen Solidarschuldnern je nur einen Teil oder das Ganze fordern.

Sämtliche Schuldner bleiben so lange verpflichtet, bis die ganze Forderung getilgt ist.

b) Einreden der Schuldner

145. Ein Solidarschuldner kann dem Gläubiger nur solche Einreden entgegensetzen, die entweder aus seinem persönlichen Verhältnisse zum Gläubiger oder aus dem gemeinsamen Entstehungsgrunde oder Inhalte der solidarischen Verbindlichkeit hervorgehen.

Jeder Solidarschuldner wird den andern gegenüber verantwortlich, wenn er diejenigen Einreden nicht geltend macht, die allen gemeinsam zustehen.
IPRG 145.

c) Persönliche Handlung des Einzelnen

146. Ein Solidarschuldner kann, soweit es nicht anders bestimmt ist, durch seine persönliche Handlung die Lage der andern nicht erschweren.
141 II.

2. Erlöschen der Solidarschuld

147. Soweit ein Solidarschuldner durch Zahlung oder Verrechnung den Gläubiger befriedigt hat, sind auch die übrigen befreit.

Wird ein Solidarschuldner ohne Befriedigung des Gläubigers befreit, so wirkt die Befreiung zugunsten der andern nur so weit, als die Umstände oder die Natur der Verbindlichkeit es rechtfertigen.
Abs. 2: BGE 107 II 226 (Vergleich).

III. Verhältnis unter den Solidarschuldnern
1. Beteiligung

148. Sofern sich aus dem Rechtsverhältnisse unter den Solidarschuldnern nicht etwas anderes ergibt, hat von der an den Gläubiger geleisteten Zahlung ein jeder einen gleichen Teil zu übernehmen.

Bezahlt ein Solidarschuldner mehr als seinen Teil, so hat er für den Mehrbetrag Rückgriff auf seine Mitschuldner.

Was von einem Mitschuldner nicht erhältlich ist, haben die übrigen gleichmäßig zu tragen.
50 II. IPRG 144.

2. Übergang der Gläubigerrechte

149. Auf den rückgriffsberechtigten Solidarschuldner gehen in demselben Maße, als er den Gläubiger befriedigt hat, dessen Rechte über.

Der Gläubiger ist dafür verantwortlich, daß er die rechtliche Lage des einen Solidarschuldners nicht zum Schaden der übrigen besser stelle.
Subrogation. 110, 505.

B. Solidarforderung

150. Solidarität unter mehreren Gläubigern entsteht, wenn der

Schuldner erklärt, jeden einzelnen auf die ganze Forderung berechtigen zu wollen, sowie in den vom Gesetze bestimmten Fällen.

Die Leistung an einen der Solidargläubiger befreit den Schuldner gegenüber allen.

Der Schuldner hat die Wahl, an welchen Solidargläubiger er bezahlen will, solange er nicht von einem rechtlich belangt worden ist.

264, 399.

2. Abschnitt Die Bedingungen

A. Aufschiebende Bedingungen
I. Im allgemeinen

151. Ein Vertrag, dessen Verbindlichkeit vom Eintritte einer ungewissen Tatsache abhängig gemacht wird, ist als bedingt anzusehen.

Für den Beginn der Wirkungen ist der Zeitpunkt maßgebend, in dem die Bedingung in Erfüllung geht, sofern nicht auf eine andere Absicht der Parteien geschlossen werden muß.

II. Zustand bei schwebender Bedingung

152. Der bedingt Verpflichtete darf, solange die Bedingung schwebt, nichts vornehmen, was die gehörige Erfüllung seiner Verbindlichkeit hindern könnte.

Der bedingt Berechtigte ist befugt, bei Gefährdung seiner Rechte dieselben Sicherungsmaßregeln zu verlangen, wie wenn seine Forderung eine unbedingte wäre.

Verfügungen während der Schwebezeit sind, wenn die Bedingung eintritt, insoweit hinfällig, als sie deren Wirkung beeinträchtigen.

III. Nutzen in der Zwischenzeit

153. Ist die versprochene Sache dem Gläubiger vor Eintritt der Bedingung übergeben worden, so kann er, wenn die Bedingung erfüllt wird, den inzwischen bezogenen Nutzen behalten.

Wenn die Bedingung nicht eintritt, so hat er das Bezogene herauszugeben.

B. Auflösende Bedingung

154. Ein Vertrag, dessen Auflösung vom Eintritte einer Bedingung abhängig gemacht worden ist, verliert seine Wirksamkeit mit dem Zeitpunkte, wo die Bedingung in Erfüllung geht.

Eine Rückwirkung findet in der Regel nicht statt.
Resolutivbedingung.

C. Gemeinsame Vorschriften
I. Erfüllung der Bedingung

155. Ist die Bedingung auf eine Handlung eines der Vertragschließenden gestellt, bei der es auf dessen Persönlichkeit nicht ankommt, so kann sie auch von seinen Erben erfüllt werden.
68. ZGB 560. SchKG 211 II.

II. Verhinderung wider Treu und Glauben

156. Eine Bedingung gilt als erfüllt, wenn ihr Eintritt von dem einen Teile wider Treu und Glauben verhindert worden ist.
BGE 109 II 20; 113 II 31.

III. Unzulässige Bedingungen

157. Wird eine Bedingung in der Absicht beigefügt, eine widerrechtliche oder unsittliche Handlung oder Unterlassung zu befördern, so ist der bedingte Anspruch nichtig.
20. ZGB 482 II, III.

3. Abschnitt Haft- und Reugeld. Lohnabzüge. Konventionalstrafe

A. Haft- und Reugeld

158. Das beim Vertragsabschlusse gegebene An- oder Draufgeld gilt als Haft-, nicht als Reugeld.

Wo nicht Vertrag oder Ortsgebrauch etwas anderes bestimmen, verbleibt das Haftgeld dem Empfänger ohne Abzug von seinem Anspruche.

Ist ein Reugeld verabredet worden, so kann der Geber gegen Zurücklassung des bezahlten und der Empfänger gegen Erstattung des doppelten Betrages von dem Vertrage zurücktreten.
Abs. 1: Arrha. BGE 110 II 141.

B. Lohnabzüge

159. Aufgehoben 1. Jan. 1972.

C. Konventionalstrafe
I. Recht des Gläubigers
1. Verhältnis der Strafe zur Vertragserfüllung

160. Wenn für den Fall der Nichterfüllung oder der nicht richtigen Erfüllung eines Vertrages eine Konventionalstrafe versprochen ist, so ist der Gläubiger mangels anderer Abrede nur berechtigt, entweder die Erfüllung oder die Strafe zu fordern.

Wurde die Strafe für Nichteinhaltung der Erfüllungszeit oder des Erfüllungsortes versprochen, so kann sie nebst der Erfüllung des Vertrages gefordert werden, solange der Gläubiger nicht ausdrücklich Verzicht leistet oder die Erfüllung vorbehaltlos annimmt.

Dem Schuldner bleibt der Nachweis vorbehalten, daß ihm gegen Erlegung der Strafe der Rücktritt freistehen sollte.

_{359. ZGB 91 II.}

2. Verhältnis der Strafe zum Schaden

161. Die Konventionalstrafe ist verfallen, auch wenn dem Gläubiger kein Schaden erwachsen ist.

Übersteigt der erlittene Schaden den Betrag der Strafe, so kann der Gläubiger den Mehrbetrag nur so weit einfordern, als er ein Verschulden nachweist.

3. Verfall von Teilzahlungen

162. Die Abrede, daß Teilzahlungen im Falle des Rücktrittes dem Gläubiger verbleiben sollen, ist nach den Vorschriften über die Konventionalstrafe zu beurteilen.

Die Vorschriften über das Abzahlungsgeschäft bleiben vorbehalten.

226ff. ZGB 715/6.

II. Höhe, Ungültigkeit und Herabsetzung der Strafe

163. Die Konventionalstrafe kann von den Parteien in beliebiger Höhe bestimmt werden.

Sie kann nicht gefordert werden, wenn sie ein widerrechtliches oder unsittliches Versprechen bekräftigen soll und, mangels anderer Abrede, wenn die Erfüllung durch einen vom Schuldner nicht zu vertretenden Umstand unmöglich geworden ist.

Übermäßig hohe Konventionalstrafen hat der Richter nach seinem Ermessen herabzusetzen.

<small>20. Abs. 2: BGE 73 II 161. Abs. 3, «übermäßig»: BGE 68 II 174; 82 II 146.</small>

Fünfter Titel
Die Abtretung von Forderungen und die Schuldübernahme

A. Abtretung von Forderungen
I. Erfordernisse
1. Freiwillige Abtretung
a) Zulässigkeit

164. Der Gläubiger kann eine ihm zustehende Forderung ohne Einwilligung des Schuldners an einen andern abtreten, soweit nicht Gesetz, Vereinbarung oder Natur des Rechtsverhältnisses entgegenstehen.

Dem Dritten, der die Forderung im Vertrauen auf ein schriftliches Schuldbekenntnis erworben hat, das ein Verbot der Abtretung nicht enthält, kann der Schuldner die Einrede, daß die Abtretung durch Vereinbarung ausgeschlossen worden sei, nicht entgegensetzen.

<small>Forderungen und andere Rechte: BGE 39 I 261. Zukünftige Forderungen: BGE 57 II 538; 113 II 163. Inkasso: BGE 71 II 169. Abstraktheit: BGE 67 II 127. Fiduziarische Abtretung: BGE 72 II 72. – 289, 306, 327, 529, 542; ZGB 93 II, 758; EHG 15.</small>

b) Form des Vertrages

165. Die Abtretung bedarf zu ihrer Gültigkeit der schriftlichen Form.

Die Verpflichtung zum Abschluß eines Abtretungsvertrages kann formlos begründet werden.

<small>12 ff. Blankozession: BGE 82 II 51. Rückzession: BGE 71 II 170. Abs. 1: BGE 105 II 83.</small>

2. Übergang kraft Gesetzes oder Richterspruchs

166. Bestimmen Gesetz oder richterliches Urteil, daß eine Forderung auf einen andern übergeht, so ist der Übergang Dritten gegenüber wirksam, ohne daß es einer besondern Form oder auch nur einer Willenserklärung des bisherigen Gläubigers bedarf.

<small>70 III, 110, 149, 170, 401, 505. IPRG 146.</small>

II. Wirkung der Abtretung
1. Stellung des Schuldners
a) Zahlung in gutem Glauben

167. Wenn der Schuldner, bevor ihm der Abtretende oder der Erwerber die Abtretung angezeigt hat, in gutem Glauben an den frühern Gläubiger oder, im Falle mehrfacher Abtretung, an einen im Rechte nachgehenden Erwerber Zahlung leistet, so ist er gültig befreit.

b) Verweigerung der Zahlung und Hinterlegung

168. Ist die Frage, wem eine Forderung zustehe, streitig, so kann der Schuldner die Zahlung verweigern und sich durch gerichtliche Hinterlegung befreien.

Zahlt der Schuldner, obschon er von dem Streite Kenntnis hat, so tut er es auf seine Gefahr.

Ist der Streit vor dem Gericht anhängig und die Schuld fällig, so kann jede Partei den Schuldner zur Hinterlegung anhalten.

BGE 105 II 273.

c) Einreden des Schuldners

169. Einreden, die der Forderung des Abtretenden entgegenstanden, kann der Schuldner auch gegen den Erwerber geltend machen, wenn sie schon zu der Zeit vorhanden waren, als er von der Abtretung Kenntnis erhielt.

Ist eine Gegenforderung des Schuldners in diesem Zeitpunkt noch nicht fällig gewesen, so kann er sie dennoch zur Verrechnung bringen, wenn sie nicht später als die abgetretene Forderung fällig geworden ist.

2. Übergang der Vorzugs- und Nebenrechte, Urkunden und Beweismittel

170. Mit der Forderung gehen die Vorzugs- und Nebenrechte über, mit Ausnahme derer, die untrennbar mit der Person des Abtretenden verknüpft sind.

Der Abtretende ist verpflichtet, dem Erwerber die Schuldurkunde und alle vorhandenen Beweismittel auszuliefern und ihm die zur Geltendmachung der Forderung nötigen Aufschlüsse zu erteilen.

5. Titel. Abtretung von Forderungen und Schuldübernahme

Es wird vermutet, daß mit der Hauptforderung auch die rückständigen Zinse auf den Erwerber übergehen.

Abs.1: BGE 103 II 75.

3. Gewährleistung
a) Im allgemeinen

171. Bei der entgeltlichen Abtretung haftet der Abtretende für den Bestand der Forderung zur Zeit der Abtretung.

Für die Zahlungsfähigkeit des Schuldners dagegen haftet der Abtretende nur dann, wenn er sich dazu verpflichtet hat.

Bei der unentgeltlichen Abtretung haftet der Abtretende auch nicht für den Bestand der Forderung.

Umfang: BGE 82 II 523. Zahlungsunfähigkeit: BGE 68 II 179.

b) Bei Abtretung zahlungshalber

172. Hat ein Gläubiger seine Forderung zum Zwecke der Zahlung abgetreten ohne Bestimmung des Betrages, zu dem sie angerechnet werden soll, so muß der Erwerber sich nur diejenige Summe anrechnen lassen, die er vom Schuldner erhält oder bei gehöriger Sorgfalt hätte erhalten können.

c) Umfang der Haftung

173. Der Abtretende haftet vermöge der Gewährleistung nur für den empfangenen Gegenwert nebst Zinsen und überdies für die Kosten der Abtretung und des erfolglosen Vorgehens gegen den Schuldner.

Geht eine Forderung von Gesetzes wegen auf einen andern über, so haftet der bisherige Gläubiger weder für den Bestand der Forderung noch für die Zahlungsfähigkeit des Schuldners.

III. Besondere Bestimmungen

174. Wo das Gesetz für die Übertragung von Forderungen besondere Bestimmungen aufstellt, bleiben diese vorbehalten.

1001ff., 1108f., 1152. ZGB 869.

B. Schuldübernahme
I. Schuldner und Schuldübernehmer

175. Wer einem Schuldner verspricht, seine Schuld zu übernehmen, verpflichtet sich, ihn von der Schuld zu befreien, sei es durch Befriedigung des Gläubigers oder dadurch, daß er sich an seiner Statt mit Zustimmung des Gläubigers zu dessen Schuldner macht.

Der Übernehmer kann zur Erfüllung dieser Pflicht vom Schuldner nicht angehalten werden, solange dieser ihm gegenüber den Verpflichtungen nicht nachgekommen ist, die dem Schuldübernahmevertrag zugrunde liegen.

Unterbleibt die Befreiung des alten Schuldners, so kann dieser vom neuen Schuldner Sicherheit verlangen.

Abs. 1: BGE 110 II 340. Erfüllungsversprechen: BGE 73 II 177.

II. Vertrag mit dem Gläubiger
1. Antrag und Annahme

176. Der Eintritt eines Schuldübernehmers in das Schuldverhältnis an Stelle und mit Befreiung des bisherigen Schuldners erfolgt durch Vertrag des Übernehmers mit dem Gläubiger.

Der Antrag des Übernehmers kann dadurch erfolgen, daß er, oder mit seiner Ermächtigung der bisherige Schuldner, dem Gläubiger von der Übernahme der Schuld Mitteilung macht.

Die Annahmeerklärung des Gläubigers kann ausdrücklich erfolgen oder aus den Umständen hervorgehen und wird vermutet, wenn der Gläubiger ohne Vorbehalt vom Übernehmer eine Zahlung annimmt oder einer anderen schuldnerischen Handlung zustimmt.

Privative und kumulative Schuldübernahme: BGE 46 II 68.

2. Wegfall des Antrags

177. Die Annahme durch den Gläubiger kann jederzeit erfolgen, der Übernehmer wie der bisherige Schuldner können jedoch dem Gläubiger für die Annahme eine Frist setzen, nach deren Ablauf die Annahme bei Stillschweigen des Gläubigers als verweigert gilt.

Wird vor der Annahme durch den Gläubiger eine neue Schuldübernahme verabredet und auch von dem neuen Übernehmer dem Gläubiger der Antrag gestellt, so wird der vorhergehende Übernehmer befreit.

III. Wirkung des Schuldnerwechsels
1. Nebenrechte

178. Die Nebenrechte werden vom Schuldnerwechsel, soweit sie nicht mit der Person des bisherigen Schuldners untrennbar verknüpft sind, nicht berührt.

5. Titel. Abtretung von Forderungen und Schuldübernahme 179–181

Von Dritten bestellte Pfänder sowie die Bürgen haften jedoch dem Gläubiger nur dann weiter, wenn der Verpfänder oder der Bürge der Schuldübernahme zugestimmt hat.

493 Abs. 2, Zeitpunkt: BGE 67 II 130.

2. Einreden

179. Die Einreden aus dem Schuldverhältnis stehen dem neuen Schuldner zu wie dem bisherigen.

Die Einreden, die der bisherige Schuldner persönlich gegen den Gläubiger gehabt hat, kann der neue Schuldner diesem, soweit nicht aus dem Vertrag mit ihm etwas anderes hervorgeht, nicht entgegenhalten.

Der Übernehmer kann die Einreden, die ihm gegen den Schuldner aus dem der Schuldübernahme zugrunde liegenden Rechtsverhältnis zustehen, gegen den Gläubiger nicht geltend machen.

Abs. 3 nicht anwendbar auf 181: BGE 60 II 106.

IV. Dahinfallen des Schuldübernahmevertrages

180. Fällt ein Übernahmevertrag als unwirksam dahin, so lebt die Verpflichtung des frühern Schuldners mit allen Nebenrechten, unter Vorbehalt der Rechte gutgläubiger Dritter, wieder auf.

Außerdem kann der Gläubiger von dem Übernehmer Ersatz des Schadens verlangen, der ihm hierbei infolge des Verlustes früher erlangter Sicherheiten oder dergleichen entstanden ist, insoweit der Übernehmer nicht darzutun vermag, daß ihm an dem Dahinfallen der Schuldübernahme und an der Schädigung des Gläubigers keinerlei Verschulden zur Last falle.

V. Übernahme eines Vermögens oder eines Geschäftes

181. Wer ein Vermögen oder ein Geschäft mit Aktiven und Passiven übernimmt, wird den Gläubigern aus den damit verbundenen Schulden ohne weiteres verpflichtet, sobald von dem Übernehmer die Übernahme den Gläubigern mitgeteilt oder in öffentlichen Blättern ausgekündigt worden ist.

Der bisherige Schuldner haftet jedoch solidarisch mit dem neuen noch während zwei Jahren, die für fällige Forderungen mit der Mitteilung oder Auskündung und bei später fällig werdenden Forderungen mit Eintritt der Fälligkeit zu laufen beginnen.

Im übrigen hat diese Schuldübernahme die gleiche Wirkung wie die Übernahme einer einzelnen Schuld.
592 II, 612, 748, 750, 824, 914, 953. Abs. 2, Frist: BGE 63 II 16.

VI. Vereinigung und Umwandlung von Geschäften

182. Wird ein Geschäft mit einem andern durch wechselseitige Übernahme von Aktiven und Passiven vereinigt, so stehen die Gläubiger der beiden Geschäfte unter den Wirkungen der Vermögensübernahme, und es wird ihnen das vereinigte Geschäft für alle Schulden haftbar.

Das gleiche gilt für den Fall der Bildung einer Kollektiv- oder Kommanditgesellschaft gegenüber den Passiven des Geschäftes, das bisher durch einen Einzelinhaber geführt worden ist.
749, 914, SchUeb 4.

VII. Erbteilung und Grundstückkauf

183. Die besondern Bestimmungen betreffend die Schuldübernahme bei Erbteilung und bei Veräußerung verpfändeter Grundstücke bleiben vorbehalten.
ZGB 639, 832 ff., 852.

Zweite Abteilung
Die einzelnen Vertragsverhältnisse

Sechster Titel
Kauf und Tausch

1. Abschnitt Allgemeine Bestimmungen

A. Rechte und Pflichten im allgemeinen

184. Durch den Kaufvertrag verpflichtet sich der Verkäufer, dem Käufer den Kaufgegenstand zu übergeben und ihm das Eigentum daran zu verschaffen, und der Käufer, dem Verkäufer den Kaufpreis zu bezahlen.

Sofern nicht Vereinbarung oder Übung entgegenstehen, sind Verkäufer und Käufer verpflichtet, ihre Leistungen gleichzeitig – Zug um Zug – zu erfüllen.

Der Preis ist genügend bestimmt, wenn er nach den Umständen bestimmbar ist.
Elektrizitätslieferung: BGE 76 II 107. Trödelvertrag: BGE 58 II 351; 70 II 106. Nebenpunkte: BGE 71 II 270. Abs. 3: Anh. IX Art. 16 ff. Preisüberwachungsgesetz SR 942.20. IPRG 118.

B. Nutzen und Gefahr

185. Sofern nicht besondere Verhältnisse oder Verabredungen eine Ausnahme begründen, gehen Nutzen und Gefahr der Sache mit dem Abschlusse des Vertrages auf den Erwerber über.

Ist die veräußerte Sache nur der Gattung nach bestimmt, so muß sie überdies ausgeschieden und, wenn sie versendet werden soll, zur Versendung abgegeben sein.

Bei Verträgen, die unter einer aufschiebenden Bedingung abgeschlossen sind, gehen Nutzen und Gefahr der veräußerten Sache erst mit dem Eintritte der Bedingung auf den Erwerber über.
Abs. 3: Vgl. 153.

C. Vorbehalt der kantonalen Gesetzgebung

186. Der kantonalen Gesetzgebung bleibt es vorbehalten, die Klagbarkeit von Forderungen aus dem Kleinvertriebe geistiger Getränke, einschließlich der Forderung für Wirtszeche, zu beschränken oder auszuschließen.
ZGB 5.

2. Abschnitt Der Fahrniskauf

A. Gegenstand

187. Als Fahrniskauf ist jeder Kauf anzusehen, der nicht eine Liegenschaft oder ein in das Grundbuch als Grundstück aufgenommenes Recht zum Gegenstande hat.

Bestandteile eines Grundstückes, wie Früchte oder Material auf Abbruch oder aus Steinbrüchen, bilden den Gegenstand eines Fahrniskaufes, wenn sie nach ihrer Lostrennung auf den Erwerber als bewegliche Sachen übergehen sollen.

Abs. 2: ZGB 642. Vgl. Haager Übereinkommen betr. das auf internationale Kaufverträge über bewegliche Sachen anzuwendende Recht, vom 15. Juni 1955, SR 0.221.211.4. Übereinkommen der Vereinten Nationen über Verträge über den internationalen Warenkauf («Wiener Konvention») vom 11. April 1980 (SR 0.221.211.1).

B. Verpflichtungen des Verkäufers
I. Übergabe
1. Kosten der Übergabe

188. Sofern nicht etwas anderes vereinbart worden oder üblich ist, trägt der Verkäufer die Kosten der Übergabe, insbesondere des Messens und Wägens, der Käufer dagegen die der Beurkundung und der Abnahme.

Deklarationsverordnung: SR 941.281.

2. Transportkosten

189. Muß die verkaufte Sache an einen andern als den Erfüllungsort versendet werden, so trägt der Käufer die Transportkosten, sofern nicht etwas anderes vereinbart oder üblich ist.

Ist Frankolieferung verabredet, so wird vermutet, der Verkäufer habe die Transportkosten übernommen.

Ist Franko- und zollfreie Lieferung verabredet, so gelten die Ausgangs-, Durchgangs- und Eingangszölle, die während des Transportes, nicht aber die Verbrauchssteuern, die bei Empfang der Sache erhoben werden, als mitübernommen.

74 Ziff. 3. SchKG 203. Distanzkauf. Frankoklausel: BGE 46 II 461; 52 II 365.

3. Verzug in der Übergabe
a) Rücktritt im kaufm. Verkehr

190. Ist im kaufmännischen Verkehr ein bestimmter Lieferungstermin verabredet und kommt der Verkäufer in Verzug, so wird vermutet, daß der Käufer auf die Lieferung verzichte und Schadenersatz wegen Nichterfüllung beanspruche.

Zieht der Käufer vor, die Lieferung zu verlangen, so hat er es dem Verkäufer nach Ablauf des Termines unverzüglich anzuzeigen.

Fixgeschäft. 102 II, 108 Ziff. 3 Abs. 1: BGE 116 II 436.

b) Schadenersatzpflicht und Schadenberechnung

191. Kommt der Verkäufer seiner Vertragspflicht nicht nach, so hat er den Schaden, der dem Käufer hieraus entsteht, zu ersetzen.

Der Käufer kann als seinen Schaden im kaufmännischen Verkehr die Differenz zwischen dem Kaufpreis und dem Preise, um den er sich einen Ersatz für die nicht gelieferte Sache in guten Treuen erworben hat, geltend machen.

Bei Waren, die einen Markt- oder Börsenpreis haben, kann er, ohne sich den Ersatz anzuschaffen, die Differenz zwischen dem Vertragspreise und dem Preise zur Erfüllungszeit als Schadenersatz verlangen.

Abs. 1: 103. Positives Vertragsinteresse. Abs. 2: Deckungskauf, konkreter Schaden. Abs. 3: Abstrakter Schaden: BGE 78 II 432. Abs. 2, 3: BGE 81 II 52.

II. Gewährleistung des veräußerten Rechtes
1. Verpflichtung zur Gewährleistung

192. Der Verkäufer hat dafür Gewähr zu leisten, daß nicht ein Dritter aus Rechtsgründen, die schon zur Zeit des Vertragsabschlusses bestanden haben, den Kaufgegenstand dem Käufer ganz oder teilweise entziehe.

Kannte der Käufer zur Zeit des Vertragsabschlusses die Gefahr der Entwehrung, so hat der Verkäufer nur insofern Gewähr zu leisten, als er sich ausdrücklich dazu verpflichtet hat.

Eine Vereinbarung über Aufhebung oder Beschränkung der Gewährspflicht ist ungültig, wenn der Verkäufer das Recht des Dritten absichtlich verschwiegen hat.

97 ff. Entwehrung, Eviktion. BGE 82 II 420; 83 II 21; 109 II 317; 110 II 239 (Patent).

2. Verfahren
a) Streitverkündung

193. Wird von einem Dritten ein Recht geltend gemacht, das den Verkäufer zur Gewährleistung verpflichtet, so hat dieser auf ergangene Streitverkündung je nach den Umständen und den Vorschriften der Prozeßordnung dem Käufer im Prozesse beizustehen oder ihn zu vertreten.

Ist die Streitverkündung rechtzeitig erfolgt, so wirkt ein ungünstiges Ergebnis des Prozesses auch gegen den Verkäufer, sofern er nicht beweist, daß es durch böse Absicht oder grobe Fahrlässigkeit des Käufers verschuldet worden sei.

Ist sie ohne Veranlassung des Verkäufers unterblieben, so wird dieser von der Verpflichtung zur Gewährleistung insoweit befreit, als er zu beweisen vermag, daß bei rechtzeitig erfolgter Streitverkündung ein günstigeres Ergebnis des Prozesses zu erlangen gewesen wäre.
BGE 100 II 24.

b) Herausgabe ohne richterliche Entscheidung

194. Die Pflicht zur Gewährleistung besteht auch dann, wenn der Käufer, ohne es zur richterlichen Entscheidung kommen zu lassen, das Recht des Dritten in guten Treuen anerkannt oder sich einem Schiedsgericht unterworfen hat, sofern dieses dem Verkäufer rechtzeitig angedroht und ihm die Führung des Prozesses erfolglos angeboten worden war.

Ebenso besteht sie, wenn der Käufer beweist, daß er zur Herausgabe der Sache verpflichtet war.

3. Ansprüche des Käufers
a) Bei vollständiger Entwehrung

195. Ist die Entwehrung eine vollständige, so ist der Kaufvertrag als aufgehoben zu betrachten und der Käufer zu fordern berechtigt:

1. Rückerstattung des bezahlten Preises samt Zinsen unter Abrechnung der von ihm gewonnenen oder versäumten Früchte und sonstigen Nutzungen;
2. Ersatz der für die Sache gemachten Verwendungen, soweit er nicht von dem berechtigten Dritten erhältlich ist;
3. Ersatz aller durch den Prozeß veranlaßten gerichtlichen und außergerichtlichen Kosten, mit Ausnahme derjenigen, die durch Streitverkündung vermieden worden wären;
4. Ersatz des sonstigen durch die Entwehrung unmittelbar verursachten Schadens.

Der Verkäufer ist verpflichtet, auch den weitern Schaden zu

6. Titel. Kauf und Tausch   196–199

ersetzen, sofern er nicht beweist, daß ihm keinerlei Verschulden zur Last falle.

b) Bei teilweiser Entwehrung

196. Wenn dem Käufer nur ein Teil des Kaufgegenstandes entzogen wird oder wenn die verkaufte Sache mit einer dinglichen Last beschwert ist, für die der Verkäufer einzustehen hat, so kann der Käufer nicht die Aufhebung des Vertrages, sondern nur Ersatz des Schadens verlangen, der ihm durch die Entwehrung verursacht wird.

Ist jedoch nach Maßgabe der Umstände anzunehmen, daß der Käufer den Vertrag nicht geschlossen haben würde, wenn er die teilweise Entwehrung vorausgesehen hätte, so ist er befugt, die Aufhebung des Vertrages zu verlangen.

In diesem Falle muß er den Kaufgegenstand, soweit er nicht entwehrt worden ist, nebst dem inzwischen bezogenen Nutzen dem Verkäufer zurückgeben.

III. Gewährleistung wegen Mängel der Kaufsache
1. Gegenstand der Gewährleistung
a) Im allgemeinen

197. Der Verkäufer haftet dem Käufer sowohl für die zugesicherten Eigenschaften als auch dafür, daß die Sache nicht körperliche oder rechtliche Mängel habe, die ihren Wert oder ihre Tauglichkeit zu dem vorausgesetzten Gebrauche aufheben oder erheblich mindern.

Er haftet auch dann, wenn er die Mängel nicht gekannt hat.
24, 219. BGE 71 II 240; 73 II 220; 88 II 413; 91 II 344; 109 II 24.

b) Beim Viehhandel

198. Beim Handel mit Vieh (Pferden, Eseln, Maultieren, Rindvieh, Schafen, Ziegen und Schweinen) besteht eine Pflicht zur Gewährleistung nur insoweit, als der Verkäufer sie dem Käufer schriftlich zusichert oder den Käufer absichtlich getäuscht hat.
13 ff., 202. Irrtum: BGE 70 II 50. Schriftlichkeit: BGE 111 II 67.

2. Wegbedingung

199. Eine Vereinbarung über Aufhebung oder Beschränkung der Gewährspflicht ist ungültig, wenn der Verkäufer dem Käufer die Gewährsmängel arglistig verschwiegen hat.
Klausel: «tel quel». BGE 72 II 267; 73 II 223; 107 II 161.

3. Vom Käufer gekannte Mängel

200. Der Verkäufer haftet nicht für Mängel, die der Käufer zur Zeit des Kaufes gekannt hat.

Für Mängel, die der Käufer bei Anwendung gewöhnlicher Aufmerksamkeit hätte kennen sollen, haftet der Verkäufer nur dann, wenn er deren Nichtvorhandensein zugesichert hat.

4. Mängelrüge
a) Im allgemeinen

201. Der Käufer soll, sobald es nach dem üblichen Geschäftsgange tunlich ist, die Beschaffenheit der empfangenen Sache prüfen und, falls sich Mängel ergeben, für die der Verkäufer Gewähr zu leisten hat, diesem sofort Anzeige machen.

Versäumt dieses der Käufer, so gilt die gekaufte Sache als genehmigt, soweit es sich nicht um Mängel handelt, die bei der übungsgemäßen Untersuchung nicht erkennbar waren.

Ergeben sich später solche Mängel, so muß die Anzeige sofort nach der Entdeckung erfolgen, widrigenfalls die Sache auch rücksichtlich dieser Mängel als genehmigt gilt.

<small>Prüfungsort: BGE 40 II 483. Erkennbarkeit: BGE 63 II 407; 66 II 137. Abs. 2, 3, Begriff: BGE 76 II 223. Folgen: BGE 67 II 134.</small>

b) Beim Viehhandel

202. Enthält beim Handel mit Vieh die schriftliche Zusicherung keine Fristbestimmung und handelt es sich nicht um Gewährleistung für Trächtigkeit, so haftet der Verkäufer dem Käufer nur, wenn der Mangel binnen neun Tagen, von der Übergabe oder vom Annahmeverzug an gerechnet, entdeckt und angezeigt wird und wenn binnen der gleichen Frist bei der zuständigen Behörde die Untersuchung des Tieres durch Sachverständige verlangt wird.

Das Gutachten der Sachverständigen wird vom Richter nach seinem Ermessen gewürdigt.

Im übrigen wird das Verfahren durch eine Verordnung des Bundesrates geregelt.

<small>Bundesr. Verordnung betr. das Verfahren bei der Gewährleistung im Viehhandel vom 14. November 1911, s. Anhang IV.</small>

5. Absichtliche Täuschung

203. Bei absichtlicher Täuschung des Käufers durch den Verkäufer findet eine Beschränkung der Gewährleistung wegen versäumter Anzeige nicht statt.

6. Verfahren bei Übersendung von anderem Ort

204. Wenn die von einem anderen Orte übersandte Sache beanstandet wird und der Verkäufer an dem Empfangsorte keinen Stellvertreter hat, so ist der Käufer verpflichtet, für deren einstweilige Aufbewahrung zu sorgen, und darf sie dem Verkäufer nicht ohne weiteres zurückschicken.

Er soll den Tatbestand ohne Verzug gehörig feststellen lassen, widrigenfalls ihm der Beweis obliegt, daß die behaupteten Mängel schon zur Zeit der Empfangnahme vorhanden gewesen seien.

Zeigt sich Gefahr, daß die übersandte Sache schnell in Verderbnis gerate, so ist der Käufer berechtigt und, soweit die Interessen des Verkäufers es erfordern, verpflichtet, sie unter Mitwirkung der zuständigen Amtsstelle des Ortes, wo sich die Sache befindet, verkaufen zu lassen, hat aber bei Vermeidung von Schadenersatz den Verkäufer so zeitig als tunlich hievon zu benachrichtigen.

Distanzkauf. Abs. 3: Notverkauf, Selbsthilfeverkauf.

7. Inhalt der Klage des Käufers
a) Wandelung oder Minderung

205. Liegt ein Fall der Gewährleistung wegen Mängel der Sache vor, so hat der Käufer die Wahl, mit der Wandelungsklage den Kauf rückgängig zu machen oder mit der Minderungsklage Ersatz des Minderwertes der Sache zu fordern.

Auch wenn die Wandelungsklage angestellt worden ist, steht es dem Richter frei, bloß Ersatz des Minderwertes zuzusprechen, sofern die Umstände es nicht rechtfertigen, den Kauf rückgängig zu machen.

Erreicht der geforderte Minderwert den Betrag des Kaufpreises, so kann der Käufer nur die Wandelung verlangen.

BGE 111 II 162.

b) Ersatzleistung

206. Geht der Kauf auf die Lieferung einer bestimmten Menge vertretbarer Sachen, so hat der Käufer die Wahl, entweder die Wandelungs- oder die Minderungsklage anzustellen oder andere währhafte Ware derselben Gattung zu fordern.

Wenn die Sachen dem Käufer nicht von einem anderen Orte her zugesandt worden sind, ist auch der Verkäufer berechtigt, sich durch sofortige Lieferung währhafter Ware derselben Gattung und Ersatz alles Schadens von jedem weiteren Anspruche des Käufers zu befreien.

c) Wandelung bei Untergang der Sache

207. Die Wandelung kann auch dann begehrt werden, wenn die Sache infolge ihrer Mängel oder durch Zufall untergegangen ist.

Der Käufer hat in diesem Falle nur das zurückzugeben, was ihm von der Sache verblieben ist.

Ist die Sache durch Verschulden des Käufers untergegangen oder von diesem weiter veräußert oder umgestaltet worden, so kann er nur Ersatz des Minderwertes verlangen.

119. Abs. 3: BGE 105 II 90.

8. Durchführung der Wandelung
a) Im allgemeinen

208. Wird der Kauf rückgängig gemacht, so muß der Käufer die Sache nebst dem inzwischen bezogenen Nutzen dem Verkäufer zurückgeben.

Der Verkäufer hat den gezahlten Kaufpreis samt Zinsen zurückzuerstatten und überdies, entsprechend den Vorschriften über die vollständige Entwehrung, die Prozeßkosten, die Verwendungen und den Schaden zu ersetzen, der dem Käufer durch die Lieferung fehlerhafter Ware unmittelbar verursacht worden ist.

Der Verkäufer ist verpflichtet, den weitern Schaden zu ersetzen, sofern er nicht beweist, daß ihm keinerlei Verschulden zur Last falle.

109. Nutzen: BGE 106 II 221. Schaden: BGE 79 II 379.

b) Bei einer Mehrheit von Kaufsachen

209. Sind von mehreren zusammen verkauften Sachen oder von einer verkauften Gesamtsache bloß einzelne Stücke fehlerhaft, so kann nur rücksichtlich dieser die Wandelung verlangt werden.

Lassen sich jedoch die fehlerhaften Stücke von den fehlerfreien ohne erheblichen Nachteil für den Käufer oder den Verkäufer nicht trennen, so muß die Wandelung sich auf den gesamten Kaufgegenstand erstrecken.

Die Wandelung der Hauptsache zieht, selbst wenn für die Nebensache ein besonderer Preis festgesetzt war, die Wandelung auch dieser, die Wandelung der Nebensache dagegen nicht auch die Wandelung der Hauptsache nach sich.

20 II, 70.

9. Verjährung

210. Die Klagen auf Gewährleistung wegen Mängel der Sache verjähren mit Ablauf eines Jahres nach deren Ablieferung an den Käufer, selbst wenn dieser die Mängel erst später entdeckt, es sei denn, daß der Verkäufer eine Haftung auf längere Zeit übernommen hat.

Die Einreden des Käufers wegen vorhandener Mängel bleiben bestehen, wenn innerhalb eines Jahres nach Ablieferung die vorgeschriebene Anzeige an den Verkäufer gemacht worden ist.

Die mit Ablauf eines Jahres eintretende Verjährung kann der Verkäufer nicht geltend machen, wenn ihm eine absichtliche Täuschung des Käufers nachgewiesen wird.

31. Fristbeginn: BGE 78 II 367; 102 II 97. Frist: BGE 107 II 231. Abs. 3: BGE 89 II 409.

C. Verpflichtungen des Käufers
I. Zahlung des Preises und Annahme der Kaufsache

211. Der Käufer ist verpflichtet, den Preis nach den Bestimmungen des Vertrages zu bezahlen und die gekaufte Sache, sofern sie ihm von dem Verkäufer vertragsgemäß angeboten wird, anzunehmen.

Die Empfangnahme muß sofort geschehen, wenn nicht etwas anderes vereinbart oder üblich ist.

BGE 110 II 148.

II. Bestimmung des Kaufpreises

212. Hat der Käufer fest bestellt, ohne den Preis zu nennen, so wird vermutet, es sei der mittlere Marktpreis gemeint, der zur Zeit und an dem Orte der Erfüllung gilt.

Ist der Kaufpreis nach dem Gewichte der Ware zu berechnen, so wird die Verpackung (Taragewicht) in Abzug gebracht.

Vorbehalten bleiben die besonderen kaufmännischen Übungen, nach denen bei einzelnen Handelsartikeln ein festbestimmter oder nach Prozenten berechneter Abzug vom Bruttogewicht erfolgt oder das ganze Bruttogewicht bei der Preisbestimmung angerechnet wird.

III. Fälligkeit und Verzinsung des Kaufpreises

213. Ist kein anderer Zeitpunkt bestimmt, so wird der Kaufpreis mit dem Übergange des Kaufgegenstandes in den Besitz des Käufers fällig.

Abgesehen von der Vorschrift über den Verzug infolge Ablaufs eines bestimmten Verfalltages wird der Kaufpreis ohne Mahnung verzinslich, wenn die Übung es mit sich bringt oder wenn der Käufer Früchte oder sonstige Erträgnisse des Kaufgegenstandes beziehen kann.

IV. Verzug des Käufers.
1. Rücktrittsrecht des Verkäufers

214. Ist die verkaufte Sache gegen Vorausbezahlung des Preises oder Zug um Zug zu übergeben und befindet sich der Käufer mit der Zahlung des Kaufpreises im Verzuge, so hat der Verkäufer das Recht, ohne weiteres vom Vertrage zurückzutreten.

Er hat jedoch dem Käufer, wenn er von seinem Rücktrittsrecht Gebrauch machen will, sofort Anzeige zu machen.

Ist der Kaufgegenstand vor der Zahlung in den Besitz des Käufers übergegangen, so kann der Verkäufer nur dann wegen Verzuges des Käufers von dem Vertrage zurücktreten und die übergebene Sache zurückfordern, wenn er sich dieses Recht ausdrücklich vorbehalten hat.

107. Grundstückkauf: BGE 86 II 234.

2. Schadenersatz und Schadenberechnung

215. Kommt der Käufer im kaufmännischen Verkehr seiner Zahlungspflicht nicht nach, so hat der Verkäufer das Recht, seinen Schaden nach der Differenz zwischen dem Kaufpreis und dem Preise zu berechnen, um den er die Sache in guten Treuen weiterverkauft hat.

Bei Waren, die einen Markt- oder Börsenpreis haben, kann er ohne einen solchen Verkauf die Differenz zwischen dem Vertragspreis und dem Markt- und Börsenpreis zur Erfüllungszeit als Schadenersatz verlangen.

<small>107. Selbsthilfeverkauf. Konkrete und abstrakte Schadensberechnung: BGE 65 II 172.</small>

3. Abschnitt Der Grundstückkauf

A. Formvorschriften

216. Kaufverträge, die ein Grundstück zum Gegenstand haben, bedürfen zu ihrer Gültigkeit der öffentlichen Beurkundung.

Vorverträge sowie Verträge, die ein Kaufsrecht oder Rückkaufsrecht an einem Grundstück begründen, bedürfen zu ihrer Gültigkeit der öffentlichen Beurkundung.

Vorkaufsverträge sind schon in schriftlicher Form gültig.

<small>12f. 22. ZGB 681ff. SchlT 55. IPRG 119. Formzwang: BGE 86 II 400; 87 II 30. Auftrag, Vollmacht: BGE 64 II 228; 81 II 231; 84 II 161. «Fertigung»: BGE 52 II 83. Abs. 1: BGE 112 II 330. Abs. 2: BGE 113 II 402. Abs. 3: BGE 54 II 325; 70 II 151. Ges. Pfandrecht: ZGB 837 Ziff. 1. Ausländer: Anh. VI. Sperrfrist: Anh. II.</small>

Falls 1992 das neue BG über die Teilrevision des ZGB und des OR vom 4. Okt. 1991 (BBl 1991 III 1563) angenommen wird (s. Vorwort), so ergeben sich folgende Änderungen und Zusätze (216 Abs. 2, 216a–e):

Vorverträge sowie Verträge, die ein Vorkaufs-, Kaufs- oder Rückkaufsrecht an einem Grundstück begründen, bedürfen zu ihrer Gültigkeit der öffentlichen Beurkundung.

Vorkaufsverträge, die den Kaufpreis nicht zum voraus bestimmen, sind in schriftlicher Form gültig.

A^{bis}. Befristung und Vormerkung

216a. Vorkaufs- und Rückkaufsrechte dürfen für höchstens 25 Jahre, Kaufsrechte für höchstens zehn Jahre vereinbart und im Grundbuch vorgemerkt werden.

A^{ter}. Vererblichkeit und Abtretung

216b. Ist nichts anderes vereinbart, so sind vertragliche Vorkaufs-, Kaufs- und Rückkaufsrechte vererblich, aber nicht abtretbar.

Ist die Abtretung nach Vertrag zulässig, so bedarf sie der gleichen Form wie die Begründung.

A^{quater}. Vorkaufsrechte
I. Vorkaufsfall

216c. Das Vorkaufsrecht kann geltend gemacht werden, wenn das Grundstück verkauft wird, sowie bei jedem andern Rechtsgeschäft, das wirtschaftlich einem Verkauf gleichkommt (Vorkaufsfall).

Nicht als Vorkaufsfall gelten namentlich die Zuweisung an einen Erben in der Erbteilung, die Zwangsversteigerung und der Erwerb zur Erfüllung öffentlicher Aufgaben.

II. Wirkungen des Vorkaufsfalls, Bedingungen

216d. Der Verkäufer muß den Vorkaufsberechtigten über den Abschluß und den Inhalt des Kaufvertrages in Kenntnis setzen.

Wird der Kaufvertrag aufgehoben, nachdem das Vorkaufsrecht ausgeübt worden ist, oder wird eine erforderliche Bewilligung aus Gründen, die in der Person des Käufers liegen, verweigert, so bleibt dies gegenüber dem Vorkaufsberechtigten ohne Wirkung.

Sieht der Vorkaufsvertrag nichts anderes vor, so kann der Vorkaufsberechtigte das Grundstück zu den Bedingungen erwerben, die der Verkäufer mit dem Dritten vereinbart hat.

III. Ausübung, Verwirklichung

216e. Will der Vorkaufsberechtigte sein Vorverkaufsrecht ausüben, so muß er es innert dreier Monate gegenüber dem Verkäufer oder, wenn es im Grundbuch vorgemerkt ist, gegenüber dem Eigentümer geltend machen. Die Frist beginnt mit Kenntnis von Abschluß und Inhalt des Vertrags.

B. Bedingter Kauf und Eigentumsvorbehalt

217. Ist ein Grundstückkauf bedingt abgeschlossen worden, so erfolgt die Eintragung in das Grundbuch erst, wenn die Bedingung erfüllt ist.

Die Eintragung eines Eigentumsvorbehaltes ist ausgeschlossen.

151 ff.

C. Veräußerung von Grundstücken*
I. Sperrfrist
1. Regel

218. Landwirtschaftliche Grundstücke dürfen während einer Frist von zehn Jahren, vom Eigentumserwerb an gerechnet, weder als Ganzes noch in Stücken veräußert werden.

Diese Bestimmung ist nicht anwendbar auf Bauland, auf Grundstücke, die sich in vormundschaftlicher Verwaltung befinden, und auf Grundstücke, die im Betreibungs- und Konkursverfahren verwertet werden.

<small>BGE 110 II 209. Abs.1: BGE 109 Ib 90. Nichtlandwirtschaftliche Grundstücke: Anh. II.</small>

2. Ausnahmen

218bis. Die vom Kanton der gelegenen Sache als zuständig erklärte Behörde kann aus wichtigen Gründen eine Veräußerung vor Ablauf der Sperrfrist gestatten, wie namentlich zum Zwecke einer erbrechtlichen Auseinandersetzung, der Abrundung landwirtschaftlicher Betriebe sowie zur Verhinderung einer Zwangsverwertung.

<small>218quinquies, Anm. BGE 110 II 213.</small>

3. Folgen

218ter. Geschäfte, die diesen Vorschriften zuwiderlaufen oder deren Umgehung bezwecken, sind nichtig und geben kein Recht auf Eintragung in das Grundbuch. Artikel 90, Absätze 1 und 2, des Bundesgesetzes über die Entschuldung landwirtschaftlicher Heimwesen ist sinngemäß anwendbar.

<small>Bauland: Art. 218, bis, ter: gemäß Bundesgesetz über die Erhaltung des bäuerlichen Grundbesitzes vom 12. Juni 1951, Art. 19, 50 (SR 211.412.11). BGE 88 I 3; 89 I 9.</small>

4. Rechtsschutz

218quater. Gegen letztinstanzliche kantonale Entscheide über

<small>* Falls im Lauf des Jahres 1992 das neue BGBB (s. Vorwort) angenommen wird, lautet hier der Titel C «Landwirtschaftliche Grundstücke», der Art. 218 neu «Für die Veräußerung von landwirtschaftlichen Grundstücken gilt zudem das Bundesgesetz vom 4. Oktober 1991 über das bäuerliche Bodenrecht.»; die bisherigen Art. 218bis–218quinquies werden aufgehoben.</small>

die Anwendung der Artikel 218, 218 bis und 218 ter ist die Verwaltungsgerichtsbeschwerde an das Bundesgericht zulässig.

II. Übertragung auf einen Erben

218quinquies. Der Verkäufer hat Anspruch auf den Gewinn, wenn ein Grundstück, das er auf einen Erben übertragen hat, weiterveräußert oder enteignet wird.

Der Gewinnanspruch wird nach den Vorschriften über die Erbteilung bestimmt.
ZGB 602 ff.

D. Gewährleistung

219. Der Verkäufer eines Grundstückes hat unter Vorbehalt anderweitiger Abrede dem Käufer Ersatz zu leisten, wenn das Grundstück nicht das Maß besitzt, das im Kaufvertrag angegeben ist.

Besitzt ein Grundstück nicht das im Grundbuch auf Grund amtlicher Vermessung angegebene Maß, so hat der Verkäufer dem Käufer nur dann Ersatz zu leisten, wenn er die Gewährleistung hiefür ausdrücklich übernommen hat.

Die Pflicht zur Gewährleistung für die Mängel eines Gebäudes verjährt mit dem Ablauf von fünf Jahren, vom Erwerb des Eigentums an gerechnet.
197. Abs. 3: BGE 104 II 265.

E. Nutzen und Gefahr

220. Ist für die Übernahme des Grundstückes durch den Käufer ein bestimmter Zeitpunkt vertraglich festgestellt, so wird vermutet, daß Nutzen und Gefahr erst mit diesem Zeitpunkt auf den Käufer übergehen.

F. Verweisung auf den Fahrniskauf

221. Im übrigen finden auf den Grundstückkauf die Bestimmungen über den Fahrniskauf entsprechende Anwendung.
187 ff. Mängel: BGE 81 II 60.

4. Abschnitt Besondere Arten des Kaufes

A. Kauf nach Muster

222. Bei dem Kaufe nach Muster ist derjenige, dem das Muster anvertraut wurde, nicht verpflichtet, die Identität des von ihm vorgewiesenen mit dem empfangenen Muster zu beweisen, sondern es genügt seine persönliche Versicherung vor Gericht, und zwar auch dann, wenn das Muster zwar nicht mehr in der Gestalt, die es bei der Übergabe hatte, vorgewiesen wird, diese Veränderung aber die notwendige Folge der Prüfung des Musters ist.

In allen Fällen steht der Gegenpartei der Beweis der Unechtheit offen.

Ist das Muster bei dem Käufer, wenn auch ohne dessen Verschulden, verdorben oder zugrunde gegangen, so hat nicht der Verkäufer zu beweisen, daß die Sache mustergemäß sei, sondern der Käufer das Gegenteil.

Abs. 1: BGE 75 II 220.

B. Kauf auf Probe oder auf Besicht
I. Bedeutung

223. Ist ein Kauf auf Probe oder auf Besicht vereinbart, so steht es im Belieben des Käufers, ob er die Kaufsache genehmigen will oder nicht.

Solange die Sache nicht genehmigt ist, bleibt sie im Eigentum des Verkäufers, auch wenn sie in den Besitz des Käufers übergegangen ist.

ZGB 714.

II. Prüfung beim Verkäufer

224. Ist die Prüfung bei dem Verkäufer vorzunehmen, so hört dieser auf, gebunden zu sein, wenn der Käufer nicht bis zum Ablaufe der vereinbarten oder üblichen Frist genehmigt.

In Ermangelung einer solchen Frist kann der Verkäufer nach Ablauf einer angemessenen Zeit den Käufer zur Erklärung über die Genehmigung auffordern und hört auf, gebunden zu sein, wenn der Käufer auf die Aufforderung hin sich nicht sofort erklärt.

III. Prüfung beim Käufer

225. Ist die Sache dem Käufer vor der Prüfung übergeben worden, so gilt der Kauf als genehmigt, wenn der Käufer nicht innerhalb der vertragsmäßigen oder üblichen Frist oder in Ermangelung einer solchen sofort auf die Aufforderung des Verkäufers hin die Nichtannahme erklärt oder die Sache zurückgibt.

Ebenso gilt der Kauf als genehmigt, wenn der Käufer den Preis ohne Vorbehalt ganz oder zum Teile bezahlt oder über die Sache in anderer Weise verfügt, als es zur Prüfung nötig ist.

C. Abzahlungsgeschäfte
I. Der Abzahlungsvertrag
1. Begriff, Form und Inhalt

226a. Beim Kauf auf Abzahlung verpflichtet sich der Verkäufer, dem Käufer eine bewegliche Sache vor der Zahlung des Kaufpreises zu übergeben, und der Käufer, den Kaufpreis in Teilzahlungen zu entrichten.

Der Abzahlungsvertrag bedarf zu seiner Gültigkeit der schriftlichen Form. Wird er vom Verkäufer gewerbsmäßig abgeschlossen, so hat er folgende Angaben zu enthalten:

1. den Namen und den Wohnsitz der Parteien;
2. den Gegenstand des Kaufes;
3. den Preis bei sofortiger Barzahlung;
4. den Teilzahlungszuschlag in Franken;
5. den Gesamtkaufpreis;
6. jede andere dem Käufer obliegende Leistung in Geld oder Waren;
7. die Höhe und Fälligkeit der Anzahlung und der Raten sowie deren Zahl;
8. das Recht des Käufers, innert fünf Tagen den Verzicht auf den Vertragsabschluß zu erklären;
9. die allfällige Vereinbarung eines Eigentumsvorbehaltes oder einer Abtretung der Kaufpreisforderung;
10. den bei der Stundung oder beim Verzug geforderten Zins;
11. den Ort und das Datum der Vertragsunterzeichnung.

Werden der Kaufgegenstand, die Höhe der Anzahlung, der Barkaufpreis oder der Gesamtkaufpreis nicht angegeben, so ist der Vertrag ungültig, ebenso wenn er das Recht des Käufers, unter den in Artikel 226c genannten Bedingungen auf den Abschluß zu verzichten, nicht aufführt.

226m. Abs. 2 Ziff. 4: BGE 110 II 153. BGE 110 II 244 (Leasing).

2. Zustimmung des Ehegatten bzw. des gesetzlichen Vertreters

226b. Ist der Käufer verheiratet, so bedarf der Abzahlungsvertrag zu seiner Gültigkeit der schriftlichen Zustimmung des Ehegatten, falls die Ehegatten einen gemeinsamen Haushalt führen und die Verpflichtung tausend Franken übersteigt.

6. Titel. Kauf und Tausch   **226c–226d**

Ist der Käufer minderjährig, so bedarf der Abzahlungsvertrag zu seiner Gültigkeit der schriftlichen Zustimmung des gesetzlichen Vertreters.

Die Zustimmung ist in beiden Fällen spätestens bei der Unterzeichnung des Vertrages durch den Käufer abzugeben.

3. Inkrafttreten, Verzichtserklärung

226c. Der Abzahlungsvertrag tritt für den Käufer erst fünf Tage nach Erhalt eines beidseitig unterzeichneten Vertragsdoppels in Kraft. Innerhalb dieser Frist kann der Käufer dem Verkäufer schriftlich seinen Verzicht auf den Vertragsabschluß erklären. Ein im voraus erklärter Verzicht auf dieses Recht ist unverbindlich. Die Postaufgabe der Verzichtserklärung am letzten Tag der Frist genügt.

Liefert der Verkäufer vor Ablauf der in Absatz 1 genannten Frist, so darf der Käufer die Kaufsache nur zur üblichen Prüfung benützen, ansonst der Vertrag in Rechtskraft erwächst.

Verzichtet der Käufer auf den Vertragsabschluß, so darf von ihm kein Reugeld verlangt werden.

Abs.1: BGE 108 II 296.

4. Rechte und Pflichten der Parteien
a) Anzahlungspflicht und Vertragsdauer

226d. Der Käufer ist verpflichtet, spätestens bei der Übergabe der Kaufsache mindestens einen Fünftel des Barkaufpreises zu bezahlen und die Restschuld innerhalb von zweieinhalb Jahren seit Vertragsabschluß zu tilgen.

Der Bundesrat wird ermächtigt, in einer Verordnung die gesetzliche Mindestanzahlung je nach der Art des Kaufgegenstandes bis auf zehn Prozent des Barkaufpreises herabzusetzen oder bis auf fünfunddreißig Prozent zu erhöhen und die gesetzliche Höchstdauer des Vertrages bis auf anderthalb Jahre zu verkürzen oder bis auf fünf Jahre zu verlängern.

Leistet der Verkäufer, ohne die volle gesetzliche Mindestanzahlung erhalten zu haben, so verliert er den Anspruch auf den nicht geleisteten Teil derselben. Jede Abrede, wonach Teilzahlungen erst nach Ablauf der gesetzlichen Höchstdauer des Vertrages zu leisten sind, ist ungültig, es sei denn, sie erfolge, weil sich die wirtschaftliche Lage des Käufers seit Vertragsabschluß wesentlich zu dessen Ungunsten verändert hat.

Erhöhungen des Kaufpreises zum Ausgleich eines Verzichts auf die Anzahlung sind ungültig.

Abs. 2: Anh. III.

b) Abtretung von Ansprüchen

226e. Aufgehoben.

c) Einreden des Käufers

226f. Der Käufer kann auf das Recht, seine Forderungen aus dem Abzahlungsvertrag mit den Forderungen des Verkäufers zu verrechnen, nicht im voraus verzichten.

Die Einreden des Käufers hinsichtlich der Kaufpreisforderung können bei einer Abtretung weder beschränkt noch aufgehoben werden.

d) Barauskauf

226g. Der Käufer kann die Restschuld jederzeit durch eine einmalige Zahlung begleichen, sofern er hiefür keine Akzepte begeben hat. Zuschläge jeder Art zum Barkaufpreis, die nach der Dauer des Vertrages bemessen werden, sind entsprechend der Verkürzung der Vertragsdauer um mindestens die Hälfte zu ermäßigen.

5. Verzug des Käufers
a) Wahlrecht des Verkäufers

226h. Befindet sich der Käufer mit der Anzahlung im Verzug, so ist der Verkäufer nur berechtigt, entweder die Anzahlung zu fordern oder vom Vertrag zurückzutreten.

Befindet sich der Käufer mit Teilzahlungen im Verzug, so kann der Verkäufer entweder die fälligen Teilzahlungen oder den Restkaufpreis in einer einmaligen Zahlung fordern oder vom Vertrag zurücktreten. Den Restkaufpreis fordern oder vom Vertrag zurücktreten kann er jedoch nur, wenn er sich dies ausdrücklich vorbehalten hat und wenn der Käufer sich mit wenigstens zwei Teilzahlungen, die zusammen mindestens einen Zehntel des Gesamtkaufpreises ausmachen, oder mit einer einzigen Teilzahlung, die mindestens einen Viertel des Gesamtkaufpreises ausmacht, oder mit der letzten Teilzahlung im Verzug befindet.

Der Verkäufer hat dem Käufer eine Frist von mindestens

vierzehn Tagen zu setzen, bevor er den Restkaufpreis fordern oder den Rücktritt erklären kann.

b) Rücktritt

226i. Tritt der Verkäufer beim Verzug des Käufers nach der Lieferung der Kaufsache vom Vertrag zurück, so ist jeder Teil verpflichtet, die empfangenen Leistungen zurückzuerstatten. Der Verkäufer hat überdies Anspruch auf einen angemessenen Mietzins und eine Entschädigung für außerordentliche Abnützung der Sache. Er kann jedoch nicht mehr fordern, als er bei der rechtzeitigen Erfüllung des Vertrages erhielte.

Tritt der Verkäufer zurück, bevor die Kaufsache geliefert ist, so kann er vom Käufer nur einen angemessenen Kapitalzins sowie Ersatz für eine seit Vertragsabschluß eingetretene Wertverminderung der Kaufsache beanspruchen. Eine allfällige Konventionalstrafe darf zehn Prozent des Barkaufpreises nicht übersteigen.
BGE 110 II 244.

c) Stundung durch den Richter

226k. Befindet sich der Käufer im Verzug, so ist der Richter befugt, ihm Zahlungserleichterungen zu gewähren und dem Verkäufer die Rücknahme der Kaufsache zu verweigern, wenn der Käufer Gewähr dafür bietet, daß er seine Verpflichtungen erfüllen wird, und dem Verkäufer aus der Neuregelung kein Nachteil erwächst.

6. Gerichtsstand und Schiedsgericht

226l. Der in der Schweiz wohnhafte Käufer kann für die Beurteilung von Streitigkeiten aus einem Abzahlungsvertrag nicht im voraus auf den Gerichtsstand an seinem Wohnsitz verzichten oder mit dem Verkäufer einen Schiedsgerichtsvertrag abschließen.

7. Geltungsbereich

226m. Die vorstehenden Bestimmungen gelten für alle Rechtsgeschäfte und Verbindungen von solchen, insbesondere für Miet-Kauf-Verträge, soweit die Parteien damit die gleichen wirtschaftlichen Zwecke wie bei einem Kauf auf Abzahlung verfolgen, gleichgültig, welcher Rechtsform sie sich dabei bedienen.

Diese Vorschriften sind sinngemäß anzuwenden für die

Gewährung von Darlehen zum Erwerb beweglicher Sachen, wenn der Verkäufer dem Darleiher die Kaufpreisforderung mit oder ohne Eigentumsvorbehalt abtritt oder wenn Verkäufer und Darleiher in anderer Weise zusammenwirken, um dem Käufer die Kaufsache gegen eine nachträgliche Leistung des Entgeltes in Teilzahlungen zu verschaffen. Der Darlehensvertrag hat insbesondere die in Artikel 226a, Absatz 2, genannten Angaben zu enthalten, jedoch anstelle des Bar- und des Gesamtkaufpreises den Nennwert und den Gesamtbetrag des Darlehens anzuführen.

Barkäufe in Verbindung mit Teilzahlungsdarlehen unterstehen nicht den Vorschriften über den Abzahlungsvertrag, wenn die gesetzliche Mindestanzahlung beim Darleiher geleistet und der Barkaufpreis ohne Zuschlag beim Kaufabschluß getilgt wird.

Ist der Käufer im Handelsregister als Firma oder als Zeichnungsberechtigter einer Einzelfirma oder einer Handelsgesellschaft eingetragen oder bezieht sich der Kauf auf Gegenstände, die nach ihrer Beschaffenheit vorwiegend für einen Gewerbebetrieb oder vorwiegend für berufliche Zwecke bestimmt sind, oder betragen der Gesamtkaufpreis höchstens zweihundert Franken und die Vertragsdauer höchstens sechs Monate, oder ist der Gesamtkaufpreis in weniger als vier Teilzahlungen, die Anzahlung inbegriffen, zu begleichen, so finden nur die Artikel 226h, Absatz 2, 226i, Absatz 1, und 226k Anwendung.

Abs.1: BGE 113 II 168.

II. Der Vorauszahlungsvertrag
1. Begriff, Form und Inhalt

227a. Beim Kauf mit ratenweiser Vorauszahlung verpflichtet sich der Käufer, den Kaufpreis für eine bewegliche Sache zum voraus in Teilzahlungen zu entrichten, und der Verkäufer, die Sache dem Käufer nach der Zahlung des Kaufpreises zu übergeben.

Der Vorauszahlungsvertrag ist nur gültig, wenn er in schriftlicher Form abgeschlossen wird und folgende Angaben enthält:

1. den Namen und den Wohnsitz der Parteien;
2. den Gegenstand des Kaufes;
3. die Gesamtforderung des Verkäufers;
4. die Zahl, die Höhe und die Fälligkeit der Vorauszahlungen sowie die Vertragsdauer;

6. Titel. Kauf und Tausch   **227b–227c**

    5. die zur Entgegennahme der Vorauszahlungen befugte Bank;
    6. den dem Käufer geschuldeten Zins;
    7. das Recht des Käufers, innert fünf Tagen den Verzicht auf den Vertragsabschluß zu erklären;
    8. das Recht des Käufers, den Vertrag zu kündigen, sowie das dabei zu zahlende Reugeld;
    9. den Ort und das Datum der Vertragsunterzeichnung.

2. Rechte und Pflichten der Parteien
a) Sicherung der Vorauszahlung

227b. Bei einem überjährigen oder auf unbestimmte Zeit abgeschlossenen Vertrag hat der Käufer die Vorauszahlungen an eine dem Bundesgesetz über Banken und Sparkassen vom 8. November 1934 unterstellte Bank zu leisten. Sie sind einem auf seinen Namen lautenden Spar-, Depositen- oder Einlagekonto gutzuschreiben und in der üblichen Höhe zu verzinsen.

Die Bank hat die Interessen beider Parteien zu wahren. Auszahlungen bedürfen der Zustimmung der Vertragsparteien; diese kann nicht im voraus erteilt werden.

Hat der Käufer seine Vorauszahlungen entgegen der Vorschrift des Absatzes 1 nicht an eine Bank geleistet, so steht ihm bei einer Zwangsvollstreckung gegen den Verkäufer bis zum Betrag von fünftausend Franken ein Vorzugsrecht dritter Klasse gemäß Artikel 219 des Bundesgesetzes über Schuldbetreibung und Konkurs vom 11. April 1889 zu. Der Verkäufer verliert bei einer Kündigung des Vertrages durch den Käufer gemäß Artikel 227f alle Ansprüche diesem gegenüber.
Siehe Schlußbestimmung nach 228.

b) Bezugsrecht des Käufers

227c. Der Käufer ist berechtigt, jederzeit gegen Zahlung des ganzen Kaufpreises die Übergabe der Kaufsache zu verlangen; er hat dabei dem Verkäufer die üblichen Lieferfristen einzuräumen, wenn dieser die Kaufsache erst beschaffen muß.

Der Verkäufer darf dem Käufer die Kaufsache nur übergeben, wenn die Vorschriften über den Abzahlungsvertrag eingehalten werden.

Hat der Käufer mehrere Sachen gekauft oder sich das Recht

zur Auswahl vorbehalten, so ist er befugt, nach Leistung der in Artikel 226d vorgesehenen Mindestanzahlung die Ware in Teillieferungen abzurufen, es sei denn, es handle sich um eine Sachgesamtheit. Ist nicht der ganze Kaufpreis beglichen worden, so kann der Verkäufer nur dann zu Teillieferungen verhalten werden, wenn ihm zehn Prozent der Restforderung als Sicherheit verbleiben.

c) Zahlung des Kaufpreises

227d. Bei einem überjährigen oder auf unbestimmte Zeit abgeschlossenen Vertrag ist der Kaufpreis bei der Übergabe der Kaufsache zu begleichen, doch kann der Käufer schon beim Abruf der Ware dem Verkäufer aus seinem Guthaben Beträge bis zu einem Drittel des Kaufpreises freigeben. Eine Verpflichtung hierzu darf nicht beim Vertragsabschluß ausbedungen werden.

d) Preisbestimmung

227e. Wird der Kaufpreis bei Vertragsabschluß bestimmt, so ist der Vorbehalt einer Nachforderung ungültig.

Ist der Käufer verpflichtet, für einen Höchstbetrag Ware nach seiner Wahl zu beziehen, deren Preis nicht schon im Vertrag bestimmt wurde, so ist ihm die gesamte Auswahl zu den üblichen Barkaufpreisen anzubieten.

Abweichende Vereinbarungen sind nur wirksam, sofern sie sich für den Käufer als günstiger erweisen.

3. Beendigung des Vertrages
a) Kündigungsrecht

227f. Einen überjährigen oder auf unbestimmte Zeit abgeschlossenen Vertrag kann der Käufer bis zum Abruf der Ware jederzeit kündigen.

Ein vom Käufer dabei zu zahlendes Reugeld darf zweieinhalb beziehungsweise fünf Prozent der Gesamtforderung des Verkäufers nicht übersteigen und höchstens hundert beziehungsweise zweihundertfünfzig Franken betragen, je nachdem, ob die Kündigung innert Monatsfrist seit Vertragsabschluß oder später erfolgt. Anderseits hat der Käufer Anspruch auf Rückgabe der vorausbezahlten Beträge samt den üblichen Bankzinsen, soweit sie das Reugeld übersteigen.

6. Titel. Kauf und Tausch   **227g–227h**

Wird der Vertrag wegen des Todes oder der dauernden Erwerbsunfähigkeit des Käufers oder wegen des Verlustes der Vorauszahlungen gekündigt oder weil der Verkäufer sich weigert, den Vertrag zu handelsüblichen Bedingungen durch einen Abzahlungsvertrag zu ersetzen, so kann kein Reugeld verlangt werden.

b) Vertragsdauer

227g. Die Pflicht zur Leistung von Vorauszahlungen endigt nach fünf Jahren.

Hat der Käufer bei einem überjährigen oder auf unbestimmte Zeit abgeschlossenen Vertrag die Kaufsache nach acht Jahren nicht abgerufen, so erlangt der Verkäufer nach unbenütztem Ablauf einer Mahnfrist von drei Monaten die gleichen Ansprüche wie bei einer Kündigung des Käufers.

4. Verzug des Käufers

227h. Beim Verzug des Käufers mit einer oder mehreren Vorauszahlungen kann der Verkäufer lediglich die fälligen Raten fordern; sind jedoch zwei Vorauszahlungen, die zusammen mindestens einen Zehntel der Gesamtforderung ausmachen, oder ist eine einzige Vorauszahlung, die mindestens einen Viertel der Gesamtforderung ausmacht, oder ist die letzte Vorauszahlung verfallen, so ist er überdies befugt, nach unbenütztem Ablauf einer Mahnfrist von einem Monat vom Vertrag zurückzutreten.

Tritt der Verkäufer von einem Vertrag zurück, dessen Dauer höchstens ein Jahr beträgt, so findet Artikel 226i, Absatz 2, entsprechend Anwendung. Bei einem überjährigen Vertrag kann der Verkäufer nur das nach Artikel 227f, Absatz 2, vereinbarte Reugeld beanspruchen sowie die Vergünstigungen, die er dem Käufer über die üblichen Bankzinsen hinaus gewährt hat.

Hat der Käufer bei einem überjährigen Vertrag die Kaufsache abgerufen, so kann der Verkäufer einen angemessenen Kapitalzins sowie Ersatz für eine seit dem Abruf eingetretene Wertverminderung verlangen. Eine allfällige Konventionalstrafe darf zehn Prozent des Kaufpreises nicht übersteigen.

Ist jedoch die Kaufsache schon geliefert worden, so findet für den Rücktritt Artikel 226i, Absatz 1, Anwendung.

5. Geltungsbereich
227i. Die Artikel 227a–227h finden keine Anwendung, wenn der Käufer als Firma oder als Zeichnungsberechtigter einer Einzelfirma oder einer Handelsgesellschaft im Handelsregister eingetragen ist oder wenn sich der Kauf auf Gegenstände bezieht, die nach ihrer Beschaffenheit vorwiegend für einen Gewerbebetrieb oder vorwiegend für berufliche Zwecke bestimmt sind.

III. Gemeinsame Bestimmungen
228. Die für den Abzahlungsvertrag geltenden Vorschriften über die Zustimmung des Ehegatten beziehungsweise des gesetzlichen Vertreters, das Recht des Käufers, auf den Vertragsabschluß zu verzichten, die Abtretung der Kaufpreisforderung, die Einreden des Käufers, die Stundung durch den Richter sowie über Gerichtsstand und Schiedsgericht finden auch auf den Vorauszahlungsvertrag Anwendung.

Die Vorschriften über den Vorauszahlungsvertrag gelten sinngemäß, wenn die Lieferfrist bei einem Abzahlungsvertrag mehr als ein Jahr beträgt oder von unbestimmter Dauer ist und der Käufer vor der Lieferung der Ware Zahlungen zu leisten hat.

Übergangsbestimmungen vom 23. März 1962
Art.1 und 2 enthalten Ergänzungen zum Schuldbetreibungs- und Konkursgesetz und zum Bundesgesetz über den Unlauteren Wettbewerb.

Art.3. Die Artikel 226f, 226g, 226h, 226i und 226k finden auch auf Abzahlungsverträge Anwendung, die vor dem Inkrafttreten dieses Gesetzes* abgeschlossen worden sind.

Auf Vorauszahlungsverträge, die vor dem Inkrafttreten dieses Gesetzes abgeschlossen wurden, findet nur Artikel 226k Anwendung. Solche Verträge sind indessen innert Jahresfrist den Bestimmungen des Artikels 227b anzupassen, widrigenfalls sie dahinfallen und dem Käufer sein gesamtes Guthaben mit allen ihm gutgeschriebenen Zinsen und Vergünstigungen auszuzahlen ist.

D. Versteigerung
I. Abschluß des Kaufes
229. Auf einer Zwangsversteigerung gelangt der Kaufvertrag

---
* 1. Jan. 1963.

dadurch zum Abschluß, daß der Versteigerungsbeamte den Gegenstand zuschlägt.

Der Kaufvertrag auf einer freiwilligen Versteigerung, die öffentlich ausgekündigt worden ist und an der jedermann bieten kann, wird dadurch abgeschlossen, daß der Veräußerer den Zuschlag erklärt.

Solange kein anderer Wille des Veräußerers kundgegeben ist, gilt der Leitende als ermächtigt, an der Versteigerung auf das höchste Angebot den Zuschlag zu erklären.

SchKG 13, 133 ff. VZG. Natur der Zwangsversteigerung: BGE 38 I 313.

II. Anfechtung

230. Wenn in rechtswidriger oder gegen die guten Sitten verstoßender Weise auf den Erfolg der Versteigerung eingewirkt worden ist, so kann diese innert einer Frist von zehn Tagen von jedermann, der ein Interesse hat, angefochten werden.

Im Falle der Zwangsversteigerung ist die Anfechtung bei der Aufsichtsbehörde, in den andern Fällen beim Richter anzubringen.

20. Abs. 1: BGE 109 II 123.

III. Gebundenheit des Bietenden
1. Im allgemeinen

231. Der Bietende ist nach Maßgabe der Versteigerungsbedingungen an sein Angebot gebunden.

Er wird, falls diese nichts anderes bestimmen, frei, wenn ein höheres Angebot erfolgt oder sein Angebot nicht sofort nach dem üblichen Aufruf angenommen wird.

2. Bei Grundstücken

232. Die Zu- oder Absage muß bei Grundstücken an der Steigerung selbst erfolgen.

Vorbehalte, durch die der Bietende über die Steigerungsverhandlung hinaus mit seinem Angebot behaftet wird, sind ungültig, soweit es sich nicht um Zwangsversteigerung oder um einen Fall handelt, wo der Verkauf der Genehmigung durch eine Behörde bedarf.

Bedeutung: BGE 40 II 499. Abs. 2: Vormundschaftsbehörde u. a.

IV. Barzahlung

233. Bei der Versteigerung hat der Erwerber, wenn die Versteigerungsbedingungen nichts anderes vorsehen, Barzahlung zu leisten.

Der Veräußerer kann sofort vom Kauf zurücktreten, wenn nicht Zahlung in bar oder gemäß den Versteigerungsbedingungen geleistet wird.

213/4.

V. Gewährleistung

234. Bei Zwangsversteigerung findet, abgesehen von besonderen Zusicherungen oder von absichtlicher Täuschung der Bietenden, eine Gewährleistung nicht statt.

Der Ersteigerer erwirbt die Sache in dem Zustand und den Rechten und Lasten, die durch die öffentlichen Bücher oder die Versteigerungsbedingungen bekanntgegeben sind oder von Gesetzes wegen bestehen.

Bei freiwilliger öffentlicher Versteigerung haftet der Veräußerer wie ein anderer Verkäufer, kann aber in den öffentlich kundgegebenen Versteigerungsbedingungen die Gewährleistung mit Ausnahme der Haftung für absichtliche Täuschung von sich ablehnen.

28, 192ff. Abs. 2: ZGB 836ff.

VI. Eigentumsübergang

235. Der Ersteigerer erwirbt das Eigentum an einer ersteigerten Fahrnis mit deren Zuschlag, an einem ersteigerten Grundstück dagegen erst mit der Eintragung in das Grundbuch.

Die Versteigerungsbehörde hat dem Grundbuchverwalter auf Grundlage des Steigerungsprotokolls den Zuschlag sofort zur Eintragung anzuzeigen.

Vorbehalten bleiben die Vorschriften über den Eigentumserwerb bei Zwangsversteigerungen.

ZGB 656, SchKG 136ff., 125. Abs.1: BGE 112 II 337.

VII. Kantonale Vorschriften

236. Die Kantone können in den Schranken der Bundesgesetzgebung weitere Vorschriften über die öffentliche Versteigerung aufstellen.

ZGB 6.

5. Abschnitt Der Tauschvertrag

A. Verweisung auf den Kauf

237. Auf den Tauschvertrag finden die Vorschriften über den Kaufvertrag in dem Sinne Anwendung, daß jede Vertragspartei mit Bezug auf die von ihr versprochene Sache als Verkäufer und mit Bezug auf die ihr zugesagte Sache als Käufer behandelt wird.

B. Gewährleistung

238. Wird die eingetauschte Sache entwehrt oder wegen ihrer Mängel zurückgegeben, so hat die geschädigte Partei die Wahl, Schadenersatz zu verlangen oder die vertauschte Sache zurückzufordern.

195/6, 208/9. Anhang IV, Art. 17. BGE 82 II 23.

Siebenter Titel
Die Schenkung

A. Inhalt der Schenkung

239. Als Schenkung gilt jede Zuwendung unter Lebenden, womit jemand aus seinem Vermögen einen andern ohne entsprechende Gegenleistung bereichert.

Wer auf ein Recht verzichtet, bevor er es erworben hat, oder eine Erbschaft ausschlägt, hat keine Schenkung gemacht.

Die Erfüllung einer sittlichen Pflicht wird nicht als Schenkung behandelt.

Willensübereinstimmung: BGE 49 II 97. Annahme: BGE 69 II 309. Gemischte Schenkung: BGE 84 II 258, 348.

B. Persönliche Fähigkeit
I. Des Schenkers

240. Wer handlungsfähig ist, kann über sein Vermögen schenkungsweise verfügen, soweit nicht das eheliche Güterrecht oder das Erbrecht ihm Schranken auferlegt.

Aus dem Vermögen eines Handlungsunfähigen kann eine Schenkung nur unter Vorbehalt der Verantwortlichkeit der gesetzlichen Vertreter sowie unter Beobachtung der Vorschriften des Vormundschaftsrechtes gemacht werden.

Eine Schenkung kann auf Klage der Vormundschaftsbehörde für ungültig erklärt werden, wenn der Schenker wegen Ver-

schwendung entmündigt wird und das Entmündigungsverfahren gegen ihn innerhalb eines Jahres seit der Schenkung eröffnet worden ist.
ZGB 17 ff., 395 Ziff. 7, 408, 527 Ziff. 3.

II. Des Beschenkten

241. Eine Schenkung entgegennehmen und rechtsgültig erwerben kann auch ein Handlungsunfähiger, wenn er urteilsfähig ist.

Die Schenkung ist jedoch nicht erworben oder wird aufgehoben, wenn der gesetzliche Vertreter deren Annahme untersagt oder die Rückleistung anordnet.
ZGB 16, 279, 407.

C. Errichtung der Schenkung
I. Schenkung von Hand zu Hand

242. Eine Schenkung von Hand zu Hand erfolgt durch Übergabe der Sache vom Schenker an den Beschenkten.

Bei Grundeigentum und dinglichen Rechten an Grundstücken kommt eine Schenkung erst mit der Eintragung in das Grundbuch zustande.

Diese Eintragung setzt ein gültiges Schenkungsversprechen voraus.
Besitzeskonstitut: BGE 63 II 395; 70 II 204. Abs. 1: BGE 105 II 104.

II. Schenkungsversprechen

243. Das Schenkungsversprechen bedarf zu seiner Gültigkeit der schriftlichen Form.

Sind Grundstücke oder dingliche Rechte an solchen Gegenstand der Schenkung, so ist zu ihrer Gültigkeit die öffentliche Beurkundung erforderlich.

Ist das Schenkungsversprechen vollzogen, so wird das Verhältnis als Schenkung von Hand zu Hand beurteilt.
12 ff. ZGB SchlT 55.

III. Bedeutung der Annahme

244. Wer in Schenkungsabsicht einem andern etwas zuwendet, kann, auch wenn er es tatsächlich aus seinem Vermögen ausgesondert hat, die Zuwendung bis zur Annahme seitens des Beschenkten jederzeit zurückziehen.

D. Bedingungen und Auflagen
I. Im allgemeinen

245. Mit einer Schenkung können Bedingungen oder Auflagen verbunden werden.

Eine Schenkung, deren Vollziehbarkeit auf den Tod des Schenkers gestellt ist, steht unter den Vorschriften über die Verfügungen von Todes wegen.

<small>151ff. ZGB 494, 512. BGE 75 II 186; 80 II 262; 89 II 91. Abs. 2: BGE 113 II 270.</small>

II. Vollziehung der Auflagen

246. Der Schenker kann die Vollziehung einer vom Beschenkten angenommenen Auflage nach dem Vertragsinhalt einklagen.

Liegt die Vollziehung der Auflage im öffentlichen Interesse, so kann nach dem Tode des Schenkers die zuständige Behörde die Vollziehung verlangen.

Der Beschenkte darf die Vollziehung einer Auflage verweigern, insoweit der Wert der Zuwendung die Kosten der Auflage nicht deckt und ihm der Ausfall nicht ersetzt wird.

III. Verabredung des Rückfalls

247. Der Schenker kann den Rückfall der geschenkten Sache an sich selbst vorbehalten für den Fall, daß der Beschenkte vor ihm sterben sollte.

Dieses Rückfallsrecht kann bei Schenkung von Grundstükken oder dinglichen Rechten an solchen im Grundbuche vorgemerkt werden.

E. Verantwortlichkeit des Schenkers

248. Der Schenker ist dem Beschenkten für den Schaden, der diesem aus der Schenkung erwächst, nur im Falle der absichtlichen oder der grob fahrlässigen Schädigung verantwortlich.

Er hat ihm für die geschenkte Sache oder die abgetretene Forderung nur die Gewähr zu leisten, die er ihm versprochen hat.

F. Aufhebung der Schenkung
I. Rückforderung der Schenkung

249. Bei der Schenkung von Hand zu Hand und bei vollzogenen Schenkungsversprechen kann der Schenker die Schenkung widerrufen und das Geschenkte, soweit der Beschenkte noch bereichert ist, zurückfordern:

1. wenn der Beschenkte gegen den Schenker oder gegen eine diesem nahe verbundene Person ein schweres Verbrechen begangen hat;

2. wenn er gegenüber dem Schenker oder einem von dessen Angehörigen die ihm obliegenden familienrechtlichen Pflichten schwer verletzt hat;

3. wenn er die mit der Schenkung verbundenen Auflagen in ungerechtfertigter Weise nicht erfüllt.

242, 243 I. Ziff. 2: ZGB 159; BGE 113 II 253. Ziff. 3: 245. ZGB 94.

II. Widerruf und Hinfälligkeit des Schenkungsversprechens

250. Bei dem Schenkungsversprechen kann der Schenker das Versprechen widerrufen und dessen Erfüllung verweigern:

1. aus den gleichen Gründen, aus denen das Geschenkte bei der Schenkung von Hand zu Hand zurückgefordert werden kann;

2. wenn seit dem Versprechen die Vermögensverhältnisse des Schenkers sich so geändert haben, daß die Schenkung ihn außerordentlich schwer belasten würde;

3. wenn seit dem Versprechen dem Schenker familienrechtliche Pflichten erwachsen sind, die vorher gar nicht oder in erheblich geringerem Umfange bestanden haben.

Durch Ausstellung eines Verlustscheines oder Eröffnung des Konkurses gegen den Schenker wird jedes Schenkungsversprechen aufgehoben.

III. Verjährung und Klagerecht der Erben

251. Der Widerruf kann während eines Jahres erfolgen, von dem Zeitpunkt an gerechnet, wo der Schenker von dem Widerrufsgrund Kenntnis erhalten hat.

Stirbt der Schenker vor Ablauf dieses Jahres, so geht das Klagerecht für den Rest der Frist auf dessen Erben über.

Die Erben des Schenkers können die Schenkung widerrufen, wenn der Beschenkte den Schenker vorsätzlich und rechtswidrig getötet oder am Widerruf verhindert hat.

ZGB 509.

IV. Tod des Schenkers

252. Hat sich der Schenker zu wiederkehrenden Leistungen verpflichtet, so erlischt die Verbindlichkeit mit seinem Tode, sofern es nicht anders bestimmt ist.

Achter Titel
Die Miete

Erster Abschnitt **Allgemeine Bestimmungen**

A. Begriff und Geltungsbereich
I. Begriff

253. Durch den Mietvertrag verpflichtet sich der Vermieter, dem Mieter eine Sache zum Gebrauch zu überlassen, und der Mieter, dem Vermieter dafür einen Mietzins zu leisten.

Schiffsmiete, Chartervertrag s. SeeschiffahrtG (SR 747.30) 90 ff. BGE 76 II 156; 108 II 112. Vgl. Anhang VIII.

II. Geltungsbereich
1. Wohn- und Geschäftsräume

253a. Die Bestimmungen über die Miete von Wohn- und Geschäftsräumen gelten auch für Sachen, die der Vermieter zusammen mit diesen Räumen dem Mieter zum Gebrauch überläßt.

Sie gelten nicht für Ferienwohnungen, die für höchstens drei Monate gemietet werden.

Der Bundesrat erläßt die Ausführungsvorschriften.

Abs. 1 und 3: VMWG, Anh. VIII, insbes. Art. 1 und 2. BG über Allgemeinverbindlicherklärung von Rahmenmietverträgen in Vorbereitung.

2. Bestimmungen über den Schutz vor mißbräuchlichen Mietzinsen

253b. Die Bestimmungen über den Schutz vor mißbräuchlichen Mietzinsen (Art. 269 ff.) gelten sinngemäß für nichtlandwirtschaftliche Pacht- und andere Verträge, die im wesentlichen die Überlassung von Wohn- oder Geschäftsräumen gegen Entgelt regeln.

Sie gelten nicht für die Miete von luxuriösen Wohnungen und Einfamilienhäusern mit sechs oder mehr Wohnräumen (ohne Anrechnung der Küche).

Die Bestimmungen über die Anfechtung mißbräuchlicher Mietzinse gelten nicht für Wohnräume, deren Bereitstellung von der öffentlichen Hand gefördert wurde und deren Mietzinse durch eine Behörde kontrolliert werden.

B. Koppelungsgeschäfte

254. Ein Koppelungsgeschäft, das in Zusammenhang mit der Miete von Wohn- oder Geschäftsräumen steht, ist nichtig, wenn der

Abschluß oder die Weiterführung des Mietvertrags davon abhängig gemacht wird und der Mieter dabei gegenüber dem Vermieter oder einem Dritten eine Verpflichtung übernimmt, die nicht unmittelbar mit dem Gebrauch der Mietsache zusammenhängt.
Anh. VIII 3.

C. Dauer des Mietverhältnisses

255. Das Mietverhältnis kann befristet oder unbefristet sein.

Befristet ist das Mietverhältnis, wenn es ohne Kündigung mit Ablauf der vereinbarten Dauer endigen soll.

Die übrigen Mietverhältnisse gelten als unbefristet.

D. Pflichten des Vermieters
I. Im allgemeinen

256. Der Vermieter ist verpflichtet, die Sache zum vereinbarten Zeitpunkt in einem zum vorausgesetzten Gebrauch tauglichen Zustand zu übergeben und in demselben zu erhalten.

Abweichende Vereinbarungen zum Nachteil des Mieters sind nichtig, wenn sie enthalten sind in:

a) vorformulierten Allgemeinen Geschäftsbedingungen;

b) Mietverträgen über Wohn- oder Geschäftsräume.
BGE 104 II 202; 107 II 426.

II. Auskunftspflicht

256a. Ist bei Beendigung des vorangegangenen Mietverhältnisses ein Rückgabeprotokoll erstellt worden, so muß der Vermieter es dem neuen Mieter auf dessen Verlangen bei der Übergabe der Sache zur Einsicht vorlegen.

Ebenso kann der Mieter verlangen, daß ihm die Höhe des Mietzinses des vorangegangenen Mietverhältnisses mitgeteilt wird.

III. Abgaben und Lasten

256b. Der Vermieter trägt die mit der Sache verbundenen Lasten und öffentlichen Abgaben.

E. Pflichten des Mieters
I. Zahlung des Mietzinses und der Nebenkosten
1. Mietzins

257. Der Mietzins ist das Entgelt, das der Mieter dem Vermieter für die Überlassung der Sache schuldet.

8. Titel. Die Miete 257a–257e

2. Nebenkosten
a. Im allgemeinen

257a. Die Nebenkosten sind das Entgelt für die Leistungen des Vermieters oder eines Dritten, die mit dem Gebrauch der Sache zusammenhängen.

Der Mieter muß die Nebenkosten nur bezahlen, wenn er dies mit dem Vermieter besonders vereinbart hat.

Anh. VIII 4.

b. Wohn- und Geschäftsräume

257b. Bei Wohn- und Geschäftsräumen sind die Nebenkosten die tatsächlichen Aufwendungen des Vermieters für Leistungen, die mit dem Gebrauch zusammenhängen, wie Heizungs-, Warmwasser- und ähnliche Betriebskosten, sowie für öffentliche Abgaben, die sich aus dem Gebrauch der Sache ergeben.

Der Vermieter muß dem Mieter auf Verlangen Einsicht in die Belege gewähren.

Abs. 1: Anh. VIII 5 ff.

3. Zahlungstermine

257c. Der Mieter muß den Mietzins und allenfalls die Nebenkosten am Ende jedes Monats, spätestens aber am Ende der Mietzeit bezahlen, wenn kein anderer Zeitpunkt vereinbart oder ortsüblich ist.

4. Zahlungsrückstand des Mieters

257d. Ist der Mieter nach der Übernahme der Sache mit der Zahlung fälliger Mietzinse oder Nebenkosten im Rückstand, so kann ihm der Vermieter schriftlich eine Zahlungsfrist setzen und ihm androhen, daß bei unbenütztem Ablauf der Frist das Mietverhältnis gekündigt werde. Diese Frist beträgt mindestens zehn Tage, bei Wohn- und Geschäftsräumen mindestens 30 Tage.

Bezahlt der Mieter innert der gesetzten Frist nicht, so kann der Vermieter fristlos, bei Wohn- und Geschäftsräumen mit einer Frist von mindestens 30 Tagen auf Ende eines Monats kündigen.

II. Sicherheiten durch den Mieter

257e. Leistet der Mieter von Wohn- oder Geschäftsräumen eine

Sicherheit in Geld oder in Wertpapieren, so muß der Vermieter sie bei einer Bank auf einem Sparkonto oder einem Depot, das auf den Namen des Mieters lautet, hinterlegen.

Bei der Miete von Wohnräumen darf der Vermieter höchstens drei Monatszinse als Sicherheit verlangen.

Die Bank darf die Sicherheit nur mit Zustimmung beider Parteien oder gestützt auf einen rechtskräftigen Zahlungsbefehl oder auf ein rechtskräftiges Gerichtsurteil herausgeben. Hat der Vermieter innert einem Jahr nach Beendigung des Mietverhältnisses keinen Anspruch gegenüber dem Mieter rechtlich geltend gemacht, so kann dieser von der Bank die Rückerstattung der Sicherheit verlangen.

Die Kantone können ergänzende Bestimmungen erlassen.

III. Sorgfalt und Rücksichtnahme

257f. Der Mieter muß die Sache sorgfältig gebrauchen.

Der Mieter einer unbeweglichen Sache muß auf Hausbewohner und Nachbarn Rücksicht nehmen.

Verletzt der Mieter trotz schriftlicher Mahnung des Vermieters seine Pflicht zu Sorgfalt oder Rücksichtnahme weiter, so daß dem Vermieter oder den Hausbewohnern die Fortsetzung des Mietverhältnisses nicht mehr zuzumuten ist, so kann der Vermieter fristlos, bei Wohn- und Geschäftsräumen mit einer Frist von mindestens 30 Tagen auf Ende eines Monats kündigen.

Der Vermieter von Wohn- oder Geschäftsräumen kann jedoch fristlos kündigen, wenn der Mieter vorsätzlich der Sache schweren Schaden zufügt.

IV. Meldepflicht

257g. Der Mieter muß Mängel, die er nicht selber zu beseitigen hat, dem Vermieter melden.

Unterläßt der Mieter die Meldung, so haftet er für den Schaden, der dem Vermieter daraus entsteht.

V. Duldungspflicht

257h. Der Mieter muß Arbeiten an der Sache dulden, wenn sie zur Beseitigung von Mängeln oder zur Behebung oder Vermeidung von Schäden notwendig sind.

Der Mieter muß dem Vermieter gestatten, die Sache zu

besichtigen, soweit dies für den Unterhalt, den Verkauf oder die Wiedervermietung notwendig ist.

Der Vermieter muß dem Mieter Arbeiten und Besichtigungen rechtzeitig anzeigen und bei der Durchführung auf die Interessen des Mieters Rücksicht nehmen; allfällige Ansprüche des Mieters auf Herabsetzung des Mietzinses (Art. 259d) und auf Schadenersatz (Art. 259e) bleiben vorbehalten.

F. Nichterfüllung oder mangelhafte Erfüllung des Vertrags bei Übergabe der Sache

258. Übergibt der Vermieter die Sache nicht zum vereinbarten Zeitpunkt oder mit Mängeln, welche die Tauglichkeit zum vorausgesetzten Gebrauch ausschließen oder erheblich beeinträchtigen, so kann der Mieter nach den Artikeln 107–109 über die Nichterfüllung von Verträgen vorgehen.

Übernimmt der Mieter die Sache trotz dieser Mängel und beharrt er auf gehöriger Erfüllung des Vertrags, so kann er nur die Ansprüche geltend machen, die ihm bei Entstehung von Mängeln während der Mietdauer zustünden (Art. 259a–259i).

Der Mieter kann die Ansprüche nach den Artikeln 259a–259i auch geltend machen, wenn die Sache bei der Übergabe Mängel hat:

a) welche die Tauglichkeit zum vorausgesetzten Gebrauch zwar vermindern, aber weder ausschließen noch erheblich beeinträchtigen;

b) die der Mieter während der Mietdauer auf eigene Kosten beseitigen müßte (Art. 259).

G. Mängel während der Mietdauer
I. Pflicht des Mieters zu kleinen Reinigungen und Ausbesserungen

259. Der Mieter muß Mängel, die durch kleine, für den gewöhnlichen Unterhalt erforderliche Reinigungen oder Ausbesserungen behoben werden können, nach Ortsgebrauch auf eigene Kosten beseitigen.

II. Rechte des Mieters
1. Im allgemeinen

259a. Entstehen an der Sache Mängel, die der Mieter weder zu verantworten noch auf eigene Kosten zu beseitigen hat, oder wird der Mieter im vertragsgemäßen Gebrauch der Sache gestört, so kann er verlangen, daß der Vermieter:

    a) den Mangel beseitigt;
    b) den Mietzins verhältnismäßig herabsetzt;
    c) Schadenersatz leistet;
    d) den Rechtsstreit mit einem Dritten übernimmt.

Der Mieter einer unbeweglichen Sache kann zudem den Mietzins hinterlegen.

2. Beseitigung des Mangels
a. Grundsatz

259b. Kennt der Vermieter einen Mangel und beseitigt er ihn nicht innert angemessener Frist, so kann der Mieter:

    a) fristlos kündigen, wenn der Mangel die Tauglichkeit einer unbeweglichen Sache zum vorausgesetzten Gebrauch ausschließt oder erheblich beeinträchtigt oder wenn der Mangel die Tauglichkeit einer beweglichen Sache zum vorausgesetzten Gebrauch vermindert;

    b) auf Kosten des Vermieters den Mangel beseitigen lassen, wenn dieser die Tauglichkeit der Sache zum vorausgesetzten Gebrauch zwar vermindert, aber nicht erheblich beeinträchtigt.

b. Ausnahme

259c. Der Mieter hat keinen Anspruch auf Beseitigung des Mangels, wenn der Vermieter für die mangelhafte Sache innert angemessener Frist vollwertigen Ersatz leistet.

3. Herabsetzung des Mietzinses

259d. Wird die Tauglichkeit der Sache zum vorausgesetzten Gebrauch beeinträchtigt oder vermindert, so kann der Mieter vom Vermieter verlangen, daß er den Mietzins vom Zeitpunkt, in dem er vom Mangel erfahren hat, bis zur Behebung des Mangels entsprechend herabsetzt.

4. Schadenersatz

259e. Hat der Mieter durch den Mangel Schaden erlitten, so muß ihm der Vermieter dafür Ersatz leisten, wenn er nicht beweist, daß ihn kein Verschulden trifft.

8. Titel. Die Miete   259f–260

5. Übernahme des Rechtsstreits

259f. Erhebt ein Dritter einen Anspruch auf die Sache, der sich mit den Rechten des Mieters nicht verträgt, so muß der Vermieter auf Anzeige des Mieters hin den Rechtsstreit übernehmen.

6. Hinterlegung des Mietzinses
a. Grundatz

259g. Verlangt der Mieter einer unbeweglichen Sache vom Vermieter die Beseitigung des Mangels, so muß er ihm dazu schriftlich eine angemessene Frist setzen und kann ihm androhen, daß er bei unbenütztem Ablauf der Frist Mietzinse, die künftig fällig werden, bei einer vom Kanton bezeichneten Stelle hinterlegen wird. Er muß die Hinterlegung dem Vermieter schriftlich ankündigen.

Mit der Hinterlegung gelten die Mietzinse als bezahlt.

b. Herausgabe der hinterlegten Mietzinse

259h. Hinterlegte Mietzinse fallen dem Vermieter zu, wenn der Mieter seine Ansprüche gegenüber dem Vermieter nicht innert 30 Tagen seit Fälligkeit des ersten hinterlegten Mietzinses bei der Schlichtungsbehörde geltend gemacht hat.

Der Vermieter kann bei der Schlichtungsbehörde die Herausgabe der zu Unrecht hinterlegten Mietzinse verlangen, sobald ihm der Mieter die Hinterlegung angekündigt hat.

c. Verfahren

259i. Die Schlichtungsbehörde versucht, eine Einigung zwischen den Parteien herbeizuführen. Kommt keine Einigung zustande, so fällt sie einen Entscheid über die Ansprüche der Vertragsparteien und die Verwendung der Mietzinse.

Ruft die unterlegene Partei nicht innert 30 Tagen den Richter an, so wird der Entscheid rechtskräftig.

H. Erneuerungen und Änderungen
I. Durch den Vermieter

260. Der Vermieter kann Erneuerungen und Änderungen an der Sache nur vornehmen, wenn sie für den Mieter zumutbar sind und wenn das Mietverhältnis nicht gekündigt ist.

Der Vermieter muß bei der Ausführung der Arbeiten auf die Interessen des Mieters Rücksicht nehmen; allfällige Ansprüche des

Mieters auf Herabsetzung des Mietzinses (Art. 259d) und auf Schadenersatz (Art. 259e) bleiben vorbehalten.

II. Durch den Mieter

260a. Der Mieter kann Erneuerungen und Änderungen an der Sache nur vornehmen, wenn der Vermieter schriftlich zugestimmt hat.

Hat der Vermieter zugestimmt, so kann er die Wiederherstellung des früheren Zustandes nur verlangen, wenn dies schriftlich vereinbart worden ist.

Weist die Sache bei Beendigung des Mietverhältnisses dank der Erneuerung oder Änderung, welcher der Vermieter zugestimmt hat, einen erheblichen Mehrwert auf, so kann der Mieter dafür eine entsprechende Entschädigung verlangen; weitergehende schriftlich vereinbarte Entschädigungsansprüche bleiben vorbehalten.

J. Wechsel des Eigentümers
I. Veräußerung der Sache

261. Veräußert der Vermieter die Sache nach Abschluß des Mietvertrags oder wird sie ihm in einem Schuldbetreibungs- oder Konkursverfahren entzogen, so geht das Mietverhältnis mit dem Eigentum an der Sache auf den Erwerber über.

Der neue Eigentümer kann jedoch:

a) bei Wohn- und Geschäftsräumen das Mietverhältnis mit der gesetzlichen Frist auf den nächsten gesetzlichen Termin kündigen, wenn er einen dringenden Eigenbedarf für sich, nahe Verwandte oder Verschwägerte geltend macht;

b) bei einer anderen Sache das Mietverhältnis mit der gesetzlichen Frist auf den nächsten gesetzlichen Termin kündigen, wenn der Vertrag keine frühere Auflösung ermöglicht.

Kündigt der neue Eigentümer früher, als es der Vertrag mit dem bisherigen Vermieter gestattet hätte, so haftet dieser dem Mieter für allen daraus entstehenden Schaden.

Vorbehalten bleiben die Bestimmungen über die Enteignung.

Abs. 4: Vgl. Enteignungsgesetz. SR 711.

II. Einräumung beschränkter dinglicher Rechte

261a. Die Bestimmungen über die Veräußerung der Sache sind sinngemäß anwendbar, wenn der Vermieter einem Dritten ein beschränktes dingliches Recht einräumt und dies einem Eigentümerwechsel gleichkommt.

III. Vormerkung im Grundbuch

261b. Bei der Miete an einem Grundstück kann verabredet werden, daß das Verhältnis im Grundbuch vorgemerkt wird.

Die Vormerkung bewirkt, daß jeder neue Eigentümer dem Mieter gestatten muß, das Grundstück entsprechend dem Mietvertrag zu gebrauchen.
ZGB 959 ff.

K. Untermiete

262. Der Mieter kann die Sache mit Zustimmung des Vermieters ganz oder teilweise untervermieten.

Der Vermieter kann die Zustimmung nur verweigern, wenn:

a) der Mieter sich weigert, dem Vermieter die Bedingungen der Untermiete bekanntzugeben;

b) die Bedingungen der Untermiete im Vergleich zu denjenigen des Hauptmietvertrags mißbräuchlich sind,

c) dem Vermieter aus der Untermiete wesentliche Nachteile entstehen.

Der Mieter haftet dem Vermieter dafür, daß der Untermieter die Sache nicht anders gebraucht, als es ihm selbst gestattet ist. Der Vermieter kann den Untermieter unmittelbar dazu anhalten.
273b. BGE 67 II 140; 81 II 349; 103 II 247.

L. Übertragung der Miete auf einen Dritten

263. Der Mieter von Geschäftsräumen kann das Mietverhältnis mit schriftlicher Zustimmung des Vermieters auf einen Dritten übertragen.

Der Vermieter kann die Zustimmung nur aus wichtigem Grund verweigern.

Stimmt der Vermieter zu, so tritt der Dritte anstelle des Mieters in das Mietverhältnis ein.

Der Mieter ist von seinen Verpflichtungen gegenüber dem Vermieter befreit. Er haftet jedoch solidarisch mit dem Dritten bis zum Zeitpunkt, in dem das Mietverhältnis gemäß Vertrag oder Gesetz endet oder beendet werden kann, höchstens aber für zwei Jahre.

M. Vorzeitige Rückgabe der Sache

264. Gibt der Mieter die Sache zurück, ohne Kündigungsfrist oder -termin einzuhalten, so ist er von seinen Verpflichtungen gegenüber dem Vermieter nur befreit, wenn er einen für den Vermieter zumutbaren neuen Mieter vorschlägt; dieser muß zahlungsfähig und bereit sein, den Mietvertrag zu den gleichen Bedingungen zu übernehmen.

Andernfalls muß er den Mietzins bis zu dem Zeitpunkt leisten, in dem das Mietverhältnis gemäß Vertrag oder Gesetz endet oder beendet werden kann.

Der Vermieter muß sich anrechnen lassen, was er:
a) an Auslagen erspart und
b) durch anderweitige Verwendung der Sache gewinnt oder absichtlich zu gewinnen unterlassen hat.

N. Verrechnung

265. Der Vermieter und der Mieter können nicht im voraus auf das Recht verzichten, Forderungen und Schulden aus dem Mietverhältnis zu verrechnen.

120 ff.

O. Beendigung des Mietverhältnisses
I. Ablauf der vereinbarten Dauer

266. Haben die Parteien eine bestimmte Dauer ausdrücklich oder stillschweigend vereinbart, so endet das Mietverhältnis ohne Kündigung mit Ablauf dieser Dauer.

Setzen die Parteien das Mietverhältnis stillschweigend fort, so gilt es als unbefristetes Mietverhältnis.

Aus den Übergangsbestimmungen

5. Die Vorschriften über den Kündigungsschutz bei Miete und Pacht von Wohn- und Geschäftsräumen sind auf alle Miet- und Pachtverhältnisse anwendbar, die nach dem Inkrafttreten dieses Gesetzes gekündigt werden.

Wurde jedoch ein Miet- oder Pachtverhältnis vor dem Inkrafttreten dieses Gesetzes, aber mit Wirkung auf einen Zeitpunkt danach gekündigt, so beginnen die Fristen für die Anfechtung der Kündigung und das Erstreckungsbegehren (Art. 273) mit dem Inkrafttreten des Gesetzes.

Inkrafttreten: 1. Juli 1990. S. auch Anh. VIII 26.

II. Kündigungsfristen und -termine
1. Im allgemeinen

266a. Die Parteien können das unbefristete Mietverhältnis unter Einhaltung der gesetzlichen Fristen und Termine kündigen, sofern sie keine längere Frist oder keinen anderen Termin vereinbart haben.

Halten die Parteien die Frist oder den Termin nicht ein, so gilt die Kündigung für den nächstmöglichen Termin.

2. Unbewegliche Sachen und Fahrnisbauten

266b. Bei der Miete von unbeweglichen Sachen und Fahrnisbauten können die Parteien mit einer Frist von drei Monaten auf einen ortsüblichen Termin oder, wenn es keinen Ortsgebrauch gibt, auf Ende einer sechsmonatigen Mietdauer kündigen.

Fahrnisbaute: ZGB 677.

3. Wohnungen

266c. Bei der Miete von Wohnungen können die Parteien mit einer Frist von drei Monaten auf einen ortsüblichen Termin oder, wenn es keinen Ortsgebrauch gibt, auf Ende einer dreimonatigen Mietdauer kündigen.

4. Geschäftsräume

266d. Bei der Miete von Geschäftsräumen können die Parteien mit einer Frist von sechs Monaten auf einen ortsüblichen Termin oder, wenn es keinen Ortsgebrauch gibt, auf Ende einer dreimonatigen Mietdauer kündigen.

5. Möblierte Zimmer und Einstellplätze

266e. Bei der Miete von möblierten Zimmern und von gesondert vermieteten Einstellplätzen oder ähnlichen Einrichtungen können die Parteien mit einer Frist von zwei Wochen auf Ende einer einmonatigen Mietdauer kündigen.

6. Bewegliche Sachen

266f. Bei der Miete von beweglichen Sachen können die Parteien

mit einer Frist von drei Tagen auf einen beliebigen Zeitpunkt kündigen.
BGE 110 II 474.

III. Außerordentliche Kündigung
1. Aus wichtigen Gründen

266g. Aus wichtigen Gründen, welche die Vertragserfüllung für sie unzumutbar machen, können die Parteien das Mietverhältnis mit der gesetzlichen Frist auf einen beliebigen Zeitpunkt kündigen.

Der Richter bestimmt die vermögensrechtlichen Folgen der vorzeitigen Kündigung unter Würdigung aller Umstände.

2. Konkurs des Mieters

266h. Fällt der Mieter nach Übernahme der Sache in Konkurs, so kann der Vermieter für künftige Mietzinse Sicherheit verlangen. Er muß dafür dem Mieter und der Konkursverwaltung schriftlich eine angemessene Frist setzen.

Erhält der Vermieter innert dieser Frist keine Sicherheit, so kann er fristlos kündigen.
Abs. 1: SchKG 211 Abs. 2.

3. Tod des Mieters

266i. Stirbt der Mieter, so können seine Erben mit der gesetzlichen Frist auf den nächsten gesetzlichen Termin kündigen.

4. Bewegliche Sachen

266k. Der Mieter einer beweglichen Sache, die seinem privaten Gebrauch dient und vom Vermieter im Rahmen seiner gewerblichen Tätigkeit vermietet wird, kann mit einer Frist von mindestens 30 Tagen auf Ende einer dreimonatigen Mietdauer kündigen. Der Vermieter hat dafür keinen Anspruch auf Entschädigung.

IV. Form der Kündigung bei Wohn- und Geschäftsräumen
1. Im allgemeinen

266l. Vermieter und Mieter von Wohn- und Geschäftsräumen müssen schriftlich kündigen.

Der Vermieter muß mit einem Formular kündigen, das vom Kanton genehmigt ist und das angibt, wie der Mieter vorzugehen hat, wenn er die Kündigung anfechten oder eine Erstreckung des Mietverhältnisses verlangen will.
Abs. 2: Anh. VIII 9.

8. Titel. Die Miete

2. Wohnung der Familie
a. Kündigung durch den Mieter

266m. Dient die gemietete Sache als Wohnung der Familie, kann ein Ehegatte den Mietvertrag nur mit ausdrücklicher Zustimmung des anderen kündigen.

Kann der Ehegatte diese Zustimmung nicht einholen oder wird sie ihm ohne triftigen Grund verweigert, so kann er den Richter anrufen.

ZGB 169.

b. Kündigung durch den Vermieter

266n. Die Kündigung durch den Vermieter sowie die Ansetzung einer Zahlungsfrist mit Kündigungsandrohung (Art. 257d) sind dem Mieter und seinem Ehegatten separat zuzustellen.

3. Nichtigkeit der Kündigung

266o. Die Kündigung ist nichtig, wenn sie den Artikeln 266l–266n nicht entspricht.

P. Rückgabe der Sache
I. Im allgemeinen

267. Der Mieter muß die Sache in dem Zustand zurückgeben, der sich aus dem vertragsgemäßen Gebrauch ergibt.

Vereinbarungen, in denen sich der Mieter im voraus verpflichtet, bei Beendigung des Mietverhältnisses eine Entschädigung zu entrichten, die anderes als die Deckung des allfälligen Schadens einschließt, sind nichtig.

II. Prüfung der Sache und Meldung an den Mieter

267a. Bei der Rückgabe muß der Vermieter den Zustand der Sache prüfen und Mängel, für die der Mieter einzustehen hat, diesem sofort melden.

Versäumt dies der Vermieter, so verliert er seine Ansprüche, soweit es sich nicht um Mängel handelt, die bei übungsgemäßer Untersuchung nicht erkennbar waren.

Entdeckt der Vermieter solche Mängel später, so muß er sie dem Mieter sofort melden.

Q. Retentionsrecht des Vermieters
I. Umfang

268. Der Vermieter von Geschäftsräumen hat für einen verfallenen Jahreszins und den laufenden Halbjahreszins ein Retentionsrecht an den beweglichen Sachen, die sich in den vermieteten Räumen befinden und zu deren Einrichtung oder Benutzung gehören.

Das Retentionsrecht des Vermieters umfaßt die vom Untermieter eingebrachten Gegenstände insoweit, als dieser seinen Mietzins nicht bezahlt hat.

Ausgeschlossen ist das Retentionsrecht an Sachen, die durch die Gläubiger des Mieters nicht gepfändet werden könnten.
SchKG 283.

II. Sachen Dritter

268a. Die Rechte Dritter an Sachen, von denen der Vermieter wußte oder wissen mußte, daß sie nicht dem Mieter gehören, sowie an gestohlenen, verlorenen oder sonstwie abhanden gekommenen Sachen gehen dem Retentionsrecht des Vermieters vor.

Erfährt der Vermieter erst während der Mietdauer, daß Sachen, die der Mieter eingebracht hat, nicht diesem gehören, so erlischt sein Retentionsrecht an diesen Sachen, wenn er den Mietvertrag nicht auf den nächstmöglichen Termin kündigt.

III. Geltendmachung

268b. Will der Mieter wegziehen oder die in den gemieteten Räumen befindlichen Sachen fortschaffen, so kann der Vermieter mit Hilfe der zuständigen Amtsstelle so viele Gegenstände zurückhalten, als zur Deckung seiner Forderung notwendig sind.

Heimlich oder gewaltsam fortgeschaffte Gegenstände können innert zehn Tagen seit der Fortschaffung mit polizeilicher Hilfe in die vermieteten Räume zurückgebracht werden.

Zweiter Abschnitt: **Schutz vor mißbräuchlichen Mietzinsen und andern mißbräuchlichen Forderungen des Vermieters bei der Miete von Wohn- und Geschäftsräumen***

A. Mißbräuchliche Mietzinse
I. Regel

269. Mietzinse sind mißbräuchlich, wenn damit ein übersetzter

---
* Siehe Übergangsbestimmung Anh. VIII 26.

Ertrag aus der Mietsache erzielt wird oder wenn sie auf einem offensichtlich übersetzten Kaufpreis beruhen.
Anh. VIII 10.

II. Ausnahmen

269a. Mietzinse sind in der Regel nicht mißbräuchlich, wenn sie insbesondere:

a) im Rahmen der orts- oder quartierüblichen Mietzinse liegen;

b) durch Kostensteigerungen oder Mehrleistungen des Vermieters begründet sind;

c) bei neueren Bauten im Rahmen der kostendeckenden Bruttorendite liegen;

d) lediglich dem Ausgleich einer Mietzinsverbilligung dienen, die zuvor durch Umlagerung marktüblicher Finanzierungskosten gewährt wurde, und in einem dem Mieter im voraus bekanntgegebenen Zahlungsplan festgelegt sind;

e) lediglich die Teuerung auf dem risikotragenden Kapital ausgleichen;

f) das Ausmaß nicht überschreiten, das Vermieter- und Mieterverbände oder Organisationen, die ähnliche Interessen wahrnehmen, in ihren Rahmenverträgen empfehlen.
Anh. VIII 11 ff.

B. Indexierte Mietzinse

269b. Die Vereinbarung, daß der Mietzins einem Index folgt, ist nur gültig, wenn der Mietvertrag für mindestens fünf Jahre abgeschlossen und als Index der Landesindex der Konsumentenpreise vorgesehen wird.
Anh. VIII 17.

C. Gestaffelte Mietzinse

269c. Die Vereinbarung, daß sich der Mietzins periodisch um einen bestimmten Betrag erhöht, ist nur gültig, wenn:

a) der Mietvertrag für mindestens drei Jahre abgeschlossen wird;

b) der Mietzins höchstens einmal jährlich erhöht wird; und

c) der Betrag der Erhöhung in Franken festgelegt wird.

D. Mietzinserhöhungen und andere einseitige Vertragsänderungen durch den Vermieter

269d. Der Vermieter kann den Mietzins jederzeit auf den nächstmöglichen Kündigungstermin erhöhen. Er muß dem Mieter die Mietzinserhöhung mindestens zehn Tage vor Beginn der Kündigungsfrist auf einem vom Kanton genehmigten Formular mitteilen und begründen.

Die Mietzinserhöhung ist nichtig, wenn der Vermieter:
a) sie nicht mit dem vorgeschriebenen Formular mitteilt;
b) sie nicht begründet;
c) mit der Mitteilung die Kündigung androht oder ausspricht.

Die Absätze 1 und 2 gelten auch, wenn der Vermieter beabsichtigt, sonstwie den Mietvertrag einseitig zu Lasten des Mieters zu ändern, namentlich seine bisherigen Leistungen zu vermindern oder neue Nebenkosten einzuführen.

Anh. VIII 19 f.

E. Anfechtung des Mietzinses
I. Herabsetzungsbegehren
1. Anfangsmietzins

270. Der Mieter kann den Anfangsmietzins innert 30 Tagen nach Übernahme der Sache bei der Schlichtungsbehörde als mißbräuchlich im Sinne der Artikel 269 und 269a anfechten und dessen Herabsetzung verlangen, wenn:

a) er sich wegen einer persönlichen oder familiären Notlage oder wegen der Verhältnisse auf dem örtlichen Markt für Wohn- und Geschäftsräume zum Vertragsabschluß gezwungen sah; oder

b) der Vermieter den Anfangsmietzins gegenüber dem früheren Mietzins für dieselbe Sache erheblich erhöht hat.

Im Falle von Wohnungsmangel können die Kantone für ihr Gebiet oder einen Teil davon die Verwendung des Formulars gemäß Artikel 269d beim Abschluß eines neuen Mietvertrages obligatorisch erklären.

2. Während der Mietdauer

270a. Der Mieter kann den Mietzins als mißbräuchlich anfechten und die Herabsetzung auf den nächstmöglichen Kündigungstermin verlangen, wenn er Grund zur Annahme hat, daß der Vermieter wegen einer wesentlichen Änderung der Berechnungsgrundlagen,

8. Titel. Die Miete 270b–270e

vor allem wegen einer Kostensenkung, einen nach den Artikeln 269 und 269a übersetzten Ertrag aus der Mietsache erzielt.

Der Mieter muß das Herabsetzungsbegehren schriftlich beim Vermieter stellen; dieser muß innert 30 Tagen Stellung nehmen. Entspricht der Vermieter dem Begehren nicht oder nur teilweise oder antwortet er nicht fristgemäß, so kann der Mieter innert 30 Tagen die Schlichtungsbehörde anrufen.

Absatz 2 ist nicht anwendbar, wenn der Mieter gleichzeitig mit der Anfechtung einer Mietzinserhöhung ein Herabsetzungsbegehren stellt.

II. Anfechtung von Mietzinserhöhungen und andern einseitigen Vertragsänderungen

270b. Der Mieter kann eine Mietzinserhöhung innert 30 Tagen, nachdem sie ihm mitgeteilt worden ist, bei der Schlichtungsbehörde als mißbräuchlich im Sinne der Artikel 269 und 269a anfechten.

Absatz 1 gilt auch, wenn der Vermieter sonstwie den Mietvertrag einseitig zu Lasten des Mieters ändert, namentlich seine bisherigen Leistungen vermindert oder neue Nebenkosten einführt.

III. Anfechtung indexierter Mietzinse

270c. Unter Vorbehalt der Anfechtung des Anfangsmietzinses kann eine Partei vor der Schlichtungsbehörde nur geltend machen, daß die von der andern Partei verlangte Erhöhung oder Herabsetzung des Mietzinses durch keine entsprechende Änderung des Indexes gerechtfertigt sei.

IV. Anfechtung gestaffelter Mietzinse

270d. Unter Vorbehalt der Anfechtung des Anfangsmietzinses kann der Mieter gestaffelte Mietzinse nicht anfechten.

F. Weitergeltung des Mietvertrages während des Anfechtungsverfahrens

270e. Der bestehende Mietvertrag gilt unverändert weiter:

a) während des Schlichtungsverfahrens, wenn zwischen den Parteien keine Einigung zustande kommt, und

b) während des Gerichtsverfahrens, unter Vorbehalt vorsorglicher Maßnahmen des Richters.

Dritter Abschnitt **Kündigungsschutz bei der Miete von Wohn- und Geschäftsräumen**

A. Anfechtbarkeit der Kündigung
I. Im allgemeinen

271. Die Kündigung ist anfechtbar, wenn sie gegen den Grundsatz von Treu und Glauben verstößt.

Die Kündigung muß auf Verlangen begründet werden.

II. Kündigung durch den Vermieter

271a. Die Kündigung durch den Vermieter ist insbesondere anfechtbar, wenn sie ausgesprochen wird:

a) weil der Mieter nach Treu und Glauben Ansprüche aus dem Mietverhältnis geltend macht;

b) weil der Vermieter eine einseitige Vertragsänderung zu Lasten des Mieters oder eine Mietzinsanpassung durchsetzen will;

c) allein um den Mieter zum Erwerb der gemieteten Wohnung zu veranlassen;

d) während eines mit dem Mietverhältnis zusammenhängenden Schlichtungs- oder Gerichtsverfahrens, außer wenn der Mieter das Verfahren mißbräuchlich eingeleitet hat;

e) vor Ablauf von drei Jahren nach Abschluß eines mit dem Mietverhältnis zusammenhängenden Schlichtungs- oder Gerichtsverfahrens, in dem der Vermieter:

1. zu einem erheblichen Teil unterlegen ist;
2. seine Forderung oder Klage zurückgezogen oder erheblich eingeschränkt hat;
3. auf die Anrufung des Richters verzichtet hat;
4. mit dem Mieter einen Vergleich geschlossen oder sich sonstwie geeinigt hat;

f) wegen Änderungen in der familiären Situation des Mieters, aus denen dem Vermieter keine wesentlichen Nachteile entstehen.

Absatz 1 Buchstabe e ist auch anwendbar, wenn der Mieter durch Schriftstücke nachweisen kann, daß er sich mit dem Vermieter außerhalb eines Schlichtungs- oder Gerichtsverfahrens über eine Forderung aus dem Mietverhältnis geeinigt hat.

Absatz 1 Buchstaben d und e sind nicht anwendbar bei Kündigungen:

a) wegen dringenden Eigenbedarfs des Vermieters für sich, nahe Verwandte oder Verschwägerte;

b) wegen Zahlungsrückstand des Mieters (Art. 257d);

c) wegen schwerer Verletzung der Pflicht des Mieters zu Sorgfalt und Rücksichtnahme (Art. 257f Abs. 3 und 4);

d) infolge Veräußerung der Sache (Art. 261);

e) aus wichtigen Gründen (Art. 266g);

f) wegen Konkurs des Mieters (Art. 266h).

B. Erstreckung des Mietverhältnisses
I. Anspruch des Mieters

272. Der Mieter kann die Erstreckung eines befristeten oder unbefristeten Mietverhältnisses verlangen, wenn die Beendigung der Miete für ihn oder seine Familie eine Härte zur Folge hätte, die durch die Interessen des Vermieters nicht zu rechtfertigen wäre.

Bei der Interessenabwägung berücksichtigt die zuständige Behörde insbesondere:

a) die Umstände des Vertragsabschlusses und den Inhalt des Vertrags;

b) die Dauer des Mietverhältnisses;

c) die persönlichen, familiären und wirtschaftlichen Verhältnisse der Parteien und deren Verhalten;

d) einen allfälligen Eigenbedarf des Vermieters für sich, nahe Verwandte oder Verschwägerte sowie die Dringlichkeit dieses Bedarfs;

e) die Verhältnisse auf dem örtlichen Markt für Wohn- und Geschäftsräume.

Verlangt der Mieter eine zweite Erstreckung, so berücksichtigt die zuständige Behörde auch, ob er zur Abwendung der Härte alles unternommen hat, was ihm zuzumuten war.

II. Ausschluß der Erstreckung

272a. Die Erstreckung ist ausgeschlossen bei Kündigungen:

a) wegen Zahlungsrückstand des Mieters (Art. 257d);

b) wegen schwerer Verletzung der Pflicht des Mieters zu Sorgfalt und Rücksichtnahme (Art. 257f Abs. 3 und 4);

c) wegen Konkurs des Mieters (Art. 266h);

d) eines Mietvertrages, welcher im Hinblick auf ein bevorstehendes Umbau- oder Abbruchvorhaben ausdrücklich nur für die beschränkte Zeit bis zum Baubeginn oder bis zum Erhalt der erforderlichen Bewilligung abgeschlossen wurde.

Die Erstreckung ist in der Regel ausgeschlossen, wenn der Vermieter dem Mieter einen gleichwertigen Ersatz für die Wohn- oder Geschäftsräume anbietet.

III. Dauer der Erstreckung

272b. Das Mietverhältnis kann für Wohnräume um höchstens vier, für Geschäftsräume um höchstens sechs Jahre erstreckt werden. Im Rahmen der Höchstdauer können eine oder zwei Erstreckungen gewährt werden.

Vereinbaren die Parteien eine Erstreckung des Mietverhältnisses, so sind sie an keine Höchstdauer gebunden, und der Mieter kann auf eine zweite Erstreckung verzichten.

IV. Weitergeltung des Mietvertrags

272c. Jede Partei kann verlangen, daß der Vertrag im Erstreckungsentscheid veränderten Verhältnissen angepaßt wird.

Ist der Vertrag im Erstreckungsentscheid nicht geändert worden, so gilt er während der Erstreckung unverändert weiter; vorbehalten bleiben die gesetzlichen Anpassungsmöglichkeiten.

V. Kündigung während der Erstreckung

272d. Legt der Erstreckungsentscheid oder die Erstreckungsvereinbarung nichts anderes fest, so kann der Mieter das Mietverhältnis wie folgt kündigen:

a) bei Erstreckung bis zu einem Jahr mit einer einmonatigen Frist auf Ende eines Monats;

b) bei Erstreckung von mehr als einem Jahr mit einer dreimonatigen Frist auf einen gesetzlichen Termin.

C. Verfahren: Behörden und Fristen

273. Will eine Partei die Kündigung anfechten, so muß sie das Begehren innert 30 Tagen nach Empfang der Kündigung der Schlichtungsbehörde einreichen.

Will der Mieter eine Erstreckung des Mietverhältnisses verlangen, so muß er das Begehren der Schlichtungsbehörde einreichen:

a) bei einem unbefristeten Mietverhältnis innert 30 Tagen nach Empfang der Kündigung;

8. Titel. Die Miete

b) bei einem befristeten Mietverhältnis spätestens 60 Tage vor Ablauf der Vertragsdauer.

Das Begehren um eine zweite Erstreckung muß der Mieter der Schlichtungsbehörde spätestens 60 Tage vor Ablauf der ersten einreichen.

Die Schlichtungsbehörde versucht, eine Einigung zwischen den Parteien herbeizuführen. Kommt keine Einigung zustande, so fällt sie einen Entscheid über die Ansprüche der Vertragsparteien.

Ruft die unterlegene Partei nicht innert 30 Tagen den Richter an, so wird der Entscheid rechtskräftig.

D. Wohnung der Familie

273a. Dient die gemietete Sache als Wohnung der Familie, so kann auch der Ehegatte des Mieters die Kündigung anfechten, die Erstreckung des Mietverhältnisses verlangen oder die übrigen Rechte ausüben, die dem Mieter bei Kündigung zustehen.

Vereinbarungen über die Erstreckung sind nur gültig, wenn sie mit beiden Ehegatten abgeschlossen werden.
ZGB 169. BGE 115 II 361.

E. Untermiete

273b. Dieser Abschnitt gilt für die Untermiete, solange das Hauptmietverhältnis nicht aufgelöst ist. Die Untermiete kann nur für die Dauer des Hauptmietverhältnisses erstreckt werden.

Bezweckt die Untermiete hauptsächlich die Umgehung der Vorschriften über den Kündigungsschutz, so wird dem Untermieter ohne Rücksicht auf das Hauptmietverhältnis Kündigungsschutz gewährt. Wird das Hauptmietverhältnis gekündigt, so tritt der Vermieter anstelle des Mieters in den Vertrag mit dem Untermieter ein.

F. Zwingende Bestimmungen

273c. Der Mieter kann auf Rechte, die ihm nach diesem Abschnitt zustehen, nur verzichten, wenn dies ausdrücklich vorgesehen ist.

Abweichende Vereinbarungen sind nichtig.

274–274c II. Abteilung. Die einzelnen Vertragsverhältnisse

Vierter Abschnitt: **Behörden und Verfahren**

A. Grundsatz

274. Die Kantone bezeichnen die zuständigen Behörden und regeln das Verfahren.

B. Schlichtungsbehörde

274a. Die Kantone setzen kantonale, regionale und kommunale Schlichtungsbehörden ein, die bei der Miete unbeweglicher Sachen:

a) die Parteien in allen Mietfragen beraten;

b) in Streitfällen versuchen, eine Einigung zwischen den Parteien herbeizuführen;

c) die nach dem Gesetz erforderlichen Entscheide fällen;

d) die Begehren des Mieters an die zuständige Behörde überweisen, wenn ein Ausweisungsverfahren hängig ist;

e) als Schiedsgericht amten, wenn die Parteien es verlangen.

Vermieter und Mieter sind durch ihre Verbände oder andere Organisationen, die ähnliche Interessen wahrnehmen, in den Schlichtungsbehörden paritätisch vertreten.

Die Kantone können die paritätischen Organe, die in Rahmenmietverträgen oder ähnlichen Abkommen vorgesehen sind, als Schlichtungsbehörde bezeichnen.

Anh. VIII 21 ff.

C. Gerichtsstand

274b. Zuständig für Streitigkeiten aus dem Mietverhältnis sind:

a) bei der Miete unbeweglicher Sachen die Schlichtungsbehörde und der Richter am Ort der Sache;

b) bei der Miete beweglicher Sachen der Richter am Wohnsitz des Beklagten.

Der in der Schweiz wohnhafte Mieter kann nicht zum voraus auf den Gerichtsstand nach Absatz 1 verzichten bei:

a) Wohnräumen;

b) beweglichen Sachen, die seinem privaten Gebrauch dienen und vom Vermieter im Rahmen seiner gewerblichen Tätigkeit vermietet werden.

D. Schiedsgericht

274c. Bei der Miete von Wohnräumen dürfen die Parteien die

… Zuständigkeit der Schlichtungsbehörden und der richterlichen Behörden nicht durch vertraglich vereinbarte Schiedsgerichte ausschließen. Artikel 274a Absatz 1 Buchstabe e bleibt vorbehalten.

E. Verfahren bei der Miete von Wohn- und Geschäftsräumen
I. Grundsatz

274d. Die Kantone sehen für Streitigkeiten aus der Miete von Wohn- und Geschäftsräumen ein einfaches und rasches Verfahren vor.

Das Verfahren vor der Schlichtungsbehörde ist kostenlos; bei mutwilliger Prozeßführung kann jedoch die fehlbare Partei zur gänzlichen oder teilweisen Übernahme der Verfahrenskosten und zur Leistung einer Entschädigung an die andere Partei verpflichtet werden.

Schlichtungsbehörde und Richter stellen den Sachverhalt von Amtes wegen fest und würdigen die Beweise nach freiem Ermessen; die Parteien müssen ihnen alle für die Beurteilung des Streitfalls notwendigen Unterlagen vorlegen.

II. Schlichtungsverfahren

274e. Die Schlichtungsbehörde versucht, eine Einigung zwischen den Parteien herbeizuführen. Die Einigung gilt als gerichtlicher Vergleich.

Kommt keine Einigung zustande, so fällt die Schlichtungsbehörde in den vom Gesetz vorgesehenen Fällen einen Entscheid; in den anderen Fällen stellt sie das Nichtzustandekommen der Einigung fest.

Weist die Schlichtungsbehörde ein Begehren des Mieters betreffend Anfechtbarkeit der Kündigung ab, so prüft sie von Amtes wegen, ob das Mietverhältnis erstreckt werden kann.
Anh. VIII 21.

III. Gerichtsverfahren

274f. Hat die Schlichtungsbehörde einen Entscheid gefällt, so wird dieser rechtskräftig, wenn die Partei, die unterlegen ist, nicht innert 30 Tagen den Richter anruft; hat sie das Nichtzustandekommen der Einigung festgestellt, so muß die Partei, die auf ihrem Begehren beharrt, innert 30 Tagen den Richter anrufen.

Der Richter entscheidet auch über zivilrechtliche Vorfragen und kann für die Dauer des Verfahrens vorsorgliche Maßnahmen treffen.

Artikel 274e Absatz 3 gilt sinngemäß.

F. Ausweisungsbehörde

274g. Ficht der Mieter eine außerordentliche Kündigung an und ist ein Ausweisungsverfahren hängig, so entscheidet die für die Ausweisung zuständige Behörde auch über die Wirkung der Kündigung, wenn der Vermieter gekündigt hat:

a) wegen Zahlungsrückstand des Mieters (Art. 257d);

b) wegen schwerer Verletzung der Pflicht des Mieters zu Sorgfalt und Rücksichtnahme (Art. 257f Abs. 3 und 4);

c) aus wichtigen Gründen (Art. 266g);

d) wegen Konkurs des Mieters (Art. 266h).

Hat der Vermieter aus wichtigen Gründen (Art. 266g) vorzeitig gekündigt, so entscheidet die für die Ausweisung zuständige Behörde auch über die Erstreckung des Mietverhältnisses.

Wendet sich der Mieter mit seinen Begehren an die Schlichtungsbehörde, so überweist diese die Begehren an die für die Ausweisung zuständige Behörde.

Achter Titel[bis]

Die Pacht

A. Begriff und Geltungsbereich
I. Begriff

275. Durch den Pachtvertrag verpflichtet sich der Verpächter, dem Pächter eine nutzbare Sache oder ein nutzbares Recht zum Gebrauch und zum Bezug der Früchte oder Erträgnisse zu überlassen, und der Pächter, dafür einen Pachtzins zu leisten.

BGE 53 II 133; 57 II 161.

II. Geltungsbereich
1. Wohn- und Geschäftsräume

276. Die Bestimmungen über die Pacht von Wohn- und Geschäftsräumen gelten auch für Sachen, die der Verpächter zusammen mit diesen Räumen dem Pächter zur Benutzung überläßt.

2. Landwirtschaftliche Pacht

276a. Für Pachtverträge über landwirtschaftliche Gewerbe oder über Grundstücke zur landwirtschaftlichen Nutzung gilt das Bundesgesetz vom 4. Oktober 1985 über die landwirtschaftliche Pacht, soweit es besondere Regelungen enthält.

Im übrigen gilt das Obligationenrecht, außer den Bestimmungen über die Pacht von Wohn- und Geschäftsräumen und denjenigen über die Behörden und das Verfahren.

<small>Abs. 1: LPG, Anh. X.</small>

B. Inventaraufnahme

277. Umfaßt die Pacht auch Geräte, Vieh oder Vorräte, so muß jede Partei der andern ein genaues, von ihr unterzeichnetes Verzeichnis dieser Gegenstände übergeben und sich an einer gemeinsamen Schätzung beteiligen.

C. Pflichten des Verpächters
I. Übergabe der Sache

278. Der Verpächter ist verpflichtet, die Sache zum vereinbarten Zeitpunkt in einem zur vorausgesetzten Benutzung und Bewirtschaftung tauglichen Zustand zu übergeben.

Ist bei Beendigung des vorangegangenen Pachtverhältnisses ein Rückgabeprotokoll erstellt worden, so muß der Verpächter es dem neuen Pächter auf dessen Verlangen bei der Übergabe der Sache zur Einsicht vorlegen.

Ebenso kann der Pächter verlangen, daß ihm die Höhe des Pachtzinses des vorangegangenen Pachtverhältnisses mitgeteilt wird.

II. Hauptreparaturen

279. Der Verpächter ist verpflichtet, größere Reparaturen an der Sache, die während der Pachtzeit notwendig werden, auf eigene Kosten vorzunehmen, sobald ihm der Pächter von deren Notwendigkeit Kenntnis gegeben hat.

III. Abgaben und Lasten

280. Der Verpächter trägt die mit der Sache verbundenen Lasten und öffentlichen Abgaben.

D. Pflichten des Pächters
I. Zahlung des Pachtzinses und der Nebenkosten
1. Im allgemeinen

281. Der Pächter muß den Pachtzins und allenfalls die Nebenkosten am Ende eines Pachtjahres, spätestens aber am Ende der Pachtzeit bezahlen, wenn kein anderer Zeitpunkt vereinbart oder ortsüblich ist.

Für die Nebenkosten gilt Artikel 257a.

2. Zahlungsrückstand des Pächters

282. Ist der Pächter nach der Übernahme der Sache mit der Zahlung fälliger Pachtzinse oder Nebenkosten im Rückstand, so kann ihm der Verpächter schriftlich eine Zahlungsfrist von mindestens 60 Tagen setzen und ihm androhen, daß bei unbenütztem Ablauf der Frist das Pachtverhältnis gekündigt werde.

Bezahlt der Pächter innert der gesetzten Frist nicht, so kann der Verpächter das Pachtverhältnis fristlos, bei Wohn- und Geschäftsräumen mit einer Frist von mindestens 30 Tagen auf Ende eines Monats kündigen.

II. Sorgfalt, Rücksichtnahme und Unterhalt
1. Sorgfalt und Rücksichtnahme

283. Der Pächter muß die Sache sorgfältig gemäß ihrer Bestimmung bewirtschaften, insbesondere für nachhaltige Ertragsfähigkeit sorgen.

Der Pächter einer unbeweglichen Sache muß auf Hausbewohner und Nachbarn Rücksicht nehmen.

2. Ordentlicher Unterhalt

284. Der Pächter muß für den ordentlichen Unterhalt der Sache sorgen.

Er muß die kleineren Reparaturen nach Ortsgebrauch vornehmen sowie die Geräte und Werkzeuge von geringem Wert ersetzen, wenn sie durch Alter oder Gebrauch nutzlos geworden sind.

3. Pflichtverletzung

285. Verletzt der Pächter trotz schriftlicher Mahnung des Verpächters seine Pflicht zu Sorgfalt, Rücksichtnahme oder Unterhalt weiter, so daß dem Verpächter oder den Hausbewohnern die Fortsetzung des Pachtverhältnisses nicht mehr zuzumuten ist, so kann der Verpächter fristlos, bei Wohn- und Geschäftsräumen mit einer Frist von mindestens 30 Tagen auf Ende eines Monats kündigen.

Der Verpächter von Wohn- oder Geschäftsräumen kann jedoch fristlos kündigen, wenn der Pächter vorsätzlich der Sache schweren Schaden zufügt.

III. Meldepflicht

286. Sind größere Reparaturen nötig oder maßt sich ein Dritter Rechte am Pachtgegenstand an, so muß der Pächter dies dem Verpächter sofort melden.

Unterläßt der Pächter die Meldung, so haftet er für den Schaden, der dem Verpächter daraus entsteht.

IV. Duldungspflicht

287. Der Pächter muß größere Reparaturen dulden, wenn sie zur Beseitigung von Mängeln oder zur Behebung oder Vermeidung von Schäden notwendig sind.

Der Pächter muß dem Verpächter gestatten, die Sache zu besichtigen, soweit dies für den Unterhalt, den Verkauf oder die Wiederverpachtung notwendig ist.

Der Verpächter muß dem Pächter Arbeiten und Besichtigungen rechtzeitig anzeigen und bei der Durchführung auf die Interessen des Pächters Rücksicht nehmen; für allfällige Ansprüche des Pächters auf Herabsetzung des Pachtzinses und auf Schadenersatz gilt das Mietrecht (Art. 259d und 259e) sinngemäß.

E. Rechte des Pächters bei Nichterfüllung des Vertrags und bei Mängeln

288. Das Mietrecht (Art. 258 und Art. 259a–259i) gilt sinngemäß, wenn:

a) der Verpächter die Sache nicht zum vereinbarten Zeitpunkt oder in einem mangelhaften Zustand übergibt;

b) Mängel an der Sache entstehen, die der Pächter weder zu verantworten noch auf eigene Kosten zu beseitigen hat, oder der Pächter in der vertragsgemäßen Benutzung der Sache gestört wird.

Abweichende Vereinbarungen zum Nachteil des Pächters sind nichtig, wenn sie enthalten sind in:

a) vorformulierten Allgemeinen Geschäftsbedingungen;
b) Pachtverträgen über Wohn- und Geschäftsräume.

F. Erneuerungen und Änderungen
I. Durch den Verpächter

289. Der Verpächter kann Erneuerungen und Änderungen an der Sache nur vornehmen, wenn sie für den Pächter zumutbar sind und wenn das Pachtverhältnis nicht gekündigt ist.

Der Verpächter muß bei der Ausführung der Arbeiten auf die Interessen des Pächters Rücksicht nehmen; für allfällige Ansprüche des Pächters auf Herabsetzung des Pachtzinses und auf Schadenersatz gilt das Mietrecht (Art. 259d und 259e) sinngemäß.

II. Durch den Pächter

289a. Der Pächter braucht die schriftliche Zustimmung des Verpächters für:
a) Änderungen in der hergebrachten Bewirtschaftung, die über die Pachtzeit hinaus von wesentlicher Bedeutung sein können;
b) Erneuerungen und Änderungen an der Sache, die über den ordentlichen Unterhalt hinausgehen.

Hat der Verpächter zugestimmt, so kann er die Wiederherstellung des früheren Zustandes nur verlangen, wenn dies schriftlich vereinbart worden ist.

Hat der Verpächter einer Änderung nach Absatz 1 Buchstabe a nicht schriftlich zugestimmt und macht der Pächter sie nicht innert angemessener Frist rückgängig, so kann der Verpächter fristlos, bei Wohn- und Geschäftsräumen mit einer Frist von mindestens 30 Tagen auf Ende eines Monats kündigen.

G. Wechsel des Eigentümers

290. Das Mietrecht (Art. 261–261b) gilt sinngemäß bei:
a) Veräußerung des Pachtgegenstandes;
b) Einräumung beschränkter dinglicher Rechte am Pachtgegenstand;
c) Vormerkung des Pachtverhältnisses im Grundbuch.

H. Unterpacht

291. Der Pächter kann die Sache mit Zustimmung des Verpächters ganz oder teilweise unterverpachten oder vermieten.

Der Verpächter kann die Zustimmung zur Vermietung einzelner zur Sache gehörender Räume nur verweigern, wenn:

a) der Pächter sich weigert, dem Verpächter die Bedingungen der Miete bekanntzugeben;

b) die Bedingungen der Miete im Vergleich zu denjenigen des Pachtvertrages mißbräuchlich sind;

c) dem Verpächter aus der Vermietung wesentliche Nachteile entstehen.

Der Pächter haftet dem Verpächter dafür, daß der Unterpächter oder der Mieter die Sache nicht anders benutzt, als es ihm selbst gestattet ist. Der Verpächter kann Unterpächter und Mieter unmittelbar dazu anhalten.

J. Übertragung der Pacht auf einen Dritten

292. Für die Übertragung der Pacht von Geschäftsräumen auf einen Dritten gilt Artikel 263 sinngemäß.

K. Vorzeitige Rückgabe der Sache

293. Gibt der Pächter die Sache zurück, ohne Kündigungsfrist oder -termin einzuhalten, so ist er von seinen Verpflichtungen gegenüber dem Verpächter nur befreit, wenn er einen für den Verpächter zumutbaren neuen Pächter vorschlägt; dieser muß zahlungsfähig und bereit sein, den Pachtvertrag zu den gleichen Bedingungen zu übernehmen.

Andernfalls muß er den Pachtzins bis zu dem Zeitpunkt leisten, in dem das Pachtverhältnis gemäß Vertrag oder Gesetz endet oder beendet werden kann.

Der Verpächter muß sich anrechnen lassen, was er:

a) an Auslagen erspart und

b) durch anderweitige Verwendung der Sache gewinnt oder absichtlich zu gewinnen unterlassen hat.

L. Verrechnung

294. Für die Verrechnung von Forderungen und Schulden aus dem Pachtverhältnis gilt Artikel 265 sinngemäß.

M. Beendigung des Pachtverhältnisses
I. Ablauf der vereinbarten Dauer

295. Haben die Parteien eine bestimmte Dauer ausdrücklich oder stillschweigend vereinbart, so endet das Pachtverhältnis ohne Kündigung mit Ablauf dieser Dauer.

Setzen die Parteien das Pachtverhältnis stillschweigend fort, so gilt es zu den gleichen Bedingungen jeweils für ein weiteres Jahr, wenn nichts anderes vereinbart ist.

Die Parteien können das fortgesetzte Pachtverhältnis mit der gesetzlichen Frist auf das Ende eines Pachtjahres kündigen.

II. Kündigungsfristen und -termine

296. Die Parteien können das unbefristete Pachtverhältnis mit einer Frist von sechs Monaten auf einen beliebigen Termin kündigen, sofern durch Vereinbarung oder Ortsgebrauch nichts anderes bestimmt und nach Art des Pachtgegenstandes kein anderer Parteiwille anzunehmen ist.

Bei der unbefristeten Pacht von Wohn- und Geschäftsräumen können die Parteien mit einer Frist von mindestens sechs Monaten auf einen ortsüblichen Termin oder, wenn es keinen Ortsgebrauch gibt, auf Ende einer dreimonatigen Pachtdauer kündigen. Sie können eine längere Frist und einen anderen Termin vereinbaren.

Halten die Parteien die Frist oder den Termin nicht ein, so gilt die Kündigung für den nächstmöglichen Termin.

III. Außerordentliche Beendigung
1. Aus wichtigen Gründen

297. Aus wichtigen Gründen, welche die Vertragserfüllung für sie unzumutbar machen, können die Parteien das Pachtverhältnis mit der gesetzlichen Frist auf einen beliebigen Zeitpunkt kündigen.

Der Richter bestimmt die vermögensrechtlichen Folgen der vorzeitigen Kündigung unter Würdigung aller Umstände.

2. Konkurs des Pächters

297a. Fällt der Pächter nach Übernahme der Sache in Konkurs, so endet das Pachtverhältnis mit der Konkurseröffnung.

Erhält jedoch der Verpächter für den laufenden Pachtzins und das Inventar hinreichende Sicherheiten, so muß er die Pacht bis zum Ende des Pachtjahres fortsetzen.

3. Tod des Pächters

297b. Stirbt der Pächter, so können sowohl seine Erben als auch

8. Titel bis. Die Pacht

der Verpächter mit der gesetzlichen Frist auf den nächsten gesetzlichen Termin kündigen.

IV. Form der Kündigung bei Wohn- und Geschäftsräumen

298. Verpächter und Pächter von Wohn- und Geschäftsräumen müssen schriftlich kündigen.

Der Verpächter muß mit einem Formular kündigen, das vom Kanton genehmigt ist und das angibt, wie der Pächter vorzugehen hat, wenn er die Kündigung anfechten oder eine Erstreckung des Pachtverhältnisses verlangen will.

Die Kündigung ist nichtig, wenn sie diesen Anforderungen nicht entspricht.

N. Rückgabe der Sache
I. Im allgemeinen

299. Der Pächter gibt die Sache und das gesamte Inventar in dem Zustand zurück, in dem sie sich zum Zeitpunkt der Rückgabe befinden.

Für Verbesserungen kann der Pächter Ersatz fordern, wenn sie sich ergeben haben aus:

a) Anstrengungen, die über die gehörige Bewirtschaftung hinausgehen;

b) Erneuerungen oder Änderungen, denen der Verpächter schriftlich zugestimmt hat.

Für Verschlechterungen, die der Pächter bei gehöriger Bewirtschaftung hätte vermeiden können, muß er Ersatz leisten.

Vereinbarungen, in denen sich der Pächter im voraus verpflichtet, bei Beendigung des Pachtverhältnisses eine Entschädigung zu entrichten, die anderes als die Deckung des allfälligen Schadens einschließt, sind nichtig.

II. Prüfung der Sache und Meldung an den Pächter

299a. Bei der Rückgabe muß der Verpächter den Zustand der Sache prüfen und Mängel, für die der Pächter einzustehen hat, diesem sofort melden.

Versäumt dies der Verpächter, so verliert er seine Ansprüche, soweit es sich nicht um Mängel handelt, die bei übungsgemäßer Untersuchung nicht erkennbar waren.

Entdeckt der Verpächter solche Mängel später, so muß er sie dem Pächter sofort melden.

III. Ersatz von Gegenständen des Inventars

299b. Wurde das Inventar bei der Übergabe der Sache geschätzt, so muß der Pächter bei Beendigung der Pacht ein nach Gattung und Schätzungswert gleiches Inventar zurückgeben oder den Minderwert ersetzen.

Der Pächter muß für fehlende Gegenstände keinen Ersatz leisten, wenn er nachweist, daß der Verlust auf ein Verschulden des Verpächters oder auf höhere Gewalt zurückzuführen ist.

Der Pächter kann für den Mehrwert, der sich aus seinen Aufwendungen und seiner Arbeit ergeben hat, Ersatz fordern.

O. Retentionsrecht

299c. Der Verpächter von Geschäftsräumen hat für einen verfallenen und einen laufenden Pachtzins das gleiche Retentionsrecht wie der Vermieter für Mietzinsforderungen (Art. 268 ff.).
SchKG 283.

P. Kündigungsschutz bei der Pacht von Wohn- und Geschäftsräumen

300. Für den Kündigungsschutz bei der Pacht von Wohn- und Geschäftsräumen gilt das Mietrecht (Art. 271–273c) sinngemäß.

Nicht anwendbar sind die Bestimmungen über die Wohnung der Familie (Art. 273a).

Q. Behörden und Verfahren

301. Bei Streitigkeiten aus dem Pachtverhältnis richten sich die Zuständigkeit der Behörden und das Verfahren nach dem Mietrecht (Art. 274–274g).

R. Viehpacht und Viehverstellung
I. Rechte und Pflichten des Einstellers

302. Bei der Viehpacht und Viehverstellung, die nicht mit einer landwirtschaftlichen Pacht verbunden sind, gehört die Nutzung des eingestellten Viehs dem Einsteller, wenn Vertrag oder Ortsgebrauch nichts anderes bestimmen.

Der Einsteller muß die Fütterung und Pflege des Viehs übernehmen sowie dem Verpächter oder Versteller einen Zins in Geld oder einen Teil des Nutzens entrichten.

II. Haftung

303. Bestimmen Vertrag oder Ortsgebrauch nichts anderes, so haftet der Einsteller für Schäden am eingestellten Vieh, wenn er nicht beweist, daß er die Schäden trotz sorgfältiger Hut und Pflege nicht vermeiden konnte.

Für außerordentliche Pflegekosten kann der Einsteller vom Versteller Ersatz verlangen, wenn er sie nicht schuldhaft verursacht hat.

Der Einsteller muß schwerere Unfälle oder Erkrankungen dem Versteller so bald als möglich melden.

III. Kündigung

304. Ist der Vertrag auf unbestimmte Zeit abgeschlossen, so kann ihn jede Partei auf einen beliebigen Zeitpunkt kündigen, wenn Vertrag oder Ortsgebrauch nichts anderes bestimmen.

Die Kündigung soll jedoch in guten Treuen und nicht zur Unzeit erfolgen.

Neunter Titel

Die Leihe

1. Abschnitt **Die Gebrauchsleihe**

A. Begriff

305. Durch den Gebrauchsleihevertrag verpflichtet sich der Verleiher, dem Entlehner eine Sache zu unentgeltlichem Gebrauche zu überlassen, und der Entlehner, dieselbe Sache nach gemachtem Gebrauche dem Verleiher zurückzugeben.

Immobilien: BGE 75 II 45.

B. Wirkung
I. Gebrauchsrecht des Entlehners

306. Der Entlehner darf von der geliehenen Sache nur denjenigen Gebrauch machen, der sich aus dem Vertrage oder, wenn darüber nichts vereinbart ist, aus ihrer Beschaffenheit oder Zweckbestimmung ergibt.

Er darf den Gebrauch nicht einem andern überlassen.

Handelt der Entlehner diesen Bestimmungen zuwider, so haftet er auch für den Zufall, wenn er nicht beweist, daß dieser die Sache auch sonst getroffen hätte.

103, 309 II.

II. Kosten der Erhaltung

307. Der Entlehner trägt die gewöhnlichen Kosten für die Erhaltung der Sache, bei geliehenen Tieren insbesondere die Kosten der Fütterung.

Für außerordentliche Verwendungen, die er im Interesse des Verleihers machen mußte, kann er von diesem Ersatz fordern.

65, 419ff. Retentionsrecht: ZGB 895.

III. Haftung mehrerer Entlehner

308. Haben mehrere eine Sache gemeinschaftlich entlehnt, so haften sie solidarisch.

143ff.

C. Beendigung
I. Bei bestimmtem Gebrauch

309. Ist für die Gebrauchsleihe eine bestimmte Dauer nicht vereinbart, so endigt sie, sobald der Entlehner den vertragsmäßigen Gebrauch gemacht hat, oder mit Ablauf der Zeit, binnen deren dieser Gebrauch hätte stattfinden können.

Der Verleiher kann die Sache früher zurückfordern, wenn der Entlehner sie vertragswidrig gebraucht oder verschlechtert oder einem Dritten zum Gebrauche überläßt, oder wenn er selbst wegen eines unvorhergesehenen Falles der Sache dringend bedarf.

74 Ziff. 2, 306 II.

II. Bei unbestimmtem Gebrauch

310. Wenn der Verleiher die Sache zu einem weder der Dauer noch dem Zwecke nach bestimmtem Gebrauche überlassen hat, so kann er sie beliebig zurückfordern.

III. Beim Tod des Entlehners

311. Die Gebrauchsleihe endigt mit dem Tode des Entlehners.

2. Abschnitt Das Darlehen

A. Begriff

312. Durch den Darlehensvertrag verpflichtet sich der Darleiher zur Übertragung des Eigentums an einer Summe Geldes oder an andern vertretbaren Sachen, der Borger dagegen zur Rückerstattung von Sachen der nämlichen Art in gleicher Menge und Güte.

71. Anleihen: vgl. Anleihensobligationen. Zins, Begriff: BGE 52 II 233. Zinscoupons: 980.

9. Titel. Die Leihe 313–317

B. Wirkung
I. Zinse
1. Verzinslichkeit

313. Das Darlehen ist im gewöhnlichen Verkehre nur dann verzinslich, wenn Zinse verabredet sind.

Im kaufmännischen Verkehre sind auch ohne Verabredung Zinse zu bezahlen.

2. Zinsvorschriften

314. Wenn der Vertrag die Höhe des Zinsfußes nicht bestimmt, so ist derjenige Zinsfuß zu vermuten, der zur Zeit und am Orte des Darlehensempfanges für die betreffende Art von Darlehen üblich war.

Mangels anderer Abrede sind versprochene Zinse als Jahreszins zu entrichten.

Die vorherige Übereinkunft, daß die Zinse zum Kapital geschlagen und mit diesem weiter verzinst werden sollen, ist ungültig unter Vorbehalt von kaufmännischen Zinsberechnungen im Konto-Korrent und ähnlichen Geschäftsformen, bei denen die Berechnung von Zinseszinsen üblich ist, wie namentlich bei Sparkassen.

ZGB 818 Abs. 2. Abs. 3: 117; vgl. 105. Anleihensobligationen: 1170 Ziff. 3. Siehe Anh. II und Art. 73 Anm.

II. Verjährung des Anspruchs auf Aushändigung und Annahme

315. Der Anspruch des Borgers auf Aushändigung und der Anspruch des Darleihers auf Annahme des Darlehens verjähren in sechs Monaten vom Eintritte des Verzuges an gerechnet.

III. Zahlungsunfähigkeit des Borgers

316. Der Darleher kann die Aushändigung des Darlehens verweigern, wenn der Borger seit dem Vertragsabschlusse zahlungsunfähig geworden ist.

Diese Befugnis steht dem Darleiher auch dann zu, wenn die Zahlungsunfähigkeit schon vor Abschluß des Vertrages eingetreten, ihm aber erst nachher bekannt geworden ist.

83.

C. Hingabe an Geldes Statt

317. Sind dem Borger statt der verabredeten Geldsumme Wertpapiere oder Waren gegeben worden, so gilt als Darlehenssumme der Kurswert oder der Marktpreis, den diese Papiere oder Waren zur Zeit und am Orte der Hingabe hatten.

Eine entgegenstehende Übereinkunft ist nichtig.

D. Zeit der Rückzahlung

318. Ein Darlehen, für dessen Rückzahlung weder ein bestimmter Termin, noch eine Kündigungsfrist, noch der Verfall auf beliebige Aufforderung hin vereinbart wurde, ist innerhalb sechs Wochen von der ersten Aufforderung an zurückzubezahlen.

<small>Anleihensobligationen: 1173ff. «Unbestimmt»: BGE 76 II 144.</small>

Zehnter Titel

Der Arbeitsvertrag*

1. Abschnitt Der Einzelarbeitsvertrag

A. Begriff und Entstehung
I. Begriff

319. Durch den Einzelarbeitsvertrag verpflichtet sich der Arbeitnehmer auf bestimmte oder unbestimmte Zeit zur Leistung von Arbeit im Dienst des Arbeitgebers und dieser zur Entrichtung eines Lohnes, der nach Zeitabschnitten (Zeitlohn) oder nach der geleisteten Arbeit (Akkordlohn) bemessen wird.

Als Einzelarbeitsvertrag gilt auch der Vertrag, durch den sich ein Arbeitnehmer zur regelmäßigen Leistung von stunden-, halbtage- oder tageweiser Arbeit (Teilzeitarbeit) im Dienst des Arbeitgebers verpflichtet.

<small>342. IPRG 121. Heuervertrag der Schiffsleute: Art. 68ff. des Seeschiffahrtsgesetzes vom 23. Sept. 1953, SR 747.30. BG über die Arbeitsvermittlung und den Personenverleih (AVG) vom 6. Okt. 1989 (SR 823.11).</small>

II. Entstehung

320. Wird es vom Gesetz nicht anders bestimmt, so bedarf der Einzelarbeitsvertrag zu seiner Gültigkeit keiner besonderen Form.

Er gilt auch dann als abgeschlossen, wenn der Arbeitgeber

<small>* Im folgenden sind diejenigen Bestimmungen, die zuungunsten des Arbeitgebers wie des Arbeitnehmers nicht abänderbar sind (Art. 361), mit ■ , diejenigen, die es zuungunsten des Arbeitnehmers nicht sind (Art. 362), mit ◻ bezeichnet.</small>

Arbeit in seinem Dienst auf Zeit entgegennimmt, deren Leistung nach den Umständen nur gegen Lohn zu erwarten ist.

Leistet der Arbeitnehmer in gutem Glauben Arbeit im Dienste des Arbeitgebers auf Grund eines Arbeitsvertrages, der sich nachträglich als ungültig erweist, so haben beide Parteien die Pflichten aus dem Arbeitsverhältnis in gleicher Weise wie aus gültigem Vertrag zu erfüllen, bis dieses wegen Ungültigkeit des Vertrages vom einen oder andern aufgehoben wird.

Abs. 2: BGE 113 II 414.

B. Pflichten des Arbeitnehmers
I. Persönliche Arbeitspflicht

321. Der Arbeitnehmer hat die vertraglich übernommene Arbeit in eigener Person zu leisten, sofern nichts anderes verabredet ist oder sich aus den Umständen ergibt.

II. Sorgfalts- und Treuepflicht

321a. Der Arbeitnehmer hat die ihm übertragene Arbeit sorgfältig auszuführen und die berechtigten Interessen des Arbeitgebers in guten Treuen zu wahren.

Er hat Maschinen, Arbeitsgeräte, technische Einrichtungen und Anlagen sowie Fahrzeuge des Arbeitgebers fachgerecht zu bedienen und diese sowie Material, die ihm zur Ausführung der Arbeit zur Verfügung gestellt werden, sorgfältig zu behandeln.

Während der Dauer des Arbeitsverhältnisses darf der Arbeitnehmer keine Arbeit gegen Entgelt für einen Dritten leisten, soweit er dadurch seine Treuepflicht verletzt, insbesondere den Arbeitgeber konkurrenziert.

Der Arbeitnehmer darf geheimzuhaltende Tatsachen, wie namentlich Fabrikations- und Geschäftsgeheimnisse, von denen er im Dienst des Arbeitgebers Kenntnis erlangt, während des Arbeitsverhältnisses nicht verwerten oder anderen mitteilen; auch nach dessen Beendigung bleibt er zur Verschwiegenheit verpflichtet, soweit es zur Wahrung der berechtigten Interessen des Arbeitgebers erforderlich ist.

StGB 162.

III. Rechenschafts- und Herausgabepflicht

321b. Der Arbeitnehmer hat dem Arbeitgeber über alles, was er bei seiner vertraglichen Tätigkeit für diesen von Dritten erhält, wie namentlich Geldbeträge, Rechenschaft abzulegen und ihm alles sofort herauszugeben.

Er hat dem Arbeitgeber auch alles sofort herauszugeben, was er in Ausübung seiner vertraglichen Tätigkeit hervorbringt.

IV. Überstundenarbeit

321c. ■ Wird gegenüber dem zeitlichen Umfang der Arbeit, der verabredet oder üblich oder durch Normalarbeitsvertrag oder Gesamtarbeitsvertrag bestimmt ist, die Leistung von Überstundenarbeit notwendig, so ist der Arbeitnehmer dazu soweit verpflichtet, als er sie zu leisten vermag und sie ihm nach Treu und Glauben zugemutet werden kann.

Im Einverständnis mit dem Arbeitnehmer kann der Arbeitgeber die Überstundenarbeit innert eines angemessenen Zeitraumes durch Freizeit von mindestens gleicher Dauer ausgleichen.

Wird die Überstundenarbeit nicht durch Freizeit ausgeglichen und ist nichts anderes schriftlich verabredet oder durch Normalarbeitsvertrag oder Gesamtarbeitsvertrag bestimmt, so hat der Arbeitgeber für die Überstundenarbeit Lohn zu entrichten, der sich nach dem Normallohn samt einem Zuschlag von mindestens einem Viertel bemißt.

<small>S. auch BG über die Arbeit in Unternehmen des öffentlichen Verkehrs (Arbeitszeitgesetz) vom 8. Okt. 1971, SR 822.21. BGE 111 II 358. Abs. 3: BGE 105 II 39, 110 II 264.</small>

V. Befolgung von Anordnungen und Weisungen

321d. Der Arbeitgeber kann über die Ausführung der Arbeit und das Verhalten der Arbeitnehmer im Betrieb oder Haushalt allgemeine Anordnungen erlassen und ihnen besondere Weisungen erteilen.

Der Arbeitnehmer hat die allgemeinen Anordnungen des Arbeitgebers und die ihm erteilten besonderen Weisungen nach Treu und Glauben zu befolgen.

VI. Haftung des Arbeitnehmers

◻ **321e.** Der Arbeitnehmer ist für den Schaden verantwortlich, den er absichtlich oder fahrlässig dem Arbeitgeber zufügt.

Das Maß der Sorgfalt, für die der Arbeitnehmer einzustehen hat, bestimmt sich nach dem einzelnen Arbeitsverhältnis, unter Berücksichtigung des Berufsrisikos, des Bildungsgrades oder der

Fachkenntnisse, die zu der Arbeit verlangt werden, sowie der Fähigkeiten und Eigenschaften des Arbeitnehmers, die der Arbeitgeber gekannt hat oder hätte kennen sollen.

BGE 110 II 344.

C. Pflichten des Arbeitgebers
I. Lohn
1. Art und Höhe im allgemeinen

322. Der Arbeitgeber hat dem Arbeitnehmer den Lohn zu entrichten, der verabredet oder üblich oder durch Normalarbeitsvertrag oder Gesamtarbeitsvertrag bestimmt ist.

Lebt der Arbeitnehmer in Hausgemeinschaft mit dem Arbeitgeber, so bildet der Unterhalt im Hause mit Unterkunft und Verpflegung einen Teil des Lohnes, sofern nichts anderes verabredet oder üblich ist.

2. Anteil am Geschäftsergebnis

322a. Hat der Arbeitnehmer vertraglich Anspruch auf einen Anteil am Gewinn oder am Umsatz oder sonst am Geschäftsergebnis, so ist für die Berechnung des Anteils das Ergebnis des Geschäftsjahres maßgebend, wie es nach den gesetzlichen Vorschriften und allgemein anerkannten kaufmännischen Grundsätzen festzustellen ist.

◼ Der Arbeitgeber hat dem Arbeitnehmer oder an dessen Stelle einem gemeinsam bestimmten oder vom Richter bezeichneten Sachverständigen die nötigen Aufschlüsse zu geben und Einsicht in die Geschäftsbücher zu gewähren, soweit dies zur Nachprüfung erforderlich ist.

◼ Ist ein Anteil am Gewinn des Unternehmens verabredet, so ist dem Arbeitnehmer überdies auf Verlangen eine Abschrift der Gewinn- und Verlustrechnung des Geschäftsjahres zu übergeben.

3. Provision
a) Entstehung

322b. ◼ Ist eine Provision des Arbeitnehmers auf bestimmten Geschäften verabredet, so entsteht der Anspruch darauf, wenn das Geschäft mit dem Dritten rechtsgültig abgeschlossen ist.

◼ Bei Geschäften mit gestaffelter Erfüllung sowie bei Versicherungsverträgen kann schriftlich verabredet werden, daß der Provisionsanspruch auf jeder Rate mit ihrer Fälligkeit oder ihrer Leistung entsteht.

Der Anspruch auf Provision fällt nachträglich dahin, wenn das Geschäft vom Arbeitgeber ohne sein Verschulden nicht ausgeführt wird oder wenn der Dritte seine Verbindlichkeiten nicht erfüllt; bei nur teilweiser Erfüllung tritt eine verhältnismäßige Herabsetzung der Provision ein.

b) Abrechnung

■ **322c.** Ist vertraglich nicht der Arbeitnehmer zur Aufstellung der Provisionsabrechnung verpflichtet, so hat ihm der Arbeitgeber auf jeden Fälligkeitstermin eine schriftliche Abrechnung, unter Angabe der provisionspflichtigen Geschäfte, zu übergeben.

Der Arbeitgeber hat dem Arbeitnehmer oder an dessen Stelle einem gemeinsam bestimmten oder vom Richter bezeichneten Sachverständigen die nötigen Aufschlüsse zu geben und Einsicht in die für die Abrechnung maßgebenden Bücher und Belege zu gewähren, soweit dies zur Nachprüfung erforderlich ist.

4. Gratifikation

322d. Richtet der Arbeitgeber neben dem Lohn bei bestimmten Anlässen, wie Weihnachten oder Abschluß des Geschäftsjahres, eine Sondervergütung aus, so hat der Arbeitnehmer einen Anspruch darauf, wenn es verabredet ist.

Endigt das Arbeitsverhältnis, bevor der Anlaß zur Ausrichtung der Sondervergütung eingetreten ist, so hat der Arbeitnehmer einen Anspruch auf einen verhältnismäßigen Teil davon, wenn es verabredet ist.
BGE 109 II 447.

II. Ausrichtung des Lohnes
1. Zahlungsfristen und -termine

323. Sind nicht kürzere Fristen oder andere Termine verabredet oder üblich und ist durch Normalarbeitsvertrag oder Gesamtarbeitsvertrag nichts anderes bestimmt, so ist dem Arbeitnehmer der Lohn Ende jedes Monats auszurichten.

Ist nicht eine kürzere Frist verabredet oder üblich, so ist die Provision Ende jedes Monats auszurichten; erfordert jedoch die

Durchführung von Geschäften mehr als ein halbes Jahr, so kann durch schriftliche Abrede die Fälligkeit der Provision für diese Geschäfte hinausgeschoben werden.

Der Anteil am Geschäftsergebnis ist auszurichten, sobald dieses festgestellt ist, spätestens jedoch sechs Monate nach Ablauf des Geschäftsjahres.

■ Der Arbeitgeber hat dem Arbeitnehmer nach Maßgabe der geleisteten Arbeit den Vorschuß zu gewähren, dessen der Arbeitnehmer infolge einer Notlage bedarf und den der Arbeitgeber billigerweise zu gewähren vermag.

2. Lohnrückbehalt

323a. Sofern es verabredet oder üblich oder durch Normalarbeitsvertrag oder Gesamtarbeitsvertrag bestimmt ist, darf der Arbeitgeber einen Teil des Lohnes zurückbehalten.

Von dem an dem einzelnen Zahltag fälligen Lohn darf nicht mehr als ein Zehntel des Lohnes und im gesamten nicht mehr als der Lohn für eine Arbeitswoche zurückbehalten werden; jedoch kann ein höherer Lohnrückbehalt durch Normalarbeitsvertrag oder Gesamtarbeitsvertrag vorgesehen werden.

Ist nichts anderes verabredet oder üblich oder durch Normalarbeitsvertrag oder Gesamtarbeitsvertrag bestimmt, so gilt der zurückbehaltene Lohn als Sicherheit für die Forderungen des Arbeitgebers aus dem Arbeitsverhältnis und nicht als Konventionalstrafe.

Décompte.

3. Lohnsicherung

323b. Der Geldlohn ist dem Arbeitnehmer in gesetzlicher Währung innert der Arbeitszeit auszurichten, sofern nichts anderes verabredet oder üblich ist. ■ Dem Arbeitnehmer ist eine schriftliche Abrechnung zu übergeben.

■ Der Arbeitgeber darf Gegenforderungen mit der Lohnforderung nur soweit verrechnen, als diese pfändbar ist, jedoch dürfen Ersatzforderungen für absichtlich zugefügten Schaden unbeschränkt verrechnet werden.

Abreden über die Verwendung des Lohnes im Interesse des Arbeitgebers sind nichtig.

III. Lohn bei Verhinderung an der Arbeitsleistung
1. bei Annahmeverzug des Arbeitgebers

324. ◼ Kann die Arbeit infolge Verschuldens des Arbeitgebers nicht geleistet werden oder kommt er aus anderen Gründen mit der Annahme der Arbeitsleistung in Verzug, so bleibt er zur Entrichtung des Lohnes verpflichtet, ohne daß der Arbeitnehmer zur Nachleistung verpflichtet ist.

Der Arbeitnehmer muß sich auf den Lohn anrechnen lassen, was er wegen Verhinderung an der Arbeitsleistung erspart oder durch anderweitige Arbeit erworben oder zu erwerben absichtlich unterlassen hat.

BGE 114 II 274; 116 II 142.

2. bei Verhinderung des Arbeitnehmers
a) Grundsatz

324a. ◼ Wird der Arbeitnehmer aus Gründen, die in seiner Person liegen, wie Krankheit, Unfall, Erfüllung gesetzlicher Pflichten oder Ausübung eines öffentlichen Amtes, ohne sein Verschulden an der Arbeitsleistung verhindert, so hat ihm der Arbeitgeber für eine beschränkte Zeit den darauf entfallenden Lohn zu entrichten, samt einer angemessenen Vergütung für ausfallenden Naturallohn, sofern das Arbeitsverhältnis mehr als drei Monate gedauert hat oder für mehr als drei Monate eingegangen ist.

Sind durch Abrede, Normalarbeitsvertrag oder Gesamtarbeitsvertrag nicht längere Zeitabschnitte bestimmt, so hat der Arbeitgeber im ersten Dienstjahr den Lohn für drei Wochen und nachher für eine angemessene längere Zeit zu entrichten, je nach der Dauer des Arbeitsverhältnisses und den besonderen Umständen.

◼ Bei Schwangerschaft und Niederkunft der Arbeitnehmerin hat der Arbeitgeber den Lohn im gleichen Umfang zu entrichten.

Durch schriftliche Abrede, Normalarbeitsvertrag oder Gesamtarbeitsvertrag kann eine von den vorstehenden Bestimmungen abweichende Regelung getroffen werden, wenn sie für den Arbeitnehmer mindestens gleichwertig ist.

b) Ausnahmen

◼ **324b.** Ist der Arbeitnehmer auf Grund gesetzlicher Vorschrift

10. Titel. Der Arbeitsvertrag 325–326

gegen die wirtschaftlichen Folgen unverschuldeter Arbeitsverhinderung aus Gründen, die in seiner Person liegen, obligatorisch versichert, so hat der Arbeitgeber den Lohn nicht zu entrichten, wenn die für die beschränkte Zeit geschuldeten Versicherungsleistungen mindestens vier Fünftel des darauf entfallenden Lohnes decken.

Sind die Versicherungsleistungen geringer, so hat der Arbeitgeber die Differenz zwischen diesen und vier Fünfteln des Lohnes zu entrichten.

Werden die Versicherungsleistungen erst nach einer Wartezeit gewährt, so hat der Arbeitgeber für diese Zeit mindestens vier Fünftel des Lohnes zu entrichten.

KUVG 60ff.

IV. Abtretung und Verpfändung von Lohnforderungen

325. Zur Sicherung familienrechtlicher Unterhalts- und Unterstützungspflichten kann der Arbeitnehmer künftige Lohnforderungen so weit abtreten oder verpfänden, als sie pfändbar sind; auf Ansuchen eines Beteiligten setzt das Betreibungsamt am Wohnsitz des Arbeitnehmer den nach Artikel 93 des Bundesgesetzes über Schuldbetreibung und Konkurs unpfändbaren Betrag fest.

■ Die Abtretung und die Verpfändung künftiger Lohnforderungen zur Sicherung anderer Verbindlichkeiten sind nichtig.

V. Akkordlohn
1. Zuweisung von Arbeit

326. ■ Hat der Arbeitnehmer vertragsgemäß ausschließlich Akkordlohnarbeit nur für einen Arbeitgeber zu leisten, so hat dieser genügend Arbeit zuzuweisen.

■ Ist der Arbeitgeber ohne sein Verschulden außerstande, vertragsgemäße Akkordlohnarbeit zuzuweisen oder verlangen die Verhältnisse des Betriebes vorübergehend die Leistung von Zeitlohnarbeit, so kann dem Arbeitnehmer solche zugewiesen werden.

■ Ist der Zeitlohn nicht durch Abrede, Normalarbeitsvertrag oder Gesamtarbeitsvertrag bestimmt, so hat der Arbeitgeber dem Arbeitnehmer den vorher durchschnittlich verdienten Akkordlohn zu entrichten.

■ Kann der Arbeitgeber weder genügend Akkordlohnarbeit noch Zeitlohnarbeit zuweisen, so bleibt er gleichwohl verpflichtet, nach den Vorschriften über den Annahmeverzug den Lohn zu entrichten, den er bei Zuweisung von Zeitlohnarbeit zu entrichten hätte.

2. Akkordlohn

326a. Hat der Arbeitnehmer vertraglich Akkordlohnarbeit zu leisten, so hat ihm der Arbeitgeber den Akkordlohnansatz vor Beginn der einzelnen Arbeit bekanntzugeben.

Unterläßt der Arbeitgeber diese Bekanntgabe, so hat er den Lohn nach dem für gleichartige oder ähnliche Arbeiten festgesetzten Ansatz zu entrichten.

VI. Arbeitsgeräte, Material und Auslagen
1. Arbeitsgeräte und Material

327. Ist nichts anderes verabredet oder üblich, so hat der Arbeitgeber den Arbeitnehmer mit den Geräten und dem Material auszurüsten, die dieser zur Arbeit benötigt.

Stellt im Einverständnis mit dem Arbeitgeber der Arbeitnehmer selbst Geräte oder Material für die Ausführung der Arbeit zur Verfügung, so ist er dafür angemessen zu entschädigen, sofern nichts anderes verabredet oder üblich ist.

2. Auslagen
a) im allgemeinen

327a. Der Arbeitgeber hat dem Arbeitnehmer alle durch die Ausführung der Arbeit notwendig entstehenden Auslagen zu ersetzen, bei Arbeit an auswärtigen Arbeitsorten auch die für den Unterhalt erforderlichen Aufwendungen.

Durch schriftliche Abrede, Normalarbeitsvertrag oder Gesamtarbeitsvertrag kann als Auslagenersatz eine feste Entschädigung, wie namentlich ein Taggeld oder eine pauschale Wochen- oder Monatsvergütung, festgesetzt werden, durch die jedoch alle notwendig entstehenden Auslagen gedeckt werden müssen.

Abreden, daß der Arbeitnehmer die notwendigen Auslagen ganz oder teilweise selbst zu tragen habe, sind nichtig.

b) Motorfahrzeug

327b. Benützt der Arbeitnehmer im Einverständnis mit dem Arbeitgeber für seine Arbeit ein von diesem oder ein von ihm selbst gestelltes Motorfahrzeug, so sind ihm die üblichen Aufwendungen

10. Titel. Der Arbeitsvertrag   327c–328a

für dessen Betrieb und Unterhalt nach Maßgabe des Gebrauchs für die Arbeit zu vergüten.

Stellt der Arbeitnehmer im Einverständnis mit dem Arbeitgeber selbst ein Motorfahrzeug, so sind ihm überdies die öffentlichen Abgaben für das Fahrzeug, die Prämien für die Haftpflichtversicherung und eine angemessene Entschädigung für die Abnützung des Fahrzeugs nach Maßgabe des Gebrauchs für die Arbeit zu vergüten.

c) Fälligkeit

327c. Auf Grund der Abrechnung des Arbeitnehmers ist der Auslagenersatz jeweils zusammen mit dem Lohn auszurichten, sofern nicht eine kürzere Frist verabredet oder üblich ist.

◼ Hat der Arbeitnehmer zur Erfüllung der vertraglichen Pflichten regelmäßig Auslagen zu machen, so ist ihm ein angemessener Vorschuß in bestimmten Zeitabständen, mindestens aber jeden Monat auszurichten.

VII. Schutz der Persönlichkeit des Arbeitnehmers
1. im allgemeinen

◻ **328.** Der Arbeitgeber hat im Arbeitsverhältnis die Persönlichkeit des Arbeitnehmers zu achten und zu schützen, auf dessen Gesundheit gebührend Rücksicht zu nehmen und für die Wahrung der Sittlichkeit zu sorgen.

Er hat zum Schutz von Leben und Gesundheit des Arbeitnehmers die Maßnahmen zu treffen, die nach der Erfahrung notwendig, nach dem Stand der Technik anwendbar und den Verhältnissen des Betriebes oder Haushaltes angemessen sind, soweit es mit Rücksicht auf das einzelne Arbeitsverhältnis und die Natur der Arbeitsleistung ihm billigerweise zugemutet werden kann.

KUVG 100, 128ff.; BG v. 19. März 1976 über die Sicherheit von technischen Einrichtungen und Geräten, SR 819.1, Landwirtschaftsgesetz (SR 910.1) 100. Abs.1: BGE 114 II 345. Abs.2: BGE 110 II 163, 112 II 138.

2. bei Hausgemeinschaft

◻ **328a.** Lebt der Arbeitnehmer in Hausgemeinschaft mit dem Arbeitgeber, so hat dieser für ausreichende Verpflegung und einwandfreie Unterkunft zu sorgen.

Wird der Arbeitnehmer ohne sein Verschulden durch Krankheit oder Unfall an der Arbeitsleistung verhindert, so hat der

Arbeitgeber Pflege und ärztliche Behandlung für eine beschränkte Zeit zu gewähren, im ersten Dienstjahr für drei Wochen und nachher für eine angemessene längere Zeit, je nach der Dauer des Arbeitsverhältnisses und den besonderen Umständen.

Bei Schwangerschaft und Niederkunft der Arbeitnehmerin hat der Arbeitgeber die gleichen Leistungen zu gewähren.

VIII. Freizeit, Ferien und Urlaub für außerschulische Jugendarbeit
1. Freizeit

329. ❏ Der Arbeitgeber hat dem Arbeitnehmer jede Woche einen freien Tag zu gewähren, in der Regel den Sonntag oder, wo dies nach den Verhältnissen nicht möglich ist, einen vollen Werktag.

❏ Unter besonderen Umständen können dem Arbeitnehmer mit dessen Zustimmung ausnahmsweise mehrere freie Tage zusammenhängend oder statt eines freien Tages zwei freie Halbtage eingeräumt werden.

Dem Arbeitnehmer sind im übrigen die üblichen freien Stunden und Tage und nach erfolgter Kündigung die für das Aufsuchen einer anderen Arbeitsstelle erforderliche Zeit zu gewähren.

❏ Bei der Bestimmung der Freizeit ist auf die Interessen des Arbeitgebers wie des Arbeitnehmers angemessen Rücksicht zu nehmen.

2. Ferien
a) Dauer

329a. ❏ Der Arbeitgeber hat dem Arbeitnehmer jedes Dienstjahr wenigstens vier Wochen, dem Arbeitnehmer bis zum vollendeten 20. Altersjahr wenigstens fünf Wochen Ferien zu gewähren.

(Abs. 2: aufgehoben)

❏ Für ein unvollständiges Dienstjahr sind Ferien entsprechend der Dauer des Arbeitsverhältnisses im betreffenden Dienstjahr zu gewähren.

b) Kürzung

329b. Ist der Arbeitnehmer durch sein Verschulden während eines Dienstjahres insgesamt um mehr als einen Monat an der Arbeitsleistung verhindert, so kann der Arbeitgeber die Ferien für jeden vollen Monat der Verhinderung um einen Zwölftel kürzen.

❏ Beträgt die Verhinderung insgesamt nicht mehr als einen

Monat im Dienstjahr und ist sie durch Gründe, die in der Person des Arbeitnehmers liegen, wie Krankheit, Unfall, Erfüllung gesetzlicher Pflichten, Ausübung eines öffentlichen Amtes oder Jugendurlaub ohne Verschulden des Arbeitnehmers verursacht, so dürfen die Ferien vom Arbeitgeber nicht gekürzt werden.

◾ Die Ferien dürfen vom Arbeitgeber auch nicht gekürzt werden, wenn eine Arbeitnehmerin wegen Schwangerschaft und Niederkunft bis zu zwei Monaten an der Arbeitsleistung verhindert ist.

Durch Normalarbeitsvertrag oder Gesamtarbeitsvertrag kann eine von den Absätzen 2 und 3 abweichende Regelung getroffen werden, wenn sie für die Arbeitnehmer im ganzen mindestens gleichwertig ist.

c) Zusammenhang und Zeitpunkt

◾ **329c.** Die Ferien sind in der Regel im Verlauf des betreffenden Dienstjahres zu gewähren; wenigstens zwei Ferienwochen müssen zusammenhängen.

Der Arbeitgeber bestimmt den Zeitpunkt der Ferien und nimmt dabei auf die Wünsche des Arbeitnehmers soweit Rücksicht, als dies mit den Interessen des Betriebes oder Haushaltes vereinbar ist.

Abgeltung: BGE 101 II 283.

d) Lohn

329d. ◾ Der Arbeitgeber hat dem Arbeitnehmer für die Ferien den gesamten darauf entfallenden Lohn und eine angemessene Entschädigung für ausfallenden Naturallohn zu entrichten.

◾ Die Ferien dürfen während der Dauer des Arbeitsverhältnisses nicht durch Geldleistungen oder andere Vergünstigungen abgegolten werden.

◾ Leistet der Arbeitnehmer während der Ferien entgeltliche Arbeit für einen Dritten und werden dadurch die berechtigten Interessen des Arbeitgebers verletzt, so kann dieser den Ferienlohn verweigern und bereits bezahlten Ferienlohn zurückverlangen.

Abs. 1 und 2: BGE 116 II 515.

3. Urlaub für außerschulische Jugendarbeit

329e. ◾ Der Arbeitgeber hat dem Arbeitnehmer bis zum vollendeten 30. Altersjahr für unentgeltliche leitende, betreuende oder beratende Tätigkeit im Rahmen außerschulischer Jugendarbeit in einer kulturellen oder sozialen Organisation sowie für die dazu notwendige Aus- und Weiterbildung jedes Dienstjahr Jugendurlaub bis zu insgesamt einer Arbeitswoche zu gewähren.

Der Arbeitnehmer hat während des Jugendurlaubs keinen Lohnanspruch. Durch Abrede, Normalarbeitsvertrag oder Gesamtarbeitsvertrag kann zugunsten des Arbeitnehmers eine andere Regelung getroffen werden.

◼ Über den Zeitpunkt und die Dauer des Jugendurlaubs einigen sich Arbeitgeber und Arbeitnehmer; sie berücksichtigen dabei ihre beidseitigen Interessen. Kommt eine Einigung nicht zustande, dann muß der Jugendurlaub gewährt werden, wenn der Arbeitnehmer dem Arbeitgeber die Geltendmachung seines Anspruches zwei Monate im voraus angezeigt hat. Nicht bezogene Jugendurlaubstage verfallen am Ende des Kalenderjahres.

Der Arbeitnehmer hat auf Verlangen des Arbeitgebers seine Tätigkeiten und Funktionen in der Jugendarbeit nachzuweisen.

IX. Übrige Pflichten
1. Kaution

330. ◼ Übergibt der Arbeitnehmer zur Sicherung seiner Verpflichtungen aus dem Arbeitsverhältnis dem Arbeitgeber eine Kaution, so hat sie dieser von seinem Vermögen getrennt zu halten und ihm dafür Sicherheit zu leisten.

Der Arbeitgeber hat die Kaution spätestens bei Beendigung des Arbeitsverhältnisses zurückzugeben, sofern nicht durch schriftliche Abrede der Zeitpunkt der Rückgabe hinausgeschoben ist.

◼ Macht der Arbeitgeber Forderungen aus dem Arbeitsverhältnis geltend und sind diese streitig, so kann er die Kaution bis zum Entscheid darüber insoweit zurückbehalten, muß aber auf Verlangen des Arbeitnehmers den zurückbehaltenen Betrag gerichtlich hinterlegen.

◼ Im Konkurs des Arbeitgebers kann der Arbeitnehmer die Rückgabe der von dem Vermögen des Arbeitgebers getrennt gehaltenen Kaution verlangen, unter Vorbehalt der Forderungen des Arbeitgebers aus dem Arbeitsverhältnis.

2. Zeugnis

■ **330a.** Der Arbeitnehmer kann jederzeit vom Arbeitgeber ein Zeugnis verlangen, das sich über die Art und Dauer des Arbeitsverhältnisses sowie über seine Leistungen und sein Verhalten ausspricht.

Auf besonderes Verlangen des Arbeitnehmers hat sich das Zeugnis auf Angaben über die Art und Dauer des Arbeitsverhältnisses zu beschränken.

D. Personalfürsorge
I. Pflichten des Arbeitgebers

331. ■ Macht der Arbeitgeber Zuwendungen für die Personalfürsorge oder leisten die Arbeitnehmer Beiträge daran, so hat der Arbeitgeber diese Zuwendungen und Beiträge auf eine Stiftung, eine Genossenschaft oder eine Einrichtung des öffentlichen Rechtes zu übertragen.

■ Werden die Zuwendungen des Arbeitgebers und allfällige Beiträge des Arbeitnehmers zu dessen Gunsten für eine Kranken-, Unfall-, Lebens-, Invaliden- oder Todesfallversicherung bei einer der Versicherungsaufsicht unterstellten Unternehmung oder bei einer anerkannten Krankenkasse verwendet, so hat der Arbeitgeber die Übertragung gemäß vorstehendem Absatz nicht vorzunehmen, wenn dem Arbeitnehmer mit dem Eintritt des Versicherungsfalles ein selbständiges Forderungsrecht gegen den Versicherungsträger zusteht.

■ Hat der Arbeitnehmer Beiträge an eine Personalfürsorgeeinrichtung zu leisten, so ist der Arbeitgeber verpflichtet, zur gleichen Zeit mindestens gleich hohe Beiträge wie die gesamten Beiträge aller Arbeitnehmer zu entrichten; er erbringt seine Beiträge aus eigenen Mitteln oder aus Beitragsreserven der Personalfürsorgeeinrichtung, die von ihm vorgängig hiefür geäufnet worden und gesondert ausgewiesen sind.

■ Der Arbeitgeber hat dem Arbeitnehmer über die ihm gegen eine Personalfürsorgeeinrichtung oder einen Versicherungsträger zustehenden Forderungsrechte den erforderlichen Aufschluß zu erteilen.

ZGB 89bis. Abs. 1: BGE 106 II 47; 112 II 245. Abs. 3: BGE 101 I b 231.

II. Pflichten der Personalfürsorgeeinrichtung
1. Forderung des Arbeitnehmers
a) bei Spareinrichtungen

■ **331a.** Hat der Arbeitnehmer für die Alters-, Hinterlassenen- oder Invalidenvorsorge Beiträge an eine Spareinrichtung geleistet und erhält er bei Beendigung des Arbeitsverhältnisses von ihr keine Leistung, so hat er gegen sie eine Forderung, die mindestens seinen Beiträgen samt Zins entspricht.

Sind vom Arbeitnehmer und vom Arbeitgeber oder, auf Grund einer Abrede, von diesem allein für fünf oder mehr Jahre Beiträge geleistet worden, so entspricht die Forderung des Arbeitnehmers, außer seinen eigenen Beiträgen, einem der Anzahl der Beitragsjahre angemessenen Teil der Beiträge des Arbeitgebers, in beiden Fällen samt Zins.

Sind für dreißig oder mehr Jahre Beiträge geleistet worden, so entspricht die Forderung dem gesamten durch die Beiträge des Arbeitnehmers und des Arbeitgebers gebildeten Sparguthaben samt Zins.

^{3bis} Die Personalfürsorgeeinrichtung legt in ihren Statuten oder in ihrem Reglement die Höhe der Forderung des Arbeitnehmers für die Anzahl Beitragsjahre vom vollendeten fünften bis zum dreißigsten Beitragsjahr fest.

Ist mit der Spareinrichtung eine Risikoversicherung verbunden, so kommen die Aufwendungen zur Deckung des Risikos für die Dauer des Arbeitsverhältnisses von der Forderung des Arbeitnehmers in Abzug.

b) bei Versicherungseinrichtungen

■ **331b.** Hat der Arbeitnehmer für die Alters-, Hinterlassenen- oder Invalidenvorsorge Beiträge an eine Versicherungseinrichtung geleistet und erhält er bei Beendigung des Arbeitsverhältnisses von ihr keine Leistungen, so hat er gegen sie eine Forderung, die mindestens seinen Beiträgen entspricht, unter Abzug der Aufwendungen zur Deckung eines Risikos für die Dauer des Arbeitsverhältnisses.

Sind vom Arbeitnehmer und vom Arbeitgeber oder, auf Grund einer Abrede, von diesem allein für fünf oder mehr Jahre Beiträge geleistet worden, so entspricht die Forderung des Arbeit-

10. Titel. Der Arbeitsvertrag

nehmers einem der Anzahl der Beitragsjahre angemessenen Teil des auf den Zeitpunkt der Beendigung des Arbeitsverhältnisses berechneten Deckungskapitals.

Sind für dreißig oder mehr Jahre Beiträge geleistet worden, so entspricht die Forderung des Arbeitnehmers dem gesamten Deckungskapital.

³bis Die Personalfürsorgeeinrichtung legt in ihren Statuten oder in ihrem Reglement die Höhe der Forderung des Arbeitnehmers für die Anzahl Beitragsjahre vom vollendeten fünften bis zum dreißigsten Beitragsjahr fest.

Das Deckungskapital ist so zu berechnen, daß vom Gegenwert der künftigen Leistungen der Gegenwert der künftigen, durch Reglement festgesetzten Beiträge des Arbeitnehmers und des Arbeitgebers abgezogen wird, unter Berücksichtigung eines allfälligen versicherungstechnischen Fehlbetrages.

Die Personalfürsorgeeinrichtung kann für die Bestimmung der Forderung des Arbeitnehmers durch Reglement eine abweichende Regelung treffen, sofern sie für diesen mindestens gleichwertig ist.

2. Erfüllung der Schuldpflicht

■ **331c.** Die Personalfürsorgeeinrichtung hat ihre, der Forderung des Arbeitnehmers entsprechende Schuldpflicht in der Weise zu erfüllen, daß sie zu dessen Gunsten eine Forderung auf künftige Vorsorgeleistungen gegen die Personalfürsorgeeinrichtung eines anderen Arbeitgebers, gegen eine der Versicherungsaufsicht unterstellte Unternehmung oder, unter voller Wahrung des Vorsorgeschutzes, gegen eine Bank oder Sparkasse begründet, welche die vom Bundesrat festgesetzten Bedingungen erfüllt.

Die Forderung auf künftige Vorsorgeleistungen wird in jedem Fall nach den Bestimmungen des Reglementes der Personalfürsorgeeinrichtung fällig und kann vom Arbeitnehmer vor der Fälligkeit gültig weder abgetreten noch verpfändet werden.

Die Personalfürsorgeeinrichtung hat eine Forderung gegen einen Dritten nicht zu begründen, wenn der Arbeitnehmer ihr nach Beendigung des Arbeitsverhältnisses weiterhin angehört.

Sie erfüllt ihre Schuldpflicht durch Barauszahlung:

a) wenn der Arbeitnehmer insgesamt weniger als neun Monate Personalfürsorgeeinrichtungen angehört hat oder seine Forderung geringfügig ist;

b) wenn das Begehren gestellt wird

1. von einem Arbeitnehmer, der die Schweiz endgültig verläßt;

2. von einem Arbeitnehmer, der eine selbständige Erwerbstätigkeit aufnimmt;

3. von einer verheirateten oder vor der Heirat stehenden Arbeitnehmerin, welche die Erwerbstätigkeit aufgibt.

Siehe Übergangsbestimmung nach 362. BGE 112 II 38.

E. Rechte an Erfindungen und anderen immateriellen Gütern
I. Erfindungen

332. Erfindungen, die der Arbeitnehmer bei Ausübung seiner dienstlichen Tätigkeit und in Erfüllung seiner vertraglichen Pflichten macht oder an deren Hervorbringung er mitwirkt, gehören unabhängig von ihrer Schutzfähigkeit dem Arbeitgeber.

Durch schriftliche Abrede kann sich der Arbeitgeber den Erwerb von Erfindungen ausbedingen, die vom Arbeitnehmer bei Ausübung seiner dienstlichen Tätigkeit, aber nicht in Erfüllung seiner vertraglichen Pflichten gemacht werden.

Der Arbeitnehmer, der eine Erfindung gemäß dem vorstehenden Absatz macht, hat davon dem Arbeitgeber schriftlich Kenntnis zu geben; dieser hat ihm innert sechs Monaten schriftlich mitzuteilen, ob er die Erfindung erwerben will oder sie dem Arbeitnehmer freigibt.

◼ Wird die Erfindung dem Arbeitnehmer nicht freigegeben, so hat ihm der Arbeitgeber eine besondere angemessene Vergütung auszurichten; bei deren Festsetzung sind alle Umstände zu berücksichtigen, wie namentlich der wirtschaftliche Wert der Erfindung, die Mitwirkung des Arbeitgebers, die Inanspruchnahme seiner Hilfspersonen und Betriebseinrichtungen, sowie die Aufwendungen des Arbeitnehmers und seine Stellung im Betrieb.

PatG.

II. Gewerbliche Muster und Modelle

332a. Schafft der Arbeitnehmer bei Ausübung seiner dienstlichen Tätigkeit und in Erfüllung seiner vertraglichen Pflichten ein gewerbliches Muster oder Modell, so kann es der Arbeitgeber nutzen, auch wenn es nicht schutzfähig ist, aber nur soweit, als es der Zweck des Arbeitsverhältnisses erfordert.

Der Arbeitnehmer darf sich der Ausübung der Nutzungsbefugnisse durch den Arbeitgeber nicht in einer gegen Treu und Glauben verstoßenden Weise widersetzen.

MMG.

F. Übergang des Arbeitsverhältnisses

333. Überträgt der Arbeitgeber den Betrieb auf einen Dritten und verabredet er mit diesem die Übernahme des Arbeitsverhältnisses, so geht dieses mit allen Rechten und Pflichten auf den Erwerber mit dem Tage der Betriebsnachfolge über, sofern der Arbeitnehmer den Übergang nicht ablehnt.

Bei Ablehnung des Überganges wird das Arbeitsverhältnis auf den Ablauf der gesetzlichen Kündigungsfrist aufgelöst; der Erwerber des Betriebes und der Arbeitnehmer sind bis dahin zur Erfüllung des Vertrages verpflichtet.

■ Der bisherige Arbeitgeber und der Erwerber des Betriebes haften solidarisch für die Forderungen des Arbeitnehmers, die vor dem Übergang fällig geworden sind und die nachher bis zum Zeitpunkt fällig werden, auf den das Arbeitsverhältnis ordentlicherweise beendigt werden könnte oder bei Ablehnung des Überganges durch den Arbeitnehmer beendigt wird.

Im übrigen ist der Arbeitgeber nicht berechtigt, die Rechte aus dem Arbeitsverhältnis auf einen Dritten zu übertragen, sofern nichts anderes verabredet ist oder sich aus den Umständen ergibt.

G. Beendigung des Arbeitsverhältnisses
I. Befristetes Arbeitsverhältnis

334. Ein befristetes Arbeitsverhältnis endigt ohne Kündigung.

Wird ein befristetes Arbeitsverhältnis nach Ablauf der vereinbarten Dauer stillschweigend fortgesetzt, so gilt es als unbefristetes Arbeitsverhältnis.

■ Nach Ablauf von zehn Jahren kann jede Vertragspartei ein auf längere Dauer abgeschlossenes befristetes Arbeitsverhältnis jederzeit mit einer Kündigungsfrist von sechs Monaten auf das Ende eines Monats kündigen.

II. Unbefristetes Arbeitsverhältnis
1. Kündigung im allgemeinen

■ **335.** Ein unbefristetes Arbeitsverhältnis kann von jeder Vertragspartei gekündigt werden.

Der Kündigende muß die Kündigung schriftlich begründen, wenn die andere Partei dies verlangt.

2. Kündigungsfristen
a) im allgemeinen

335a. Für Arbeitgeber und Arbeitnehmer dürfen keine verschiedenen Kündigungsfristen festgesetzt werden; bei widersprechender Abrede gilt für beide die längere Frist.

Hat der Arbeitgeber das Arbeitsverhältnis aus wirtschaftlichen Gründen gekündigt oder eine entsprechende Absicht kundgetan, so dürfen jedoch durch Abrede, Normalarbeitsvertrag oder Gesamtarbeitsvertrag für den Arbeitnehmer kürzere Kündigungsfristen vereinbart werden.

Abs. 1: BGE 116 II 145.

b) während der Probezeit

335b. Das Arbeitsverhältnis kann während der Probezeit jederzeit mit einer Kündigungsfrist von sieben Tagen gekündigt werden; als Probezeit gilt der erste Monat eines Arbeitsverhältnisses.

Durch schriftliche Abrede, Normalarbeitsvertrag oder Gesamtarbeitsvertrag können abweichende Vereinbarungen getroffen werden; die Probezeit darf jedoch auf höchstens drei Monate verlängert werden.

Bei einer effektiven Verkürzung der Probezeit infolge Krankheit, Unfall oder Erfüllung einer nicht freiwillig übernommenen gesetzlichen Pflicht erfolgt eine entsprechende Verlängerung der Probezeit.

c) nach Ablauf der Probezeit

335c. Das Arbeitsverhältnis kann im ersten Dienstjahr mit einer Kündigungsfrist von einem Monat, im zweiten bis und mit dem neunten Dienstjahr mit einer Frist von zwei Monaten und nachher mit einer Frist von drei Monaten je auf das Ende eines Monats gekündigt werden.

Diese Fristen dürfen durch schriftliche Abrede, Normalarbeitsvertrag oder Gesamtarbeitsvertrag abgeändert werden; unter

10. Titel. Der Arbeitsvertrag

einen Monat dürfen sie jedoch nur durch Gesamtarbeitsvertrag und nur für das erste Dienstjahr herabgesetzt werden.

III. Kündigungsschutz
1. Mißbräuchliche Kündigung
a) Grundsatz

336. ■ Die Kündigung eines Arbeitsverhältnisses ist mißbräuchlich, wenn eine Partei sie ausspricht:

a) wegen einer Eigenschaft, die der anderen Partei kraft ihrer Persönlichkeit zusteht, es sei denn, diese Eigenschaft stehe in einem Zusammenhang mit dem Arbeitsverhältnis oder beeinträchtige wesentlich die Zusammenarbeit im Betrieb;

b) weil die andere Partei ein verfassungsmäßiges Recht ausübt, es sei denn, die Rechtsausübung verletze eine Pflicht aus dem Arbeitsverhältnis oder beeinträchtige wesentlich die Zusammenarbeit im Betrieb;

c) ausschließlich um die Entstehung von Ansprüchen der anderen Partei aus dem Arbeitsverhältnis zu vereiteln;

d) weil die andere Partei nach Treu und Glauben Ansprüche aus dem Arbeitsverhältnis geltend macht;

e) weil die andere Partei schweizerischen obligatorischen Militärdienst, Zivilschutzdienst, Militärischen Frauendienst oder Rotkreuzdienst leistet oder eine nicht freiwillig übernommene gesetzliche Pflicht erfüllt.

❏ Die Kündigung des Arbeitsverhältnisses durch den Arbeitgeber ist im weiteren mißbräuchlich, wenn sie ausgesprochen wird:

a) weil der Arbeitnehmer einem Arbeitnehmerverband angehört oder nicht angehört oder weil er eine gewerkschaftliche Tätigkeit rechtmäßig ausübt;

b) während der Arbeitnehmer gewählter Arbeitnehmervertreter in einer betrieblichen oder in einer dem Unternehmen angeschlossenen Einrichtung ist, und der Arbeitgeber nicht beweisen kann, daß er einen begründeten Anlaß zur Kündigung hatte.

b) Sanktionen

■ 336a. Die Partei, die das Arbeitsverhältnis mißbräuchlich kündigt, hat der anderen Partei eine Entschädigung auszurichten.

Die Entschädigung wird vom Richter unter Würdigung aller Umstände festgesetzt, darf aber den Betrag nicht übersteigen, der dem Lohn des Arbeitnehmers für sechs Monate entspricht. Schadenersatzansprüche aus einem anderen Rechtstitel sind vorbehalten.

c) Verfahren

■ **336b.** Wer gestützt auf Artikel 336 und 336a eine Entschädigung geltend machen will, muß gegen die Kündigung längstens bis zum Ende der Kündigungsfrist beim Kündigenden schriftliche Einsprache erheben.

Ist die Einsprache gültig erfolgt und einigen sich die Parteien nicht über die Fortsetzung des Arbeitsverhältnisses, so kann die Partei, der gekündigt worden ist, ihren Anspruch auf Entschädigung geltend machen. Wird nicht innert 180 Tagen nach Beendigung des Arbeitsverhältnisses eine Klage anhängig gemacht, ist der Anspruch verwirkt.

3. Kündigung zur Unzeit
a) durch den Arbeitgeber

■ **336c.** Nach Ablauf der Probezeit darf der Arbeitgeber das Arbeitsverhältnis nicht kündigen:

a) während die andere Partei schweizerischen obligatorischen Militärdienst, Zivilschutzdienst, Militärischen Frauendienst oder Rotkreuzdienst leistet, sowie, sofern die Dienstleistung mehr als zwölf Tage dauert, während vier Wochen vorher und nachher;

b) während der Arbeitnehmer ohne eigenes Verschulden durch Krankheit oder durch Unfall ganz oder teilweise an der Arbeitsleistung verhindert ist, und zwar im ersten Dienstjahr während 30 Tagen, ab zweitem bis und mit fünftem Dienstjahr während 90 Tagen und ab sechstem Dienstjahr während 180 Tagen;

c) während der Schwangerschaft und in den 16 Wochen nach der Niederkunft einer Arbeitnehmerin;

d) während der Arbeitnehmer mit Zustimmung des Arbeitgebers an einer von der zuständigen Bundesbehörde angeordneten Dienstleistung für eine Hilfsaktion im Ausland teilnimmt.

Die Kündigung, die während einer der in Absatz 1 festgesetzten Sperrfristen erklärt wird, ist nichtig; ist dagegen die Kündigung vor Beginn einer solchen Frist erfolgt, aber die Kündigungsfrist bis dahin noch nicht abgelaufen, so wird deren Ablauf unterbrochen und erst nach Beendigung der Sperrfrist fortgesetzt.

10. Titel. Der Arbeitsvertrag

Gilt für die Beendigung des Arbeitsverhältnisses ein Endtermin, wie das Ende eines Monats oder einer Arbeitswoche, und fällt dieser nicht mit dem Ende der fortgesetzten Kündigungsfrist zusammen, so verlängert sich diese bis zum nächstfolgenden Endtermin.

Abs. 2: BGE 115 V 437.

b) durch den Arbeitnehmer

■ 336d. Nach Ablauf der Probezeit darf der Arbeitnehmer das Arbeitsverhältnis nicht kündigen, wenn ein Vorgesetzter, dessen Funktionen er auszuüben vermag, oder der Arbeitgeber selbst unter den in Art. 336c Absatz 1 Buchstabe a angeführten Voraussetzungen an der Ausübung der Tätigkeit verhindert ist und der Arbeitnehmer dessen Tätigkeit während der Verhinderung zu übernehmen hat.

Artikel 336c Absätze 2 und 3 sind entsprechend anwendbar.

IV. Fristlose Auflösung
1. Voraussetzungen
a) aus wichtigen Gründen

337. ■ Aus wichtigen Gründen kann der Arbeitgeber wie der Arbeitnehmer jederzeit das Arbeitsverhältnis fristlos auflösen; er muß die fristlose Vertragsauflösung schriftlich begründen, wenn die andere Partei dies verlangt.

■ Als wichtiger Grund gilt namentlich jeder Umstand, bei dessen Vorhandensein dem Kündigenden nach Treu und Glauben die Fortsetzung des Arbeitsverhältnisses nicht mehr zugemutet werden darf.

Über das Vorhandensein solcher Umstände entscheidet der Richter nach seinem Ermessen, darf aber in keinem Fall die unverschuldete Verhinderung des Arbeitnehmers an der Arbeitsleistung als wichtigen Grund anerkennen.

Abs. 2: BGE 104 II 28; 108 II 301; 111 II 245 (Streik); 114 II 279.

b) wegen Lohngefährdung

▯ 337a. Wird der Arbeitgeber zahlungsunfähig, so kann der Arbeitnehmer das Arbeitsverhältnis fristlos auflösen, sofern ihm für seine Forderungen aus dem Arbeitsverhältnis nicht innert angemessener Frist Sicherheit geleistet wird.

SchKG 219 Abs. 4.

2. Folgen
a) bei gerechtfertigter Auflösung

337b. ■ Liegt der wichtige Grund zur fristlosen Auflösung des Arbeitsverhältnisses im vertragswidrigen Verhalten einer Vertragspartei, so hat diese vollen Schadenersatz zu leisten, unter Berücksichtigung aller aus dem Arbeitsverhältnis entstehenden Forderungen.

In den andern Fällen bestimmt der Richter die vermögensrechtlichen Folgen der fristlosen Auflösung unter Würdigung aller Umstände nach seinem Ermessen.

Abs. 1: BGE 116 II 142.

b) bei ungerechtfertigter Entlassung

337c. ◨ Entläßt der Arbeitgeber den Arbeitnehmer fristlos ohne wichtigen Grund, so hat dieser Anspruch auf Ersatz dessen, was er verdient hätte, wenn das Arbeitsverhältnis unter Einhaltung der Kündigungsfrist oder durch Ablauf der bestimmten Vertragszeit beendet worden wäre.

Der Arbeitnehmer muß sich daran anrechnen lassen, was er infolge der Beendigung des Arbeitsverhältnisses erspart hat und was er durch anderweitige Arbeit verdient oder zu verdienen absichtlich unterlassen hat.

Der Richter kann den Arbeitgeber verpflichten, dem Arbeitnehmer eine Entschädigung zu bezahlen, die er nach freiem Ermessen unter Würdigung aller Umstände festlegt; diese Entschädigung darf jedoch den Lohn des Arbeitnehmers für sechs Monate nicht übersteigen.

Abs. 3: BGE 116 II 300.

c) bei ungerechtfertigtem Nichtantritt oder Verlassen der Arbeitsstelle

■ **337d.** Tritt der Arbeitnehmer ohne wichtigen Grund die Arbeitsstelle nicht an oder verläßt er sie fristlos, so hat der Arbeitgeber Anspruch auf eine Entschädigung, die einem Viertel des Lohnes für einen Monat entspricht; außerdem hat er Anspruch auf Ersatz weiteren Schadens.

Ist dem Arbeitgeber kein Schaden oder ein geringerer Schaden erwachsen, als der Entschädigung gemäß dem vorstehenden Absatz entspricht, so kann sie der Richter nach seinem Ermessen herabsetzen.

Erlischt der Anspruch auf Entschädigung nicht durch Verrechnung, so ist er durch Klage oder Betreibung innert 30 Tagen seit dem Nichtantritt oder Verlassen der Arbeitsstelle geltend zu machen; andernfalls ist der Anspruch verwirkt.

V. Tod des Arbeitnehmers oder des Arbeitgebers
1. Tod des Arbeitnehmers

■ **338.** Mit dem Tod des Arbeitnehmers erlischt das Arbeitsverhältnis.

Der Arbeitgeber hat jedoch den Lohn für einen weiteren Monat und nach fünfjähriger Dienstdauer für zwei weitere Monate, gerechnet vom Todestag an, zu entrichten, sofern der Arbeitnehmer den Ehegatten oder minderjährige Kinder oder bei Fehlen dieser Erben andere Personen hinterläßt, denen gegenüber er eine Unterstützungspflicht erfüllt hat.

2. Tod des Arbeitgebers

■ **338a.** Mit dem Tod des Arbeitgebers geht das Arbeitsverhältnis auf die Erben über; die Vorschriften betreffend den Übergang des Arbeitsverhältnisses bei Betriebsnachfolge sind sinngemäß anwendbar.

Ist das Arbeitsverhältnis wesentlich mit Rücksicht auf die Person des Arbeitgebers eingegangen worden, so erlischt es mit dessen Tod; jedoch kann der Arbeitnehmer angemessenen Ersatz für den Schaden verlangen, der ihm infolge der vorzeitigen Beendigung des Arbeitsverhältnisses erwächst.

VI. Folgen der Beendigung des Arbeitsverhältnisses
1. Fälligkeit der Forderungen

■ **339.** Mit der Beendigung des Arbeitsverhältnisses werden alle Forderungen aus dem Arbeitsverhältnis fällig.

Für Provisionsforderungen auf Geschäften, die ganz oder teilweise nach Beendigung des Arbeitsverhältnisses erfüllt werden, kann durch schriftliche Abrede die Fälligkeit hinausgeschoben werden, jedoch in der Regel nicht mehr als sechs Monate, bei Geschäften mit gestaffelter Erfüllung nicht mehr als ein Jahr und bei Versicherungsverträgen sowie Geschäften, deren Durchführung mehr als ein halbes Jahr erfordert, nicht mehr als zwei Jahre.

Die Forderung auf einen Anteil am Geschäftsergebnis wird fällig nach Maßgabe von Artikel 323 Absatz 3.

Abs. 2: BGE 116 II 700.

2. Rückgabepflichten

■ **339a.** Auf den Zeitpunkt der Beendigung des Arbeitsverhältnisses hat jede Vertragspartei der andern alles herauszugeben, was sie für dessen Dauer von ihr oder von Dritten für deren Rechnung erhalten hat.

Der Arbeitnehmer hat insbesondere Fahrzeuge und Fahrausweise zurückzugeben sowie Lohn- oder Auslagenvorschüsse soweit zurückzuerstatten, als sie seine Forderungen übersteigen.

Vorbehalten bleiben die Retentionsrechte der Vertragsparteien.

3. Abgangsentschädigung
a) Voraussetzungen

◧ **339b.** Endigt das Arbeitsverhältnis eines mindestens fünfzig Jahre alten Arbeitnehmers nach zwanzig oder mehr Dienstjahren, so hat ihm der Arbeitgeber eine Abgangsentschädigung auszurichten.

Stirbt der Arbeitnehmer während des Arbeitsverhältnisses, so ist die Entschädigung dem überlebenden Ehegatten oder den minderjährigen Kindern oder bei Fehlen dieser Erben anderen Personen auszurichten, denen gegenüber er eine Unterstützungspflicht erfüllt hat.

BGE 112 II 52.

b) Höhe und Fälligkeit

339c. Die Höhe der Entschädigung kann durch schriftliche Abrede, Normalarbeitsvertrag oder Gesamtarbeitsvertrag bestimmt werden, darf aber den Betrag nicht unterschreiten, der dem Lohn des Arbeitnehmers für zwei Monate entspricht.

Ist die Höhe der Entschädigung nicht bestimmt, so ist sie vom Richter unter Würdigung aller Umstände nach seinem Ermessen festzusetzen, darf aber den Betrag nicht übersteigen, der dem Lohn des Arbeitnehmers für acht Monate entspricht.

Die Entschädigung kann herabgesetzt werden oder wegfallen, wenn das Arbeitsverhältnis vom Arbeitnehmer ohne wichtigen Grund gekündigt oder vom Arbeitgeber aus wichtigem Grund fristlos aufgelöst wird, oder wenn dieser durch die Leistung der Entschädigung in eine Notlage versetzt würde.

Die Entschädigung ist mit der Beendigung des Arbeitsverhältnisses fällig, jedoch kann eine spätere Fälligkeit durch schriftliche Abrede, Normalarbeitsvertrag oder Gesamtarbeitsvertrag bestimmt oder vom Richter angeordnet werden.
Abs. 2: BGE 115 II 30.

c) Ersatzleistungen

339d. Erhält der Arbeitnehmer Leistungen von einer Personalfürsorgeeinrichtung, so können sie von der Abgangsentschädigung abgezogen werden, soweit diese Leistungen vom Arbeitgeber oder aufgrund seiner Zuwendungen von der Personalfürsorgeeinrichtung finanziert worden sind.

Der Arbeitgeber hat auch insoweit keine Entschädigung zu leisten, als er dem Arbeitnehmer künftige Vorsorgeleistungen verbindlich zusichert oder durch einen Dritten zusichern läßt.

VII. Konkurrenzverbot
1. Voraussetzungen

340. Der handlungsfähige Arbeitnehmer kann sich gegenüber dem Arbeitgeber schriftlich verpflichten, nach Beendigung des Arbeitsverhältnisses sich jeder konkurrenzierenden Tätigkeit zu enthalten, insbesondere weder auf eigene Rechnung ein Geschäft zu betreiben, das mit dem des Arbeitgebers in Wettbewerb steht, noch in einem solchen Geschäft tätig zu sein oder sich daran zu beteiligen.

Das Konkurrenzverbot ist nur verbindlich, wenn das Arbeitsverhältnis dem Arbeitnehmer Einblick in den Kundenkreis oder in Fabrikations- und Geschäftsgeheimnisse gewährt und die Verwendung dieser Kenntnisse den Arbeitgeber erheblich schädigen könnte.
BGE 91 II 372; 105 II 200.

2. Beschränkungen

340a. Das Verbot ist nach Ort, Zeit und Gegenstand angemessen zu begrenzen, so daß eine unbillige Erschwerung des wirtschaftlichen Fortkommens des Arbeitnehmers ausgeschlossen ist; es darf nur unter besonderen Umständen drei Jahre überschreiten.

Der Richter kann ein übermäßiges Konkurrenzverbot unter

Würdigung aller Umstände nach seinem Ermessen einschränken; er hat dabei eine allfällige Gegenleistung des Arbeitgebers angemessen zu berücksichtigen.

Karenzentschädigung: BGE 101 II 277.

3. Folgen der Übertretung

340b. ■ Übertritt der Arbeitnehmer das Konkurrenzverbot, so hat er den dem Arbeitgeber erwachsenden Schaden zu ersetzen.

■ Ist bei Übertretung des Verbotes eine Konventionalstrafe geschuldet und nichts anderes verabredet, so kann sich der Arbeitnehmer durch deren Leistung vom Verbot befreien; er bleibt jedoch für weiteren Schaden ersatzpflichtig.

Ist es besonders schriftlich verabredet, so kann der Arbeitgeber neben der Konventionalstrafe und dem Ersatz weiteren Schadens die Beseitigung des vertragswidrigen Zustandes verlangen, sofern die verletzten oder bedrohten Interessen des Arbeitgebers und das Verhalten des Arbeitnehmers dies rechtfertigen.

4. Wegfall

◨ **340c.** Das Konkurrenzverbot fällt dahin, wenn der Arbeitgeber nachweisbar kein erhebliches Interesse mehr hat, es aufrechtzuerhalten.

Das Verbot fällt ferner dahin, wenn der Arbeitgeber das Arbeitsverhältnis kündigt, ohne daß ihm der Arbeitnehmer dazu begründeten Anlaß gegeben hat, oder wenn es dieser aus einem begründeten, vom Arbeitgeber zu verantwortenden Anlaß auflöst.

Abs. 2: BGE 110 II 172.

H. Unverzichtbarkeit und Verjährung

341. ◨ Während der Dauer des Arbeitsverhältnisses und eines Monats nach dessen Beendigung kann der Arbeitnehmer auf Forderungen, die sich aus unabdingbaren Vorschriften des Gesetzes oder aus unabdingbaren Bestimmungen eines Gesamtarbeitsvertrages ergeben, nicht verzichten.

Die allgemeinen Vorschriften über die Verjährung sind auf Forderungen aus dem Arbeitsverhältnis anwendbar.

Abs. 1: BGE 106 II 222. Abs. 2: 127ff, insbes. 128 Zif. 3.

I. Vorbehalt und zivilrechtliche Wirkungen des öffentlichen Rechts

342. Vorbehalten bleiben:

10. Titel. Der Arbeitsvertrag

a) Vorschriften des Bundes, der Kantone und Gemeinden über das öffentlich-rechtliche Dienstverhältnis, soweit sie nicht Artikel 331a–331c betreffen,

b) öffentlich-rechtliche Vorschriften des Bundes und der Kantone über die Arbeit und die Berufsbildung.

■ Wird durch Vorschriften des Bundes oder der Kantone über die Arbeit und die Berufsbildung dem Arbeitgeber oder dem Arbeitnehmer eine öffentlich-rechtliche Verpflichtung auferlegt, so steht der andern Vertragspartei ein zivilrechtlicher Anspruch auf Erfüllung zu, wenn die Verpflichtung Inhalt des Einzelarbeitsvertrages sein könnte.

Abs. 1, lit. a: ZGB 6; OR 61; BG über das Dienstverhältnis der Bundesbeamten, vom 30. Juni 1927, SR 172.221.10, und dazugehörende Verordnungen. Lit. b: ArbG; Arbeitszeitgesetz (Anm. zu 321c); BG über die Berufsbildung, vom 19. April 1978, SR 412.10; Verordnung über die Arbeits- und Ruhezeit der berufsmäßigen Motorfahrzeugführer, vom 18. Jan. 1966, SR 822.22; BG über die Heimarbeit vom 20. März 1981 (SR 822.31).

K. Zivilrechtspflege

343. ■ Für Streitigkeiten aus dem Arbeitsverhältnis gilt wahlweise der Gerichtsstand des Wohnsitzes des Beklagten oder des Ortes des Betriebs oder Haushalts, für den der Arbeitnehmer Arbeit leistet.

Die Kantone haben für Streitigkeiten aus dem Arbeitsverhältnis bis zu einem Streitwert von 20 000 Franken ein einfaches und rasches Verfahren vorzusehen; der Streitwert bemißt sich nach der eingeklagten Forderung, ohne Rücksicht auf Widerklagebegehren.

Bei Streitigkeiten im Sinne des vorstehenden Absatzes dürfen den Parteien weder Gebühren noch Auslagen des Gerichts auferlegt werden; jedoch kann bei mutwilliger Prozeßführung der Richter gegen die fehlbare Partei Bußen aussprechen und ihr Gebühren und Auslagen des Gerichts ganz oder teilweise auferlegen.

Bei diesen Streitigkeiten stellt der Richter den Sachverhalt von Amtes wegen fest und würdigt die Beweise nach freiem Ermessen.

IPRG 115. Abs. 1: BGE 109 II 33; 114 II 353. Abs. 2: BGE 100 II 358; 115 II 366. Abs. 3: BGE 104 II 222. Abs. 4: BGE 107 II 233.

2. Abschnitt Besondere Einzelarbeitsverträge

A. Der Lehrvertrag
I. Begriff und Entstehung
1. Begriff

344. Durch den Lehrvertrag verpflichtet sich der Lehrmeister, den Lehrling für einen bestimmten Beruf fachgemäß auszubilden, und der Lehrling, zu diesem Zweck Arbeit im Dienst des Lehrmeisters zu leisten.
LehrlG.

2. Entstehung und Inhalt

344a. Der Lehrvertrag bedarf zu seiner Gültigkeit der schriftlichen Form.

Der Vertrag hat die Art und die Dauer der beruflichen Ausbildung, den Lohn, die Probezeit, die Arbeitszeit und die Ferien zu regeln; die Probezeit darf nicht weniger als einen Monat und nicht mehr als drei Monate betragen.

Der Vertrag kann weitere Bestimmungen enthalten, wie namentlich über die Beschaffung von Berufswerkzeugen, Beiträge an Unterkunft und Verpflegung, Übernahme von Versicherungsprämien oder andere Leistungen der Vertragsparteien.

Abreden, die den Lehrling im freien Entschluß über die berufliche Tätigkeit nach beendigter Lehre beeinträchtigen, sind nichtig.

II. Wirkungen
1. Besondere Pflichten des Lehrlings und seines gesetzlichen Vertreters

345. Der Lehrling hat alles zu tun, um das Lehrziel zu erreichen.

Der gesetzliche Vertreter des Lehrlings hat den Lehrmeister in der Erfüllung seiner Aufgabe nach Kräften zu unterstützen und das gute Einvernehmen zwischen Lehrmeister und Lehrling zu fördern.

2. Besondere Pflichten des Lehrmeisters

■ **345a.** Der Lehrmeister hat den Lehrling selber auszubilden, darf jedoch unter seiner Verantwortung die Ausbildung einem Vertreter übertragen, sofern dieser die dafür nötigen beruflichen Fähigkeiten und persönlichen Eigenschaften besitzt.

Er hat dem Lehrling die zum Besuch des beruflichen Unterrichts und zur Teilnahme an den Lehrabschlußprüfungen erforderliche Zeit ohne Lohnabzug freizugeben.

Er hat dem Lehrling bis zum vollendeten 20. Altersjahr für jedes Lehrjahr wenigstens fünf Wochen Ferien zu gewähren.

Er darf den Lehrling zu anderen als beruflichen Arbeiten und zu Akkordlohnarbeiten nur soweit verwenden, als solche Arbeiten mit dem zu erlernenden Beruf in Zusammenhang stehen und die Ausbildung nicht beeinträchtigt wird.

III. Beendigung
1. Vorzeitige Auflösung

■ **346.** Das Lehrverhältnis kann während der Probezeit jederzeit mit einer Kündigungsfrist von sieben Tagen gekündigt werden.

Aus wichtigen Gründen im Sinne von Artikel 337 kann das Lehrverhältnis namentlich fristlos aufgelöst werden, wenn

a) dem Lehrmeister oder seinem Vertreter die erforderlichen beruflichen Fähigkeiten oder persönlichen Eigenschaften zur Ausbildung des Lehrlings fehlen,

b) der Lehrling nicht über die für die Ausbildung unentbehrlichen körperlichen oder geistigen Anlagen verfügt oder gesundheitlich oder sittlich gefährdet ist,

c) die Ausbildung nicht oder nur unter wesentlich veränderten Verhältnissen zu Ende geführt werden kann.

2. Lehrzeugnis

■ **346a.** Nach Beendigung der Lehre hat der Lehrmeister dem Lehrling ein Zeugnis auszustellen, das die erforderlichen Angaben über den erlernten Beruf und die Dauer der Lehre enthält.

Auf Verlangen des Lehrlings oder seines gesetzlichen Vertreters hat sich das Zeugnis auch über die Fähigkeiten, die Leistungen und das Verhalten des Lehrlings auszusprechen.

B. Der Handelsreisendenvertrag
I. Begriff und Entstehung
1. Begriff

347. Durch den Handelsreisendenvertrag verpflichtet sich der Handelsreisende, auf Rechnung des Inhabers eines Handels-, Fabrikations- oder andern nach kaufmännischer Art geführten Geschäftes gegen Lohn Geschäfte jeder Art außerhalb der Geschäftsräume des Arbeitgebers zu vermitteln oder abzuschließen.

Nicht als Handelsreisender gilt der Arbeitnehmer, der nicht vorwiegend eine Reisetätigkeit ausübt oder nur gelegentlich oder vorübergehend für den Arbeitgeber tätig ist, sowie der Reisende, der Geschäfte auf eigene Rechnung abschließt.

BGE 99 II 313 (Handelsreisender oder Agent?).

2. Entstehung und Inhalt

347a. Das Arbeitsverhältnis ist durch schriftlichen Vertrag zu regeln, der namentlich Bestimmungen enthalten soll über

    a) die Dauer und Beendigung des Arbeitsverhältnisses,
    b) die Vollmachten des Handelsreisenden,
    c) das Entgelt und den Auslagenersatz,
    d) das anwendbare Recht und den Gerichtsstand, sofern eine Vertragspartei ihren Wohnsitz im Ausland hat.

Soweit das Arbeitsverhältnis nicht durch schriftlichen Vertrag geregelt ist, wird der im vorstehenden Absatz umschriebene Inhalt durch die gesetzlichen Vorschriften und durch die üblichen Arbeitsbedingungen bestimmt.

Die mündliche Abrede gilt nur für die Festsetzung des Beginns der Arbeitsleistung, der Art und des Gebietes der Reisetätigkeit sowie für weitere Bestimmungen, die mit den gesetzlichen Vorschriften und dem schriftlichen Vertrag nicht in Widerspruch stehen.

Abs. 1 lit. c: BGE 116 II 700.

II. Pflichten und Vollmachten des Handelsreisenden
1. Besondere Pflichten

348. Der Handelsreisende hat die Kundschaft in der ihm vorgeschriebenen Weise zu besuchen, sofern nicht ein begründeter Anlaß eine Änderung notwendig macht; ohne schriftliche Bewilligung des Arbeitgebers darf er weder für eigene Rechnung noch für Rechnung eines Dritten Geschäfte vermitteln oder abschließen.

Ist der Handelsreisende zum Abschluß von Geschäften ermächtigt, so hat er die ihm vorgeschriebenen Preise und andern Geschäftsbedingungen einzuhalten und muß für Änderungen die Zustimmung des Arbeitgebers vorbehalten.

10. Titel. Der Arbeitsvertrag 348a–349

Der Handelsreisende hat über seine Reisetätigkeit regelmäßig Bericht zu erstatten, die erhaltenen Bestellungen dem Arbeitgeber sofort zu übermitteln und ihn von erheblichen Tatsachen, die seinen Kundenkreis betreffen, in Kenntnis zu setzen.

2. Delcredere

348a. Abreden, daß der Handelsreisende für die Zahlung oder anderweitige Erfüllung der Verbindlichkeiten der Kunden einzustehen oder die Kosten der Einbringung von Forderungen ganz oder teilweise zu tragen hat, sind nichtig.

Hat der Handelsreisende Geschäfte mit Privatkunden abzuschließen, so kann er sich schriftlich verpflichten, beim einzelnen Geschäft für höchstens einen Viertel des Schadens zu haften, der dem Arbeitgeber durch die Nichterfüllung der Verbindlichkeiten der Kunden erwächst, vorausgesetzt daß eine angemessene Delcredere-Provision verabredet wird.

Bei Versicherungsverträgen kann sich der reisende Versicherungsvermittler schriftlich verpflichten, höchstens die Hälfte der Kosten der Einbringung von Forderungen zu tragen, wenn eine Prämie oder deren Teile nicht bezahlt werden und er deren Einbringung im Wege der Klage oder Zwangsvollstreckung verlangt.

3. Vollmachten

348b. Ist nichts anderes schriftlich verabredet, so ist der Handelsreisende nur ermächtigt, Geschäfte zu vermitteln.

Ist der Handelsreisende zum Abschluß von Geschäften ermächtigt, so erstreckt sich seine Vollmacht auf alle Rechtshandlungen, welche die Ausführung dieser Geschäfte gewöhnlich mit sich bringt; jedoch darf er ohne besondere Ermächtigung Zahlungen von Kunden nicht entgegennehmen und keine Zahlungsfristen bewilligen.

Artikel 34 des Bundesgesetzes über den Versicherungsvertrag bleibt vorbehalten.
_{Abs. 3: VVG.}

III. Besondere Pflichten des Arbeitgebers
1. Tätigkeitskreis

349. Ist dem Handelsreisenden ein bestimmtes Reisegebiet oder ein bestimmter Kundenkreis zugewiesen und nichts anderes schriftlich verabredet, so gilt er als mit Ausschluß anderer Personen bestellt; jedoch bleibt der Arbeitgeber befugt, mit den Kunden im Gebiet oder Kundenkreis des Handelsreisenden persönlich Geschäfte abzuschließen.

Der Arbeitgeber kann die vertragliche Bestimmung des Reisegebietes oder Kundenkreises einseitig abändern, wenn ein begründeter Anlaß eine Änderung vor Ablauf der Kündigungsfrist notwendig macht; jedoch bleiben diesfalls Entschädigungsansprüche und das Recht des Handelsreisenden zur Auflösung des Arbeitsverhältnisses aus wichtigem Grund vorbehalten.

2. Lohn
a) im allgemeinen

349a. ❒ Der Arbeitgeber hat dem Handelsreisenden Lohn zu entrichten, der aus einem festen Gehalt mit oder ohne Provision besteht.

Eine schriftliche Abrede, daß der Lohn ausschließlich oder vorwiegend in einer Provision bestehen soll, ist gültig, wenn die Provision ein angemessenes Entgelt für die Tätigkeit des Handelsreisenden ergibt.

Für eine Probezeit von höchstens zwei Monaten kann durch schriftliche Abrede der Lohn frei bestimmt werden.

b) Provision

349b. Ist dem Handelsreisenden ein bestimmtes Reisegebiet oder ein bestimmter Kundenkreis ausschließlich zugewiesen, so ist ihm die verabredete oder übliche Provision auf allen Geschäften auszurichten, die von ihm oder seinem Arbeitgeber mit Kunden in seinem Gebiet oder Kundenkreis abgeschlossen werden.

Ist dem Handelsreisenden ein bestimmtes Reisegebiet oder ein bestimmter Kundenkreis nicht ausschließlich zugewiesen, so ist ihm die Provision nur auf den von ihm vermittelten oder abgeschlossenen Geschäften auszurichten.

❒ Ist im Zeitpunkt der Fälligkeit der Provision der Wert eines Geschäftes noch nicht genau bestimmbar, so ist die Provision zunächst auf dem vom Arbeitgeber geschätzten Mindestwert und der Rest spätestens bei Ausführung des Geschäftes auszurichten.

c) bei Verhinderung an der Reisetätigkeit

349c. ▪ Ist der Handelsreisende ohne sein Verschulden an der Ausübung der Reisetätigkeit verhindert und ist ihm auf Grund des Gesetzes oder des Vertrages der Lohn gleichwohl zu entrichten, so bestimmt sich dieser nach dem festen Gehalt und einer angemessenen Entschädigung für den Ausfall der Provision.

Beträgt die Provision weniger als einen Fünftel des Lohnes, so kann schriftlich verabredet werden, daß bei unverschuldeter Verhinderung des Handelsreisenden an der Ausübung der Reisetätigkeit eine Entschädigung für die ausfallende Provision nicht zu entrichten ist.

▪ Erhält der Handelsreisende bei unverschuldeter Verhinderung an der Reisetätigkeit gleichwohl den vollen Lohn, so hat er auf Verlangen des Arbeitgebers Arbeit in dessen Betrieb zu leisten, sofern er sie zu leisten vermag und sie ihm zugemutet werden kann.

3. Auslagen

349d. Ist der Handelsreisende für mehrere Arbeitgeber gleichzeitig tätig und ist die Verteilung des Auslagenersatzes nicht durch schriftliche Abrede geregelt, so hat jeder Arbeitgeber einen gleichen Kostenanteil zu vergüten.

Abreden, daß der Auslagenersatz ganz oder teilweise im festen Gehalt oder in der Provision eingeschlossen sein soll, sind nichtig.

4. Retentionsrecht

349e. ▪ Zur Sicherung der fälligen Forderungen aus dem Arbeitsverhältnis, bei Zahlungsunfähigkeit des Arbeitgebers auch der nicht fälligen Forderungen, steht dem Handelsreisenden das Retentionsrecht an beweglichen Sachen und Wertpapieren sowie an Zahlungen von Kunden zu, die er auf Grund einer Inkassovollmacht entgegengenommen hat.

An Fahrausweisen, Preistarifen, Kundenverzeichnissen und andern Unterlagen kann das Retentionsrecht nicht ausgeübt werden.

IV. Beendigung
1. Besondere Kündigung

▪ **350.** Beträgt die Provision mindestens einen Fünftel des Lohnes und unterliegt sie erheblichen saisonmäßigen Schwankungen, so darf der Arbeitgeber dem Handelsreisenden, der seit Abschluß der letzten Saison bei ihm gearbeitet hat, während der Saison nur auf das Ende des zweiten der Kündigung folgenden Monats kündigen.

Unter den gleichen Voraussetzungen darf der Handelsreisende dem Arbeitgeber, der ihn bis zum Abschluß der Saison beschäftigt hat, bis zum Beginn der nächsten nur auf das Ende des zweiten der Kündigung folgenden Monats kündigen.

2. Besondere Folgen

350a. ◼ Bei Beendigung des Arbeitsverhältnisses ist dem Handelsreisenden die Provision auf allen Geschäften auszurichten, die er abgeschlossen oder vermittelt hat, sowie auf allen Bestellungen, die bis zur Beendigung dem Arbeitgeber zugehen, ohne Rücksicht auf den Zeitpunkt ihrer Annahme und ihrer Ausführung.

◼ Auf den Zeitpunkt der Beendigung des Arbeitsverhältnisses hat der Handelsreisende die ihm für die Reisetätigkeit zur Verfügung gestellten Muster und Modelle, Preistarife, Kundenverzeichnisse und andern Unterlagen zurückzugeben; das Retentionsrecht bleibt vorbehalten.

Abs. 1: BGE 116 II 700.

C. Der Heimarbeitsvertrag
I. Begriff und Entstehung
1. Begriff

351. Durch den Heimarbeitsvertrag verpflichtet sich der Heimarbeitnehmer, in seiner Wohnung oder in einem andern, von ihm bestimmten Arbeitsraum allein oder mit Familienangehörigen Arbeiten im Lohn für den Arbeitgeber auszuführen.

Heimarbeitsgesetz (Anm. zu 342).

2. Bekanntgabe der Arbeitsbedingungen

351a. Vor jeder Ausgabe von Arbeit hat der Arbeitgeber dem Heimarbeitnehmer die für deren Ausführung erheblichen Bedingungen bekanntzugeben, namentlich die Einzelheiten der Arbeit, soweit sie nicht durch allgemein geltende Arbeitsbedingungen geregelt sind; er hat das vom Heimarbeitnehmer zu beschaffende Material und schriftlich die dafür zu leistende Entschädigung sowie den Lohn anzugeben.

Werden die Angaben über den Lohn und über die Entschädigung für das vom Heimarbeitnehmer zu beschaffende Material nicht vor der Ausgabe der Arbeit schriftlich bekanntgegeben, so gelten dafür die üblichen Arbeitsbedingungen.

II. Besondere Pflichten des Arbeitnehmers
1. Ausführung der Arbeit

352. Der Heimarbeitnehmer hat mit der übernommenen Arbeit rechtzeitig zu beginnen, sie bis zum verabredeten Termin fertigzustellen und das Arbeitserzeugnis dem Arbeitgeber zu übergeben.

Wird aus Verschulden des Heimarbeitnehmers die Arbeit mangelhaft ausgeführt, so ist er zur unentgeltlichen Verbesserung des Arbeitserzeugnisses verpflichtet, soweit dadurch dessen Mängel behoben werden können.

2. Material und Arbeitsgeräte

352a. Der Heimarbeitnehmer ist verpflichtet, Material und Geräte, die ihm vom Arbeitgeber übergeben werden, mit aller Sorgfalt zu behandeln, über deren Verwendung Rechenschaft abzulegen und den zur Arbeit nicht verwendeten Rest des Materials sowie die erhaltenen Geräte zurückzugeben.

Stellt der Heimarbeitnehmer bei der Ausführung der Arbeit Mängel an dem übergebenen Material oder an den erhaltenen Geräten fest, so hat er den Arbeitgeber sofort zu benachrichtigen und dessen Weisungen abzuwarten, bevor er die Ausführung der Arbeit fortsetzt.

◨ Hat der Heimarbeitnehmer Material oder Geräte, die ihm übergeben wurden, schuldhaft verdorben, so haftet er dem Arbeitgeber höchstens für den Ersatz der Selbstkosten.

III. Besondere Pflichten des Arbeitgebers
1. Abnahme des Arbeitserzeugnisses

◨ **353.** Der Arbeitgeber hat das Arbeitserzeugnis nach Ablieferung zu prüfen und Mängel spätestens innert einer Woche dem Heimarbeitnehmer bekanntzugeben.

Unterläßt der Arbeitgeber die rechtzeitige Bekanntgabe der Mängel, so gilt die Arbeit als abgenommen.

2. Lohn
a) Ausrichtung des Lohnes

◨ **353a.** Steht der Heimarbeitnehmer ununterbrochen im Dienst des Arbeitgebers, so ist der Lohn für die geleistete Arbeit halbmonatlich oder mit Zustimmung des Heimarbeitnehmers am Ende jedes Monats, in den anderen Fällen jeweils bei Ablieferung des Arbeitserzeugnisses auszurichten.

Bei jeder Lohnzahlung ist dem Heimarbeitnehmer eine schriftliche Abrechnung zu übergeben, in der für Lohnabzüge der Grund anzugeben ist.

b) Lohn bei Verhinderung an der Arbeitsleistung

353b. ◾ Steht der Heimarbeitnehmer ununterbrochen im Dienst des Arbeitgebers, so ist dieser nach Maßgabe der Artikel 324 und 324a zur Ausrichtung des Lohnes verpflichtet, wenn er mit der Annahme der Arbeitsleistung in Verzug kommt oder wenn der Heimarbeitnehmer aus Gründen, die in seiner Person liegen, ohne sein Verschulden an der Arbeitsleistung verhindert ist.

In den anderen Fällen ist der Arbeitgeber zur Ausrichtung des Lohnes nach Maßgabe der Artikel 324 und 324a nicht verpflichtet.

3. Ferien

353c. Aufgehoben.

IV. Beendigung

354. Wird dem Heimarbeitnehmer eine Probearbeit übergeben, so gilt das Arbeitsverhältnis zur Probe auf bestimmte Zeit eingegangen, sofern nichts anderes verabredet ist.

Steht der Heimarbeitnehmer ununterbrochen im Dienst des Arbeitgebers, so gilt das Arbeitsverhältnis als auf unbestimmte Zeit, in den anderen Fällen als auf bestimmte Zeit eingegangen, sofern nichts anderes verabredet ist.

D. Anwendbarkeit der allgemeinen Vorschriften

355. Auf den Lehrvertrag, den Handelsreisendenvertrag und den Heimarbeitsvertrag sind die allgemeinen Vorschriften über den Einzelarbeitsvertrag ergänzend anwendbar.

10. Titel. Der Arbeitsvertrag

3. Abschnitt Gesamtarbeitsvertrag und Normalarbeitsvertrag

A. Gesamtarbeitsvertrag
I. Begriff, Inhalt, Form und Dauer
1. Begriff und Inhalt

356. Durch den Gesamtarbeitsvertrag stellen Arbeitgeber oder deren Verbände und Arbeitnehmerverbände gemeinsam Bestimmungen über Abschluß, Inhalt und Beendigung der einzelnen Arbeitsverhältnisse der beteiligten Arbeitgeber und Arbeitnehmer auf.

Der Gesamtarbeitsvertrag kann auch andere Bestimmungen enthalten, soweit sie das Verhältnis zwischen Arbeitgebern und Arbeitnehmern betreffen, oder sich auf die Aufstellung solcher Bestimmungen beschränken.

Der Gesamtarbeitsvertrag kann ferner die Rechte und Pflichten der Vertragsparteien unter sich sowie die Kontrolle und Durchsetzung der in den vorstehenden Absätzen genannten Bestimmungen regeln.

Sind an einem Gesamtarbeitsvertrag auf Arbeitgeber- oder Arbeitnehmerseite von Anfang an oder auf Grund des nachträglichen Beitritts eines Verbandes mit Zustimmung der Vertragsparteien mehrere Verbände beteiligt, so stehen diese im Verhältnis gleicher Rechte und Pflichten zueinander; abweichende Vereinbarungen sind nichtig.

BG über die Allgemeinverbindlicherklärung von Gesamtarbeitsverträgen, vom 28. Sept. 1956, SR 221.215.311.

2. Freiheit der Organisation und der Berufsausübung

356a. Bestimmungen eines Gesamtarbeitsvertrages und Abreden zwischen den Vertragsparteien, durch die Arbeitgeber oder Arbeitnehmer zum Eintritt in einen vertragschließenden Verband gezwungen werden sollen, sind nichtig.

Bestimmungen eines Gesamtarbeitsvertrages und Abreden zwischen den Vertragsparteien, durch die Arbeitnehmer von einem bestimmten Beruf oder einer bestimmten Tätigkeit oder von einer hiefür erforderlichen Ausbildung ausgeschlossen oder darin beschränkt werden, sind nichtig.

Bestimmungen und Abreden in Sinne des vorstehenden Absatzes sind ausnahmsweise gültig, wenn sie durch überwiegende schutzwürdige Interessen, namentlich zum Schutz der Sicherheit und Gesundheit von Personen oder der Qualität der Arbeit, gerechtfertigt sind; jedoch gilt nicht als schutzwürdig das Interesse, neue Berufsangehörige fernzuhalten.

3. Anschluß

356b. Einzelne Arbeitgeber und einzelne im Dienst beteiligter Arbeitgeber stehende Arbeitnehmer können sich mit Zustimmung der Vertragsparteien dem Gesamtarbeitsvertrag anschließen und gelten als beteiligte Arbeitgeber und Arbeitnehmer.

Der Gesamtarbeitsvertrag kann den Anschluß näher regeln. Unangemessene Bedingungen des Anschlusses, insbesondere Bestimmungen über unangemessene Beiträge, können vom Richter nichtig erklärt oder auf das zulässige Maß beschränkt werden; jedoch sind Bestimmungen oder Abreden über Beiträge zugunsten einer einzelnen Vertragspartei nichtig.

Bestimmungen eines Gesamtarbeitsvertrages und Abreden zwischen den Vertragsparteien, durch die Mitglieder von Verbänden zum Anschluß gezwungen werden sollen, sind nichtig, wenn diesen Verbänden die Beteiligung am Gesamtarbeitsvertrag oder der Abschluß eines sinngemäß gleichen Vertrages nicht offensteht.
Abs. 1: BGE 113 II 37.

4. Form und Dauer

356c. Der Abschluß des Gesamtarbeitsvertrages, dessen Änderung und Aufhebung durch gegenseitige Übereinkunft, der Beitritt einer neuen Vertragspartei sowie die Kündigung bedürfen zu ihrer Gültigkeit der schriftlichen Form, ebenso die Anschlußerklärung einzelner Arbeitgeber und Arbeitnehmer und die Zustimmung der Vertragsparteien gemäß Artikel 356b Absatz 1 sowie die Kündigung des Anschlusses.

Ist der Gesamtarbeitsvertrag nicht auf bestimmte Zeit abgeschlossen und sieht er nichts anderes vor, so kann er von jeder Vertragspartei mit Wirkung für alle anderen Parteien nach Ablauf eines Jahres jederzeit auf sechs Monate gekündigt werden. Diese Bestimmung gilt sinngemäß auch für den Anschluß.

II. Wirkungen
1. auf die beteiligten Arbeitgeber und Arbeitnehmer

357. Die Bestimmungen des Gesamtarbeitsvertrages über Ab-

10. Titel. Der Arbeitsvertrag 357a–357b

schluß, Inhalt und Beendigung der einzelnen Arbeitsverhältnisse gelten während der Dauer des Vertrages unmittelbar für die beteiligten Arbeitgeber und Arbeitnehmer und können nicht wegbedungen werden, sofern der Gesamtarbeitsvertrag nichts anderes bestimmt.

Abreden zwischen beteiligten Arbeitgebern und Arbeitnehmern, die gegen die unabdingbaren Bestimmungen verstoßen, sind nichtig und werden durch die Bestimmungen des Gesamtarbeitsvertrages ersetzt; jedoch können abweichende Abreden zugunsten der Arbeitnehmer getroffen werden.

Abs. 2: BGE 116 II 153.

2. unter den Vertragsparteien

357a. Die Vertragsparteien sind verpflichtet, für die Einhaltung des Gesamtarbeitsvertrages zu sorgen; zu diesem Zweck haben Verbände auf ihre Mitglieder einzuwirken und nötigenfalls die statutarischen und gesetzlichen Mittel einzusetzen.

Jede Vertragspartei ist verpflichtet, den Arbeitsfrieden zu wahren und sich insbesondere jeder Kampfmaßnahme zu enthalten, soweit es sich um Gegenstände handelt, die im Gesamtarbeitsvertrag geregelt sind; die Friedenspflicht gilt nur unbeschränkt, wenn dies ausdrücklich bestimmt ist.

3. gemeinsame Durchführung

357b. In einem zwischen Verbänden abgeschlossenen Gesamtarbeitsvertrag können die Vertragsparteien vereinbaren, daß ihnen gemeinsam ein Anspruch auf Einhaltung des Vertrages gegenüber den beteiligten Arbeitgebern und Arbeitnehmern zusteht, soweit es sich um folgende Gegenstände handelt:

a) Abschluß, Inhalt und Beendigung des Arbeitsverhältnisses, wobei der Anspruch nur auf Feststellung geht;

b) Beiträge an Ausgleichskassen und andere das Arbeitsverhältnis betreffende Einrichtungen, Vertretung der Arbeitnehmer in den Betrieben und Wahrung des Arbeitsfriedens;

c) Kontrolle, Kautionen und Konventionalstrafen in bezug auf Bestimmungen gemäß Buchstaben a und b. Vereinbarungen im Sinne des vorstehenden Absatzes können getroffen werden, wenn die Vertragsparteien durch die Statuten oder einen Beschluß des obersten Verbandsorgans ausdrücklich hiezu ermächtigt sind.

Auf das Verhältnis der Vertragsparteien unter sich sind die Vorschriften über die einfache Gesellschaft sinngemäß anwendbar, wenn der Gesamtarbeitsvertrag nichts anderes bestimmt.

III. Verhältnis zum zwingenden Recht

358. Das zwingende Recht des Bundes und der Kantone geht den Bestimmungen des Gesamtarbeitsvertrages vor, jedoch können zu Gunsten der Arbeitnehmer abweichende Bestimmungen aufgestellt werden, wenn sich aus dem zwingenden Recht nichts anderes ergibt.

B. Normalarbeitsvertrag
I. Begriff und Inhalt

359. Durch den Normalarbeitsvertrag werden für einzelne Arten von Arbeitsverhältnissen Bestimmungen über deren Abschluß, Inhalt und Beendigung aufgestellt.

Für das Arbeitsverhältnis der landwirtschaftlichen Arbeitnehmer und der Arbeitnehmer im Hausdienst haben die Kantone Normalarbeitsverträge zu erlassen, die namentlich die Arbeits- und Ruhezeit ordnen und die Arbeitsbedingungen der weiblichen und jugendlichen Arbeitnehmer regeln.

Artikel 358 ist auf den Normalarbeitsvertrag sinngemäß anwendbar.

Übersicht über Normalarbeitsverträge: SR 221.215.32.

II. Zuständigkeit und Verfahren

359a. Erstreckt sich der Geltungsbereich des Normalarbeitsvertrages auf das Gebiet mehrerer Kantone, so ist für den Erlaß der Bundesrat, andernfalls der Kanton zuständig.

Vor dem Erlaß ist der Normalarbeitsvertrag angemessen zu veröffentlichen und eine Frist anzusetzen, innert deren jedermann, der ein Interesse glaubhaft macht, schriftlich dazu Stellung nehmen kann; außerdem sind Berufsverbände oder gemeinnützige Vereinigungen, die ein Interesse haben, anzuhören.

Der Normalarbeitsvertrag tritt in Kraft, wenn er nach den für die amtlichen Veröffentlichungen geltenden Vorschriften bekanntgemacht worden ist.

Für die Aufhebung und Abänderung eines Normalarbeitsvertrages gilt das gleiche Verfahren.

Abs. 1: s. SR 221.215.32.

III. Wirkungen

360. Die Bestimmungen des Normalarbeitsvertrages gelten unmittelbar für die ihm unterstellten Arbeitsverhältnisse, soweit nichts anderes verabredet wird.

Der Normalarbeitsvertrag kann vorsehen, daß Abreden, die von einzelnen seiner Bestimmungen abweichen, zu ihrer Gültigkeit der schriftlichen Form bedürfen.

4. Abschnitt Zwingende Vorschriften

A. Unabänderlichkeit zuungunsten des Arbeitgebers und des Arbeitnehmers

361. Durch Abrede, Normalarbeitsvertrag oder Gesamtarbeitsvertrag darf von den folgenden Vorschriften weder zuungunsten des Arbeitgebers noch des Arbeitnehmers abgewichen werden:
Artikel 321c Absatz 1 (Überstundenarbeit)
Artikel 323 Absatz 4 (Vorschuß)
Artikel 323b Absatz 2 (Verrechnung mit Gegenforderungen)
Artikel 325 Absatz 2 (Abtretung und Verpfändung von Lohnforderungen)
Artikel 326 Absatz 2 (Zuweisung von Arbeit)
Artikel 329d Absätze 2 und 3 (Ferienlohn)
Artikel 331 Absätze 1 und 2 (Zuwendungen für die Personalfürsorge)
Artikel 331c (Erfüllung der Schuldpflicht der Personalfürsorgeeinrichtung)
Artikel 334 Absatz 3 (Kündigung beim langjährigen Arbeitsverhältnis)
Artikel 335 (Kündigung des Arbeitsverhältnisses)
Artikel 336 Absatz 1 (Mißbräuchliche Kündigung)
Artikel 336a (Entschädigung bei mißbräuchlicher Kündigung)
Artikel 336b (Geltendmachung der Entschädigung)
Artikel 336d (Kündigung zur Unzeit durch den Arbeitnehmer)
Artikel 337 Absätze 1 und 2 (Fristlose Auflösung aus wichtigen Gründen)
Artikel 337b Absatz 1 (Folgen bei gerechtfertigter Auflösung)
Artikel 337d (Folgen bei ungerechtfertigtem Nichtantritt oder Verlassen der Arbeitsstelle)
Artikel 339 Absatz 1 (Fälligkeit der Forderungen)

Artikel 339a (Rückgabepflichten)
Artikel 340b Absätze 1 und 2 (Folgen der Übertretung des Konkurrenzverbotes)
Artikel 342 Absatz 2 (Zivilrechtliche Wirkungen des öffentlichen Rechts)
Artikel 343 Absatz 1 (Wahl des Gerichtsstandes)
Artikel 346 (Vorzeitige Auflösung des Lehrvertrages)
Artikel 349c Absatz 3 (Verhinderung an der Reisetätigkeit)
Artikel 350 (Besondere Kündigung)
Artikel 350a Absatz 2 (Rückgabepflichten)
     Abreden sowie Bestimmungen von Normalarbeitsverträgen und Gesamtarbeitsverträgen, die von den vorstehend angeführten Vorschriften zuungunsten des Arbeitgebers oder des Arbeitnehmers abweichen, sind nichtig.

B. Unabänderlichkeit zuungunsten des Arbeitnehmers

362. Durch Abrede, Normalarbeitsvertrag oder Gesamtarbeitsvertrag darf von den folgenden Vorschriften zuungunsten des Arbeitnehmers nicht abgewichen werden:
Artikel 321e (Haftung des Arbeitnehmers)
Artikel 322a Absätze 2 und 3 (Anteil am Geschäftsergebnis)
Artikel 322b Absätze 1 und 2 (Entstehung des Provisionsanspruches)
Artikel 322c (Provisionsabrechnung)
Artikel 323b Absatz 1 zweiter Satz (Lohnabrechnung)
Artikel 324 (Lohn bei Annahmeverzug des Arbeitgebers)
Artikel 324a Absätze 1 und 3 (Lohn bei Verhinderung des Arbeitnehmers)
Artikel 324b (Lohn bei obligatorischer Versicherung des Arbeitnehmers)
Artikel 326 Absätze 1, 3 und 4 (Akkordlohnarbeit)
Artikel 326a (Akkordlohn)
Artikel 327a Absatz 1 (Auslagenersatz im allgemeinen)
Artikel 327b Absatz 1 (Auslagenersatz bei Motorfahrzeug)
Artikel 327c Absatz 2 (Vorschuß für Auslagen)
Artikel 328 (Schutz der Persönlichkeit des Arbeitnehmers im allgemeinen)
Artikel 328a (Schutz der Persönlichkeit bei Hausgemeinschaft)

Artikel 329 Absätze 1, 2 und 3 (Freizeit)
Artikel 329a Absätze 1 und 3 (Dauer der Ferien)
Artikel 329b Absätze 2 und 3 (Kürzung der Ferien)
Artikel 329c (Zusammenhang und Zeitpunkt der Ferien)
Artikel 329d Absatz 1 (Ferienlohn)
Artikel 329e Absätze 1 und 3 (Jugendurlaub)
Artikel 330 Absätze 1, 3 und 4 (Kaution)
Artikel 330a (Zeugnis)
Artikel 331 Absätze 3 und 4 (Beitragsleistung und Auskunftspflicht bei Personalfürsorge)
Artikel 331a (Forderung des Arbeitnehmers bei Spareinrichtungen)
Artikel 331b (Forderung des Arbeitnehmers bei Versicherungseinrichtungen)
Artikel 332 Absatz 4 (Vergütung bei Erfindungen)
Artikel 333 Absatz 3 (Haftung bei Übergang des Arbeitsverhältnisses)
Artikel 336 Absatz 2 (Mißbräuchliche Kündigung durch den Arbeitgeber)
Artikel 336c (Kündigung zur Unzeit durch den Arbeitgeber)
Artikel 337a (Fristlose Auflösung wegen Lohngefährdung)
Artikel 337c Absatz 1 (Folgen bei ungerechtfertigter Entlassung)
Artikel 338 (Tod des Arbeitnehmers)
Artikel 338a (Tod des Arbeitgebers)
Artikel 339b (Voraussetzungen der Abgangsentschädigung)
Artikel 339d (Ersatzleistungen)
Artikel 340 Absatz 1 (Voraussetzungen des Konkurrenzverbotes)
Artikel 340a Absatz 1 (Beschränkung des Konkurrenzverbotes)
Artikel 340c (Wegfall des Konkurrenzverbotes)
Artikel 341 Absatz 1 (Unverzichtbarkeit)
Artikel 345a (Pflichten des Lehrmeisters)
Artikel 346a (Lehrzeugnis)
Artikel 349a Absatz 1 (Lohn des Handelsreisenden)
Artikel 349b Absatz 3 (Ausrichtung der Provision)
Artikel 349c Absatz 1 (Lohn bei Verhinderung an der Reisetätigkeit)
Artikel 349e Absatz 1 (Retentionsrecht des Handelsreisenden)
Artikel 350a Absatz 1 (Provision bei Beendigung des Arbeitsverhältnisses)

Artikel 352a Absatz 3 (Haftung des Heimarbeiters)
Artikel 353 (Abnahme des Arbeitserzeugnisses)
Artikel 353a (Ausrichtung des Lohnes)
Artikel 353b Absatz 1 (Lohn bei Verhinderung an der Arbeitsleistung)

Abreden sowie Bestimmungen von Normalarbeitsverträgen und Gesamtarbeitsverträgen, die von den vorstehend angeführten Vorschriften zuungunsten des Arbeitnehmers abweichen, sind nichtig.

Übergangsbestimmung
Zum neuen 10. Titel

Die im Zeitpunkt des Inkrafttretens* dieses Gesetzes bestehenden Arbeitsverträge (Einzelarbeitsverträge, Normalarbeitsverträge und Gesamtarbeitsverträge) sind innert der Frist von einem Jahr seinen Vorschriften anzupassen; nach Ablauf dieser Frist sind seine Vorschriften auf alle Arbeitsverträge anwendbar.

Die im Zeitpunkt des Inkrafttretens dieses Gesetzes bestehenden Personalfürsorgeeinrichtungen haben bis spätestens zum 1. Januar 1977 ihre Statuten oder Reglemente unter Beachtung der für die Änderung geltenden Formvorschriften den Artikeln 331a, 331b und 331c anzupassen; ab 1. Januar 1977 sind diese Bestimmungen auf alle Personalfürsorgeeinrichtungen anwendbar.

Elfter Titel
Der Werkvertrag

A. Begriff

363. Durch den Werkvertrag verpflichtet sich der Unternehmer zur Herstellung eines Werkes und der Besteller zur Leistung einer Vergütung.

Vgl. die Normen des Schweiz. Ingenieur- und Architekten-Vereins SIA, namentlich SIA-Norm 118. Werkvertrag und Dienstvertrag: BGE 59 II 263; 70 II 218. Theatervorstellung: BGE 70 II 218. Lieferung elektr. Energie: s. Art. 184 Anm. Generalunternehmer: BGE 94 II 161; 114 II 53. Geometer: BGE 109 II 34; Architekt: BGE 109 II 464; Kunstwerk: BGE 115 II 50.

---

* 1. Januar 1972.

B. Wirkungen
I. Pflichten des Unternehmers
1. Im allgemeinen

364. Der Unternehmer haftet im allgemeinen für die gleiche Sorgfalt wie der Arbeitnehmer im Arbeitsverhältnis.

Er ist verpflichtet, das Werk persönlich auszuführen oder unter seiner persönlichen Leitung ausführen zu lassen, mit Ausnahme der Fälle, in denen es nach der Natur des Geschäftes auf persönliche Eigenschaften des Unternehmers nicht ankommt.

Er hat in Ermangelung anderweitiger Verabredung oder Übung für die zur Ausführung des Werkes nötigen Hilfsmittel, Werkzeuge und Gerätschaften auf seine Kosten zu sorgen.

58, 328.

2. Betreffend den Stoff

365. Soweit der Unternehmer die Lieferung des Stoffes übernommen hat, haftet er dem Besteller für die Güte desselben und hat Gewähr zu leisten wie ein Verkäufer.

Den vom Besteller gelieferten Stoff hat der Unternehmer mit aller Sorgfalt zu behandeln, über dessen Verwendung Rechenschaft abzulegen und einen allfälligen Rest dem Besteller zurückzugeben.

Zeigen sich bei der Ausführung des Werkes Mängel an dem vom Besteller gelieferten Stoffe oder an dem angewiesenen Baugrunde, oder ergeben sich sonst Verhältnisse, die eine gehörige oder rechtzeitige Ausführung des Werkes gefährden, so hat der Unternehmer dem Besteller ohne Verzug davon Anzeige zu machen, widrigenfalls die nachteiligen Folgen ihm selbst zur Last fallen.

Abs. 1: 192ff., 376. Abs. 2: BGE 113 II 421.

3. Rechtzeitige Vornahme und vertragsgemäße Ausführung der Arbeit

366. Beginnt der Unternehmer das Werk nicht rechtzeitig oder verzögert er die Ausführung in vertragswidriger Weise oder ist er damit ohne Schuld des Bestellers so sehr im Rückstande, daß die rechtzeitige Vollendung nicht mehr vorauszusehen ist, so kann der Besteller, ohne den Lieferungstermin abzuwarten, vom Vertrag zurücktreten.

Läßt sich während der Ausführung des Werkes eine mangelhafte oder sonst vertragswidrige Erstellung durch Verschulden des Unternehmers bestimmt voraussehen, so kann ihm der Besteller eine angemessene Frist zur Abhilfe ansetzen oder ansetzen lassen, mit der Androhung, daß im Unterlassungsfalle die Verbesserung oder die Fortführung des Werkes auf Gefahr und Kosten des Unternehmers einem Dritten übertragen werde.

Abs. 1: 107/9; BGE 46 II 251; 98 II 113; 116 II 450. Abs. 2: 98.

4. Haftung für Mängel
a) Feststellung der Mängel

367. Nach Ablieferung des Werkes hat der Besteller, sobald es nach dem üblichen Geschäftsgange tunlich ist, dessen Beschaffenheit zu prüfen und den Unternehmer von allfälligen Mängeln in Kenntnis zu setzen.

Jeder Teil ist berechtigt, auf seine Kosten eine Prüfung des Werkes durch Sachverständige und die Beurkundung des Befundes zu verlangen.

BGE 96 II 58.

b) Recht des Bestellers bei Mängeln

368. Leidet das Werk an so erheblichen Mängeln oder weicht es sonst so sehr vom Vertrage ab, daß es für den Besteller unbrauchbar ist oder daß ihm die Annahme billigerweise nicht zugemutet werden kann, so darf er diese verweigern und bei Verschulden des Unternehmers Schadenersatz fordern.

Sind die Mängel oder die Abweichungen vom Vertrage minder erheblich, so kann der Besteller einen dem Minderwerte des Werkes entsprechenden Abzug am Lohne machen oder auch, sofern dieses dem Unternehmer nicht übermäßige Kosten verursacht, die unentgeltliche Verbesserung des Werkes und bei Verschulden Schadenersatz verlangen.

Bei Werken, die auf dem Grund und Boden des Bestellers errichtet sind und ihrer Natur nach nur mit unverhältnismäßigen Nachteilen entfernt werden können, stehen dem Besteller nur die im zweiten Absatz dieses Artikels genannten Rechte zu.

BGE 100 II 30 (OR 97 oder 367ff.?); 109 II 40. Abs. 2: BGE 105 II 99; 107 II 50.

c) Verantwortlichkeit des Bestellers

369. Die dem Besteller bei Mangelhaftigkeit des Werkes gegebenen Rechte fallen dahin, wenn er durch Weisungen, die er entgegen

den ausdrücklichen Abmahnungen des Unternehmers über die Ausführung erteilte, oder auf andere Weise die Mängel selbst verschuldet hat.
BGE 116 II 454.

d) Genehmigung des Werkes

370. Wird das abgelieferte Werk vom Besteller ausdrücklich oder stillschweigend genehmigt, so ist der Unternehmer von seiner Haftpflicht befreit, soweit es sich nicht um Mängel handelt, die bei der Abnahme und ordnungsmäßigen Prüfung nicht erkennbar waren oder vom Unternehmer absichtlich verschwiegen wurden.

Stillschweigende Genehmigung wird angenommen, wenn der Besteller die gesetzlich vorgesehene Prüfung und Anzeige unterläßt.

Treten die Mängel erst später zutage, so muß die Anzeige sofort nach der Entdeckung erfolgen, widrigenfalls das Werk auch rücksichtlich dieser Mängel als genehmigt gilt.
Abs. 3: BGE 107 II 172.

e) Verjährung

371. Die Ansprüche des Bestellers wegen Mängel des Werkes verjähren gleich den entsprechenden Ansprüchen des Käufers.

Der Anspruch des Bestellers eines unbeweglichen Bauwerkes wegen allfälliger Mängel des Werkes verjährt jedoch gegen den Unternehmer sowie gegen den Architekten oder Ingenieur, die zum Zwecke der Erstellung Dienste geleistet haben, mit Ablauf von fünf Jahren seit der Abnahme.
210. BGE 89 II 406; 102 II 413. Abs. 2: BGE 108 II 194; 109 II 34; 115 II 456.

II. Pflichten des Bestellers
1. Fälligkeit der Vergütung

372. Der Besteller hat die Vergütung bei der Ablieferung des Werkes zu bezahlen.

Ist das Werk in Teilen zu liefern und die Vergütung nach Teilen bestimmt, so hat Zahlung für jeden Teil bei dessen Ablieferung zu erfolgen.

2. Höhe der Vergütung
a) Feste Übernahme

373. Wurde die Vergütung zum voraus genau bestimmt, so ist der

Unternehmer verpflichtet, das Werk um diese Summe fertigzustellen, und darf keine Erhöhung fordern, selbst wenn er mehr Arbeit oder größere Auslagen gehabt hat, als vorgesehen war.

Falls jedoch außerordentliche Umstände, die nicht vorausgesehen werden konnten oder die nach den von beiden Beteiligten angenommenen Voraussetzungen ausgeschlossen waren, die Fertigstellung hindern oder übermäßig erschweren, so kann der Richter nach seinem Ermessen eine Erhöhung des Preises oder die Auflösung des Vertrages bewilligen.

Der Besteller hat auch dann den vollen Preis zu bezahlen, wenn die Fertigstellung des Werkes weniger Arbeit verursacht, als vorgesehen war.

Abs. 2: BGE 104 II 314; 109 II 333; 113 II 513; 116 II 315.

b) Festsetzung nach dem Wert der Arbeit

374. Ist der Preis zum voraus entweder gar nicht oder nur ungefähr bestimmt worden, so wird er nach Maßgabe des Wertes der Arbeit und der Aufwendungen des Unternehmers festgesetzt.

BGE 113 II 513.

C. Beendigung
I. Rücktritt wegen Überschreitung des Kostenansatzes

375. Wird ein mit dem Unternehmer verabredeter ungefährer Ansatz ohne Zutun des Bestellers unverhältnismäßig überschritten, so hat dieser sowohl während als nach der Ausführung des Werkes das Recht, vom Vertrag zurückzutreten.

Bei Bauten, die auf Grund und Boden des Bestellers errichtet werden, kann dieser eine angemessene Herabsetzung des Lohnes verlangen oder, wenn die Baute noch nicht vollendet ist, gegen billigen Ersatz der bereits ausgeführten Arbeiten dem Unternehmer die Fortführung entziehen und vom Vertrage zurücktreten.

ZGB 671. BGE 98 II 299; 115 II 460.

II. Untergang des Werkes

376. Geht das Werk vor seiner Übergabe durch Zufall zugrunde, so kann der Unternehmer weder Lohn für seine Arbeit noch Vergütung seiner Auslagen verlangen, außer wenn der Besteller sich mit der Annahme in Verzug befindet.

Der Verlust des zugrundegegangenen Stoffes trifft in diesem Falle den Teil, der ihn geliefert hat.

Ist das Werk wegen eines Mangels des vom Besteller gelieferten Stoffes oder des angewiesenen Baugrundes oder infolge der von ihm vorgeschriebenen Art der Ausführung zugrunde gegangen, so kann der Unternehmer, wenn er den Besteller auf diese Gefahren rechtzeitig aufmerksam gemacht hat, die Vergütung der bereits geleisteten Arbeit und der im Lohne nicht eingeschlossenen Auslagen und, falls den Besteller ein Verschulden trifft, überdies Schadenersatz verlangen.

Abs. 1: 119.

III. Rücktritt des Bestellers gegen Schadloshaltung

377. Solange das Werk unvollendet ist, kann der Besteller gegen Vergütung der bereits geleisteten Arbeit und gegen volle Schadloshaltung des Unternehmers jederzeit vom Vertrag zurücktreten.

Umfang: BGE 69 II 139.

IV. Unmöglichkeit der Erfüllung aus Verhältnissen des Bestellers

378. Wird die Vollendung des Werkes durch einen beim Besteller eingetretenen Zufall unmöglich, so hat der Unternehmer Anspruch auf Vergütung der geleisteten Arbeit und der im Preise nicht inbegriffenen Auslagen.

Hat der Besteller die Unmöglichkeit der Ausführung verschuldet, so kann der Unternehmer überdies Schadenersatz fordern.

V. Tod und Unfähigkeit des Unternehmers

379. Stirbt der Unternehmer oder wird er ohne seine Schuld zur Vollendung des Werkes unfähig, so erlischt der Werkvertrag, wenn er mit Rücksicht auf die persönlichen Eigenschaften des Unternehmers eingegangen war.

Der Besteller ist verpflichtet, den bereits ausgeführten Teil des Werkes, soweit dieser für ihn brauchbar ist, anzunehmen und zu bezahlen.

364 II.

Zwölfter Titel
Der Verlagsvertrag

A. Begriff

380. Durch den Verlagsvertrag verpflichten sich der Urheber

eines literarischen oder künstlerischen Werkes oder seine Rechtsnachfolger (Verlaggeber), das Werk einem Verleger zum Zwecke der Herausgabe zu überlassen, der Verleger dagegen, das Werk zu vervielfältigen und in Vertrieb zu setzen.
Verhältnis zum URG: BGE 59 II 351.

B. Wirkungen
I. Übertragung des Urheberrechts und Gewährleistung

381. Die Rechte des Urhebers werden insoweit und auf so lange dem Verleger übertragen, als es für die Ausführung des Vertrages erforderlich ist.

Der Verlaggeber hat dem Verleger dafür einzustehen, daß er zur Zeit des Vertragsabschlusses zu der Verlagsgabe berechtigt war, und wenn das Werk schutzfähig ist, daß er das Urheberrecht daran hatte.

Er hat, wenn das Werk vorher ganz oder teilweise einem Dritten in Verlag gegeben oder sonst mit seinem Wissen veröffentlicht war, dem Verleger vor dem Vertragsabschlusse hievon Kenntnis zu geben.
URG 42ff.

II. Verfügung des Verlaggebers

382. Solange die Auflagen des Werkes, zu denen der Verleger berechtigt ist, nicht vergriffen sind, darf der Verlaggeber weder über das Werk im ganzen noch über dessen einzelne Teile zum Nachteile des Verlegers anderweitig verfügen.

Zeitungsartikel und einzelne kleinere Aufsätze in Zeitschriften darf der Verlaggeber jederzeit weiter veröffentlichen.

Beiträge an Sammelwerke oder größere Beiträge an Zeitschriften darf der Verlaggeber nicht vor Ablauf von drei Monaten nach dem vollständigen Erscheinen des Beitrages weiter veröffentlichen.

III. Bestimmung der Auflagen

383. Wurde über die Anzahl der Auflagen nichts bestimmt, so ist der Verleger nur zu einer Auflage berechtigt.

Die Stärke der Auflage wird, wenn darüber nichts vereinbart wurde, vom Verleger festgesetzt, er hat aber auf Verlangen des

12. Titel. Der Verlagsvertrag

Verlaggebers wenigstens so viele Exemplare drucken zu lassen, als zu einem gehörigen Umsatz erforderlich sind, und darf nach Vollendung des ersten Druckes keine neuen Abdrücke veranstalten.

Wurde das Verlagsrecht für mehrere Auflagen oder für alle Auflagen übertragen und versäumt es der Verleger, eine neue Auflage zu veranstalten, nachdem die letzte vergriffen ist, so kann ihm der Verlaggeber gerichtlich eine Frist zur Herstellung einer neuen Auflage ansetzen lassen, nach deren fruchtlosem Ablauf der Verleger sein Recht verwirkt.

Abs. 3: 107/9.

IV. Vervielfältigung und Vertrieb

384. Der Verleger ist verpflichtet, das Werk ohne Kürzungen, ohne Zusätze und ohne Abänderungen in angemessener Ausstattung zu vervielfältigen, für gehörige Bekanntmachung zu sorgen und die üblichen Mittel für den Absatz zu verwenden.

Die Preisbestimmung hängt von dem Ermessen des Verlegers ab, doch darf er nicht durch übermäßige Preisforderung den Absatz erschweren.

V. Verbesserungen und Berichtigungen

385. Der Urheber behält das Recht, Berichtigungen und Verbesserungen vorzunehmen, wenn sie nicht die Verlagsinteressen verletzen oder die Verantwortlichkeit des Verlegers steigern, ist aber für unvorhergesehene Kosten, die dadurch verursacht werden, Ersatz schuldig.

Der Verleger darf keine neue Ausgabe oder Auflage machen und keinen neuen Abdruck vornehmen, ohne zuvor dem Urheber Gelegenheit zu geben, Verbesserungen anzubringen.

VI. Gesamtausgaben und Einzelausgaben

386. Ist die besondere Ausgabe mehrerer einzelner Werke desselben Urhebers zum Verlag überlassen worden, so gibt dieses dem Verleger nicht auch das Recht, eine Gesamtausgabe dieser Werke zu veranstalten.

Ebensowenig hat der Verleger, dem eine Gesamtausgabe sämtlicher Werke oder einer ganzen Gattung von Werken desselben Urhebers überlassen worden ist, das Recht, von den einzelnen Werken besondere Ausgaben zu veranstalten.

VII. Übersetzungsrecht

387. Das Recht, eine Übersetzung des Werkes zu veranstalten, bleibt, wenn nichts anderes mit dem Verleger vereinbart ist, ausschließlich dem Verlaggeber vorbehalten.
URG 4, 13.

VIII. Honorar des Verlaggebers
1. Höhe des Honorars

388. Ein Honorar an den Verlaggeber gilt als vereinbart, wenn nach den Umständen die Überlassung des Werkes nur gegen ein Honorar zu erwarten war.

Die Größe desselben bestimmt der Richter auf das Gutachten von Sachverständigen.

Hat der Verleger das Recht zu mehreren Auflagen, so wird vermutet, daß für jede folgende von ihm veranstaltete Auflage dieselben Honorar- und übrigen Vertragsbedingungen gelten wie für die erste Auflage.

2. Fälligkeit, Abrechnung und Freiexemplare

389. Das Honorar wird fällig, sobald das ganze Werk oder, wenn es in Abteilungen (Bänden, Heften, Blättern) erscheint, sobald die Abteilung gedruckt ist und ausgegeben werden kann.

Wird das Honorar ganz oder teilweise von dem erwarteten Absatze abhängig gemacht, so ist der Verleger zu übungsgemäßer Abrechnung und Nachweisung des Absatzes verpflichtet.

Der Verlaggeber hat mangels einer andern Abrede Anspruch auf die übliche Zahl von Freiexemplaren.

C. Beendigung
I. Untergang des Werkes

390. Geht das Werk nach seiner Ablieferung an den Verleger durch Zufall unter, so ist der Verleger gleichwohl zur Zahlung des Honorars verpflichtet.

Besitzt der Urheber noch ein zweites Exemplar des untergegangenen Werkes, so hat er es dem Verleger zu überlassen, andernfalls ist er verpflichtet, das Werk wieder herzustellen, wenn ihm dies mit geringer Mühe möglich ist.

In beiden Fällen hat er Anspruch auf eine angemessene Entschädigung.

II. Untergang der Auflage

391. Geht die vom Verleger bereits hergestellte Auflage des Werkes durch Zufall ganz oder zum Teile unter, bevor sie vertrieben worden ist, so ist der Verleger berechtigt, die untergegangenen Exemplare auf seine Kosten neu herzustellen, ohne daß der Verlaggeber ein neues Honorar dafür fordern kann.

Der Verleger ist zur Wiederherstellung der untergegangenen Exemplare verpflichtet, wenn dies ohne unverhältnismäßig hohe Kosten geschehen kann.

III. Endigungsgründe in der Person des Urhebers und des Verlegers

392. Der Verlagsvertrag erlischt, wenn der Urheber vor der Vollendung des Werkes stirbt oder unfähig oder ohne sein Verschulden verhindert wird, es zu vollenden.

Ausnahmsweise kann der Richter, wenn die ganze oder teilweise Fortsetzung des Vertragsverhältnisses möglich und billig erscheint, sie bewilligen und das Nötige anordnen.

Gerät der Verleger in Konkurs, so kann der Verlaggeber das Werk einem anderen Verleger übertragen, wenn ihm nicht für Erfüllung der zur Zeit der Konkurseröffnung noch nicht verfallenen Verlagsverbindlichkeiten Sicherheit geleistet wird.
83, 119.

D. Bearbeitung eines Werkes nach Plan des Verlegers

393. Wenn einer oder mehrere Verfasser nach einem ihnen vom Verleger vorgelegten Plane die Bearbeitung eines Werkes übernehmen, so haben sie nur auf das bedungene Honorar Anspruch.

Das Urheberrecht am Werke steht dem Verleger zu.
Tonfilm: BGE 74 II 116.

Dreizehnter Titel
Der Auftrag

1. Abschnitt **Der einfache Auftrag**

A. Begriff

394. Durch die Annahme eines Auftrages verpflichtet sich der Beauftragte, die ihm übertragenen Geschäfte oder Dienste vertragsgemäß zu besorgen.

Verträge über Arbeitsleistung, die keiner besonderen Vertragsart dieses Gesetzes unterstellt sind, stehen unter den Vorschriften über den Auftrag.

Eine Vergütung ist zu leisten, wenn sie verabredet oder üblich ist.

Architekt: BGE 63 II 176; 64 II 10; 98 II 305; 109 II 464. Grundstückskauf: BGE 64 II 228; 81 II 230. Alleinvertretung: BGE 78 II 33. «Management»: BGE 104 II 108. Liegenschaftenverwaltung: BGE 106 II 157. Anlagefonds: s. SR 951.31. Zahnarzt: BGE 110 II 375. Reisevertrag: BGE 111 II 270. Chirurg: BGE 113 II 429; Reklameberater: BGE 115 II 57.

B. Entstehung

395. Als angenommen gilt ein nicht sofort abgelehnter Auftrag, wenn er sich auf die Besorgung solcher Geschäfte bezieht, die der Beauftragte kraft obrigkeitlicher Bestellung oder gewerbsmäßig betreibt oder zu deren Besorgung er sich öffentlich empfohlen hat.

6.

C. Wirkungen
I. Umfang des Auftrages

396. Ist der Umfang des Auftrages nicht ausdrücklich bezeichnet worden, so bestimmt er sich nach der Natur des zu besorgenden Geschäftes.

Insbesondere ist in dem Auftrage auch die Ermächtigung zu den Rechtshandlungen enthalten, die zu dessen Ausführungen gehören.

Einer besonderen Ermächtigung bedarf der Beauftragte, unter Vorbehalt der Bestimmungen des eidgenössischen oder kantonalen Prozeßrechts, wenn es sich darum handelt, einen Prozeß anzuheben, einen Vergleich abzuschließen, ein Schiedsgericht anzunehmen, wechselrechtliche Verbindlichkeiten einzugehen, Grundstücke zu veräußern oder zu belasten oder Schenkungen zu machen.

32ff.: BGE 41 II 271, 462.

II. Verpflichtungen des Beauftragten
1. Vorschriftsgemäße Ausführung

397. Hat der Auftraggeber für die Besorgung des übertragenen Geschäftes eine Vorschrift gegeben, so darf der Beauftragte nur insofern davon abweichen, als nach den Umständen die Einholung einer Erlaubnis nicht tunlich und überdies anzunehmen ist, der Auftraggeber würde sie bei Kenntnis der Sachlage erteilt haben.

Ist der Beauftragte, ohne daß diese Voraussetzungen zutreffen, zum Nachteil des Auftraggebers von dessen Vorschriften abgewichen, so gilt der Auftrag nur dann als erfüllt, wenn der Beauftragte den daraus erwachsenen Nachteil auf sich nimmt.

Abs.1: BGE 108 II 197; 110 II 184.

2. Haftung für getreue Ausführung
a) Im allgemeinen

398. Der Beauftragte haftet im allgemeinen für die gleiche Sorgfalt wie der Arbeitnehmer im Arbeitsverhältnis.

Er haftet dem Auftraggeber für getreue und sorgfältige Ausführung des ihm übertragenen Geschäftes.

Er hat das Geschäft persönlich zu besorgen, ausgenommen, wenn er zur Übertragung an einen Dritten ermächtigt oder durch die Umstände genötigt ist, oder wenn eine Vertretung übungsgemäß als zulässig betrachtet wird.

Abs. 1: 321a. Abs. 2: BGE 115 II 62. Abs. 3: 101. StGB 159. Abs. 3: Substitution.

b) Bei Übertragung der Besorgung auf einen Dritten

399. Hat der Beauftragte die Besorgung des Geschäftes unbefugterweise einem Dritten übertragen, so haftet er für dessen Handlungen, wie wären es seine eigenen.

War er zur Übertragung befugt, so haftet er nur für gehörige Sorgfalt bei der Wahl und Instruktion des Dritten.

In beiden Fällen kann der Auftraggeber die Ansprüche, die dem Beauftragten gegen den Dritten zustehen, unmittelbar gegen diesen geltend machen.

Abs. 2: BGE 112 II 347.

3. Rechenschaftsablegung

400. Der Beauftragte ist schuldig, auf Verlangen jederzeit über seine Geschäftsführung Rechenschaft abzulegen und alles, was ihm infolge derselben aus irgendeinem Grunde zugekommen ist, zu erstatten.

Gelder, mit deren Ablieferung er sich im Rückstande befindet, hat er zu verzinsen.

73. Abs. 1: BGE 91 II 442; 110 II 181.

4. Übergang der erworbenen Rechte

401. Hat der Beauftragte für Rechnung des Auftraggebers in eigenem Namen Forderungsrechte gegen Dritte erworben, so gehen sie auf den Auftraggeber über, sobald dieser seinerseits allen Verbindlichkeiten aus dem Auftragsverhältnisse nachgekommen ist.

Dieses gilt auch gegenüber der Masse, wenn der Beauftragte in Konkurs gefallen ist.

Ebenso kann der Auftraggeber im Konkurse des Beauftragten, unter Vorbehalt der Retentionsrechte desselben, die beweglichen Sachen herausverlangen, die dieser in eigenem Namen, aber für Rechnung des Auftraggebers, zu Eigentum erworben hat.

Abs. 1: 110. Indirekte Stellvertretung. BGE 99 II 393; 115 II 468 (Fiduziar). Abs. 3: ZGB 895ff. SchKG 201/2, 425. BGE 102 II 103 (Geld).

III. Verpflichtungen des Auftraggebers

402. Der Auftraggeber ist schuldig, dem Beauftragten die Auslagen und Verwendungen, die dieser in richtiger Ausführung des Auftrages gemacht hat, samt Zinsen zu ersetzen und ihn von den eingegangenen Verbindlichkeiten zu befreien.

Er haftet dem Beauftragten für den aus dem Auftrage erwachsenen Schaden, soweit er nicht zu beweisen vermag, daß der Schaden ohne sein Verschulden entstanden ist.

BGE 110 II 283.

IV. Haftung mehrerer

403. Haben mehrere Personen gemeinsam einen Auftrag gegeben, so haften sie dem Beauftragten solidarisch.

Haben mehrere Personen einen Auftrag gemeinschaftlich übernommen, so haften sie solidarisch und können den Auftraggeber, soweit sie nicht zur Übertragung der Besorgung an einen Dritten ermächtigt sind, nur durch gemeinschaftliches Handeln verpflichten.

Abs. 1: 143ff. Abs. 2: 398/9.

D. Beendigung
I. Gründe
1. Widerruf, Kündigung

404. Der Auftrag kann von jedem Teile jederzeit widerrufen oder gekündigt werden.

Erfolgt dies jedoch zur Unzeit, so ist der zurücktretende Teil zum Ersatze des dem anderen verursachten Schadens verpflichtet.
Abs. 1: zwingendes Recht, BGE 59 II 261. Vgl. 34 Abs. 2; BGE 55 II 183.
Abs. 2: BGE 104 II 318; 110 II 380.

2. Tod, Handlungsunfähigkeit, Konkurs

405. Der Auftrag erlischt, sofern nicht das Gegenteil vereinbart ist oder aus der Natur des Geschäftes gefolgert werden muß, durch den Tod, durch eintretende Handlungsunfähigkeit und durch den Konkurs des Auftraggebers oder des Beauftragten.

Falls jedoch das Erlöschen des Auftrages die Interessen des Auftraggebers gefährdet, so ist der Beauftragte, sein Erbe oder sein Vertreter verpflichtet, für die Fortführung des Geschäftes zu sorgen, bis der Auftraggeber, sein Erbe oder sein Vertreter in der Lage ist, es selbst zu tun.
Abs. 1: 35; ZGB 17.

II. Wirkung des Erlöschens

406. Aus den Geschäften, die der Beauftragte führt, bevor er von dem Erlöschen des Auftrages Kenntnis erhalten hat, wird der Auftraggeber oder dessen Erbe verpflichtet, wie wenn der Auftrag noch bestanden hätte.

2. Abschnitt Der Kreditbrief und der Kreditauftrag
A. Kreditbrief

407. Kreditbriefe, durch die der Adressant den Adressaten mit oder ohne Angabe eines Höchstbetrages beauftragt, einer bestimmten Person die verlangten Beträge auszubezahlen, werden nach den Vorschriften über den Auftrag und die Anweisung beurteilt.

Wenn kein Höchstbetrag angegeben ist, so hat der Adressat bei Anforderungen, die den Verhältnissen der beteiligten Personen offenbar nicht entsprechen, den Adressanten zu benachrichtigen und bis zum Empfange einer Weisung desselben die Zahlung zu verweigern.

Der im Kreditbriefe enthaltene Auftrag gilt nur dann als angenommen, wenn die Annahme bezüglich eines bestimmten Betrages erklärt worden ist.
Abs. 1: 394ff., 466ff.

B. Kreditauftrag
I. Begriff und Form

408. Hat jemand den Auftrag erhalten und angenommen, in eigenem Namen und auf eigene Rechnung, jedoch unter Verantwortlichkeit des Auftraggebers, einem Dritten Kredit zu eröffnen oder zu erneuern, so haftet der Auftraggeber wie ein Bürge, sofern der Beauftragte die Grenzen des Kreditauftrages nicht überschritten hat.

Für diese Verbindlichkeit bedarf es der schriftlichen Erklärung des Auftraggebers.

II. Vertragsunfähigkeit des Dritten

409. Der Auftraggeber kann dem Beauftragten nicht die Einrede entgegensetzen, der Dritte sei zur Eingehung der Schuld persönlich unfähig gewesen.

III. Eigenmächtige Stundung

410. Die Haftpflicht des Auftraggebers erlischt, wenn der Beauftragte dem Dritten eigenmächtig Stundung gewährt oder es versäumt hat, gemäß den Weisungen des Auftraggebers gegen ihn vorzugehen.

IV. Kreditnehmer und Auftraggeber

411. Das Rechtsverhältnis des Auftraggebers zu dem Dritten, dem ein Kredit eröffnet worden ist, wird nach den Bestimmungen über das Rechtsverhältnis zwischen dem Bürgen und dem Hauptschuldner beurteilt.
505 ff.

3. Abschnitt Der Mäklervertrag

A. Begriff und Form

412. Durch den Mäklervertrag erhält der Mäkler den Auftrag, gegen eine Vergütung, Gelegenheit zum Abschlusse eines Vertrages nachzuweisen oder den Abschluß eines Vertrages zu vermitteln.

Der Mäklervertrag steht im allgemeinen unter den Vorschriften über den einfachen Auftrag.

394 ff. Bundesgesetz ü. d. Erhaltung des bäuerl. Grundbesitzes vom 12. Juni 1951 (SR 211.412.11), Art. 22. BGE 72 II 86 (Form); 110 II 276.

B. Mäklerlohn
I. Begründung

413. Der Mäklerlohn ist verdient, sobald der Vertrag infolge des Nachweises oder infolge der Vermittlung des Mäklers zustande gekommen ist.

Wird der Vertrag unter einer aufschiebenden Bedingung geschlossen, so kann der Mäklerlohn erst verlangt werden, wenn die Bedingung eingetreten ist.

Soweit dem Mäkler im Vertrage für Aufwendungen Ersatz zugesichert ist, kann er diesen auch dann verlangen, wenn das Geschäft nicht zustande kommt.

Kausalzusammenhang: BGE 75 II 55; 84 II 523, 548.

II. Festsetzung

414. Wird der Betrag der Vergütung nicht festgesetzt, so gilt, wo eine Taxe besteht, diese und in Ermangelung einer solchen der übliche Lohn als vereinbart.

BGE 110 Ia 111.

III. Verwirkung

415. Ist der Mäkler in einer Weise, die dem Vertrage widerspricht, für den andern tätig gewesen, oder hat er sich in einem Falle, wo es wider Treu und Glauben geht, auch von diesem Lohn versprechen lassen, so kann er von seinem Auftraggeber weder Lohn noch Ersatz für Aufwendungen beanspruchen.

BGE 111 II 366.

IV. Heiratsvermittlung

416. Aus der Heiratsvermittlung entsteht kein klagbarer Anspruch auf Mäklerlohn.

V. Herabsetzung

417. Ist für den Nachweis der Gelegenheit zum Abschlusse oder für die Vermittlung eines Einzelarbeitsvertrages oder eines Grundstückkaufes ein unverhältnismäßig hoher Mäklerlohn vereinbart worden, so kann ihn der Richter auf Antrag des Schuldners auf einen angemessenen Betrag herabsetzen.

BGE 106 II 56.

C. Vorbehalt kantonalen Rechtes

418. Es bleibt den Kantonen vorbehalten, über die Verrichtungen

der Börsenmäkler, Sensale und Stellenvermittler besondere Vorschriften aufzustellen.
ZGB 5.

4. Abschnitt Der Agenturvertrag
A. Allgemeines
I. Begriff

418a. Agent ist, wer die Verpflichtung übernimmt, dauernd für einen oder mehrere Auftraggeber Geschäfte zu vermitteln oder in ihrem Namen und für ihre Rechnung abzuschließen, ohne zu den Auftraggebern in einem Arbeitsverhältnis zu stehen.

Auf Agenten, die als solche bloß im Nebenberuf tätig sind, finden die Vorschriften dieses Abschnittes insoweit Anwendung, als die Parteien nicht schriftlich etwas anderes vereinbart haben. Die Vorschriften über das Delcredere, das Konkurrenzverbot und die Auflösung des Vertrages aus wichtigen Gründen dürfen nicht zum Nachteil des Agenten wegbedungen werden.

Agentur oder Kauf: BGE 78 II 80.

II. Anwendbares Recht

418b. Auf den Vermittlungsagenten sind die Vorschriften über den Mäklervertrag, auf den Abschlußagenten diejenigen über die Kommission ergänzend anwendbar.

(Abs. 2: Aufgehoben)

B. Pflichten des Agenten
I. Allgemeines und Delcredere

418c. Der Agent hat die Interessen des Auftraggebers mit der Sorgfalt eines ordentlichen Kaufmannes zu wahren.

Er darf, falls es nicht schriftlich anders vereinbart ist, auch für andere Auftraggeber tätig sein.

Eine Verpflichtung, für die Zahlung oder anderweitige Erfüllung der Verbindlichkeiten des Kunden einzustehen oder die Kosten der Einbringung von Forderungen ganz oder teilweise zu tragen, kann er nur in schriftlicher Form übernehmen. Der Agent erhält dadurch einen unabdingbaren Anspruch auf ein angemessenes besonderes Entgelt.

II. Geheimhaltungspflicht und Konkurrenzverbot

418d. Der Agent darf Geschäftsgeheimnisse des Auftraggebers, die ihm anvertraut oder auf Grund des Agenturverhältnisses bekannt geworden sind, auch nach Beendigung des Vertrages nicht verwerten oder anderen mitteilen.

Auf ein vertragliches Konkurrenzverbot sind die Bestimmungen über den Dienstvertrag entsprechend anwendbar. Ist ein Konkurrenzverbot vereinbart, so hat der Agent bei Auflösung des Vertrages einen unabdingbaren Anspruch auf ein angemessenes besonderes Entgelt.

Abs. 2: 340 ff.

C. Vertretungsbefugnis

418e. Der Agent gilt nur als ermächtigt, Geschäfte zu vermitteln, Mängelrügen und andere Erklärungen, durch die der Kunde sein Recht aus mangelhafter Leistung des Auftraggebers geltend macht oder sich vorbehält, entgegenzunehmen und die dem Auftraggeber zustehenden Rechte auf Sicherstellung des Beweises geltend zu machen.

Dagegen gilt er nicht als ermächtigt, Zahlungen entgegenzunehmen, Zahlungsfristen zu gewähren oder sonstige Änderungen des Vertrages mit den Kunden zu vereinbaren.

Die Artikel 34 und 44, Abs. 3, des Bundesgesetzes vom 2. April 1908 über den Versicherungsvertrag bleiben vorbehalten.

D. Pflichten des Auftraggebers
I. Im allgemeinen

418f. Der Auftraggeber hat alles zu tun, um dem Agenten die Ausübung einer erfolgreichen Tätigkeit zu ermöglichen. Er hat ihm insbesondere die nötigen Unterlagen zur Verfügung zu stellen.

Er hat den Agenten unverzüglich zu benachrichtigen, wenn er voraussieht, daß Geschäfte nur in erheblich geringerem Umfange, als vereinbart oder nach den Umständen zu erwarten ist, abgeschlossen werden können oder sollen.

Ist dem Agenten ein bestimmtes Gebiet oder ein bestimmter Kundenkreis zugewiesen, so ist er, soweit nicht schriftlich etwas anderes vereinbart wurde, unter Ausschluß anderer Personen beauftragt.

II. Provision
1. Vermittlungs- und Abschlußprovision
a) Umfang und Entstehung

418g. Der Agent hat Anspruch auf die vereinbarte oder übliche

Vermittlungs- oder Abschlußprovision für alle Geschäfte, die er während des Agenturverhältnisses vermittelt oder abgeschlossen hat, sowie mangels gegenteiliger schriftlicher Abrede, für solche Geschäfte, die während des Agenturverhältnisses ohne seine Mitwirkung vom Auftraggeber abgeschlossen werden, sofern er den Dritten als Kunden für Geschäfte dieser Art geworben hat.

Der Agent, dem ein bestimmtes Gebiet oder ein bestimmter Kundenkreis ausschließlich zugewiesen ist, hat Anspruch auf die vereinbarte oder, mangels Abrede, auf die übliche Provision für alle Geschäfte, die mit Kunden dieses Gebietes oder Kundenkreises während des Agenturverhältnisses abgeschlossen werden.

Soweit es nicht anders schriftlich vereinbart ist, entsteht der Anspruch auf die Provision, sobald das Geschäft mit dem Kunden rechtsgültig abgeschlossen ist.

b) Dahinfallen

418h. Der Anspruch des Agenten auf Provision fällt nachträglich insoweit dahin, als die Ausführung eines abgeschlossenen Geschäftes aus einem vom Auftraggeber nicht zu vertretenden Grunde unterbleibt.

Er fällt hingegen gänzlich dahin, wenn die Gegenleistung für die vom Auftraggeber bereits erbrachten Leistungen ganz oder zu einem so großen Teil unterbleibt, daß dem Auftraggeber die Bezahlung einer Provision nicht zugemutet werden kann.

c) Fälligkeit

418i. Soweit nicht etwas anderes vereinbart oder üblich ist, wird die Provision auf das Ende des Kalenderhalbjahres, in dem das Geschäft abgeschlossen wurde, im Versicherungsgeschäft jedoch nach Maßgabe der Bezahlung der ersten Jahresprämie fällig.

d) Abrechnung

418k. Ist der Agent nicht durch schriftliche Abrede zur Aufstellung einer Provisionsabrechnung verpflichtet, so hat ihm der Auftraggeber auf jeden Fälligkeitstermin eine schriftliche Abrechnung unter Angabe der provisionspflichtigen Geschäfte zu übergeben.

Auf Verlangen ist dem Agenten Einsicht in die für die Abrechnung maßgebenden Bücher und Belege zu gewähren. Auf dieses Recht kann der Agent nicht zum voraus verzichten.

2. Inkassoprovision

418l. Soweit nicht etwas anderes vereinbart oder üblich ist, hat der Agent Anspruch auf eine Inkassoprovision für die von ihm auftragsgemäß eingezogenen und abgelieferten Beträge.

Mit Beendigung des Agenturverhältnisses fallen die Inkassoberechtigung des Agenten und sein Anspruch auf weitere Inkassoprovisionen dahin.

III. Verhinderung an der Tätigkeit

418m. Der Auftraggeber hat dem Agenten eine angemessene Entschädigung zu bezahlen, wenn er ihn durch Verletzung seiner gesetzlichen oder vertraglichen Pflichten schuldhaft daran verhindert, die Provision in dem vereinbarten oder nach den Umständen zu erwartenden Umfange zu verdienen. Eine gegenteilige Abrede ist ungültig.

Wird ein Agent, der für keinen andern Auftraggeber gleichzeitig tätig sein darf, durch Krankheit, schweizerischen obligatorischen Militärdienst oder ähnliche Gründe ohne sein Verschulden an seiner Tätigkeit verhindert, so hat er für verhältnismäßig kurze Zeit Anspruch auf eine angemessene Entschädigung nach Maßgabe des eingetretenen Verdienstausfalles, sofern das Agenturverhältnis mindestens ein Jahr gedauert hat. Auf dieses Recht kann der Agent nicht zum voraus verzichten.

IV. Kosten und Auslagen

418n. Soweit nicht etwas anderes vereinbart oder üblich ist, hat der Agent keinen Anspruch auf Ersatz für die im regelmäßigen Betrieb seines Geschäftes entstandenen Kosten und Auslagen, wohl aber für solche, die er auf besondere Weisung des Auftraggebers oder als dessen Geschäftsführer ohne Auftrag auf sich genommen hat, wie Auslagen für Frachten und Zölle.

Die Ersatzpflicht ist vom Zustandekommen des Rechtsgeschäftes unabhängig.

419 ff.

V. Retentionsrecht

418o. Zur Sicherung der fälligen Ansprüche aus dem Agenturverhältnis, bei Zahlungsunfähigkeit des Auftraggebers auch der nicht fälligen Ansprüche, hat der Agent an den beweglichen Sachen und

Wertpapieren, die er auf Grund des Agenturverhältnisses besitzt, sowie an den kraft einer Inkassovollmacht entgegengenommenen Zahlungen Dritter ein Retentionsrecht, auf das er nicht zum voraus verzichten kann.

An Preistarifen und Kundenverzeichnissen kann das Retentionsrecht nicht ausgeübt werden.

E. Beendigung
I. Zeitablauf

418p. Ist der Agenturvertrag auf eine bestimmte Zeit abgeschlossen, oder geht eine solche aus seinem Zweck hervor, so endigt er ohne Kündigung mit dem Ablauf dieser Zeit.

Wird ein auf eine bestimmte Zeit abgeschlossenes Agenturverhältnis nach Ablauf dieser Zeit für beide Teile stillschweigend fortgesetzt, so gilt der Vertrag als für die gleiche Zeit erneuert, jedoch höchstens für ein Jahr.

Hat der Auflösung des Vertrages eine Kündigung voranzugehen, so gilt ihre beiderseitige Unterlassung als Erneuerung des Vertrages.

II. Kündigung
1. Im allgemeinen

418q. Ist ein Agenturvertrag nicht auf bestimmte Zeit abgeschlossen, und geht eine solche auch nicht aus seinem Zwecke hervor, so kann er im ersten Jahr der Vertragsdauer beiderseits auf das Ende des der Kündigung folgenden Kalendermonates gekündigt werden. Die Vereinbarung einer kürzeren Kündigungsfrist bedarf der schriftlichen Form.

Wenn das Vertragsverhältnis mindestens ein Jahr gedauert hat, kann es mit einer Kündigungsfrist von zwei Monaten auf das Ende eines Kalendervierteljahres gekündigt werden. Es kann jedoch eine längere Kündigungsfrist oder ein anderer Endtermin vereinbart werden.

Für Auftraggeber und Agenten dürfen keine verschiedenen Kündigungsfristen vereinbart werden.

2. Aus wichtigen Gründen

418r. Aus wichtigen Gründen kann sowohl der Auftraggeber als auch der Agent jederzeit den Vertrag sofort auflösen.

13. Titel. Der Auftrag 418s–418u

Die Bestimmungen über den Dienstvertrag sind entsprechend anwendbar.
Alleinvertretung: BGE 78 II 33.

III. Tod, Handlungsunfähigkeit, Konkurs

418s. Das Agenturverhältnis erlischt durch den Tod und durch den Eintritt der Handlungsunfähigkeit des Agenten sowie durch den Konkurs des Auftraggebers.

Durch den Tod des Auftraggebers erlischt das Agenturverhältnis, wenn der Auftrag wesentlich mit Rücksicht auf dessen Person eingegangen worden ist.

IV. Ansprüche des Agenten
1. Provision

418t. Für Nachbestellungen eines vom Agenten während des Agenturverhältnisses geworbenen Kunden besteht, falls nicht etwas anderes vereinbart oder üblich ist, ein Anspruch auf Provision nur, wenn die Bestellungen vor Beendigung des Agenturvertrages eingelaufen sind.

Mit der Beendigung des Agenturverhältnisses werden sämtliche Ansprüche des Agenten auf Provision oder Ersatz fällig.

Für Geschäfte, die ganz oder teilweise erst nach Beendigung des Agenturverhältnisses zu erfüllen sind, kann eine spätere Fälligkeit des Provisionsanspruches schriftlich vereinbart werden.

2. Entschädigung für die Kundschaft

418u. Hat der Agent durch seine Tätigkeit den Kundenkreis des Auftraggebers wesentlich erweitert, und erwachsen diesem oder seinem Rechtsnachfolger aus der Geschäftsverbindung mit der geworbenen Kundschaft auch nach Auflösung des Agenturverhältnisses erhebliche Vorteile, so haben der Agent oder seine Erben, soweit es nicht unbillig ist, einen unabdingbaren Anspruch auf eine angemessene Entschädigung.

Dieser Anspruch beträgt höchstens einen Nettojahresverdienst aus diesem Vertragsverhältnis, berechnet nach dem Durchschnitt der letzten fünf Jahre oder, wenn das Verhältnis nicht so lange gedauert hat, nach demjenigen der ganzen Vertragsdauer.

Kein Anspruch besteht, wenn das Agenturverhältnis aus einem Grund aufgelöst worden ist, den der Agent zu vertreten hat.
BGE 103 II 277. Abs. 1: BGE 110 IV 476. Abs. 3: BGE 110 II 280.

V. Rückgabepflichten

418v. Jede Vertragspartei hat auf den Zeitpunkt der Beendigung des Agenturverhältnisses der andern alles herauszugeben, was sie von ihr für die Dauer des Vertrages oder von Dritten für ihre Rechnung erhalten hat. Vorbehalten bleiben die Retentionsrechte der Vertragsparteien.

Übergangsrecht

Auf die beim Inkrafttreten des neuen Rechts bereits bestehenden Agenturverträge finden die Art. 418d, Abs. 1, 418f, Abs. 1, 418k, Abs. 2, 418o, 418p, 418r und 418s sofort Anwendung.

Im übrigen sind die im Zeitpunkt des Inkrafttretens des neuen Rechts bestehenden Agenturverträge innerhalb der Frist von zwei Jahren seinen Vorschriften anzupassen. Nach Ablauf dieser Frist ist das neue Recht auch auf die früher abgeschlossenen Agenturverträge anwendbar.

Auf die beim Inkrafttreten des neuen Rechts bestehenden Agenturverträge von Agenten, die als solche bloß im Nebenberuf tätig sind, finden die Vorschriften dieses Abschnittes mangels gegenteiliger Abrede nach Ablauf von zwei Jahren ebenfalls Anwendung.

In Kraft getreten: 1. Jan. 1950.

Vierzehnter Titel
Die Geschäftsführung ohne Auftrag

A. Stellung des Geschäftsführers
I. Art der Ausführung

419. Wer für einen anderen ein Geschäft besorgt, ohne von ihm beauftragt zu sein, ist verpflichtet, das unternommene Geschäft so zu führen, wie es dem Vorteile und der mutmaßlichen Absicht des anderen entspricht.

Irrtum: BGE 75 II 226.

II. Haftung des Geschäftsführers im allgemeinen

420. Der Geschäftsführer haftet für jede Fahrlässigkeit.

Seine Haftpflicht ist jedoch milder zu beurteilen, wenn er gehandelt hat, um einen dem Geschäftsherrn drohenden Schaden abzuwenden.

Hat er die Geschäftsführung entgegen dem ausgesprochenen oder sonst erkennbaren Willen des Geschäftsherrn unternommen und war dessen Verbot nicht unsittlich oder rechtswidrig, so haftet er auch für den Zufall, sofern er nicht beweist, daß dieser auch ohne seine Einmischung eingetreten wäre.
Abs.3: BGE 110 II 184.

III. Haftung des vertragsunfähigen Geschäftsführers

421. War der Geschäftsführer unfähig, sich durch Verträge zu verpflichten, so haftet er aus der Geschäftsführung nur, soweit er bereichert ist oder auf böswillige Weise sich der Bereicherung entäußert hat.

Vorbehalten bleibt eine weitergehende Haftung aus unerlaubten Handlungen.
ZGB 16.

B. Stellung des Geschäftsherrn
I. Geschäftsführung im Interesse des Geschäftsherrn

422. Wenn die Übernahme einer Geschäftsbesorgung durch das Interesse des Geschäftsherrn geboten war, so ist dieser verpflichtet, dem Geschäftsführer alle Verwendungen, die notwendig oder nützlich und den Verhältnissen angemessen waren, samt Zinsen zu ersetzen und ihn in demselben Maße von den übernommenen Verbindlichkeiten zu befreien, sowie für andern Schaden ihm nach Ermessen des Richters Ersatz zu leisten.

Diesen Anspruch hat der Geschäftsführer, wenn er mit der gehörigen Sorgfalt handelte, auch in dem Falle, wo der beabsichtigte Erfolg nicht eintritt.

Sind die Verwendungen dem Geschäftsführer nicht zu ersetzen, so hat er das Recht der Wegnahme nach den Vorschriften über die ungerechtfertigte Bereicherung.
418n. StGB 159.

II. Geschäftsführung im Interesse des Geschäftsführers

423. Wenn die Geschäftsführung nicht mit Rücksicht auf das Interesse des Geschäftsherrn unternommen wurde, so ist dieser gleichwohl berechtigt, die aus der Führung seiner Geschäfte entspringenden Vorteile sich anzueignen.

Zur Ersatzleistung an den Geschäftsführer und zu dessen Entlastung ist der Geschäftsherr nur so weit verpflichtet, als er bereichert ist.

Interessenkreis: BGE 68 II 36. Abs. 2: 64.

III. Genehmigung der Geschäftsführung

424. Wenn die Geschäftsbesorgung nachträglich vom Geschäftsherrn gebilligt wird, so kommen die Vorschriften über den Auftrag zur Anwendung.

394ff.

Fünfzehnter Titel
Die Kommission

A. Einkaufs- und Verkaufskommission
I. Begriff

425. Einkaufs- oder Verkaufskommissionär ist, wer gegen eine Kommissionsgebühr (Provision) in eigenem Namen für Rechnung eines anderen (des Kommittenten) den Einkauf oder Verkauf von beweglichen Sachen oder Wertpapieren zu besorgen übernimmt.

Für das Kommissionsverhältnis kommen die Vorschriften über den Auftrag zur Anwendung, soweit nicht die Bestimmungen dieses Titels etwas anderes enthalten.

Abs. 2: 394ff.

II. Pflichten des Kommissionärs
1. Anzeigepflicht, Versicherung

426. Der Kommissionär hat dem Kommittenten die erforderlichen Nachrichten zu geben und insbesondere von der Ausführung des Auftrages sofort Anzeige zu machen.

Er ist zur Versicherung des Kommissionsgutes nur verpflichtet, wenn er vom Kommittenten Auftrag dazu erhalten hat.

2. Behandlung des Kommissionsgutes

427. Wenn das zum Verkaufe zugesandte Kommissionsgut sich in einem erkennbar mangelhaften Zustande befindet, so hat der Kommissionär die Rechte gegen den Frachtführer zu wahren, für den Beweis des mangelhaften Zustandes und soweit möglich für Erhaltung des Gutes zu sorgen und dem Kommittenten ohne Verzug Nachricht zu geben.

15. Titel. Die Kommission 428–430

Versäumt der Kommissionär diese Pflichten, so ist er für den aus der Versäumnis entstandenen Schaden haftbar.

Zeigt sich Gefahr, daß das zum Verkaufe zugesandte Kommissionsgut schnell in Verderbnis gerate, so ist der Kommissionär berechtigt und, soweit die Interessen des Kommittenten es erfordern, auch verpflichtet, die Sache unter Mitwirkung der zuständigen Amtsstelle des Ortes, wo sich befindet, verkaufen zu lassen.
Abs.1: 440ff. Abs.2: 97ff. Abs.3: 93.

3. Preisansatz des Kommittenten

428. Hat der Verkaufskommissionär unter dem ihm gesetzten Mindestbetrag verkauft, so muß er dem Kommittenten den Preisunterschied vergüten, sofern er nicht beweist, daß durch den Verkauf von dem Kommittenten Schaden abgewendet worden ist und eine Anfrage bei dem Kommittenten nicht mehr tunlich war.

Außerdem hat er ihm im Falle seines Verschuldens allen weitern aus der Vertragsverletzung entstehenden Schaden zu ersetzen.

Hat der Kommissionär wohlfeiler gekauft, als der Kommittent vorausgesetzt, oder teurer verkauft, als er ihm vorgeschrieben hatte, so darf er den Gewinn nicht für sich behalten, sondern muß ihn dem Kommittenten anrechnen.

4. Vorschuß und Kreditgewährung an Dritte

429. Der Kommissionär, der ohne Einwilligung des Kommittenten einem Dritten Vorschüsse macht oder Kredit gewährt, tut dieses auf eigene Gefahr.

Soweit jedoch der Handelsgebrauch am Orte des Geschäftes das Kreditieren des Kaufpreises mit sich bringt, ist in Ermangelung einer anderen Bestimmung des Kommittenten auch der Kommissionär dazu berechtigt.
397.

5. Del-credere-Stehen

430. Abgesehen von dem Falle, wo der Kommissionär unbefugterweise Kredit gewährt, hat er für die Zahlung oder anderweitige Erfüllung der Verbindlichkeiten des Schuldners nur dann einzustehen, wenn er sich hiezu verpflichtet hat, oder wenn das am Orte seiner Niederlassung Handelsgebrauch ist.

Der Kommissionär, der für den Schuldner einsteht, ist zu einer Vergütung (del-credere-Provision) berechtigt.
Abs. 2: 111.

III. Rechte des Kommissionärs
1. Ersatz für Vorschüsse und Auslagen

431. Der Kommissionär ist berechtigt, für alle im Interesse des Kommittenten gemachten Vorschüsse, Auslagen und andere Verwendungen Ersatz zu fordern und von diesen Beträgen Zinses zu berechnen.

Er kann auch die Vergütung für die benutzten Lagerräume und Transportmittel, nicht aber den Lohn seiner Angestellten in Rechnung bringen.
Abs. 1: 73, 402.

2. Provision
a) Anspruch

432. Der Kommissionär ist zur Forderung der Provision berechtigt, wenn das Geschäft zur Ausführung gekommen oder aus einem in der Person des Kommittenten liegenden Grunde nicht ausgeführt worden ist.

Für Geschäfte, die aus einem andern Grunde nicht zur Ausführung gekommen sind, hat der Kommissionär nur den ortsüblichen Anspruch auf Vergütung für seine Bemühungen.

b) Verwirkung und Umwandlung in Eigengeschäft

433. Der Anspruch auf die Provision fällt dahin, wenn sich der Kommissionär einer unredlichen Handlungsweise gegenüber dem Kommittenten schuldig gemacht, insbesondere wenn er einen zu hohen Einkaufs- oder einen zu niedrigen Verkaufspreis in Rechnung gebracht hat.

Überdies steht dem Kommittenten in den beiden letzterwähnten Fällen die Befugnis zu, den Kommissionär selbst als Verkäufer oder als Käufer in Anspruch zu nehmen.

3. Retentionsrecht

434. Der Kommissionär hat an dem Kommissionsgute sowie an dem Verkaufserlöse ein Retentionsrecht.
ZGB 895ff.

4. Versteigerung des Kommissionsgutes

435. Wenn bei Unverkäuflichkeit des Kommissionsgutes oder bei Widerruf des Auftrages der Kommittent mit der Zurücknahme des Gutes oder mit der Verfügung darüber ungebührlich zögert, so ist der Kommissionär berechtigt, bei der zuständigen Amtsstelle des Ortes, wo die Sache sich befindet, die Versteigerung zu verlangen.

Die Versteigerung kann, wenn am Orte der gelegenen Sache weder der Kommittent noch ein Stellvertreter desselben anwesend ist, ohne Anhören der Gegenpartei angeordnet werden.

Der Versteigerung muß aber eine amtliche Mitteilung an den Kommittenten vorausgehen, sofern das Gut nicht einer schnellen Entwertung ausgesetzt ist.

5. Eintritt als Eigenhändler
a) Preisberechnung und Provision

436. Bei Kommissionen zum Einkauf oder zum Verkauf von Waren, Wechseln und andern Wertpapieren, die einen Börsenpreis oder Marktpreis haben, ist der Kommissionär, wenn der Kommittent nicht etwas anderes bestimmt hat, befugt, das Gut, das er einkaufen soll, als Verkäufer selbst zu liefern, oder das Gut, das er zu verkaufen beauftragt ist, als Käufer für sich zu behalten.

In diesen Fällen ist der Kommissionär verpflichtet, den zur Zeit der Ausführung des Auftrages geltenden Börsen- oder Marktpreis in Rechnung zu bringen, und kann sowohl die gewöhnliche Provision als die bei Kommissionsgeschäften sonst regelmäßig vorkommenden Unkosten berechnen.

Im übrigen ist das Geschäft als Kaufvertrag zu behandeln.
Selbsteintritt. BGE 71 IV 125.

b) Vermutung des Eintrittes

437. Meldet der Kommissionär in den Fällen, wo der Eintritt als Eigenhändler zugestanden ist, die Ausführung des Auftrages, ohne eine andere Person als Käufer oder Verkäufer namhaft zu machen, so ist anzunehmen, daß er selbst die Verpflichtungen eines Käufers oder Verkäufers auf sich genommen habe.

c) Wegfall des Eintrittsrechtes

438. Wenn der Kommittent den Auftrag widerruft und der Widerruf bei dem Kommissionär eintrifft, bevor dieser die Anzeige der Ausführung abgesandt hat, so ist der Kommissionär nicht mehr befugt, selbst als Käufer oder Verkäufer einzutreten.

B. Speditionsvertrag

439. Wer gegen Vergütung die Versendung oder Weitersendung von Gütern für Rechnung des Versenders, aber in eigenem Namen, zu besorgen übernimmt (Spediteur), ist als Kommissionär zu betrachten, steht aber in bezug auf den Transport der Güter unter den Bestimmungen über den Frachtvertrag.

<small>456. BGE 103 II 59 (Zwischenspediteur).</small>

Sechzehnter Titel
Der Frachtvertrag

A. Begriff

440. Frachtführer ist, wer gegen Vergütung (Frachtlohn) den Transport von Sachen auszuführen übernimmt.

Für den Frachtvertrag kommen die Vorschriften über den Auftrag zur Anwendung, soweit nicht die Bestimmungen dieses Titels etwas anderes enthalten.

<small>1153. Abs. 2: 394ff. Konnossement. Internationales Übereinkommen SR 0.747.354.11.
Übereinkommen über den Beförderungsvertrag im internationalen Straßengüterverkehr vom 19. Mai 1956 (SR 0.741.611).</small>

B. Wirkungen
I. Stellung des Absenders
1. Notwendige Angaben

441. Der Absender hat dem Frachtführer die Adresse des Empfängers und den Ort der Ablieferung, die Anzahl, die Verpackung, den Inhalt und das Gewicht der Frachtstücke, die Lieferungszeit und den Transportweg, sowie bei wertvollen Gegenständen auch deren Wert genau zu bezeichnen.

Die aus Unterlassung oder Ungenauigkeit einer solchen Angabe entstehenden Nachteile fallen zu Lasten des Absenders.

<small>Abs. 2: 97ff.</small>

2. Verpackung

442. Für gehörige Verpackung des Gutes hat der Absender zu sorgen.

16. Titel. Der Frachtvertrag   443–444

Er haftet für die Folgen von äußerlich nicht erkennbaren Mängeln der Verpackung.

Dagegen trägt der Frachtführer die Folgen solcher Mängel, die äußerlich erkennbar waren, wenn er das Gut ohne Vorbehalt angenommen hat.

3. Verfügung über das reisende Gut

443. Solange das Frachtgut noch in Händen des Frachtführers ist, hat der Absender das Recht, dasselbe gegen Entschädigung des Frachtführers für Auslagen oder für Nachteile, die aus der Rückziehung erwachsen, zurückzunehmen, ausgenommen:

1. wenn ein Frachtbrief vom Absender ausgestellt und vom Frachtführer an den Empfänger übergeben worden ist;
2. wenn der Absender sich vom Frachtführer einen Empfangsschein hat geben lassen und diesen nicht zurückgeben kann;
3. wenn der Frachtführer an den Empfänger eine schriftliche Anzeige von der Ankunft des Gutes zum Zwecke der Abholung abgesandt hat;
4. wenn der Empfänger nach Ankunft des Gutes am Bestimmungsorte die Ablieferung verlangt hat.

In diesen Fällen hat der Frachtführer ausschließlich die Anweisungen des Empfängers zu befolgen, ist jedoch hiezu, falls sich der Absender einen Empfangsschein hat geben lassen und das Gut noch nicht am Bestimmungsorte angekommen ist, nur dann verpflichtet, wenn dem Empfänger dieser Empfangsschein zugestellt worden ist.

109, 404, 1153 Anm. Z. 3: 450. SchKG 203.

II. Stellung des Frachtführers
1. Behandlung des Frachtgutes
a) Verfahren bei Ablieferungshindernissen

444. Wenn das Frachtgut nicht angenommen oder die Zahlung der auf demselben haftenden Forderungen nicht geleistet wird oder wenn der Empfänger nicht ermittelt werden kann, so hat der Frachtführer den Absender hievon zu benachrichtigen und inzwischen das Frachtgut auf Gefahr und Kosten des Absenders aufzubewahren oder bei einem Dritten zu hinterlegen.

Wird in einer den Umständen angemessenen Zeit weder vom Absender noch vom Empfänger über das Frachtgut verfügt, so kann der Frachtführer unter Mitwirkung der am Orte der gelegenen Sache zuständigen Amtsstelle das Frachtgut zugunsten des Berechtigten wie ein Kommissionär verkaufen lassen.

Abs. 2: 435.

b) Verkauf

445. Sind Frachtgüter schnellem Verderben ausgesetzt, oder deckt ihr vermutlicher Wert nicht die darauf haftenden Kosten, so hat der Frachtführer den Tatbestand ohne Verzug amtlich feststellen zu lassen und kann das Frachtgut in gleicher Weise wie bei Ablieferungshindernissen verkaufen lassen.

Von der Anordnung des Verkaufes sind, soweit möglich, die Beteiligten zu benachrichtigen.

93, 444, 453. Selbsthilfeverkauf.

c) Verantwortlichkeit

446. Der Frachtführer hat bei Ausübung der ihm in bezug auf die Behandlung des Frachtgutes eingeräumten Befugnisse die Interessen des Eigentümers bestmöglich zu wahren und haftet bei Verschulden für Schadenersatz.

97ff.

2. Haftung des Frachtführers
a) Verlust und Untergang des Gutes

447. Wenn ein Frachtgut verloren oder zugrunde gegangen ist, so hat der Frachtführer den vollen Wert zu ersetzen, sofern er nicht beweist, daß der Verlust oder Untergang durch die natürliche Beschaffenheit des Gutes oder durch ein Verschulden oder eine Anweisung des Absenders oder des Empfängers verursacht sei oder auf Umständen beruhe, die durch die Sorgfalt eines ordentlichen Frachtführers nicht abgewendet werden konnten.

Als ein Verschulden des Absenders ist es zu betrachten, wenn er den Frachtführer von dem besonders hohen Wert des Frachtgutes nicht unterrichtet hat.

Verabredungen, wonach ein den vollen Wert übersteigendes Interesse oder weniger als der volle Wert zu ersetzen ist, bleiben vorbehalten.

Abs.1: 441/2. BGE 102 II 256. Abs.3: 100, 160f. ETranspG 48. PostVG 50. Weltpostverträge und internationale Übereinkommen. Seeschiffahrt: SR 747.30. LuftfahrtG Art. 75.

b) Verspätung, Beschädigung, teilweiser Untergang

448. Unter den gleichen Voraussetzungen und Vorbehalten wie beim Verlust des Gutes haftet der Frachtführer für allen Schaden, der aus Verspätung in der Ablieferung oder aus Beschädigung oder aus teilweisem Untergange des Gutes entstanden ist.

Ohne besondere Verabredung kann ein höherer Schadenersatz als für gänzlichen Verlust nicht begehrt werden.

ETranspG 48, 49. PostVG 44, 50ff.

c) Haftung für Zwischenfrachtführer

449. Der Frachtführer haftet für alle Unfälle und Fehler, die auf dem übernommenen Transporte vorkommen, gleichviel, ob er den Transport bis zu Ende selbst besorgt oder durch einen anderen Frachtführer ausführen läßt, unter Vorbehalt des Rückgriffes gegen den Frachtführer, dem er das Gut übergeben hat.

BGE 102 II 260.

3. Anzeigepflicht

450. Der Frachtführer hat sofort nach Ankunft des Gutes dem Empfänger Anzeige zu machen.

443 Z.3.

4. Retentionsrecht

451. Bestreitet der Empfänger die auf dem Frachtgut haftende Forderung, so kann er die Ablieferung nur verlangen, wenn er den streitigen Betrag amtlich hinterlegt.

Dieser Betrag tritt in bezug auf das Retentionsrecht des Frachtführers an die Stelle des Frachtgutes.

5. Verwirkung der Haftungsansprüche

452. Durch vorbehaltlose Annahme des Gutes und Bezahlung der Fracht erlöschen alle Ansprüche gegen den Frachtführer, die Fälle von absichtlicher Täuschung und grober Fahrlässigkeit ausgenommen.

Außerdem bleibt der Frachtführer haftbar für äußerlich nicht erkennbaren Schaden, falls der Empfänger solchen innerhalb der Zeit, in der ihm nach den Umständen die Prüfung möglich oder zuzumuten war, entdeckt und den Frachtführer sofort nach der Entdeckung davon benachrichtigt hat.

Diese Benachrichtigung muß jedoch spätestens acht Tage nach der Ablieferung stattgefunden haben.

6. Verfahren

453. In allen Streitfällen kann die am Orte der gelegenen Sache zuständige Amtsstelle auf Begehren eines der beiden Teile Hinterlegung des Frachtgutes in dritte Hand oder nötigenfalls nach Feststellung des Zustandes den Verkauf anordnen.

Der Verkauf kann durch Bezahlung oder Hinterlegung des Betrages aller angeblich auf dem Gute haftenden Forderungen abgewendet werden.
92/3.

7. Verjährung der Ersatzklagen

454. Die Ersatzklagen gegen Frachtführer verjähren mit Ablauf eines Jahres, und zwar im Falle des Unterganges, des Verlustes oder der Verspätung von dem Tage hinweg, an dem die Ablieferung hätte geschehen sollen, im Falle der Beschädigung von dem Tage an, wo das Gut dem Adressaten übergeben worden ist.

Im Wege der Einrede können der Empfänger oder der Absender ihre Ansprüche immer geltend machen, sofern sie innerhalb Jahresfrist reklamiert haben und der Anspruch nicht infolge Annahme des Gutes verwirkt ist.

Vorbehalten bleiben die Fälle von Arglist und grober Fahrlässigkeit des Frachtführers.

C. Staatlich genehmigte und staatliche Transportanstalten

455. Transportanstalten, zu deren Betrieb es einer staatlichen Genehmigung bedarf, sind nicht befugt, die Anwendung der gesetzlichen Bestimmungen über die Verantwortlichkeit des Frachtführers zu ihrem Vorteile durch besondere Übereinkunft oder durch Reglemente im voraus auszuschließen oder zu beschränken.

Jedoch bleiben abweichende Vertragsbestimmungen, die in diesem Titel als zulässig vorgesehen sind, vorbehalten.

Die besonderen Vorschriften für die Frachtverträge der Post, der Eisenbahnen und Dampfschiffe bleiben vorbehalten.
Abs. 1: 447ff. Abs. 2: 447 III, 448 I Abs. 3: ETranspG. PostVG. Weltpostverträge und internationale Übereinkommen. LuftfahrtG.

D. Mitwirkung einer öffentlichen Transportanstalt

456. Ein Frachtführer oder Spediteur, der sich zur Ausführung des von ihm übernommenen Transportes einer öffentlichen Transportanstalt bedient oder zur Ausführung des von einer solchen übernommenen Transportes mitwirkt, unterliegt den für diese geltenden besonderen Bestimmungen über den Frachtverkehr.

Abweichende Vereinbarungen zwischen dem Frachtführer oder Spediteur und dem Auftraggeber bleiben jedoch vorbehalten.

Dieser Artikel findet keine Anwendung auf Kamionneure.
Abs. 1: 439, 455 III.

E. Haftung des Spediteurs

457. Der Spediteur, der sich zur Ausführung des Vertrages einer öffentlichen Transportanstalt bedient, kann seine Verantwortlichkeit nicht wegen mangelnden Rückgriffes ablehnen, wenn er selbst den Verlust des Rückgriffes verschuldet hat.

Siebenzehnter Titel

Die Prokura und andere Handlungsvollmachten

A. Prokura
I. Begriff und Bestellung

458. Wer von dem Inhaber eines Handels-, Fabrikations- oder eines anderen nach kaufmännischer Art geführten Gewerbes ausdrücklich oder stillschweigend ermächtigt ist, für ihn das Gewerbe zu betreiben und «per procura» die Firma zu zeichnen, ist Prokurist.

Der Geschäftsherr hat die Erteilung der Prokura zur Eintragung in das Handelsregister anzumelden, wird jedoch schon vor der Eintragung durch die Handlungen des Prokuristen verpflichtet.

Zur Betreibung anderer Gewerbe oder Geschäfte kann ein Prokurist nur durch Eintragung in das Handelsregister bestellt werden.

Abs. 1: 566, 721 III, 816. BGE 56 I 127; 63 II 94. Abs. 2: 932/3. Anhang V Art. 105. Stillschweigend: BGE 76 I 351.

II. Umfang der Vollmacht

459. Der Prokurist gilt gutgläubigen Dritten gegenüber als ermächtigt, den Geschäftsherrn durch Wechsel-Zeichnungen zu verpflichten und in dessen Namen alle Arten von Rechtshandlungen vorzunehmen, die der Zweck des Gewerbes oder Geschäftes des Geschäftsherrn mit sich bringen kann.

Zur Veräußerung und Belastung von Grundstücken ist der Prokurist nur ermächtigt, wenn ihm diese Befugnis ausdrücklich erteilt worden ist.
Abs. 1: 933, ZGB 3. BGE 84 II 170.

III. Beschränkbarkeit

460. Die Prokura kann auf den Geschäftskreis einer Zweigniederlassung beschränkt werden.

Sie kann mehreren Personen zu gemeinsamer Unterschrift erteilt werden (Kollektiv-Prokura), mit der Wirkung, daß die Unterschrift des einzelnen ohne die vorgeschriebene Mitwirkung der übrigen nicht verbindlich ist.

Andere Beschränkungen der Prokura haben gegenüber gutgläubigen Dritten keine rechtliche Wirkung.
Abs. 1: 935. Abs. 3: ZGB 3. Halbseitige Prokura: BGE 60 I 391.

IV. Löschung der Prokura

461. Das Erlöschen der Prokura ist in das Handelsregister einzutragen, auch wenn bei der Erteilung die Eintragung nicht stattgefunden hat.

Solange die Löschung nicht erfolgt und bekannt gemacht worden ist, bleibt die Prokura gegenüber gutgläubigen Dritten in Kraft.
937. Abs. 2: 933, ZGB 3. Anhang V 106.

B. Andere Handlungsvollmachten

462. Wenn der Inhaber eines Handels-, Fabrikations- oder eines andern nach kaufmännischer Art geführten Gewerbes jemanden ohne Erteilung der Prokura, sei es zum Betriebe des ganzen Gewerbes, sei es zu bestimmten Geschäften in seinem Gewerbe, als Vertreter bestellt, so erstreckt sich die Vollmacht auf alle Rechtshandlungen, die der Betrieb eines derartigen Gewerbes oder die Ausführung derartiger Geschäfte gewöhnlich mit sich bringt.

Jedoch ist der Handlungsbevollmächtigte zum Eingehen von Wechselverbindlichkeiten, zur Aufnahme von Darlehen und zur Prozeßführung nur ermächtigt, wenn ihm eine solche Befugnis ausdrücklich erteilt worden ist.
Gewerbe: BGE 56 I 127.

C. Vollmacht der Handelsreisenden

463. Aufgehoben 1. Jan. 1972. S. 348b.

D. Konkurrenzverbot

464. Der Prokurist, sowie der Handlungsbevollmächtigte, der zum Betriebe des ganzen Gewerbes bestellt ist oder in einem Arbeitsverhältnis zum Inhaber des Gewerbes steht, darf ohne Einwilligung des Geschäftsherrn weder für eigene Rechnung noch für Rechnung eines Dritten Geschäfte machen, die zu dem Geschäftszweige des Geschäftsherrn gehören.

Bei Übertretung dieser Vorschrift kann der Geschäftsherr Ersatz des verursachten Schadens fordern und die betreffenden Geschäfte auf eigene Rechnung übernehmen.

E. Erlöschen der Prokura und der andern Handlungsvollmachten

465. Die Prokura und die Handlungsvollmacht sind jederzeit widerruflich, unbeschadet der Rechte, die sich aus einem unter den Beteiligten bestehenden Einzelarbeitsvertrag, Gesellschaftsvertrag, Auftrag oder dergleichen ergeben können.

Der Tod des Geschäftsherrn oder der Eintritt seiner Handlungsunfähigkeit hat das Erlöschen der Prokura oder Handlungsvollmacht nicht zur Folge.

34f.

Achtzehnter Titel
Die Anweisung

A. Begriff

466. Durch die Anweisung wird der Angewiesene ermächtigt, Geld, Wertpapiere oder andere vertretbare Sachen auf Rechnung des Anweisenden an den Anweisungsempfänger zu leisten, und dieser, die Leistung von jenem in eigenem Namen zu erheben.

Gegenstand: BGE 73 II 46. Akkreditiv: BGE 78 II 48; 90 II 306; 104 II 275; 114 II 46.

B. Wirkungen
I. Verhältnis des Anweisenden zum Anweisungsempfänger

467. Soll mit der Anweisung eine Schuld des Anweisenden an den Empfänger getilgt werden, so erfolgt die Tilgung erst durch die von dem Angewiesenen geleistete Zahlung.

Doch kann der Empfänger, der die Anweisung angenommen hat, seine Forderung gegen den Anweisenden nur dann wieder geltend machen, wenn er die Zahlung vom Angewiesenen gefordert und nach Ablauf der in der Anweisung bestimmten Zeit nicht erhalten hat.

Der Gläubiger, der eine von seinem Schuldner ihm erteilte Anweisung nicht annehmen will, hat diesen bei Vermeidung von Schadenersatz ohne Verzug hievon zu benachrichtigen.

II. Verpflichtung des Angewiesenen

468. Der Angewiesene, der dem Anweisungsempfänger die Annahme ohne Vorbehalt erklärt, wird ihm zur Zahlung verpflichtet und kann ihm nur solche Einreden entgegensetzen, die sich aus ihrem persönlichen Verhältnisse oder aus dem Inhalte der Anweisung selbst ergeben, nicht aber solche aus seinem Verhältnisse zum Anweisenden.

Soweit der Angewiesene Schuldner des Anweisenden ist und seine Lage dadurch, daß er an den Anweisungsempfänger Zahlung leisten soll, in keiner Weise verschlimmert wird, ist er zur Zahlung an diesen verpflichtet.

Vor der Zahlung die Annahme zu erklären, ist der Angewiesene selbst in diesem Falle nicht verpflichtet, es sei denn, daß er es mit dem Anweisenden vereinbart hätte.

Abs. 1: BGE 113 II 522.

III. Anzeigepflicht bei nicht erfolgter Zahlung

469. Verweigert der Angewiesene die vom Anweisungsempfänger geforderte Zahlung, oder erklärt er zum voraus, an ihn nicht zahlen zu wollen, so ist dieser bei Vermeidung von Schadenersatz verpflichtet, den Anweisenden sofort zu benachrichtigen.

C. Widerruf

470. Der Anweisende kann die Anweisung gegenüber dem Anweisungsempfänger widerrufen, wenn er sie nicht zur Tilgung seiner Schuld oder sonst zum Vorteile des Empfängers erteilt hat.

Gegenüber dem Angewiesenen kann der Anweisende widerrufen, solange jener dem Empfänger seine Annahme nicht erklärt hat.

Wird über den Anweisenden der Konkurs eröffnet, so gilt die noch nicht angenommene Anweisung als widerrufen.

D. Anweisung bei Wertpapieren

471. Schriftliche Anweisungen zur Zahlung an den jeweiligen Inhaber der Urkunde werden nach den Vorschriften dieses Titels beurteilt, in dem Sinne, daß dem Angewiesenen gegenüber jeder Inhaber als Anweisungsempfänger gilt, die Rechte zwischen dem Anweisenden und dem Empfänger dagegen nur für den jeweiligen Übergeber und Abnehmer begründet werden.

Vorbehalten bleiben die besonderen Bestimmungen über den Check und die wechselähnlichen Anweisungen.

Abs. 1: 974. Abs. 2: 1100ff., 1147ff. Konsignation, Natur: BGE 58 II 351.

Neunzehnter Titel
Der Hinterlegungsvertrag

A. Hinterlegung im allgemeinen
I. Begriff

472. Durch den Hinterlegungsvertrag verpflichtet sich der Aufbewahrer dem Hinterleger, eine bewegliche Sache, die dieser ihm anvertraut, zu übernehmen und sie an einem sicheren Orte aufzubewahren.

Eine Vergütung kann er nur dann fordern, wenn sie ausdrücklich bedungen worden ist oder nach den Umständen zu erwarten war.

Garagevertrag: BGE 76 II 156. Wirt: BGE 109 II 234.

II. Pflichten des Hinterlegers

473. Der Hinterleger haftet dem Aufbewahrer für die mit Erfüllung des Vertrages notwendig verbundenen Auslagen.

Er haftet ihm für den durch die Hinterlegung verursachten Schaden, sofern er nicht beweist, daß der Schaden ohne jedes Verschulden von seiner Seite entstanden sei.

III. Pflichten des Aufbewahrers
1. Verbot des Gebrauchs

474. Der Aufbewahrer darf die hinterlegte Sache ohne Einwilligung des Hinterlegers nicht gebrauchen.

Andernfalls schuldet er dem Hinterleger entsprechende Vergütung und haftet auch für den Zufall, sofern er nicht beweist, daß dieser die Sache auch sonst getroffen hätte.

2. Rückgabe
a) Recht des Hinterlegers

475. Der Hinterleger kann die hinterlegte Sache nebst allfälligem Zuwachs jederzeit zurückfordern, selbst wenn für die Aufbewahrung eine bestimmte Dauer vereinbart wurde.

Jedoch hat er dem Aufbewahrer den Aufwand zu ersetzen, den dieser mit Rücksicht auf die vereinbarte Zeit gemacht hat.

BGE 109 II 474 (Schadenersatz).

b) Rechte des Aufbewahrers

476. Der Aufbewahrer kann die hinterlegte Sache vor Ablauf der bestimmten Zeit nur dann zurückgeben, wenn unvorhergesehene Umstände ihn außerstand setzen, die Sache länger mit Sicherheit oder ohne eigenen Nachteil aufzubewahren.

Ist keine Zeit für die Aufbewahrung bestimmt, so kann der Aufbewahrer die Sache jederzeit zurückgeben.

c) Ort der Rückgabe

477. Die hinterlegte Sache ist auf Kosten und Gefahr des Hinterlegers da zurückzugeben, wo sie aufbewahrt werden sollte.

3. Haftung mehrerer Aufbewahrer

478. Haben mehrere die Sache gemeinschaftlich zur Aufbewahrung erhalten, so haften sie solidarisch.

143 ff.

4. Eigentumsansprüche Dritter

479. Wird an der hinterlegten Sache von einem Dritten Eigentum beansprucht, so ist der Aufbewahrer dennoch zur Rückgabe an den Hinterleger verpflichtet, sofern nicht gerichtlich Beschlag auf die Sache gelegt oder die Eigentumsklage gegen ihn anhängig gemacht worden ist.

Von diesen Hindernissen hat er den Hinterleger sofort zu benachrichtigen.

Abs. 1: BGE 100 II 200.

IV. Sequester

480. Haben mehrere eine Sache, deren Rechtsverhältnisse streitig oder unklar sind, zur Sicherung ihrer Ansprüche bei einem Dritten (dem Sequester) hinterlegt, so darf dieser die Sache nur mit

19. Titel. Der Hinterlegungsvertrag

Zustimmung der Beteiligten oder auf Geheiß des Richters herausgeben.

B. Die Hinterlegung vertretbarer Sachen

481. Ist Geld mit der ausdrücklichen oder stillschweigenden Vereinbarung hinterlegt worden, daß der Aufbewahrer nicht dieselben Stücke, sondern nur die gleiche Geldsumme zurückzuerstatten habe, so geht Nutzen und Gefahr auf ihn über.

Eine stillschweigende Vereinbarung in diesem Sinne ist zu vermuten, wenn die Geldsumme unversiegelt und unverschlossen übergeben wurde.

Werden andere vertretbare Sachen oder Wertpapiere hinterlegt, so darf der Aufbewahrer über die Gegenstände nur verfügen, wenn ihm diese Befugnis vom Hinterleger ausdrücklich eingeräumt worden ist.

Irreguläres Depot: Abs. 3: 71, 484. Sparheft: BGE 100 II 153. Offenes Depot: BGE 63 II 242. Sammeldepot: BGE 90 II·162. BankG 17.

C. Lagergeschäft
I. Berechtigung zur Ausgabe von Warenpapieren

482. Ein Lagerhalter, der sich öffentlich zur Aufbewahrung von Waren anerbietet, kann von der zuständigen Behörde die Bewilligung erwirken, für die gelagerten Güter Warenpapiere auszugeben.

Die Warenpapiere sind Wertpapiere und lauten auf die Herausgabe der gelagerten Güter.

Sie können als Namen-, Ordre- oder Inhaberpapiere ausgestellt sein.

Lagerschein, Lagerpfandschein: 1153 ff. 965 ff. ZGB 902, 925.

II. Aufbewahrungspflicht des Lagerhalters

483. Der Lagerhalter ist zur Aufbewahrung der Güter verpflichtet wie ein Kommissionär.

Er hat dem Einlagerer, soweit tunlich, davon Mitteilung zu machen, wenn Veränderungen an den Waren eintreten, die weitere Maßregeln als rätlich erscheinen lassen.

Er hat ihm die Besichtigung der Güter und die Entnahme von Proben während der Geschäftszeit, sowie jederzeit die nötigen Erhaltungsmaßregeln zu gestatten.

Abs.1: 426 ff.

III. Vermengung der Güter

484. Eine Vermengung vertretbarer Güter mit andern der gleichen Art und Güte darf der Lagerhalter nur vornehmen, wenn ihm dies ausdrücklich gestattet ist.

Aus vermischten Gütern kann jeder Einlagerer eine seinem Beitrag entsprechende Menge herausverlangen.

Der Lagerhalter darf die verlangte Ausscheidung ohne Mitwirkung der anderen Einlagerer vornehmen.

Summenlagerung. ZGB 727. Vgl. 481.

IV. Anspruch des Lagerhalters

485. Der Lagerhalter hat Anspruch auf das verabredete oder übliche Lagergeld, sowie auf Erstattung der Auslagen, die nicht aus der Aufbewahrung selbst erwachsen sind, wie Frachtlohn, Zoll, Ausbesserung.

Die Auslagen sind sofort zu ersetzen, die Lagergelder je nach Ablauf von drei Monaten seit der Einlagerung und in jedem Fall bei der vollständigen oder teilweisen Zurücknahme des Gutes zu bezahlen.

Der Lagerhalter hat für seine Forderungen an dem Gute ein Retentionsrecht, solange er im Besitze des Gutes ist oder mit Warenpapier darüber verfügen kann.

Abs. 3: 482. ZGB 895ff.

V. Rückgabe der Güter

486. Der Lagerhalter hat das Gut gleich einem Aufbewahrer zurückzugeben, ist aber an die vertragsmäßige Dauer der Aufbewahrung auch dann gebunden, wenn infolge unvorhergesehener Umstände ein gewöhnlicher Aufbewahrer vor Ablauf der bestimmten Zeit zur Rückgabe berechtigt wäre.

Ist ein Warenpapier ausgestellt, so darf und muß er das Gut nur an den aus dem Warenpapier Berechtigten herausgeben.

Abs. 1: 476. Abs. 2: 482.

D. Gast- und Stallwirte
I. Haftung der Gastwirte
1. Voraussetzung und Umfang

487. Gastwirte, die Fremde zur Beherbergung aufnehmen, haften für jede Beschädigung, Vernichtung oder Entwendung der von ihren Gästen eingebrachten Sachen, sofern sie nicht beweisen, daß

19. Titel. Der Hinterlegungsvertrag **488–490**

der Schaden durch den Gast selbst oder seine Besucher, Begleiter oder Dienstleute oder durch höhere Gewalt oder durch die Beschaffenheit der Sache verursacht worden ist.

Diese Haftung besteht jedoch, wenn dem Gastwirte oder seinen Dienstleuten kein Verschulden zur Last fällt, für die Sachen eines jeden einzelnen Gastes nur bis zum Betrage von tausend Franken.
BGE 46 II 119; 105 II 110.

2. Haftung für Kostbarkeiten insbesondere

488. Werden Kostbarkeiten, größere Geldbeträge oder Wertpapiere dem Gastwirte nicht zur Aufbewahrung übergeben, so ist er für sie nur haftbar, wenn ihm oder seinen Dienstleuten ein Verschulden zur Last fällt.

Hat er die Aufbewahrung übernommen, oder lehnt er sie ab, so haftet er für den vollen Wert.

Darf dem Gast die Übergabe solcher Gegenstände nicht zugemutet werden, so haftet der Gastwirt für sie wie für die andern Sachen des Gastes.
97ff. 487.

3. Aufhebung der Haftung

489. Die Ansprüche des Gastes erlöschen, wenn er den Schaden nicht sofort nach dessen Entdeckung dem Gastwirte anzeigt.

Der Wirt kann sich seiner Verantwortlichkeit nicht dadurch entziehen, daß er sie durch Anschlag in den Räumen des Gasthofes ablehnt oder von Bedingungen abhängig macht, die im Gesetze nicht genannt sind.
Abs. 2: 488.

II. Haftung der Stallwirte

490. Stallwirte haften für die Beschädigung, Vernichtung oder Entwendung der bei ihnen eingestellten oder von ihnen oder ihren Leuten auf andere Weise übernommenen Tiere und Wagen und der dazu gehörigen Sachen, sofern sie nicht beweisen, daß der Schaden durch den Einbringenden selbst oder seine Besucher, Begleiter oder Dienstleute oder durch höhere Gewalt oder durch die Beschaffenheit der Sache verursacht worden ist.

Diese Haftung besteht jedoch, wenn dem Stallwirte oder seinen Dienstleuten kein Verschulden zur Last fällt, für die übernommenen Tiere, Wagen und dazu gehörigen Sachen eines jeden Einbringenden nur bis zum Betrage von tausend Franken.

Garage: s. Art. 472 Anm.

III. Retentionsrecht

491. Gastwirte und Stallwirte haben an den eingebrachten Sachen ein Retentionsrecht für die Forderungen, die ihnen aus der Beherbergung und Unterkunft zustehen.

Die Bestimmungen über das Retentionsrecht des Vermieters finden entsprechende Anwendung.

Abs. 2: 272.

Zwanzigster Titel
Die Bürgschaft

Übergangsbestimmungen s. Anhang VII

A. Voraussetzungen
I. Begriff

492. Durch den Bürgschaftsvertrag verpflichtet sich der Bürge gegenüber dem Gläubiger des Hauptschuldners, für die Erfüllung der Schuld einzustehen.

Jede Bürgschaft setzt eine zu Recht bestehende Hauptschuld voraus. Für den Fall, daß die Hauptschuld wirksam werde, kann die Bürgschaft auch für eine künftige oder bedingte Schuld eingegangen werden.

Wer für die Schuld aus einem wegen Irrtums oder Vertragsunfähigkeit für den Hauptschuldner unverbindlichen Vertrag einzustehen erklärt, haftet unter den Voraussetzungen und nach den Grundsätzen des Bürgschaftsrechts, wenn er bei der Eingehung seiner Verpflichtung den Mangel gekannt hat. Dies gilt in gleicher Weise, wenn jemand sich verpflichtet, für die Erfüllung einer für den Hauptschuldner verjährten Schuld einzustehen.

Soweit sich aus dem Gesetz nicht etwas anderes ergibt, kann der Bürge auf die ihm in diesem Titel eingeräumten Rechte nicht zum voraus verzichten.

111, 178, 1020ff., 1114. Garantie: BGE 65 II 32; 81 II 526; 75 II 49; 113 II 434.

Schuldübernahme: BGE 66 II 26. Schuldversprechen: BGE 101 II 323. Wechselbürgschaft: BGE 44 II 145. Abs. 2: 151 ff. Abs. 3: 23 ff., 60, 127 ff. ZGB 12 ff.

II. Form
493. Die Bürgschaft bedarf zu ihrer Gültigkeit der schriftlichen Erklärung des Bürgen und der Angabe des zahlenmäßig bestimmten Höchstbetrages seiner Haftung in der Bürgschaftsurkunde selbst.

Die Bürgschaftserklärung natürlicher Personen bedarf außerdem der öffentlichen Beurkundung, die den am Ort ihrer Vornahme geltenden Vorschriften entspricht. Wenn aber der Haftungsbetrag die Summe von zweitausend Franken nicht übersteigt, so genügt die eigenschriftliche Angabe des zahlenmäßig bestimmten Haftungsbetrages und gegebenenfalls der solidarischen Haftung in der Bürgschaftsurkunde selbst.

Bürgschaften, die gegenüber der Eidgenossenschaft oder ihren öffentlich-rechtlichen Anstalten oder gegenüber einem Kanton für öffentlich-rechtliche Verpflichtungen, wie Zölle, Steuern und dergleichen, oder für Frachten eingegangen werden, bedürfen in allen Fällen lediglich der schriftlichen Erklärung des Bürgen und der Angabe des zahlenmäßig bestimmten Höchstbetrages seiner Haftung in der Bürgschaftsurkunde selbst.

Ist der Haftungsbetrag zur Umgehung der Form der öffentlichen Beurkundung in kleinere Beträge aufgeteilt worden, so ist für die Verbürgung der Teilbeträge die für den Gesamtbetrag vorgeschriebene Form notwendig.

Für nachträgliche Abänderungen der Bürgschaft, ausgenommen die Erhöhung des Haftungsbetrages und die Umwandlung einer einfachen Bürgschaft in eine solidarische, genügt die Schriftform. Wird die Hauptschuld von einem Dritten mit befreiender Wirkung für den Schuldner übernommen, so geht die Bürgschaft unter, wenn der Bürge dieser Schuldübernahme nicht schriftlich zugestimmt hat.

Der gleichen Form wie die Bürgschaft bedürfen auch die Erteilung einer besonderen Vollmacht zur Eingehung einer Bürgschaft und das Versprechen, dem Vertragsgegner oder einem Dritten Bürgschaft zu leisten. Durch schriftliche Abrede kann die Haftung auf denjenigen Teil der Hauptschuld beschränkt werden, der zuerst abgetragen wird.

Der Bundesrat kann die Höhe der Gebühren für die öffentliche Beurkundung beschränken.

Abs. 1: 12ff. Abs. 2: ZGB 9; BGE 84 I 124. Abs. 3: BGE 106 II 161. Abs. 5: 175.
Schriftlichkeit: BGE 65 II 237; 81 II 62. Ungültigkeit, Folgen: BGE 70 II 272.

III. Zustimmung des Ehegatten

494. Die Bürgschaft einer verheirateten Person bedarf zu ihrer Gültigkeit der im einzelnen Fall vorgängig oder spätestens gleichzeitig abgegebenen schriftlichen Zustimmung des Ehegatten, wenn die Ehe nicht durch richterliches Urteil getrennt ist.

Diese Zustimmung ist nicht erforderlich für die Bürgschaft einer Person, die im Handelsregister eingetragen ist als Inhaber einer Einzelfirma, als Mitglied einer Kollektivgesellschaft, als unbeschränkt haftendes Mitglied einer Kommanditgesellschaft, als Mitglied der Verwaltung oder Geschäftsführung einer Aktiengesellschaft, als Mitglied der Verwaltung einer Kommanditaktiengesellschaft oder als geschäftsführendes Mitglied einer Gesellschaft mit beschränkter Haftung.

Für nachträgliche Abänderungen einer Bürgschaft ist die Zustimmung des andern Ehegatten nur erforderlich, wenn der Haftungsbetrag erhöht oder eine einfache Bürgschaft in eine Solidarbürgschaft umgewandelt werden soll, oder wenn die Änderung eine erhebliche Verminderung der Sicherheiten bedeutet.

B. Inhalt
I. Besonderheiten der einzelnen Bürgschaftsarten
1. Einfache Bürgschaft

495. Der Gläubiger kann den einfachen Bürgen erst dann zur Zahlung anhalten, wenn nach Eingehung der Bürgschaft der Hauptschuldner in Konkurs geraten ist oder Nachlaßstundung erhalten hat oder vom Gläubiger unter Anwendung der erforderlichen Sorgfalt bis zur Ausstellung eines definitiven Verlustscheines betrieben worden ist oder den Wohnsitz ins Ausland verlegt hat und in der Schweiz nicht mehr belangt werden kann, oder wenn infolge Verlegung seines Wohnsitzes im Ausland eine erhebliche Erschwerung der Rechtsverfolgung eingetreten ist.

Bestehen für die verbürgte Forderung Pfandrechte, so kann der einfache Bürge, solange der Hauptschuldner nicht in Konkurs geraten ist oder Nachlaßstundung erhalten hat, verlangen, daß der Gläubiger sich vorerst an diese halte.

20. Titel. Die Bürgschaft 496–497

Hat sich der Bürge nur zur Deckung des Ausfalls verpflichtet (Schadlosbürgschaft), so kann er erst belangt werden, wenn gegen den Hauptschuldner ein definitiver Verlustschein vorliegt, oder wenn der Hauptschuldner den Wohnsitz ins Ausland verlegt hat und in der Schweiz nicht mehr belangt werden kann, oder wenn infolge Verlegung des Wohnsitzes im Ausland eine erhebliche Erschwerung der Rechtsverfolgung eingetreten ist. Ist ein Nachlaßvertrag abgeschlossen worden, so kann der Bürge für den nachgelassenen Teil der Hauptschuld sofort nach Inkrafttreten des Nachlaßvertrages belangt werden.

Gegenteilige Vereinbarungen bleiben vorbehalten.

Vorausklage, 511.

2. Solidarbürgschaft

496. Wer sich als Bürge unter Beifügung des Wortes «solidarisch» oder mit andern gleichbedeutenden Ausdrücken verpflichtet, kann vor dem Hauptschuldner und vor der Verwertung der Grundpfänder belangt werden, sofern der Hauptschuldner mit seiner Leistung im Rückstand und erfolglos gemahnt worden oder seine Zahlungsunfähigkeit offenkundig ist.

Vor der Verwertung der Faustpfand- und Forderungspfandrechte kann er nur belangt werden, soweit diese nach dem Ermessen des Richters voraussichtlich keine Deckung bieten, oder wenn dies so vereinbart worden oder der Hauptschuldner in Konkurs geraten ist oder Nachlaßstundung erhalten hat.

3. Mitbürgschaft

497. Mehrere Bürgen, die gemeinsam die nämliche teilbare Hauptschuld verbürgt haben, haften für ihre Anteile als einfache Bürgen und für die Anteile der übrigen als Nachbürgen.

Haben sie mit dem Hauptschuldner oder unter sich Solidarhaft übernommen, so haftet jeder für die ganze Schuld. Der Bürge kann jedoch die Leistung des über seinen Kopfanteil hinausgehenden Betrages verweigern, solange nicht gegen alle solidarisch neben ihm haftenden Mitbürgen, welche die Bürgschaft vor oder mit ihm eingegangen haben und für diese Schuld in der Schweiz belangt werden können, Betreibung eingeleitet worden ist. Das gleiche Recht steht ihm zu, soweit seine Mitbürgen für den auf sie entfallenden Teil Zahlung geleistet oder Realsicherheit gestellt haben. Für die geleisteten Zahlungen hat der Bürge, wenn nicht etwas anderes vereinbart worden ist, Rückgriff auf die solidarisch neben ihm haftenden Mitbürgen, soweit nicht jeder von ihnen den auf ihn entfallenden Teil bereits geleistet hat. Dieser kann dem Rückgriff auf den Hauptschuldner vorausgehen.

Hat ein Bürge in der dem Gläubiger erkennbaren Voraussetzung, daß neben ihm für die gleiche Hauptschuld noch andere Bürgen sich verpflichten werden, die Bürgschaft eingegangen, so wird er befreit, wenn diese Voraussetzung nicht eintritt oder nachträglich ein solcher Mitbürge vom Gläubiger aus der Haftung entlassen oder seine Bürgschaft ungültig erklärt wird. In letzterem Falle kann der Richter, wenn es die Billigkeit verlangt, auch bloß auf angemessene Herabsetzung der Haftung erkennen.

Haben mehrere Bürgen sich unabhängig voneinander für die gleiche Hauptschuld verbürgt, so haftet jeder für den ganzen von ihm verbürgten Betrag. Der Zahlende hat jedoch, soweit nicht etwas anderes vereinbart ist, anteilmäßigen Rückgriff auf die andern.

143ff. Al. 1: 498.

4. Nachbürgschaft und Rückbürgschaft

498. Der Nachbürge, der sich dem Gläubiger für die Erfüllung der von dem Vorbürgen übernommenen Verbindlichkeit verpflichtet hat, haftet neben diesem in gleicher Weise wie der einfache Bürge neben dem Hauptschuldner.

Der Rückbürge ist verpflichtet, dem zahlenden Bürgen für den Rückgriff einzustehen, der diesem gegen den Hauptschuldner zusteht.

Al. 1: 495. Al. 2: 507.

II. Gemeinsamer Inhalt
1. Verhältnis des Bürgen zum Gläubiger
a) Umfang der Haftung

499. Der Bürge haftet in allen Fällen nur bis zu dem in der Bürgschaftsurkunde angegebenen Höchstbetrag.

Bis zu diesem Höchstbetrage haftet der Bürge, mangels anderer Abrede, für:

1. den jeweiligen Betrag der Hauptschuld, inbegriffen die gesetzlichen Folgen eines Verschuldens oder Verzuges des Hauptschuldners, jedoch für den aus dem Dahinfallen des Vertrages

entstehenden Schaden und für eine Konventionalstrafe nur dann, wenn dies ausdrücklich vereinbart worden ist;

2. die Kosten der Betreibung und Ausklagung des Hauptschuldners, soweit dem Bürgen rechtzeitig Gelegenheit gegeben war, sie durch Befriedigung des Gläubigers zu vermeiden, sowie gegebenenfalls die Kosten für die Herausgabe von Pfändern und die Übertragung von Pfandrechten;

3. vertragsmäßige Zinse bis zum Betrage des laufenden und eines verfallenen Jahreszinses, oder gegebenenfalls für eine laufende und eine verfallene Annuität.

Wenn sich nicht etwas anderes aus dem Bürgschaftvertrag oder aus den Umständen ergibt, haftet der Bürge nur für die nach der Unterzeichnung der Bürgschaft eingegangenen Verpflichtungen des Hauptschuldners.

Z.1: 97ff., 101ff., 160; BGE 105 II 229. Z.3: 73.

b) Gesetzliche Verringerung des Haftungsbetrages

500. Bei Bürgschaften natürlicher Personen verringert sich der Haftungsbetrag, soweit nicht von vornherein oder nachträglich etwas anderes vereinbart wird, jedes Jahr um drei Hundertstel, wenn aber diese Forderungen durch Grundpfand gesichert sind, um einen Hundertstel des ursprünglichen Haftungsbetrages. In jedem Falle verringert er sich bei Bürgschaften natürlicher Personen mindestens im gleichen Verhältnis wie die Hauptschuld.

Ausgenommen sind die gegenüber der Eidgenossenschaft oder ihren öffentlich-rechtlichen Anstalten oder gegenüber einem Kanton eingegangenen Bürgschaften für öffentlich-rechtliche Verpflichtungen, wie Zölle, Steuern und dergleichen, und für Frachten, sowie die Amts- und Dienstbürgschaften und die Bürgschaften für Verpflichtungen mit wechselndem Betrag, wie Kontokorrent, Sukzessivlieferungsvertrag und für periodisch wiederkehrende Leistungen.

c) Belangbarkeit des Bürgen

501. Der Bürge kann wegen der Hauptschuld vor dem für ihre Bezahlung festgesetzten Zeitpunkt selbst dann nicht belangt werden, wenn die Fälligkeit durch den Konkurs des Hauptschuldners vorgerückt wird.

Gegen Leistung von Realsicherheit kann der Bürge bei jeder

Bürgschaftsart verlangen, daß der Richter die Betreibung gegen ihn einstellt, bis alle Pfänder verwertet sind und gegen den Hauptschuldner ein definitiver Verlustschein vorliegt oder ein Nachlaßvertrag abgeschlossen worden ist.

Bedarf die Hauptschuld zu ihrer Fälligkeit der Kündigung durch den Gläubiger oder den Hauptschuldner, so beginnt die Frist für den Bürgen erst mit dem Tage zu laufen, an dem ihm diese Kündigung mitgeteilt wird.

Wird die Leistungspflicht eines im Ausland wohnhaften Hauptschuldners durch die ausländische Gesetzgebung aufgehoben oder eingeschränkt, wie beispielsweise durch Vorschriften über Verrechnungsverkehr oder durch Überweisungsverbote, so kann der in der Schweiz wohnhafte Bürge sich ebenfalls darauf berufen, soweit er auf diese Einrede nicht verzichtet hat.

Al. 1: SchKG 208.

d) Einreden

502. Der Bürge ist berechtigt und verpflichtet, dem Gläubiger die Einreden entgegenzusetzen, die dem Hauptschuldner oder seinen Erben zustehen und sich nicht auf die Zahlungsunfähigkeit des Hauptschuldners stützen. Vorbehalten bleibt die Verbürgung einer für den Hauptschuldner wegen Irrtums oder Vertragsunfähigkeit unverbindlichen oder einer verjährten Schuld.

Verzichtet der Hauptschuldner auf eine ihm zustehende Einrede, so kann der Bürge sie trotzdem geltend machen.

Unterläßt es der Bürge, Einreden des Hauptschuldners geltend zu machen, so verliert er seinen Rückgriff insoweit, als er sich durch diese Einreden hätte befreien können, wenn er nicht darzutun vermag, daß er sie ohne sein Verschulden nicht gekannt hat.

Dem Bürgen, der eine wegen Spiel und Wette unklagbare Schuld verbürgt hat, stehen, auch wenn er diesen Mangel kannte, die gleichen Einreden zu wie dem Hauptschuldner.

121.

e) Sorgfalts- und Herausgabepflicht des Gläubigers

503. Vermindert der Gläubiger zum Nachteil des Bürgen bei der Eingehung der Bürgschaft vorhandene oder vom Hauptschuldner nachträglich erlangte und eigens für die verbürgte Forderung bestimmte Pfandrechte oder anderweitige Sicherheiten und Vorzugsrechte, so verringert sich die Haftung des Bürgen um einen dieser Verminderung entsprechenden Betrag, soweit nicht nachgewiesen wird, daß der Schaden weniger hoch ist. Die Rückforderung des zuviel bezahlten Betrages bleibt vorbehalten.

Bei der Amts- und Dienstbürgschaft ist der Gläubiger dem Bürgen überdies verantwortlich, wenn infolge Unterlassung der Aufsicht über den Arbeitnehmer, zu der er verpflichtet ist, oder der ihm sonst zumutbaren Sorgfalt die Schuld entstanden ist oder einen Umfang angenommen hat, den sie andernfalls nicht angenommen hätte.

Der Gläubiger hat dem Bürgen, der ihn befriedigt, die zur Geltendmachung seiner Rechte dienlichen Urkunden herauszugeben und die nötigen Aufschlüsse zu erteilen. Ebenso hat er ihm die bei der Eingehung der Bürgschaft vorhandenen oder vom Hauptschuldner nachträglich eigens für diese Forderung bestellten Pfänder und anderweitigen Sicherheiten herauszugeben oder die für ihre Übertragung erforderlichen Handlungen vorzunehmen. Die dem Gläubiger für andere Forderungen zustehenden Pfand- und Retentionsrechte bleiben vorbehalten, soweit sie denjenigen des Bürgen im Rang vorgehen.

Weigert sich der Gläubiger ungerechtfertigterweise, diese Handlungen vorzunehmen, oder hat er sich der vorhandenen Beweismittel oder der Pfänder und sonstigen Sicherheiten, für die er verantwortlich ist, böswillig oder grobfahrlässig entäußert, so wird der Bürge frei. Er kann das Geleistete zurückfordern und für den ihm darüber hinaus erwachsenden Schaden Ersatz verlangen.

f) Anspruch auf Zahlungsannahme

504. Ist die Hauptschuld fällig, sei es auch infolge Konkurses des Hauptschuldners, so kann der Bürge jederzeit verlangen, daß der Gläubiger von ihm Befriedigung annehme. Haften für eine Forderung mehrere Bürgen, so ist der Gläubiger auch zur Annahme einer bloßen Teilzahlung verpflichtet, wenn sie mindestens so groß ist wie der Kopfanteil des zahlenden Bürgen.

Der Bürge wird frei, wenn der Gläubiger die Annahme der Zahlung ungerechtfertigterweise verweigert. In diesem Falle vermindert sich die Haftung allfälliger solidarischer Mitbürgen um den Betrag seines Kopfanteils.

Der Bürge kann den Gläubiger auch vor der Fälligkeit der Hauptschuld befriedigen, wenn dieser zur Annahme bereit ist. Der Rückgriff auf den Hauptschuldner kann aber erst nach Eintritt der Fälligkeit geltend gemacht werden.

Al. 1: 75.

g) Mitteilungspflicht des Gläubigers und Anmeldung im Konkurs und Nachlaßverfahren des Schuldners

505. Ist der Hauptschuldner mit der Bezahlung von Kapital, von Zinsen für ein halbes Jahr oder einer Jahresamortisation sechs Monate im Rückstand, so hat der Gläubiger dem Bürgen Mitteilung zu machen. Auf Verlangen hat er ihm jederzeit über den Stand der Hauptschuld Auskunft zu geben.

Im Konkurs und beim Nachlaßverfahren des Hauptschuldners hat der Gläubiger seine Forderung anzumelden und alles Weitere vorzukehren, was ihm zur Wahrung der Rechte zugemutet werden kann. Den Bürgen hat er vom Konkurs und von der Nachlaßstundung zu benachrichtigen, sobald er von ihnen Kenntnis erhält.

Unterläßt der Gläubiger eine dieser Handlungen, so verliert er seine Ansprüche gegen den Bürgen insoweit, als diesem aus der Unterlassung ein Schaden entstanden ist.

SchKG 215ff.

2. Verhältnis des Bürgen zum Hauptschuldner
a) Recht auf Sicherstellung und Befreiung

506. Der Bürge kann vom Hauptschuldner Sicherstellung und, wenn die Hauptschuld fällig ist, Befreiung von der Bürgschaft verlangen:

1. wenn der Hauptschuldner den mit dem Bürgen getroffenen Abreden zuwiderhandelt, namentlich die auf einen bestimmten Zeitpunkt versprochene Entlastung des Bürgen nicht bewirkt;

2. wenn der Hauptschuldner in Verzug kommt oder durch Verlegung seines Wohnsitzes in einen andern Staat seine rechtliche Verfolgung erheblich erschwert;

3. wenn durch Verschlimmerung der Vermögensverhältnisse des Hauptschuldners, durch Entwertung von Sicherheiten oder durch Verschulden des Hauptschuldners die Gefahr für den Bürgen erheblich größer geworden ist, als sie bei Eingehung der Bürgschaft war.

Revalierungsanspruch. Z. 2: 102.

b) Das Rückgriffsrecht des Bürgen
aa) Im allgemeinen

507. Auf den Bürgen gehen in demselben Maße, als er den Gläubiger befriedigt hat, dessen Rechte über. Er kann sie sofort nach Eintritt der Fälligkeit geltend machen.

Von den für die verbürgte Forderung haftenden Pfandrechten und andern Sicherheiten gehen aber, soweit nichts anderes vereinbart worden ist, nur diejenigen auf ihn über, die bei Eingehung der Bürgschaft vorhanden waren oder die vom Hauptschuldner nachträglich eigens für diese Forderung bestellt worden sind. Geht infolge bloß teilweiser Bezahlung der Schuld nur ein Teil eines Pfandrechts auf den Bürgen über, so hat der dem Gläubiger verbleibende Teil vor demjenigen des Bürgen den Vorrang.

Vorbehalten bleiben die besondern Ansprüche und Einreden aus dem zwischen Bürgen und Hauptschuldner bestehenden Rechtsverhältnis.

Wird ein für eine verbürgte Forderung bestelltes Pfand in Anspruch genommen, oder bezahlt der Pfandeigentümer freiwillig, so kann der Pfandeigentümer auf den Bürgen hiefür nur Rückgriff nehmen, wenn dies zwischen dem Pfandbesteller und dem Bürgen so vereinbart oder das Pfand von einem Dritten nachträglich bestellt worden ist.

Die Verjährung der Rückgriffsforderung beginnt mit dem Zeitpunkt der Befriedigung des Gläubigers durch den Bürgen zu laufen.

Für die Bezahlung einer unklagbaren Forderung oder einer für den Hauptschuldner wegen Irrtums oder Vertragsunfähigkeit unverbindlichen Schuld steht dem Bürgen kein Rückgriffsrecht auf den Hauptschuldner zu. Hat er jedoch die Haftung für eine verjährte Schuld im Auftrag des Hauptschuldners übernommen, so haftet ihm dieser nach den Grundsätzen über den Auftrag.

Subrogation.

bb) Anzeigepflicht des Bürgen

508. Bezahlt der Bürge die Hauptschuld ganz oder teilweise, so hat er dem Hauptschuldner Mitteilung zu machen.

Unterläßt er diese Mitteilung und bezahlt der Hauptschuldner, der die Tilgung nicht kannte und auch nicht kennen mußte, die Schuld gleichfalls, so verliert der Bürge seinen Rückgriff auf ihn.

Die Forderung gegen den Gläubiger aus ungerechtfertigter Bereicherung bleibt vorbehalten.

C. Beendigung der Bürgschaft
I. Dahinfallen von Gesetzes wegen

509. Durch jedes Erlöschen der Hauptschuld wird der Bürge befreit.

Vereinigen sich aber die Haftung als Hauptschuldner und diejenige aus der Bürgschaft in einer und derselben Person, so bleiben dem Gläubiger die ihm aus der Bürgschaft zustehenden besondern Vorteile gewahrt.

Jede Bürgschaft natürlicher Personen fällt nach Ablauf von zwanzig Jahren nach ihrer Eingehung dahin. Ausgenommen sind die gegenüber der Eidgenossenschaft oder ihren öffentlich-rechtlichen Anstalten oder gegenüber einem Kanton für öffentlich-rechtliche Verpflichtungen, wie Zölle, Steuern und dergleichen, und für Frachten eingegangenen Bürgschaften, sowie die Amts- und Dienstbürgschaften und die Bürgschaften für periodisch wiederkehrende Leistungen.

Während des letzten Jahres dieser Frist kann die Bürgschaft, selbst wenn sie für eine längere Frist eingegangen worden ist, geltend gemacht werden, sofern der Bürge sie nicht vorher verlängert oder durch eine neue Bürgschaft ersetzt hat.

Eine Verlängerung kann durch schriftliche Erklärung des Bürgen für höchstens weitere zehn Jahre vorgenommen werden. Diese ist aber nur gültig, wenn sie nicht früher als ein Jahr vor dem Dahinfallen der Bürgschaft abgegeben wird.

Wird die Hauptschuld weniger als zwei Jahre vor dem Dahinfallen der Bürgschaft fällig, und konnte der Gläubiger nicht auf einen frühern Zeitpunkt kündigen, so kann der Bürge bei jeder Bürgschaftsart ohne vorherige Inanspruchnahme des Hauptschuldners oder der Pfänder belangt werden. Dem Bürgen steht aber das Rückgriffsrecht auf den Hauptschuldner schon vor der Fälligkeit der Hauptschuld zu.

Al. 1, Bereicherung: BGE 70 II 272.

II. Bürgschaft auf Zeit; Rücktritt

510. Ist eine zukünftige Forderung verbürgt, so kann der Bürge die Bürgschaft, solange die Forderung nicht entstanden ist, jederzeit durch eine schriftliche Erklärung an den Gläubiger widerrufen, sofern die Vermögensverhältnisse des Hauptschuldners sich seit der Unterzeichnung der Bürgschaft wesentlich verschlechtert haben oder wenn sich erst nachträglich herausstellt, daß seine Vermögenslage wesentlich schlechter ist, als der Bürge in guten Treuen angenommen hatte. Bei einer Amts- oder Dienstbürgschaft ist der Rücktritt nicht mehr möglich, wenn das Amts- oder Dienstverhältnis zustande gekommen ist.

Der Bürge hat dem Gläubiger Ersatz zu leisten für den Schaden, der ihm daraus erwächst, daß er sich in guten Treuen auf die Bürgschaft verlassen hat.

Ist die Bürgschaft nur für eine bestimmte Zeit eingegangen, so erlischt die Verpflichtung des Bürgen, wenn der Gläubiger nicht binnen vier Wochen nach Ablauf der Frist seine Forderung rechtlich geltend macht und den Rechtsweg ohne erhebliche Unterbrechung verfolgt.

Ist in diesem Zeitpunkt die Forderung nicht fällig, so kann sich der Bürge nur durch Leistung von Realsicherheit von der Bürgschaft befreien.

Unterläßt er dies, so gilt die Bürgschaft unter Vorbehalt der Bestimmung über die Höchstdauer weiter, wie wenn sie bis zur Fälligkeit der Hauptschuld vereinbart worden wäre.

Abs. 3: BGE 108 II 200.

III. Unbefristete Bürgschaft

511. Ist die Bürgschaft auf unbestimmte Zeit eingegangen, so kann der Bürge nach Eintritt der Fälligkeit der Hauptschuld vom Gläubiger verlangen, daß er, soweit es für seine Belangbarkeit Voraussetzung ist, binnen vier Wochen die Forderung gegenüber dem Hauptschuldner rechtlich geltend macht, die Verwertung allfälliger Pfänder einleitet und den Rechtsweg ohne erhebliche Unterbrechung verfolgt.

Handelt es sich um eine Forderung, deren Fälligkeit durch Kündigung des Gläubigers herbeigeführt werden kann, so ist der Bürge nach Ablauf eines Jahres seit Eingehung der Bürgschaft zu dem Verlangen berechtigt, daß der Gläubiger die Kündigung vornehme und nach Eintritt der Fälligkeit seine Rechte im Sinne der vorstehenden Bestimmung geltend mache.

Kommt der Gläubiger diesem Verlangen nicht nach, so wird der Bürge frei.

IV. Amts- und Dienstbürgschaft

512. Eine auf unbestimmte Zeit eingegangene Amtsbürgschaft kann unter Wahrung einer Kündigungsfrist von einem Jahr auf das Ende einer Amtsdauer gekündigt werden.

Besteht keine bestimmte Amtsdauer, so kann der Amtsbürge die Bürgschaft je auf das Ende des vierten Jahres nach dem Amtsantritt unter Wahrung einer Kündigungsfrist von einem Jahr kündigen.

Bei einer auf unbestimmte Zeit eingegangenen Dienstbürgschaft steht dem Bürgen das gleiche Kündigungsrecht zu wie dem Amtsbürgen bei unbestimmter Amtsdauer.

Gegenteilige Vereinbarungen bleiben vorbehalten.

<small>Übergangsbestimmungen s. Anhang VII. Wechselbürgschaft: 1020.</small>

Einundzwanzigster Titel

Spiel und Wette

A. Unklagbarkeit der Forderung

513. Aus Spiel und Wette entsteht keine Forderung.

Dasselbe gilt von Darlehen und Vorschüssen, die wissentlich zum Behufe des Spieles oder der Wette gemacht werden, sowie von Differenzgeschäften und solchen Lieferungsgeschäften über Waren oder Börsenpapiere, die den Charakter eines Spieles oder einer Wette haben.

<small>Differenzgeschäft: BGE 62 II 114; 77 II 46; 78 II 61. StGB 158.</small>

B. Schuldverschreibungen und freiwillige Zahlung

514. Eine Schuldverschreibung oder Wechselverpflichtung, die der Spielende oder Wettende zur Deckung der Spiel- oder Wettsumme gezeichnet hat, kann trotz erfolgter Aushändigung, unter Vorbehalt der Rechte gutgläubiger Dritter aus Wertpapieren, nicht geltend gemacht werden.

Eine freiwillig geleistete Zahlung kann nur zurückgefordert werden, wenn die planmäßige Ausführung des Spieles oder der Wette durch Zufall oder durch den Empfänger vereitelt worden ist, oder wenn dieser sich einer Unredlichkeit schuldig gemacht hat.

<small>Abs. 1: 965ff. ZGB 3. Abs. 2: 62ff. BGE 77 II 47.</small>

C. Lotterie- und Ausspielgeschäfte

515. Aus Lotterie- oder Ausspielgeschäften entsteht nur dann eine Forderung, wenn die Unternehmung von der zuständigen Behörde bewilligt worden ist.

Fehlt diese Bewilligung, so wird eine solche Forderung wie eine Spielforderung behandelt.

Für auswärts gestattete Lotterien oder Ausspielverträge wird in der Schweiz ein Rechtsschutz nur gewährt, wenn die zuständige schweizerische Behörde den Vertrieb der Lose bewilligt hat.

<small>BG betr. die Lotterien und die gewerbsmäßigen Wetten v. 8. Juni 1923, SR 935.51; BG über die Spielbanken v. 5. Okt. 1929, SR 935.52. Abs. 2: 514.</small>

Zweiundzwanzigster Titel
Der Leibrentenvertrag und die Verpfründung

A. Leibrentenvertrag
I. Inhalt

516. Die Leibrente kann auf die Lebenszeit des Rentengläubigers, des Rentenschuldners oder eines Dritten gestellt werden.

In Ermangelung einer bestimmten Verabredung wird angenommen, sie sei auf die Lebenszeit des Rentengläubigers versprochen.

Eine auf die Lebenszeit des Rentenschuldners oder eines Dritten gestellte Leibrente geht, sofern nicht etwas anderes verabredet ist, auf die Erben des Rentengläubigers über.

<small>ZGB 153, 463.</small>

II. Form der Entstehung

517. Der Leibrentenvertrag bedarf zu seiner Gültigkeit der schriftlichen Form.

<small>12ff. Ruhegehalt: BGE 73 II 226.</small>

III. Rechte des Gläubigers
1. Die Geltendmachung des Anspruchs

518. Die Leibrente ist halbjährlich und zum voraus zu leisten, wenn nicht etwas anderes vereinbart ist.

Stirbt die Person, auf deren Lebenszeit die Leibrente gestellt ist, vor dem Ablauf der Periode, für die zum voraus die Rente zu entrichten ist, so wird der volle Betrag geschuldet.

Fällt der Leibrentenschuldner in Konkurs, so ist der Leibrentengläubiger berechtigt, seine Ansprüche in Form einer Kapitalforderung geltend zu machen, deren Wert durch das Kapital bestimmt wird, womit die nämliche Leibrente zur Zeit der Konkurseröffnung bei einer soliden Rentenanstalt bestellt werden könnte.

VVG 37.

2. Übertragbarkeit und Entziehbarkeit

519. Der Leibrentengläubiger kann, sofern nicht etwas anderes vereinbart ist, die Ausübung seiner Rechte abtreten.

Wer einem Dritten unentgeltlich eine Leibrente bestellt, kann zugleich bestimmen, daß sie ihm durch dessen Gläubiger auf dem Wege der Betreibung oder des Konkurses nicht entzogen werden darf.

VVG 73 ff. SchKG 92 Z. 7.

IV. Leibrenten nach dem Gesetz über den Versicherungsvertrag

520. Die Bestimmungen dieses Gesetzes über den Leibrentenvertrag finden keine Anwendung auf Leibrentenverträge, die unter dem Bundesgesetz über den Versicherungsvertrag stehen, vorbehältlich der Vorschrift betreffend die Entziehbarkeit des Rentenanspruchs.

B. Verpfründung
I. Begriff

521. Durch den Verpfründungsvertrag verpflichtet sich der Pfründer, dem Pfrundgeber ein Vermögen oder einzelne Vermögenswerte zu übertragen, und dieser, dem Pfründer Unterhalt und Pflege auf Lebenszeit zu gewähren.

Ist der Pfrundgeber als Erbe des Pfründers eingesetzt, so steht das ganze Verhältnis unter den Bestimmungen über den Erbvertrag.

ZGB 468, 512 ff.

II. Entstehung
1. Form

522. Der Verpfründungsvertrag bedarf zu seiner Gültigkeit, auch wenn keine Erbeinsetzung damit verbunden ist, derselben Form wie der Erbvertrag.

Wird der Vertrag mit einer staatlich anerkannten Pfrund-

22. Titel. Der Leibrentenvertrag und die Verpfründung **523–526**

anstalt zu den von der zuständigen Behörde genehmigten Bedingungen abgeschlossen, so genügt die schriftliche Vereinbarung.
Abs. 1: ZGB 512. Kaufvertrag, Formmangel: BGE 67 II 155. Abs. 2: 12ff.

2. Sicherstellung

523. Hat der Pfründer dem Pfrundgeber ein Grundstück übertragen, so steht ihm für seine Ansprüche das Recht auf ein gesetzliches Pfandrecht an diesem Grundstück gleich einem Verkäufer zu.
ZGB 837 Z.1.

III. Inhalt

524. Der Pfründer tritt in häusliche Gemeinschaft mit dem Pfrundgeber, und dieser ist verpflichtet, ihm zu leisten, was der Pfründer nach dem Wert des Geleisteten und nach den Verhältnissen, in denen er bishin gestanden hat, billigerweise erwarten darf.

Er hat ihm Wohnung und Unterhalt in angemessener Weise zu leisten und schuldet ihm in Krankheitsfällen die nötige Pflege und ärztliche Behandlung.

Pfrundanstalten können diese Leistungen in ihren Hausordnungen unter Genehmigung durch die zuständige Behörde als Vertragsinhalt allgemein verbindlich festsetzen.

IV. Anfechtung und Herabsetzung

525. Ein Verpfründungsvertrag kann von denjenigen Personen angefochten werden, denen ein gesetzlicher Unterstützungsanspruch gegen den Pfründer zusteht, wenn der Pfründer durch die Verpfründung sich der Möglichkeit beraubt, seiner Unterstützungspflicht nachzukommen.

Anstatt den Vertrag aufzuheben, kann der Richter den Pfrundgeber zu der Unterstützung der Unterstützungsberechtigten verpflichten, unter Anrechnung dieser Leistungen auf das, was der Pfrundgeber vertragsgemäß dem Pfründer zu entrichten hat.

Vorbehalten bleiben ferner die Klage der Erben auf Herabsetzung und die Anfechtung durch die Gläubiger.
Abs. 1: ZGB 152, 159, 268, 271, 324, 328. Abs. 3: ZGB 524, 527, 535. SchKG 285ff.

V. Aufhebung
1. Kündigung

526. Der Verpfründungsvertrag kann sowohl von dem Pfründer als dem Pfrundgeber jederzeit auf ein halbes Jahr gekündigt werden, wenn nach dem Vertrag die Leistung des einen dem Werte nach erheblich größer ist, als die des andern, und der Empfänger der Mehrleistung nicht die Schenkungsabsicht des andern nachweisen kann.

Maßgebend ist hiefür das Verhältnis von Kapital und Leibrente nach den Grundsätzen einer soliden Rentenanstalt.

Was im Zeitpunkt der Aufhebung bereits geleistet ist, wird unter gegenseitiger Verrechnung von Kapitalwert und Zins zurückerstattet.

Abs. 1: 239ff.

2. Einseitige Aufhebung

527. Sowohl der Pfründer als der Pfrundgeber kann die Verpfründung einseitig aufheben, wenn infolge von Verletzung der vertraglichen Pflichten das Verhältnis unerträglich geworden ist oder wenn andere wichtige Gründe dessen Fortsetzung übermäßig erschweren oder unmöglich machen.

Wird die Verpfründung aus einem solchen Grunde aufgehoben, so hat neben der Rückgabe des Geleisteten der schuldige Teil dem schuldlosen eine angemessene Entschädigung zu entrichten.

Anstatt den Vertrag vollständig aufzuheben, kann der Richter auf Begehren einer Partei oder von Amtes wegen die häusliche Gemeinschaft aufheben und dem Pfründer zum Ersatz dafür eine Leibrente zusprechen.

3. Aufhebung beim Tod des Pfrundgebers

528. Beim Tode des Pfrundgebers kann der Pfründer innerhalb Jahresfrist die Aufhebung des Pfrundverhältnisses verlangen.

In diesem Falle kann er gegen die Erben eine Forderung geltend machen, wie sie im Konkurse des Pfrundgebers ihm zustände.

VI. Unübertragbarkeit, Geltendmachung bei Konkurs und Pfändung

529. Der Anspruch des Pfründers ist nicht übertragbar.

Im Konkurse des Pfrundgebers besteht die Forderung des Pfründers in dem Betrage, womit die Leistung des Pfrundgebers dem Werte nach bei einer soliden Rentenanstalt in Gestalt einer Leibrente erworben werden könnte.

Bei der Betreibung auf Pfändung kann der Pfründer für diese Forderung ohne vorgängige Betreibung an der Pfändung teilnehmen.

Abs. 3: SchKG 111.

Dreiundzwanzigster Titel
Die einfache Gesellschaft

A. Begriff

530. Gesellschaft ist die vertragsmäßige Verbindung von zwei oder mehreren Personen zur Erreichung eines gemeinsamen Zweckes mit gemeinsamen Kräften oder Mitteln.

Sie ist eine einfache Gesellschaft im Sinne dieses Titels, sofern dabei nicht die Voraussetzungen einer andern durch das Gesetz geordneten Gesellschaft zutreffen.

Personen-, Gelegenheits-, stille Gesellschaft, Konsortium, Syndikat: Bo 1928 S. 7. IPRG 150 Abs. 2. BGE 49 II 490; 73 I 314; 79 I 181; 108 II 204 (Konkubinat).

B. Verhältnis der Gesellschafter unter sich
I. Beiträge

531. Jeder Gesellschafter hat einen Beitrag zu leisten, sei es in Geld, Sachen, Forderungen oder Arbeit.

Ist nicht etwas anderes vereinbart, so haben die Gesellschafter gleiche Beiträge, und zwar in der Art und dem Umfange zu leisten, wie der vereinbarte Zweck es erheischt.

In bezug auf die Tragung der Gefahr und die Gewährspflicht finden, sofern der einzelne Gesellschafter den Gebrauch einer Sache zu überlassen hat, die Grundsätze des Mietvertrages und, sofern er Eigentum zu übertragen hat, die Grundsätze des Kaufvertrages entsprechende Anwendung.

544, ZGB 652/4.

II. Gewinn und Verlust
1. Gewinnteilung

532. Jeder Gesellschafter ist verpflichtet, einen Gewinn, der seiner Natur nach der Gesellschaft zukommt, mit den andern Gesellschaftern zu teilen.

537.

2. Gewinn- und Verlustbeteiligung

533. Wird es nicht anders vereinbart, so hat jeder Gesellschafter, ohne Rücksicht auf die Art und Größe seines Beitrages, gleichen Anteil an Gewinn und Verlust.

Ist nur der Anteil am Gewinne oder nur der Anteil am Verluste vereinbart, so gilt diese Vereinbarung für beides.

Die Verabredung, daß ein Gesellschafter, der zu dem gemeinsamen Zwecke Arbeit beizutragen hat, Anteil am Gewinne, nicht aber am Verluste haben soll, ist zulässig.

537. Abs. 2: societas leonina.

III. Gesellschaftsbeschlüsse

534. Gesellschaftsbeschlüsse werden mit Zustimmung aller Gesellschafter gefaßt.

Genügt nach dem Vertrage Stimmenmehrheit, so ist die Mehrheit nach der Personenzahl zu berechnen.

IV. Geschäftsführung

535. Die Geschäftsführung steht allen Gesellschaftern zu, soweit sie nicht durch Vertrag oder Beschluß einem oder mehreren Gesellschaftern oder Dritten ausschließlich übertragen ist.

Steht die Geschäftsführung entweder allen oder mehreren Gesellschaftern zu, so kann jeder von ihnen ohne Mitwirkung der übrigen handeln, es hat aber jeder andere zur Geschäftsführung befugte Gesellschafter das Recht, durch seinen Widerspruch die Handlung zu verhindern, bevor sie vollendet ist.

Zur Bestellung eines Generalbevollmächtigten und zur Vornahme von Rechtshandlungen, die über den gewöhnlichen Betrieb der gemeinschaftlichen Geschäfte hinausgehen, ist, sofern nicht Gefahr im Verzuge liegt, die Einwilligung sämtlicher Gesellschafter erforderlich.

Abs. 3: 462.

V. Verantwortlichkeit unter sich
1. Konkurrenzverbot

536. Kein Gesellschafter darf zu seinem besonderen Vorteile Geschäfte betreiben, durch die der Zweck der Gesellschaft vereitelt oder beeinträchtigt würde.

2. Ansprüche aus der Tätigkeit für die Gesellschaft

537. Für Auslagen oder Verbindlichkeiten, die ein Gesellschafter in den Angelegenheiten der Gesellschaft macht oder eingeht, sowie für Verluste, die er unmittelbar durch seine Geschäftsführung oder aus den untrennbar damit verbundenen Gefahren erleidet, sind ihm die übrigen Gesellschafter haftbar.

Für die vorgeschossenen Gelder kann er vom Tage des geleisteten Vorschusses an Zinse fordern.

Dagegen steht ihm für persönliche Bemühungen kein Anspruch auf besondere Vergütung zu.

<small>Abs. 1: BGE 116 II 316. Abs. 2: 73, 104.</small>

3. Maß der Sorgfalt

538. Jeder Gesellschafter ist verpflichtet, in den Angelegenheiten der Gesellschaft den Fleiß und die Sorgfalt anzuwenden, die er in seinen eigenen anzuwenden pflegt.

Er haftet den übrigen Gesellschaftern für den durch sein Verschulden entstandenen Schaden, ohne daß er damit die Vorteile verrechnen könnte, die er der Gesellschaft in anderen Fällen verschafft hat.

Der geschäftsführende Gesellschafter, der für seine Tätigkeit eine Vergütung bezieht, haftet nach den Bestimmungen über den Auftrag.

<small>Abs. 3: 394ff.</small>

VI. Entzug und Beschränkung der Geschäftsführung

539. Die im Gesellschaftsvertrage einem Gesellschafter eingeräumte Befugnis zur Geschäftsführung darf von den übrigen Gesellschaftern ohne wichtige Gründe weder entzogen noch beschränkt werden.

Liegen wichtige Gründe vor, so kann sie von jedem der übrigen Gesellschafter selbst dann entzogen werden, wenn der Gesellschaftsvertrag etwas anderes bestimmt.

Ein wichtiger Grund liegt namentlich vor, wenn der Geschäftsführer sich einer groben Pflichtverletzung schuldig gemacht oder die Fähigkeit zu einer guten Geschäftsführung verloren hat.

VII. Geschäftsführende und nicht geschäftsführende Gesellschafter
1. Im allgemeinen

540. Soweit weder in den Bestimmungen dieses Titels noch im

Gesellschaftsvertrage etwas anderes vorgesehen ist, kommen auf das Verhältnis der geschäftsführenden Gesellschafter zu den übrigen Gesellschaftern die Vorschriften über Auftrag zur Anwendung.

Wenn ein Gesellschafter, der nicht zur Geschäftsführung befugt ist, Gesellschaftsangelegenheiten besorgt oder wenn ein zur Geschäftsführung befugter Gesellschafter seine Befugnis überschreitet, so finden die Vorschriften über die Geschäftsführung ohne Auftrag Anwendung.

Abs. 1: 394ff. Abs. 2: 419ff.

2. Einsicht in die Gesellschaftsangelegenheiten

541. Der von der Geschäftsführung ausgeschlossene Gesellschafter hat das Recht, sich persönlich von dem Gange der Gesellschaftsangelegenheiten zu unterrichten, von den Geschäftsbüchern und Papieren der Gesellschaft Einsicht zu nehmen und für sich eine Übersicht über den Stand des gemeinschaftlichen Vermögens anzufertigen.

Eine entgegenstehende Vereinbarung ist nichtig.

VIII. Aufnahme neuer Gesellschafter und Unterbeteiligung

542. Ein Gesellschafter kann ohne die Einwilligung der übrigen Gesellschafter keinen Dritten in die Gesellschaft aufnehmen.

Wenn ein Gesellschafter einseitig einen Dritten an seinem Anteile beteiligt oder seinen Anteil an ihn abtritt, so wird dieser Dritte dadurch nicht zum Gesellschafter der übrigen und erhält insbesondere nicht das Recht, von den Gesellschaftsangelegenheiten Einsicht zu nehmen.

Abs. 1: 164.

C. Verhältnis der Gesellschafter gegenüber Dritten
I. Vertretung

543. Wenn ein Gesellschafter zwar für Rechnung der Gesellschaft, aber in eigenem Namen mit einem Dritten Geschäfte abschließt, so wird er allein dem Dritten gegenüber berechtigt und verpflichtet.

Wenn ein Gesellschafter im Namen der Gesellschaft oder sämtlicher Gesellschafter mit einem Dritten Geschäfte abschließt, so werden die übrigen Gesellschafter dem Dritten gegenüber nur insoweit berechtigt und verpflichtet, als es die Bestimmungen über die Stellvertretung mit sich bringen.

23. Titel. Die einfache Gesellschaft 544–545

Eine Ermächtigung des einzelnen Gesellschafters, die Gesellschaft oder sämtliche Gesellschafter Dritten gegenüber zu vertreten, wird vermutet, sobald ihm die Geschäftsführung überlassen ist.

Abs. 2: 32ff.

II. Wirkung der Vertretung

544. Sachen, dingliche Rechte oder Forderungen, die an die Gesellschaft übertragen oder für sie erworben worden sind, gehören den Gesellschaftern gemeinschaftlich nach Maßgabe des Gesellschaftsvertrages.

Die Gläubiger eines Gesellschafters können, wo aus dem Gesellschaftsvertrage nichts anderes hervorgeht, zu ihrer Befriedigung nur den Liquidationsanteil ihres Schuldners in Anspruch nehmen.

Haben die Gesellschafter gemeinschaftlich oder durch Stellvertretung einem Dritten gegenüber Verpflichtungen eingegangen, so haften sie ihm solidarisch, unter Vorbehalt anderer Vereinbarung.

Abs. 1: ZGB 652ff. Abs. 2: 548. Abs. 3: 143ff.

D. Beendigung der Gesellschaft
I. Auflösungsgründe
1. Im allgemeinen

545. Die Gesellschaft wird aufgelöst:

1. wenn der Zweck, zu welchem sie abgeschlossen wurde, erreicht oder wenn dessen Erreichung unmöglich geworden ist;

2. wenn ein Gesellschafter stirbt und für diesen Fall nicht schon vorher vereinbart worden ist, daß die Gesellschaft mit den Erben fortbestehen soll;

3. wenn der Liquidationsanteil eines Gesellschafters zur Zwangsverwertung gelangt oder ein Gesellschafter in Konkurs fällt oder bevormundet wird;

4. durch gegenseitige Übereinkunft;

5. durch Ablauf der Zeit, auf deren Dauer die Gesellschaft eingegangen worden ist;

6. durch Kündigung von seiten eines Gesellschafters, wenn eine solche im Gesellschaftsvertrage vorbehalten oder wenn die Gesellschaft auf unbestimmte Dauer oder auf Lebenszeit eines Gesellschafters eingegangen worden ist;

7. durch Urteil des Richters im Falle der Auflösung aus einem wichtigen Grund.

Aus wichtigen Gründen kann die Auflösung der Gesellschaft vor Ablauf der Vertragsdauer oder, wenn sie auf unbestimmte Dauer abgeschlossen worden ist, ohne vorherige Aufkündigung verlangt werden.
<small>Auflösung: BGE 70 II 56.</small>

2. Gesellschaft auf unbestimmte Dauer

546. Ist die Gesellschaft auf unbestimmte Dauer oder auf Lebenszeit eines Gesellschafters geschlossen worden, so kann jeder Gesellschafter den Vertrag auf sechs Monate kündigen.

Die Kündigung soll jedoch in guten Treuen und nicht zur Unzeit geschehen und darf, wenn jährliche Rechnungsabschlüsse vorgesehen sind, nur auf Ende eines Geschäftsjahres erfolgen.

Wird eine Gesellschaft nach Ablauf der Zeit, für die sie eingegangen worden ist, stillschweigend fortgesetzt, so gilt sie als auf unbestimmte Zeit erneuert.
<small>Abs. 1: BGE 106 II 226 (nicht zwingend).</small>

II. Wirkung der Auflösung auf die Geschäftsführung

547. Wird die Gesellschaft in anderer Weise als durch Kündigung aufgelöst, so gilt die Befugnis eines Gesellschafters zur Geschäftsführung zu seinen Gunsten gleichwohl als fortbestehend, bis er von der Auflösung Kenntnis hat oder bei schuldiger Sorgfalt haben sollte.

Wird die Gesellschaft durch den Tod eines Gesellschafters aufgelöst, so hat der Erbe des verstorbenen Gesellschafters den andern den Todesfall unverzüglich anzuzeigen und die von seinem Erblasser zu besorgenden Geschäfte in guten Treuen fortzusetzen, bis anderweitige Fürsorge getroffen ist.

Die andern Gesellschafter haben in gleicher Weise die Geschäfte einstweilen weiter zu führen.

III. Liquidation
1. Behandlung der Einlagen

548. Bei der Auseinandersetzung, die nach der Auflösung die Gesellschafter unter sich vorzunehmen haben, fallen die Sachen, die ein Gesellschafter zu Eigentum eingebracht hat, nicht an ihn zurück.

Er hat jedoch Anspruch auf den Wert, für den sie übernommen worden sind.

Fehlt es an einer solchen Wertbestimmung, so geht sein Anspruch auf den Wert, den die Sachen zur Zeit des Einbringens hatten.

Abs. 1: BGE 105 II 204.

2. Verteilung von Überschuß und Fehlbetrag

549. Verbleibt nach Abzug der gemeinschaftlichen Schulden, nach Ersatz der Auslagen und Verwendungen an einzelne Gesellschafter und nach Rückerstattung der Vermögensbeiträge ein Überschuß, so ist er unter die Gesellschafter als Gewinn zu verteilen.

Ist nach Tilgung der Schulden und Ersatz der Auslagen und Verwendungen das gemeinschaftliche Vermögen nicht ausreichend, um die geleisteten Vermögensbeiträge zurückzuerstatten, so haben die Gesellschafter das Fehlende als Verlust zu tragen.

533, 537.

3. Vornahme der Auseinandersetzung

550. Die Auseinandersetzung nach Auflösung der Gesellschaft ist von allen Gesellschaftern gemeinsam vorzunehmen, mit Einschluß derjenigen, die von der Geschäftsführung ausgeschlossen waren.

Wenn jedoch der Gesellschaftsvertrag sich nur auf bestimmte einzelne Geschäfte bezog, die ein Gesellschafter in eigenem Namen auf gemeinsame Rechnung zu besorgen hatte, so hat er diese Geschäfte auch nach Auflösung der Gesellschaft allein zu erledigen und den übrigen Gesellschaftern Rechnung abzulegen.

535 I.

IV. Haftung gegenüber Dritten

551. An den Verbindlichkeiten gegenüber Dritten wird durch die Auflösung der Gesellschaft nichts geändert.

Dritte Abteilung
Die Handelsgesellschaften und die Genossenschaft

Vierundzwanzigster Titel
Die Kollektivgesellschaft

1. Abschnitt Begriff und Errichtung

A. Kaufmännische Gesellschaft

552. Die Kollektivgesellschaft ist eine Gesellschaft, in der zwei oder mehrere natürliche Personen, ohne Beschränkung ihrer Haftung gegenüber den Gesellschaftsgläubigern, sich zum Zwecke vereinigen, unter einer gemeinsamen Firma ein Handels-, ein Fabrikations- oder ein anderes nach kaufmännischer Art geführtes Gewerbe zu betreiben.

Die Gesellschafter haben die Gesellschaft in das Handelsregister eintragen zu lassen.

<small>562 Anm. Formlose Entstehung. Bo 1920 S. 15, 1928 S. 8. BGE 73 I 314; 84 II 381. Gewerbe: 934, 957. BankG 1. Anhang V 41.</small>

B. Nichtkaufmännische Gesellschaft

553. Betreibt eine solche Gesellschaft kein nach kaufmännischer Art geführtes Gewerbe, so entsteht sie als Kollektivgesellschaft erst, wenn sie sich in das Handelsregister eintragen läßt.

<small>Gewerbe: BGE 56 I 127.</small>

C. Registereintrag
I. Ort und Inhalt

554. Die Gesellschaft ist in das Handelsregister des Ortes einzutragen, an dem sie ihren Sitz hat.

Die Eintragung muß enthalten:

1. den Namen, den Wohnort und die Staatsangehörigkeit jedes Gesellschafters;

2. die Firma der Gesellschaft und den Ort, an dem sie ihren Sitz hat;

3. den Zeitpunkt, mit dem die Gesellschaft ihren Anfang nimmt;

4. die Angaben über eine allfällige Beschränkung der Befugnis zur Vertretung der Gesellschaft.

<small>Sitz: BGE 56 I 374. Firma: 947/8, 951. Zweigniederlassung: 952.</small>

II. Vertretung

555. In das Handelsregister können nur solche Anordnungen über die Vertretung eingetragen werden, die deren Beschränkung auf einen oder einzelne Gesellschafter oder eine Vertretung durch einen Gesellschafter in Gemeinschaft mit andern Gesellschaftern oder mit Prokuristen vorsehen.
458 ff., 563 ff.

III. Formelle Erfordernisse

556. Die Anmeldung der einzutragenden Tatsachen oder ihrer Veränderung muß von allen Gesellschaftern persönlich beim Handelsregisteramt unterzeichnet oder schriftlich mit beglaubigten Unterschriften eingereicht werden.

Die Gesellschafter, denen die Vertretung der Gesellschaft zustehen soll, haben die Firma und ihre Namen persönlich beim Handelsregisteramt zu zeichnen oder die Zeichnung in beglaubigter Form einzureichen.

2. Abschnitt Verhältnis der Gesellschafter unter sich

A. Vertragsfreiheit. Verweisung auf die einfache Gesellschaft

557. Das Rechtsverhältnis der Gesellschafter untereinander richtet sich zunächst nach dem Gesellschaftsvertrag.

Soweit keine Vereinbarung getroffen ist, kommen die Vorschriften über die einfache Gesellschaft zur Anwendung, jedoch mit den Abweichungen, die sich aus den nachfolgenden Bestimmungen ergeben.
531–542. BankG 3.

B. Gewinn- und Verlustrechnung

558. Für jedes Geschäftsjahr sind auf Grund der Gewinn- und Verlustrechnung sowie der Bilanz der Gewinn oder Verlust zu ermitteln und der Anteil jedes Gesellschafters zu berechnen.

Jedem Gesellschafter dürfen für seinen Kapitalanteil Zinse gemäß Vertrag gutgeschrieben werden, auch wenn durch den Verlust des Geschäftsjahres der Kapitalanteil vermindert ist. Mangels vertraglicher Abrede beträgt der Zinssatz vier vom Hundert.

Ein vertraglich festgesetztes Honorar für die Arbeit eines Gesellschafters wird bei der Ermittlung von Gewinn und Verlust als Gesellschaftsschuld behandelt.
957 ff.

C. Anspruch auf Gewinn, Zinse und Honorar

559. Jeder Gesellschafter hat das Recht, aus der Gesellschaftskasse Gewinn, Zinse und Honorare des abgelaufenen Geschäftsjahres zu entnehmen.

Zinse und Honorare dürfen, soweit dies der Vertrag vorsieht, schon während des Geschäftsjahres, Gewinne dagegen erst nach Feststellung der Bilanz bezogen werden.

Soweit ein Gesellschafter Gewinne, Zinse und Honorar nicht bezieht, werden sie nach Feststellung der Bilanz seinem Kapitalanteil zugeschrieben, sofern nicht einer der andern Gesellschafter dagegen Einwendungen erhebt.

957 ff. BankG 3/4.

D. Verluste

560. Ist der Kapitalanteil durch Verluste vermindert worden, so behält der Gesellschafter seinen Anspruch auf Ausrichtung des Honorars und der vom verminderten Kapitalanteil zu berechnenden Zinse; ein Gewinnanteil darf erst dann wieder ausbezahlt werden, wenn die durch den Verlust entstandene Verminderung ausgeglichen ist.

Die Gesellschafter sind weder verpflichtet, höhere Einlagen zu leisten, als dies im Vertrage vorgesehen ist, noch ihre durch Verlust verminderten Einlagen zu ergänzen.

E. Konkurrenzverbot

561. Ohne Zustimmung der übrigen Gesellschafter darf ein Gesellschafter in dem Geschäftszweige der Gesellschaft weder für eigene noch für fremde Rechnung Geschäfte machen noch an einer andern Unternehmung als unbeschränkt haftender Gesellschafter, als Kommanditär oder als Mitglied einer Gesellschaft mit beschränkter Haftung teilnehmen.

536, 577.

3. Abschnitt   Verhältnis der Gesellschaft zu Dritten

A. Im allgemeinen

562. Die Gesellschaft kann unter ihrer Firma Rechte erwerben und Verbindlichkeiten eingehen, vor Gericht klagen und verklagt werden.

544. ZGB 652 ff. Nicht juristische Person? BGE 45 II 302.

B. Vertretung
I. Grundsatz

563. Enthält das Handelsregister keine entgegenstehenden Eintragungen, so sind gutgläubige Dritte zu der Annahme berechtigt, es sei jeder einzelne Gesellschafter zur Vertretung der Gesellschaft ermächtigt.
555.

II. Umfang

564. Die zur Vertretung befugten Gesellschafter sind ermächtigt, im Namen der Gesellschaft alle Rechtshandlungen vorzunehmen, die der Zweck der Gesellschaft mit sich bringen kann.

Eine Beschränkung des Umfangs der Vertretungsbefugnis hat gegenüber gutgläubigen Dritten keine Wirkung.
555.

III. Entziehung

565. Die Vertretungsbefugnis kann einem Gesellschafter aus wichtigen Gründen entzogen werden.

Macht ein Gesellschafter solche Gründe glaubhaft, so kann auf seinen Antrag der Richter, wenn Gefahr im Verzug liegt, die Vertretungsbefugnis vorläufig entziehen. Diese richterliche Verfügung ist im Handelsregister einzutragen.

IV. Prokura und Handlungsvollmacht

566. Die Prokura sowie eine Handlungsvollmacht zum Betriebe des ganzen Gewerbes können nur mit Einwilligung aller zur Vertretung befugten Gesellschafter bestellt, dagegen durch jeden von ihnen mit Wirkung gegen Dritte widerrufen werden.
458 ff., 555.

V. Rechtsgeschäfte und Haftung aus unerlaubten Handlungen

567. Die Gesellschaft wird durch die Rechtsgeschäfte, die ein zu ihrer Vertretung befugter Gesellschafter in ihrem Namen schließt, berechtigt und verpflichtet.

Diese Wirkung tritt auch dann ein, wenn die Absicht, für die Gesellschaft zu handeln, aus den Umständen hervorgeht.

Die Gesellschaft haftet für den Schaden aus unerlaubten Handlungen, die ein Gesellschafter in Ausübung seiner geschäftlichen Verrichtungen begeht.
32. Al. 3: BGE 66 II 251.

C. Stellung der Gesellschaftsgläubiger
I. Haftung der Gesellschafter

568. Die Gesellschafter haften für alle Verbindlichkeiten der Gesellschaft solidarisch und mit ihrem ganzen Vermögen.

Eine entgegenstehende Verabredung unter den Gesellschaftern hat Dritten gegenüber keine Wirkung.

Der einzelne Gesellschafter kann jedoch, auch nach seinem Ausscheiden, für Gesellschaftsschulden erst dann persönlich belangt werden, wenn er selbst in Konkurs geraten oder wenn die Gesellschaft aufgelöst oder erfolglos betrieben worden ist. Die Haftung des Gesellschafters aus einer zugunsten der Gesellschaft eingegangenen Solidarbürgschaft bleibt vorbehalten.

Abs. 1: 143 ff. Abs. 3: 574 ff.

II. Haftung neu eintretender Gesellschafter

569. Wer einer Kollektivgesellschaft beitritt, haftet solidarisch mit den übrigen Gesellschaftern und mit seinem ganzen Vermögen auch für die vor seinem Beitritt entstandenen Verbindlichkeiten der Gesellschaft.

Eine entgegenstehende Verabredung unter den Gesellschaftern hat Dritten gegenüber keine Wirkung.

Abs. 1: 143 ff.

III. Konkurs der Gesellschaft

570. Die Gläubiger der Gesellschaft haben Anspruch darauf, aus dem Gesellschaftsvermögen unter Ausschluß der Privatgläubiger der einzelnen Gesellschafter befriedigt zu werden.

Die Gesellschafter können am Konkurse für ihre Kapitaleinlagen und laufenden Zinse nicht als Gläubiger teilnehmen, wohl aber für ihre Ansprüche auf verfallene Zinse sowie auf Forderungen für Honorar oder für Ersatz von im Interesse der Gesellschaft gemachten Auslagen.

IV. Konkurs von Gesellschaft und Gesellschaftern

571. Der Konkurs der Gesellschaft hat den Konkurs der einzelnen Gesellschafter nicht zur Folge.

Ebensowenig bewirkt der Konkurs eines Gesellschafters den Konkurs der Gesellschaft.

Die Rechte der Gesellschaftsgläubiger im Konkurse des einzelnen Gesellschafters richten sich nach den Vorschriften des Schuldbetreibungs- und Konkursgesetzes.
SchKG 218.

D. Stellung der Privatgläubiger eines Gesellschafters

572. Die Privatgläubiger eines Gesellschafters sind nicht befugt, das Gesellschaftsvermögen zu ihrer Befriedigung oder Sicherstellung in Anspruch zu nehmen.

Gegenstand der Zwangsvollstreckung ist nur, was dem Schuldner an Zinsen, Honorar, Gewinn und Liquidationsanteil aus dem Gesellschaftsverhältnis zukommt.
544, 548/9, 559/60. ZGB 652 ff.

E. Verrechnung

573. Gegen eine Forderung der Gesellschaft kann der Schuldner eine Forderung, die ihm gegen einen einzelnen Gesellschafter zusteht, nicht zur Verrechnung bringen.

Ebensowenig kann ein Gesellschafter gegenüber seinem Gläubiger eine Forderung der Gesellschaft verrechnen.

Ist dagegen ein Gesellschaftsgläubiger gleichzeitig Privatschuldner eines Gesellschafters, so wird die Verrechnung sowohl zugunsten des Gesellschaftsgläubigers als auch des Gesellschafters zugelassen, sobald der Gesellschafter für eine Gesellschaftsschuld persönlich belangt werden kann.
120 ff. SchKG 213/4.

4. Abschnitt Auflösung und Ausscheiden

A. Im allgemeinen

574. Die Gesellschaft wird aufgelöst durch die Eröffnung des Konkurses. Im übrigen gelten für die Auflösung die Bestimmungen über die einfache Gesellschaft, soweit sich aus den Vorschriften dieses Titels nicht etwas anderes ergibt.

Die Gesellschafter haben die Auflösung, abgesehen vom Falle des Konkurses, beim Handelsregisteramt anzumelden.

Ist eine Klage auf Auflösung der Gesellschaft angebracht, so kann der Richter auf Antrag einer Partei vorsorgliche Maßnahmen anordnen.
545 ff., 939. Anhang V 68.

B. Kündigung durch Gläubiger eines Gesellschafters

575. Ist ein Gesellschafter in Konkurs geraten, so kann die Konkursverwaltung unter Beobachtung einer mindestens sechsmonatigen Kündigungsfrist die Auflösung der Gesellschaft verlangen, auch wenn die Gesellschaft auf bestimmte Dauer eingegangen wurde.

Das gleiche Recht steht dem Gläubiger eines Gesellschafters zu, der dessen Liquidationsanteil gepfändet hat.

Die Wirkung einer solchen Kündigung kann aber, solange die Auflösung im Handelsregister nicht eingetragen ist, von der Gesellschaft oder von den übrigen Gesellschaftern durch Befriedigung der Konkursmasse oder des betreibenden Gläubigers abgewendet werden.

C. Ausscheiden von Gesellschaftern
I. Übereinkommen

576. Sind die Gesellschafter vor der Auflösung übereingekommen, daß trotz des Ausscheidens eines oder mehrerer Gesellschafter die Gesellschaft unter den übrigen fortgesetzt werden soll, so endigt sie nur für die Ausscheidenden; im übrigen besteht sie mit allen bisherigen Rechten und Verbindlichkeiten fort.

568 III.

II. Ausschließung durch den Richter

577. Wenn die Auflösung der Gesellschaft aus wichtigen Gründen verlangt werden könnte und diese vorwiegend in der Person eines oder mehrerer Gesellschafter liegen, so kann der Richter auf deren Ausschließung und auf Ausrichtung ihrer Anteile am Gesellschaftsvermögen erkennen, sofern alle übrigen Gesellschafter es beantragen.

561. Schiedsgericht: BGE 69 II 118.

III. Durch die übrigen Gesellschafter

578. Fällt ein Gesellschafter in Konkurs oder verlangt einer seiner Gläubiger, der dessen Liquidationsanteil gepfändet hat, die Auflösung der Gesellschaft, so können die übrigen Gesellschafter ihn ausschließen und ihm seinen Anteil am Gesamtvermögen ausrichten.

575 II.

IV. Bei zwei Gesellschaftern

579. Sind nur zwei Gesellschafter vorhanden, so kann derjenige, der keine Veranlassung zur Auflösung gegeben hatte, unter den gleichen Voraussetzungen das Geschäft fortsetzen und dem andern Gesellschafter seinen Anteil am Gesellschaftsvermögen ausrichten.

Das gleiche kann der Richter verfügen, wenn die Auflösung wegen eines vorwiegend in der Person des einen Gesellschafters liegenden wichtigen Grundes gefordert wird.
Abs. 1: 181.

V. Festsetzung des Betrages

580. Der dem ausscheidenden Gesellschafter zukommende Betrag wird durch Übereinkunft festgesetzt.

Enthält der Gesellschaftsvertrag darüber keine Bestimmung und können sich die Beteiligten nicht einigen, so setzt der Richter den Betrag in Berücksichtigung der Vermögenslage der Gesellschaft im Zeitpunkte des Ausscheidens und eines allfälligen Verschuldens des ausscheidenden Gesellschafters fest.

VI. Eintragung

581. Das Ausscheiden eines Gesellschafters sowie die Fortsetzung des Geschäftes durch einen Gesellschafter müssen in das Handelsregister eingetragen werden.
182 II, 576, 578/9, 933.

5. Abschnitt Liquidation

A. Grundsatz

582. Nach der Auflösung der Gesellschaft erfolgt ihre Liquidation gemäß den folgenden Vorschriften, sofern nicht eine andere Art der Auseinandersetzung von den Gesellschaftern vereinbart oder über das Vermögen der Gesellschaft der Konkurs eröffnet ist.
Auflösung: BGE 70 II 56; 78 I 122.

B. Liquidatoren

583. Die Liquidation wird von den zur Vertretung befugten Gesellschaftern besorgt, sofern in ihrer Person kein Hindernis besteht und soweit sich die Gesellschafter nicht auf andere Liquidatoren einigen.

Auf Antrag eines Gesellschafters kann der Richter, sofern wichtige Gründe vorliegen, Liquidatoren abberufen und andere ernennen.

Die Liquidatoren sind in das Handelsregister einzutragen, auch wenn dadurch die bisherige Vertretung der Gesellschaft nicht geändert wird.

C. Vertretung von Erben

584. Die Erben eines Gesellschafters haben für die Liquidation einen gemeinsamen Vertreter zu bezeichnen.

D. Rechte und Pflichten der Liquidatoren

585. Die Liquidatoren haben die laufenden Geschäfte zu beendigen, die Verpflichtungen der aufgelösten Gesellschaft zu erfüllen, die Forderungen einzuziehen und das Vermögen der Gesellschaft, soweit es die Auseinandersetzung verlangt, zu versilbern.

Sie haben die Gesellschaft in den zur Liquidation gehörenden Rechtsgeschäften zu vertreten, können für sie Prozesse führen, Vergleiche und Schiedsverträge abschließen und, soweit es die Liquidation erfordert, auch neue Geschäfte eingehen.

Erhebt ein Gesellschafter Widerspruch gegen einen von den Liquidatoren beschlossenen Verkauf zu einem Gesamtübernahmepreis, gegen die Ablehnung eines solchen Verkaufs oder gegen die beschlossene Art der Veräußerung von Grundstücken, so entscheidet auf Begehren des widersprechenden Gesellschafters der Richter.

Die Gesellschaft haftet für Schaden aus unerlaubten Handlungen, die ein Liquidator in Ausübung seiner geschäftlichen Verrichtungen begeht.

E. Vorläufige Verteilung

586. Die während der Liquidation entbehrlichen Gelder und Werte werden vorläufig, auf Rechnung des endgültigen Liquidationsanteiles, unter die Gesellschafter verteilt.

Zur Deckung streitiger oder noch nicht fälliger Verbindlichkeiten sind die erforderlichen Mittel zurückzubehalten.

F. Auseinandersetzung
I. Bilanz

587. Die Liquidatoren haben bei Beginn der Liquidation eine Bilanz aufzustellen.

Bei länger andauernder Liquidation sind jährliche Zwischenbilanzen zu errichten.

<small>Liquidationsbilanz: Bo 1923 S. 142.</small>

II. Rückzahlung des Kapitals und Verteilung des Überschusses

588. Das nach Tilgung der Schulden verbleibende Vermögen wird zunächst zur Rückzahlung des Kapitals an die Gesellschafter und sodann zur Entrichtung von Zinsen für die Liquidationszeit verwendet.

Ein Überschuß ist nach den Vorschriften über die Gewinnbeteiligung unter die Gesellschafter zu verteilen.

<small>558.</small>

G. Löschung im Handelsregister

589. Nach Beendigung der Liquidation haben die Liquidatoren die Löschung der Firma im Handelsregister zu veranlassen.

<small>Wiedereintragung: BGE 59 II 59; 75 I 274.</small>

H. Aufbewahrung der Bücher und Papiere

590. Die Bücher und Papiere der aufgelösten Gesellschaft werden während zehn Jahren nach der Löschung der Firma im Handelsregister an einem von den Gesellschaftern oder, wenn sie sich nicht einigen, vom Handelsregisteramt zu bezeichnenden Ort aufbewahrt.

Die Gesellschafter und ihre Erben behalten das Recht, in die Bücher und Papiere Einsicht zu nehmen.

<small>962. StGB 325.</small>

6. Abschnitt Verjährung
A. Gegenstand und Frist

591. Die Forderungen von Gesellschaftsgläubigern gegen einen Gesellschafter für Verbindlichkeiten der Gesellschaft verjähren in fünf Jahren nach der Veröffentlichung seines Ausscheidens oder der Auflösung der Gesellschaft im Schweizerischen Handelsamtsblatt, sofern nicht wegen der Natur der Forderung eine kürzere Verjährungsfrist gilt.

Wird die Forderung erst nach dieser Veröffentlichung fällig, so beginnt die Verjährung mit dem Zeitpunkte der Fälligkeit.

Auf Forderungen der Gesellschafter untereinander findet diese Verjährung keine Anwendung.

127 ff., 932.

B. Besondere Fälle

592. Die fünfjährige Verjährung kann dem Gläubiger, der seine Befriedigung nur aus ungeteiltem Gesellschaftsvermögen sucht, nicht entgegengesetzt werden.

Übernimmt ein Gesellschafter das Geschäft mit Aktiven und Passiven, so kann er den Gläubigern die fünfjährige Verjährung nicht entgegenhalten. Dagegen tritt für die ausgeschiedenen Gesellschafter an Stelle der fünfjährigen die zweijährige Frist nach den Grundsätzen der Schuldübernahme; ebenso wenn ein Dritter das Geschäft mit Aktiven und Passiven übernimmt.

Abs. 2: 181.

C. Unterbrechung

593. Die Unterbrechung der Verjährung gegenüber der fortbestehenden Gesellschaft oder einem andern Gesellschafter vermag die Verjährung gegenüber einem ausgeschiedenen Gesellschafter nicht zu unterbrechen.

135.

Fünfundzwanzigster Titel

Die Kommanditgesellschaft

1. Abschnitt Begriff und Errichtung

A. Kaufmännische Gesellschaft

594. Eine Kommanditgesellschaft ist eine Gesellschaft, die zwei oder mehrere Personen zum Zwecke vereinigt, ein Handels-, ein Fabrikations- oder ein anderes nach kaufmännischer Art geführtes Gewerbe unter einer gemeinsamen Firma in der Weise zu betreiben, daß wenigstens ein Mitglied unbeschränkt, eines oder mehrere aber als Kommanditäre nur bis zum Betrag einer bestimmten Vermögenseinlage, der Kommanditsumme, haften.

Unbeschränkt haftende Gesellschafter können nur natürliche Personen, Kommanditäre jedoch auch juristische Personen und Handelsgesellschaften sein.

Die Gesellschafter haben die Gesellschaft in das Handelsregister eintragen zu lassen.

934. Natur: BGE 78 I 12, 120. Gewerbe: 934, 957 ff. BankG 1. Vgl. 601. Anhang V 41.

B. Nichtkaufmännische Gesellschaft

595. Betreibt eine solche Gesellschaft kein nach kaufmännischer Art geführtes Gewerbe, so entsteht sie als Kommanditgesellschaft erst, wenn sie sich in das Handelsregister eintragen läßt.

C. Registereintrag
I. Ort und Inhalt

596. Die Gesellschaft ist in das Handelsregister des Ortes einzutragen, an dem sie ihren Sitz hat.

Die Eintragung muß enthalten:

1. den Namen, den Wohnort und die Staatsangehörigkeit jedes Gesellschafters, für juristische Personen und Handelsgesellschaften die Firma und den Sitz;

2. den Betrag der Kommanditsumme jedes Kommanditärs;

3. die Firma der Gesellschaft und den Ort, an dem sie ihren Sitz hat;

4. den Zeitpunkt, mit dem die Gesellschaft ihren Anfang nimmt;

5. die Angaben über eine allfällige Beschränkung der Befugnis zur Vertretung der Gesellschaft durch die unbeschränkt haftenden Gesellschafter.

Soll die Kommanditsumme nicht oder nur teilweise in bar entrichtet werden, so ist die Sacheinlage in der Anmeldung ausdrücklich und mit bestimmtem Wertansatz zu bezeichnen und in das Handelsregister einzutragen.

Firma: 947 III, 951 I. Z. 2: 608/9.

II. Formelle Erfordernisse

597. Die Anmeldung der einzutragenden Tatsachen oder ihrer Veränderung muß von allen Gesellschaftern beim Handelsregisteramt unterzeichnet oder schriftlich mit beglaubigten Unterschriften eingereicht werden.

Die unbeschränkt haftenden Gesellschafter, denen die Vertretung der Gesellschaft zustehen soll, haben die Firma und ihre Namen persönlich beim Handelsregisteramt zu zeichnen oder die Zeichnung in beglaubigter Form einzureichen.

Abs. 2: 563.

2. Abschnitt **Verhältnis der Gesellschafter unter sich**

A. Vertragsfreiheit. Verweisung auf die Kollektivgesellschaft

598. Das Rechtsverhältnis der Gesellschafter untereinander richtet sich zunächst nach dem Gesellschaftsvertrag.

Soweit keine Vereinbarung getroffen ist, kommen die Vorschriften über die Kollektivgesellschaft zur Anwendung, jedoch mit den Abweichungen, die sich aus den nachfolgenden Bestimmungen ergeben.

Abs. 2: 557 ff.

B. Geschäftsführung

599. Die Geschäftsführung der Gesellschaft wird durch den oder die unbeschränkt haftenden Gesellschafter besorgt.

C. Stellung des Kommanditärs

600. Der Kommanditär ist als solcher zur Führung der Geschäfte der Gesellschaft weder berechtigt noch verpflichtet.

Er ist auch nicht befugt, gegen die Vornahme einer Handlung der Geschäftsführer Widerspruch zu erheben, wenn diese Handlung zum gewöhnlichen Geschäftsbetrieb der Gesellschaft gehört.

Er ist berechtigt, eine Abschrift der Gewinn- und Verlustrechnung und der Bilanz zu verlangen und deren Richtigkeit unter Einsichtnahme in die Bücher und Papiere zu prüfen oder durch einen unbeteiligten Sachverständigen prüfen zu lassen; im Streitfalle bezeichnet der Richter den Sachverständigen.

Abs. 2: 535 II.

D. Gewinn- und Verlustbeteiligung

601. Am Verlust nimmt der Kommanditär höchstens bis zum Betrage seiner Kommanditsumme teil.

Fehlt es an Vereinbarungen über die Beteiligung des Kommanditärs am Gewinn und am Verlust, so entscheidet darüber der Richter nach freiem Ermessen.

Ist die Kommanditsumme nicht voll einbezahlt oder ist sie nach erfolgter Einzahlung vermindert worden, so dürfen ihr Zinse, Gewinne und allfällige Honorare nur so weit zugeschrieben werden, bis sie ihren vollen Betrag wieder erreicht hat.
609, 611. BankG 3/4.

3. Abschnitt Verhältnis der Gesellschaft zu Dritten

A. Im allgemeinen

602. Die Gesellschaft kann unter ihrer Firma Rechte erwerben und Verbindlichkeiten eingehen, vor Gericht klagen und verklagt werden.
S. zu 562.

B. Vertretung

603. Die Gesellschaft wird nach den für die Kollektivgesellschaft geltenden Vorschriften durch den oder die unbeschränkt haftenden Gesellschafter vertreten.
563 ff.

C. Haftung des unbeschränkt haftenden Gesellschafters

604. Der unbeschränkt haftende Gesellschafter kann für eine Gesellschaftsschuld erst dann persönlich belangt werden, wenn die Gesellschaft aufgelöst oder erfolglos betrieben worden ist.
568.

D. Haftung des Kommanditärs
I. Handlungen für die Gesellschaft

605. Schließt der Kommanditär für die Gesellschaft Geschäfte ab, ohne ausdrücklich zu erklären, daß er nur als Prokurist oder als Bevollmächtigter handle, so haftet er aus diesen Geschäften gutgläubigen Dritten gegenüber gleich einem unbeschränkt haftenden Gesellschafter.
458 ff., 462 ff., 564.

II. Mangelnder Eintrag

606. Ist die Gesellschaft vor der Eintragung in das Handelsregister im Verkehr aufgetreten, so haftet der Kommanditär für die bis zur Eintragung entstandenen Verbindlichkeiten Dritten gegenüber gleich einem unbeschränkt haftenden Gesellschafter, wenn er nicht beweist, daß ihnen die Beschränkung seiner Haftung bekannt war.

III. Name des Kommanditärs in der Firma

607. Ist der Name des Kommanditärs in die Firma der Gesellschaft aufgenommen worden, so haftet dieser den Gesellschaftsgläubigern wie ein unbeschränkt haftender Gesellschafter.
568.

IV. Umfang der Haftung

608. Der Kommanditär haftet Dritten gegenüber mit der im Handelsregister eingetragenen Kommanditsumme.

Hat er selbst oder hat die Gesellschaft mit seinem Wissen gegenüber Dritten eine höhere Kommanditsumme kundgegeben, so haftet er bis zu diesem Betrage.

Den Gläubigern steht der Nachweis offen, daß der Wertansatz von Sacheinlagen ihrem wirklichen Wert im Zeitpunkt ihres Einbringens nicht entsprochen hat.
596 Z. 2.

V. Verminderung der Kommanditsumme

609. Wenn der Kommanditär die im Handelsregister eingetragene oder auf andere Art kundgegebene Kommanditsumme durch Vereinbarung mit den übrigen Gesellschaftern oder durch Bezüge vermindert, so wird diese Veränderung Dritten gegenüber erst dann wirksam, wenn sie in das Handelsregister eingetragen und veröffentlicht worden ist.

Für die vor dieser Bekanntmachung entstandenen Verbindlichkeiten bleibt der Kommanditär mit der unverminderten Kommanditsumme haftbar.

VI. Klagerecht der Gläubiger

610. Während der Dauer der Gesellschaft haben die Gesellschaftsgläubiger kein Klagerecht gegen den Kommanditär.

Wird die Gesellschaft aufgelöst, so können die Gläubiger, die Liquidatoren oder die Konkursverwaltung verlangen, daß die Kommanditsumme in die Liquidations- oder Konkursmasse eingeworfen werde, soweit sie noch nicht geleistet oder soweit sie dem Kommanditär wieder zurückerstattet worden ist.
619. Rückerstattung: BGE 77 II 52.

VII. Bezug von Zinsen und Gewinn

611. Auf Auszahlung von Zinsen und Gewinn hat der Kommanditär nur Anspruch, wenn und soweit die Kommanditsumme durch die Auszahlung nicht vermindert wird.

Der Kommanditär ist jedoch nicht verpflichtet, Zinse und Gewinn zurückzubezahlen, wenn er auf Grund der ordnungsmäßigen Bilanz gutgläubig annehmen durfte, diese Bedingung sei erfüllt.

VIII. Eintritt in eine Gesellschaft

612. Wer einer Kollektiv- oder Kommanditgesellschaft als Kommanditär beitritt, haftet mit der Kommanditsumme auch für die vor seinem Beitritt entstandenen Verbindlichkeiten.

Eine entgegenstehende Verabredung unter den Gesellschaftern hat Dritten gegenüber keine Wirkung.

181f., 606.

E. Stellung der Privatgläubiger

613. Die Privatgläubiger eines unbeschränkt haftenden Gesellschafters oder eines Kommanditärs sind nicht befugt, das Gesellschaftsvermögen zu ihrer Befriedigung oder Sicherstellung in Anspruch zu nehmen.

Gegenstand der Zwangsvollstreckung ist nur, was dem Schuldner an Zinsen, Gewinn und Liquidationsanteil sowie an allfälligem Honorar aus dem Gesellschaftsverhältnis zukommt.

F. Verrechnung

614. Ein Gesellschaftsgläubiger, der gleichzeitig Privatschuldner des Kommanditärs ist, kann diesem gegenüber eine Verrechnung nur dann beanspruchen, wenn der Kommanditär unbeschränkt haftet.

Im übrigen richtet sich die Verrechnung nach den Vorschriften über die Kollektivgesellschaft.

Abs. 2: 573.

G. Konkurs
I. Im allgemeinen

615. Der Konkurs der Gesellschaft hat den Konkurs der einzelnen Gesellschafter nicht zur Folge.

Ebensowenig bewirkt der Konkurs eines Gesellschafters den Konkurs der Gesellschaft.

II. Konkurs der Gesellschaft

616. Im Konkurse der Gesellschaft wird das Gesellschaftsvermögen zur Befriedigung der Gesellschaftsgläubiger verwendet unter Ausschluß der Privatgläubiger der einzelnen Gesellschafter.

Was der Kommanditär auf Rechnung seiner Kommanditsumme an die Gesellschaft geleistet hat, kann er nicht als Forderung anmelden.

III. Vorgehen gegen den unbeschränkt haftenden Gesellschafter

617. Wenn das Gesellschaftsvermögen zur Befriedigung der Gesellschaftsgläubiger nicht hinreicht, so sind diese berechtigt, für den ganzen unbezahlten Rest ihrer Forderungen aus dem Privatvermögen jedes einzelnen unbeschränkt haftenden Gesellschafters in Konkurrenz mit seinen Privatgläubigern Befriedigung zu suchen.

IV. Konkurs des Kommanditärs

618. Im Konkurse des Kommanditärs haben weder die Gesellschaftsgläubiger noch die Gesellschaft ein Vorzugsrecht vor den Privatgläubigern.

4. Abschnitt Auflösung, Liquidation, Verjährung

619. Für die Auflösung und Liquidation der Gesellschaft und für die Verjährung der Forderungen gegen die Gesellschafter gelten die gleichen Bestimmungen wie bei der Kollektivgesellschaft.

Fällt ein Kommanditär in Konkurs oder wird sein Liquidationsanteil gepfändet, so sind die für den Kollektivgesellschafter geltenden Bestimmungen entsprechend anwendbar. Dagegen haben der Tod und die Entmündigung des Kommanditärs die Auflösung der Gesellschaft nicht zur Folge.

574ff. Anhang V 68.

Sechsundzwanzigster Titel
Die Aktiengesellschaft*

1. Abschnitt Allgemeine Bestimmungen

A. Begriff

620. Die Aktiengesellschaft ist eine Gesellschaft mit eigener Firma, deren zum voraus bestimmtes Kapital (Aktienkapital) in Teilsummen (Aktien) zerlegt ist und für deren Verbindlichkeiten nur das Gesellschaftsvermögen haftet.

Die Aktionäre sind nur zu den statutarischen Leistungen verpflichtet und haften für die Verbindlichkeiten der Gesellschaft nicht persönlich.

Die Aktiengesellschaft kann auch für andere als wirtschaftliche Zwecke gegründet werden.

B. Mindestkapital

621. Das Aktienkapital muß mindestens 100 000 Franken betragen.

633, 732 Abs. 5. SchUeB 2.

C. Aktien
I. Arten

622. Die Aktien lauten auf den Namen oder auf den Inhaber.

Beide Arten von Aktien können in einem durch die Statuten bestimmten Verhältnis nebeneinander bestehen.

Die Statuten können bestimmen, daß Namenaktien später in Inhaberaktien oder Inhaberaktien in Namenaktien umgewandelt werden sollen oder dürfen.

Der Nennwert der Aktie muß mindestens 10 Franken betragen. Vorbehalten bleibt die Herabsetzung des Nennwertes unter diesen Betrag im Fall einer Sanierung der Gesellschaft.

Die Aktientitel müssen durch mindestens ein Mitglied des Verwaltungsrats unterschrieben sein. Die Gesellschaft kann bestimmen, daß auch auf Aktien, die in großer Zahl ausgegeben

---

* 1991 revidiert; Inkrafttreten vermutlich 1. Juli 1992. Vgl. die Übergangsbestimmungen Anh. VIIa.

werden, mindestens eine Unterschrift eigenhändig beigesetzt werden muß.
683/4, 974. SchUeB 10. Abs. 1 (Namenaktien): BGE 114 II 57.

II. Zerlegung und Zusammenlegung

623. Die Generalversammlung ist befugt, durch Statutenänderung bei unverändert bleibendem Aktienkapital die Aktien in solche von kleinerem Nennwert zu zerlegen oder zu solchen von größerem Nennwert zusammenzulegen.

Die Zusammenlegung von Aktien bedarf der Zustimmung des Aktionärs.

III. Ausgabebetrag

624. Die Aktien dürfen nur zum Nennwert oder zu einem diesen übersteigenden Betrage ausgegeben werden. Vorbehalten bleibt die Ausgabe neuer Aktien, die an Stelle ausgefallener Aktien treten.

Abs. 2 und 3: Aufgehoben
Agio, 671 Z. 1.

D. Zahl der Mitglieder

625. Bei der Gründung muß die Gesellschaft mindestens so viele Aktionäre zählen, als für die Bildung des Verwaltungsrats und der Revisionsstelle nach Vorschrift der Statuten notwendig sind, wenigstens aber drei.

Sinkt in der Folge die Zahl der Aktionäre unter diese Mindestzahl, oder fehlt es der Gesellschaft an den vorgeschriebenen Organen, so kann der Richter auf Begehren eines Aktionärs oder eines Gläubigers die Auflösung verfügen, sofern die Gesellschaft nicht binnen angemessener Frist den gesetzmäßigen Zustand wieder herstellt. Nach Anhebung der Klage kann der Richter auf Antrag einer Partei vorsorgliche Maßnahmen anordnen.
Einmann- und Tochtergesellschaft: BGE 64 II 364; 71 II 274; 72 II 76; 81 II 458.

E. Statuten
I. Gesetzlich vorgeschriebener Inhalt

626. Die Statuten müssen Bestimmungen enthalten über:
1. die Firma und den Sitz der Gesellschaft;
2. den Zweck der Gesellschaft;

3. die Höhe des Aktienkapitals und den Betrag der darauf geleisteten Einlagen;

4. Anzahl, Nennwert und Art der Aktien;

5. die Einberufung der Generalversammlung und das Stimmrecht der Aktionäre;

6. die Organe für die Verwaltung und für die Revision;

7. die Form der von der Gesellschaft ausgehenden Bekanntmachungen.

BankG 3. Firma: 950. Z. 3: 622. Z. 4: 699 ff. Z. 7: 733, 742. Anhang V Art. 82. SchUeB 14.

II. Weitere Bestimmungen
1. Im allgemeinen

627. Zu ihrer Verbindlichkeit bedürfen der Aufnahme in die Statuten Bestimmungen über:

1. die Änderung der Statuten, soweit sie von den gesetzlichen Bestimmungen abweichen;

2. die Ausrichtung von Tantiemen;

3. die Zusicherung von Bauzinsen;

4. die Begrenzung der Dauer der Gesellschaft;

5. Konventionalstrafen bei nicht rechtzeitiger Leistung der Einlage;

6. die genehmigte und die bedingte Kapitalerhöhung;

7. die Zulassung der Umwandlung von Namenaktien in Inhaberaktien und umgekehrt;

8. die Beschränkung der Übertragbarkeit von Namenaktien;

9. die Vorrechte einzelner Kategorien von Aktien, über Partizipationsscheine, Genußscheine und über die Gewährung besonderer Vorteile;

10. die Beschränkung des Stimmrechts und des Rechts der Aktionäre, sich vertreten zu lassen;

11. die im Gesetz nicht vorgesehenen Fälle, in denen die Generalversammlung nur mit qualifizierter Mehrheit Beschluß fassen kann;

12. die Ermächtigung zur Übertragung der Geschäftsführung auf einzelne Mitglieder des Verwaltungsrates oder Dritte;

13. die Organisation und die Aufgaben der Revisionsstelle, sofern dabei über die gesetzlichen Vorschriften hinausgegangen wird.

2. Im besonderen Sacheinlagen, Sachübernahmen, besondere Vorteile

628. Leistet ein Aktionär eine Sacheinlage, so müssen die Statuten den Gegenstand und dessen Bewertung sowie den Namen des Einlegers und die ihm zukommenden Aktien angeben.

Übernimmt die Gesellschaft von Aktionären oder Dritten Vermögenswerte oder beabsichtigt sie solche Sachübernahmen, so müssen die Statuten den Gegenstand, den Namen des Veräußerers und die Gegenleistung der Gesellschaft angeben.

Werden bei der Gründung zugunsten der Gründer oder anderer Personen besondere Vorteile ausbedungen, so sind die begünstigten Personen in den Statuten mit Namen aufzuführen, und es ist der gewährte Vorteil nach Inhalt und Wert genau zu bezeichnen.

Die Generalversammlung kann nach zehn Jahren Bestimmungen der Statuten über Sacheinlagen oder Sachübernahmen aufheben.

753 Z. 1, 657 II. Anhang V Art. 80 ff. Verschleierung: BGE 83 II 286.

F. Gründung
I. Errichtungsakt
1. Inhalt

629. Die Gesellschaft wird errichtet, indem die Gründer in öffentlicher Urkunde erklären, eine Aktiengesellschaft zu gründen, darin die Statuten festlegen und die Organe bestellen.

In diesem Errichtungsakt zeichnen die Gründer die Aktien und stellen fest:

1. daß sämtliche Aktien gültig gezeichnet sind;

2. daß die versprochenen Einlagen dem gesamten Ausgabebetrag entsprechen;

3. daß die gesetzlichen und statutarischen Anforderungen an die Leistung der Einlagen erfüllt sind.

2. Aktienzeichnung

630. Die Zeichnung bedarf zu ihrer Gültigkeit:

1. der Angabe von Anzahl, Nennwert, Art, Kategorie und Ausgabebetrag der Aktien;

2. einer bedingungslosen Verpflichtung, eine dem Ausgabebetrag entsprechende Einlage zu leisten.

II. Belege

631. Im Errichtungsakt muß die Urkundsperson die Belege über die Gründung einzeln nennen und bestätigen, daß sie den Gründern vorgelegen haben.

Dem Errichtungsakt sind die Statuten, der Gründungsbericht, die Prüfungsbestätigung, die Sacheinlageverträge und die bereits vorliegenden Sachübernahmeverträge beizulegen.

III. Einlagen
1. Mindesteinlage

632. Bei der Errichtung der Gesellschaft muß die Einlage für mindestens 20 Prozent des Nennwertes jeder Aktie geleistet sein.

In allen Fällen müssen die geleisteten Einlagen mindestens 50 000 Franken betragen.

2. Leistung der Einlagen
a. Einzahlungen

633. Einlagen in Geld müssen bei einem dem Bundesgesetz vom 8. November 1934 über die Banken und Sparkassen unterstellten Institut zur ausschließlichen Verfügung der Gesellschaft hinterlegt werden.

Das Institut gibt den Betrag erst frei, wenn die Gesellschaft in das Handelsregister eingetragen ist.

Abs. 1: SR 952.0

b. Sacheinlagen

634. Sacheinlagen gelten nur dann als Deckung, wenn:

1. sie gestützt auf einen schriftlichen oder öffentlich beurkundeten Sacheinlagevertrag geleistet werden;

2. die Gesellschaft nach ihrer Eintragung in das Handelsregister sofort als Eigentümerin darüber verfügen kann oder einen bedingungslosen Anspruch auf Eintragung in das Grundbuch erhält;

3. ein Gründungsbericht mit Prüfungsbestätigung vorliegt.

c. Nachträgliche Leistung

634a. Der Verwaltungsrat beschließt die nachträgliche Leistung von Einlagen auf nicht voll liberierte Aktien.

Die nachträgliche Leistung kann in Geld, durch Sacheinlage oder durch Verrechnung erfolgen.

3. Prüfung der Einlagen
a. Gründungsbericht

635. Die Gründer geben in einem schriftlichen Bericht Rechenschaft über:

1. die Art und den Zustand von Sacheinlagen oder Sachübernahmen und die Angemessenheit der Bewertung;
2. den Bestand und die Verrechenbarkeit der Schuld;
3. die Begründung und die Angemessenheit besonderer Vorteile zugunsten von Gründern oder anderen Personen.

b. Prüfungsbestätigung

635a. Ein Revisor prüft den Gründungsbericht und bestätigt schriftlich, daß dieser vollständig und richtig ist.

636.–639. Aufgehoben

G. Eintragung in das Handelsregister
I. Anmeldung

640. Die Gesellschaft ist in das Handelsregister des Ortes einzutragen, an dem sie ihren Sitz hat.

Die Anmeldung muß vom Verwaltungsrat beim Handelsregisteramt unterzeichnet oder schriftlich mit beglaubigten Unterschriften eingereicht werden.

Der Anmeldung sind beizufügen:

1. eine beglaubigte Ausfertigung der Statuten;
2. der Errichtungsakt mit den Beilagen;
3. der Ausweis über die Wahl der Mitglieder des Verwaltungsrates und der Revisionsstelle, unter Angabe des Wohnsitzes oder Sitzes, bei den Mitgliedern des Verwaltungsrates überdies der Staatsangehörigkeit.

Die mit der Ausübung der Vertretung beauftragten Personen sind anzumelden. Wenn sie durch den Verwaltungsrat bestellt sind, ist das Protokoll im Original oder in beglaubigter Abschrift beizulegen.

753 Z. 2. Sitz: BGE 53 I 131, Anhang V 43, 78 ff. Gründungsmängel: BGE 64 II 281.

II. Inhalt der Eintragung

641. In das Handelsregister sind einzutragen:

1. das Datum der Statuten;

2. die Firma und der Sitz der Gesellschaft;

3. der Zweck und, wenn die Statuten hierüber eine Bestimmung enthalten, die Dauer der Gesellschaft;

4. die Höhe des Aktienkapitals und der darauf geleisteten Einlagen;

5. Anzahl, Nennwert und Art der Aktien, Beschränkungen der Übertragbarkeit sowie Vorrechte einzelner Kategorien;

6. der Gegenstand der Sacheinlage und die dafür ausgegebenen Aktien, der Gegenstand der Sachübernahme und die Gegenleistung der Gesellschaft sowie Inhalt und Wert der besonderen Vorteile;

7. die Anzahl der Genußscheine mit Angabe des Inhalts der damit verbundenen Rechte;

8. die Art der Ausübung der Vertretung;

9. die Namen der Mitglieder des Verwaltungsrates und der zur Vertretung befugten Personen unter Angabe von Wohnsitz und Staatsangehörigkeit;

10. der Name oder die Firma der Revisoren, unter Angabe des Wohnsitzes, des Sitzes oder einer im Handelsregister eingetragenen Zweigniederlassung;

11. die Art und Weise, wie die von der Gesellschaft ausgehenden Bekanntmachungen erfolgen und, wenn die Statuten hierüber eine Bestimmung enthalten, wie der Verwaltungsrat den Aktionären seine Erklärungen kundgibt.

III. Zweigniederlassungen

642. Zweigniederlassungen sind unter Bezugnahme auf die Eintragung der Hauptniederlassung in das Handelsregister des Ortes einzutragen, an dem sie sich befinden.

Die Anmeldung ist von dem mit der Vertretung betrauten Mitgliedern des Verwaltungsrats einzureichen.

Die Eintragung begründet neben dem Gerichtsstand des Gesellschaftssitzes einen Gerichtsstand am Ort der Zweigniederlassung für Klagen aus ihrem Geschäftsbereich.

934/5, 952. Merkmale: BGE 76 I 156.

H. Erwerb der Persönlichkeit
I. Zeitpunkt. Mangelnde Voraussetzungen

643. Die Gesellschaft erlangt das Recht der Persönlichkeit erst durch die Eintragung in das Handelsregister.

644–647 III. Abteilung. Die Handelsgesellschaften und die Genossenschaft

Das Recht der Persönlichkeit wird durch die Eintragung auch dann erworben, wenn die Voraussetzungen der Eintragung tatsächlich nicht vorhanden waren.

Sind jedoch bei der Gründung gesetzliche oder statutarische Vorschriften mißachtet und dadurch die Interessen von Gläubigern oder Aktionären in erheblichem Maße gefährdet oder verletzt worden, so kann der Richter auf Begehren solcher Gläubiger oder Aktionäre die Auflösung der Gesellschaft verfügen. Nach Anhebung der Klage kann der Richter auf Antrag einer Partei vorsorgliche Maßnahmen anordnen.

Das Klagerecht erlischt, wenn die Klage nicht spätestens drei Monate nach der Veröffentlichung im Schweizerischen Handelsamtsblatt angehoben wird.

932. ZGB 52ff.

II. Vor der Eintragung ausgegebene Aktien

644. Die vor der Eintragung der Gesellschaft ausgegebenen Aktien sind nichtig; dagegen werden die aus der Aktienzeichnung hervorgehenden Verpflichtungen dadurch nicht berührt.

Wer vor der Eintragung Aktien ausgibt, wird für allen dadurch verursachten Schaden haftbar.

III. Vor der Eintragung eingegangene Verpflichtungen

645. Ist vor der Eintragung in das Handelsregister im Namen der Gesellschaft gehandelt worden, so haften die Handelnden persönlich und solidarisch.

Wurden solche Verpflichtungen ausdrücklich im Namen der zu bildenden Gesellschaft eingegangen und innerhalb einer Frist von drei Monaten nach der Eintragung in das Handelsregister von der Gesellschaft übernommen, so werden die Handelnden befreit, und es haftet nur die Gesellschaft.

32, 175ff. Tragweite: BGE 83 II 293.

646. Aufgehoben.

J. Statutenänderung

647. Jeder Beschluß der Generalversammlung oder des Verwaltungsrates über eine Änderung der Statuten muß öffentlich beurkundet werden.

Der Beschluß muß vom Verwaltungsrat beim Handelsregisteramt angemeldet und auf Grund der entsprechenden Ausweise in das Handelsregister eingetragen werden.

Er wird auch Dritten gegenüber unmittelbar mit der Eintragung in das Handelsregister wirksam.

932. Abs. 3: BGE 84 II 38.

648. und 649. Aufgehoben.

K. Erhöhung des Aktienkapitals
I. Ordentliche und genehmigte Kapitalerhöhung
1. Ordentliche Kapitalerhöhung

650. Die Erhöhung des Aktienkapitals wird von der Generalversammlung beschlossen; sie ist vom Verwaltungsrat innerhalb von drei Monaten durchzuführen.

Der Beschluß der Generalversammlung muß öffentlich beurkundet werden und angeben:

1. den gesamten Nennbetrag, um den das Aktienkapital erhöht werden soll, und den Betrag der darauf zu leistenden Einlagen;

2. Anzahl, Nennwert und Art der Aktien sowie Vorrechte einzelner Kategorien;

3. den Ausgabebetrag oder die Ermächtigung an den Verwaltungsrat, diesen festzusetzen, sowie den Beginn der Dividendenberechtigung;

4. die Art der Einlagen, bei Sacheinlagen deren Gegenstand und Bewertung sowie den Namen des Sacheinlegers und die ihm zukommenden Aktien;

5. bei Sachübernahmen den Gegenstand, den Namen des Veräußerers und die Gegenleistung der Gesellschaft;

6. Inhalt und Wert von besonderen Vorteilen sowie die Namen der begünstigten Personen;

7. eine Beschränkung der Übertragbarkeit neuer Namenaktien;

8. eine Einschränkung oder Aufhebung des Bezugsrechtes und die Zuweisung nicht ausgeübter oder entzogener Bezugsrechte;

9. die Voraussetzungen für die Ausübung vertraglich erworbener Bezugsrechte.

Wird die Kapitalerhöhung nicht innerhalb von drei Monaten

ins Handelsregister eingetragen, so fällt der Beschluß der Generalversammlung dahin.

2. Genehmigte Kapitalerhöhung
a. Statutarische Grundlage

651. Die Generalversammlung kann durch Statutenänderung den Verwaltungsrat ermächtigen, das Aktienkapital innert einer Frist von längstens zwei Jahren zu erhöhen.

Die Statuten geben den Nennbetrag an, um den der Verwaltungsrat das Aktienkapital erhöhen kann. Das genehmigte Kapital darf die Hälfte des bisherigen Aktienkapitals nicht übersteigen.

Die Statuten enthalten überdies die Angaben, welche für die ordentliche Kapitalerhöhung verlangt werden, mit Ausnahme der Angaben über den Ausgabebetrag, die Art der Einlagen, die Sachübernahmen und den Beginn der Dividendenberechtigung.

Im Rahmen der Ermächtigung kann der Verwaltungsrat Erhöhungen des Aktienkapitals durchführen. Dabei erläßt er die notwendigen Bestimmungen, soweit sie nicht schon im Beschluß der Generalversammlung enthalten sind.

b. Anpassung der Statuten

651a. Nach jeder Kapitalerhöhung setzt der Verwaltungsrat den Nennbetrag des genehmigten Kapitals in den Statuten entsprechend herab.

Nach Ablauf der für die Durchführung der Kapitalerhöhung festgelegten Frist wird die Bestimmung über die genehmigte Kapitalerhöhung auf Beschluß des Verwaltungsrates aus den Statuten gestrichen.

3. Gemeinsame Vorschriften
a. Aktienzeichnung

652. Die Aktien werden in einer besonderen Urkunde (Zeichnungsschein) nach den für die Gründung geltenden Regeln gezeichnet.

Der Zeichnungsschein muß auf den Beschluß der Generalversammlung über die Erhöhung oder die Ermächtigung zur Erhöhung des Aktienkapitals und auf den Beschluß des Verwaltungs-

26. Titel. Die Aktiengesellschaft 652a–652b

rates über die Erhöhung Bezug nehmen. Verlangt das Gesetz einen Emissionsprospekt, so nimmt der Zeichnungsschein auch auf diesen Bezug.

Enthält der Zeichnungsschein keine Befristung, so endet seine Verbindlichkeit drei Monate nach der Unterzeichnung.

b. Emissionsprospekt

652a. Werden neue Aktien öffentlich zur Zeichnung angeboten, so gibt die Gesellschaft in einem Emissionsprospekt Aufschluß über:

1. den Inhalt der bestehenden Eintragung im Handelsregister, mit Ausnahme der Angaben über die zur Vertretung befugten Personen;
2. die bisherige Höhe und Zusammensetzung des Aktienkapitals unter Angabe von Anzahl, Nennwert und Art der Aktien sowie der Vorrechte einzelner Kategorien von Aktien;
3. Bestimmungen der Statuten über eine genehmigte oder eine bedingte Kapitalerhöhung;
4. die Anzahl der Genußscheine und den Inhalt der damit verbundenen Rechte;
5. die letzte Jahresrechnung und Konzernrechnung mit dem Revisionsbericht und, wenn der Bilanzstichtag mehr als sechs Monate zurückliegt, über die Zwischenabschlüsse;
6. die in den letzten fünf Jahren oder seit der Gründung ausgerichteten Dividenden;
7. den Beschluß über die Ausgabe neuer Aktien.

Öffentlich ist jede Einladung zur Zeichnung, die sich nicht an einen begrenzten Kreis von Personen richtet.

c. Bezugsrecht

652b. Jeder Aktionär hat Anspruch auf den Teil der neu ausgegebenen Aktien, der seiner bisherigen Beteiligung entspricht.

Der Beschluß der Generalversammlung über die Erhöhung des Aktienkapitals darf das Bezugsrecht nur aus wichtigen Gründen aufheben. Als wichtige Gründe gelten insbesondere die Übernahme von Unternehmen, Unternehmensteilen oder Beteiligungen sowie die Beteiligung der Arbeitnehmer. Durch die Aufhebung des Bezugsrechts darf niemand in unsachlicher Weise begünstigt oder benachteiligt werden.

Die Gesellschaft kann dem Aktionär, welchem sie ein Recht zum Bezug von Aktien eingeräumt hat, die Ausübung dieses Rechtes nicht wegen einer statutarischen Beschränkung der Übertragbarkeit von Namenaktien verwehren.

d. Leistung der Einlagen

652c. Soweit das Gesetz nichts anderes vorschreibt, sind die Einlagen nach den Bestimmungen über die Gründung zu leisten.

e. Erhöhung aus Eigenkapital

652d. Das Aktienkapital kann auch durch Umwandlung von frei verwendbarem Eigenkapital erhöht werden.

Die Deckung des Erhöhungsbetrages wird mit der Jahresrechnung in der von den Aktionären genehmigten Fassung oder, wenn der Bilanzstichtag mehr als sechs Monate zurückliegt, mit einem geprüften Zwischenabschluß nachgewiesen.

f. Kapitalerhöhungsbericht

652e. Der Verwaltungsrat gibt in einem schriftlichen Bericht Rechenschaft über:

1. die Art und den Zustand von Sacheinlagen oder Sachübernahmen und die Angemessenheit der Bewertung;
2. den Bestand und die Verrechenbarkeit der Schuld;
3. die freie Verwendbarkeit von umgewandeltem Eigenkapital;
4. die Einhaltung des Generalversammlungsbeschlusses, insbesondere über die Einschränkung oder die Aufhebung des Bezugsrechtes und die Zuweisung nicht ausgeübter oder entzogener Bezugsrechte;
5. die Begründung und die Angemessenheit besonderer Vorteile zugunsten einzelner Aktionäre oder anderer Personen.

g. Prüfungsbestätigung

652f. Die Revisionsstelle prüft den Kapitalerhöhungsbericht und bestätigt schriftlich, daß dieser vollständig und richtig ist.

Keine Prüfungsbestätigung ist erforderlich, wenn die Einlage auf das neue Aktienkapital in Geld erfolgt, das Aktienkapital nicht zur Vornahme einer Sachübernahme erhöht wird und die Bezugsrechte nicht eingeschränkt oder aufgehoben werden.

h. Statutenänderung und Feststellungen

652g. Liegen der Kapitalerhöhungsbericht und, sofern erforderlich, die Prüfungsbestätigung vor, so ändert der Verwaltungsrat die Statuten und stellt dabei fest:

1. daß sämtliche Aktien gültig gezeichnet sind;
2. daß die versprochenen Einlagen dem gesamten Ausgabebetrag entsprechen;
3. daß die Einlagen entsprechend den Anforderungen des Gesetzes, der Statuten oder des Generalversammlungsbeschlusses geleistet wurden.

Beschluß und Feststellungen sind öffentlich zu beurkunden. Die Urkundsperson hat die Belege, die der Kapitalerhöhung zugrunde liegen, einzeln zu nennen und zu bestätigen, daß sie dem Verwaltungsrat vorgelegen haben.

Der öffentlichen Urkunde sind die geänderten Statuten, der Kapitalerhöhungsbericht, die Prüfungsbestätigung sowie die Sacheinlageverträge und die bereits vorliegenden Sachübernahmeverträge beizulegen.

i. Eintragung in das Handelsregister; Nichtigkeit vorher ausgegebener Aktien

652h. Der Verwaltungsrat meldet die Statutenänderung und seine Feststellungen beim Handelsregister zur Eintragung an.

Einzureichen sind:

1. die öffentlichen Urkunden über die Beschlüsse der Generalversammlung und des Verwaltungsrates mit den Beilagen;
2. eine beglaubigte Ausfertigung der geänderten Statuten.

Aktien, die vor der Eintragung der Kapitalerhöhung ausgegeben werden, sind nichtig; die aus der Aktienzeichnung hervorgehenden Verpflichtungen werden dadurch nicht berührt.

II. Bedingte Kapitalerhöhung
1. Grundsatz

653. Die Generalversammlung kann eine bedingte Kapitalerhöhung beschließen, indem sie in den Statuten den Gläubigern von neuen Anleihens- oder ähnlichen Obligationen gegenüber der Gesellschaft oder ihren Konzerngesellschaften sowie den Arbeitnehmern Rechte auf den Bezug neuer Aktien (Wandel- oder Optionsrechte) einräumt.

Das Aktienkapital erhöht sich ohne weiteres in dem Zeitpunkt und in dem Umfang, als diese Wandel- oder Optionsrechte ausgeübt und die Einlagepflichten durch Verrechnung oder Einzahlung erfüllt werden.

2. Schranken

653a. Der Nennbetrag, um den das Aktienkapital bedingt erhöht werden kann, darf die Hälfte des bisherigen Aktienkapitals nicht übersteigen.

Die geleistete Einlage muß mindestens dem Nennwert entsprechen.

3. Statutarische Grundlage

653b. Die Statuten müssen angeben:
1. den Nennbetrag der bedingten Kapitalerhöhung;
2. Anzahl, Nennwert und Art der Aktien;
3. den Kreis der Wandel- oder der Optionsberechtigten;
4. die Aufhebung der Bezugsrechte der bisherigen Aktionäre:
5. Vorrechte einzelner Kategorien von Aktien;
6. die Beschränkung der Übertragbarkeit neuer Namenaktien.

Werden die Anleihens- oder ähnlichen Obligationen, mit denen Wandel- oder Optionsrechte verbunden sind, nicht den Aktionären vorweg zur Zeichnung angeboten, so müssen die Statuten überdies angeben:
1. die Voraussetzungen für die Ausübung der Wandel- oder der Optionsrechte;
2. die Grundlagen, nach denen der Ausgabebetrag zu berechnen ist.

Wandel- oder Optionsrechte, die vor der Eintragung der Statutenbestimmung über die bedingte Kapitalerhöhung im Handelsregister eingeräumt werden, sind nichtig.

4. Schutz der Aktionäre

653c. Sollen bei einer bedingten Kapitalerhöhung Anleihens- oder ähnliche Obligationen, mit denen Wandel- oder Optionsrechte verbunden sind, ausgegeben werden, so sind diese Obligationen vorweg den Aktionären entsprechend ihrer bisherigen Beteiligung zur Zeichnung anzubieten.

Dieses Vorwegzeichnungsrecht kann beschränkt oder aufgehoben werden, wenn ein wichtiger Grund vorliegt.

Durch die für eine bedingte Kapitalerhöhung notwendige Aufhebung des Bezugsrechtes sowie durch eine Beschränkung oder Aufhebung des Vorwegzeichnungsrechtes darf niemand in unsachlicher Weise begünstigt oder benachteiligt werden.

5. Schutz der Wandel- oder Optionsberechtigten

653d. Dem Gläubiger oder dem Arbeitnehmer, dem ein Wandel- oder ein Optionsrecht zum Erwerb von Namenaktien zusteht, kann die Ausübung dieses Rechtes nicht wegen einer Beschränkung der Übertragbarkeit von Namenaktien verwehrt werden, es sei denn, daß dies in den Statuten und im Emissionsprospekt vorbehalten wird.

Wandel- oder Optionsrechte dürfen durch die Erhöhung des Aktienkapitals, durch die Ausgabe neuer Wandel- oder Optionsrechte oder auf andere Weise nur beeinträchtigt werden, wenn der Konversionspreis gesenkt oder den Berechtigten auf andere Weise ein angemessener Ausgleich gewährt wird, oder wenn die gleiche Beeinträchtigung auch die Aktionäre trifft.

6. Durchführung der Kapitalerhöhung
a. Ausübung der Rechte; Einlage

653e. Wandel- oder Optionsrechte werden durch eine schriftliche Erklärung ausgeübt, die auf die Statutenbestimmung über die bedingte Kapitalerhöhung hinweist; verlangt das Gesetz einen Emissionsprospekt, so nimmt die Erklärung auch auf diesen Bezug.

Die Leistung der Einlage durch Geld oder Verrechnung muß bei einem Bankinstitut erfolgen, das dem Bundesgesetz vom 8. November 1934 über die Banken und Sparkassen unterstellt ist.

Die Aktionärsrechte entstehen mit der Erfüllung der Einlagepflicht.

b. Prüfungsbestätigung

653f. Ein besonders befähigter Revisor prüft nach Abschluß jedes Geschäftsjahres, auf Verlangen des Verwaltungsrates schon vorher, ob die Ausgabe der neuen Aktien dem Gesetz, den Statuten und, wenn ein solcher erforderlich ist, dem Emissionsprospekt entsprochen hat.

Er bestätigt dies schriftlich.

c. Anpassung der Statuten

653g. Nach Eingang der Prüfungsbestätigung stellt der Verwaltungsrat in öffentlicher Urkunde Anzahl, Nennwert und Art der neu ausgegebenen Aktien sowie die Vorrechte einzelner Kategorien und den Stand des Aktienkapitals am Schluß des Geschäftsjahres oder im Zeitpunkt der Prüfung fest. Er nimmt die nötigen Statutenanpassungen vor.

In der öffentlichen Urkunde stellt die Urkundsperson fest, daß die Prüfungsbestätigung die verlangten Angaben enthält.

d. Eintragung in das Handelsregister

653h. Der Verwaltungsrat meldet dem Handelsregister spätestens drei Monate nach Abschluß des Geschäftsjahres die Statutenänderung an und reicht die öffentliche Urkunde und die Prüfungsbestätigung ein.

7. Streichung

653i. Sind die Wandel- oder die Optionsrechte erloschen und wird dies von einem besonders befähigten Revisor in einem schriftlichen Bericht bestätigt, so hebt der Verwaltungsrat die Statutenbestimmungen über die bedingte Kapitalerhöhung auf.

In der öffentlichen Urkunde stellt die Urkundsperson fest, daß der Bericht des Revisors die verlangten Angaben enthält.

III. Vorzugsaktien
1. Voraussetzungen

654. Die Generalversammlung kann nach Maßgabe der Statuten oder auf dem Wege der Statutenänderung die Ausgabe von Vorzugsaktien beschließen oder bisherige Aktien in Vorzugsaktien umwandeln.

Hat eine Gesellschaft Vorzugsaktien ausgegeben, so können weitere Vorzugsaktien, denen Vorrechte gegenüber den bereits bestehenden Vorzugsaktien eingeräumt werden sollen, nur mit Zustimmung sowohl einer besonderen Versammlung der beeinträchtigten Vorzugsaktionäre als auch einer Generalversammlung sämtlicher Aktionäre ausgegeben werden. Eine abweichende Ordnung durch die Statuten bleibt vorbehalten.

Dasselbe gilt, wenn statutarische Vorrechte, die mit Vorzugsaktien verbunden sind, abgeändert oder aufgehoben werden sollen.

655. Aufgehoben.

2. Stellung der Vorzugsaktien

656. Die Vorzugsaktien genießen gegenüber den Stammaktien die Vorrechte, die ihnen in den ursprünglichen Statuten oder durch Statutenänderung ausdrücklich eingeräumt sind. Sie stehen im übrigen den Stammaktien gleich.

Die Vorrechte können sich namentlich auf die Dividende mit oder ohne Nachbezugsrecht, auf den Liquidationsanteil und auf die Bezugsrechte für den Fall der Ausgabe neuer Aktien erstrecken.

L. Partizipationsscheine
I. Begriff: anwendbare Vorschriften

656a. Die Statuten können ein Partizipationskapital vorsehen, das in Teilsummen (Partizipationsscheine) zerlegt ist. Diese Partizipationsscheine werden gegen Einlage ausgegeben, haben einen Nennwert und gewähren kein Stimmrecht.

Die Bestimmungen über das Aktienkapital, die Aktie und den Aktionär gelten, soweit das Gesetz nichts anderes vorsieht, auch für das Partizipationskapital, den Partizipationsschein und den Partizipanten.

Die Partizipationsscheine sind als solche zu bezeichnen.

II. Partizipations- und Aktienkapital

656b. Das Partizipationskapital darf das Doppelte des Aktienkapitals nicht übersteigen.

Die Bestimmungen über das Mindestkapital und über die Mindestgesamteinlage finden keine Anwendung.

In den Bestimmungen über die Einschränkungen des Erwerbs eigener Aktien, die allgemeine Reserve, die Einleitung einer Sonderprüfung gegen den Willen der Generalversammlung und über die Meldepflicht bei Kapitalverlust ist das Partizipationskapital dem Aktienkapital zuzuzählen.

Eine genehmigte oder eine bedingte Erhöhung des Aktien- und des Partizipationskapitals darf insgesamt die Hälfte der Summe des bisherigen Aktien- und Partizipationskapitals nicht übersteigen.

Partizipationskapital kann im Verfahren der genehmigten oder bedingten Kapitalerhöhung geschaffen werden.

III. Rechtsstellung des Partizipanten
1. Im allgemeinen

656c. Der Partizipant hat kein Stimmrecht und, sofern die Statuten nichts anderes bestimmen, keines der damit zusammenhängenden Rechte.

Als mit dem Stimmrecht zusammenhängende Rechte das Recht auf Einberufung einer Generalversammlung, das Teilnahmerecht, das Recht auf Auskunft, das Recht auf Einsicht und das Antragsrecht.

Gewähren ihm die Statuten kein Recht auf Auskunft oder Einsicht oder kein Antragsrecht auf Einleitung einer Sonderprüfung (Art. 697a ff.), so kann der Partizipant Begehren um Auskunft oder Einsicht oder um Einleitung einer Sonderprüfung schriftlich zu Handen der Generalversammlung stellen.

2. Bekanntgabe von Einberufung und Beschlüssen der Generalversammlung

656d. Den Partizipanten muß die Einberufung der Generalversammlung zusammen mit den Verhandlungsgegenständen und den Anträgen bekanntgegeben werden.

Jeder Beschluß der Generalversammlung ist unverzüglich am Gesellschaftssitz und bei den eingetragenen Zweigniederlassungen zur Einsicht der Partizipanten aufzulegen. Die Partizipanten sind in der Bekanntgabe darauf hinzuweisen.

3. Vertretung im Verwaltungsrat

656e. Die Statuten können den Partizipanten einen Anspruch auf einen Vertreter im Verwaltungsrat einräumen.

4. Vermögensrechte
a. Im allgemeinen

656f. Die Statuten dürfen die Partizipanten bei der Verteilung des

Bilanzgewinnes und des Liquidationsergebnisses sowie beim Bezug neuer Aktien nicht schlechter stellen als die Aktionäre.

Bestehen mehrere Kategorien von Aktien, so müssen die Partizipationsscheine zumindest der Kategorie gleichgestellt sein, die am wenigsten bevorzugt ist.

Statutenänderungen und andere Generalversammlungsbeschlüsse, welche die Stellung der Partizipanten verschlechtern, sind nur zulässig, wenn sie auch die Stellung der Aktionäre, denen die Partizipanten gleichstehen, entsprechend beeinträchtigen.

Sofern die Statuten nichts anderes bestimmen, dürfen die Vorrechte und die statutarischen Mitwirkungsrechte von Partizipanten nur mit Zustimmung einer besonderen Versammlung der betroffenen Partizipanten und der Generalversammlung der Aktionäre beschränkt oder aufgehoben werden.

b. Bezugsrechte

656g. Wird ein Partizipationskapital geschaffen, so haben die Aktionäre ein Bezugsrecht wie bei der Ausgabe neuer Aktien.

Die Statuten können vorsehen, daß Aktionäre nur Aktien und Partizipanten nur Partizipationsscheine beziehen können, wenn das Aktien- und das Partizipationskapital gleichzeitig und im gleichen Verhältnis erhöht werden.

Wird das Partizipationskapital oder das Aktienkapital allein oder verhältnismäßig stärker als das andere erhöht, so sind die Bezugsrechte so zuzuteilen, daß Aktionäre und Partizipanten am gesamten Kapital gleich wie bis anhin beteiligt bleiben können.

M. Genußscheine

657. Die Statuten können die Schaffung von Genußscheinen zugunsten von Personen vorsehen, die mit der Gesellschaft durch frühere Kapitalbeteiligung oder als Aktionär, Gläubiger, Arbeitnehmer oder in ähnlicher Weise verbunden sind. Sie haben die Zahl der ausgegebenen Genußscheine und den Inhalt der damit verbundenen Rechte anzugeben.

Durch die Genußscheine können den Berechtigten nur Ansprüche auf einen Anteil am Bilanzgewinn oder am Liquidationsergebnis oder auf den Bezug neuer Aktien verliehen werden.

Der Genußschein darf keinen Nennwert haben; er darf weder Partizipationsschein genannt noch gegen eine Einlage ausgegeben werden, die unter den Aktiven der Bilanz ausgewiesen wird.

Die Berechtigten bilden von Gesetzes wegen eine Gemeinschaft, für welche die Bestimmungen über die Gläubigergemeinschaft bei Anleihensobligationen sinngemäß gelten. Den Verzicht auf einzelne oder alle Rechte aus den Genußscheinen können jedoch nur die Inhaber der Mehrheit aller im Umlauf befindlichen Genußscheintitel verbindlich beschließen.

Zugunsten der Gründer der Gesellschaft dürfen Genußscheine nur aufgrund der ursprünglichen Statuten geschaffen werden.

658. Aufgehoben.

N. Eigene Aktien
I. Einschränkung des Erwerbs

659. Die Gesellschaft darf eigene Aktien nur dann erwerben, wenn frei verwendbares Eigenkapital in der Höhe der dafür nötigen Mittel vorhanden ist und der gesamte Nennwert dieser Aktien 10 Prozent des Aktienkapitals nicht übersteigt.

Werden im Zusammenhang mit einer Übertragbarkeitsbeschränkung Namenaktien erworben, so beträgt die Höchstgrenze 20 Prozent. Die über 10 Prozent des Aktienkapitals hinaus erworbenen eigenen Aktien sind innert zweier Jahre zu veräußern oder durch Kapitalherabsetzung zu vernichten.

II. Folgen des Erwerbs

659a. Das Stimmrecht und die damit verbundenen Rechte eigener Aktien ruhen.

Die Gesellschaft hat für die eigenen Aktien einen dem Anschaffungswert entsprechenden Betrag gesondert als Reserve auszuweisen.

III. Erwerb durch Tochtergesellschaften

659b. Ist eine Gesellschaft an Tochtergesellschaften mehrheitlich beteiligt, so gelten für den Erwerb ihrer Aktien durch diese Tochtergesellschaften die gleichen Einschränkungen und Folgen wie für den Erwerb eigener Aktien.

Erwirbt eine Gesellschaft die Mehrheitsbeteiligung an einer

anderen Gesellschaft, die ihrerseits Aktien der Erwerberin hält, so gelten diese Aktien als eigene Aktien der Erwerberin.

Die Reservebildung obliegt der Gesellschaft, welche die Mehrheitsbeteiligung hält.

2. Abschnitt Rechte und Pflichten der Aktionäre

A. Recht auf Gewinn- und Liquidationsanteil
I. Im allgemeinen

660. Jeder Aktionär hat Anspruch auf einen verhältnismäßigen Anteil am Bilanzgewinn, soweit dieser nach dem Gesetz oder den Statuten zur Verteilung unter die Aktionäre bestimmt ist.

Bei Auflösung der Gesellschaft hat der Aktionär, soweit die Statuten über die Verwendung des Vermögens der aufgelösten Gesellschaft nichts anderes bestimmen, das Recht auf einen verhältnismäßigen Anteil am Ergebnis der Liquidation.

Vorbehalten bleiben die in den Statuten für einzelne Kategorien von Aktien festgesetzten Vorrechte.

II. Berechnungsart

661. Die Anteile am Gewinn und am Liquidationsergebnis sind, sofern die Statuten nicht etwas anderes vorsehen, im Verhältnis der auf das Aktienkapital einbezahlten Beträge zu berechnen.

B. Geschäftsbericht
I. Im allgemeinen
1. Inhalt

662. Der Verwaltungsrat erstellt für jedes Geschäftsjahr einen Geschäftsbericht, der sich aus der Jahresrechnung, dem Jahresbericht und einer Konzernrechnung zusammensetzt, soweit das Gesetz eine solche verlangt.

Die Jahresrechnung besteht aus der Erfolgsrechnung, der Bilanz und dem Anhang.

2. Ordnungsmäßige Rechnungslegung

662a. Die Jahresrechnung wird nach den Grundsätzen der ordnungsmäßigen Rechnungslegung so aufgestellt, daß die Vermögens- und Ertragslage der Gesellschaft möglichst zuverlässig beurteilt werden kann. Sie enthält auch die Vorjahreszahlen.

Die ordnungsmäßige Rechnungslegung erfolgt insbesondere nach den Grundsätzen der:

1. Vollständigkeit der Jahresrechnung;
2. Klarheit und Wesentlichkeit der Angaben;
3. Vorsicht;
4. Fortführung der Unternehmenstätigkeit;
5. Stetigkeit in Darstellung und Bewertung;
6. Unzulässigkeit der Verrechnung von Aktiven und Passiven sowie von Aufwand und Ertrag.

Abweichungen vom Grundsatz der Unternehmensfortführung, von der Stetigkeit der Darstellung und Bewertung und vom Verrechnungsverbot sind in begründeten Fällen zulässig. Sie sind im Anhang darzulegen.

Im übrigen gelten die Bestimmungen über die kaufmännische Buchführung.

II. Erfolgsrechnung; Mindestgliederung

663. Die Erfolgsrechnung weist betriebliche und betriebsfremde sowie außerordentliche Erträge und Aufwendungen aus.

Unter Ertrag werden der Erlös aus Lieferungen und Leistungen, der Finanzertrag sowie die Gewinne aus Veräußerungen von Anlagevermögen gesondert ausgewiesen.

Unter Aufwand werden Material- und Warenaufwand, Personalaufwand, Finanzaufwand sowie Aufwand für Abschreibungen gesondert ausgewiesen.

Die Erfolgsrechnung zeigt den Jahresgewinn oder den Jahresverlust.

III. Bilanz; Mindestgliederung

663a. Die Bilanz weist das Umlaufvermögen und das Anlagevermögen, das Fremdkapital und das Eigenkapital aus.

Das Umlaufvermögen wird in flüssige Mittel, Forderungen aus Lieferungen und Leistungen, andere Forderungen sowie Vorräte unterteilt, das Anlagevermögen in Finanzanlagen, Sachanlagen und immaterielle Anlagen.

Das Fremdkapital wird in Schulden aus Lieferungen und Leistungen, andere kurzfristige Verbindlichkeiten, langfristige Verbindlichkeiten und Rückstellungen unterteilt, das Eigenkapital in Aktienkapital, gesetzliche und andere Reserven sowie in einen Bilanzgewinn.

Gesondert angegeben werden auch das nicht einbezahlte

OR
Schweizerisches Obligationenrecht
30., überarbeitete Auflage

Korrigenda

Nach Drucklegung dieser Auflage des **Obligationenrechts** haben die Redaktionskommissionen des Parlaments am Text des neuen **Aktienrechts** (gemäss Referendumsvorlage in BBl 1991 Nr. 40) nachträglich folgende Korrekturen vorgenommen:

Art. 663c Abs. 1 Zeile 1 (Seite 267):
Statt «Namensaktien» richtig *«Aktien»*.

Art. 685d Abs. 3 (Seite 278):
Statt «börslich gehandelte Namensaktien» richtig *«börsenkotierte* Namensaktien».

Art. 716a Abs. 1 Ziff. 6 (Seite 294):
Statt «Jahresbericht» richtig *«Geschäfts*bericht».

Art. 727b Abs. 1 Ziff. 2 (Seite 297):
Die Worte «oder vorbörslich gehandelt werden» *streichen*.

Zum Inkrafttreten:
Während das gesamte übrige neue Aktienrecht auf den *1. Juli 1992* in Kraft tritt, gilt (gemäss BRB vom 30. März 1992) für die *Art. 663e, f* und *g* (Seite 268/9) erst das Datum des *1. Juli 1993*.

26. Titel. Die Aktiengesellschaft **663b–663c**

Aktienkapital, die Gesamtbeträge der Beteiligungen, der Forderungen und der Verbindlichkeiten gegenüber anderen Gesellschaften des Konzerns oder Aktionären, die eine Beteiligung an der Gesellschaft halten, die Rechnungsabgrenzungsposten sowie ein Bilanzverlust.

IV. Anhang

663b. Der Anhang enthält:

    1. den Gesamtbetrag der Bürgschaften, Garantieverpflichtungen und Pfandbestellungen zugunsten Dritter;

    2. den Gesamtbetrag der zur Sicherung eigener Verpflichtungen verpfändeten oder abgetretenen Aktiven sowie der Aktiven unter Eigentumsvorbehalt;

    3. den Gesamtbetrag der nichtbilanzierten Leasingverbindlichkeiten;

    4. die Brandversicherungswerte der Sachanlagen;

    5. Verbindlichkeiten gegenüber Vorsorgeeinrichtungen;

    6. die Beträge, Zinssätze und Fälligkeiten der von der Gesellschaft ausgegebenen Anleihensobligationen;

    7. jede Beteiligung, die für die Beurteilung der Vermögens- und Ertragslage der Gesellschaft wesentlich ist;

    8. den Gesamtbetrag der aufgelösten Wiederbeschaffungsreserven und der darüber hinausgehenden stillen Resrven, soweit dieser den Gesamtbetrag der neugebildeten derartigen Reserven übersteigt, wenn dadurch das erwirtschaftete Ergebnis wesentlich günstiger dargestellt wird;

    9. Angaben über Gegenstand und Betrag von Aufwertungen;

    10. Angaben über Erwerb, Veräußerung und Anzahl der von der Gesellschaft gehaltenen eigenen Aktien, einschließlich ihrer Aktien, die eine andere Gesellschaft hält, an der sie mehrheitlich beteiligt ist; anzugeben sind ebenfalls die Bedingungen, zu denen die Gesellschaft die eigenen Aktien erworben oder veräußert hat;

    11. den Betrag der genehmigten und der bedingten Kapitalerhöhung;

    12. die anderen vom Gesetz vorgeschriebenen Angaben.

V. Beteiligungsverhältnisse bei Publikumsgesellschaften

663c. Gesellschaften, deren Namenaktien an einer Börse kotiert sind, haben im Anhang zur Bilanz bedeutende Aktionäre und deren Beteiligungen anzugeben, sofern diese ihnen bekannt sind oder bekannt sein müßten.

Als bedeutende Aktionäre gelten Aktionäre und stimmrechtsverbundene Aktionärsgruppen, deren Beteiligung 5 Prozent aller Stimmrechte übersteigt. Enthalten die Statuten eine tiefere prozentmäßige Begrenzung der Namenaktien (Art. 685d. Abs. 1), so gilt für die Bekanntgabepflicht diese Grenze.

VI. Jahresbericht

663d. Der Jahresbericht stellt den Geschäftsverlauf sowie die wirtschaftliche und finanzielle Lage der Gesellschaft dar.

Er nennt die im Geschäftsjahr eingetretenen Kapitalerhöhungen und gibt die Prüfungsbestätigung wieder.

VII. Konzernrechnung
1. Pflicht zur Erstellung

663e. Faßt die Gesellschaft durch Stimmenmehrheit oder auf andere Weise eine oder mehrere Gesellschaften unter einheitlicher Leitung zusammen (Konzern), so erstellt sie eine konsolidierte Jahresrechnung (Konzernrechnung).

Die Gesellschaft ist von der Pflicht zur Erstellung einer Konzernrechnung befreit, wenn sie zusammen mit ihren Untergesellschaften zwei der nachstehenden Größen in zwei aufeinanderfolgenden Geschäftsjahren nicht überschreitet:

1. Bilanzsumme von 10 Millionen Franken;
2. Umsatzerlös von 20 Millionen Franken;
3. 200 Arbeitnehmer im Jahresdurchschnitt.

Eine Konzernrechnung ist dennoch zu erstellen, wenn:

1. die Gesellschaft Anleihensobligationen ausstehend hat;
2. die Aktien der Gesellschaft an der Börse kotiert sind;
3. Aktionäre, die zusammen mindestens 10 Prozent des Aktienkapitals vertreten, es verlangen;
4. dies für eine möglichst zuverlässige Beurteilung der Vermögens- und Ertragslage der Gesellschaft notwendig ist.

2. Zwischengesellschaften

663f. Ist eine Gesellschaft in die Konzernrechnung einer Obergesellschaft einbezogen, die nach schweizerischen oder gleichwertigen ausländischen Vorschriften erstellt und geprüft worden ist, so muß sie keine besondere Konzernrechnung erstellen, wenn sie die Konzernrechnung der Obergesellschaft ihren Aktionären und Gläubigern wie die eigene Jahresrechnung bekanntmacht.

Sie ist jedoch verpflichtet, eine besondere Konzernrechnung zu erstellen, wenn sie ihre Jahresrechnung veröffentlichen muß oder wenn Aktionäre, die zusammen mindestens 10 Prozent des Aktienkapitals vertreten, es verlangen.

3. Erstellung

663g. Die Konzernrechnung untersteht den Grundsätzen ordnungsmäßiger Rechnungslegung.

Im Anhang zur Konzernrechnung nennt die Gesellschaft die Konsolidierungs- und Bewertungsregeln. Weicht sie davon ab, so weist sie im Anhang darauf hin und vermittelt in anderer Weise die für den Einblick in die Vermögens- und Ertragslage des Konzerns nötigen Angaben.

VIII. Schutz und Anpassung

663h. In der Jahresrechnung, im Jahresbericht und in der Konzernrechnung kann auf Angaben verzichtet werden, welche der Gesellschaft oder dem Konzern erhebliche Nachteile bringen können. Die Revisionsstelle ist über die Gründe zu unterrichten.

Die Jahresrechnung kann im Rahmen der Grundsätze der ordnungsmäßigen Rechnungslegung den Besonderheiten des Unternehmens angepaßt werden. Sie hat jedoch den gesetzlich vorgeschriebenen Mindestinhalt aufzuweisen.

IX. Bewertung
1. Gründungs-, Kapitalerhöhungs- und Organisationskosten

664. Gründungs-, Kapitalerhöhungs- und Organisationskosten, die aus der Errichtung, der Erweiterung oder der Umstellung des Geschäfts entstehen, dürfen bilanziert werden. Sie werden gesondert ausgewiesen und innerhalb von fünf Jahren abgeschrieben.

2. Anlagevermögen
a. Im allgemeinen

665. Das Anlagevermögen darf höchstens zu den Anschaffungs- oder den Herstellungskosten bewertet werden, unter Abzug der notwendigen Abschreibungen.

b. Beteiligungen

665a. Zum Anlagevermögen gehören auch Beteiligungen und andere Finanzanlagen.

Beteiligungen sind Anteile am Kapital anderer Unternehmen, die mit der Absicht dauernder Anlage gehalten werden und einen maßgeblichen Einfluß vermitteln.

Stimmberechtigte Anteile von mindestens 20 Prozent gelten als Beteiligung.

3. Vorräte

666. Rohmaterialien, teilweise oder ganz fertiggestellte Erzeugnisse sowie Waren dürfen höchstens zu den Anschaffungs- oder den Herstellungskosten bewertet werden.

Sind die Kosten höher als der am Bilanzstichtag allgemein geltende Marktpreis, so ist dieser maßgebend.

4. Wertschriften

667. Wertschriften mit Kurswert dürfen höchstens zum Durchschnittskurs des letzten Monats vor dem Bilanzstichtag bewertet werden.

Wertschriften ohne Kurswert dürfen höchstens zu den Anschaffungskosten bewertet werden, unter Abzug der notwendigen Wertberichtigungen.

668. Aufgehoben.

5. Abschreibungen, Wertberichtigungen und Rückstellungen

669. Abschreibungen, Wertberichtigungen und Rückstellungen müssen vorgenommen werden, soweit sie nach allgemein anerkannten kaufmännischen Grundsätzen notwendig sind. Rückstellungen sind insbesondere zu bilden, um ungewisse Verpflichtungen und drohende Verluste aus schwebenden Geschäften zu decken.

Der Verwaltungsrat darf zu Wiederbeschaffungszwecken zusätzliche Abschreibungen, Wertberichtigungen und Rückstellungen vornehmen und davon absehen, überflüssig gewordene Rückstellungen aufzulösen.

Stille Reserven, die darüber hinausgehen, sind zulässig, soweit die Rücksicht auf das dauernde Gedeihen des Unternehmens oder auf die Ausrichtung einer möglichst gleichmäßigen Dividende es unter Berücksichtigung der Interessen der Aktionäre rechtfertigt.

Bildung und Auflösung von Wiederbeschaffungsreserven und darüber hinausgehenden stillen Reserven sind der Revisionsstelle im einzelnen mitzuteilen.

6. Aufwertung

670. Ist die Hälfte des Aktienkapitals und der gesetzlichen Reserven infolge eines Bilanzverlustes nicht mehr gedeckt, so dürfen zur Beseitigung der Unterbilanz Grundstücke oder Beteiligungen, deren wirklicher Wert über die Anschaffungs- oder Herstellungskosten gestiegen ist, bis höchstens zu diesem Wert aufgewertet werden. Der Aufwertungsbetrag ist gesondert als Aufwertungsreserve auszuweisen.

Die Aufwertung ist nur zulässig, wenn die Revisionsstelle zu Handen der Generalversammlung schriftlich bestätigt, daß die gesetzlichen Bestimmungen eingehalten sind.

C. Reserven
I. Gesetzliche Reserven
1. Allgemeine Reserve

671. 5 Prozent des Jahresgewinnes sind der allgemeinen Reserve zuzuweisen, bis diese 20 Prozent des einbezahlten Aktienkapitals erreicht.

Dieser Reserve sind, auch nachdem sie die gesetzliche Höhe erreicht hat, zuzuweisen:

1. ein bei der Ausgabe von Aktien nach Deckung der Ausgabekosten über den Nennwert hinaus erzielter Mehrerlös, soweit er nicht zu Abschreibungen oder zu Wohlfahrtszwecken verwendet wird;

2. was von den geleisteten Einzahlungen auf ausgefallene Aktien übrigbleibt, nachdem ein allfälliger Mindererlös aus den dafür ausgegebenen Aktien gedeckt worden ist;

3. 10 Prozent der Beträge, die nach Bezahlung einer Dividende von 5 Prozent als Gewinnanteil ausgerichtet werden.

Die allgemeine Reserve darf, soweit sie die Hälfte des Aktienkapitals nicht übersteigt, nur zur Deckung von Verlusten oder für Maßnahmen verwendet werden, die geeignet sind, in

Zeiten schlechten Geschäftsganges das Unternehmen durchzuhalten, der Arbeitslosigkeit entgegenzuwirken oder ihre Folgen zu mildern.

Die Bestimmungen in Absatz 2 Ziffer 3 und Absatz 3 gelten nicht für Gesellschaften, deren Zweck hauptsächlich in der Beteiligung an anderen Unternehmen besteht (Holdinggesellschaften).

Konzessionierte Transportanstalten sind, unter Vorbehalt abweichender Bestimmungen des öffentlichen Rechts, von der Pflicht zur Bildung der Reserve befreit.

Versicherungseinrichtungen bilden ihre Reserve nach dem von der zuständigen Aufsichtsbehörde genehmigten Geschäftsplan.

2. Reserve für eigene Aktien

671a. Die Reserve für eigene Aktien kann bei Veräußerung oder Vernichtung von Aktien im Umfang der Anschaffungswerte aufgehoben werden.

3. Aufwertungsreserve

671b. Die Aufwertungsreserve kann nur durch Umwandlung in Aktienkapital sowie durch Wiederabschreibung oder Veräußerung der aufgewerteten Aktiven aufgelöst werden.

II. Statutarische Reserven
1. Im allgemeinen

672. Die Statuten können bestimmen, daß der Reserve höhere Beträge als 5 Prozent des Jahresgewinnes zuzuweisen sind und daß die Reserve mehr als die vom Gesetz vorgeschriebenen 20 Prozent des einbezahlten Aktienkapitals betragen muß.

Sie können die Anlage weiterer Reserven vorsehen und deren Zweckbestimmung und Verwendung festsetzen.

2. Zu Wohlfahrtszwecken für Arbeitnehmer

673. Die Statuten können insbesondere auch Reserven zur Gründung und Unterstützung von Wohlfahrtseinrichtungen für Arbeitnehmer des Unternehmens vorsehen.

III. Verhältnis des Gewinnanteils zu den Reserven

674. Die Dividende darf erst festgesetzt werden, nachdem die dem Gesetz und den Statuten entsprechenden Zuweisungen an die gesetzlichen und statutarischen Reserven abgezogen worden sind.

Die Generalversammlung kann die Bildung von Reserven beschließen, die im Gesetz und in den Statuten nicht vorgesehen sind oder über deren Anforderungen hinausgehen, soweit

1. dies zu Wiederbeschaffungszwecken notwendig ist;
2. die Rücksicht auf das dauernde Gedeihen des Unternehmens oder auf die Ausrichtung einer möglichst gleichmäßigen Dividende es unter Berücksichtigung der Interessen aller Aktionäre rechtfertigt.

Ebenso kann die Generalversammlung zur Gründung und Unterstützung von Wohlfahrtseinrichtungen für Arbeitnehmer des Unternehmens und zu anderen Wohlfahrtszwecken aus dem Bilanzgewinn auch dann Reserven bilden, wenn sie in den Statuten nicht vorgesehen sind.

D. Dividenden, Bauzinse und Tantiemen
I. Dividenden

675. Zinse dürfen für das Aktienkapital nicht bezahlt werden.

Dividenden dürfen nur aus dem Bilanzgewinn und aus hierfür gebildeten Reserven ausgerichtet werden.

II. Bauzinse

676. Für die Zeit, die Vorbereitung und Bau bis zum Anfang des vollen Betriebes des Unternehmens erfordern, kann den Aktionären ein Zins von bestimmter Höhe zu Lasten des Anlagekontos zugesichert werden. Die Statuten müssen in diesem Rahmen den Zeitpunkt bezeichnen, in dem die Entrichtung von Zinsen spätestens aufhört.

Wird das Unternehmen durch die Ausgabe neuer Aktien erweitert, so kann im Beschlusse über die Kapitalerhöhung den neuen Aktien eine bestimmte Verzinsung zu Lasten des Anlagekontos bis zu einem genau anzugebenden Zeitpunkt, höchstens jedoch bis zur Aufnahme des Betriebes der neuen Anlage, zugestanden werden.

627 Z. 3.

III. Tantiemen

677. Gewinnanteile an Mitglieder des Verwaltungsrates dürfen nur dem Bilanzgewinn entnommen werden und sind nur zulässig, nachdem die Zuweisung an die gesetzliche Reserve gemacht und eine Dividende von 5 Prozent oder von einem durch die Statuten festgesetzten höheren Ansatz an die Aktionäre ausgerichtet worden ist.

Rechtsnatur: BGE 75 II 153; 82 II 149.

E. Rückerstattung von Leistungen
I. Im allgemeinen

678. Aktionäre und Mitglieder des Verwaltungsrates sowie diesen nahestehende Personen, die ungerechtfertigt und in bösem Glauben Dividenden, Tantiemen, andere Gewinnanteile oder Bauzinse bezogen haben, sind zur Rückerstattung verpflichtet.

Sie sind auch zur Rückerstattung anderer Leistungen der Gesellschaft verpflichtet, soweit diese in einem offensichtlichen Mißverhältnis zur Gegenleistung und zur wirtschaftlichen Lage der Gesellschaft stehen.

Der Anspruch auf Rückerstattung steht der Gesellschaft und dem Aktionär zu; dieser klagt auf Leistung an die Gesellschaft.

Die Pflicht zur Rückerstattung verjährt fünf Jahre nach Empfang der Leistung.

II. Tantiemen im Konkurs

679. Im Konkurs der Gesellschaft müssen die Mitglieder des Verwaltungsrates alle Tantiemen, die sie in den letzten drei Jahren vor Konkurseröffnung erhalten haben, zurückerstatten, es sei denn, sie weisen nach, daß die Voraussetzungen zur Ausrichtung der Tantiemen nach Gesetz und Statuten erfüllt waren; dabei ist insbesondere nachzuweisen, daß die Ausrichtung auf Grund vorsichtiger Bilanzierung erfolgte.

Die Zeit zwischen Konkursaufschub und Konkurseröffnung zählt bei der Berechnung der Frist nicht mit.

F. Leistungspflicht des Aktionärs
I. Gegenstand

680. Der Aktionär kann auch durch die Statuten nicht verpflichtet werden, mehr zu leisten als den für den Bezug einer Aktie bei ihrer Ausgabe festgesetzten Betrag.

Ein Recht, den eingezahlten Betrag zurückzufordern, steht dem Aktionär nicht zu.

Abs. 2: BGE 109 II 128.

26. Titel. Die Aktiengesellschaft

II. Verzugsfolgen
1. Nach Gesetz und Statuten

681. Ein Aktionär, der den Ausgabebetrag seiner Aktie nicht zur rechten Zeit einbezahlt, ist zur Zahlung von Verzugszinsen verpflichtet.

Der Verwaltungsrat ist überdies befugt, den säumigen Aktionär seiner Rechte aus der Zeichnung der Aktien und seiner geleisteten Teilzahlungen verlustig zu erklären und an Stelle der ausgefallenen neue Aktien auszugeben. Wenn die ausgefallenen Titel bereits ausgegeben sind und nicht beigebracht werden können, so ist die Verlustigerklärung im Schweizerischen Handelsamtsblatt sowie in der von den Statuten vorgesehenen Form zu veröffentlichen.

Die Statuten können einen Aktionär für den Fall der Säumnis auch zur Entrichtung einer Konventionalstrafe verpflichten.

Kaduzierung. 105, 160 ff., 671 Z. 2, 687.

2. Aufforderung zur Leistung

682. Beabsichtigt der Verwaltungsrat, den säumigen Aktionär seiner Rechte aus der Zeichnung verlustig zu erklären oder von ihm die in den Statuten vorgesehene Konventionalstrafe zu fordern, so hat er im Schweizerischen Handelsamtsblatt sowie in der von den Statuten vorgesehenen Form mindestens dreimal eine Aufforderung zur Einzahlung zu erlassen, unter Ansetzung einer Nachfrist von mindestens einem Monat, von der letzten Veröffentlichung an gerechnet. Der Aktionär darf seiner Rechte aus der Zeichnung erst verlustig erklärt oder für die Konventionalstrafe belangt werden, wenn er auch innerhalb der Nachfrist die Einzahlung nicht leistet.

Bei Namenaktien tritt an die Stelle der Veröffentlichungen eine Zahlungsaufforderung und Ansetzung der Nachfrist an die im Aktienbuch eingetragenen Aktionäre durch eingeschriebenen Brief. In diesem Falle läuft die Nachfrist vom Empfang der Zahlungsaufforderung an.

Der säumige Aktionär haftet der Gesellschaft für den Betrag, der durch die Leistungen des neuen Aktionärs nicht gedeckt ist.

Abs. 1: BGE 113 II 275.

G. Ausgabe und Übertragung der Aktien
I. Inhaberaktien

683. Auf den Inhaber lautende Aktien dürfen erst nach der Einzahlung des vollen Nennwertes ausgegeben werden.

Vor der Volleinzahlung ausgegebene Aktien sind nichtig. Schadenersatzansprüche bleiben vorbehalten.

622, 633, 687.

II. Namenaktien

684. Die Namenaktien sind, wenn nicht Gesetz oder Statuten es anders bestimmen, ohne Beschränkung übertragbar.

Die Übertragung durch Rechtsgeschäft kann durch Übergabe des indossierten Aktientitels an den Erwerber erfolgen.

H. Beschränkung der Übertragbarkeit
I. Gesetzliche Beschränkung

685. Nicht voll liberierte Namenaktien dürfen nur mit Zustimmung der Gesellschaft übertragen werden, es sei denn, sie werden durch Erbgang, Erbteilung, eheliches Güterrecht oder Zwangsvollstreckung erworben.

Die Gesellschaft kann die Zustimmung nur verweigern, wenn die Zahlungsfähigkeit des Erwerbers zweifelhaft ist und die von der Gesellschaft geforderte Sicherheit nicht geleistet wird.

II. Statutarische Beschränkung
1. Grundsätze

685a. Die Statuten können bestimmen, daß Namenaktien nur mit Zustimmung der Gesellschaft übertragen werden dürfen.

Diese Beschränkung gilt auch für die Begründung einer Nutznießung.

Tritt die Gesellschaft in Liquidation, so fällt die Beschränkung der Übertragbarkeit dahin.

Vinkulierung.

2. Nicht börsenkotierte Namenaktien
a. Voraussetzungen der Ablehnung

685b. Die Gesellschaft kann das Gesuch um Zustimmung ablehnen, wenn sie hierfür einen wichtigen, in den Statuten genannten Grund bekanntgibt oder wenn sie dem Veräußerer der Aktien anbietet, die Aktien für eigene Rechnung, für Rechnung anderer

Aktionäre oder für Rechnung Dritter zum wirklichen Wert im Zeitpunkt des Gesuches zu übernehmen.

Als wichtige Gründe gelten Bestimmungen über die Zusammensetzung des Aktionärskreises, die im Hinblick auf den Gesellschaftszweck oder die wirtschaftliche Selbständigkeit des Unternehmens die Verweigerung rechtfertigen.

Die Gesellschaft kann überdies die Eintragung in das Aktienbuch verweigern, wenn der Erwerber nicht ausdrücklich erklärt, daß er die Aktien im eigenen Namen und auf eigene Rechnung erworben hat.

Sind die Aktien durch Erbgang, Erbteilung, eheliches Güterrecht oder Zwangsvollstreckung erworben worden, so kann die Gesellschaft das Gesuch um Zustimmung nur ablehnen, wenn sie dem Erwerber die Übernahme der Aktien zum wirklichen Wert anbietet.

Der Erwerber kann verlangen, daß der Richter am Sitz der Gesellschaft den wirklichen Wert bestimmt. Die Kosten der Bewertung trägt die Gesellschaft.

Lehnt der Erwerber das Übernahmeangebot nicht innert eines Monats nach Kenntnis des wirklichen Wertes ab, so gilt es als angenommen.

Die Statuten dürfen die Voraussetzungen der Übertragbarkeit nicht erschweren.

b. Wirkung

685c. Solange eine erforderliche Zustimmung zur Übertragung von Aktien nicht erteilt wird, verbleiben das Eigentum an den Aktien und alle damit verknüpften Rechte beim Veräußerer.

Beim Erwerb von Aktien durch Erbgang, Erbteilung, eheliches Güterrecht oder Zwangsvollstreckung gehen das Eigentum und die Vermögensrechte sogleich, die Mitwirkungsrechte erst mit der Zustimmung der Gesellschaft auf den Erwerber über.

Lehnt die Gesellschaft das Gesuch um Zustimmung innert dreier Monate nach Erhalt nicht oder zu Unrecht ab, so gilt die Zustimmung als erteilt.

3. Börsenkotierte Namenaktien
a. Voraussetzungen der Ablehnung

685d. Bei börsenkotierten Namenaktien kann die Gesellschaft einen Erwerber als Aktionär nur ablehnen, wenn die Statuten eine prozentmäßige Begrenzung der Namenaktien vorsehen, für die ein Erwerber als Aktionär anerkannt werden muß, und diese Begrenzung überschritten wird.

Die Gesellschaft kann überdies die Eintragung in das Aktienbuch verweigern, wenn der Erwerber auf ihr Verlangen nicht ausdrücklich erklärt, daß er die Aktien im eigenen Namen und auf eigene Rechnung erworben hat.

Sind börslich gehandelte Namenaktien durch Erbgang, Erbteilung oder eheliches Güterrecht erworben worden, kann der Erwerber nicht abgelehnt werden.

b. Meldepflicht

685e. Werden börsenkotierte Namenaktien börsenmäßig verkauft, so meldet die Veräußererbank den Namen des Veräußerers und die Anzahl der verkauften Aktien unverzüglich der Gesellschaft.

c. Rechtsübergang

685f. Werden börsenkotierte Namenaktien börsenmäßig erworben, so gehen die Rechte mit der Übertragung auf den Erwerber über. Werden börsenkotierte Namenaktien außerbörslich erworben, so gehen die Rechte auf den Erwerber über, sobald dieser bei der Gesellschaft ein Gesuch um Anerkennung als Aktionär eingereicht hat.

Bis zur Anerkennung des Erwerbers durch die Gesellschaft kann dieser weder das mit den Aktien verknüpfte Stimmrecht noch andere mit dem Stimmrecht zusammenhängende Rechte ausüben. In der Ausübung aller übrigen Aktionärsrechte, insbesondere auch des Bezugsrechts, ist der Erwerber nicht eingeschränkt.

Noch nicht von der Gesellschaft anerkannte Erwerber sind nach dem Rechtsübergang als Aktionär ohne Stimmrecht ins Aktienbuch einzutragen. Die entsprechenden Aktien gelten in der Generalversammlung als nicht vertreten.

Ist die Ablehnung widerrechtlich, so hat die Gesellschaft das Stimmrecht und die damit zusammenhängenden Rechte vom Zeitpunkt des richterlichen Urteils an anzuerkennen und dem Erwerber Schadenersatz zu leisten, sofern sie nicht beweist, daß ihr kein Verschulden zur Last fällt.

26. Titel. Die Aktiengesellschaft

d. Ablehnungsfrist

685g. Lehnt die Gesellschaft das Gesuch des Erwerbers um Anerkennung innert 20 Tagen nicht ab, so ist dieser als Aktionär anerkannt.

4. Aktienbuch
a. Eintragung

686. Die Gesellschaft führt über die Namenaktien ein Aktienbuch, in welches die Eigentümer und Nutznießer mit Namen und Adresse eingetragen werden.

Die Eintragung in das Aktienbuch setzt einen Ausweis über den Erwerb der Aktie zu Eigentum oder die Begründung einer Nutznießung voraus.

Die Gesellschaft muß die Eintragung auf dem Aktientitel bescheinigen.

Im Verhältnis zur Gesellschaft gilt als Aktionär oder als Nutznießer, wer im Aktienbuch eingetragen ist.

b. Streichung

686a. Die Gesellschaft kann nach Anhörung des Betroffenen Eintragungen im Aktienbuch streichen, wenn diese durch falsche Angaben des Erwerbers zustande gekommen sind. Dieser muß über die Streichung sofort informiert werden.

5. Nicht voll einbezahlte Namenaktien

687. Der Erwerber einer nicht voll einbezahlten Namenaktie ist der Gesellschaft gegenüber zur Einzahlung verpflichtet, sobald er im Aktienbuch eingetragen ist.

Veräußert der Zeichner die Aktie, so kann er für den nicht einbezahlten Betrag belangt werden, wenn die Gesellschaft binnen zwei Jahren seit ihrer Eintragung in das Handelsregister in Konkurs gerät und sein Rechtsnachfolger seines Rechtes aus der Aktie verlustig erklärt worden ist.

Der Veräußerer, der nicht Zeichner ist, wird durch die Eintragung des Erwerbers der Aktie im Aktienbuch von der Einzahlungspflicht befreit.

Solange Namenaktien nicht voll einbezahlt sind, ist auf jedem Titel der auf den Nennwert einbezahlte Betrag anzugeben.
681.

III. Interimsscheine

688. Auf den Inhaber lautende Interimsscheine dürfen nur für Inhaberaktien ausgegeben werden, deren Nennwert voll einbezahlt ist. Vor der Volleinzahlung ausgegebene, auf den Inhaber lautende Interimsscheine sind nichtig. Schadenersatzansprüche bleiben vorbehalten.

Werden für Inhaberaktien auf den Namen lautende Interimsscheine ausgestellt, so können sie nur nach den für die Abtretung von Forderungen geltenden Bestimmungen übertragen werden, jedoch ist die Übertragung der Gesellschaft gegenüber erst wirksam, wenn sie ihr angezeigt wird.

Interimsscheine für Namenaktien müssen auf den Namen lauten. Die Übertragung solcher Interimsscheine richtet sich nach den für die Übertragung von Namenaktien geltenden Vorschriften.

<small>Abs. 3: 684. Zertifikate: BGE 86 II 98.</small>

J. Persönliche Mitgliedschaftsrechte
I. Teilnahme an der Generalversammlung
1. Grundsatz

689. Der Aktionär übt seine Rechte in den Angelegenheiten der Gesellschaft, wie Bestellung der Organe, Abnahme des Geschäftsberichtes und Beschlußfassung über die Gewinnverwendung, in der Generalversammlung aus.

Er kann seine Aktien in der Generalversammlung selbst vertreten oder durch einen Dritten vertreten lassen, der unter Vorbehalt abweichender statutarischer Bestimmungen nicht Aktionär zu sein braucht.

2. Berechtigung gegenüber der Gesellschaft

689a. Die Mitgliedschaftsrechte aus Namenaktien kann ausüben, wer durch den Eintrag im Aktienbuch ausgewiesen oder vom Aktionär dazu schriftlich bevollmächtigt ist.

Die Mitgliedschaftsrechte aus Inhaberaktien kann ausüben, wer sich als Besitzer ausweist, indem er die Aktien vorlegt. Der Verwaltungsrat kann eine andere Art des Besitzesausweises anordnen.

3. Vertretung des Aktionärs
a. Im allgemeinen

689b. Wer Mitwirkungsrechte als Vertreter ausübt, muß die Weisungen des Vertretenen befolgen.

Wer eine Inhaberaktie auf Grund einer Verpfändung, Hinterlegung oder leihweisen Überlassung besitzt, darf die Mitgliedschaftsrechte nur ausüben, wenn er vom Aktionär hierzu in einem besonderen Schriftstück bevollmächtigt wurde.

b. Organvertreter

689c. Schlägt die Gesellschaft den Aktionären ein Mitglied ihrer Organe oder eine andere abhängige Person für die Stimmrechtsvertretung an einer Generalversammlung vor, so muß sie zugleich eine unabhängige Person bezeichnen, die von den Aktionären mit der Vertretung beauftragt werden kann.

c. Depotvertreter

689d. Wer als Depotvertreter Mitwirkungsrechte aus Aktien, die bei ihm hinterlegt sind, ausüben will, ersucht den Hinterleger vor jeder Generalversammlung um Weisungen für die Stimmabgabe.

Sind Weisungen des Hinterlegers nicht rechtzeitig erhältlich, so übt der Depotvertreter das Stimmrecht nach einer allgemeinen Weisung des Hinterlegers aus; fehlt eine solche, so folgt er den Anträgen des Verwaltungsrates.

Als Depotvertreter gelten die dem Bundesgesetz vom 8. November 1934 über die Banken und Sparkassen unterstellten Institute sowie gewerbsmäßige Vermögensverwalter.

d. Bekanntgabe

689e. Organe, unabhängige Stimmrechtsvertreter und Depotvertreter geben der Gesellschaft Anzahl, Art, Nennwert und Kategorie der von ihnen vertretenen Aktien bekannt. Unterbleiben diese Angaben, so sind die Beschlüsse der Generalversammlung unter den gleichen Voraussetzungen anfechtbar wie bei unbefugter Teilnahme an der Generalversammlung.

Der Vorsitzende teilt die Angaben gesamthaft für jede Vertretungsart der Generalversammlung mit. Unterläßt er dies, obschon ein Aktionär es verlangt hat, so kann jeder Aktionär die Beschlüsse der Generalversammlung mit Klage gegen die Gesellschaft anfechten.

4. Mehrere Berechtigte

690. Steht eine Aktie in gemeinschaftlichem Eigentum, so können die Berechtigten die Rechte aus der Aktie nur durch einen gemeinsamen Vertreter ausüben.

Im Falle der Nutznießung an einer Aktie wird diese durch den Nutznießer vertreten; er wird dem Eigentümer ersatzpflichtig, wenn er dabei dessen Interessen nicht in billiger Weise Rücksicht trägt.

Abs. 2: BGE 46 II 475. Pfandrecht: ZGB 905.

II. Unbefugte Teilnahme

691. Die Überlassung von Aktien zum Zwecke der Ausübung des Stimmrechts in der Generalversammlung ist unstatthaft, wenn damit die Umgehung einer Stimmrechtsbeschränkung beabsichtigt ist.

Jeder Aktionär ist befugt, gegen die Teilnahme unberechtigter Personen beim Verwaltungsrat oder zu Protokoll der Generalversammlung Einspruch zu erheben.

Wirken Personen, die zur Teilnahme an der Generalversammlung nicht befugt sind, bei einem Beschlusse mit, so kann jeder Aktionär, auch wenn er nicht Einspruch erhoben hat, diesen Beschluß anfechten, sofern die beklagte Gesellschaft nicht nachweist, daß diese Mitwirkung keinen Einfluß auf die Beschlußfassung ausgeübt hatte.

Umgehung, Strohmänner. BGE 59 II 442; 71 II 278; 81 II 540.

III. Stimmrecht in der Generalversammlung
1. Grundsatz

692. Die Aktionäre üben ihr Stimmrecht in der Generalversammlung nach Verhältnis des gesamten Nennwerts der ihnen gehörenden Aktien aus.

Jeder Aktionär hat, auch wenn er nur eine Aktie besitzt, zum mindesten eine Stimme. Doch können die Statuten die Stimmenzahl der Besitzer mehrerer Aktien beschränken.

Bei der Herabsetzung des Nennwerts der Aktien im Fall einer Sanierung der Gesellschaft kann das Stimmrecht dem ursprünglichen Nennwert entsprechend beibehalten werden.
BGE 53 II 47; 59 II 51; 83 II 64; 109 II 43.

2. Stimmrechtsaktien

693. Die Statuten können das Stimmrecht unabhängig vom Nennwert nach der Zahl der jedem Aktionär gehörenden Aktien festsetzen, so daß auf jede Aktie eine Stimme entfällt.

In diesem Falle können Aktien, die einen kleineren Nennwert als andere Aktien der Gesellschaft haben, nur als Namenaktien ausgegeben werden und müssen voll liberiert sein. Der Nennwert der übrigen Aktien darf das Zehnfache des Nennwertes der Stimmrechtsaktien nicht übersteigen.

Die Bemessung des Stimmrechts nach der Zahl der Aktien ist nicht anwendbar für:
 1. die Wahl der Revisionsstelle;
 2. die Ernennung von Sachverständigen zur Prüfung der Geschäftsführung oder einzelner Teile;
 3. die Beschlußfassung über die Einleitung einer Sonderprüfung;
 4. die Beschlußfassung über die Anhebung einer Verantwortlichkeitsklage.

3. Entstehung des Stimmrechts

694. Das Stimmrecht entsteht, sobald auf die Aktie der gesetzlich oder statutarisch festgesetzte Betrag einbezahlt ist.

4. Ausschließung vom Stimmrecht

695. Bei Beschlüssen über die Entlastung des Verwaltungsrats haben Personen, die in irgendeiner Weise an der Geschäftsführung teilgenommen haben, kein Stimmrecht.

Dieses Verbot bezieht sich nicht auf die Mitglieder der Revisionsstelle.

IV. Kontrollrechte der Aktionäre
1. Bekanntgabe des Geschäftsberichtes

696. Spätestens 20 Tage vor der ordentlichen Generalversammlung sind der Geschäftsbericht und der Revisionsbericht den Aktionären am Gesellschaftssitz zur Einsicht aufzulegen. Jeder Aktionär kann verlangen, daß ihm unverzüglich eine Ausfertigung dieser Unterlagen zugestellt wird.

Namenaktionäre sind hierüber durch schriftliche Mitteilung zu unterrichten, Inhaberaktionäre durch Bekanntgabe im Schweizerischen Handelsamtsblatt sowie in der von den Statuten vorgeschriebenen Form.

Jeder Aktionär kann noch während eines Jahres nach der Generalversammlung von der Gesellschaft den Geschäftsbericht in der von der Generalversammlung genehmigten Form sowie den Revisionsbericht verlangen.

2. Auskunft und Einsicht

697. Jeder Aktionär ist berechtigt, an der Generalversammlung vom Verwaltungsrat Auskunft über die Angelegenheiten der Gesellschaft und von der Revisionsstelle über Durchführung und Ergebnis ihrer Prüfung zu verlangen.

Die Auskunft ist insoweit zu erteilen, als sie für die Ausübung der Aktionärsrechte erforderlich ist. Sie kann verweigert werden, wenn durch sie Geschäftsgeheimnisse oder andere schutzwürdige Interessen der Gesellschaft gefährdet werden.

Die Geschäftsbücher und Korrespondenzen können nur mit ausdrücklicher Ermächtigung der Generalversammlung oder durch Beschluß des Verwaltungsrates und unter Wahrung der Geschäftsgeheimnisse eingesehen werden.

Wird die Auskunft oder die Einsicht ungerechtfertigterweise verweigert, so ordnet sie der Richter am Sitz der Gesellschaft auf Antrag an.

V. Recht auf Einleitung einer Sonderprüfung
1. Mit Genehmigung der Generalversammlung

697a. Jeder Aktionär kann der Generalversammlung beantragen, bestimmte Sachverhalte durch eine Sonderprüfung abklären zu lassen, sofern dies zur Ausübung der Aktionärsrechte erforderlich ist und er das Recht auf Auskunft oder das Recht auf Einsicht bereits ausgeübt hat.

Entspricht die Generalversammlung dem Antrag, so kann die Gesellschaft oder jeder Aktionär innert 30 Tagen den Richter um Einsetzung eines Sonderprüfers ersuchen.

2. Bei Ablehnung durch die Generalversammlung

697b. Entspricht die Generalversammlung dem Antrag nicht, so können Aktionäre, die zusammen mindestens 10 Prozent des Aktienkapitals oder Aktien im Nennwert von 2 Millionen Franken vertreten, innert dreier Monate den Richter ersuchen, einen Sonderprüfer einzusetzen.

Die Gesuchsteller haben Anspruch auf Einsetzung eines Sonderprüfers, wenn sie glaubhaft machen, daß Gründer oder Organe Gesetz oder Statuten verletzt und damit die Gesellschaft oder die Aktionäre geschädigt haben.

3. Einsetzung

697c. Der Richter entscheidet nach Anhörung der Gesellschaft und des seinerzeitigen Antragstellers.

Entspricht der Richter dem Gesuch, so beauftragt er einen unabhängigen Sachverständigen mit der Durchführung der Prüfung. Er umschreibt im Rahmen des Gesuches den Prüfungsgegenstand.

Der Richter kann die Sonderprüfung auch mehreren Sachverständigen gemeinsam übertragen.

4. Tätigkeit

697d. Die Sonderprüfung ist innert nützlicher Frist und ohne unnötige Störung des Geschäftsganges durchzuführen.

Gründer, Organe, Beauftragte, Arbeitnehmer, Sachwalter und Liquidatoren müssen dem Sonderprüfer Auskunft über erhebliche Tatsachen erteilen. Im Streitfall entscheidet der Richter.

Der Sonderprüfer hört die Gesellschaft zu den Ergebnissen der Sonderprüfung an.

Er ist zur Verschwiegenheit verpflichtet.

5. Bericht

697e. Der Sonderprüfer berichtet einläßlich über das Ergebnis seiner Prüfung, wahrt aber das Geschäftsgeheimnis. Er legt seinen Bericht dem Richter vor.

Der Richter stellt den Bericht der Gesellschaft zu und entscheidet auf ihr Begehren, ob Stellen des Berichtes das Geschäftsgeheimnis oder andere schutzwürdige Interessen der Gesellschaft verletzen und deshalb den Gesuchstellern nicht vorgelegt werden sollen.

Er gibt der Gesellschaft und den Gesuchstellern Gelegenheit, zum bereinigten Bericht Stellung zu nehmen und Ergänzungsfragen zu stellen.

6. Behandlung und Bekanntgabe

697f. Der Verwaltungsrat unterbreitet der nächsten Generalversammlung den Bericht und die Stellungnahmen dazu.

Jeder Aktionär kann während eines Jahres nach der Generalversammlung von der Gesellschaft eine Ausfertigung des Berichtes und der Stellungnahmen verlangen.

7. Kostentragung

697g. Entspricht der Richter dem Gesuch um Einsetzung eines Sonderprüfers, so überbindet er den Vorschuß und die Kosten der Gesellschaft. Wenn besondere Umstände es rechtfertigen, kann er die Kosten ganz oder teilweise den Gesuchstellern auferlegen.

Hat die Generalversammlung der Sonderprüfung zugestimmt, so trägt die Gesellschaft die Kosten.

K. Offenlegung von Jahresrechnung und Konzernrechnung

697h. Jahresrechnung und Konzernrechnung sind nach der Abnahme durch die Generalversammlung mit den Revisionsberichten entweder im Schweizerischen Handelsamtsblatt zu veröffentlichen oder jeder Person, die es innerhalb eines Jahres seit Abnahme verlangt, auf deren Kosten in einer Ausfertigung zuzustellen, wenn

1. die Gesellschaft Anleihensobligationen ausstehend hat;
2. die Aktien der Gesellschaft an einer Börse kotiert sind.

Die übrigen Aktiengesellschaften müssen den Gläubigern, die ein schutzwürdiges Interesse nachweisen, Einsicht in die Jahresrechnung, die Konzernrechnung und die Revisionsberichte gewähren. Im Streitfall entscheidet der Richter.

3. Abschnitt Organisation der Aktiengesellschaft

A. Die Generalversammlung
I. Befugnisse

698. Oberstes Organ der Aktiengesellschaft ist die Generalversammlung der Aktionäre.

Ihr stehen folgende unübertragbare Befugnisse zu:

1. die Festsetzung und Änderung der Statuten;
2. die Wahl der Mitglieder des Verwaltungsrates und der Revisionsstelle;
3. die Genehmigung des Jahresberichtes und der Konzernrechnung;
4. die Genehmigung der Jahresrechnung sowie die Beschlußfassung über die Verwendung des Bilanzgewinnes, insbesondere die Festsetzung der Dividende und der Tantieme;
5. die Entlastung der Mitglieder des Verwaltungsrates;
6. die Beschlußfassung über die Gegenstände, die der Generalversammlung durch das Gesetz oder die Statuten vorbehalten sind.

II. Einberufung und Traktandierung
1. Recht und Pflicht

699. Die Generalversammlung wird durch den Verwaltungsrat, nötigenfalls durch die Revisionsstelle einberufen. Das Einberufungsrecht steht auch den Liquidatoren und den Vertretern der Anleihensgläubiger zu.

Die ordentliche Versammlung findet alljährlich innerhalb sechs Monaten nach Schluß des Geschäftsjahres statt, außerordentliche Versammlungen werden je nach Bedürfnis einberufen.

Die Einberufung einer Generalversammlung kann auch von einem oder mehreren Aktionären, die zusammen mindestens 10 Prozent des Aktienkapitals vertreten, verlangt werden. Aktionäre, die Aktien im Nennwerte von 1 Million Franken vertreten, können die Traktandierung eines Verhandlungsgegenstandes verlangen. Einberufung und Traktandierung werden schriftlich unter Angabe des Verhandlungsgegenstandes und der Anträge anbegehrt.

Entspricht der Verwaltungsrat diesem Begehren nicht binnen angemessener Frist, so hat der Richter auf Antrag der Gesuchsteller die Einberufung anzuordnen.

2. Form

700. Die Generalversammlung ist spätestens 20 Tage vor dem Versammlungstag in der durch die Statuten vorgeschriebenen Form einzuberufen.

In der Einberufung sind die Verhandlungsgegenstände sowie die Anträge des Verwaltungsrates und der Aktionäre bekanntzugeben, welche die Durchführung einer Generalversammlung oder die Traktandierung eines Verhandlungsgegenstandes verlangt haben.

Über Anträge zu nicht gehörig angekündigten Verhandlungsgegenständen können keine Beschlüsse gefaßt werden; ausgenommen sind Anträge auf Einberufung einer außerordentlichen Generalversammlung oder auf Durchführung einer Sonderprüfung.

Zur Stellung von Anträgen im Rahmen der Verhandlungsgegenstände und zu Verhandlungen ohne Beschlußfassung bedarf es keiner vorgängigen Ankündigung.

3. Universalversammlung

701. Die Eigentümer oder Vertreter sämtlicher Aktien können, falls kein Widerspruch erhoben wird, eine Generalversammlung ohne Einhaltung der für die Einberufung vorgeschriebenen Formvorschriften abhalten.

In dieser Versammlung kann über alle in den Geschäftskreis der Generalversammlung fallenden Gegenstände gültig verhandelt und Beschluß gefaßt werden, solange die Eigentümer oder Vertreter sämtlicher Aktien anwesend sind.

III. Vorbereitende Maßnahmen; Protokoll

702. Der Verwaltungsrat trifft die für die Feststellung der Stimmrechte erforderlichen Anordnungen.

Er sorgt für die Führung des Protokolls. Dieses hält fest:

1. Anzahl, Art, Nennwert und Kategorie der Aktien, die von den Aktionären, von den Organen, von unabhängigen Stimmrechtsvertretern und von Depotvertretern vertreten werden;

2. die Beschlüsse und die Wahlergebnisse;

3. die Begehren um Auskunft und die darauf erteilten Antworten;

4. die von den Aktionären zu Protokoll gegebenen Erklärungen.

Die Aktionäre sind berechtigt, das Protokoll einzusehen.

IV. Beschlußfassung und Wahlen
1. Im allgemeinen

703. Die Generalversammlung faßt ihre Beschlüsse und vollzieht ihre Wahlen, soweit das Gesetz oder die Statuten es nicht anders bestimmen, mit der absoluten Mehrheit der vertretenen Aktienstimmen.

2. Wichtige Beschlüsse

704. Ein Beschluß der Generalversammlung, der mindestens zwei Drittel der vertretenen Stimmen und die absolute Mehrheit der vertretenen Aktiennennwerte auf sich vereinigt, ist erforderlich für: 1. die Änderung des Gesellschaftszweckes;

2. die Einführung von Stimmrechtsaktien;

3. die Beschränkung der Übertragbarkeit von Namenaktien;

4. eine genehmigte oder eine bedingte Kapitalerhöhung;

5. die Kapitalerhöhung aus Eigenkapital, gegen Sacheinlage oder zwecks Sachübernahme und die Gewährung von besonderen Vorteilen;

6. die Einschränkung oder Aufhebung des Bezugsrechtes;

7. die Verlegung des Sitzes der Gesellschaft;

8. die Auflösung der Gesellschaft ohne Liquidation.

Statutenbestimmungen, die für die Fassung bestimmter Beschlüsse größere Mehrheiten als die vom Gesetz vorgeschriebenen festlegen, können nur mit dem vorgesehenen Mehr eingeführt werden.

Namenaktionäre, die einem Beschluß über die Zweckänderung oder die Einführung von Stimmrechtsaktien nicht zugestimmt haben, sind während sechs Monaten nach dessen Veröffentlichung im Schweizerischen Handelsamtsblatt an statutarische Beschränkungen der Übertragbarkeit der Aktien nicht gebunden.

V. Abberufung des Verwaltungsrates und der Revisionsstelle

705. Die Generalversammlung ist berechtigt, die Mitglieder des Verwaltungsrates und der Revisionsstelle sowie allfällige, von ihr gewählte Bevollmächtigte und Beauftragte abzuberufen.

Entschädigungsansprüche der Abberufenen bleiben vorbehalten.

726 II. 740 IV. Jederzeit: BGE 80 II 121.

VI. Anfechtung von Generalversammlungsbeschlüssen
1. Legitimation und Gründe

706. Der Verwaltungsrat und jeder Aktionär können Beschlüsse der Generalversammlung, die gegen das Gesetz oder die Statuten verstoßen, beim Richter mit Klage gegen die Gesellschaft anfechten.

Anfechtbar sind insbesondere Beschlüsse, die

1. unter Verletzung von Gesetz oder Statuten Rechte von Aktionären entziehen oder beschränken;

2. in unsachlicher Weise Rechte von Aktionären entziehen oder beschränken;

3. eine durch den Gesellschaftszweck nicht gerechtfertigte Ungleichbehandlung oder Benachteiligung der Aktionäre bewirken;

4. die Gewinnstrebigkeit der Gesellschaft ohne Zustimmung sämtlicher Aktionäre aufheben.

(Abs. 3 und 4: Aufgehoben)

Das Urteil, das einen Beschluß der Generalversammlung aufhebt, wirkt für und gegen alle Aktionäre.

Anfechtung, Natur: BGE 64 II 152; 74 II 41. Nichtigkeit: BGE 71 I 387; 80 II 275. Gleichbehandlung: BGE 69 II 248; 102 II 265.

2. Verfahren

706a. Das Anfechtungsrecht erlischt, wenn die Klage nicht spätestens zwei Monate nach der Generalversammlung angehoben wird.

Ist der Verwaltungsrat Kläger, so bestellt der Richter einen Vertreter für die Gesellschaft.

Der Richter verteilt die Kosten bei Abweisung der Klage nach seinem Ermessen auf die Gesellschaft und den Kläger.

VII. Nichtigkeit

706b. Nichtig sind insbesondere Beschlüsse der Generalversammlung, die:

1. das Recht auf Teilnahme an der Generalversammlung, das

Mindeststimmrecht, die Klagerechte oder andere vom Gesetz zwingend gewährte Rechte des Aktionärs entziehen oder beschränken;

2. Kontrollrechte von Aktionären über das gesetzlich zulässige Maß hinaus beschränken; oder

3. die Grundstrukturen der Aktiengesellschaft mißachten oder die Bestimmungen zum Kapitalschutz verletzen.

B. Der Verwaltungsrat
I. Im allgemeinen
1. Wählbarkeit

707. Der Verwaltungsrat der Gesellschaft besteht aus einem oder mehreren Mitgliedern, die Aktionäre sein müssen.

Werden andere Personen gewählt, so können sie ihr Amt erst antreten, nachdem sie Aktionäre geworden sind.

Ist an der Gesellschaft eine juristische Person oder eine Handelsgesellschaft beteiligt, so ist sie als solche nicht als Mitglied des Verwaltungsrats wählbar; dagegen können an ihrer Stelle ihre Vertreter gewählt werden.

717. Anhang V 41. Stimmrecht: BGE 71 I 188.

2. Nationalität und Wohnsitz

708. Die Mitglieder des Verwaltungsrates müssen mehrheitlich Personen sein, die in der Schweiz wohnhaft sind und das Schweizer Bürgerrecht besitzen. Der Bundesrat kann für Gesellschaften, deren Zweck hauptsächlich in der Beteiligung an anderen Unternehmen besteht (Holdinggesellschaften), Ausnahmen von dieser Regel bewilligen, wenn die Mehrheit dieser Unternehmen sich im Ausland befindet.

Wenigstens ein zur Vertretung der Gesellschaft befugtes Mitglied des Verwaltungsrates muß in der Schweiz wohnhaft sein.

Ist mit der Verwaltung eine einzige Person betraut, so muß sie in der Schweiz wohnhaft sein und das Schweizer Bürgerrecht besitzen.

Sind diese Vorschriften nicht mehr erfüllt, so hat der Handelsregisterführer der Gesellschaft eine Frist zur Wiederherstellung des gesetzmäßigen Zustandes zu setzen und nach fruchtlosem Ablauf die Gesellschaft von Amtes wegen als aufgelöst zu erklären.

3. Vertretung von Aktionärskategorien und -gruppen

709. Bestehen in bezug auf das Stimmrecht oder die vermögensrechtlichen Ansprüche mehrere Kategorien von Aktien, so ist durch die Statuten den Aktionären jeder Kategorie die Wahl wenigstens eines Vertreters im Verwaltungsrat zu sichern.

Die Statuten können besondere Bestimmungen zum Schutz von Minderheiten oder einzelnen Gruppen von Aktionären vorsehen.

4. Amtsdauer

710. Die Mitglieder des Verwaltungsrates werden auf drei Jahre gewählt, sofern die Statuten nichts anderes bestimmen. Die Amtsdauer darf jedoch sechs Jahre nicht übersteigen.

Wiederwahl ist möglich.

5. Ausscheiden aus dem Verwaltungsrat

711. Die Gesellschaft meldet das Ausscheiden eines Mitgliedes des Verwaltungsrates ohne Verzug beim Handelsregister zur Eintragung an.

Erfolgt diese Anmeldung nicht innert 30 Tagen, so kann der Ausgeschiedene die Löschung selbst anmelden.

II. Organisation

1. Präsident und Sekretär

712. Der Verwaltungsrat bezeichnet seinen Präsidenten und den Sekretär. Dieser muß dem Verwaltungsrat nicht angehören.

Die Statuten können bestimmen, daß der Präsident durch die Generalversammlung gewählt wird.

2. Beschlüsse

713. Die Beschlüsse des Verwaltungsrates werden mit der Mehrheit der abgegebenen Stimmen gefaßt. Der Vorsitzende hat den Stichentscheid, sofern die Statuten nichts anderes vorsehen.

Beschlüsse können auch auf dem Wege der schriftlichen Zustimmung zu einem gestellten Antrag gefaßt werden, sofern nicht ein Mitglied die mündliche Beratung verlangt.

Über die Verhandlungen und Beschlüsse ist ein Protokoll zu führen, das vom Vorsitzenden und vom Sekretär unterzeichnet wird.

3. Nichtige Beschlüsse
714. Für die Beschlüsse des Verwaltungsrates gelten sinngemäß die gleichen Nichtigkeitsgründe wie für die Beschlüsse der Generalversammlung.

4. Recht auf Einberufung
715. Jedes Mitglied des Verwaltungsrates kann unter Angabe der Gründe vom Präsidenten die unverzügliche Einberufung einer Sitzung verlangen.

5. Recht auf Auskunft und Einsicht
715a. Jedes Mitglied des Verwaltungsrates kann Auskunft über alle Angelegenheiten der Gesellschaft verlangen.

In den Sitzungen sind alle Mitglieder des Verwaltungsrates sowie die mit der Geschäftsführung betrauten Personen zur Auskunft verpflichtet.

Außerhalb der Sitzungen kann jedes Mitglied von den mit der Geschäftsführung betrauten Personen Auskunft über den Geschäftsgang und, mit Ermächtigung des Präsidenten, auch über einzelne Geschäfte verlangen.

Soweit es für die Erfüllung einer Aufgabe erforderlich ist, kann jedes Mitglied dem Präsidenten beantragen, daß ihm Bücher und Akten vorgelegt werden.

Weist der Präsident ein Gesuch auf Auskunft, Anhörung oder Einsicht ab, so entscheidet der Verwaltungsrat.

Regelungen oder Beschlüsse des Verwaltungsrates, die das Recht auf Auskunft und Einsichtnahme der Verwaltungsräte erweitern, bleiben vorbehalten.

III. Aufgaben
1. Im allgemeinen
716. Der Verwaltungsrat kann in allen Angelegenheiten Beschluß fassen, die nicht nach Gesetz oder Statuten der Generalversammlung zugeteilt sind.

Der Verwaltungsrat führt die Geschäfte der Gesellschaft, soweit er die Geschäftsführung nicht übertragen hat.

2. Unübertragbare Aufgaben
716a. Der Verwaltungsrat hat folgende unübertragbare und unentziehbare Aufgaben:

1. die Oberleitung der Gesellschaft und die Erteilung der nötigen Weisungen;

2. die Festlegung der Organisation;

3. die Ausgestaltung des Rechnungswesens, der Finanzkontrolle sowie der Finanzplanung, sofern diese für die Führung der Gesellschaft notwendig ist;

4. die Ernennung und Abberufung der mit der Geschäftsführung und der Vertretung betrauten Personen;

5. die Oberaufsicht über die mit der Geschäftsführung betrauten Personen, namentlich im Hinblick auf die Befolgung der Gesetze, Statuten, Reglemente und Weisungen;

6. die Erstellung des Jahresberichtes sowie die Vorbereitung der Generalversammlung und die Ausführung ihrer Beschlüsse;

7. die Benachrichtigung des Richters im Falle der Überschuldung.

Der Verwaltungsrat kann die Vorbereitung und die Ausführung seiner Beschlüsse oder die Überwachung von Geschäften Ausschüssen oder einzelnen Mitgliedern zuweisen. Er hat für eine angemessene Berichterstattung an seine Mitglieder zu sorgen.

3. Übertragung der Geschäftsführung

716b. Die Statuten können den Verwaltungsrat ermächtigen, die Geschäftsführung nach Maßgabe eines Organisationsreglementes ganz oder zum Teil an einzelne Mitglieder oder an Dritte zu übertragen.

Dieses Reglement ordnet die Geschäftsführung, bestimmt die hierfür erforderlichen Stellen, umschreibt deren Aufgaben und regelt insbesondere die Berichterstattung. Der Verwaltungsrat orientiert Aktionäre und Gesellschaftsgläubiger, die ein schutzwürdiges Interesse glaubhaft machen, auf Anfrage hin schriftlich über die Organisation der Geschäftsführung.

Soweit die Geschäftsführung nicht übertragen worden ist, steht sie allen Mitgliedern des Verwaltungsrates gesamthaft zu.

IV. Sorgfalts- und Treuepflicht

717. Die Mitglieder des Verwaltungsrates sowie Dritte, die mit der Geschäftsführung befaßt sind, müssen ihre Aufgaben mit aller Sorgfalt erfüllen und die Interessen der Gesellschaft in guten Treuen wahren.

Sie haben die Aktionäre unter gleichen Voraussetzungen gleich zu behandeln.

V. Vertretung
1. Im allgemeinen

718. Der Verwaltungsrat vertritt die Gesellschaft nach außen. Bestimmen die Statuten oder das Organisationsreglement nichts anderes, so steht die Vertretungsbefugnis jedem Mitglied einzeln zu.

Der Verwaltungsrat kann die Vertretung einem oder mehreren Mitgliedern (Delegierte) oder Dritten (Direktoren) übertragen.

Mindestens ein Mitglied des Verwaltungsrates muß zur Vertretung befugt sein.

2. Umfang und Beschränkung

718a. Die zur Vertretung befugten Personen können im Namen der Gesellschaft alle Rechtshandlungen vornehmen, die der Zweck der Gesellschaft mit sich bringen kann.

Eine Beschränkung dieser Vertretungsbefugnis hat gegenüber gutgläubigen Dritten keine Wirkung; ausgenommen sind die im Handelsregister eingetragenen Bestimmungen über die ausschließliche Vertretung der Hauptniederlassung oder einer Zweigniederlassung oder über die gemeinsame Vertretung der Gesellschaft.

3. Zeichnung

719. Die zur Vertretung der Gesellschaft befugten Personen haben in der Weise zu zeichnen, daß sie der Firma der Gesellschaft ihre Unterschrift beifügen.

4. Eintragung

720. Die zur Vertretung der Gesellschaft befugten Personen sind vom Verwaltungsrat zur Eintragung in das Handelsregister anzumelden, unter Vorlegung einer beglaubigten Abschrift des Beschlusses. Sie haben ihre Unterschrift beim Handelsregisteramt zu zeichnen oder die Zeichnung in beglaubigter Form einzureichen.

5. Prokuristen und Bevollmächtigte

721. Der Verwaltungsrat kann Prokuristen und andere Bevollmächtigte ernennen.

VI. Organhaftung

722. Die Gesellschaft haftet für den Schaden aus unerlaubten Handlungen, die eine zur Geschäftsführung oder zur Vertretung befugte Person in Ausübung ihrer geschäftlichen Verrichtungen begeht.

723. und **724.** Aufgehoben.

VII. Kapitalverlust und Überschuldung
1. Anzeigepflichten

725. Zeigt die letzte Jahresbilanz, daß die Hälfte des Aktienkapitals und der gesetzlichen Reserven nicht mehr gedeckt ist, so beruft der Verwaltungsrat unverzüglich eine Generalversammlung ein und beantragt ihr Sanierungsmaßnahmen.

Wenn begründete Besorgnis einer Überschuldung besteht, muß eine Zwischenbilanz erstellt und diese der Revisionsstelle zur Prüfung vorgelegt werden. Ergibt sich aus der Zwischenbilanz, daß die Forderungen der Gesellschaftsgläubiger weder zu Fortführungs- noch zu Veräußerungswerten gedeckt sind, so hat der Verwaltungsrat den Richter zu benachrichtigen, sofern nicht Gesellschaftsgläubiger im Ausmaß dieser Unterdeckung im Rang hinter alle anderen Gesellschaftsgläubiger zurücktreten.

2. Eröffnung oder Aufschub des Konkurses

725a. Der Richter eröffnet auf die Benachrichtigung hin den Konkurs. Er kann ihn auf Antrag des Verwaltungsrates oder eines Gläubigers aufschieben, falls Aussicht auf Sanierung besteht; in diesem Falle trifft er Maßnahmen zur Erhaltung des Vermögens.

Der Richter kann einen Sachwalter bestellen und entweder dem Verwaltungsrat die Verfügungsbefugnis entziehen oder dessen Beschlüsse von der Zustimmung des Sachwalters abhängig machen. Er umschreibt die Aufgaben des Sachwalters.

Der Konkursaufschub muß nur veröffentlicht werden, wenn dies zum Schutze Dritter erforderlich ist.

VIII. Abberufung und Einstellung

726. Der Verwaltungsrat kann die von ihm bestellten Ausschüsse, Delegierten, Direktoren und anderen Bevollmächtigten und Beauftragten jederzeit abberufen.

Die von der Generalversammlung bestellten Bevollmächtigten und Beauftragten können vom Verwaltungsrat jederzeit in ihren Funktionen eingestellt werden unter sofortiger Einberufung einer Generalversammlung.

Entschädigungsansprüche der Abberufenen oder in ihren Funktionen Eingestellten bleiben vorbehalten.

34, 705.

C. Die Revisionsstelle
I. Wahl
1. Im allgemeinen

727. Die Generalversammlung wählt einen oder mehrere Revisoren als Revisionsstelle. Sie kann Ersatzleute bezeichnen.

Wenigstens ein Revisor muß in der Schweiz seinen Wohnsitz, seinen Sitz oder eine eingetragene Zweigniederlassung haben.

2. Befähigung
a. Im allgemeinen

727a. Die Revisoren müssen befähigt sein, ihre Aufgabe bei der zu prüfenden Gesellschaft zu erfüllen.

b. Besondere Befähigung

727b. Die Revisoren müssen besondere fachliche Voraussetzungen erfüllen, wenn

1. die Gesellschaft Anleihensobligationen ausstehend hat;
2. die Aktien der Gesellschaft an der Börse kotiert sind oder vorbörslich gehandelt werden, oder
3. zwei der nachstehenden Größen in zwei aufeinanderfolgenden Geschäftsjahren überschritten werden:
   a) Bilanzsumme von 20 Millionen Franken;
   b) Umsatzerlös von 40 Millionen Franken;
   c) 200 Arbeitnehmer im Jahresdurchschnitt.

Der Bundesrat umschreibt die fachlichen Anforderungen an die besonders befähigten Revisoren.

3. Unabhängigkeit

727c. Die Revisoren müssen vom Verwaltungsrat und von einem Aktionär, der über die Stimmenmehrheit verfügt, unabhängig sein. Insbesondere dürfen sie weder Arbeitnehmer der zu prüfenden Gesellschaft sein noch Arbeiten für diese ausführen, die mit dem Prüfungsauftrag unvereinbar sind.

Sie müssen auch von Gesellschaften, die dem gleichen Konzern angehören, unabhängig sein, sofern ein Aktionär oder ein Gläubiger dies verlangt.

4. Wahl einer Handelsgesellschaft oder Genossenschaft

727d. In die Revisionsstelle können auch Handelsgesellschaften oder Genossenschaften gewählt werden.

Die Handelsgesellschaft oder die Genossenschaft sorgt dafür, daß Personen die Prüfung leiten, welche die Anforderungen an die Befähigung erfüllen.

Das Erfordernis der Unabhängigkeit gilt sowohl für die Handelsgesellschaft oder die Genossenschaft als auch für alle Personen, welche die Prüfung durchführen.

II. Amtsdauer, Rücktritt, Abberufung und Löschung im Handelsregister

727e. Die Amtsdauer beträgt höchstens drei Jahre; sie endet mit der Generalversammlung, welcher der letzte Bericht zu erstatten ist. Wiederwahl ist möglich.

Tritt ein Revisor zurück, so gibt er dem Verwaltungsrat die Gründe an; dieser teilt sie der nächsten Generalversammlung mit.

Die Generalversammlung kann einen Revisor jederzeit abberufen. Außerdem kann ein Aktionär oder ein Gläubiger durch Klage gegen die Gesellschaft die Abberufung eines Revisors verlangen, der die Voraussetzungen für das Amt nicht erfüllt.

Der Verwaltungsrat meldet die Beendigung des Amtes ohne Verzug beim Handelsregister an. Erfolgt diese Anmeldung nicht innert 30 Tagen, so kann der Ausgeschiedene die Löschung selbst anmelden.

III. Einsetzung durch den Richter

727f. Erhält der Handelsregisterführer davon Kenntnis, daß der Gesellschaft die Revisionsstelle fehlt, so setzt er ihr eine Frist zur Wiederherstellung des gesetzesmäßigen Zustandes.

Nach unbenütztem Ablauf der Frist ernennt der Richter auf Antrag des Handelsregisterführers die Revisionsstelle für ein Geschäftsjahr. Er bestimmt den Revisor nach seinem Ermessen.

Tritt dieser zurück, so teilt er es dem Richter mit.

Liegen wichtige Gründe vor, so kann die Gesellschaft vom Richter die Abberufung des von ihm ernannten Revisors verlangen.

IV. Aufgaben
1. Prüfung

728. Die Revisionsstelle prüft, ob die Buchführung und die Jahresrechnung sowie der Antrag über die Verwendung des Bilanzgewinnes Gesetz und Statuten entsprechen.

Der Verwaltungsrat übergibt der Revisionsstelle alle erforderlichen Unterlagen und erteilt ihr die benötigten Auskünfte, auf Verlangen auch schriftlich.

2. Berichterstattung

729. Die Revisionsstelle berichtet der Generalversammlung schriftlich über das Ergebnis ihrer Prüfung. Sie empfiehlt Abnahme, mit oder ohne Einschränkung, oder Rückweisung der Jahresrechnung.

Der Bericht nennt die Personen, welche die Revision geleitet haben, und bestätigt, daß die Anforderungen an Befähigung und Unabhängigkeit erfüllt sind.

3. Erläuterungsbericht

729a. Bei Gesellschaften, die von besonders befähigten Revisoren geprüft werden müssen, erstellt die Revisionsstelle zuhanden des Verwaltungsrates einen Bericht, worin sie die Durchführung und das Ergebnis ihrer Prüfung erläutert.

4. Anzeigepflichten

729b. Stellt die Revisionsstelle bei der Durchführung ihrer Prüfung Verstöße gegen Gesetz oder Statuten fest, so meldet sie dies schriftlich dem Verwaltungsrat, in wichtigen Fällen auch der Generalversammlung.

Bei offensichtlicher Überschuldung benachrichtigt die Revisionsstelle den Richter, wenn der Verwaltungsrat die Anzeige unterläßt.

5. Voraussetzungen für die Beschlußfassung der Generalversammlung

729c. Die Generalversammlung darf die Jahresrechnung nur dann abnehmen und über die Verwendung des Bilanzgewinnes beschließen, wenn ein Revisionsbericht vorliegt und ein Revisor anwesend ist.

Liegt kein Revisionsbericht vor, so sind diese Beschlüsse nichtig; ist kein Revisor anwesend, so sind sie anfechtbar.

Auf die Anwesenheit eines Revisors kann die Generalversammlung durch einstimmigen Beschluß verzichten.

6. Wahrung der Geschäftsgeheimnisse; Verschwiegenheit

730. Die Revisoren wahren bei der Berichterstattung und Auskunftserteilung die Geschäftsgeheimnisse der Gesellschaft.

Den Revisoren ist untersagt, von den Wahrnehmungen, die sie bei der Ausführung ihres Auftrages gemacht haben, einzelnen Aktionären oder Dritten Kenntnis zu geben. Vorbehalten bleibt die Auskunftspflicht gegenüber einem Sonderprüfer.

V. Besondere Bestimmungen

731. Die Statuten und die Generalversammlung können die Organisation der Revisionsstelle eingehender regeln und deren Aufgaben erweitern. Sie dürfen jedoch der Revisionsstelle weder Aufgaben des Verwaltungsrates zuteilen, noch solche, die ihre Unabhängigkeit beeinträchtigen.

Die Generalversammlung kann zur Prüfung der Geschäftsführung oder einzelner ihrer Teile Sachverständige ernennen.

VI. Prüfung der Konzernrechnung

731a. Hat die Gesellschaft eine Konzernrechnung zu erstellen, so prüft ein besonders befähigter Revisor, ob die Rechnung mit dem Gesetz und den Konsolidierungsregeln übereinstimmt.

Für den Konzernprüfer gelten die Bestimmungen über die Unabhängigkeit und die Aufgaben der Revisionsstelle sinngemäß, ausgenommen die Bestimmung über die Anzeigepflicht im Falle offensichtlicher Überschuldung.

4. Abschnitt Herabsetzung des Aktienkapitals

A. Herabsetzungsbeschluß

732. Beabsichtigt eine Aktiengesellschaft, ihr Aktienkapital herabzusetzen, ohne es gleichzeitig bis zur bisherigen Höhe durch neues, voll einzubezahlendes Kapital zu ersetzen, so hat die Generalversammlung eine entsprechende Änderung der Statuten zu beschließen.

Dieser Beschluß darf nur gefaßt werden, wenn durch einen besonderen Revisionsbericht festgestellt ist, daß die Forderungen der Gläubiger trotz der Herabsetzung des Aktienkapitals voll gedeckt sind. Der Revisionsbericht muß von einem besonders befähigten Revisor erstattet werden. Dieser muß an der Generalversammlung, die den Beschluß faßt, anwesend sein.

Im Beschluß ist das Ergebnis des Revisionsberichtes festzustellen und anzugeben, in welcher Art und Weise die Kapitalherabsetzung durchgeführt werden soll.

Ein aus der Kapitalherabsetzung allfällig sich ergebender Buchgewinn ist ausschließlich zu Abschreibungen zu verwenden.

In keinem Fall darf das Aktienkapital unter 100 000 Franken herabgesetzt werden.
BankG 11. Abs. 2: SR 221.302. Anhang V Art. 84.

B. Aufforderung an die Gläubiger

733. Hat die Generalversammlung die Herabsetzung des Aktienkapitals beschlossen, so veröffentlicht der Verwaltungsrat den Beschluß dreimal im Schweizerischen Handelsamtsblatt und überdies in der in den Statuten vorgesehenen Form und gibt den Gläubigern bekannt, daß sie binnen zwei Monaten, von der dritten Bekanntmachung im Schweizerischen Handelsamtsblatt an gerechnet, unter Anmeldung ihrer Forderungen Befriedigung oder Sicherstellung verlangen können.
932.

C. Durchführung der Herabsetzung

734. Die Herabsetzung des Aktienkapitals darf erst nach Ablauf der den Gläubigern gesetzten Frist und nach Befriedigung oder Sicherstellung der angemeldeten Gläubiger durchgeführt und erst in das Handelsregister eingetragen werden, wenn durch öffentliche Urkunde festgestellt ist, daß die Vorschriften dieses Abschnittes erfüllt sind. Der Urkunde ist der besondere Revisionsbericht beizulegen.

D. Herabsetzung im Fall einer Unterbilanz

735. Die Aufforderung an die Gläubiger und ihre Befriedigung oder Sicherstellung können unterbleiben, wenn das Aktienkapital zum Zwecke der Beseitigung einer durch Verluste entstandenen Unterbilanz in einem diese letztere nicht übersteigenden Betrage herabgesetzt wird.

5. Abschnitt Auflösung der Aktiengesellschaft

A. Auflösung im allgemeinen
I. Gründe

736. Die Gesellschaft wird aufgelöst:

1. nach Maßgabe der Statuten;

2. durch einen Beschluß der Generalversammlung, über den eine öffentliche Urkunde zu errichten ist;

3. durch die Eröffnung des Konkurses;

4. durch Urteil des Richters, wenn Aktionäre, die zusammen mindestens zehn Prozent des Aktienkapitals vertreten, aus wichtigen Gründen die Auflösung verlangen. Statt derselben kann der Richter auf eine andere sachgemäße und den Beteiligten zumutbare Lösung erkennen;

5. in den übrigen vom Gesetze vorgesehenen Fällen.

Z. 3: 939. Z. 4: BGE 67 II 165; 105 II 114. Z. 5: 625 II, 643 III, 711 IV, 824.

II. Anmeldung beim Handelsregister

737. Erfolgt die Auflösung der Gesellschaft nicht durch Konkurs oder richterliches Urteil, so ist sie vom Verwaltungsrat zur Eintragung in das Handelsregister anzumelden.

939. Anhang V Art. 88/9.

III. Folgen

738. Die aufgelöste Gesellschaft tritt in Liquidation, unter Vorbehalt der Fälle der Fusion, der Übernahme durch eine Körperschaft des öffentlichen Rechts und der Umwandlung in eine Gesellschaft mit beschränkter Haftung.

B. Auflösung mit Liquidation
I. Zustand der Liquidation. Befugnisse

739. Tritt die Gesellschaft in Liquidation, so behält sie die juristische Persönlichkeit und führt ihre bisherige Firma, jedoch mit dem Zusatz «in Liquidation», bis die Auseinandersetzung auch mit den Aktionären durchgeführt ist.

Die Befugnisse der Organe der Gesellschaft werden mit dem Eintritt der Liquidation auf die Handlungen beschränkt, die für die Durchführung der Liquidation erforderlich sind, ihrer Natur nach jedoch nicht von den Liquidatoren vorgenommen werden können.

II. Bestellung und Abberufung der Liquidatoren
1. Bestellung

740. Die Liquidation wird durch den Verwaltungsrat besorgt, sofern sie nicht in den Statuten oder durch einen Beschluß der Generalversammlung anderen Personen übertragen wird.

Die Liquidatoren sind vom Verwaltungsrat zur Eintragung in das Handelsregister anzumelden, auch wenn die Liquidation von der Verwaltung besorgt wird.

Wenigstens einer der Liquidatoren muß in der Schweiz wohnhaft und zur Vertretung berechtigt sein. Ist kein zur Vertretung berechtigter Liquidator in der Schweiz wohnhaft, so ernennt der Richter auf Antrag eines Aktionärs oder eines Gläubigers einen Liquidator, der dieses Erfordernis erfüllt.

Wird die Gesellschaft durch richterliches Urteil aufgelöst, so bestimmt der Richter die Liquidatoren.

Im Falle des Konkurses besorgt die Konkursverwaltung die Liquidation nach den Vorschriften des Konkursrechtes. Die Organe der Gesellschaft behalten die Vertretungsbefugnis nur, soweit eine Vertretung durch sie noch notwendig ist.

705, 933. Abs. 2: Anhang V Art. 41, 88.

2. Abberufung

741. Die Generalversammlung kann die von ihr ernannten Liquidatoren jederzeit abberufen.

Auf Antrag eines Aktionärs kann der Richter, sofern wichtige Gründe vorliegen, Liquidatoren abberufen und nötigenfalls andere ernennen.

III. Liquidationstätigkeit
1. Bilanz. Schuldenruf

742. Die Liquidatoren haben bei der Übernahme ihres Amtes eine Bilanz aufzustellen.

Die aus den Geschäftsbüchern ersichtlichen oder in anderer Weise bekannten Gläubiger sind durch besondere Mitteilung, unbekannte Gläubiger und solche mit unbekanntem Wohnort durch öffentliche Bekanntmachung im Schweizerischen Handelsamts-

blatt und überdies in der von den Statuten vorgesehenen Form von der Auflösung der Gesellschaft in Kenntnis zu setzen und zur Anmeldung ihrer Ansprüche aufzufordern.
Abs. 2: BGE 115 II 272.

2. Übrige Aufgaben

743. Die Liquidatoren haben die laufenden Geschäfte zu beendigen, noch ausstehende Aktienbeträge nötigenfalls einzuziehen, die Aktiven zu verwerten und die Verpflichtungen der Gesellschaft, sofern die Bilanz und der Schuldenruf keine Überschuldung ergeben, zu erfüllen.

Sie haben, sobald sie eine Überschuldung feststellen, den Richter zu benachrichtigen; dieser hat die Eröffnung des Konkurses auszusprechen.

Sie haben die Gesellschaft in den zur Liquidation gehörenden Rechtsgeschäften zu vertreten, können für sie Prozesse führen, Vergleiche und Schiedsverträge abschließen und, soweit erforderlich, auch neue Geschäfte eingehen.

Sie dürfen Aktiven auch freihändig verkaufen, wenn die Generalversammlung nichts anderes angeordnet hat.

Sie haben bei länger andauernder Liquidation jährliche Zwischenbilanzen aufzustellen.

Die Gesellschaft haftet für den Schaden aus unerlaubten Handlungen, die ein Liquidator in Ausübung seiner geschäftlichen Verrichtungen begeht.
745, 760. BankG 42. StGB 152.

3. Gläubigerschutz

744. Haben bekannte Gläubiger die Anmeldung unterlassen, so ist der Betrag ihrer Forderungen gerichtlich zu hinterlegen.

Ebenso ist für die nicht fälligen und die streitigen Verbindlichkeiten der Gesellschaft ein entsprechender Betrag zu hinterlegen, sofern nicht den Gläubigern eine gleichwertige Sicherheit bestellt oder die Verteilung des Gesellschaftsvermögens bis zur Erfüllung dieser Verbindlichkeiten ausgesetzt wird.

4. Verteilung des Vermögens

745. Das Vermögen der aufgelösten Gesellschaft wird nach Tilgung ihrer Schulden, soweit die Statuten nichts anders bestimmen,

26. Titel. Die Aktiengesellschaft

unter die Aktionäre nach Maßgabe der einbezahlten Beträge und unter Berücksichtigung der Vorrechte einzelner Aktienkategorien verteilt.

Die Verteilung darf frühestens nach Ablauf eines Jahres vollzogen werden, von dem Tage an gerechnet, an dem der Schuldenruf zum drittenmal ergangen ist.

Eine Verteilung darf bereits nach Ablauf von drei Monaten erfolgen, wenn ein besonders befähigter Revisor bestätigt, daß die Schulden getilgt sind und nach den Umständen angenommen werden kann, daß keine Interessen Dritter gefährdet werden.
ZGB 57.

IV. Löschung im Handelsregister

746. Nach Beendigung der Liquidation ist das Erlöschen der Firma von den Liquidatoren beim Handelsregisteramt anzumelden.
939. Wiedereintragung: BGE 64 I 335; 87 I 303.

V. Aufbewahrung der Geschäftsbücher

747. Die Geschäftsbücher der aufgelösten Gesellschaft sind während zehn Jahren an einem sicheren Ort aufzubewahren, der von den Liquidatoren, und wenn sie sich nicht einigen, vom Handelsregisteramt zu bezeichnen ist.
962. StGB 325.

C. Auflösung ohne Liquidation
I. Fusion
1. Übernahme einer Aktiengesellschaft durch eine andere

748. Wird eine Aktiengesellschaft in der Weise aufgelöst, daß sie mit Aktiven und Passiven von einer andern Aktiengesellschaft übernommen wird, so kommen folgende Bestimmungen zur Anwendung:

1. Für die Gläubiger der aufgelösten Gesellschaft hat der Verwaltungsrat der übernehmenden Gesellschaft nach den für die Liquidation geltenden Vorschriften einen Schuldenruf zu erlassen.

2. Das Vermögen der aufgelösten Gesellschaft ist so lange getrennt zu verwalten, bis ihre Gläubiger befriedigt oder sichergestellt sind. Die Verwaltung ist von der übernehmenden Gesellschaft zu führen.

3. Die Mitglieder des Verwaltungsrats der übernehmenden

Gesellschaft sind den Gläubigern persönlich und solidarisch dafür verantwortlich, daß die Verwaltung getrennt geführt wird.

4. Für die Dauer der getrennten Vermögensverwaltung bleibt der bisherige Gerichtsstand der Gesellschaft bestehen.

5. Für die gleiche Zeit gilt im Verhältnis der Gläubiger der aufgelösten Gesellschaft zu der übernehmenden Gesellschaft und deren Gläubigern das übernommene Vermögen als Vermögen der aufgelösten Gesellschaft. Im Konkurse der übernehmenden Gesellschaft bildet dieses Vermögen eine besondere Masse und ist, soweit nötig, ausschließlich zur Befriedigung der Gläubiger der aufgelösten Gesellschaft zu verwenden.

6. Die Vereinigung des Vermögens der beiden Gesellschaften ist erst in dem Zeitpunkte zulässig, in dem das Vermögen einer aufgelösten Gesellschaft unter die Aktionäre verteilt werden darf.

7. Die Auflösung der Gesellschaft ist zur Eintragung in das Handelsregister anzumelden; nach Befriedigung oder Sicherstellung ihrer Gläubiger ist die Löschung zu veranlassen.

8. Nach Eintragung der Auflösung werden die zur Abfindung bestimmten Aktien der übernehmenden Gesellschaft den Aktionären der aufgelösten Gesellschaft nach Maßgabe des Fusionsvertrages ausgehändigt.

181.

2. Vereinigung mehrerer Aktiengesellschaften

749. Mehrere Aktiengesellschaften können durch eine neu zu gründende Aktiengesellschaft in der Weise übernommen werden, daß das Vermögen der bisherigen Gesellschaften ohne Liquidation in das Vermögen der neu zu gründenden Gesellschaft übergeht.

Auf eine solche Fusion kommen die Vorschriften über die Gründung der Aktiengesellschaft sowie diejenigen betreffend die Übernahme einer Aktiengesellschaft durch eine andere zur Anwendung.

Überdies gelten folgende Bestimmungen:

1. In öffentlicher Urkunde haben die Gesellschaften den Fusionsvertrag abzuschließen, die Statuten der neuen Gesellschaft festzusetzen, die Übernahme sämtlicher Aktien und die Einbringung des Vermögens der bisherigen Gesellschaften zu bestätigen und die notwendigen Organe der neuen Gesellschaft zu ernennen.

2. Der Fusionsvertrag ist von der Generalversammlung einer jeden der bisherigen Gesellschaften zu genehmigen.

3. Auf Grund der Genehmigungsbeschlüsse wird in öffentlicher Urkunde die neue Gesellschaft als gegründet erklärt und in das Handelsregister eingetragen.

4. Hierauf werden die Aktien der neuen Gesellschaft nach Maßgabe des Fusionsvertrages gegen Ablieferung der alten Aktien ausgehändigt.

3. Übernahme durch eine Kommanditaktiengesellschaft

750. Wird eine Aktiengesellschaft in der Weise aufgelöst, daß sie mit Aktiven und Passiven von einer Kommanditaktiengesellschaft übernommen wird, so haften die Mitglieder des Verwaltungsrats der Kommanditaktiengesellschaft persönlich und solidarisch für die Verpflichtungen der aufgelösten Aktiengesellschaft.

Im übrigen finden die Vorschriften betreffend die Übernahme durch eine andere Aktiengesellschaft entsprechende Anwendung.

Umwandlung in GmbH: 824/6.

II. Übernahme durch eine Körperschaft des öffentlichen Rechts

751. Wird das Vermögen einer Aktiengesellschaft vom Bunde, von einem Kanton oder unter Garantie des Kantons von einem Bezirk oder von einer Gemeinde übernommen, so kann mit Zustimmung der Generalversammlung vereinbart werden, daß die Liquidation unterbleiben soll.

Der Beschluß der Generalversammlung ist nach den Vorschriften über die Auflösung zu fassen und beim Handelsregisteramt anzumelden.

Mit der Eintragung dieses Beschlusses ist der Übergang des Vermögens der Gesellschaft mit Einschluß der Schulden vollzogen, und es ist die Firma der Gesellschaft zu löschen.

6. Abschnitt Verantwortlichkeit

A. Haftung
I. Für den Emissionsprospekt

752. Sind bei der Gründung einer Gesellschaft oder bei der Ausgabe von Aktien, Obligationen oder anderen Titeln in Emissionsprospekten oder ähnlichen Mitteilungen unrichtige, irreführende oder den gesetzlichen Anforderungen nicht entsprechende Angaben gemacht oder verbreitet worden, so haftet jeder, der absichtlich oder fahrlässig dabei mitgewirkt hat, den Erwerbern der Titel für den dadurch verursachten Schaden.

II. Gründungshaftung

753. Gründer, Mitglieder des Verwaltungsrates und alle Personen, die bei der Gründung mitwirken, werden sowohl der Gesellschaft als den einzelnen Aktionären und Gesellschaftsgläubigern für den Schaden verantwortlich, wenn sie

1. absichtlich oder fahrlässig Sacheinlagen, Sachübernahmen oder die Gewährung besonderer Vorteile zugunsten von Aktionären oder anderen Personen in den Statuten, einem Gründungsbericht oder einem Kapitalerhöhungsbericht unrichtig oder irreführend angeben, verschweigen oder verschleiern, oder bei der Genehmigung einer solchen Maßnahme in anderer Weise dem Gesetze zuwiderhandeln;

2. absichtlich oder fahrlässig die Eintragung der Gesellschaft in das Handelsregister auf Grund einer Bescheinigung oder Urkunde veranlassen, die unrichtige Angaben enthält;

3. wissentlich dazu beigetragen, daß Zeichnungen zahlungsunfähiger Personen angenommen werden.

III. Haftung für Verwaltung, Geschäftsführung und Liquidation

754. Die Mitglieder des Verwaltungsrates und alle mit der Geschäftsführung oder mit der Liquidation befaßten Personen sind sowohl der Gesellschaft als den einzelnen Aktionären und Gesellschaftsgläubigern für den Schaden verantwortlich, den sie durch absichtliche oder fahrlässige Verletzung ihrer Pflichten verursachen.

Wer die Erfüllung einer Aufgabe befugterweise einem anderen Organ überträgt, haftet für den von diesem verursachten Schaden, sofern er nicht nachweist, daß er bei der Auswahl, Unterrichtung und Überwachung die nach den Umständen gebotene Sorgfalt angewendet hat.

IV. Revisionshaftung

755. Alle mit der Prüfung der Jahres- und Konzernrechnung, der

Gründung, der Kapitalerhöhung oder Kapitalherabsetzung befaßten Personen sind sowohl der Gesellschaft als auch den einzelnen Aktionären oder Gesellschaftsgläubigern für den Schaden verantwortlich, den sie durch absichtliche oder fahrlässige Verletzung ihrer Pflichten verursachen.

B. Schaden der Gesellschaft
I. Ansprüche außer Konkurs

756. Neben der Gesellschaft sind auch die einzelnen Aktionäre berechtigt, den der Gesellschaft verursachten Schaden einzuklagen. Der Anspruch des Aktionärs geht auf Leistung an die Gesellschaft.

Hatte der Aktionär auf Grund der Sach- und Rechtslage begründeten Anlaß zur Klage, so verteilt der Richter die Kosten, soweit sie nicht vom Beklagten zu tragen sind, nach seinem Ermessen auf den Kläger und die Gesellschaft.

II. Ansprüche im Konkurs

757. Im Konkurs der geschädigten Gesellschaft sind auch die Gesellschaftsgläubiger berechtigt, Ersatz des Schadens an die Gesellschaft zu verlangen. Zunächst steht es jedoch der Konkursverwaltung zu, die Ansprüche von Aktionären und Gesellschaftsgläubigern geltend zu machen.

Verzichtet die Konkursverwaltung auf die Geltendmachung dieser Ansprüche, so ist hierzu jeder Aktionär oder Gläubiger berechtigt. Das Ergebnis wird vorab zur Deckung der Forderungen der klagenden Gläubiger gemäß den Bestimmungen des Bundesgesetzes über Schuldbetreibung und Konkurs verwendet. Am Überschuß nehmen die klagenden Aktionäre im Ausmaß ihrer Beteiligung an der Gesellschaft teil; der Rest fällt in die Konkursmasse.

Vorbehalten bleibt die Abtretung von Ansprüchen der Gesellschaft gemäß Artikel 260 des Bundesgesetzes über Schuldbetreibung und Konkurs.

III. Wirkung des Entlastungsbeschlusses

758. Der Entlastungsbeschluß der Generalversammlung wirkt nur für bekanntgegebene Tatsachen und nur gegenüber der Gesellschaft sowie gegenüber den Aktionären, die dem Beschluß zugestimmt oder die Aktien seither in Kenntnis des Beschlusses erworben haben.

Das Klagerecht der übrigen Aktionäre erlischt sechs Monate nach dem Entlastungsbeschluß.

C. Solidarität und Rückgriff

759. Sind für einen Schaden mehrere Personen ersatzpflichtig, so ist jede von ihnen insoweit mit den anderen solidarisch haftbar, als ihr der Schaden auf Grund ihres eigenen Verschuldens und der Umstände persönlich zurechenbar ist.

Der Kläger kann mehrere Beteiligte gemeinsam für den Gesamtschaden einklagen und verlangen, daß der Richter im gleichen Verfahren die Ersatzpflicht jedes einzelnen Beklagten festsetzt.

Der Rückgriff unter mehreren Beteiligten wird vom Richter in Würdigung aller Umstände bestimmt.

D. Verjährung

760. Der Anspruch auf Schadenersatz gegen die nach den vorstehenden Bestimmungen verantwortlichen Personen verjährt in fünf Jahren von dem Tage an, an dem der Geschädigte Kenntnis vom Schaden und von der Person des Ersatzpflichtigen erlangt hat, jedenfalls aber mit dem Ablaufe von zehn Jahren, vom Tage der schädigenden Handlung an gerechnet.

Wird die Klage aus einer strafbaren Handlung hergeleitet, für die das Strafrecht eine längere Verjährung vorschreibt, so gilt diese auch für den Zivilanspruch.

BankG 45. Abs. 1: BGE 102 II 353.

E. Gerichtsstand

761. Die Klage kann gegen alle verantwortlichen Personen beim Richter am Sitz der Gesellschaft angebracht werden.

BGE 115 II 160.

7. Abschnitt Beteiligung von Körperschaften des öffentlichen Rechts

762. Haben Körperschaften des öffentlichen Rechts wie Bund, Kanton, Bezirk oder Gemeinde ein öffentliches Interesse an einer Aktiengesellschaft, so kann der Körperschaft in den Statuten der Gesellschaft das Recht eingeräumt werden, Vertreter in den Verwaltungsrat oder in die Revisionsstelle abzuordnen, auch wenn sie nicht Aktionärin ist.

Bei solchen Gesellschaften sowie bei gemischtwirtschaftlichen Unternehmungen, an denen eine Körperschaft des öffentlichen Rechts als Aktionär beteiligt ist, steht das Recht zur Abberufung der von ihr abgeordneten Mitglieder des Verwaltungsrats und der Revisionsstelle nur ihr selbst zu.

Die von einer Körperschaft des öffentlichen Rechts abgeordneten Mitglieder des Verwaltungsrates und der Revisionsstelle haben die gleichen Rechte und Pflichten wie die von der Generalversammlung gewählten.

Für die von einer Körperschaft des öffentlichen Rechts abgeordneten Mitglieder haftet die Körperschaft der Gesellschaft, den Aktionären und den Gläubigern gegenüber, unter Vorbehalt des Rückgriffs nach dem Recht des Bundes und der Kantone.

8. Abschnitt Ausschluß der Anwendung des Gesetzes auf öffentliche Anstalten

763. Auf Gesellschaften und Anstalten, wie Banken, Versicherungs- oder Elektrizitätsunternehmen, die durch besondere kantonale Gesetze gegründet worden sind und unter Mitwirkung öffentlicher Behörden verwaltet werden, kommen, sofern der Kanton die subsidiäre Haftung für deren Verbindlichkeiten übernimmt, die Bestimmungen über die Aktiengesellschaft auch dann nicht zur Anwendung, wenn das Kapital ganz oder teilweise in Aktien zerlegt ist und unter Beteiligung von Privatpersonen aufgebracht wird.

Auf Gesellschaften und Anstalten, die vor dem 1. Januar 1883 durch besondere kantonale Gesetze gegründet worden sind und unter Mitwirkung öffentlicher Behörden verwaltet werden, finden die Bestimmungen über die Aktiengesellschaft auch dann keine Anwendung, wenn der Kanton die subsidiäre Haftung für die Verbindlichkeiten nicht übernimmt.

a. OR 899.

Siebenundzwanzigster Titel
Die Kommanditaktiengesellschaft

A. Begriff
764. Die Kommanditaktiengesellschaft ist eine Gesellschaft, deren Kapital in Aktien zerlegt ist und bei der ein oder mehrere

Mitglieder den Gesellschaftsgläubigern unbeschränkt und solidarisch gleich einem Kollektivgesellschafter haftbar sind.

Für die Kommanditaktiengesellschaft kommen, soweit nicht etwas anderes vorgesehen ist, die Bestimmungen über die Aktiengesellschaft zur Anwendung.

Wird ein Kommanditkapital nicht in Aktien zerlegt, sondern in Teile, die lediglich das Maß der Beteiligung mehrerer Kommanditäre regeln, so gelten die Vorschriften über die Kommanditgesellschaft.

Abs. 1: 568 ff. Abs. 3: 594 ff.

B. Verwaltung
I. Bezeichnung und Befugnisse

765. Die unbeschränkt haftenden Mitglieder bilden die Verwaltung der Kommanditaktiengesellschaft. Ihnen steht die Geschäftsführung und die Vertretung zu. Sie sind in den Statuten zu nennen.

Die Namen der Mitglieder der Verwaltung sind unter Angabe des Wohnorts und der Staatsangehörigkeit in das Handelsregister einzutragen.

Für Änderungen im Bestande der unbeschränkt haftenden Mitglieder bedarf es der Zustimmung der bisherigen Mitglieder und der Änderung der Statuten.

957 ff., 961. BankG 3.

II. Zustimmung zu Generalversammlungsbeschlüssen

766. Beschlüsse der Generalversammlung über Umwandlung des Gesellschaftszweckes, Erweiterung oder Verengerung des Geschäftsbereiches und Fortsetzung der Gesellschaft über die in den Statuten bestimmte Zeit hinaus bedürfen der Zustimmung der Mitglieder der Verwaltung.

III. Entziehung der Geschäftsführung und Vertretung

767. Den Mitgliedern der Verwaltung kann die Geschäftsführung und Vertretung unter den gleichen Voraussetzungen wie bei der Kollektivgesellschaft entzogen werden.

Mit der Entziehung endigt auch die unbeschränkte Haftbarkeit des Mitgliedes für die künftig entstehenden Verbindlichkeiten der Gesellschaft.

Abs. 1: 565. Anhang V Art. 87.

C. Aufsichtsstelle
I. Bestellung und Befugnisse

768. Die Kontrolle, in Verbindung mit der dauernden Überwachung der Geschäftsführung, ist einer Aufsichtsstelle zu übertragen, der durch die Statuten weitere Obliegenheiten zugewiesen werden können.

Bei der Bestellung der Aufsichtsstelle haben die Mitglieder der Verwaltung kein Stimmrecht.

Die Mitglieder der Aufsichtsstelle sind in das Handelsregister einzutragen.

BankG 18 ff.

II. Verantwortlichkeitsklage

769. Die Aufsichtsstelle kann namens der Gesellschaft die Mitglieder der Verwaltung zur Rechenschaft ziehen und vor Gericht belangen.

Bei arglistigem Verhalten von Mitgliedern der Verwaltung ist die Aufsichtsstelle zur Durchführung von Prozessen auch dann berechtigt, wenn ein Beschluß der Generalversammlung entgegensteht.

D. Auflösung

770. Die Gesellschaft wird beendigt durch das Ausscheiden, den Tod, die Handlungsunfähigkeit oder den Konkurs sämtlicher unbeschränkt haftenden Gesellschafter.

Im übrigen gelten für die Auflösung der Kommanditaktiengesellschaft die gleichen Vorschriften wie für die Auflösung der Aktiengesellschaft; doch kann eine Auflösung durch Beschluß der Generalversammlung vor dem in den Statuten festgesetzten Termin nur mit Zustimmung der Verwaltung erfolgen.

Für die Übernahme durch eine Aktiengesellschaft oder eine andere Kommanditaktiengesellschaft gelten die Bestimmungen über die Fusion von Aktiengesellschaften.

Abs. 1: 736 ff.

E. Kündigung

771. Dem unbeschränkt haftenden Gesellschafter steht das Recht der Kündigung gleich einem Kollektivgesellschafter zu.

Macht einer von mehreren unbeschränkt haftenden Gesellschaftern von seinem Kündigungsrechte Gebrauch, so wird die

Gesellschaft, sofern die Statuten es nicht anders bestimmen, von den übrigen fortgesetzt.

Abs. 1: 574, 545 Z. 6, 546.

Achtundzwanzigster Titel
Die Gesellschaft mit beschränkter Haftung

1. Abschnitt Allgemeine Bestimmungen

A. Begriff

772. Die Gesellschaft mit beschränkter Haftung ist eine Gesellschaft, in der sich zwei oder mehrere Personen oder Handelsgesellschaften mit eigener Firma und einem zum voraus bestimmten Kapital (Stammkapital) vereinigen.

Jeder Gesellschafter ist, ohne daß seine Beteiligung als Aktie behandelt wird, mit einer Einlage (Stammeinlage) am Stammkapital beteiligt. Er haftet über die Stammeinlage hinaus für die Verbindlichkeiten der Gesellschaft in den vom Gesetz bestimmten Fällen bis höchstens zum Betrage des eingetragenen Stammkapitals. Im übrigen ist er zu andern als den statutarischen Leistungen nicht verpflichtet.

Die Gesellschaft kann zum Betrieb eines Handels-, eines Fabrikations- oder eines andern nach kaufmännischer Art geführten Gewerbes oder zu andern wirtschaftlichen Zwecken gegründet werden.

Abs. 1: 815 II. Abs. 3: Gewerbe: 934, 957 ff. Firma: 949, 951.

B. Stammkapital

773. Das Stammkapital darf nicht weniger als zwanzigtausend Franken und nicht mehr als zwei Millionen Franken betragen.

C. Stammeinlage

774. Der Betrag der Stammeinlagen der einzelnen Gesellschafter kann verschieden sein, muß aber auf mindestens tausend Franken oder ein Vielfaches von tausend Franken lauten.

Jeder Gesellschafter kann nur eine Stammeinlage besitzen. Er muß bei der Gründung mindestens fünfzig vom Hundert seiner Einlage einzahlen oder durch Sacheinlagen decken.

Anh. V 90.

28. Titel. Die Gesellschaft mit beschränkter Haftung

D. Zahl der Mitglieder
775. Zur Gründung gehören mindestens zwei Gesellschafter.

Sinkt in der Folge die Zahl der Mitglieder auf eines oder fehlt es der Gesellschaft an den notwendigen Organen, so kann der Richter auf Begehren eines Gesellschafters oder eines Gläubigers die Auflösung verfügen, sofern die Gesellschaft nicht binnen angemessener Frist den gesetzmäßigen Zustand wieder herstellt. Nach Anbringung der Klage kann der Richter auf Antrag einer Partei vorsorgliche Maßnahmen anordnen.

Anh. V 90. Einmanngesellschaft: 625 Anm.

E. Statuten
I. Gesetzlich vorgeschriebener Inhalt
776. Die Statuten müssen Bestimmungen enthalten über:

1. die Firma und den Sitz der Gesellschaft;

2. den Gegenstand des Unternehmens;

3. die Höhe des Stammkapitals und den Betrag der Stammeinlage jedes Gesellschafters;

4. die Form der von der Gesellschaft ausgehenden Bekanntmachungen.

Firma: 949. Z. 3: Anh. V 90.

II. Weitere Bestimmungen
1. Im allgemeinen
777. Zu ihrer Verbindlichkeit bedürfen der Aufnahme in die Statuten:

1. die Erhöhung des gesetzlichen Mindestbetrages der auf jede Stammeinlage zu leistenden Einzahlung, von den gesetzlichen Vorschriften abweichende Bestimmungen über die Leistung dieser Einlage sowie Konventionalstrafen bei nicht rechtzeitiger Erfüllung der Einzahlungspflicht;

2. die Begründung der Nachschußpflicht der Gesellschafter sowie der Pflicht zu weiteren Leistungen über die Stammeinlage hinaus, wobei für die nähere Umschreibung dieser Leistungen auf ein Reglement verwiesen werden kann;

3. die Ersetzung der Beschlußfassung in der Gesellschafterversammlung durch schriftliche Abstimmung sowie besondere Vorschriften über die Einberufung dieser Versammlung und die Aufforderung zur schriftlichen Abstimmung;

4. von den gesetzlichen Bestimmungen abweichende Vor-

schriften über die Bemessung des Stimmrechtes und über die Beschlußfassung der Gesellschafterversammlung;

5. die Ausdehnung des Konkurrenzverbotes auf alle Gesellschafter;

6. von den gesetzlichen Vorschriften abweichende Bestimmungen über die Bestellung von Prokuristen und von Handlungsbevollmächtigten zum Betrieb des ganzen Gewerbes sowie über die Überwachung der Geschäftsführung, insbesondere durch Einsetzung einer besonderen Kontrollstelle;

7. das Verbot oder eine über die gesetzlichen Bestimmungen hinausgehende Beschränkung der Abtretung von Gesellschaftsanteilen;

8. eine von den gesetzlichen Vorschriften abweichende Verteilung des Reingewinnes und das Versprechen von Bauzinsen;

9. die Gewährung eines Austrittsrechtes und die Bedingungen für dessen Ausübung;

10. die Begrenzung der Dauer des Unternehmens;

11. Bestimmungen über andere als die gesetzlichen Auflösungsgründe.
Anh. V 90.

2. Im besonderen Sacheinlagen und Übernahme von Vermögenswerten

778. Leistet ein Gesellschafter seine Einlage nicht durch Einzahlung, so haben die Statuten über den Gegenstand seiner Sacheinlage, ihre Bewertung und Anrechnung sowie die Person des Sacheinlegers und den Betrag des ihm dafür zukommenden Stammanteils Aufschluß zu geben.

Soll die Gesellschaft von Gesellschaftern oder von Dritten Vermögenswerte übernehmen, so ist in den Statuten der zu übernehmende Vermögenswert, der Name des Veräußerers und die Gegenleistung der Gesellschaft anzugeben.
Anh. V 90.

F. Gründung

779. Die Gesellschaft wird in der Weise errichtet, daß sämtliche Gründer in öffentlicher und von ihnen unterzeichneter Urkunde eine Gesellschaft mit beschränkter Haftung zu gründen erklären und deren Statuten festsetzen.

28. Titel. Die Gesellschaft mit beschränkter Haftung

In dieser Urkunde haben die Gründer zu bestätigen:

1. daß sie sämtliche Stammeinlagen übernommen haben;

2. daß der gesetzliche oder ein statutarisch festgesetzter höherer Betrag auf jede Stammeinlage zur freien Verfügung der Gesellschaft einbezahlt oder durch in den Statuten bestimmte Sacheinlagen gedeckt ist;

3. daß die Einlage- oder Übernahmeverträge vorgelegt worden sind.

In der Urkunde sind außerdem die Belege einzeln zu nennen, die der Bestätigung zugrunde liegen. Die Urkundsperson hat gleichzeitig zu erklären, daß diese Belege ihr und den Gründern vorgelegen haben.

Sacheinlagen gelten als Deckung nur dann, wenn die Gesellschaft mit ihrer Eintragung in das Handelsregister sofort als Eigentümerin unmittelbar darüber verfügen kann oder einen bedingungslosen Anspruch auf Eintragung in das Grundbuch erhält.

827, 753. Anhang V 90. StGB 152.

G. Eintragung in das Handelsregister
I. Anmeldung

780. Die Gesellschaft ist in das Handelsregister des Ortes einzutragen, an dem sie ihren Sitz hat.

Die Anmeldung muß von sämtlichen Geschäftsführern beim Handelsregisteramt unterzeichnet oder schriftlich mit beglaubigten Unterschriften eingereicht werden.

Sie muß enthalten:

1. die Namen aller Gesellschafter, unter Angabe des Wohnortes und der Staatsangehörigkeit;

2. den Betrag der Stammeinlagen der einzelnen Gesellschafter und der darauf gemachten Leistungen;

3. die Namen der Geschäftsführer, seien es Gesellschafter oder Dritte;

4. die Angaben über die Art, wie die Vertretung ausgeübt wird.

Der Anmeldung sind eine beglaubigte Ausfertigung der Statuten und der Errichtungsakt beizufügen. Überdies haben die Anmeldenden sich darüber auszuweisen, daß alle Stammeinlagen übernommen, daß der gesetzliche oder ein statutarisch festgesetzter höherer Betrag auf jede Stammeinlage einbezahlt oder durch die in den Statuten bestimmten Sacheinlagen gedeckt ist und daß die Einzahlungen und die Sacheinlagen zur freien Verfügung der Gesellschaft stehen.

II. Inhalt der Eintragung

781. In das Handelsregister sind einzutragen:

1. das Datum der Statuten;

2. die Firma und der Sitz der Gesellschaft;

3. der Gegenstand und, wenn die Statuten darüber eine Bestimmung enthalten, die Dauer des Unternehmens;

4. der Name, der Wohnort und die Staatsangehörigkeit jedes Gesellschafters, für juristische Personen und Handelsgesellschaften die Firma und der Sitz;

5. die Höhe des Stammkapitals und der Stammeinlagen der einzelnen Gesellschafter;

6. der Gegenstand und die Anrechnung der Sacheinlagen und der übernommenen Vermögenswerte;

7. die Namen der Geschäftsführer, unter Angabe des Wohnortes und der Staatsangehörigkeit;

8. die Art der Ausübung der Vertretung;

9. die Art und Weise, wie die von der Gesellschaft ausgehenden Bekanntmachungen erfolgen.

III. Zweigniederlassungen

782. Zweigniederlassungen sind unter Bezugnahme auf die Eintragung der Hauptniederlassung in das Handelsregister des Ortes einzutragen, an dem sie sich befinden.

Die Anmeldung ist von sämtlichen Geschäftsführern einzureichen.

Die Eintragung begründet neben dem Gerichtsstand des Gesellschaftssitzes einen Gerichtsstand am Ort der Zweigniederlassung für Klagen aus ihrem Geschäftsbetriebe.
935, 952.

H. Erwerb der Persönlichkeit

783. Die Gesellschaft erlangt das Recht der Persönlichkeit erst durch die Eintragung in das Handelsregister.

Ist vor der Eintragung im Namen der Gesellschaft gehandelt worden, so haften die Handelnden persönlich und solidarisch.

Wurden solche Verpflichtungen ausdrücklich im Namen der zu bildenden Gesellschaft eingegangen und innerhalb einer Frist von drei Monaten nach der Eintragung in das Handelsregister von der Gesellschaft übernommen, so werden die Handelnden befreit, und es haftet nur die Gesellschaft.

ZGB 52 ff.

J. Statutenänderung
I. Beschluß

784. Die Statuten können durch Gesellschaftsbeschluß mit öffentlicher Urkunde abgeändert werden.

Die Abänderung bedarf, wenn die Statuten nichts anderes vorschreiben, der Zustimmung einer Mehrheit von drei Vierteln sämtlicher Mitglieder, die mindestens drei Vierteile des Stammkapitals vertreten.

Gesellschaftsbeschlüsse, mit denen eine Vermehrung der Leistungen oder eine Ausdehnung der Haftung der Gesellschafter verbunden ist, können nur mit Zustimmung aller Gesellschafter gefaßt werden.

II. Eintragung

785. Jede Statutenänderung muß in gleicher Weise wie die ursprünglichen Statuten beim Handelsregisteramt angemeldet und eingetragen werden.

Der Beschluß wird auch Dritten gegenüber unmittelbar mit der Eintragung in das Handelsregister wirksam.

932.

III. Erhöhung des Stammkapitals
1. Form

786. Die Gesellschaft kann unter Beobachtung der für die Gründung geltenden Vorschriften das Stammkapital erhöhen. Insbesondere sind die Bestimmungen über die Sacheinlagen und die Übernahme von Vermögenswerten anwendbar.

An der Erhöhung des Stammkapitals können sich auch neue Gesellschafter beteiligen.

778.

2. Bezugsrecht der Gesellschafter

787. Jeder Gesellschafter ist berechtigt, eine seinem bisherigen

Anteil entsprechende Erhöhung seiner Einlage zu beanspruchen, soweit nicht die Statuten oder der Beschluß über die Erhöhung des Stammkapitals etwas anderes bestimmen.

IV. Herabsetzung des Stammkapitals

788. Das Stammkapital darf nicht unter zwanzigtausend Franken und die einzelne Stammeinlage nicht unter tausend Franken herabgesetzt werden.

Im übrigen finden die Bestimmungen über die Herabsetzung des Grundkapitals von Aktiengesellschaften entsprechende Anwendung. Die Aufforderung an die Gläubiger und die Befriedigung oder Sicherstellung der angemeldeten Forderungen hat auch dann stattzufinden, wenn eine durch Verluste entstandene Unterbilanz durch Abschreibung beseitigt werden soll.

732ff., 774. SchUeB 17 Z. 1. Anhang V 90f.

2. Abschnitt Rechte und Pflichten der Gesellschafter

A. Gesellschaftsanteile
I. Im allgemeinen

789. Die Stammeinlage eines jeden Gesellschafters bestimmt seinen Gesellschaftsanteil.

Dieser ist, auch unter den Gesellschaftern selbst, nur nach Maßgabe der folgenden Vorschriften veräußerlich und vererblich.

Wird über den Gesellschaftsanteil eine Urkunde ausgestellt, so kann sie nicht als Wertpapier, sondern nur als Beweisurkunde errichtet werden.

Eine Urkunde kann nur über den ganzen Anteil ausgestellt werden.

II. Anteilbuch. Liste

790. Über alle Stammeinlagen ist ein Anteilbuch zu führen, aus dem die Namen der Gesellschafter, der Betrag der einzelnen Stammeinlagen und die darauf erfolgten Leistungen sowie jeder Übergang eines Gesellschaftsanteils und jede sonstige Änderung dieser Tatsachen ersichtlich sein müssen.

Zu Beginn jedes Kalenderjahres ist dem Handelsregisteramt eine von den Geschäftsführern unterzeichnete Liste der Namen der

Gesellschafter, der Stammeinlagen und der darauf erfolgten Leistungen einzureichen oder die Mitteilung zu machen, daß seit der Einreichung der letzten Liste keine Änderung vorgekommen ist.

Die dem Handelsregisteramt eingereichten Listen sind öffentlich.

Die Geschäftsführer haften für einen durch mangelhafte Führung des Anteilbuches und der Listen oder durch unrichtige Angaben verursachten Schaden persönlich und solidarisch.

Anhang V 91.

III. Übertragung
1. Abtretung

791. Die Abtretung eines Gesellschaftsanteiles ist der Gesellschaft gegenüber nur dann wirksam, wenn sie ihr mitgeteilt und in das Anteilbuch eingetragen worden ist.

Die Eintragung ist nur zulässig, wenn drei Vierteile sämtlicher Gesellschafter, die zugleich mindestens drei Vierteile des Stammkapitals vertreten, zugestimmt haben.

Die Abtretung eines Gesellschaftsanteiles kann in den Statuten von weitern Bedingungen abhängig gemacht oder gänzlich ausgeschlossen werden.

Die Abtretung eines Gesellschaftsanteiles sowie die Verpflichtung zur Abtretung bedürfen zu ihrer Gültigkeit der öffentlichen Beurkundung.

796.

2. Erbgang. Eheliches Güterrecht

792. Die Erwerbung eines Gesellschaftsanteiles infolge Erbganges oder ehelichen Güterrechts bedarf der Zustimmung der andern Gesellschafter nur, wenn die Statuten dies vorschreiben.

Auch wenn die Statuten eine solche Zustimmung verlangen, kann die Eintragung nur dann verweigert werden, wenn der Anteil durch einen von der Gesellschaft bezeichneten Erwerber zu seinem wirklichen Wert übernommen wird.

ZGB 70 III.

IV. Zwangsvollstreckung
1. Kündigung und Auflösung der Gesellschaft

793. Ist ein Gesellschafter in Konkurs geraten, so kann die Konkursverwaltung unter Beobachtung einer sechsmonatigen Kündigungsfrist die Auflösung der Gesellschaft verlangen. Das gleiche Recht steht dem Gläubiger eines Gesellschafters zu, der dessen Gesellschaftsanteil gepfändet hat.

Führt eine solche Kündigung zur Auflösung und Liquidation der Gesellschaft, so haben die Liquidatoren den auf den betriebenen Gesellschafter entfallenden Liquidationsanteil an die Konkursverwaltung oder an das Betreibungsamt auszuhändigen.

2. Abwendung der Auflösung

794. Die Gesellschaft muß nicht aufgelöst und nicht liquidiert werden, wenn vor der Eintragung der Auflösung:

1. die Konkursmasse oder der betreibende Gläubiger durch die Gesellschaft oder durch die übrigen Gesellschafter befriedigt wird, oder

2. alle nicht betriebenen Gesellschafter sich damit einverstanden erklären, daß der Anteil durch die Konkursverwaltung oder durch das Betreibungsamt versteigert wird und der Ersteigerer mit allen Rechten und Pflichten eines nachträglich hinzutretenden Gesellschafters in die Gesellschaft aufgenommen wird, oder

3. der Anteil des betriebenen Gesellschafters mit Zustimmung sämtlicher Gesellschafter von einem andern Gesellschafter oder von einem der Gesellschaft beitretenden Dritten übernommen wird, wobei auch das Einverständnis der Konkursverwaltung oder des Betreibungsamtes erforderlich ist, oder

4. die Mehrheit der Gesellschafter, die zugleich die Mehrheit des Stammkapitals vertritt, die Ausschließung des betriebenen Gesellschafters und dessen Abfindung mit dem wirklichen Werte seiner Stammeinlage beschließt, wobei die Vorschriften über die Herabsetzung des Stammkapitals zu beobachten sind, wenn und soweit infolge der Leistung der Abfindung der Nennwert des Stammkapitals herabgesetzt werden muß.

Der Übernahmebetrag oder die Abfindung sind an die Konkursverwaltung oder an das Betreibungsamt auszuhändigen.

V. Teilung

795. Die Teilung eines Gesellschaftsanteiles und die Veräußerung eines Teiles eines solchen sind statthaft, wenn die Statuten dies nicht ausschließen und die Teile nicht unter tausend Franken sinken. Sie bedürfen zu ihrer Gültigkeit der gleichen Zustimmung und Eintragung wie die Abtretung des ganzen Anteiles.

VI. Erwerb durch einen Mitgesellschafter

796. Die Vorschriften über die Übertragung eines Gesellschaftsanteiles gelten auch für die Erwerbung durch einen Gesellschafter.

Erwirbt ein Gesellschafter den Anteil eines andern ganz oder zum Teil, so erhöht sich seine Stammeinlage um den entsprechenden Nennwert.

791.

VII. Anteile mehrerer

797. Steht ein Gesellschaftsanteil mehreren Gesellschaftern ungeteilt zu, so haben sie einen gemeinsamen Vertreter zu bestellen.

Solange eine Auseinandersetzung über den Gesellschaftsanteil unter ihnen nicht stattgefunden hat, haften sie der Gesellschaft für die Leistungen auf den Gesellschaftsanteil solidarisch.

B. Einzahlung
I. Pflicht und Art

798. Die Stammeinlagen sind von den Gesellschaftern nach Verhältnis ihrer Nominalbeträge einzuzahlen, wenn die Statuten es nicht anders bestimmen. Vorbehalten bleiben die Vorschriften über die Sacheinlagen.

Die Stammeinlagen können den Gesellschaftern weder erlassen noch gestundet werden, außer im Falle einer Herabsetzung des Stammkapitals.

778.

II. Verzug
1. Verzugszinse. Ausschluß

799. Ein Gesellschafter, der den geforderten Betrag nicht innert der angesetzten Frist einzahlt, hat Verzugszinse und eine allfällig in den Statuten vorgesehene Konventionalstrafe zu zahlen.

Wenn trotz zweimaliger Aufforderung durch eingeschriebenen Brief ein Gesellschafter die Zahlung binnen einer auf mindestens einen Monat anzusetzenden Nachfrist nicht leistet, so kann er ausgeschlossen werden. Der Ausgeschlossene bleibt für den nicht einbezahlten Betrag haftbar.

2. Verwendung des Anteiles

800. Die Gesellschaft kann den Anteil eines derart ausgeschlossenen Gesellschafters auf dem Wege der öffentlichen Versteigerung verwerten, sofern nicht ein anderer Gesellschafter den Anteil zum wirklichen Wert übernimmt. Eine andere Verwertung ist nur mit Zustimmung aller Gesellschafter mit Inbegriff des Ausgeschlossenen zulässig.

Bleibt nach Deckung der fehlenden Einzahlung ein Überschuß, so fällt er dem Ausgeschlossenen zu.

3. Haftung für den Ausfall

801. Ergibt sich bei der Verwertung des Anteiles des ausgeschlossenen Gesellschafters ein Ausfall, so haften für diesen gegenüber der Gesellschaft nach dem Ausgeschlossenen alle seine Rechtsvorgänger, die in den letzten fünf Jahren von der Eintragung des Ausgeschlossenen, jedoch nicht weiter zurück als zehn Jahre vor dem Ausschluß, im Anteilbuch eingetragen waren.

Die Haftung besteht in der Reihenfolge der Eintragungen mit Rückgriff gegenüber den Vorgängern. Der Vorgänger kann belangt werden, wenn sein Nachmann nicht innert Monatsfrist nach der Aufforderung bezahlt hat.

C. Haftung der Gesellschafter

802. Die Gesellschafter haften nach den für die Kollektivgesellschaft geltenden Vorschriften für alle Verbindlichkeiten der Gesellschaft solidarisch, jedoch nur bis zu der Höhe des eingetragenen Stammkapitals.

Sie werden von dieser Haftung in dem Maße befreit, als dieses Stammkapital einbezahlt worden ist. Diese Befreiung tritt nicht ein, wenn das Stammkapital durch Rückleistungen oder durch den ungerechtfertigten Bezug von Gewinnbeträgen oder von Zinsen, ausgenommen Bauzinse, vermindert worden ist.

Sie sind unter sich nach Maßgabe ihrer Stammeinlage zum Rückgriff berechtigt.

Wird die Gesellschaft aufgelöst, so haben die Liquidatoren oder die Konkursverwaltung die Haftungssummen der Gesellschafter festzustellen und einzufordern.

143 ff., 568 ff.

D. Nachschüsse

803. Die Statuten können die Gesellschafter über die Stammeinlagen hinaus zu Nachschüssen verpflichten. Diese dürfen nur zur Deckung von Bilanzverlusten verwendet werden und stehen nicht unter den Vorschriften über das Stammkapital.

Die Bestimmungen der Statuten über die Nachschußpflicht sind nur gültig, wenn sie die Höhe, welche die Nachschüsse insgesamt erreichen dürfen, mit einem bestimmten Betrag oder im Verhältnis zum Stammkapital begrenzen.

Die Nachschüsse werden durch Gesellschaftsbeschluß in bestimmter Höhe eingefordert und sind, sofern es nicht anders geordnet ist, von den Gesellschaftern im Verhältnis ihrer Stammeinlagen zu entrichten.

Für die Erfüllung der Nachschußpflicht kommen die Bestimmungen über den Verzug bei der Einzahlung der Einlagen und die Verwertung des Anteils zur Anwendung; dagegen besteht keine Haftung der Rechtsvorgänger des Ausgeschlossenen für den Nachschuß.

Abs. 4: 799 ff.

E. Anspruch auf Gewinnanteil
I. Im allgemeinen

804. Die Gesellschafter haben im Verhältnis der auf ihre Anteile einbezahlten Beträge Anspruch auf den nach der Jahresbilanz sich ergebenden Reingewinn unter Vorbehalt anderer statutarischer Anordnungen.

Zinse dürfen für das Stammkapital nicht bezahlt werden; dagegen dürfen nach den für die Aktiengesellschaft geltenden Bestimmungen Bauzinse ausgerichtet werden.

II. Bilanzvorschriften und Reservefonds

805. Die für die Aktiengesellschaft geltenden Bestimmungen über die Bilanz und die Reservefonds finden auch auf die Gesellschaft mit beschränkter Haftung Anwendung.

662 ff., 957 ff., 961.

III. Rückerstattung bezogener Gewinnanteile

806. Der Gesellschafter oder Geschäftsführer, der ungerechtfertigterweise Gewinnbeträge bezogen hat, ist zur Rückerstattung verpflichtet.

War der Gesellschafter oder der Geschäftsführer im guten Glauben, so besteht eine Pflicht zur Rückerstattung nur insoweit, als dies zur Befriedigung der Gesellschaftsgläubiger erforderlich ist.

Der Anspruch auf Rückerstattung verjährt in fünf Jahren, bei gutgläubigem Bezug in zwei Jahren, vom Empfange der Zahlung an gerechnet.

F. Erwerbung oder Pfandnahme eigener Anteile

807. Solange die Stammeinlagen nicht voll einbezahlt sind, darf die Gesellschaft eigene Gesellschaftsanteile weder erwerben noch zu Pfand nehmen, es sei denn zur Befriedigung von Forderungen, die nicht aus der Beteiligung am Stammkapital selbst herrühren.

Sind die Stammeinlagen voll einbezahlt, so darf die Gesellschaft eigene Gesellschaftsanteile erwerben, jedoch nur aus dem über das Stammkapital hinaus vorhandenen Gesellschaftsvermögen.

3. Abschnitt Organisation der Gesellschaft

A. Gesellschafterversammlung
I. Gesellschaftsbeschlüsse

808. Oberstes Organ der Gesellschaft ist die Gesellschafterversammlung.

Die Statuten können an Stelle der Beschlußfassung in der Versammlung für alle oder für einzelne Gegenstände die schriftliche Abstimmung anordnen.

Die Gesellschaftsbeschlüsse werden, wenn das Gesetz oder die Statuten es nicht anders vorschreiben, mit der absoluten Mehrheit der abgegebenen Stimmen gefaßt. Tritt an Stelle der Versammlung die schriftliche Abstimmung, so wird die Mehrheit nach der Gesamtzahl der den Gesellschaftern zustehenden Stimmen berechnet.

Wenn es die Statuten nicht anders ordnen, bemißt sich das Stimmrecht jedes Gesellschafters nach der Höhe seiner Stammeinlage, wobei auf tausend Franken eine Stimme entfällt. Durch die Statuten darf indessen das Stimmrecht nicht entzogen werden.

Ein Gesellschafter darf sein Stimmrecht nicht ausüben, wenn über seine Entlastung abgestimmt wird.

Die Anfechtung der Gesellschaftsbeschlüsse richtet sich nach den für die Aktiengesellschaft aufgestellten Vorschriften.
706.

II. Einberufung

809. Eine Gesellschafterversammlung wird durch die Geschäftsführung alljährlich innerhalb sechs Monaten nach Schluß des Geschäftsjahres einberufen, im übrigen nach Maßgabe der Statuten und so oft es im Interesse der Gesellschaft als erforderlich erscheint.

Die Einberufung einer Gesellschafterversammlung kann auch von einem oder mehreren Gesellschaftern, die zusammen mindestens den zehnten Teil des Stammkapitals vertreten, schriftlich unter Angabe des Zweckes verlangt werden.

Entspricht die Geschäftsführung diesem Begehren nicht binnen angemessener Frist, so hat der Richter auf Antrag der Gesuchsteller die Einberufung anzuordnen.

Die Einberufung der Versammlung sowie die Aufforderung zur schriftlichen Abstimmung erfolgt in der durch die Statuten bestimmten Form, in Ermangelung einer solchen Bestimmung durch eingeschriebenen Brief, unter Angabe der Verhandlungsgegenstände und unter Beobachtung einer Frist von mindestens fünf Tagen vor der Versammlung.

Sämtliche Gesellschafter können, falls kein Widerspruch erhoben wird, eine Gesellschafterversammlung ohne Einhaltung der für die Einberufung vorgeschriebenen Formvorschriften abhalten. In dieser Versammlung kann über alle in den Geschäftskreis der Gesellschafterversammlung fallenden Gegenstände gültig verhandelt und Beschluß gefaßt werden, solange sämtliche Gesellschafter anwesend sind.

III. Befugnisse

810. Der Gesellschafterversammlung stehen folgende unübertragbare Befugnisse zu:

1. die Festsetzung und die Änderung der Statuten;
2. die Bestellung und die Abberufung von Geschäftsführern;
3. die Bestellung der Kontrollstelle, unter Vorbehalt der

durch die Statuten den nicht geschäftsführenden Gesellschaftern zugewiesenen Kontrollrechte;

4. die Abnahme der Gewinn- und Verlustrechnung und der Bilanz, sowie die Beschlußfassung über die Verwendung des Reingewinnes;

5. die Entlastung der Geschäftsführer;

6. die Teilung von Gesellschaftsanteilen;

7. die Einforderung der in den Statuten vorgesehenen Nachschüsse;

8. die Geltendmachung von Schadenersatzansprüchen, die der Gesellschaft aus der Gründung oder aus der Geschäftsführung gegen die Organe oder gegen einzelne Gesellschafter zustehen.

Soweit die Statuten nicht abweichende Bestimmungen treffen, ist die Gesellschafterversammlung auch zuständig zur Einforderung von Einzahlungen auf die Stammeinlagen sowie zur Bestellung von Prokuristen und von Handlungsbevollmächtigten zum Betriebe des ganzen Gewerbes.

Abs. 2: 816.

B. Geschäftsführung und Vertretung
I. Durch die Gesellschafter

811. Alle Gesellschafter sind zur gemeinsamen Geschäftsführung und Vertretung berechtigt und verpflichtet, sofern nicht etwas anderes bestimmt wird.

Durch die Statuten oder durch Gesellschaftsbeschluß kann die Geschäftsführung und Vertretung der Gesellschaft einem oder mehreren Gesellschaftern übertragen werden.

Gesellschafter, die erst nach der Gründung hinzutreten, haben das Recht und die Pflicht zur Geschäftsführung und Vertretung nur dann, wenn sie ihnen durch besondern Gesellschaftsbeschluß übertragen werden.

Anhang V 41.

II. Durch andere Personen

812. Durch die Statuten oder durch Gesellschaftsbeschluß kann die Geschäftsführung und Vertretung auch Personen übertragen werden, die nicht Gesellschafter sind.

Für ihre Befugnisse und ihre Verantwortlichkeit gelten die

für die geschäftsführenden Gesellschafter aufgestellten Vorschriften.
Anhang V 41.

III. Wohnsitz der Geschäftsführer

813. Wenigstens einer der Geschäftsführer muß in der Schweiz wohnhaft sein.

Ist diese Vorschrift nicht mehr erfüllt, so hat der Handelsregisterführer der Gesellschaft eine Frist zur Wiederherstellung des gesetzmäßigen Zustandes zu setzen und nach fruchtlosem Ablauf die Gesellschaft von Amtes wegen als aufgelöst zu erklären.
Anhang V 90g.

IV. Umfang, Beschränkung und Entziehung

814. Für den Umfang und die Beschränkung der Vertretungsbefugnis der Geschäftsführer gelten die Bestimmungen des Aktienrechts.

Die Entziehung der Geschäftsführung und Vertretung richtet sich unter den Gesellschaftern nach den für die Kollektivgesellschaft geltenden Vorschriften.

Einem Geschäftsführer, der nicht Gesellschafter ist, kann die Geschäftsführung und Vertretung durch Gesellschaftsbeschluß jederzeit entzogen werden. Entschädigungsansprüche der Abberufenen bleiben vorbehalten.

Die Gesellschaft haftet für den Schaden aus unerlaubten Handlungen, die eine zur Geschäftsführung oder zur Vertretung befugte Person in Ausübung ihrer geschäftlichen Verrichtungen begeht.
Abs. 1: 718. Abs. 2: 557, 539. BGE 81 II 544. StGB 152.

V. Zeichnung. Eintragung

815. Die Geschäftsführer haben in der Weise zu zeichnen, daß sie der Firma der Gesellschaft ihre Unterschrift beifügen. Sie haben mit der Anmeldung ihre Unterschrift beim Handelsregisteramt zu zeichnen oder die Zeichnung in beglaubigter Form einzureichen, gegebenenfalls unter Vorlegung einer beglaubigten Abschrift des Gesellschaftsbeschlusses.

Gehören der Gesellschaft zur Vertretung ermächtigte Handelsgesellschaften oder Genossenschaften an, so sind im Handelsregister die natürlichen Personen einzutragen, denen die Vertretungsbefugnis für die Gesellschaft mit beschränkter Haftung zustehen soll.

VI. Prokura und Handlungsvollmacht

816. Die Prokura sowie eine Handlungsvollmacht zum Betriebe des ganzen Gewerbes können, soweit die Statuten nichts anderes bestimmen, nur durch Gesellschaftsbeschluß bestellt werden; dagegen ist jeder Geschäftsführer zum Widerruf der Prokura und einer solchen Handlungsvollmacht berechtigt.

810 II, 458 ff.

VII. Anzeigepflicht bei Kapitalverlust und bei Überschuldung

817. Ist das Stammkapital nicht mehr zur Hälfte gedeckt oder liegt eine Überschuldung vor, so finden die Vorschriften des Aktienrechts entsprechende Anwendung.

Besteht eine Nachschußpflicht, so muß im Falle der Überschuldung der Richter erst benachrichtigt werden, wenn der durch die Bilanz ausgewiesene Verlust nicht innert drei Monaten durch die Gesellschafter gedeckt wird.

Abs. 1: 725. Abs. 2: 803.

VIII. Konkurrenzverbot

818. Ohne Zustimmung der übrigen Gesellschafter darf ein geschäftsführender Gesellschafter in dem Geschäftszweige der Gesellschaft weder für eigene noch für fremde Rechnung Geschäfte machen, noch an einer andern Unternehmung als unbeschränkt haftender Gesellschafter, als Kommanditär oder als Mitglied einer Gesellschaft mit beschränkter Haftung teilnehmen.

Durch die Statuten kann dieses Verbot auf alle Gesellschafter ausgedehnt werden.

C. Kontrolle

819. Steht die Geschäftsführung nicht allen Gesellschaftern zu, so haben die nicht geschäftsführenden Gesellschafter die Befugnis der Kontrolle gleich den nicht geschäftsführenden Mitgliedern einer einfachen Gesellschaft.

Die Statuten können statt dieser Kontrolle eine besondere Kontrollstelle vorsehen, der auch die Prüfung der ordnungsmäßigen Führung des Anteilbuches obliegt. Für ihre Zusammensetzung und ihre Aufgaben gelten die Vorschriften des Aktienrechts. Ist

eine besondere Kontrollstelle eingesetzt, so stehen jedem Gesellschafter die gleichen Kontrollrechte zu wie dem Aktionär.
Abs. 2: 727ff.

4. Abschnitt Auflösen und Ausscheiden

A. Auflösungsgründe

820. Die Gesellschaft mit beschränkter Haftung wird aufgelöst:
 1. nach Maßgabe der Statuten;
 2. durch einen öffentlich beurkundeten Gesellschaftsbeschluß, bei dem die Mehrheit, wenn es in den Statuten nicht anders bestimmt ist, drei Vierteile sämtlicher Mitglieder betragen muß, die mindestens drei Vierteile des Stammkapitals vertreten;
 3. durch die Eröffnung des Konkurses;
 4. durch Urteil des Richters, wenn ein Gesellschafter aus einem wichtigen Grunde die Auflösung verlangt;
 5. in den übrigen vom Gesetze vorgesehenen Fällen.
Z. 3: 939. Z. 5: 775 II, 793, 813 II. Anhang V Art. 90h.

B. Anmeldung beim Handelsregister

821. Erfolgt die Auflösung nicht durch Konkurs, so ist sie von den Geschäftsführern zur Eintragung in das Handelsregister anzumelden.
939.

C. Austritt und Ausschließung durch den Richter

822. Die Statuten können den Gesellschaftern ein Recht auf Austritt einräumen und dieses von bestimmten Bedingungen abhängig machen.

Jeder Gesellschafter kann aus wichtigen Gründen beim Richter auf Bewilligung des Austritts oder auf Auflösung der Gesellschaft klagen.

Die Gesellschaft kann aus wichtigen Gründen beim Richter die Ausschließung eines Gesellschafters beantragen, wenn die Mehrheit der Gesellschafter, die zugleich die Mehrheit des Stammkapitals vertreten, dieser Maßnahme zustimmt.

Austritt und Ausschließung werden nur unter Beobachtung der Vorschriften über die Herabsetzung des Stammkapitals wirksam, sofern nicht der ausscheidende Gesellschafter aus weiterem, über das Stammkapital hinaus vorhandenem Vermögen abgefunden oder sein Anteil nach den Vorschriften über den Verzug bei der Einzahlungspflicht verwertet oder von einem andern Gesellschafter übernommen wird.

Abs. 4: 788, 799 ff.

D. Liquidation

823. Für die Bestellung und Abberufung von Liquidatoren, für die Durchführung der Liquidation, die Löschung der Gesellschaft im Handelsregister und die Aufbewahrung der Geschäftsbücher gelten die Bestimmungen des Aktienrechts.

739 ff.

E. Umwandlung einer Aktiengesellschaft in eine Gesellschaft mit beschränkter Haftung
I. Voraussetzungen

824. Eine Aktiengesellschaft kann unter folgenden Voraussetzungen ohne Liquidation in eine Gesellschaft mit beschränkter Haftung umgewandelt werden:

1. Das Stammkapital der Gesellschaft mit beschränkter Haftung darf nicht geringer sein als das Grundkapital der Aktiengesellschaft.

2. Den Aktionären ist durch eine Bekanntmachung in der in den Statuten vorgeschriebenen Form Gelegenheit zu geben, sich bis zum Nominalbetrage ihrer Aktien bei der neuen Gesellschaft zu beteiligen.

3. Diese Beteiligungen müssen zusammen mindestens zwei Dritteile des Grundkapitals der bisherigen Gesellschaft betragen.

II. Rechte der Aktionäre

825. Jeder Aktionär, der sich nicht oder nur mit einem Teile seiner Aktien bei der neuen Gesellschaft beteiligt, kann von dieser die Auszahlung seines verhältnismäßigen Anteils am Vermögen der aufgelösten Gesellschaft verlangen.

Dieser Anteil wird auf Grund einer Bilanz berechnet, die der Genehmigung der Generalversammlung der Aktionäre mit einer Mehrheit von mindestens drei Vierteilen des vertretenen Grundkapitals bedarf.

III. Rechte der Gläubiger

826. Das Vermögen der aufgelösten Gesellschaft geht mit der Eintragung der neuen Gesellschaft ohne weiteres auf diese über.

Unverzüglich nach der Eintragung der neuen Gesellschaft in das Handelsregister sind die Gläubiger der aufgelösten Gesellschaft durch dreimalige Bekanntmachung in der in den Statuten vorgesehenen Form zur Einreichung ihrer Ansprüche binnen angemessener Frist aufzufordern mit dem Beifügen, daß die Schuld auf die neue Gesellschaft übergeht, sofern nicht ausdrücklich Widerspruch erhoben wird.

Die Gläubiger, die ihre Forderungen anmelden, ohne die neue Gesellschaft als Schuldnerin anzunehmen, sind zu befriedigen oder sicherzustellen. Auszahlungen aus dem Vermögen der aufgelösten Gesellschaft an deren Aktionäre dürfen erst stattfinden, nachdem die Rechte aller dieser Gläubiger in der angegebenen Weise gewahrt sind.

Die Geschäftsführer sind den Gläubigern der aufgelösten Gesellschaft persönlich und solidarisch für die Beobachtung dieser Vorschriften verantwortlich.

Die Auflösung der Gesellschaft ist zur Eintragung in das Handelsregister anzumelden. Nach Befriedigung oder Sicherstellung der Gläubiger, welche die neue Gesellschaft nicht als Schuldnerin annehmen, ist die Löschung der aufgelösten Gesellschaft zu veranlassen.
962.

5. Abschnitt Verantwortlichkeit

827. Für die Verantwortlichkeit der bei der Gesellschaftsgründung beteiligten und der mit der Geschäftsführung und der Kontrolle betrauten Personen sowie der Liquidatoren gelten die Bestimmungen des Aktienrechts.
752 ff., 806. StGB 152.

Neunundzwanzigster Titel
Die Genossenschaft

1. Abschnitt Begriff und Errichtung

A. Genossenschaft des Obligationenrechts

828. Die Genossenschaft ist eine als Körperschaft organisierte Verbindung einer nicht geschlossenen Zahl von Personen oder

Handelsgesellschaften, die in der Hauptsache die Förderung oder Sicherung bestimmter wirtschaftlicher Interessen ihrer Mitglieder in gemeinsamer Selbsthilfe bezweckt.

Genossenschaften mit einem zum voraus festgesetzten Grundkapital sind unzulässig.

BankG 13. SchUeB 17 Z. 2, 3. Anhang V Art. 92.

B. Genossenschaften des öffentlichen Rechts

829. Öffentlich-rechtliche Personenverbände stehen, auch wenn sie genossenschaftlichen Zwecken dienen, unter dem öffentlichen Recht des Bundes und der Kantone.

C. Errichtung
I. Erfordernisse
1. Im allgemeinen

830. Die Genossenschaft entsteht, nach Aufstellung der Statuten und deren Genehmigung in der konstituierenden Versammlung, durch Eintragung in das Handelsregister.

2. Zahl der Mitglieder

831. Bei der Gründung einer Genossenschaft müssen mindestens sieben Mitglieder beteiligt sein.

Sinkt in der Folge die Zahl der Genossenschafter unter diese Mindestzahl oder fehlt es der Genossenschaft an den notwendigen Organen, so kann der Richter auf Begehren eines Genossenschafters oder eines Gläubigers die Auflösung verfügen, sofern die Genossenschaft nicht binnen angemessener Frist den gesetzmäßigen Zustand wiederherstellt. Nach Anbringung der Klage kann der Richter auf Antrag einer Partei vorsorgliche Maßnahmen anordnen.

II. Statuten
1. Gesetzlich vorgeschriebener Inhalt

832. Die Statuten müssen Bestimmungen enthalten über:

1. den Namen (die Firma) und den Sitz der Genossenschaft;

2. den Zweck der Genossenschaft;

3. eine allfällige Verpflichtung der Genossenschafter zu Geld- oder andern Leistungen, sowie deren Art und Höhe;

4. die Organe für die Verwaltung und für die Kontrolle und die Art der Ausübung der Vertretung;

29. Titel. Die Genossenschaft 833–834

5. die Form der von der Genossenschaft ausgehenden Bekanntmachungen.
Firma: 950/I.

2. Weitere Bestimmungen

833. Zu ihrer Verbindlichkeit bedürfen der Aufnahme in die Statuten:

1. Vorschriften über die Schaffung eines Genossenschaftskapitals durch Genossenschaftsanteile (Anteilscheine);

2. Bestimmungen über nicht durch Einzahlung geleistete Einlagen auf das Genossenschaftskapital (Sacheinlagen), deren Gegenstand und deren Anrechnungsbetrag, sowie über die Person des einlegenden Genossenschafters;

3. Bestimmungen über Vermögenswerte, die bei der Gründung übernommen werden, über die hiefür zu leistende Vergütung und über die Person des Eigentümers der zu übernehmenden Vermögenswerte;

4. von den gesetzlichen Bestimmungen abweichende Vorschriften über den Eintritt in die Genossenschaft und über den Verlust der Mitgliedschaft;

5. Bestimmungen über die persönliche Haftung und die Nachschußpflicht der Genossenschafter;

6. von den gesetzlichen Bestimmungen abweichende Vorschriften über die Organisation, die Vertretung, die Abänderung der Statuten und über die Beschlußfassung der Generalversammlung;

7. Beschränkungen und Erweiterungen in der Ausübung des Stimmrechtes;

8. Bestimmungen über die Berechnung und die Verwendung des Rechnungs- und des Liquidationsüberschusses.

III. Konstituierende Versammlung

834. Die Statuten sind schriftlich abzufassen und einer von den Gründern einzuberufenden Versammlung zur Beratung und Genehmigung vorzulegen.

Überdies ist ein schriftlicher Bericht der Gründer über allfällige Sacheinlagen und zu übernehmende Vermögenswerte der Versammlung bekanntzugeben und von ihr zu beraten.

Diese Versammlung bestellt auch die notwendigen Organe.

Bis zur Eintragung der Genossenschaft in das Handelsregister kann die Mitgliedschaft nur durch Unterzeichnung der Statuten begründet werden.

Gründer, Verantwortlichkeit: BGE 66 II 163; StGB 152.

IV. Eintragung in das Handelsregister
1. Anmeldung

835. Die Genossenschaft ist in das Handelsregister des Ortes einzutragen, an dem sie ihren Sitz hat.

In der Anmeldung sind die Mitglieder der Verwaltung und die mit der Ausübung der Vertretung beauftragten Personen unter Angabe des Wohnortes und der Staatsangehörigkeit zu bezeichnen.

Die Anmeldung muß von mindestens zwei Mitgliedern der Verwaltung beim Handelsregisteramt unterzeichnet oder schriftlich mit beglaubigten Unterschriften eingereicht werden.

Der Anmeldung sind die Statuten in der Urschrift oder in einer beglaubigten Ausfertigung, der Bericht über allfällige Sacheinlagen und zu übernehmende Vermögenswerte und, wenn es sich um eine Genossenschaft mit unbeschränkter oder beschränkter persönlicher Haftbarkeit oder mit Nachschußpflicht der Genossenschafter handelt, ein Verzeichnis der Genossenschafter beizulegen.

2. Eintragung und Veröffentlichung

836. In das Handelsregister sind außer dem Datum und den vom Gesetze vorgeschriebenen Bestimmungen der Statuten die Namen der mit der Verwaltung und Vertretung beauftragten Personen, unter Angabe des Wohnortes und der Staatsangehörigkeit, einzutragen.

Zur Veröffentlichung gelangen ein Auszug, der über Firma, Sitz, Zweck, Haftungsverhältnisse und Art und Weise der Bekanntmachungen Aufschluß gibt, sowie alle eingetragenen Angaben über die Vertretung der Genossenschaft.

Das Verzeichnis der Genossenschafter, das von Genossenschaften mit persönlicher Haftung oder Nachschußpflicht dem Handelsregisteramt einzureichen ist, steht jedermann zur Einsicht offen, wird aber nicht veröffentlicht.

Abs. 1: 894/5. Abs. 3: 907. BGE 78 III 42. Anhang V Art. 93/4.

3. Zweigniederlassungen

837. Zweigniederlassungen sind unter Bezugnahme auf die Eintragung der Hauptniederlassung in das Handelsregister des Ortes einzutragen, an dem sie sich befinden.

Die Anmeldung ist von den mit der Vertretung betrauten Mitgliedern der Verwaltung einzureichen.

Die Eintragung begründet neben dem Gerichtsstand des Hauptsitzes einen Gerichtsstand am Ort der Zweigniederlassung für Klagen aus ihrem Geschäftsbetrieb.

935, 952.

V. Erwerb der Persönlichkeit

838. Die Genossenschaft erlangt das Recht der Persönlichkeit erst durch die Eintragung in das Handelsregister.

Ist vor der Eintragung im Namen der Genossenschaft gehandelt worden, so haften die Handelnden persönlich und solidarisch.

Wurden solche Verpflichtungen ausdrücklich im Namen der zu bildenden Genossenschaft eingegangen und innerhalb einer Frist von drei Monaten nach der Eintragung in das Handelsregister von der Genossenschaft übernommen, so werden die Handelnden befreit, und es haftet nur die Genossenschaft.

ZGB 52 ff.

2. Abschnitt Erwerb der Mitgliedschaft

A. Grundsatz

839. In eine Genossenschaft können jederzeit neue Mitglieder aufgenommen werden.

Die Statuten können unter Wahrung des Grundsatzes der nicht geschlossenen Mitgliederzahl die nähern Bestimmungen über den Eintritt treffen; sie dürfen jedoch den Eintritt nicht übermäßig erschweren.

BGE 98 II 221.

B. Beitrittserklärung

840. Zum Beitritt bedarf es einer schriftlichen Erklärung.

Besteht bei einer Genossenschaft neben der Haftung des Genossenschaftsvermögens eine persönliche Haftung oder eine Nachschußpflicht der einzelnen Genossenschafter, so muß die Beitrittserklärung diese Verpflichtungen ausdrücklich enthalten.

Über die Aufnahme neuer Mitglieder entscheidet die Verwaltung, soweit nicht nach den Statuten die bloße Beitrittserklärung genügt oder ein Beschluß der Generalversammlung nötig ist.

C. Verbindung mit einem Versicherungsvertrag

841. Ist die Zugehörigkeit zur Genossenschaft mit einem Versicherungsvertrage bei dieser Genossenschaft verknüpft, so wird die Mitgliedschaft erworben mit der Annahme des Versicherungsantrages durch das zuständige Organ.

Die von einer konzessionierten Versicherungsgenossenschaft mit den Mitgliedern abgeschlossenen Versicherungsverträge unterstehen in gleicher Weise wie die von ihr mit Dritten abgeschlossenen Versicherungsverträge den Bestimmungen des Bundesgesetzes über den Versicherungsvertrag.

3. Abschnitt Verlust der Mitgliedschaft

A. Austritt
I. Freiheit des Austrittes

842. Solange die Auflösung der Genossenschaft nicht beschlossen ist, steht jedem Genossenschafter der Austritt frei.

Die Statuten können vorschreiben, daß der Austretende zur Bezahlung einer angemessenen Auslösungssumme verpflichtet ist, wenn nach den Umständen durch den Austritt der Genossenschaft ein erheblicher Schaden erwächst oder deren Fortbestand gefährdet wird.

Ein dauerndes Verbot oder eine übermäßige Erschwerung des Austrittes durch die Statuten oder durch Vertrag sind ungültig.
Abs. 3: 20.

II. Beschränkung des Austrittes

843. Der Austritt kann durch die Statuten oder durch Vertrag auf höchstens fünf Jahre ausgeschlossen werden.

Auch während dieser Frist kann aus wichtigen Gründen der Austritt erklärt werden. Die Pflicht zur Bezahlung einer angemessenen Auslösungssumme unter den für den freien Austritt vorgesehenen Voraussetzungen bleibt vorbehalten.

III. Kündigungsfrist und Zeitpunkt des Austrittes

844. Der Austritt kann nur auf Schluß des Geschäftsjahres und unter Beobachtung einer einjährigen Kündigungsfrist stattfinden.

Den Statuten bleibt vorbehalten, eine kürzere Kündigungsfrist vorzuschreiben und den Austritt auch im Laufe des Geschäftsjahres zu gestatten.
864.

IV. Geltendmachung im Konkurs und bei Pfändung

845. Falls die Statuten dem ausscheidenden Mitglied einen Anteil am Vermögen der Genossenschaft gewähren, kann ein dem Genossenschafter zustehendes Austrittsrecht in dessen Konkurse von der Konkursverwaltung oder, wenn dieser Anteil gepfändet wird, vom Betreibungsamt geltend gemacht werden.

B. Ausschließung

846. Die Statuten können die Gründe bestimmen, aus denen ein Genossenschafter ausgeschlossen werden darf.

Überdies kann er jederzeit aus wichtigen Gründen ausgeschlossen werden.

Über die Ausschließung entscheidet die Generalversammlung. Die Statuten können die Verwaltung als zuständig erklären, wobei dem Ausgeschlossenen ein Rekursrecht an die Generalversammlung zusteht. Dem Ausgeschlossenen steht innerhalb drei Monaten die Anrufung des Richters offen.

Das ausgeschlossene Mitglied kann unter den für den freien Austritt aufgestellten Voraussetzungen zur Entrichtung einer Auslösungssumme verhalten werden.

C. Tod des Genossenschafters

847. Die Mitgliedschaft erlischt mit dem Tode des Genossenschafters.

Die Statuten können jedoch bestimmen, daß die Erben ohne weiteres Mitglieder der Genossenschaft sind.

Die Statuten können ferner bestimmen, daß die Erben oder einer unter mehreren Erben auf schriftliches Begehren an Stelle des verstorbenen Genossenschafters als Mitglied anerkannt werden müssen.

Die Erbengemeinschaft hat für die Beteiligung an der Genossenschaft einen gemeinsamen Vertreter zu bestellen.

ZGB 70 III.

D. Wegfall einer Beamtung oder Anstellung oder eines Vertrages

848. Ist die Zugehörigkeit zu einer Genossenschaft mit einer Beamtung oder Anstellung verknüpft oder die Folge eines Vertragsverhältnisses, wie bei einer Versicherungsgenossenschaft, so fällt die Mitgliedschaft, sofern die Statuten es nicht anders ordnen, mit dem Aufhören der Beamtung oder Anstellung oder des Vertrages dahin.

E. Übertragung der Mitgliedschaft
I. Im allgemeinen

849. Die Abtretung der Genossenschaftsanteile und, wenn über die Mitgliedschaft oder den Genossenschaftsanteil eine Urkunde ausgestellt worden ist, die Übertragung dieser Urkunde machen den Erwerber nicht ohne weiteres zum Genossenschafter. Der Erwerber wird erst durch einen dem Gesetz und den Statuten entsprechenden Aufnahmebeschluß Genossenschafter.

Solange der Erwerber nicht als Genossenschafter aufgenommen ist, steht die Ausübung der persönlichen Mitgliedschaftsrechte dem Veräußerer zu.

Ist die Zugehörigkeit zu einer Genossenschaft mit einem Vertrage verknüpft, so können die Statuten bestimmen, daß die Mitgliedschaft mit der Übernahme des Vertrages ohne weiteres auf den Rechtsnachfolger übergeht.

II. Durch Übertragung von Grundstücken oder wirtschaftlichen Betrieben

850. Die Mitgliedschaft bei einer Genossenschaft kann durch die Statuten vom Eigentum an einem Grundstück oder vom wirtschaftlichen Betrieb eines solchen abhängig gemacht werden.

Die Statuten können für solche Fälle vorschreiben, daß mit der Veräußerung des Grundstückes oder mit der Übernahme des wirtschaftlichen Betriebes die Mitgliedschaft ohne weiteres auf den Erwerber oder den Übernehmer übergeht.

Die Bestimmung betreffend den Übergang der Mitgliedschaft bei Veräußerung des Grundstückes bedarf zu ihrer Gültigkeit gegenüber Dritten der Vormerkung im Grundbuche.

F. Austritt des Rechtsnachfolgers

851. Bei Übertragung und Vererbung der Mitgliedschaft gelten für den Rechtsnachfolger die gleichen Austrittsbedingungen wie für das frühere Mitglied.

4. Abschnitt Rechte und Pflichten der Genossenschafter

A. Ausweis der Mitgliedschaft

852. Die Statuten können vorschreiben, daß für den Ausweis der Mitgliedschaft eine Urkunde ausgestellt wird.

Dieser Ausweis kann auch im Anteilschein enthalten sein.

B. Genossenschaftsanteile

853. Bestehen bei einer Genossenschaft Anteilscheine, so hat jeder der Genossenschaft Beitretende mindestens einen Anteilschein zu übernehmen.

Die Statuten können bestimmen, daß bis zu einer bestimmten Höchstzahl mehrere Anteilscheine erworben werden dürfen.

Die Anteilscheine werden auf den Namen des Mitgliedes ausgestellt. Sie können aber nicht als Wertpapiere, sondern nur als Beweisurkunden errichtet werden.

C. Rechtsgleichheit

854. Die Genossenschafter stehen in gleichen Rechten und Pflichten, soweit sich aus dem Gesetz nicht eine Ausnahme ergibt.
Bedeutung: BGE 69 II 44.

D. Rechte
I. Stimmrecht

855. Die Rechte, die den Genossenschaftern in den Angelegenheiten der Genossenschaft, insbesondere in bezug auf die Führung der genossenschaftlichen Geschäfte und die Förderung der Genossenschaft zustehen, werden durch die Teilnahme an der Generalversammlung oder in den vom Gesetz vorgesehenen Fällen durch schriftliche Stimmabgabe (Urabstimmung) ausgeübt.
880, 885.

II. Kontrollrecht der Genossenschafter
1. Bekanntgabe der Bilanz

856. Spätestens zehn Tage vor der Generalversammlung oder der Urabstimmung, die über die Abnahme der Betriebsrechnung und der Bilanz zu entscheiden hat, sind die Betriebsrechnung und die Bilanz mit dem Revisionsbericht zur Einsicht der Genossenschafter am Sitz der Genossenschaft aufzulegen.

Die Statuten können bestimmen, daß jeder Genossenschafter berechtigt ist, auf Kosten der Genossenschaft eine Abschrift der Betriebsrechnung und der Bilanz zu verlangen.
957ff., 961. BankG 21.

2. Auskunftserteilung

857. Die Genossenschafter können die Kontrollstelle auf zweifelhafte Ansätze aufmerksam machen und die erforderlichen Aufschlüsse verlangen.

Eine Einsichtnahme in die Geschäftsbücher und Korrespondenzen ist nur mit ausdrücklicher Ermächtigung der Generalversammlung oder durch Beschluß der Verwaltung und unter Wahrung des Geschäftsgeheimnisses gestattet.

Der Richter kann verfügen, daß die Genossenschaft dem Genossenschafter über bestimmte, für die Ausübung des Kontrollrechts erhebliche Tatsachen durch beglaubigte Abschrift aus ihren Geschäftsbüchern oder von Korrespondenzen Auskunft zu erteilen hat. Durch diese Verfügung dürfen die Interessen der Genossenschaft nicht gefährdet werden.

Das Kontrollrecht der Genossenschafter kann weder durch die Statuten noch durch Beschlüsse eines Genossenschaftsorgans aufgehoben oder beschränkt werden.

III. Allfällige Rechte auf den Reinertrag
1. Feststellung des Reinertrages

858. Die Berechnung des Reinertrages erfolgt auf Grund der Jahresbilanz, die nach den Vorschriften über die kaufmännische Buchführung zu erstellen ist.

Kreditgenossenschaften und konzessionierte Versicherungsgenossenschaften stehen unter den für die Aktiengesellschaft geltenden Bilanzvorschriften.
957ff. BankG 6.

2. Verteilungsgrundsätze

859. Ein Reinertrag aus dem Betriebe der Genossenschaft fällt, wenn die Statuten es nicht anders bestimmen, in seinem ganzen Umfange in das Genossenschaftsvermögen.

Ist eine Verteilung des Reinertrages unter die Genossenschafter vorgesehen, so erfolgt sie, soweit die Statuten es nicht anders ordnen, nach dem Maße der Benützung der genossenschaftlichen Einrichtungen durch die einzelnen Mitglieder.

Bestehen Anteilscheine, so darf die auf sie entfallende Quote des Reinertrages den landesüblichen Zinsfuß für langfristige Darlehen ohne besondere Sicherheiten nicht übersteigen.

3. Pflicht zur Bildung und Äufnung eines Reservefonds

860. Soweit der Reinertrag in anderer Weise als zur Äufnung des Genossenschaftsvermögens verwendet wird, ist davon jährlich ein Zwanzigstel einem Reservefonds zuzuweisen. Diese Zuweisung hat während mindestens zwanzig Jahren zu erfolgen; wenn Anteilscheine bestehen, hat die Zuweisung auf alle Fälle so lange zu erfolgen, bis der Reservefonds einen Fünftel des Genossenschaftskapitals ausmacht.

Durch die Statuten kann eine weitergehende Äufnung des Reservefonds vorgeschrieben werden.

Soweit der Reservefonds die Hälfte des übrigen Genossenschaftsvermögens oder, wenn Anteilscheine bestehen, die Hälfte des Genossenschaftskapitals nicht übersteigt, darf er nur zur Deckung von Verlusten oder zu Maßnahmen verwendet werden, die geeignet sind, in Zeiten schlechten Geschäftsganges die Erreichung des Genossenschaftszweckes sicherzustellen.

Bei den konzessionierten Versicherungsgenossenschaften ist der Reservefonds nach Maßgabe ihres vom Bundesrat genehmigten Geschäftsplanes zu bilden.

4. Reinertrag bei Kreditgenossenschaften

861. Kreditgenossenschaften können in den Statuten von den Bestimmungen der vorstehenden Artikel abweichende Vorschriften über die Verteilung des Reinertrages erlassen, doch sind auch sie gehalten, einen Reservefonds zu bilden und den vorstehenden Bestimmungen gemäß zu verwenden.

Dem Reservefonds ist alljährlich mindestens ein Zehntel des Reinertrages zuzuweisen, bis der Fonds die Höhe von einem Zehntel des Genossenschaftskapitals erreicht hat.

Wird auf die Genossenschaftsanteile eine Quote des Reinertrages verteilt, die den landesüblichen Zinsfuß für langfristige

Darlehen ohne besondere Sicherheiten übersteigt, so ist von dem diesen Zinsfuß übersteigenden Betrag ein Zehntel ebenfalls dem Reservefonds zuzuweisen.

5. Fonds zu Wohlfahrtszwecken

862. Die Statuten können insbesondere auch Fonds zur Gründung und Unterstützung von Wohlfahrtseinrichtungen für Angestellte und Arbeiter des Unternehmens sowie für Genossenschafter vorsehen.

SchUeB 3, 15 Z. 7. Art. 343bis. Die bisherigen Absätze 2–4 dieses Artikels sind aufgehoben durch das Bundesgesetz betr. Wohlfahrtseinrichtungen für das Personal vom 21. März 1958, in Kraft seit 1. Juli 1958 (AS 1958 S. 380).

6. Weitere Reserveanlagen

863. Die dem Gesetz und den Statuten entsprechenden Einlagen in Reserve- und andere Fonds sind in erster Linie von dem zur Verteilung gelangenden Reinertrag in Abzug zu bringen.

Soweit die Rücksicht auf das dauernde Gedeihen des Unternehmens es als angezeigt erscheinen läßt, kann die Generalversammlung auch solche Reserveanlagen beschließen, die im Gesetz oder in den Statuten nicht vorgesehen sind oder über deren Anforderungen hinausgehen.

In gleicher Weise können zum Zwecke der Gründung und Unterstützung von Wohlfahrtseinrichtungen für Angestellte, Arbeiter und Genossenschafter sowie zu andern Wohlfahrtszwecken Beiträge aus dem Reinertrag auch dann ausgeschieden werden, wenn sie in den Statuten nicht vorgesehen sind; solche Beiträge stehen unter den Bestimmungen über die statutarischen Wohlfahrtsfonds.

SchUeB 3.

IV. Abfindungsanspruch
1. Nach Maßgabe der Statuten

864. Die Statuten bestimmen, ob und welche Ansprüche an das Genossenschaftsvermögen den ausscheidenden Genossenschaftern oder deren Erben zustehen. Diese Ansprüche sind auf Grund des bilanzmäßigen Reinvermögens im Zeitpunkt des Ausscheidens mit Ausschluß der Reserven zu berechnen.

Die Statuten können dem Ausscheidenden oder seinen Erben ein Recht auf gänzliche oder teilweise Rückzahlung der Anteilscheine mit Ausschluß des Eintrittsgeldes zuerkennen. Sie können die Hinausschiebung der Rückzahlung bis auf die Dauer von drei Jahren nach dem Ausscheiden vorsehen.

Die Genossenschaft bleibt indessen auch ohne statutarische Bestimmung hierüber berechtigt, die Rückzahlung bis auf drei Jahre hinauszuschieben, sofern ihr durch diese Zahlung ein erheblicher Schaden erwachsen oder ihr Fortbestand gefährdet würde. Ein allfälliger Anspruch der Genossenschaft auf Bezahlung einer angemessenen Auslösungssumme wird durch diese Bestimmung nicht berührt.

Die Ansprüche des Ausscheidenden oder seiner Erben verjähren in drei Jahren vom Zeitpunkt an gerechnet, auf den die Auszahlung verlangt werden kann.
BankG 12.

2. Nach Gesetz

865. Enthalten die Statuten keine Bestimmung über einen Abfindungsanspruch, so können die ausscheidenden Genossenschafter oder ihre Erben keine Abfindung beanspruchen.

Wird die Genossenschaft innerhalb eines Jahres nach dem Ausscheiden oder nach dem Tode eines Genossenschafters aufgelöst und wird das Vermögen verteilt, so steht dem Ausgeschiedenen oder seinen Erben der gleiche Anspruch zu wie den bei der Auflösung vorhandenen Genossenschaftern.

E. Pflichten
I. Treuepflicht

866. Die Genossenschafter sind verpflichtet, die Interessen der Genossenschaft in guten Treuen zu wahren.

II. Pflicht zu Beiträgen und Leistungen

867. Die Statuten regeln die Beitrags- und Leistungspflicht.

Sind die Genossenschafter zur Einzahlung von Genossenschaftsanteilen oder zu andern Beitragsleistungen verpflichtet, so hat die Genossenschaft diese Leistungen unter Ansetzung einer angemessenen Frist und mit eingeschriebenem Brief einzufordern.

Wird auf die erste Aufforderung nicht bezahlt und kommt der Genossenschafter auch einer zweiten Zahlungsaufforderung innert Monatsfrist nicht nach, so kann er, sofern ihm dies mit eingeschriebenem Brief angedroht worden ist, seiner Genossenschaftsrechte verlustig erklärt werden.

Sofern die Statuten es nicht anders ordnen, wird der Genossenschafter durch die Verlustigerklärung nicht von fälligen oder durch die Ausschließung fällig werdenden Verpflichtungen befreit.

III. Haftung
1. Der Genossenschaft

868. Für die Verbindlichkeiten der Genossenschaft haftet das Genossenschaftsvermögen. Es haftet ausschließlich, sofern die Statuten nichts anderes bestimmen.

2. Der Genossenschafter
a) Unbeschränkte Haftung

869. Die Statuten können, ausgenommen bei konzessionierten Versicherungsgenossenschaften, die Bestimmung aufstellen, daß nach dem Genossenschaftsvermögen die Genossenschafter persönlich unbeschränkt haften.

In diesem Falle haften, soweit die Gläubiger im Genossenschaftskonkurse zu Verlust kommen, die Genossenschafter für alle Verbindlichkeiten der Genossenschaft solidarisch mit ihrem ganzen Vermögen. Diese Haftung wird bis zur Beendigung des Konkurses durch die Konkursverwaltung geltend gemacht.
SchUeB 7.

b) Beschränkte Haftung

870. Die Statuten können, ausgenommen bei konzessionierten Versicherungsgenossenschaften, die Bestimmung aufstellen, daß die Genossenschafter über die Mitgliederbeiträge und Genossenschaftsanteile hinaus für die Verbindlichkeiten der Genossenschaft nach dem Genossenschaftsvermögen persönlich, jedoch nur bis zu einem bestimmten Betrage haften.

Wenn Genossenschaftsanteile bestehen, ist der Haftungsbetrag für die einzelnen Genossenschafter nach dem Betrag ihrer Genossenschaftsanteile zu bestimmen.

Die Haftung wird bis zur Beendigung des Konkurses durch die Konkursverwaltung geltend gemacht.

c) Nachschußpflicht

871. Die Statuten können die Genossenschafter an Stelle oder neben der Haftung zur Leistung von Nachschüssen verpflichten, die jedoch nur zur Deckung von Bilanzverlusten dienen dürfen.

Die Nachschußpflicht kann unbeschränkt sein, sie kann aber auch auf bestimmte Beträge oder im Verhältnis zu den Mitgliederbeiträgen oder den Genossenschaftsanteilen beschränkt werden.

Enthalten die Statuten keine Bestimmungen über die Verteilung der Nachschüsse auf die einzelnen Genossenschafter, so richtet sich diese nach dem Betrag der Genossenschaftsanteile oder, wenn solche nicht bestehen, nach Köpfen.

Die Nachschüsse können jederzeit eingefordert werden. Im Konkurse der Genossenschaft steht die Einforderung der Nachschüsse der Konkursverwaltung zu.

Im übrigen sind die Vorschriften über die Einforderung der Leistungen und über die Verlustigerklärung anwendbar.

d) Unzulässige Beschränkungen

872. Bestimmungen der Statuten, welche die Haftung auf bestimmte Zeit oder auf besondere Verbindlichkeiten oder auf einzelne Gruppen von Mitgliedern beschränken, sind ungültig.

e) Verfahren im Konkurs

873. Im Konkurs einer Genossenschaft mit persönlicher Haftung oder mit Nachschußpflicht der Genossenschafter hat die Konkursverwaltung gleichzeitig mit der Aufstellung des Kollokationsplanes die auf die einzelnen Genossenschafter entfallenden vorläufigen Haftungsanteile oder Nachschußbeträge festzustellen und einzufordern.

Uneinbringliche Beträge sind auf die übrigen Genossenschafter im gleichen Verhältnis zu verteilen, Überschüsse nach endgültiger Feststellung der Verteilungsliste zurückzuerstatten. Der Rückgriff der Genossenschafter unter sich bleibt vorbehalten.

Die vorläufige Feststellung der Verpflichtungen der Genossenschafter und die Verteilungsliste können nach den Vorschriften des Schuldbetreibungs- und Konkursgesetzes durch Beschwerde angefochten werden.

Das Verfahren wird durch eine Verordnung des Bundesgerichts geregelt.

<small>Abs. 4: SchKG 17. Verordnung des Bundesgerichts vom 20. Dez. 1937 über den Genossenschaftskonkurs, SR 281.52.</small>

f) Änderung der Haftungsbestimmungen

874. Änderungen an den Haftungs- oder Nachschußverpflichtungen der Genossenschafter sowie die Herabsetzung oder Aufhebung der Anteilscheine können nur auf dem Wege der Statutenrevision vorgenommen werden.

Auf die Herabsetzung oder Aufhebung der Anteilscheine finden überdies die Bestimmungen über die Herabsetzung des Grundkapitals bei der Aktiengesellschaft Anwendung.

Von einer Verminderung der Haftung oder der Nachschußpflicht werden die vor der Veröffentlichung der Statutenrevision entstandenen Verbindlichkeiten nicht betroffen.

Die Neubegründung oder Vermehrung der Haftung oder der Nachschußpflicht wirkt mit der Eintragung des Beschlusses zugunsten aller Gläubiger der Genossenschaft.

g) Haftung neu eintretender Genossenschafter

875. Wer in eine Genossenschaft mit persönlicher Haftung oder mit Nachschußpflicht der Genossenschafter eintritt, haftet gleich den andern Genossenschaftern auch für die vor seinem Eintritt entstandenen Verbindlichkeiten.

Eine entgegenstehende Bestimmung der Statuten oder Verabredung unter den Genossenschaftern hat Dritten gegenüber keine Wirkung.

h) Haftung nach Ausscheiden oder nach Auflösung

876. Wenn ein unbeschränkt oder beschränkt haftender Genossenschafter durch Tod oder in anderer Weise ausscheidet, dauert die Haftung für die vor seinem Ausscheiden entstandenen Verbindlichkeiten fort, sofern die Genossenschaft innerhalb eines Jahres oder einer statutarisch festgesetzten längern Frist seit der Eintragung des Ausscheidens in das Handelsregister in Konkurs gerät.

Unter den gleichen Voraussetzungen und für die gleichen Fristen besteht auch die Nachschußpflicht fort.

Wird eine Genossenschaft aufgelöst, so bleiben die Mitglieder in gleicher Weise haftbar oder zu Nachschüssen verpflichtet, falls innerhalb eines Jahres oder einer statutarisch festgesetzten längeren Frist seit der Eintragung der Auflösung in das Handelsregister der Konkurs über die Genossenschaft eröffnet wird.

i) Anmeldung von Ein- und Austritt im Handelsregister

877. Sind die Genossenschafter für die Genossenschaftsschulden unbeschränkt oder beschränkt haftbar oder sind sie zu Nachschüssen verpflichtet, so hat die Verwaltung jeden Eintritt oder Austritt eines Genossenschafters innerhalb drei Monaten beim Handelsregisteramt anzumelden.

Überdies steht jedem austretenden oder ausgeschlossenen Mitgliede sowie den Erben eines Mitgliedes die Befugnis zu, die Eintragung des Austrittes, des Ausschlusses oder des Todesfalles von sich aus vornehmen zu lassen. Das Handelsregisteramt hat der Verwaltung der Genossenschaft von einer solchen Anmeldung sofort Kenntnis zu geben.

Die konzessionierten Versicherungsgenossenschaften sind von der Pflicht zur Anmeldung ihrer Mitglieder beim Handelsregisteramt befreit.

k) Verjährung der Haftung

878. Die Ansprüche der Gläubiger aus der persönlichen Haftung der einzelnen Genossenschafter können noch während der Dauer eines Jahres vom Schlusse des Konkursverfahrens an von jedem Gläubiger geltend gemacht werden, sofern sie nicht nach gesetzlicher Vorschrift schon vorher erloschen sind.

Der Rückgriff der Genossenschafter unter sich verjährt ebenfalls in einem Jahre vom Zeitpunkt der Zahlung an, für die er geltend gemacht wird.

5. Abschnitt **Organisation der Genossenschaft**

A. Generalversammlung
I. Befugnisse

879. Oberstes Organ der Genossenschaft ist die Generalversammlung der Genossenschafter.

Ihr stehen folgende unübertragbare Befugnisse zu:
1. die Festsetzung und Änderung der Statuten;
2. die Wahl der Verwaltung und der Kontrollstelle;
3. die Abnahme der Betriebsrechnung und der Bilanz und

gegebenenfalls die Beschlußfassung über die Verteilung des Reinertrages;

 4. die Entlastung der Verwaltung;

 5. die Beschlußfassung über die Gegenstände, die der Generalversammlung durch das Gesetz oder die Statuten vorbehalten sind.

II. Urabstimmung

880. Bei Genossenschaften, die mehr als dreihundert Mitglieder zählen oder bei denen die Mehrheit der Mitglieder aus Genossenschaften besteht, können die Statuten bestimmen, daß die Befugnisse der Generalversammlung ganz oder zum Teil durch schriftliche Stimmabgabe (Urabstimmung) der Genossenschafter ausgeübt werden.

 855.

III. Einberufung
1. Recht und Pflicht

881. Die Generalversammlung wird durch die Verwaltung oder ein anderes nach den Statuten dazu befugtes Organ, nötigenfalls durch die Kontrollstelle einberufen. Das Einberufungsrecht steht auch den Liquidatoren und den Vertretern der Anleihensgläubiger zu.

Die Generalversammlung muß einberufen werden, wenn wenigstens der zehnte Teil der Genossenschafter oder, bei Genossenschaften von weniger als dreißig Mitgliedern, mindestens drei Genossenschafter die Einberufung verlangen.

Entspricht die Verwaltung diesem Begehren nicht binnen angemessener Frist, so hat der Richter auf Antrag der Gesuchsteller die Einberufung anzuordnen.

2. Form

882. Die Generalversammlung ist in der durch die Statuten vorgesehenen Form, jedoch mindestens fünf Tage vor dem Versammlungstag, einzuberufen.

Bei Genossenschaften von über dreißig Mitgliedern ist die Einberufung wirksam, sobald sie durch öffentliche Auskündigung erfolgt.

3. Verhandlungsgegenstände

883. Bei der Einberufung sind die Verhandlungsgegenstände, bei Abänderung der Statuten der wesentliche Inhalt der vorgeschlagenen Änderungen bekanntzugeben.

Über Gegenstände, die nicht in dieser Weise angekündigt worden sind, können Beschlüsse nicht gefaßt werden, außer über einen Antrag auf Einberufung einer weitern Generalversammlung.

Zur Stellung von Anträgen und zu Verhandlungen ohne Beschlußfassung bedarf es der vorgängigen Ankündigung nicht.

4. Universalversammlung

884. Wenn und solange alle Genossenschafter in einer Versammlung anwesend sind, können sie, falls kein Widerspruch erhoben wird, Beschlüsse fassen, auch wenn die Vorschriften über die Einberufung nicht eingehalten wurden.

IV. Stimmrecht

885. Jeder Genossenschafter hat in der Generalversammlung oder in der Urabstimmung eine Stimme.
855, 880.

V. Vertretung

886. Bei der Ausübung seines Stimmrechts in der Generalversammlung kann sich ein Genossenschafter durch einen andern Genossenschafter vertreten lassen, doch kann kein Bevollmächtigter mehr als einen Genossenschafter vertreten.

Bei Genossenschaften mit über tausend Mitgliedern können die Statuten vorsehen, daß jeder Genossenschafter mehr als einen, höchstens aber neun andere Genossenschafter vertreten darf.

Den Statuten bleibt vorbehalten, die Vertretung durch einen handlungsfähigen Familienangehörigen zulässig zu erklären.

VI. Ausschließung vom Stimmrecht

887. Bei Beschlüssen über die Entlastung der Verwaltung haben Personen, die in irgendeiner Weise an der Geschäftsführung teilgenommen haben, kein Stimmrecht.

Dieses Verbot bezieht sich nicht auf die Mitglieder der Kontrollstelle.

VII. Beschlußfassung
1. Im allgemeinen

888. Die Generalversammlung faßt ihre Beschlüsse und vollzieht ihre Wahlen, soweit das Gesetz oder die Statuten es nicht anders bestimmen, mit absoluter Mehrheit der abgegebenen Stimmen. Dasselbe gilt für Beschlüsse und Wahlen, die auf dem Wege der Urabstimmung vorgenommen werden.

Für die Auflösung und die Fusion der Genossenschaft sowie für die Abänderung der Statuten bedarf es einer Mehrheit von zwei Dritteilen der abgegebenen Stimmen. Die Statuten können die Bedingungen für diese Beschlüsse noch erschweren.

<small>855, 880.</small>

2. Bei Erhöhung der Leistungen der Genossenschafter

889. Beschlüsse über die Einführung oder die Vermehrung der persönlichen Haftung oder der Nachschußpflicht der Genossenschafter bedürfen der Zustimmung von drei Vierteilen sämtlicher Genossenschafter.

Solche Beschlüsse sind für Genossenschafter, die nicht zugestimmt haben, nicht verbindlich, wenn sie binnen drei Monaten seit der Veröffentlichung des Beschlusses den Austritt erklären. Dieser Austritt ist wirksam auf den Zeitpunkt des Inkrafttretens des Beschlusses.

Der Austritt darf in diesem Falle nicht von der Leistung einer Auslösungssumme abhängig gemacht werden.

<small>Abs. 2: SchUeB 7 III.</small>

VIII. Abberufung der Verwaltung und Kontrollstelle

890. Die Generalversammlung ist berechtigt, die Mitglieder der Verwaltung und der Kontrollstelle sowie andere von ihr gewählte Bevollmächtigte und Beauftragte abzuberufen.

Auf den Antrag von wenigstens einem Zehntel der Genossenschafter kann der Richter die Abberufung verfügen, wenn wichtige Gründe vorliegen, insbesondere wenn die Abberufenen die ihnen obliegenden Pflichten vernachlässigt haben oder zu erfüllen außerstande waren. Er hat in einem solchen Falle, soweit notwendig, eine Neuwahl durch die zuständigen Genossenschaftsorgane zu verfügen und für die Zwischenzeit die geeigneten Anordnungen zu treffen.

Entschädigungsansprüche der Abberufenen bleiben vorbehalten.

905.

IX. Anfechtung der Generalversammlungsbeschlüsse

891. Die Verwaltung und jeder Genossenschafter können von der Generalversammlung oder in der Urabstimmung gefaßte Beschlüsse, die gegen das Gesetz oder die Statuten verstoßen, beim Richter mit Klage gegen die Genossenschaft anfechten. Ist die Verwaltung Klägerin, so bestimmt der Richter einen Vertreter für die Genossenschaft.

Das Anfechtungsrecht erlischt, wenn die Klage nicht spätestens zwei Monate nach der Beschlußfassung angehoben wird.

Das Urteil, das einen Beschluß aufhebt, wirkt für und gegen alle Genossenschafter.

X. Delegiertenversammlung

892. Genossenschaften, die mehr als dreihundert Mitglieder zählen oder bei denen die Mehrheit der Mitglieder aus Genossenschaften besteht, können durch die Statuten die Befugnisse der Generalversammlung ganz oder zum Teil einer Delegiertenversammlung übertragen.

Zusammensetzung, Wahlart und Einberufung der Delegiertenversammlung werden durch die Statuten geregelt.

Jeder Delegierte hat in der Delegiertenversammlung eine Stimme, sofern die Statuten das Stimmrecht nicht anders ordnen.

Im übrigen gelten für die Delegiertenversammlung die gesetzlichen Vorschriften über die Generalversammlung.

XI. Ausnahmebestimmungen für Versicherungsgenossenschaften

893. Die konzessionierten Versicherungsgenossenschaften mit über tausend Mitgliedern können durch die Statuten die Befugnisse der Generalversammlung ganz oder zum Teil der Verwaltung übertragen.

Unübertragbar sind die Befugnisse der Generalversammlung zur Einführung oder Vermehrung der Nachschußpflicht, zur Auflösung und zur Fusion der Genossenschaft.

B. Verwaltung
I. Wählbarkeit
1. Mitgliedschaft

894. Die Verwaltung der Genossenschaft besteht aus mindestens drei Personen; die Mehrheit muß aus Genossenschaftern bestehen.

Ist an der Genossenschaft eine juristische Person oder eine Handelsgesellschaft beteiligt, so ist sie als solche nicht als Mitglied der Verwaltung wählbar; dagegen können an ihrer Stelle ihre Vertreter gewählt werden.

836. Anhang V 41, 96.

2. Nationalität und Wohnsitz

895. Die Mehrheit der Mitglieder der Verwaltung muß aus Schweizerbürgern bestehen, die in der Schweiz wohnhaft sind. Mindestens einer von ihnen muß zur Vertretung der Genossenschaft berechtigt sein.

Sind diese Vorschriften nicht mehr erfüllt, so hat der Handelsregisterführer der Genossenschaft eine Frist zur Wiederherstellung des gesetzmäßigen Zustandes zu setzen und nach fruchtlosem Ablauf die Genossenschaft von Amtes wegen als aufgelöst zu erklären.

II. Amtsdauer

896. Die Mitglieder der Verwaltung werden auf höchstens vier Jahre gewählt, sind aber, wenn die Statuten nicht etwas anderes bestimmen, wieder wählbar.

Bei den konzessionierten Versicherungsgenossenschaften finden für die Amtsdauer der Verwaltung die für die Aktiengesellschaft geltenden Vorschriften Anwendung.

Abs. 2: 708.

III. Verwaltungsausschuß

897. Die Statuten können einen Teil der Pflichten und Befugnisse der Verwaltung einem oder mehreren von dieser gewählten Verwaltungsausschüssen übertragen.

IV. Geschäftsführung und Vertretung
1. Übertragung

898. Die Statuten können die Generalversammlung oder die Verwaltung ermächtigen, die Geschäftsführung oder einzelne Zweige derselben und die Vertretung an eine oder mehrere Personen, Geschäftsführer oder Direktoren zu übertragen, die nicht Mitglieder der Genossenschaft zu sein brauchen.

29. Titel. Die Genossenschaft

2. Umfang und Beschränkung

899. Die zur Vertretung befugten Personen sind ermächtigt, im Namen der Genossenschaft alle Rechtshandlungen vorzunehmen, die der Zweck der Genossenschaft mit sich bringen kann.

Eine Beschränkung dieser Vertretungsbefugnis hat gegenüber gutgläubigen Dritten keine Wirkung, unter Vorbehalt der im Handelsregister eingetragenen Bestimmungen über die ausschließliche Vertretung der Hauptniederlassung oder einer Zweigniederlassung oder über die gemeinsame Führung der Firma.

Die Genossenschaft haftet für den Schaden aus unerlaubten Handlungen, die eine zur Geschäftsführung oder zur Vertretung befugte Person in Ausübung ihrer geschäftlichen Verrichtung begeht.

458 ff., 933.

3. Zeichnung

900. Die zur Vertretung der Genossenschaft befugten Personen haben in der Weise zu zeichnen, daß sie der Firma der Genossenschaft ihre Unterschrift beifügen.

4. Eintragung

901. Die zur Vertretung der Genossenschaft befugten Personen sind von der Verwaltung zur Eintragung in das Handelsregister anzumelden, unter Vorlegung einer beglaubigten Abschrift des Beschlusses. Sie haben ihre Unterschrift beim Handelsregisteramt zu zeichnen oder die Zeichnung in beglaubigter Form einzureichen.

V. Pflichten
1. Im allgemeinen

902. Die Verwaltung hat die Geschäfte der Genossenschaft mit aller Sorgfalt zu leiten und die genossenschaftliche Aufgabe mit besten Kräften zu fördern.

Sie ist insbesondere verpflichtet:

1. die Geschäfte der Generalversammlung vorzubereiten und deren Beschlüsse auszuführen;
2. die mit der Geschäftsführung und Vertretung Beauftrag-

ten im Hinblick auf die Beobachtung der Gesetze, der Statuten und allfälliger Reglemente zu überwachen und sich über den Geschäftsgang regelmäßig unterrichten zu lassen.

Die Verwaltung ist dafür verantwortlich, daß ihre Protokolle und diejenigen der Generalversammlung, die notwendigen Geschäftsbücher sowie das Genossenschafterverzeichnis regelmäßig geführt werden, daß die Betriebsrechnung und die Jahresbilanz nach den gesetzlichen Vorschriften aufgestellt und der Kontrollstelle zur Prüfung unterbreitet und die vorgeschriebenen Anzeigen an das Handelsregisteramt über Eintritt und Austritt der Genossenschafter gemacht werden.

StGB 152, 325.

2. Anzeigepflicht bei Überschuldung und bei Kapitalverlust

903. Besteht begründete Besorgnis einer Überschuldung, so hat die Verwaltung sofort auf Grund der Veräußerungswerte eine Zwischenbilanz aufzustellen.

Zeigt die letzte Jahresbilanz und eine daraufhin zu errichtende Liquidationsbilanz oder zeigt eine Zwischenbilanz, daß die Forderungen der Genossenschaftsgläubiger durch die Aktiven nicht mehr gedeckt sind, so hat die Verwaltung den Richter zu benachrichtigen. Dieser hat die Konkurseröffnung auszusprechen, falls nicht die Voraussetzungen eines Aufschubes gegeben sind.

Bei Genossenschaften mit Anteilscheinen hat die Verwaltung unverzüglich eine Generalversammlung einzuberufen und diese von der Sachlage zu unterrichten, wenn die letzte Jahresbilanz ergibt, daß die Hälfte des Genossenschaftskapitals nicht mehr gedeckt ist.

Bei Genossenschaften mit Nachschußpflicht muß der Richter erst benachrichtigt werden, wenn der durch die Bilanz ausgewiesene Verlust nicht innert drei Monaten durch Nachschüsse der Mitglieder gedeckt wird.

Auf Antrag der Verwaltung oder eines Gläubigers kann der Richter, falls Aussicht auf Sanierung besteht, die Konkurseröffnung aufschieben. In diesem Falle trifft er die zur Erhaltung des Vermögens geeigneten Maßnahmen, wie Inventaraufnahme, Bestellung eines Sachwalters.

Bei konzessionierten Versicherungsgenossenschaften gel-

29. Titel. Die Genossenschaft   **904–906**

ten die Ansprüche der Mitglieder aus Versicherungsverträgen als Gläubigerrechte.
<small>Abs. II: SchKG 173a.</small>

VI. Rückerstattung entrichteter Zahlungen

904. Im Konkurse der Genossenschaft sind die Mitglieder der Verwaltung den Genossenschaftsgläubigern gegenüber zur Rückerstattung aller in den letzten drei Jahren vor Konkursausbruch als Gewinnanteile oder unter anderer Bezeichnung gemachten Bezüge verpflichtet, soweit diese ein angemessenes Entgelt für Gegenleistungen übersteigen und bei vorsichtiger Bilanzierung nicht hätten ausgerichtet werden sollen.

Die Rückerstattung ist ausgeschlossen, soweit sie nach den Bestimmungen über die ungerechtfertigte Bereicherung nicht gefordert werden kann.

Der Richter entscheidet unter Würdigung aller Umstände nach freiem Ermessen.
<small>Abs. 2: 63.</small>

VII. Einstellung und Abberufung

905. Die Verwaltung kann die von ihr bestellten Ausschüsse, Geschäftsführer, Direktoren und andern Bevollmächtigten und Beauftragten jederzeit abberufen.

Die von der Generalversammlung bestellten Bevollmächtigten und Beauftragten können von der Verwaltung jederzeit in ihren Funktionen eingestellt werden, unter sofortiger Einberufung einer Generalversammlung.

Entschädigungsansprüche der Abberufenen oder in ihren Funktionen Eingestellten bleiben vorbehalten.
<small>890.</small>

C. Kontrollstelle
I. Wahl

906. Die Genossenschaft hat ihre Geschäftsführung und ihre Bilanz für jedes Geschäftsjahr durch eine Kontrollstelle prüfen zu lassen.

Als Kontrollstelle hat die Generalversammlung für die Dauer mindestens eines Jahres einen oder mehrere Revisoren zu wählen. Sie kann auch Ersatzmänner bezeichnen.

Die Revisoren und Ersatzmänner brauchen nicht Mitglieder der Genossenschaft zu sein.

Als Kontrollstelle können auch Behörden oder juristische Personen, wie Treuhandgesellschaften oder Revisionsverbände, bezeichnet werden.

BankG 20.

II. Tätigkeit der Kontrollstelle
1. Prüfungspflicht

907. Die Revisoren haben insbesondere zu prüfen, ob sich die Betriebsrechnung und die Bilanz in Übereinstimmung mit den Büchern befinden, ob diese ordnungsmäßig geführt sind und ob die Darstellung des Geschäftsergebnisses und der Vermögenslage nach den maßgebenden Vorschriften sachlich richtig ist. Bei Genossenschaften mit persönlicher Haftung oder Nachschußpflicht der Genossenschafter haben sie auch zu prüfen, ob das Genossenschafterverzeichnis regelrecht geführt wird.

Zu diesem Zwecke hat die Verwaltung den Revisoren die Bücher und Belege vorzulegen und auf Verlangen über das Inventar und die Grundsätze, nach denen es aufgestellt ist, sowie über einzelne bestimmte Gegenstände Aufschluß zu erteilen.

2. Berichterstattung

908. Die Revisoren haben der Generalversammlung einen schriftlichen Bericht mit Antrag vorzulegen.

Ohne Vorlegung eines solchen Berichtes kann die Generalversammlung über die Betriebsrechnung und die Bilanz nicht Beschluß fassen.

Die Revisoren haben die bei der Ausführung ihres Auftrages wahrgenommenen Mängel der Geschäftsführung oder die Verletzung gesetzlicher oder statutarischer Vorschriften dem Organe, das dem Verantwortlichen unmittelbar übergeordnet ist, und in wichtigen Fällen auch der Generalversammlung mitzuteilen.

Die Kontrollstelle ist gehalten, der ordentlichen Generalversammlung beizuwohnen.

3. Pflicht zur Verschwiegenheit

909. Den Revisoren ist untersagt, von den bei der Ausführung ihres Auftrages gemachten Wahrnehmungen einzelnen Genossenschaftern oder Dritten Kenntnis zu geben.

4. Besondere Vorschriften

910. Die Statuten und die Generalversammlung können über die Organisation der Kontrollstelle weitergehende Bestimmungen treffen, ihre Befugnisse und Pflichten ausdehnen und insbesondere die Vornahme von Zwischenrevisionen vorsehen.

Die Statuten können neben der ordentlichen Kontrolle die periodische Revision der gesamten Geschäftsführung durch Revisionsverbände anordnen oder eine solche durch besondere Revisoren vorsehen.
BankG 20.

6. Abschnitt Auflösung der Genossenschaft

A. Auflösungsgründe

911. Die Genossenschaft wird aufgelöst:
1. nach Maßgabe der Statuten;
2. durch einen Beschluß der Generalversammlung;
3. durch Eröffnung des Konkurses;
4. in den übrigen vom Gesetze vorgesehenen Fällen.

831 II, 895 II. Z. 3: 831 II, SchUeB 14 IV.

B. Anmeldung beim Handelsregister

912. Erfolgt die Auflösung der Genossenschaft nicht durch Konkurs, so ist sie von der Verwaltung zur Eintragung in das Handelsregister anzumelden.
939. Anhang V 96.

C. Liquidation. Verteilung des Vermögens

913. Die Genossenschaft wird, unter Vorbehalt der nachfolgenden Bestimmungen, nach den für die Aktiengesellschaft geltenden Vorschriften liquidiert.

Das nach Tilgung sämtlicher Schulden und Rückzahlung allfälliger Genossenschaftsanteile verbleibende Vermögen der aufgelösten Genossenschaft darf nur dann unter die Genossenschafter verteilt werden, wenn die Statuten eine solche Verteilung vorsehen.

Die Verteilung erfolgt in diesem Falle, wenn die Statuten nicht etwas anderes bestimmen, unter die zur Zeit der Auflösung vorhandenen Genossenschafter oder ihre Rechtsnachfolger nach Köpfen. Der gesetzliche Abfindungsanspruch der ausgeschiedenen Genossenschafter oder ihrer Erben bleibt vorbehalten.

Enthalten die Statuten keine Vorschrift über die Verteilung unter die Genossenschafter, so muß der Liquidationsüberschuß zu genossenschaftlichen Zwecken oder zur Förderung gemeinnütziger Bestrebungen verwendet werden.

Der Entscheid hierüber steht, wenn die Statuten es nicht anders ordnen, der Generalversammlung zu.

739ff. ZGB 57.

D. Fusion

914. Wird eine Genossenschaft in der Weise aufgelöst, daß sie mit Aktiven und Passiven von einer andern Genossenschaft übernommen wird, so kommen folgende Bestimmungen zur Anwendung:

1. Für die Gläubiger der aufgelösten Genossenschaft hat die Verwaltung der übernehmenden Genossenschaft nach den für die Liquidation geltenden Vorschriften einen Schuldenruf zu erlassen.

2. Das Vermögen der aufgelösten Genossenschaft ist so lange getrennt zu verwalten, bis ihre Gläubiger befriedigt oder sichergestellt sind. Die Verwaltung ist von der übernehmenden Genossenschaft zu führen.

3. Die Mitglieder der Verwaltung der übernehmenden Genossenschaft sind den Gläubigern persönlich und solidarisch dafür verantwortlich, daß die Verwaltung getrennt geführt wird.

4. Für die Dauer der getrennten Vermögensverwaltung bleibt der bisherige Gerichtsstand der Genossenschaft bestehen.

5. Für die gleiche Zeit gilt im Verhältnis der Gläubiger der aufgelösten Genossenschaft zu der übernehmenden Genossenschaft und deren Gläubigern das übernommene Vermögen als Vermögen der aufgelösten Genossenschaft. Im Konkurse der übernehmenden Genossenschaft bildet dieses Vermögen eine besondere Masse und ist, soweit nötig, ausschließlich zur Befriedigung der Gläubiger der aufgelösten Genossenschaft zu verwenden.

6. Die Vereinigung des Vermögens der beiden Genossenschaften ist erst in dem Zeitpunkte zulässig, in dem über das Vermögen einer aufgelösten Genossenschaft verfügt werden darf.

29. Titel. Die Genossenschaft

7. Die Auflösung der Genossenschaft ist zur Eintragung in das Handelsregister anzumelden; nach Befriedigung oder Sicherstellung ihrer Gläubiger ist die Löschung zu veranlassen.

8. Mit der Eintragung der Auflösung der Genossenschaft in das Handelsregister gelten deren Mitglieder als Genossenschafter der übernehmenden Genossenschaft mit allen Rechten und Pflichten.

9. Während der Dauer der getrennten Vermögensverwaltung können die Mitglieder der aufgelösten Genossenschaft nur für deren Verbindlichkeiten und nach Maßgabe der bisherigen Haftungsgrundsätze in Anspruch genommen werden.

10. Während der gleichen Dauer kann, soweit die Haftung der Mitglieder der aufgelösten Genossenschaft oder ihre Nachschußpflicht durch die Vereinigung eine Minderung erfährt, diese Minderung den Gläubigern der aufgelösten Genossenschaft nicht entgegengehalten werden.

11. Wenn infolge der Fusion für die Mitglieder der aufgelösten Genossenschaft die persönliche Haftung oder die Nachschußpflicht eingeführt oder vermehrt wird, so kann der Fusionsbeschluß nur mit einer Mehrheit von drei Vierteilen sämtlicher Genossenschafter gefaßt werden. Die Vorschriften über die Haftung und die Nachschußpflicht sind auf die Genossenschafter nicht anwendbar, die dem Fusionsbeschluß nicht zugestimmt haben und überdies binnen drei Monaten seit der Veröffentlichung des Beschlusses den Austritt erklären.

181, 888 II. SchUeB 4.

E. Übernahme durch eine Körperschaft des öffentlichen Rechts

915. Wird das Vermögen einer Genossenschaft vom Bunde, von einem Kanton oder unter Garantie des Kantons von einem Bezirk oder von einer Gemeinde übernommen, so kann mit Zustimmung der Generalversammlung vereinbart werden, daß die Liquidation unterbleiben soll.

Der Beschluß der Generalversammlung ist nach den Vorschriften über die Auflösung zu fassen und beim Handelsregisteramt anzumelden.

Mit der Eintragung dieses Beschlusses ist der Übergang des Vermögens der Genossenschaft mit Einschluß der Schulden vollzogen, und es ist die Firma der Genossenschaft zu löschen.

Umwandlung: SchUeB 4.

7. Abschnitt Verantwortlichkeit

A. Haftung gegenüber der Genossenschaft

916. Alle mit der Verwaltung, Geschäftsführung oder Kontrolle betrauten Personen sowie Liquidatoren sind der Genossenschaft für den Schaden verantwortlich, den sie ihr durch absichtliche oder fahrlässige Verletzung der ihnen obliegenden Pflichten verursachen.

838 II, 904. SchUeB 17 Z. 4. StGB 152.

B. Haftung gegenüber Genossenschaft, Genossenschaftern und Gläubigern

917. Die Mitglieder der Verwaltung und die Liquidatoren, welche die für den Fall der Überschuldung der Genossenschaft vom Gesetz aufgestellten Pflichten absichtlich oder fahrlässig verletzen, haften der Genossenschaft, den einzelnen Genossenschaftern und den Gläubigern für den entstandenen Schaden.

Der Ersatz des Schadens, der den Genossenschaftern und den Gläubigern nur mittelbar durch Schädigung der Genossenschaft verursacht wurde, ist nach den für die Aktiengesellschaft aufgestellten Vorschriften geltend zu machen.

C. Solidarität und Rückgriff

918. Sind mehrere Personen für denselben Schaden verantwortlich, so haften sie solidarisch.

Der Rückgriff unter mehreren Beteiligten wird vom Richter nach dem Grade des Verschuldens des einzelnen bestimmt.

143 ff.

D. Verjährung

919. Der Anspruch auf Schadenersatz gegen die nach den vorstehenden Bestimmungen verantwortlichen Personen verjährt in fünf Jahren von dem Tage an, an dem der Geschädigte Kenntnis vom Schaden und von der Person des Ersatzpflichtigen erlangt hat, jedenfalls aber mit dem Ablaufe von zehn Jahren, vom Tage der schädigenden Handlung an gerechnet.

Wird die Klage aus einer strafbaren Handlung hergeleitet, für die das Strafrecht eine längere Verjährung vorschreibt, so gilt diese auch für den Zivilanspruch.

E. Bei Kredit- und Versicherungsgenossenschaften

920. Bei Kreditgenossenschaften und konzessionierten Versicherungsgenossenschaften richtet sich die Verantwortlichkeit nach den Bestimmungen des Aktienrechts.

8. Abschnitt Genossenschaftsverbände

A. Voraussetzungen

921. Drei oder mehr Genossenschaften können einen Genossenschaftsverband bilden und ihn als Genossenschaft ausgestalten.

B. Organisation
I. Delegiertenversammlung

922. Oberstes Organ des Genossenschaftsverbandes ist, sofern die Statuten es nicht anders ordnen, die Delegiertenversammlung.

Die Statuten bestimmen die Zahl der Delegierten der angeschlossenen Genossenschaften.

Jeder Delegierte hat, unter Vorbehalt anderer Regelung durch die Statuten, eine Stimme.

II. Verwaltung

923. Die Verwaltung wird, sofern die Statuten es nicht anders bestimmen, aus Mitgliedern der angeschlossenen Genossenschaften gebildet.

III. Überwachung. Anfechtung

924. Die Statuten können der Verwaltung des Verbandes das Recht einräumen, die geschäftliche Tätigkeit der angeschlossenen Genossenschaften zu überwachen.

Sie können der Verwaltung des Verbandes das Recht verleihen, Beschlüsse, die von den einzelnen angeschlossenen Genossenschaften gefaßt worden sind, beim Richter durch Klage anzufechten.

IV. Ausschluß neuer Verpflichtungen

925. Der Eintritt in einen Genossenschaftsverband darf für die Mitglieder der eintretenden Genossenschaft keine Verpflichtungen zur Folge haben, denen sie nicht schon durch das Gesetz oder die Statuten ihrer Genossenschaft unterworfen sind.

9. Abschnitt Beteiligung von Körperschaften des öffentlichen Rechts

926. Bei Genossenschaften, an denen Körperschaften des öffentlichen Rechts, wie Bund, Kanton, Bezirk oder Gemeinde, ein öffentliches Interesse besitzen, kann der Körperschaft in den Statuten der Genossenschaft das Recht eingeräumt werden, Vertreter in die Verwaltung und in die Kontrollstelle abzuordnen.

Die von einer Körperschaft des öffentlichen Rechts abgeordneten Mitglieder haben die gleichen Rechte und Pflichten wie die von der Genossenschaft gewählten.

Die Abberufung der von einer Körperschaft des öffentlichen Rechts abgeordneten Mitglieder der Verwaltung und Kontrollstelle steht nur der Körperschaft selbst zu. Diese haftet gegenüber der Genossenschaft, den Genossenschaftern und den Gläubigern für diese Mitglieder, unter Vorbehalt des Rückgriffs nach dem Rechte des Bundes und der Kantone.

Vierte Abteilung
Handelsregister, Geschäftsfirmen und kaufmännische Buchführung

Dreißigster Titel
Das Handelsregister

A. Zweck und Einrichtung
I. Im allgemeinen

927. In jedem Kanton wird ein Handelsregister geführt. Es steht den Kantonen frei, das Handelsregister bezirksweise zu führen.

Die Kantone haben die Amtsstellen, denen die Führung des Handelsregisters obliegt, und eine kantonale Aufsichtsbehörde zu bestimmen.

Anhang V. Zweck: BGE 75 I 78; 80 I 384.

II. Haftbarkeit

928. Die Handelsregisterführer und die ihnen unmittelbar vorgesetzten Aufsichtsbehörden sind persönlich für allen Schaden haftbar, den sie selbst oder die von ihnen ernannten Angestellten durch ihr Verschulden verursachen.

Für die Haftbarkeit der Aufsichtsbehörden sind die Vorschriften maßgebend, die über die Verantwortlichkeit der vormundschaftlichen Behörden aufgestellt sind.

Wird der Schaden durch die haftbaren Beamten nicht gedeckt, so hat der Kanton den Ausfall zu tragen.

ZGB 428 ff.

III. Verordnung des Bundesrates

929. Der Bundesrat erläßt die Vorschriften über die Einrichtung, die Führung und die Beaufsichtigung des Handelsregisters, über das Verfahren, die Gebühren und die Beschwerdeführung.

Die Gebühren sollen der wirtschaftlichen Bedeutung des Unternehmens angepaßt sein.

Anhang V und Va.

IV. Öffentlichkeit

930. Das Handelsregister mit Einschluß der Anmeldungen und der Belege ist öffentlich.

Anhang V Art. 9, 37.

V. Handelsamtsblatt

931. Die Eintragungen im Handelsregister werden, soweit nicht eine nur teilweise oder auszugsweise Bekanntmachung durch Gesetz oder Verordnung vorgeschrieben ist, ihrem ganzen Inhalte nach ohne Verzug durch das Schweizerische Handelsamtsblatt bekanntgemacht.

Ebenso haben alle vom Gesetze vorgeschriebenen Veröffentlichungen im Schweizerischen Handelsamtsblatt zu erfolgen.

Der Bundesrat erläßt die Vorschriften über die Einrichtung des Schweizerischen Handelsamtsblattes.

<small>Anhang V Art. 113 ff. Verordnung über das Schweizerische Handelsamtsblatt vom 7. Juni 1937, SR 221.415.</small>

B. Eintragung
I. Beginn der Wirksamkeit

932. Für die Bestimmung des Zeitpunktes der Eintragung in das Handelsregister ist die Einschreibung der Anmeldung in das Tagebuch maßgebend.

Gegenüber Dritten wird eine Eintragung im Handelsregister erst an dem nächsten Werktage wirksam, der auf den aufgedruckten Ausgabetag derjenigen Nummer des Schweizerischen Handelsamtsblattes folgt, in der die Eintragung veröffentlicht ist. Dieser Werktag ist auch der maßgebende Tag für den Lauf einer Frist, die mit der Veröffentlichung der Eintragung beginnt.

Vorbehalten bleiben die besonderen gesetzlichen Vorschriften, nach denen unmittelbar mit der Eintragung auch Dritten gegenüber Rechtswirkungen verbunden sind oder Fristen zu laufen beginnen.

<small>77 ff.</small>

II. Wirkungen

933. Die Einwendung, daß jemand eine Dritten gegenüber wirksam gewordene Eintragung nicht gekannt habe, ist ausgeschlossen.

Wurde eine Tatsache, deren Eintragung vorgeschrieben ist, nicht eingetragen, so kann sie einem Dritten nur entgegengehalten werden, wenn bewiesen wird, daß sie diesem bekannt war.

<small>Kenntnis: BGE 65 II 87; 106 II 346. Wirkung: BGE 78 III 45.</small>

III. Eintragung einer Firma
1. Recht und Pflicht

934. Wer ein Handels-, Fabrikations- oder ein anderes nach kaufmännischer Art geführtes Gewerbe betreibt, ist verpflichtet, seine Firma am Orte der Hauptniederlassung in das Handelsregister eintragen zu lassen.

Wer unter einer Firma ein Geschäft betreibt, das nicht eintragspflichtig ist, hat das Recht, sie am Orte der Hauptniederlassung in das Handelsregister eintragen zu lassen.

945, 957. Kaufmännisches Gewerbe: BGE 56 I 127; 63 II 94; 70 I 105, 108; 79 I 59; 87 II 253. Anhang V Art. 52ff.

2. Zweigniederlassungen

935. Schweizerische Zweigniederlassungen von Firmen, deren Hauptsitz sich in der Schweiz befindet, sind an ihrem Sitz einzutragen, nachdem die Eintragung am Hauptsitz erfolgt ist.

Die schweizerischen Zweigniederlassungen von Firmen mit Hauptsitz im Auslande sind einzutragen, und zwar in derselben Weise wie diejenigen schweizerischer Firmen, soweit das ausländische Recht keine Abweichung nötig macht. Für solche Zweigniederlassungen muß ein Bevollmächtigter mit Wohnsitz in der Schweiz und mit dem Rechte der geschäftlichen Vertretung bestellt werden.

Zweigniederlassung: BGE 108 II 122; 117 II 85. Sitz: BGE 81 I 156. 952. Anhang V Art. 69ff.

3. Ausführungsbestimmungen

936. Der Bundesrat erläßt die näheren Vorschriften über die Pflicht zur Eintragung in das Handelsregister.

Anhang V Art. 52ff.

IV. Änderungen

937. Ist eine Tatsache im Handelsregister eingetragen, so muß auch jede Änderung dieser Tatsache eingetragen werden.

V. Löschung

938. Wenn das Geschäft, dessen Firma eingetragen ist, zu bestehen aufhört oder auf eine andere Person übergeht, so sind die bisherigen Inhaber oder deren Erben verpflichtet, die Firma löschen zu lassen.

Anhang V 68. Wiedereintragung nach Liquidation: BGE 59 II 58; 78 I 454.

VI. Konkurs von Handelsgesellschaften und Genossenschaften

939. Ist über eine Handelsgesellschaft oder über eine Genossenschaft der Konkurs eröffnet worden, so hat der Handelsregisterführer nach Empfang der amtlichen Mitteilung des Konkurserkenntnisses die dadurch bewirkte Auflösung der Gesellschaft oder Genossenschaft in das Handelsregister einzutragen.

Wird der Konkurs widerrufen, so ist auf die amtliche Mitteilung des Widerrufs hin diese Eintragung im Handelsregister zu löschen.

Nach Schluß des Konkursverfahrens ist auf die amtliche Mitteilung des Schlußerkenntnisses hin die Gesellschaft oder Genossenschaft im Handelsregister zu löschen.

VII. Pflichten des Registerführers
1. Prüfungspflicht

940. Der Registerführer hat zu prüfen, ob die gesetzlichen Voraussetzungen für die Eintragung erfüllt sind.

Bei der Eintragung juristischer Personen ist insbesondere zu prüfen, ob die Statuten keinen zwingenden Vorschriften widersprechen und den vom Gesetz verlangten Inhalt aufweisen.

Abs. 1: BGE 78 I 450; 114 II 68. Anhang V 21.

2. Mahnung. Eintragung von Amtes wegen

941. Der Registerführer hat die Beteiligten zur Erfüllung der Anmeldepflicht anzuhalten und nötigenfalls die vorgeschriebenen Eintragungen von Amtes wegen vorzunehmen.

VIII. Nichtbefolgung der Vorschriften
1. Haftung für Schaden

942. Wer zur Anmeldung einer Eintragung in das Handelsregister verpflichtet ist und diese absichtlich oder fahrlässig unterläßt, haftet für den dadurch verursachten Schaden.

2. Ordnungsbußen

943. Wenn das Gesetz die Beteiligten zur Anmeldung einer Eintragung verpflichtet, hat die Registerbehörde von Amtes wegen gegen die Fehlbaren mit Ordnungsbußen im Betrage von zehn bis fünfhundert Franken einzuschreiten.

Die nämliche Buße ist gegen die Mitglieder der Verwaltung einer Aktiengesellschaft auszusprechen, die der Aufforderung zur Auflegung der Gewinn- und Verlustrechnung und der Bilanz beim Handelsregisteramt nicht nachkommen.

Einunddreißigster Titel
Die Geschäftsfirmen

A. Grundsätze der Firmenbildung
I. Allgemeine Bestimmungen

944. Jede Firma darf, neben dem vom Gesetze vorgeschriebenen wesentlichen Inhalt, Angaben enthalten, die zur nähern Umschreibung der darin erwähnten Personen dienen oder auf die Natur des Unternehmens hinweisen oder eine Phantasiebezeichnung darstellen, vorausgesetzt, daß der Inhalt der Firma der Wahrheit entspricht, keine Täuschungen verursachen kann und keinem öffentlichen Interesse zuwiderläuft.

Der Bundesrat kann Vorschriften darüber erlassen, in welchem Umfange nationale und territoriale Bezeichnungen bei der Bildung von Firmen verwendet werden dürfen.

Abs. 1: BGE 69 I 132; 93 II 256; 108 II 130; 112 II 59; 113 II 179, 280; 116 II 605.
Abs. 2: BGE 55 I 251. Anhang V Art. 38, 44ff. Anhang Vb.

II. Einzelfirmen
1. Wesentlicher Inhalt

945. Wer als alleiniger Inhaber ein Geschäft betreibt, muß den wesentlichen Inhalt seiner Firma aus dem Familiennamen mit oder ohne Vornamen bilden.

Abs. 2: Aufgehoben.

Der Firma darf kein Zusatz beigefügt werden, der ein Gesellschaftsverhältnis andeutet.

934. Rechtssubjekt: BGE 74 II 226.

2. Ausschließlichkeit der eingetragenen Firma

946. Eine im Handelsregister eingetragene Einzelfirma darf von keinem andern Geschäftsinhaber an demselben Orte verwendet werden, selbst dann nicht, wenn er den gleichen Vor- und Familiennamen hat, mit dem die ältere Firma gebildet worden ist.

Der neue Geschäftsinhaber hat in einem solchen Falle seinem Namen in der Firma einen Zusatz beizufügen, durch den diese deutlich von der älteren Firma unterschieden wird.

Gegenüber einer an einem andern Orte eingetragenen Einzelfirma bleiben die Ansprüche aus unlauterem Wettbewerb vorbehalten.

951. Unterscheidbarkeit: BGE 59 II 158.

III. Gesellschaftsfirmen
1. Kollektiv-, Kommandit- und Kommanditaktiengesellschaft
a) Bildung der Firma

947. Die Firma einer Kollektivgesellschaft muß, sofern nicht sämtliche Gesellschafter namentlich aufgeführt werden, den Familiennamen wenigstens eines der Gesellschafter mit einem das Gesellschaftsverhältnis andeutenden Zusatz enthalten.

Bei Aufnahme weiterer Gesellschafter kann die Kollektivgesellschaft ihre Firma unverändert beibehalten.

Die Firma einer Kommanditgesellschaft oder Kommanditaktiengesellschaft muß den Familiennamen wenigstens eines unbeschränkt haftenden Gesellschafters mit einem das Gesellschaftsverhältnis andeutenden Zusatz enthalten.

Die Namen anderer Personen als der unbeschränkt haftenden Gesellschafter dürfen in der Firma einer Kollektivgesellschaft, Kommanditgesellschaft oder Kommanditaktiengesellschaft nicht enthalten sein.

951 I. Name: BGE 71 I 272. Abs. 3: BGE 116 II 76.

b) Änderung der Firma

948. Wenn eine Person, deren Familienname in der Firma einer Kollektivgesellschaft, Kommanditgesellschaft oder Kommanditaktiengesellschaft enthalten ist, aus der Gesellschaft ausscheidet, so darf auch mit Einwilligung dieser Person oder ihren Erben ihr Name in der Gesellschaftsfirma nicht beibehalten werden.

Ausnahmen können bewilligt werden, wenn das Gesellschaftsverhältnis durch eine verwandtschaftliche Beziehung ausgedrückt ist, solange wenigstens unter zwei unbeschränkt haftenden Gesellschaftern noch eine Verwandtschaft oder Schwägerschaft besteht und einer von ihnen den in der Firma enthaltenen Familiennamen trägt.

2. Gesellschaft mit beschränkter Haftung

949. Gesellschaften mit beschränkter Haftung können unter Wahrung der allgemeinen Grundsätze der Firmenbildung ihre Firma frei wählen.

In allen Fällen muß der Firma die Bezeichnung als Gesellschaft mit beschränkter Haftung beigefügt werden.

3. Aktiengesellschaft und Genossenschaft

950. Aktiengesellschaften und Genossenschaften können unter Wahrung der allgemeinen Grundsätze der Firmenbildung ihre Firma frei wählen.

Unter den gleichen Voraussetzungen dürfen sie auch Personennamen in die Firma aufnehmen, müssen ihr aber in solchen Fällen die Bezeichnung als Aktiengesellschaft oder Genossenschaft beifügen. Wird diese Bezeichnung den Personennamen vorangestellt, so darf sie nicht abgekürzt werden.

951 II. SchUeB 8.

4. Ausschließlichkeit der eingetragenen Firma

951. Die Vorschriften über die Ausschließlichkeit der eingetragenen Einzelfirma gelten auch für die Firma der Kollektivgesellschaft, der Kommanditgesellschaft, der Kommanditaktiengesellschaft und, sofern deren Firma Personennamen enthält, für die Gesellschaft mit beschränkter Haftung.

Die Firmen der Aktiengesellschaften und Genossenschaften sowie die bei der Gesellschaft mit beschränkter Haftung ohne Personennamen gebildeten Firmen müssen sich von jeder in der Schweiz bereits eingetragenen Firma deutlich unterscheiden.

946. Unterscheidbarkeit: BGE 59 II 158; 82 II 154, 341; 90 II 199, 294.

IV. Zweigniederlassungen

952. Zweigniederlassungen müssen die gleiche Firma führen wie die Hauptniederlassung; sie dürfen jedoch ihrer Firma besondere Zusätze beifügen, sofern diese nur für die Zweigniederlassung zutreffen.

Die Firma der Zweigniederlassung eines Unternehmens, dessen Sitz sich im Auslande befindet, muß überdies den Ort der Hauptniederlassung, den Ort der Zweigniederlassung und die ausdrückliche Bezeichnung als solche enthalten.

935. Anhang V 70.

V. Übernahme eines Geschäfts

953. Wer ein Geschäft übernimmt, ist an die Vorschriften gebunden, die für die Bildung und die Führung einer Firma aufgestellt sind.

Der Übernehmer darf jedoch mit ausdrücklicher oder stillschweigender Zustimmung der früheren Inhaber oder ihrer Erben

die bisherige Firma weiterführen, sofern in einem Zusatz das Nachfolgeverhältnis zum Ausdruck gebracht und der neue Inhaber genannt wird.
181.

VI. Namensänderung

954. Die bisherige Firma kann beibehalten werden, wenn der darin enthaltene Name des Geschäftsinhabers oder eines Gesellschafters von Gesetzes wegen oder durch die zuständige Behörde geändert worden ist.

B. Überwachung

955. Der Registerführer ist von Amtes wegen verpflichtet, die Beteiligten zur Beobachtung der Bestimmungen über die Firmenbildung anzuhalten.

C. Schutz der Firma

956. Die im Handelsregister eingetragene und im Schweizerischen Handelsamtsblatt veröffentlichte Firma eines einzelnen Geschäftsinhabers oder einer Handelsgesellschaft oder Genossenschaft steht dem Berechtigten zu ausschließlichem Gebrauche zu.

Wer durch den unbefugten Gebrauch einer Firma beeinträchtigt wird, kann auf Unterlassung der weitern Führung der Firma und bei Verschulden auf Schadenersatz klagen.
48. ZGB 2, 28. Firma: BGE 83 II 255. Unlauterer Wettbewerb: BGE 74 II 241; 79 II 191.

Zweiunddreißigster Titel
Die kaufmännische Buchführung

A. Pflicht zur Buchführung

957. Wer verpflichtet ist, seine Firma in das Handelsregister eintragen zu lassen, ist gehalten, diejenigen Bücher ordnungsmäßig zu führen, die nach Art und Umfang seines Geschäftes nötig sind, um die Vermögenslage des Geschäftes und die mit dem Geschäftsbetriebe zusammenhängenden Schuld- und Forderungsverhältnisse sowie die Betriebsergebnisse der einzelnen Geschäftsjahre festzustellen.
934. Umfang: BGE 79 I 58.

B. Bilanzvorschriften
I. Bilanzpflicht

958. Wer zur Führung von Geschäftsbüchern verpflichtet ist, hat bei Eröffnung des Geschäftsbetriebes ein Inventar und eine Bilanz und auf Schluß eines jeden Geschäftsjahres ein Inventar, eine Betriebsrechnung und eine Bilanz aufzustellen.

Inventar, Betriebsrechnung und Bilanz sind innerhalb einer dem ordnungsmäßigen Geschäftsgang entsprechenden Frist abzuschließen.

II. Bilanzgrundsätze
1. Bilanzwahrheit und -klarheit

959. Betriebsrechnung und Jahresbilanz sind nach allgemein anerkannten kaufmännischen Grundsätzen vollständig, klar und übersichtlich aufzustellen, damit die Beteiligten einen möglichst sicheren Einblick in die wirtschaftliche Lage des Geschäftes erhalten.
662ff.

2. Wertansätze

960. Inventar, Betriebsrechnung und Bilanz sind in Landeswährung aufzustellen.

Bei ihrer Errichtung sind alle Aktiven höchstens nach dem Werte anzusetzen, der ihnen im Zeitpunkt, auf welchen die Bilanz errichtet wird, für das Geschäft zukommt.

Vorbehalten bleiben die abweichenden Bilanzvorschriften, die für Aktiengesellschaften, Kommanditaktiengesellschaften, Gesellschaften mit beschränkter Haftung sowie Versicherungs- und Kreditgenossenschaften aufgestellt sind.

III. Unterzeichnung

961. Inventar, Betriebsrechnung und Bilanz sind von dem Firmainhaber, gegebenenfalls von sämtlichen persönlich haftenden Gesellschaftern und, wenn es sich um eine Aktiengesellschaft, Kommanditaktiengesellschaft, Gesellschaft mit beschränkter Haftung oder Genossenschaft handelt, von den mit der Geschäftsführung betrauten Personen zu unterzeichnen.

C. Pflicht zur Aufbewahrung der Geschäftsbücher

962. Wer zur Führung von Geschäftsbüchern verpflichtet ist, hat diese, die Geschäftskorrespondenz und die Buchungsbelege während zehn Jahren aufzubewahren.

Betriebsrechnung und Bilanz sind im Original aufzubewahren; die übrigen Geschäftsbücher können als Aufzeichnungen auf Bildträgern, Geschäftskorrespondenz und Buchungsbelege als Aufzeichnungen auf Bild- oder Datenträgern aufbewahrt werden, wenn die Aufzeichnungen mit den Unterlagen übereinstimmen und jederzeit lesbar gemacht werden können. Der Bundesrat kann die Voraussetzungen näher umschreiben.

Die Aufbewahrungsfrist beginnt mit dem Ablauf des Kalenderjahres, in dem die letzten Eintragungen vorgenommen wurden, die Geschäftskorrespondenz ein- oder ausgegangen ist und die Buchungsbelege entstanden sind.

Aufzeichnungen auf Bild- oder Datenträgern haben die gleiche Beweiskraft wie die Unterlagen selbst.

590, 747. Vgl. dazu die bundesrätliche Verordnung vom 2. Juni 1976 über die Aufzeichnung von aufzubewahrenden Unterlagen (SR 221.431).

D. Editionspflicht

963. Wer zur Führung von Geschäftsbüchern verpflichtet ist, kann bei Streitigkeiten, die das Geschäft betreffen, angehalten werden, Geschäftsbücher, Geschäftskorrespondenz und Buchungsbelege vorzulegen, wenn ein schutzwürdiges Interesse nachgewiesen wird und der Richter diese Unterlagen für den Beweis als notwendig erachtet.

Aufzeichnungen auf Bild- oder Datenträgern sind so vorzulegen, daß sie ohne Hilfsmittel lesbar sind.

Bedeutung: BGE 71 II 244; 73 I 358.

E. Strafbestimmungen

964. Vorbehalten bleiben Strafbestimmungen über die Verletzung der Pflicht zur Buchführung sowie zur Aufbewahrung von Geschäftsbüchern und Geschäftskorrespondenzen.

StGB 325.

Fünfte Abteilung
Die Wertpapiere

Dreiunddreißigster Titel
Die Namen-, Inhaber- und Ordrepapiere

1. Abschnitt Allgemeine Bestimmungen

A. Begriff des Wertpapiers

965. Wertpapier ist jede Urkunde, mit der ein Recht derart verknüpft ist, daß es ohne die Urkunde weder geltend gemacht, noch auf andere übertragen werden kann.

BRB über den Schutz von Wertpapieren und ähnlichen Urkunden durch vorsorgliche Maßnahmen, vom 12. April 1957 (SR 531.55). BGE 67 II 30; 68 II 38, 96; 83 II 454.

B. Verpflichtung aus dem Wertpapier

966. Der Schuldner aus einem Wertpapier ist nur gegen Aushändigung der Urkunde zu leisten verpflichtet.

Der Schuldner wird durch eine bei Verfall erfolgte Leistung an den durch die Urkunde ausgewiesenen Gläubiger befreit, wenn ihm nicht Arglist oder grobe Fahrlässigkeit zur Last fällt.

C. Übertragung des Wertpapiers
I. Allgemeine Form

967. Zur Übertragung des Wertpapiers zu Eigentum oder zu einem beschränkten dinglichen Recht bedarf es in allen Fällen der Übertragung des Besitzes an der Urkunde.

Bei Ordrepapieren bedarf es überdies der Indossierung, bei Namenpapieren einer schriftlichen Erklärung, die nicht auf das Wertpapier selbst gesetzt werden muß.

Durch Gesetz oder Vertrag kann für die Übertragung die Mitwirkung anderer Personen, wie namentlich des Schuldners, vorgeschrieben werden.

684. Verpfändung: ZGB 901/2. Abs. 2: 1145ff.; BGE 114 II 57.

II. Indossierung
1. Form

968. Die Indossierung erfolgt in allen Fällen nach den Vorschriften über den Wechsel.

Das ausgefüllte Indossament gilt in Verbindung mit der Übergabe der Urkunde als genügende Form der Übertragung.
1002.

2. Wirkung

969. Mit der Indossierung und der Übergabe der indossierten Urkunde gehen bei allen übertragbaren Wertpapieren, soweit sich aus dem Inhalt oder der Natur der Urkunde nicht etwas anderes ergibt, die Rechte des Indossanten auf den Erwerber über.

D. Umwandlung

970. Ein Namen- oder Ordrepapier kann nur mit Zustimmung aller berechtigten und verpflichteten Personen in ein Inhaberpapier umgewandelt werden. Diese Zustimmung ist auf der Urkunde selbst zu erklären.

Der gleiche Grundsatz gilt für die Umwandlung von Inhaberpapieren in Namen- oder Ordrepapiere. Fehlt in diesem Falle die Zustimmung einer der berechtigten oder verpflichteten Personen, so ist die Umwandlung wirksam, jedoch nur zwischen dem Gläubiger, der sie vorgenommen hat, und seinem unmittelbaren Rechtsnachfolger.

E. Kraftloserklärung
I. Geltendmachung

971. Wird ein Wertpapier vermißt, so kann es durch den Richter kraftlos erklärt werden.

Die Kraftloserklärung kann verlangen, wer zur Zeit des Verlustes oder der Entdeckung des Verlustes an dem Papier berechtigt ist.

Für Kriegszeiten vgl. SR 531.55.

II. Verfahren. Wirkung

972. Nach der Kraftloserklärung kann der Berechtigte sein Recht auch ohne die Urkunde geltend machen oder die Ausstellung einer neuen Urkunde verlangen.

Im übrigen kommen für das Verfahren und die Wirkung der Kraftloserklärung die bei den einzelnen Arten von Wertpapieren aufgestellten Bestimmungen zur Anwendung.

981ff. Rechtsnatur: BGE 82 II 226.

F. Besondere Vorschriften

973. Die besonderen Vorschriften über die Wertpapiere, wie namentlich über den Wechsel, den Check und die Pfandtitel, bleiben vorbehalten.

2. Abschnitt Die Namenpapiere

A. Begriff

974. Ein Wertpapier gilt als Namenpapier, wenn es auf einen bestimmten Namen lautet und weder an Ordre gestellt noch gesetzlich als Ordrepapier erklärt ist.

SchUeB 9.

B. Ausweis über das Gläubigerrecht
I. In der Regel

975. Der Schuldner ist nur demjenigen zu leisten verpflichtet, der Inhaber der Urkunde ist und der sich als die Person oder als Rechtsnachfolger der Person ausweist, auf welche die Urkunde lautet.

Leistet der Schuldner ohne diesen Ausweis, so wird er gegenüber einem Dritten, der seine Berechtigung nachweist, nicht befreit.

II. Beim hinkenden Inhaberpapier

976. Hat sich der Schuldner im Namenpapier das Recht vorbehalten, jedem Inhaber der Urkunde leisten zu dürfen, so wird er durch die in gutem Glauben erfolgte Leistung an den Inhaber befreit, auch wenn er den Ausweis über das Gläubigerrecht nicht verlangt hat; er ist indessen nicht verpflichtet, an den Inhaber zu leisten.

C. Kraftloserklärung

977. Die Namenpapiere werden, wenn keine besondern Vorschriften aufgestellt sind, nach den für die Inhaberpapiere geltenden Bestimmungen kraftlos erklärt.

Der Schuldner kann in der Urkunde eine vereinfachte Kraftloserklärung durch Herabsetzung der Zahl der öffentlichen Aufforderungen oder durch Verkürzung der Fristen vorsehen, oder sich das Recht vorbehalten, auch ohne Vorweisung der Urkunde und ohne Kraftloserklärung gültig zu leisten, wenn der Gläubiger die

Entkräftung des Schuldscheins und die Tilgung der Schuld in einer öffentlichen oder beglaubigten Urkunde ausspricht.

3. Abschnitt Die Inhaberpapiere

A. Begriff

978. Ein Wertpapier gilt als Inhaberpapier, wenn aus dem Wortlaut oder der Form der Urkunde ersichtlich ist, daß der jeweilige Inhaber als Berechtigter anerkannt wird.

Der Schuldner darf jedoch nicht mehr bezahlen, wenn ein gerichtliches oder polizeiliches Zahlungsverbot an ihn erlassen worden ist.

471 I. 976. Sparheft: BGE 68 II 96. Kinobillett: BGE 80 II 33.

B. Einreden des Schuldners
I. Im allgemeinen

979. Der Schuldner kann der Forderung aus einem Inhaberpapier nur solche Einreden entgegensetzen, die entweder gegen die Gültigkeit der Urkunde gerichtet sind oder aus der Urkunde selbst hervorgehen, sowie solche, die ihm persönlich gegen den jeweiligen Gläubiger zustehen.

Einreden, die sich auf die unmittelbaren Beziehungen des Schuldners zu einem früheren Inhaber gründen, sind zulässig, wenn der Inhaber bei dem Erwerb der Urkunde bewußt zum Nachteil des Schuldners gehandelt hat.

Ausgeschlossen ist die Einrede, daß die Urkunde wider den Willen des Schuldners in den Verkehr gelangt sei.

1007. BGE 77 II 365; 84 II 281.

II. Bei Inhaberzinscoupons

980. Gegen die Forderung aus Inhaberzinscoupons kann der Schuldner die Einrede, daß die Kapitalschuld getilgt sei, nicht erheben.

Der Schuldner ist aber berechtigt, bei Bezahlung der Kapitalschuld den Betrag der erst in Zukunft verfallenden Inhaberzinscoupons, die ihm nicht mit dem Haupttitel abgeliefert werden, bis nach Ablauf der für diese Coupons geltenden Verjährungsfrist zurückzubehalten, es sei denn, daß die nicht abgelieferten Coupons kraftlos erklärt worden sind oder daß deren Betrag sichergestellt wird.

C. Kraftloserklärung
I. Im allgemeinen
1. Zuständigkeit, Begründung des Begehrens

981. Inhaberpapiere, wie Aktien, Obligationen, Genußscheine, Couponsbogen, Bezugsscheine für Couponsbogen, jedoch mit Ausschluß einzelner Coupons, werden auf Begehren des Berechtigten durch den Richter kraftlos erklärt.

Zuständig ist der Richter am Wohnsitz des Schuldners und bei Aktien der Richter am Sitz der Aktiengesellschaft.

Der Gesuchsteller hat den Besitz und Verlust der Urkunde glaubhaft zu machen.

Ist dem Inhaber eines mit Couponsbogen oder Bezugsschein versehenen Papiers bloß der Couponsbogen oder Bezugsschein abhanden gekommen, so genügt zur Begründung des Begehrens die Vorzeigung des Haupttitels.

Wirkung: BGE 82 II 226; 84 II 176. Verlust: BGE 66 II 39.

2. Zahlungsverbot

982. Den aus dem Wertpapier Verpflichteten kann auf Verlangen des Gesuchstellers die Einlösung unter Hinweis auf die Gefahr doppelter Zahlung verboten werden.

Soll ein Couponsbogen kraftlos erklärt werden, so findet auf die während des Verfahrens verfallenden einzelnen Coupons die Bestimmung über die Kraftloserklärung der Zinscoupons entsprechende Anwendung.

3. Aufgebot, Anmeldungsfrist

983. Erachtet der Richter die Darstellung des Gesuchstellers über seinen frühern Besitz und über den Verlust der Urkunde für glaubhaft, so fordert er durch öffentliche Bekanntmachung den unbekannten Inhaber auf, das Wertpapier innerhalb bestimmter Frist vorzulegen, widrigenfalls die Kraftloserklärung ausgesprochen werde. Die Frist ist auf mindestens sechs Monate festzusetzen, sie läuft vom Tage der ersten Bekanntmachung an.
931/2.

4. Art der Bekanntmachung

984. Die Aufforderung zur Vorlegung der Urkunde ist dreimal im Schweizerischen Handelsamtsblatt zu veröffentlichen.

In besonderen Fällen kann der Richter noch in anderer Weise für angemessene Veröffentlichung sorgen.

5. Wirkung
a) Bei Vorlegung der Urkunde

985. Wird das abhanden gekommene Inhaberpapier vorgelegt, so setzt der Richter dem Gesuchsteller Frist zur Anhebung der Klage auf Herausgabe der Urkunde.

Klagt der Gesuchsteller nicht binnen dieser Frist, so gibt der Richter die Urkunde zurück und hebt das Zahlungsverbot auf.

b) Bei Nichtvorlegung

986. Wird das abhanden gekommene Inhaberpapier innert der angesetzten Frist nicht vorgelegt, so kann der Richter die Urkunde kraftlos erklären oder je nach Umständen weitere Anordnungen treffen.

Die Kraftloserklärung eines Inhaberpapiers ist sofort im Schweizerischen Handelsamtsblatt, nach Ermessen des Richters auch anderweitig zu veröffentlichen.

Nach der Kraftloserklärung ist der Gesuchsteller berechtigt, auf seine Kosten die Ausfertigung einer neuen Urkunde oder die Erfüllung der fälligen Leistung zu fordern.

II. Bei Coupons im besonderen

987. Sind einzelne Coupons abhanden gekommen, so hat der Richter auf Begehren des Berechtigten zu verfügen, daß der Betrag bei Verfall oder, sofern der Coupon bereits verfallen ist, sofort gerichtlich hinterlegt werde.

Nach Ablauf von drei Jahren seit dem Verfalltage ist, wenn sich inzwischen kein Berechtigter gemeldet hat, der Betrag nach Verfügung des Richters an den Gesuchsteller herauszugeben.

III. Bei Banknoten und ähnlichen Papieren

988. Bei Banknoten und andern in größerer Anzahl ausgegebenen, auf Sicht zahlbaren Inhaberpapieren, die zum Umlauf als Ersatzmittel für Geld bestimmt sind und auf feste Beträge lauten, findet eine Kraftloserklärung nicht statt.

D. Schuldbrief und Gült

989. Vorbehalten bleiben die besondern Bestimmungen über den Schuldbrief und die Gült, die auf den Inhaber lauten.
ZGB 859.

4. Abschnitt **Der Wechsel**

S. Genfer Abkommen über die Vereinheitlichung des Wechselrechts
vom 7. Juni 1930 (SR 0.221.554).

A. Wechselfähigkeit

990. Wer sich durch Verträge verpflichten kann, ist wechselfähig.
ZGB 17.

B. Gezogener Wechsel

I. Ausstellung und Form des gezogenen Wechsels
1. Erfordernisse

991. Der gezogene Wechsel enthält:

1. die Bezeichnung als Wechsel im Texte der Urkunde, und zwar in der Sprache, in der sie ausgestellt ist;
2. die unbedingte Anweisung, eine bestimmte Geldsumme zu zahlen;
3. den Namen dessen, der zahlen soll (Bezogener);
4. die Angabe der Verfallzeit;
5. die Angabe des Zahlungsortes;
6. den Namen dessen, an den oder an dessen Ordre gezahlt werden soll;
7. die Angabe des Tages und des Ortes der Ausstellung;
8. die Unterschrift des Ausstellers.

Z. 6: Remittent. BGE 108 II 319. Z. 8: Trassant.

2. Fehlen von Erfordernissen

992. Eine Urkunde, der einer der im vorstehenden Artikel bezeichneten Bestandteile fehlt, gilt nicht als gezogener Wechsel, vorbehaltlich der in den folgenden Absätzen bezeichneten Fälle.

Ein Wechsel ohne Angabe der Verfallzeit gilt als Sichtwechsel.

Mangels einer besonderen Angabe gilt der bei dem Namen des Bezogenen angegebene Ort als Zahlungsort und zugleich als Wohnort des Bezogenen.

Ein Wechsel ohne Angabe des Ausstellungsortes gilt als ausgestellt an dem Orte, der bei dem Namen des Ausstellers angegeben ist.

3. Arten

993. Der Wechsel kann an die eigene Ordre des Ausstellers lauten.

Er kann auf den Aussteller selbst gezogen werden.

Er kann für Rechnung eines Dritten gezogen werden.

Abs. 2: Trassiert eigener Wechsel.

4. Zahlstellen. Domizilwechsel

994. Der Wechsel kann bei einem Dritten, am Wohnorte des Bezogenen oder an einem anderen Orte zahlbar gestellt werden.

1017. Domizil- und Zahlstellenwechsel.

5. Zinsversprechen

995. In einem Wechsel, der auf Sicht oder auf eine bestimmte Zeit nach Sicht lautet, kann der Aussteller bestimmen, daß die Wechselsumme zu verzinsen ist. Bei jedem anderen Wechsel gilt der Zinsvermerk als nicht geschrieben.

Der Zinsfuß ist im Wechsel anzugeben; fehlt diese Angabe, so gilt der Zinsvermerk als nicht geschrieben.

Die Zinsen laufen vom Tage der Ausstellung des Wechsels, sofern nicht ein anderer Tag bestimmt ist.

1024.

6. Verschiedene Bezeichnung der Wechselsumme

996. Ist die Wechselsumme in Buchstaben und in Ziffern angegeben, so gilt bei Abweichungen die in Buchstaben angegebene Summe.

Ist die Wechselsumme mehrmals in Buchstaben oder mehrmals in Ziffern angegeben, so gilt bei Abweichungen die geringste Summe.

7. Unterschriften von Wechselunfähigen

997. Trägt ein Wechsel Unterschriften von Personen, die eine Wechselverbindlichkeit nicht eingehen können, gefälschte Unterschriften, Unterschriften erdichteter Personen oder Unterschriften, die aus irgendeinem anderen Grunde für die Personen, die unter-

schrieben haben oder mit deren Namen unterschrieben worden ist, keine Verbindlichkeit begründen, so hat dies auf die Gültigkeit der übrigen Unterschriften keinen Einfluß.
990, 1085.

8. Unterschrift ohne Ermächtigung

998. Wer auf einen Wechsel seine Unterschrift als Vertreter eines andern setzt, ohne hierzu ermächtigt zu sein, haftet selbst wechselmäßig und hat, wenn er den Wechsel einlöst, dieselben Rechte, die der angeblich Vertretene haben würde. Das gleiche gilt von einem Vertreter, der seine Vertretungsbefugnis überschritten hat.
Voraussetzung: BGE 85 II 29.

9. Haftung des Ausstellers

999. Der Aussteller haftet für die Annahme und die Zahlung des Wechsels.

Er kann die Haftung für die Annahme ausschließen: jeder Vermerk, durch den er die Haftung für die Zahlung ausschließt, gilt als nicht geschrieben.
1012.

10. Blankowechsel

1000. Wenn ein Wechsel, der bei der Begebung unvollständig war, den getroffenen Vereinbarungen zuwider ausgefüllt worden ist, so kann die Nichteinhaltung dieser Vereinbarungen dem Inhaber nicht entgegengesetzt werden, es sei denn, daß er den Wechsel in bösem Glauben erworben hat oder ihm beim Erwerb eine grobe Fahrlässigkeit zur Last fällt.

II. Indossament
1. Übertragbarkeit

1001. Jeder Wechsel kann durch Indossament übertragen werden, auch wenn er nicht ausdrücklich an Ordre lautet.

Hat der Aussteller in den Wechsel die Worte: «nicht an Ordre» oder einen gleichbedeutenden Vermerk aufgenommen, so kann der Wechsel nur in der Form und mit den Wirkungen einer gewöhnlichen Abtretung übertragen werden.

Das Indossament kann auch auf den Bezogenen, gleichviel

ob er den Wechsel angenommen hat oder nicht, auf den Aussteller oder auf jeden anderen Wechselverpflichteten lauten. Diese Personen können den Wechsel weiter indossieren.

BG über die Stempelabgaben (SR 641.10), Art. 13ff. Abs. 2: Rektaklausel, 1005 II.

2. Erfordernisse

1002. Das Indossament muß unbedingt sein. Bedingungen, von denen es abhängig gemacht wird, gelten als nicht geschrieben.

Ein Teilindossament ist nichtig.

Ein Indossament an den Inhaber gilt als Blankoindossament.

Abs.1: 1005 II, 1012 IV, 1013 III.

3. Form

1003. Das Indossament muß auf den Wechsel oder auf ein mit dem Wechsel verbundenes Blatt (Anhang, Allonge) gesetzt werden. Es muß von dem Indossanten unterschrieben werden.

Das Indossament braucht den Indossatar nicht zu bezeichnen und kann selbst in der bloßen Unterschrift des Indossanten bestehen (Blankoindossament). In diesem letzteren Falle muß das Indossament, um gültig zu sein, auf die Rückseite des Wechsels oder auf den Anhang gesetzt werden.

Abs. 2: 1004 II.

4. Wirkungen
a) Übertragungsfunktion

1004. Das Indossament überträgt alle Rechte aus dem Wechsel.

Ist es ein Blankoindossament, so kann der Inhaber

1. das Indossament mit seinem Namen oder mit dem Namen eines andern ausfüllen;

2. den Wechsel durch ein Blankoindossament oder an eine bestimmte Person weiter indossieren;

3. den Wechsel weiter begeben, ohne das Blankoindossament auszufüllen und ohne ihn zu indossieren.

b) Garantiefunktion

1005. Der Indossant haftet mangels eines entgegenstehenden Vermerks für die Annahme und die Zahlung.

Er kann untersagen, daß der Wechsel weiter indossiert wird;

33. Titel. Die Namen-, Inhaber- und Ordrepapiere (Wechsel) **1006–1008**

in diesem Fall haftet er denen nicht, an die der Wechsel weiter indossiert wird.

Abs. 2: Rektaklausel, 1001 II.

c) Legitimation des Inhabers

1006. Wer den Wechsel in Händen hat, gilt als rechtmäßiger Inhaber, sofern er sein Recht durch eine ununterbrochene Reihe von Indossamenten nachweist, und zwar auch dann, wenn die letzte ein Blankoindossament ist. Ausgestrichene Indossamente gelten hiebei als nicht geschrieben. Folgt auf ein Blankoindossament ein weiteres Indossament, so wird angenommen, daß der Aussteller dieses Indossaments den Wechsel durch das Blankoindossament erworben hat.

Ist der Wechsel einem früheren Inhaber irgendwie abhanden gekommen, so ist der neue Inhaber, der sein Recht nach den Vorschriften des vorstehenden Absatzes nachweist, zur Herausgabe des Wechsels nur verpflichtet, wenn er ihn in bösem Glauben erworben hat oder ihm beim Erwerb eine grobe Fahrlässigkeit zur Last fällt.

1030 III, 1072.

5. Einreden

1007. Wer aus dem Wechsel in Anspruch genommen wird, kann dem Inhaber keine Einwendungen entgegensetzen, die sich auf seine unmittelbaren Beziehungen zu dem Aussteller oder zu einem früheren Inhaber gründen, es sei denn, daß der Inhaber bei dem Erwerb des Wechsels bewußt zum Nachteil des Schuldners gehandelt hat.

979.

6. Vollmachtsindossament

1008. Enthält das Indossament den Vermerk «Wert zur Einziehung», «zum Inkasso», «in Prokura» oder einen anderen nur eine Bevollmächtigung ausdrückenden Vermerk, so kann der Inhaber alle Rechte aus dem Wechsel geltend machen; aber er kann ihn nur durch ein weiteres Vollmachtsindossament übertragen.

Die Wechselverpflichteten können in diesem Falle dem Inhaber nur solche Einwendungen entgegensetzen, die ihnen gegen den Indossanten zustehen.

Die in dem Vollmachtsindossament enthaltene Vollmacht

erlischt weder mit dem Tod noch mit dem Eintritt der Handlungsunfähigkeit des Vollmachtgebers.
Prokuraindossament. SchKG 201.

7. Offenes Pfandindossament

1009. Enthält das Indossament den Vermerk «Wert zur Sicherheit», «Wert zum Pfande» oder einen anderen eine Verpfändung ausdrückenden Vermerk, so kann der Inhaber alle Rechte aus dem Wechsel geltend machen; ein von ihm ausgestelltes Indossament hat aber nur die Wirkung eines Vollmachtsindossaments.

Die Wechselverpflichteten können dem Inhaber keine Einwendungen entgegensetzen, die sich auf ihre unmittelbaren Beziehungen zu dem Indossanten gründen, es sei denn, daß der Inhaber bei dem Erwerb des Wechsels bewußt zum Nachteil des Schuldners gehandelt hat.
ZGB 901 II.

8. Nachindossament

1010. Ein Indossament nach Verfall hat dieselben Wirkungen wie ein Indossament vor Verfall. Ist jedoch der Wechsel erst nach Erhebung des Protestes mangels Zahlung oder nach Ablauf der hierfür bestimmten Frist indossiert worden, so hat das Indossament nur die Wirkungen einer gewöhnlichen Abtretung.

Bis zum Beweis des Gegenteils wird vermutet, daß ein nicht datiertes Indossament vor Ablauf der für die Erhebung des Protestes bestimmten Frist auf den Wechsel gesetzt worden ist.

III. Annahme
1. Recht zur Vorlegung

1011. Der Wechsel kann von dem Inhaber oder von jedem, der den Wechsel auch nur in Händen hat, bis zum Verfall dem Bezogenen an seinem Wohnorte zur Annahme vorgelegt werden.

2. Gebot und Verbot der Vorlegung

1012. Der Aussteller kann in jedem Wechsel mit oder ohne Bestimmung einer Frist vorschreiben, daß der Wechsel zur Annahme vorgelegt werden muß.

Er kann im Wechsel die Vorlegung zur Annahme untersagen, wenn es sich nicht um einen Wechsel handelt, der bei einem Dritten oder an einem von dem Wohnort des Bezogenen verschiedenen Ort zahlbar ist oder der auf eine bestimmte Zeit nach Sicht lautet.

Er kann auch vorschreiben, daß der Wechsel nicht vor einem bestimmten Tage zur Annahme vorgelegt werden darf.

Jeder Indossant kann, wenn nicht der Aussteller die Vorlegung zur Annahme untersagt hat, mit oder ohne Bestimmung einer Frist vorschreiben, daß der Wechsel zur Annahme vorgelegt werden muß.

999. Abs. 2: nicht akzeptable Tratte, 1033 Z. 3.

3. Pflicht zur Vorlegung bei Nachsichtwechseln

1013. Wechsel, die auf eine bestimmte Zeit nach Sicht lauten, müssen binnen einem Jahr nach dem Tage der Ausstellung zur Annahme vorgelegt werden.

Der Aussteller kann eine kürzere oder eine längere Frist bestimmen.

Die Indossanten können die Vorlegungsfristen abkürzen.

1025.

4. Nochmalige Vorlegung

1014. Der Bezogene kann verlangen, daß ihm der Wechsel am Tage nach der ersten Vorlegung nochmals vorgelegt wird. Die Beteiligten können sich darauf, daß diesem Verlangen nicht entsprochen worden ist, nur berufen, wenn das Verlangen im Protest vermerkt ist.

Der Inhaber ist nicht verpflichtet, den zur Annahme vorgelegten Wechsel in der Hand des Bezogenen zu lassen.

5. Form der Annahme

1015. Die Annahmeerklärung wird auf den Wechsel gesetzt. Sie wird durch das Wort «angenommen» oder ein gleichbedeutendes Wort ausgedrückt; sie ist vom Bezogenen zu unterschreiben. Die bloße Unterschrift des Bezogenen auf der Vorderseite des Wechsels gilt als Annahme.

Lautet der Wechsel auf eine bestimmte Zeit nach Sicht oder ist er infolge eines besonderen Vermerks innerhalb einer bestimmten Frist zur Annahme vorzulegen, so muß die Annahmeerklärung den Tag bezeichnen, an dem sie erfolgt ist, sofern nicht der Inhaber die Angabe des Tages der Vorlegung verlangt. Ist kein Tag ange-

geben, so muß der Inhaber, um seine Rückgriffsrechte gegen die Indossanten und den Aussteller zu wahren, diese Unterlassung rechtzeitig durch einen Protest feststellen lassen.
1013, 1025.

6. Einschränkungen der Annahme

1016. Die Annahme muß unbedingt sein; der Bezogene kann sie aber auf einen Teil der Wechselsumme beschränken.

Wenn die Annahmeerklärung irgendeine andere Abweichung von den Bestimmungen des Wechsels enthält, so gilt die Annahme als verweigert. Der Annehmende haftet jedoch nach dem Inhalte seiner Annahmeerklärung.

7. Domiziliat und Zahlstelle

1017. Hat der Aussteller im Wechsel einen von dem Wohnorte des Bezogenen verschiedenen Zahlungsort angegeben, ohne einen Dritten zu bezeichnen, bei dem die Zahlung geleistet werden soll, so kann der Bezogene bei der Annahmeerklärung einen Dritten bezeichnen. Mangels einer solchen Bezeichnung wird angenommen, daß sich der Annehmer verpflichtet hat, selbst am Zahlungsorte zu zahlen.

Ist der Wechsel beim Bezogenen selbst zahlbar, so kann dieser in der Annahmeerklärung eine am Zahlungsorte befindliche Stelle bezeichnen, wo die Zahlung geleistet werden soll.
994.

8. Wirkung der Annahme
a) Im allgemeinen

1018. Der Bezogene wird durch die Annahme verpflichtet, den Wechsel bei Verfall zu bezahlen.

Mangels Zahlung hat der Inhaber, auch wenn er der Aussteller ist, gegen den Annehmer einen unmittelbaren Anspruch aus dem Wechsel auf alles, was auf Grund der Artikel 1045 und 1046 gefordert werden kann.

b) Bei Streichung

1019. Hat der Bezogene die auf den Wechsel gesetzte Annahmeerklärung vor der Rückgabe des Wechsels gestrichen, so gilt die

Annahme als verweigert. Bis zum Beweis des Gegenteils wird vermutet, daß die Streichung vor der Rückgabe des Wechsels erfolgt ist.

Hat der Bezogene jedoch dem Inhaber oder einer Person, deren Unterschrift sich auf dem Wechsel befindet, die Annahme schriftlich mitgeteilt, so haftet er diesen nach dem Inhalt seiner Annahmeerklärung.

IV. Wechselbürgschaft
1. Wechselbürgen

1020. Die Zahlung der Wechselsumme kann ganz oder teilweise durch Wechselbürgschaft gesichert werden.

Diese Sicherheit kann von einem Dritten oder auch von einer Person geleistet werden, deren Unterschrift sich schon auf dem Wechsel befindet.

Aval. BGE 44 II 145. Bürgschaftsrecht: BGE 79 II 80.

2. Form

1021. Die Bürgschaftserklärung wird auf den Wechsel oder auf einen Anhang (Allonge) gesetzt.

Sie wird durch die Worte «als Bürge» oder einen gleichbedeutenden Vermerk ausgedrückt; sie ist von dem Wechselbürgen zu unterschreiben.

Die bloße Unterschrift auf der Vorderseite des Wechsels gilt als Bürgschaftserklärung, soweit es sich nicht um die Unterschrift des Bezogenen oder des Ausstellers handelt.

In der Erklärung ist anzugeben, für wen die Bürgschaft geleistet wird; mangels einer solchen Angabe gilt sie für den Aussteller.

BGE 90 II 130; 91 II 109.

3. Wirkungen

1022. Der Wechselbürge haftet in der gleichen Weise wie derjenige, für den er sich verbürgt hat.

Seine Verpflichtungserklärung ist auch gültig, wenn die Verbindlichkeit, für die er sich verbürgt hat, aus einem anderen Grund als wegen eines Formfehlers nichtig ist.

Der Wechselbürge, der den Wechsel bezahlt, erwirbt die

Rechte aus dem Wechsel gegen denjenigen, für den er sich verbürgt hat, und gegen alle, die diesem wechselmäßig haften.
1042 II. Vgl. BGE 44 II 145; 84 II 648.

V. Verfall
1. Im allgemeinen

1023. Ein Wechsel kann gezogen werden
auf Sicht,
auf eine bestimmte Zeit nach Sicht,
auf eine bestimmte Zeit nach der Ausstellung,
auf einen bestimmten Tag.

Wechsel mit anderen oder mit mehreren aufeinanderfolgenden Verfallzeiten sind nichtig.
995.

2. Bei Sichtwechseln

1024. Der Sichtwechsel ist bei der Vorlegung fällig. Er muß binnen einem Jahre nach der Ausstellung zur Zahlung vorgelegt werden. Der Aussteller kann eine kürzere oder längere Frist bestimmen. Die Indossanten können die Vorlegungsfristen abkürzen.

Der Aussteller kann vorschreiben, daß der Sichtwechsel nicht vor einem bestimmten Tage zur Zahlung vorgelegt werden darf. In diesem Fall beginnt die Vorlegungsfrist mit diesem Tage.

3. Bei Nachsichtwechseln

1025. Der Verfall eines Wechsels, der auf eine bestimmte Zeit nach Sicht lautet, richtet sich nach dem in der Annahmeerklärung angegebenen Tage oder nach dem Tage des Protestes.

Ist in der Annahmeerklärung ein Tag nicht angegeben und ein Protest nicht erhoben worden, so gilt dem Annehmer gegenüber der Wechsel als am letzten Tage der für die Vorlegung zur Annahme vorgesehenen Frist angenommen.
1013.

4. Fristenberechnung

1026. Ein Wechsel, der auf einen oder mehrere Monate nach der Ausstellung oder nach Sicht lautet, verfällt an dem entsprechenden Tage des Zahlungsmonats. Fehlt dieser Tag, so ist der Wechsel am letzten Tage des Monats fällig.

Lautet der Wechsel auf einen oder mehrere Monate und

einen halben Monat nach der Ausstellung oder nach Sicht, so werden die ganzen Monate zuerst gezählt.

Ist als Verfallzeit der Anfang, die Mitte oder das Ende eines Monats angegeben, so ist darunter der erste, der fünfzehnte oder der letzte Tag des Monats zu verstehen.

Die Ausdrücke «acht Tage» oder «fünfzehn Tage» bedeuten nicht eine oder zwei Wochen, sondern volle acht oder fünfzehn Tage.

Der Ausdruck «halber Monat» bedeutet fünfzehn Tage.
77.

5. Zeitberechnung nach altem Stil

1027. Ist ein Wechsel an einem bestimmten Tag an einem Orte zahlbar, dessen Kalender von dem des Ausstellungsortes abweicht, so ist für den Verfalltag der Kalender des Zahlungsortes maßgebend.

Ist ein zwischen zwei Orten mit verschiedenem Kalender gezogener Wechsel eine bestimmte Zeit nach der Ausstellung zahlbar, so wird der Tag der Ausstellung in den nach dem Kalender des Zahlungsortes entsprechenden Tag umgerechnet und hienach der Verfalltag ermittelt.

Auf die Berechnung der Fristen für die Vorlegung von Wechseln findet die Vorschrift des vorstehenden Absatzes entsprechende Anwendung.

Die Vorschriften dieses Artikels finden keine Anwendung, wenn sich aus einem Vermerk im Wechsel oder sonst aus dessen Inhalt ergibt, daß etwas anderes beabsichtigt war.

VI. Zahlung
1. Vorlegung zur Zahlung

1028. Der Inhaber eines Wechsels, der an einem bestimmten Tag oder bestimmte Zeit nach der Ausstellung oder nach Sicht zahlbar ist, hat den Wechsel am Zahlungstag oder an einem der beiden folgenden Werktage zur Zahlung vorzulegen.

Die Einlieferung in eine von der Schweizerischen Nationalbank geleitete Abrechnungsstelle steht der Vorlegung zur Zahlung gleich.

994, 1017, 1034 III, 1090. Schweiz. Verrechnungsstelle: AS 1956 S.1595.

2. Recht auf Quittung. Teilzahlung

1029. Der Bezogene kann vom Inhaber gegen Zahlung die Aushändigung des quittierten Wechsels verlangen. Der Inhaber darf eine Teilzahlung nicht zurückweisen.

Im Falle der Teilzahlung kann der Bezogene verlangen, daß sie auf dem Wechsel vermerkt und ihm eine Quittung erteilt wird.
1047.

3. Zahlung vor und bei Verfall

1030. Der Inhaber des Wechsels ist nicht verpflichtet, die Zahlung vor Verfall anzunehmen.

Der Bezogene, der vor Verfall zahlt, handelt auf eigene Gefahr.

Wer bei Verfall zahlt, wird von seiner Verbindlichkeit befreit, wenn ihm nicht Arglist oder grobe Fahrlässigkeit zur Last fällt. Er ist verpflichtet, die Ordnungsmäßigkeit der Reihe der Indossamente, aber nicht die Unterschriften der Indossanten zu prüfen.
1006.

4. Zahlung in fremder Währung

1031. Lautet der Wechsel auf eine Währung, die am Zahlungsorte nicht gilt, so kann die Wechselsumme in der Landeswährung nach dem Werte gezahlt werden, den sie am Verfalltage besitzt. Wenn der Schuldner die Zahlung verzögert, so kann der Inhaber wählen, ob die Wechselsumme nach dem Kurs des Verfalltages oder nach dem Kurs des Zahlungstages in die Landeswährung umgerechnet werden soll.

Der Wert der fremden Währung bestimmt sich nach den Handelsgebräuchen des Zahlungsortes. Der Aussteller kann jedoch im Wechsel für die zu zahlende Summe einen Umrechnungskurs bestimmen.

Die Vorschriften der beiden ersten Absätze finden keine Anwendung, wenn der Aussteller die Zahlung in einer bestimmten Währung vorgeschrieben hat (Effektivvermerk).

Lautet der Wechsel auf eine Geldsorte, die im Lande der Ausstellung dieselbe Bezeichnung, aber einen anderen Wert hat als in dem der Zahlung, so wird vermutet, daß die Geldsorte des Zahlungsortes gemeint ist.
1122.

33. Titel. Die Namen-, Inhaber- und Ordrepapiere (Wechsel) **1032–1034**

5. Hinterlegung

1032. Wird der Wechsel nicht innerhalb der im Artikel 1028 bestimmten Frist zur Zahlung vorgelegt, so kann der Schuldner die Wechselsumme bei der zuständigen Behörde auf Gefahr und Kosten des Inhabers hinterlegen.

92 II.

VII. Rückgriff mangels Annahme und mangels Zahlung
1. Rückgriff des Inhabers

1033. Der Inhaber kann gegen die Indossanten, den Aussteller und die anderen Wechselverpflichteten bei Verfall des Wechsels Rückgriff nehmen, wenn der Wechsel nicht bezahlt worden ist.

Das gleiche Recht steht dem Inhaber schon vor Verfall zu:

1. wenn die Annahme ganz oder teilweise verweigert worden ist;

2. wenn über das Vermögen des Bezogenen, gleichviel, ob er den Wechsel angenommen hat oder nicht, der Konkurs eröffnet worden ist oder wenn der Bezogene auch nur seine Zahlungen eingestellt hat oder wenn eine Zwangsvollstreckung in sein Vermögen fruchtlos verlaufen ist;

3. wenn über das Vermögen des Ausstellers eines Wechsels, dessen Vorlegung zur Annahme untersagt ist, der Konkurs eröffnet worden ist.

Z. 3: 1012 II.

2. Protest
a) Fristen und Erfordernisse

1034. Die Verweigerung der Annahme oder der Zahlung muß durch eine öffentliche Urkunde (Protest) mangels Annahme oder mangels Zahlung festgestellt werden.

Der Protest mangels Annahme muß innerhalb der Frist erhoben werden, die für die Vorlegung zur Annahme gilt. Ist im Falle des Artikels 1014, Absatz 1, der Wechsel am letzten Tage der Frist zum erstenmal vorgelegt worden, so kann der Protest noch am folgenden Tage erhoben werden.

Der Protest mangels Zahlung muß bei einem Wechsel, der an einem bestimmten Tag oder bestimmte Zeit nach der Ausstellung oder nach Sicht zahlbar ist, an einem der beiden auf den Zahlungstag folgenden Werktage erhoben werden. Bei einem

Sichtwechsel muß der Protest mangels Zahlung in den gleichen Fristen erhoben werden, wie sie im vorhergehenden Absatz für den Protest mangels Annahme vorgesehen sind.

Ist Protest mangels Annahme erhoben worden, so bedarf es weder der Vorlegung zur Zahlung noch des Protestes mangels Zahlung.

Hat der Bezogene, gleichviel, ob er den Wechsel angenommen hat oder nicht, seine Zahlungen eingestellt oder ist eine Zwangsvollstreckung in sein Vermögen fruchtlos verlaufen, so kann der Inhaber nur Rückgriff nehmen, nachdem der Wechsel dem Bezogenen zur Zahlung vorgelegt und Protest erhoben worden ist.

Ist über das Vermögen des Bezogenen, gleichviel, ob er den Wechsel angenommen hat oder nicht, oder über das Vermögen des Ausstellers eines Wechsels, dessen Vorlegung zur Annahme untersagt ist, Konkurs eröffnet worden, so genügt es zur Ausübung des Rückgriffsrechts, daß der gerichtliche Beschluß über die Eröffnung des Konkurses vorgelegt wird.

Abs.1: 1050, Abs. 2/3: 1011ff., 1028. Abs. 5: 1126 II.

b) Zuständigkeit

1035. Der Protest muß durch eine hierzu ermächtigte Urkundsperson oder Amtsstelle erhoben werden.

c) Inhalt

1036. Der Protest enthält:

1. den Namen der Person oder die Firma, für die und gegen die der Protest erhoben wird;

2. die Angabe, daß die Person oder die Firma, gegen die der Protest erhoben wird, ohne Erfolg zur Vornahme der wechselrechtlichen Leistung aufgefordert worden oder nicht anzutreffen gewesen ist oder daß ihr Geschäftslokal oder ihre Wohnung sich nicht hat ermitteln lassen;

3. die Angabe des Ortes und des Tages, an dem die Aufforderung vorgenommen oder ohne Erfolg versucht worden ist;

4. die Unterschrift der den Protest erhebenden Person oder Amtsstelle.

Wird eine Teilzahlung geleistet, so ist dies im Protest zu vermerken.

Verlangt der Bezogene, dem der Wechsel zur Annahme vorgelegt worden ist, die nochmalige Vorlegung am nächsten Tage, so ist auch dies im Protest zu vermerken.

1014.

d) Form

1037. Der Protest ist auf ein besonderes Blatt zu setzen, das mit dem Wechsel verbunden wird.

Wird der Protest unter Vorlegung mehrerer Ausfertigungen desselben Wechsels oder unter Vorlegung der Urschrift und einer Abschrift erhoben, so genügt die Verbindung des Protestes mit einer der Ausfertigungen oder dem Originalwechsel.

Auf den anderen Ausfertigungen oder der Abschrift ist zu vermerken, daß sich der Protest auf einer der übrigen Ausfertigungen oder auf der Urschrift befindet.

e) Bei Teilannahme

1038. Ist der Wechsel nur zu einem Teil der Wechselsumme angenommen worden und wird deshalb Protest erhoben, so ist eine Abschrift des Wechsels auszufertigen und der Protest auf diese Abschrift zu setzen.

f) Gegen mehrere Personen

1039. Muß eine wechselrechtliche Leistung von mehreren Verpflichteten verlangt werden, so ist über die Proteste nur eine Urkunde erforderlich.

g) Abschrift der Protesturkunde

1040. Die den Protest erhebende Urkundsperson oder Amtsstelle hat eine Abschrift der Protesturkunde zu erstellen.

Auf dieser Abschrift sind anzugeben:
1. der Betrag des Wechsels;
2. die Verfallzeit;
3. Ort und Tag der Ausstellung;
4. der Aussteller des Wechsels, der Bezogene sowie der

Name der Person oder die Firma, an die oder an deren Ordre gezahlt werden soll;

5. wenn eine vom Bezogenen verschiedene Person oder Firma angegeben ist, durch die die Zahlung erfolgen soll, der Name dieser Person oder diese Firma;

6. die Notadressen und Ehrenannehmer.

Die Abschriften der Protesturkunden sind durch die den Protest erhebende Urkundsperson oder Amtsstelle in der Zeitfolge geordnet aufzubewahren.

h) Mangelhafter Protest

1041. Ist der Protest von einer zuständigen Urkundsperson oder Amtsstelle unterschrieben worden, so ist er auch dann gültig, wenn er nicht vorschriftsgemäß erhoben worden ist oder wenn die darin enthaltenen Angaben unrichtig sind.

3. Benachrichtigung

1042. Der Inhaber muß seinen unmittelbaren Vormann und den Aussteller von dem Unterbleiben der Annahme oder der Zahlung innerhalb der vier Werktage benachrichtigen, die auf den Tag der Protesterhebung oder, im Falle des Vermerks «ohne Kosten», auf den Tag der Vorlegung folgen. Jeder Indossant muß innerhalb zweier Werktage nach Empfang der Nachricht seinem unmittelbaren Vormanne von der Nachricht, die er erhalten hat, Kenntnis geben und ihm die Namen und Adressen derjenigen mitteilen, die vorher Nachricht gegeben haben, und so weiter in der Reihenfolge bis zum Aussteller. Die Fristen laufen vom Empfang der vorhergehenden Nachricht.

Wird nach Maßgabe des vorhergehenden Absatzes einer Person, deren Unterschrift sich auf dem Wechsel befindet, Nachricht gegeben, so muß die gleiche Nachricht in derselben Frist ihrem Wechselbürgen gegeben werden.

Hat ein Indossant seine Adresse nicht oder in unleserlicher Form angegeben, so genügt es, daß sein unmittelbarer Vormann benachrichtigt wird.

Die Nachricht kann in jeder Form gegeben werden, auch durch die bloße Rücksendung des Wechsels.

Der zur Benachrichtigung Verpflichtete hat zu beweisen,

daß er in der vorgeschriebenen Frist benachrichtigt hat. Die Frist gilt als eingehalten, wenn ein Schreiben, das die Benachrichtigung enthält, innerhalb der Frist zur Post gegeben worden ist.

Wer die rechtzeitige Benachrichtigung versäumt, verliert nicht den Rückgriff; er haftet für den etwa durch seine Nachlässigkeit entstandenen Schaden, jedoch nur bis zur Höhe der Wechselsumme.

Abs.1: 1043.

4. Protesterlaß

1043. Der Aussteller sowie jeder Indossant oder Wechselbürge kann durch den Vermerk «ohne Kosten», «ohne Protest» oder einen gleichbedeutenden auf den Wechsel gesetzten und unterzeichneten Vermerk den Inhaber von der Verpflichtung befreien, zum Zwecke der Ausübung des Rückgriffs Protest mangels Annahme oder mangels Zahlung erheben zu lassen.

Der Vermerk befreit den Inhaber nicht von der Verpflichtung, den Wechsel rechtzeitig vorzulegen und die erforderlichen Nachrichten zu geben. Der Beweis, daß die Frist nicht eingehalten worden ist, liegt demjenigen ob, der sich dem Inhaber gegenüber darauf beruft.

Ist der Vermerk vom Aussteller beigefügt, so wirkt er gegenüber allen Wechselverpflichteten; ist er von einem Indossanten oder einem Wechselbürgen beigefügt, so wirkt er nur diesen gegenüber. Läßt der Inhaber ungeachtet des vom Aussteller beigefügten Vermerks Protest erheben, so fallen ihm die Kosten zur Last. Ist der Vermerk von einem Indossanten oder einem Wechselbürgen beigefügt, so sind alle Wechselverpflichteten zum Ersatze der Kosten eines dennoch erhobenen Protestes verpflichtet.

Abs. 1: 1042.

5. Solidarische Haftung der Wechselverpflichteten

1044. Alle, die einen Wechsel ausgestellt, angenommen, indossiert oder mit einer Bürgschaftserklärung versehen haben, haften dem Inhaber als Gesamtschuldner.

Der Inhaber kann jeden einzeln oder mehrere oder alle zusammen in Anspruch nehmen, ohne an die Reihenfolge gebunden zu sein, in der sie sich verpflichtet haben.

Das gleiche Recht steht jedem Wechselverpflichteten zu, der den Wechsel eingelöst hat.

Durch die Geltendmachung des Anspruchs gegen einen Wechselverpflichteten verliert der Inhaber nicht seine Rechte gegen die anderen Wechselverpflichteten, auch nicht gegen die Nachmänner desjenigen, der zuerst in Anspruch genommen worden ist.

143ff. Sprungregreß.

6. Inhalt des Rückgriffs
a) Des Inhabers

1045. Der Inhaber kann im Wege des Rückgriffs verlangen:

1. die Wechselsumme, soweit der Wechsel nicht angenommen oder nicht eingelöst worden ist, mit den etwa bedungenen Zinsen;

2. Zinsen zu sechs vom Hundert seit dem Verfalltage;

3. die Kosten des Protestes und der Nachrichten sowie die anderen Auslagen;

4. eine Provision von höchstens einem Drittel Prozent.

Wird der Rückgriff vor Verfall genommen, so werden von der Wechselsumme Zinsen abgezogen. Diese Zinsen werden auf Grund des öffentlich bekanntgemachten Diskontsatzes (Satz der Schweizerischen Nationalbank) berechnet, der am Tage des Rückgriffs am Wohnorte des Inhabers gilt.

1033.

b) Des Einlösers

1046. Wer den Wechsel eingelöst hat, kann von seinen Vormännern verlangen:

1. den vollen Betrag, den er gezahlt hat;

2. die Zinsen dieses Betrags zu sechs vom Hundert seit dem Tage der Einlösung;

3. seine Auslagen;

4. eine Provision von höchstens zwei Promille.

c) Recht auf Aushändigung von Wechsel, Protest und Quittung

1047. Jeder Wechselverpflichtete, gegen den Rückgriff genommen wird oder genommen werden kann, ist berechtigt, zu verlangen, daß ihm gegen Entrichtung der Rückgriffssumme der Wechsel mit dem Protest und eine quittierte Rechnung ausgehändigt werden.

Jeder Indossant, der den Wechsel eingelöst hat, kann sein Indossament und die Indossamente seiner Nachmänner ausstreichen.

1029.

d) Bei Teilannahme

1048. Bei dem Rückgriff nach einer Teilannahme kann derjenige, der nicht angenommenen Teil der Wechselsumme entrichtet, verlangen, daß dies auf dem Wechsel vermerkt und ihm darüber Quittung erteilt wird. Der Inhaber muß ihm ferner eine beglaubigte Abschrift des Wechsels und den Protest aushändigen, um den weiteren Rückgriff zu ermöglichen.

e) Rückwechsel

1049. Wer zum Rückgriff berechtigt ist, kann mangels eines entgegenstehenden Vermerkes den Rückgriff dadurch nehmen, daß er auf einen seiner Vormänner einen neuen Wechsel (Rückwechsel) zieht, der auf Sicht lautet und am Wohnort dieses Vormannes zahlbar ist.

Der Rückwechsel umfaßt, außer den in den Artikeln 1045 und 1046 angegebenen Beträgen, die Mäklergebühr und die Stempelgebühr für den Rückwechsel.

Wird der Rückwechsel vom Inhaber gezogen, so richtet sich die Höhe der Wechselsumme nach dem Kurse, den ein vom Zahlungsorte des ursprünglichen Wechsels auf den Wohnort des Vormannes gezogener Sichtwechsel hat. Wird der Rückwechsel von einem Indossanten gezogen, so richtet sich die Höhe der Wechselsumme nach dem Kurse, den ein vom Wohnorte des Ausstellers des Rückwechsels auf den Wohnort des Vormannes gezogener Sichtwechsel hat.

7. Präjudizierung
a) Im allgemeinen

1050. Mit der Versäumung der Fristen

für die Vorlegung eines Wechsels, der auf Sicht oder auf eine bestimmte Zeit nach Sicht lautet,

für die Erhebung des Protestes mangels Annahme oder mangels Zahlung,

für die Vorlegung zur Zahlung im Falle des Vermerkes «ohne Kosten» verliert der Inhaber seine Rechte gegen die Indossanten, den Aussteller und alle anderen Wechselverpflichteten, mit Ausnahme des Annehmers.

Versäumt der Inhaber die vom Aussteller für die Vorlegung zur Annahme vorgeschriebene Frist, so verliert er das Recht, mangels Annahme und mangels Zahlung Rückgriff zu nehmen, sofern nicht der Wortlaut des Vermerkes ergibt, daß der Aussteller nur die Haftung für die Annahme hat ausschließen wollen.

Ist die Frist für die Vorlegung in einem Indossament enthalten, so kann sich nur der Indossant darauf berufen.

1034 VI.

b) Höhere Gewalt

1051. Steht der rechtzeitigen Vorlegung des Wechsels oder der rechtzeitigen Erhebung des Protestes ein unüberwindliches Hindernis entgegen (gesetzliche Vorschrift eines Staates oder ein anderer Fall höherer Gewalt), so werden die für diese Handlungen bestimmten Fristen verlängert.

Der Inhaber ist verpflichtet, seinen unmittelbaren Vormann von dem Falle der höheren Gewalt unverzüglich zu benachrichtigen und die Benachrichtigung unter Beifügung des Tages und Ortes sowie seiner Unterschrift auf dem Wechsel oder einem Anhange zu vermerken; im übrigen finden die Vorschriften des Artikels 1042 Anwendung.

Fällt die höhere Gewalt weg, so muß der Inhaber den Wechsel unverzüglich zur Annahme oder zur Zahlung vorlegen und gegebenenfalls Protest erheben lassen.

Dauert die höhere Gewalt länger als dreißig Tage nach Verfall, so kann Rückgriff genommen werden, ohne daß es der Vorlegung oder der Protesterhebung bedarf.

Bei Wechseln, die auf Sicht oder auf eine bestimmte Zeit nach Sicht lauten, läuft die dreißigtägige Frist von dem Tage, an dem der Inhaber seinen Vormann von dem Falle der höheren Gewalt benachrichtigt hat; diese Nachricht kann schon vor Ablauf der Vorlegungsfrist gegeben werden. Bei Wechseln, die auf bestimmte Zeit nach Sicht lauten, verlängert sich die dreißigtägige Frist um die im Wechsel angegebene Nachsichtfrist.

Tatsachen, die rein persönlich den Inhaber oder denjenigen

betreffen, den er mit der Vorlegung des Wechsels oder mit der Protesterhebung beauftragt hat, gelten nicht als Fälle höherer Gewalt.

Abs. 1: Moratorien.

c) Ungerechtfertigte Bereicherung

1052. Soweit der Aussteller eines Wechsels und der Annehmer zum Schaden des Wechselinhabers ungerechtfertigt bereichert sind, bleiben sie diesem verpflichtet, auch wenn ihre wechselmäßige Verbindlichkeit durch Verjährung oder wegen Unterlassung der zur Erhaltung des Wechselanspruches gesetzlich vorgeschriebenen Handlungen erloschen ist.

Der Bereicherungsanspruch besteht auch gegen den Bezogenen, den Domiziliaten und die Person oder Firma, für deren Rechnung der Aussteller den Wechsel gezogen hat.

Ein solcher Anspruch besteht dagegen nicht gegen die Indossanten, deren wechselmäßige Verbindlichkeit erloschen ist.

62, 1093. Verjährung: BGE 53 II 119; 67 II 176.

VIII. Übergang der Deckung

1053. Ist über den Aussteller eines Wechsels der Konkurs eröffnet worden, so geht ein allfälliger zivilrechtlicher Anspruch des Ausstellers gegen den Bezogenen auf Rückgabe der Deckung oder Erstattung gutgebrachter Beträge auf den Inhaber des Wechsels über.

Erklärt der Aussteller auf dem Wechsel, daß er seine Ansprüche aus dem Deckungsverhältnisse abtrete, so stehen diese dem jeweiligen Wechselinhaber zu.

Der Bezogene darf, sobald der Konkurs veröffentlicht oder ihm die Abtretung angezeigt ist, nur an den gehörig ausgewiesenen Inhaber gegen Rückgabe des Wechsels Zahlung leisten.

Bo 1928 S. 128.

IX. Ehreneintritt
1. Allgemeine Vorschriften

1054. Der Aussteller sowie jeder Indossant oder Wechselbürge kann eine Person angeben, die im Notfall annehmen oder zahlen soll.

Der Wechsel kann unter den nachstehend bezeichneten Voraussetzungen zu Ehren eines jeden Wechselverpflichteten, gegen den Rückgriff genommen werden kann, angenommen oder bezahlt werden.

Jeder Dritte, auch der Bezogene, sowie jeder aus dem Wechsel bereits Verpflichtete, mit Ausnahme des Annehmers, kann einen Wechsel zu Ehren annehmen oder bezahlen.

Wer zu Ehren annimmt oder zahlt, ist verpflichtet, den Wechselverpflichteten, für den er eintritt, innerhalb zweier Werktage hiervon zu benachrichtigen. Hält er die Frist nicht ein, so haftet er für den etwa durch seine Nachlässigkeit entstandenen Schaden, jedoch nur bis zur Höhe der Wechselsumme.

Intervention.

2. Ehrenannahme
a) Voraussetzungen. Stellung des Inhabers

1055. Die Ehrenannahme ist in allen Fällen zulässig, in denen der Inhaber vor Verfall Rückgriff nehmen kann, es sei denn, daß es sich um einen Wechsel handelt, dessen Vorlegung zur Annahme untersagt ist.

Ist auf dem Wechsel eine Person angegeben, die im Notfall am Zahlungsort annehmen oder zahlen soll, so kann der Inhaber vor Verfall gegen denjenigen, der die Notadresse beigefügt hat, und gegen seine Nachmänner nur Rückgriff nehmen, wenn er den Wechsel der in der Notadresse bezeichneten Person vorgelegt hat und im Falle der Verweigerung der Ehrenannahme die Verweigerung durch einen Protest hat feststellen lassen.

In den anderen Fällen des Ehreneintritts kann der Inhaber die Ehrenannahme zurückweisen. Läßt er sie aber zu, so verliert er den Rückgriff vor Verfall gegen denjenigen, zu dessen Ehren die Annahme erklärt worden ist, und gegen dessen Nachmänner.

b) Form

1056. Die Ehrenannahme wird auf dem Wechsel vermerkt; sie ist von demjenigen, der zu Ehren annimmt, zu unterschreiben. In der Annahmeerklärung ist anzugeben, für wen die Ehrenannahme stattfindet; mangels einer solchen Angabe gilt sie für den Aussteller.

c) Haftung des Ehrenannehmenden. Wirkung auf das Rückgriffsrecht

1057. Wer zu Ehren annimmt, haftet dem Inhaber und den Nachmännern desjenigen, für den er eingetreten ist, in der gleichen Weise wie dieser selbst.

Trotz der Ehrenannahme können der Wechselverpflichtete, zu dessen Ehren der Wechsel angenommen worden ist, und seine Vormänner vom Inhaber gegen Erstattung des im Artikel 1045 angegebenen Betrags die Aushändigung des Wechsels und gegebenenfalls des erhobenen Protestes sowie einer quittierten Rechnung verlangen.

3. Ehrenzahlung
a) Voraussetzungen

1058. Die Ehrenzahlung ist in allen Fällen zulässig, in denen der Inhaber bei Verfall oder vor Verfall Rückgriff nehmen kann.

Die Ehrenzahlung muß den vollen Betrag umfassen, den der Wechselverpflichtete, für den sie stattfindet, zahlen müßte.

Sie muß spätestens am Tage nach Ablauf der Frist für die Erhebung des Protestes mangels Zahlung stattfinden.

b) Verpflichtung des Inhabers

1059. Ist der Wechsel von Personen zu Ehren angenommen, die ihren Wohnsitz am Zahlungsort haben, oder sind am Zahlungsort wohnende Personen angegeben, die im Notfall zahlen sollen, so muß der Inhaber spätestens am Tage nach Ablauf der Frist für die Erhebung des Protestes mangels Zahlung den Wechsel allen diesen Personen vorlegen und gegebenenfalls Protest wegen unterbliebener Ehrenzahlung erheben lassen.

Wird der Protest nicht rechtzeitig erhoben, so werden derjenige, der die Notadresse angegeben hat oder zu dessen Ehren der Wechsel angenommen worden ist, und die Nachmänner frei.

c) Folge der Zurückweisung

1060. Weist der Inhaber die Ehrenzahlung zurück, so verliert er den Rückgriff gegen diejenigen, die frei geworden wären.

d) Recht auf Aushändigung von Wechsel, Protest und Quittung

1061. (781 I) Über die Ehrenzahlung ist auf dem Wechsel eine Quittung auszustellen, die denjenigen bezeichnet, für den gezahlt wird. Fehlt die Bezeichnung, so gilt die Zahlung für den Aussteller.

Der Wechsel und der etwa erhobene Protest sind dem Ehrenzahler auszuhändigen.

e) Übergang der Inhaberrechte. Mehrere Ehrenzahlungen

1062. Der Ehrenzahler erwirbt die Rechte aus dem Wechsel gegen den Wechselverpflichteten, für den er gezahlt hat, und gegen die Personen, die diesem aus dem Wechsel haften. Er kann jedoch den Wechsel nicht weiter indossieren.

Die Nachmänner des Wechselverpflichteten, für den gezahlt worden ist, werden frei.

Sind mehrere Ehrenzahlungen angeboten, so gebührt derjenigen der Vorzug, durch welche die meisten Wechselverpflichteten frei werden. Wer entgegen dieser Vorschrift in Kenntnis der Sachlage zu Ehren zahlt, verliert den Rückgriff gegen diejenigen, die sonst frei geworden wären.

X. Ausfertigung mehrerer Stücke eines Wechsels (Duplikate), Wechselabschriften (Wechselkopien)
1. Ausfertigungen
a) Recht auf mehrere Ausfertigungen

1063. Der Wechsel kann in mehreren gleichen Ausfertigungen (Duplikaten) ausgestellt werden.

Diese Ausfertigungen müssen im Texte der Urkunde mit fortlaufenden Nummern versehen sein; andernfalls gilt jede Ausfertigung als besonderer Wechsel.

Jeder Inhaber eines Wechsels kann auf seine Kosten die Übergabe mehrerer Ausfertigungen verlangen, sofern nicht aus dem Wechsel zu ersehen ist, daß er in einer einzigen Ausfertigung ausgestellt worden ist. Zu diesem Zwecke hat sich der Inhaber an seinen unmittelbaren Vormann zu wenden, der wieder an seinen Vormann zurückgehen muß, und so weiter in der Reihenfolge bis zum Aussteller. Die Indossanten sind verpflichtet, ihre Indossamente auf den neuen Ausfertigungen zu wiederholen.

b) Verhältnis der Ausfertigungen

1064. Wird eine Ausfertigung bezahlt, so erlöschen die Rechte aus allen Ausfertigungen, auch wenn diese nicht den Vermerk tragen, daß durch die Zahlung auf eine Ausfertigung die anderen ihre Gültigkeit verlieren. Jedoch bleibt der Bezogene aus jeder angenommenen Ausfertigung, die ihm nicht zurückgegeben worden ist, verpflichtet.

Hat ein Indossant die Ausfertigungen an verschiedene Personen übertragen, so haften er und seine Nachmänner aus allen Ausfertigungen, die ihre Unterschrift tragen und nicht herausgegeben worden sind.

c) Annahmevermerk

1065. Wer eine Ausfertigung zur Annahme versendet, hat auf den anderen Ausfertigungen den Namen dessen anzugeben, bei dem sich die versendete Ausfertigung befindet. Dieser ist verpflichtet, sie dem rechtmäßigen Inhaber einer anderen Ausfertigung auszuhändigen.

Wird die Aushändigung verweigert, so kann der Inhaber nur Rückgriff nehmen, nachdem er durch einen Protest hat feststellen lassen:

1. daß ihm die zur Annahme versendete Ausfertigung auf sein Verlangen nicht ausgehändigt worden ist;

2. daß die Annahme oder die Zahlung auch nicht auf eine andere Ausfertigung zu erlangen war.

2. Abschriften
a) Form und Wirkung

1066. Jeder Inhaber eines Wechsels ist befugt, Abschriften (Wechselkopien) davon herzustellen.

Die Abschrift muß die Urschrift mit den Indossamenten und allen anderen darauf befindlichen Vermerken genau wiedergeben. Es muss angegeben sein, wie weit die Abschrift reicht.

Die Abschrift kann auf dieselbe Weise und mit denselben Wirkungen indossiert und mit einer Bürgschaftserklärung versehen werden wie die Urschrift.

b) Auslieferung der Urschrift

1067. In der Abschrift ist der Verwahrer der Urschrift zu bezeichnen. Dieser ist verpflichtet, die Urschrift dem rechtmäßigen Inhaber der Abschrift auszuhändigen.

Wird die Aushändigung verweigert, so kann der Inhaber gegen die Indossanten der Abschrift und gegen diejenigen, die eine Bürgschaftserklärung auf die Abschrift gesetzt haben, nur Rückgriff nehmen, nachdem er durch einen Protest hat feststellen lassen, daß ihm die Urschrift auf sein Verlangen nicht ausgehändigt worden ist.

Enthält die Urschrift nach dem letzten, vor Anfertigung der Abschrift daraufgesetzten Indossament den Vermerk «von hier ab gelten Indossamente nur noch auf der Abschrift» oder einen gleichbedeutenden Vermerk, so ist ein später auf die Urschrift gesetztes Indossament nichtig.

XI. Änderungen des Wechsels

1068. Wird der Text eines Wechsels geändert, so haften diejenigen, die nach der Änderung ihre Unterschrift auf den Wechsel gesetzt haben, entsprechend dem geänderten Text. Wer früher unterschrieben hat, haftet nach dem ursprünglichen Text.

XII. Verjährung
1. Fristen

1069. Die wechselmäßigen Ansprüche gegen den Annehmer verjähren in drei Jahren vom Verfalltage.

Die Ansprüche des Inhabers gegen die Indossanten und gegen den Aussteller verjähren in einem Jahre vom Tage des rechtzeitig erhobenen Protestes oder im Falle des Vermerks «ohne Kosten» vom Verfalltage.

Die Ansprüche eines Indossanten gegen andere Indossanten und gegen den Aussteller verjähren in sechs Monaten von dem Tage, an dem der Wechsel vom Indossanten eingelöst oder ihm gegenüber gerichtlich geltend gemacht worden ist.

Kausalverhältnis: BGE 78 II 456.

2. Unterbrechung
a) Gründe

1070. Die Verjährung wird durch Anhebung der Klage, durch Einreichung des Betreibungsbegehrens, durch Streitverkündung oder durch Eingabe im Konkurse unterbrochen.

b) Wirkungen

1071. Die Unterbrechung der Verjährung wirkt nur gegen den Wechselverpflichteten, in Ansehung dessen die Tatsache eingetreten ist, welche die Unterbrechung bewirkt.

Mit der Unterbrechung der Verjährung beginnt eine neue Verjährungsfrist von gleicher Dauer zu laufen.

XIII. Kraftloserklärung
1. Vorsorgliche Maßnahmen

1072. Derjenige, dem ein Wechsel abhanden gekommen ist, kann beim Richter des Zahlungsortes verlangen, daß dem Bezogenen die Bezahlung des Wechsels verboten werde.

Der Richter ermächtigt mit dem Zahlungsverbot den Bezogenen, am Verfalltage den Wechselbetrag zu hinterlegen, und bestimmt den Ort der Hinterlegung.

2. Bekannter Inhaber

1073. Ist der Inhaber des Wechsels bekannt, so setzt der Richter dem Gesuchsteller eine angemessene Frist zur Anhebung der Klage auf Herausgabe des Wechsels.

Klagt der Gesuchsteller nicht binnen dieser Frist, so hebt der Richter das dem Bezogenen auferlegte Zahlungsverbot auf.

3. Unbekannter Inhaber
a) Pflichten des Gesuchstellers

1074. Ist der Inhaber des Wechsels unbekannt, so kann die Kraftloserklärung des Wechsels verlangt werden.

Wer die Kraftloserklärung begehrt, hat den Besitz und Verlust des Wechsels glaubhaft zu machen und entweder eine Abschrift des Wechsels oder Angaben über dessen wesentlichen Inhalt beizubringen.

b) Einleitung des Aufgebots

1075. Erachtet der Richter die Darstellung des Gesuchstellers über den früheren Besitz und über den Verlust des Wechsels für glaubhaft, so fordert er durch öffentliche Bekanntmachung den Inhaber auf, innerhalb bestimmter Frist den Wechsel vorzulegen, widrigenfalls die Kraftloserklärung ausgesprochen werde.

c) Fristen

1076. Die Vorlegungsfrist beträgt mindestens drei Monate und höchstens ein Jahr.

Der Richter ist indessen an die Mindestdauer von drei Monaten nicht gebunden, wenn bei verfallenen Wechseln die Verjährung vor Ablauf der drei Monate eintreten würde.

Die Frist läuft bei verfallenen Wechseln vom Tage der ersten öffentlichen Bekanntmachung, bei noch nicht verfallenen Wechseln vom Verfall an.

d) Veröffentlichung

1077. Die Aufforderung zur Vorlegung des Wechsels ist dreimal im Schweizerischen Handelsamtsblatt zu veröffentlichen.

In besonderen Fällen kann der Richter noch in anderer Weise für angemessene Veröffentlichung sorgen.

4. Wirkung
a) Bei Vorlegung des Wechsels

1078. Wird der abhanden gekommene Wechsel vorgelegt, so setzt der Richter dem Gesuchsteller eine Frist zur Anhebung der Klage auf Herausgabe des Wechsels.

Klagt der Gesuchsteller nicht binnen dieser Frist, so gibt der Richter den Wechsel zurück und hebt das dem Bezogenen auferlegte Zahlungsverbot auf.

b) Bei Nichtvorlegung

1079. Wird der abhanden gekommene Wechsel innert der angesetzten Frist nicht vorgelegt, so hat der Richter ihn kraftlos zu erklären.

Nach der Kraftloserklärung des Wechsels kann der Gesuchsteller seinen wechselmäßigen Anspruch noch gegen den Annehmenden geltend machen.

5. Richterliche Verfügungen

1080. Der Richter kann schon vor der Kraftloserklärung dem Annehmer die Hinterlegung und gegen Sicherstellung selbst die Zahlung des Wechselbetrages zur Pflicht machen.

Die Sicherheit haftet dem gutgläubigen Erwerber des Wechsels. Sie wird frei, wenn der Wechsel kraftlos erklärt wird oder die Ansprüche aus ihm sonst erlöschen.

XIV. Allgemeine Vorschriften
1. Fristbestimmungen
a) Feiertage

1081. Verfällt der Wechsel an einem Sonntag oder einem anderen staatlich anerkannten Feiertag, so kann die Zahlung erst am nächsten Werktage verlangt werden. Auch alle anderen auf den Wechsel bezüglichen Handlungen, insbesondere die Vorlegung zur Annahme und die Protesterhebung, können nur an einem Werktage stattfinden.

Fällt der letzte Tag einer Frist, innerhalb deren eine dieser Handlungen vorgenommen werden muß, auf einen Sonntag oder einen anderen staatlich anerkannten Feiertag, so wird die Frist bis zum nächsten Werktage verlängert. Feiertage, die in den Lauf einer Frist fallen, werden bei der Berechnung der Frist mitgezählt.
78.

b) Fristberechnung

1082. Bei der Berechnung der gesetzlichen oder im Wechsel bestimmten Fristen wird der Tag, von dem sie zu laufen beginnen, nicht mitgezählt.

c) Ausschluß von Respekttagen

1083. Weder gesetzliche noch richterliche Respekttage werden anerkannt.

2. Ort der Vornahme wechselrechtlicher Handlungen

1084. Die Vorlegung zur Annahme oder zur Zahlung, die Protesterhebung, das Begehren um Aushändigung einer Ausfertigung des Wechsels, sowie alle übrigen bei einer bestimmten Person vorzunehmenden Handlungen müssen in deren Geschäftslokal oder in Ermangelung eines solchen in deren Wohnung vorgenommen werden.

Geschäftslokal oder Wohnung sind sorgfältig zu ermitteln.

Ist jedoch eine Nachfrage bei der Polizeibehörde oder Poststelle des Ortes ohne Erfolg geblieben, so bedarf es keiner weiteren Nachforschungen.

3. Eigenhändige Unterschrift. Unterschrift des Blinden

1085. Wechselerklärungen müssen eigenhändig unterschrieben sein.

Die Unterschrift kann nicht durch eine auf mechanischem Wege bewirkte Nachbildung der eigenhändigen Schrift durch Handzeichen, auch wenn sie beglaubigt sind, oder durch eine öffentliche Beurkundung ersetzt werden.

Die Unterschrift des Blinden muß beglaubigt sein.
14, 997.

XV. Geltungsbereich der Gesetze
1. Wechselfähigkeit

1086. Die Fähigkeit einer Person, eine Wechselverbindlichkeit einzugehen, bestimmt sich nach dem Recht des Landes, dem sie angehört. Erklärt dieses Recht das Recht eines anderen Landes für maßgebend, so ist das letztere Recht anzuwenden.

Wer nach dem im vorstehenden Absatz bezeichneten Recht nicht wechselfähig ist, wird gleichwohl gültig verpflichtet, wenn die Unterschrift in dem Gebiet eines Landes abgegeben worden ist, nach dessen Recht er wechselfähig wäre.

2. Form und Fristen der Wechselerklärungen
a) Im allgemeinen

1087. Die Form einer Wechselerklärung bestimmt sich nach dem Recht des Landes, in dessen Gebiete die Erklärung unterschrieben worden ist.

Wenn jedoch eine Wechselerklärung, die nach den Vorschriften des vorstehenden Absatzes ungültig ist, dem Recht des Landes entspricht, in dessen Gebiet eine spätere Wechselerklärung unterschrieben worden ist, so wird durch Mängel in der Form der ersten Wechselerklärung die Gültigkeit der späteren Wechselerklärung nicht berührt.

Ebenso ist eine Wechselerklärung, die ein Schweizer im Ausland abgegeben hat, in der Schweiz gegenüber einem anderen Schweizer gültig, wenn sie den Formerfordernissen des schweizerischen Rechtes genügt.

b) Handlungen zur Ausübung und Erhaltung des Wechselrechts

1088. Die Form des Protestes und die Fristen für die Protesterhebung sowie die Form der übrigen Handlungen, die zur Ausübung oder Erhaltung der Wechselrechte erforderlich sind, bestimmen sich nach dem Recht des Landes, in dessen Gebiet der Protest zu erheben oder die Handlung vorzunehmen ist.

c) Ausübung des Rückgriffs

1089. Die Fristen für die Ausübung der Rückgriffsrechte werden für alle Wechselverpflichtungen durch das Recht des Ortes bestimmt, an dem der Wechsel ausgestellt worden ist.

3. Wirkung der Wechselerklärungen
a) Im allgemeinen

1090. Die Wirkungen der Verpflichtungserklärungen des Annehmers eines gezogenen Wechsels und des Ausstellers eines eigenen Wechsels bestimmen sich nach dem Recht des Zahlungsorts.

Die Wirkungen der übrigen Wechselerklärungen bestimmen sich nach dem Recht des Landes, in dessen Gebiete die Erklärungen unterschrieben worden sind.

b) Teilnahme und Teilzahlung

1091. Das Recht des Zahlungsorts bestimmt, ob die Annahme eines gezogenen Wechsels auf einen Teil der Summe beschränkt werden kann und ob der Inhaber verpflichtet oder nicht verpflichtet ist, eine Teilzahlung anzunehmen.

c) Zahlung

1092. Die Zahlung des Wechsels bei Verfall, insbesondere die Berechnung des Verfalltages und des Zahlungstages sowie die Zahlung von Wechseln, die auf eine fremde Währung lauten, bestimmen sich nach dem Recht des Landes, in dessen Gebiete der der Wechsel zahlbar ist.
1031.

d) Bereicherungsanspruch

1093. Der Bereicherungsanspruch gegen den Bezogenen, den Domiziliaten und die Person oder Firma, für deren Rechnung der Aussteller den Wechsel gezogen hat, bestimmt sich nach dem Recht des Landes, in dessen Gebiet diese Personen ihren Wohnsitz haben.
1052.

e) Übergang der Deckung

1094. Das Recht des Ausstellungsorts bestimmt, ob der Inhaber eines gezogenen Wechsels die seiner Ausstellung zugrundeliegende Forderung erwirbt.

f) Kraftloserklärung

1095. Das Recht des Zahlungsorts bestimmt die Maßnahmen, die bei Verlust oder Diebstahl eines Wechsels zu ergreifen sind.

C. Eigener Wechsel

1. Erfordernisse

1096. Der eigene Wechsel enthält:

1. die Bezeichnung als Wechsel im Texte der Urkunde, und zwar in der Sprache, in der sie ausgestellt ist;
2. das unbedingte Versprechen, eine bestimmte Geldsumme zu zahlen;
3. die Angabe der Verfallzeit;
4. die Angabe des Zahlungsortes;
5. den Namen dessen, an den oder an dessen Ordre gezahlt werden soll;
6. die Angabe des Tages und des Ortes der Ausstellung;
7. die Unterschrift des Ausstellers.

2. Fehlen von Erfordernissen

1097. Eine Urkunde, der einer der im vorstehenden Artikel bezeichneten Bestandteile fehlt, gilt nicht als eigener Wechsel, vorbehaltlich der in den folgenden Absätzen bezeichneten Fälle.

Ein eigener Wechsel ohne Angabe der Verfallzeit gilt als Sichtwechsel.

Mangels einer besonderen Angabe gilt der Ausstellungsort als Zahlungsort und zugleich als Wohnort des Ausstellers.

Ein eigener Wechsel ohne Angabe des Ausstellungsortes gilt als ausgestellt an dem Orte, der bei dem Namen des Ausstellers angegeben ist.

3. Verweisung auf den gezogenen Wechsel

1098. Für den eigenen Wechsel gelten, soweit sie nicht mit seinem Wesen in Widerspruch stehen, die für den gezogenen Wechsel gegebenen Vorschriften über

das Indossament (Artikel 1001 bis 1010),
den Verfall (Artikel 1023 bis 1027),
die Zahlung (Artikel 1028 bis 1032),
den Rückgriff mangels Zahlung (Artikel 1033 bis 1047, 1049 bis 1051),
die Ehrenzahlung (Artikel 1054, 1058 bis 1062),
die Abschriften (Artikel 1066 und 1067),
die Änderungen (Artikel 1068),

die Verjährung (Artikel 1069 bis 1071),
die Kraftloserklärung (Art. 1072 bis 1080),
die Feiertage, die Fristenberechnung, das Verbot der Respekttage, den Ort der Vornahme wechselrechtlicher Handlungen und die Unterschrift (Art. 1081 bis 1085).

Ferner gelten für den eigenen Wechsel die Vorschriften über gezogene Wechsel, die bei einem Dritten oder an einem von dem Wohnort des Bezogenen verschiedenen Ort zahlbar sind (Artikel 994 und 1017), über den Zinsvermerk (Artikel 995), über die Abweichungen bei der Angabe der Wechselsumme (Artikel 996), über die Folgen einer ungültigen Unterschrift (Artikel 997) oder die Unterschrift einer Person, die ohne Vertretungsbefugnis handelt oder ihre Vertretungsbefugnis überschreitet (Artikel 998), und über den Blankowechsel (Artikel 1000).

Ebenso finden auf den eigenen Wechsel die Vorschriften über die Wechselbürgschaft Anwendung (Artikel 1020 bis 1022); im Falle des Artikels 1021, Absatz 4, gilt die Wechselbürgschaft, wenn die Erklärung nicht angibt, für wen sie geleistet wird, für den Aussteller des eigenen Wechsels.

4. Haftung des Ausstellers. Vorlegung zur Sichtnahme

1099. Der Aussteller eines eigenen Wechsels haftet in der gleichen Weise wie der Annehmer eines gezogenen Wechsels.

Eigene Wechsel, die auf eine bestimmte Zeit nach Sicht lauten, müssen dem Aussteller innerhalb der im Artikel 1013 bezeichneten Fristen zur Sicht vorgelegt werden. Die Sicht ist von dem Aussteller auf dem Wechsel unter Angabe des Tages und Beifügung der Unterschrift zu bestätigen. Die Nachsichtfrist läuft vom Tage des Sichtvermerkes. Weigert sich der Aussteller, die Sicht unter Angabe des Tages zu bestätigen, so ist dies durch einen Protest festzustellen (Artikel 1015); die Nachsichtfrist läuft dann vom Tage des Protestes.

5. Abschnitt   Der Check

S. Genfer Abkommen über die Vereinheitlichung des Checkrechts
vom 19. März 1931 (SR 0.221.555).

I. Ausstellung und Form des Checks
1. Erfordernisse

1100. Der Check enthält:

1. die Bezeichnung als Check im Texte der Urkunde, und zwar in der Sprache, in der sie ausgestellt ist;

2. die unbedingte Anweisung, eine bestimmte Geldsumme zu zahlen;

3. den Namen dessen, der zahlen soll (Bezogener);

4. die Angabe des Zahlungsortes;

5. die Angabe des Tages und des Ortes der Ausstellung;

6. die Unterschrift des Ausstellers.

Z. 4: 1101, 1107. BGE 95 II 176.

2. Fehlen von Erfordernissen

1101. Eine Urkunde, in der einer der im vorstehenden Artikel bezeichneten Bestandteile fehlt, gilt nicht als Check, vorbehaltlich der in den folgenden Absätzen bezeichneten Fälle.

Mangels einer besonderen Angabe gilt der bei dem Namen des Bezogenen angegebene Ort als Zahlungsort. Sind mehrere Orte bei dem Namen des Bezogenen angegeben, so ist der Check an dem an erster Stelle angegebenen Orte zahlbar.

Fehlt eine solche und jede andere Angabe, so ist der Check an dem Orte zahlbar, an dem der Bezogene seine Hauptniederlassung hat.

Ein Check ohne Angabe des Ausstellungsortes gilt als ausgestellt an dem Orte, der bei dem Namen des Ausstellers angegeben ist.

Al. 2: 1107, Folgen: BGE 80 II 84.

3. Passive Checkfähigkeit

1102. Auf Checks, die in der Schweiz zahlbar sind, kann als Bezogener nur ein Bankier bezeichnet werden.

Ein auf eine andere Person gezogener Check gilt nur als Anweisung.

1135.

4. Deckungserfordernis

1103. Ein Check darf nur ausgestellt werden, wenn der Aussteller beim Bezogenen ein Guthaben besitzt, und gemäß einer ausdrücklichen oder stillschweigenden Vereinbarung, wonach der Aussteller das Recht hat, über dieses Guthaben mittels Check zu verfügen. Die Gültigkeit der Urkunde als Check wird jedoch durch die Nichtbeachtung dieser Vorschriften nicht berührt.

Kann der Aussteller beim Bezogenen nur über einen Teilbetrag verfügen, so ist der Bezogene zur Zahlung dieses Teilbetrages verpflichtet.

Wer einen Check ausstellt, ohne bei dem Bezogenen für den angewiesenen Betrag verfügungsberechtigt zu sein, hat dem Inhaber des Checks außer dem verursachten Schaden fünf vom Hundert des nicht gedeckten Betrages der angewiesenen Summe zu vergüten.

5. Ausschluß der Annahme

1104. Der Check kann nicht angenommen werden. Ein auf den Check gesetzter Annahmevermerk gilt als nicht geschrieben.

6. Bezeichnung des Remittenten

1105. Der Check kann zahlbar gestellt werden:

an eine bestimmte Person, mit oder ohne den ausdrücklichen Vermerk «an Ordre»,

an eine bestimmte Person, mit dem Vermerk «nicht an Ordre» oder mit einem gleichbedeutenden Vermerk,

an den Inhaber.

Ist im Check eine bestimmte Person mit dem Zusatz «oder Überbringer» oder mit einem gleichbedeutenden Vermerk als Zahlungsempfänger bezeichnet, so gilt der Check als auf den Inhaber gestellt.

Ein Check ohne Angabe des Nehmers gilt als zahlbar an den Inhaber.

Abs. 1 Unterabs. 2: Rektaklausel, 1108 II.
Abs. 2: 1111.

7. Zinsvermerk

1106. Ein in den Check aufgenommener Zinsvermerk gilt als nicht geschrieben.

8. Zahlstellen. Domizilcheck

1107. Der Check kann bei einem Dritten, am Wohnort des Bezogenen oder an einem anderen Orte zahlbar gestellt werden, sofern der Dritte Bankier ist.

1101, 1135

II. Übertragung
1. Übertragbarkeit

1108. Der auf eine bestimmte Person zahlbar gestellte Check mit oder ohne den ausdrücklichen Vermerk «an Ordre» kann durch Indossament übertragen werden.

Der auf eine bestimmte Person zahlbar gestellte Check mit dem Vermerk «nicht an Ordre» oder mit einem gleichbedeutenden Vermerk kann nur in der Form und mit den Wirkungen einer gewöhnlichen Abtretung übertragen werden.

Das Indossament kann auch auf den Aussteller oder jeden anderen Checkverpflichteten lauten. Diese Personen können den Check weiter indossieren.

Abs. 2: 164 ff.

2. Erfordernisse

1109. Das Indossament muß unbedingt sein. Bedingungen, von denen es abhängig gemacht wird, gelten als nicht geschrieben.

Ein Teilindossament ist nichtig.

Ebenso ist ein Indossament des Bezogenen nichtig.

Ein Indossament an den Inhaber gilt als Blankoindossament.

Das Indossament an den Bezogenen gilt nur als Quittung, es sei denn, daß der Bezogene mehrere Niederlassungen hat und das Indossament auf eine andere Niederlassung lautet als diejenige, auf die der Check gezogen worden ist.

3. Legitimation des Inhabers

1110. Wer einen durch Indossament übertragbaren Check in Händen hat, gilt als rechtmäßiger Inhaber, sofern er sein Recht durch eine ununterbrochene Reihe von Indossamenten nachweist, und zwar auch dann, wenn das letzte ein Blankoindossament ist. Ausgestrichene Indossamente gelten hiebei als nicht geschrieben. Folgt auf ein Blankoindossament ein weiteres Indossament, so wird angenommen, daß der Aussteller dieses Indossaments den Check durch das Blankoindossament erworben hat.

4. Inhabercheck

1111. Ein Indossament auf einem Inhabercheck macht den Indossanten nach den Vorschriften über den Rückgriff haftbar, ohne aber die Urkunde in einen Ordrecheck umzuwandeln.

5. Abhanden gekommener Check

1112. Ist der Check einem früheren Inhaber irgendwie abhanden gekommen, so ist der Inhaber, in dessen Hände der Check gelangt ist – sei es, daß es sich um einen Inhabercheck handelt, sei es, daß es sich um einen durch Indossament übertragenen Check handelt und der Inhaber sein Recht gemäß Artikel 1110 nachweist –, zur Herausgabe des Checks nur verpflichtet, wenn er ihn in bösem Glauben erworben hat oder ihm beim Erwerb eine grobe Fahrlässigkeit zur Last fällt.
1119 III.

6. Rechte aus dem Nachindossament

1113. Ein Indossament, das nach Erhebung des Protests oder nach Vornahme einer gleichbedeutenden Feststellung oder nach Ablauf der Vorlegungsfrist auf den Check gesetzt wird, hat nur die Wirkungen einer gewöhnlichen Abtretung.

Bis zum Beweis des Gegenteils wird vermutet, daß ein nicht datiertes Indossament vor Erhebung des Protests oder vor der Vornahme einer gleichbedeutenden Feststellung oder vor Ablauf der Vorlegungsfrist auf den Check gesetzt worden ist.

III. Checkbürgschaft

1114. Die Zahlung der Checksumme kann ganz oder teilweise durch Checkbürgschaft gesichert werden.

Diese Sicherheit kann von einem Dritten, mit Ausnahme des Bezogenen, oder auch von einer Person geleistet werden, deren Unterschrift sich schon auf dem Check befindet.

IV. Vorlegung und Zahlung
1. Verfallzeit

1115. Der Check ist bei Sicht zahlbar. Jede gegenteilige Angabe gilt als nicht geschrieben.

Ein Check, der vor Eintritt des auf ihm angegebenen Ausstellungstages zur Zahlung vorgelegt wird, ist am Tage der Vorlegung zahlbar.

2. Vorlegung zur Zahlung

1116. Ein Check, der in dem Lande der Ausstellung zahlbar ist, muß binnen acht Tagen zur Zahlung vorgelegt werden.

Ein Check, der in einem anderen Lande als dem der Ausstellung zahlbar ist, muß binnen zwanzig Tagen vorgelegt werden, wenn Ausstellungsort und Zahlungsort sich in demselben Erdteile befinden, und binnen siebzig Tagen, wenn Ausstellungsort und Zahlungsort sich in verschiedenen Erdteilen befinden.

Hiebei gelten die in einem Lande Europas ausgestellten und in einem an das Mittelmeer grenzenden Lande zahlbaren Checks, ebenso wie die in einem an das Mittelmeer grenzenden Lande ausgestellten und in einem Lande Europas zahlbaren Checks als Checks, die in demselben Erdteile ausgestellt und zahlbar sind.

Die vorstehend erwähnten Fristen beginnen an dem Tage zu laufen, der in dem Check als Ausstellungstag angegeben ist.

1134.

3. Zeitberechnung nach altem Stil

1117. Ist ein Check auf einen Ort gezogen, dessen Kalender von dem des Ausstellungsortes abweicht, so wird der Tag der Ausstellung in den nach dem Kalender des Zahlungsortes entsprechenden Tag umgerechnet.

4. Einlieferung in eine Abrechnungsstelle

1118. Die Einlieferung in eine von der Schweizerischen Nationalbank geleitete Abrechnungsstelle steht der Vorlegung zur Zahlung gleich.

Schweizerische Verrechnungsstelle: SR 946.240.7.

5. Widerruf
a) Im allgemeinen

1119. Ein Widerruf des Checks ist erst nach Ablauf der Vorlegungsfrist wirksam.

Wenn der Check nicht widerrufen ist, kann der Bezogene auch nach Ablauf der Vorlegungsfrist Zahlung leisten.

Behauptet der Aussteller, daß der Check ihm oder einem Dritten abhanden gekommen sei, so kann er dem Bezogenen die Einlösung verbieten.

Abs. 3: 1112

b) Bei Tod, Handlungsunfähigkeit, Konkurs

1120. Auf die Wirksamkeit des Checks ist es ohne Einfluß, wenn nach der Begebung des Checks der Aussteller stirbt oder handlungsunfähig wird oder wenn über sein Vermögen der Konkurs eröffnet wird.

6. Prüfung der Indossamente

1121. Der Bezogene, der einen durch Indossament übertragbaren Check einlöst, ist verpflichtet, die Ordnungsmäßigkeit der Reihe der Indossamente, aber nicht die Unterschriften der Indossanten, zu prüfen.

7. Zahlung in fremder Währung

1122. Lautet der Check auf eine Währung, die am Zahlungsorte nicht gilt, so kann die Checksumme in der Landeswährung nach dem Werte gezahlt werden, den sie am Tage der Vorlegung besitzt. Wenn die Zahlung bei Vorlegung nicht erfolgt ist, so kann der Inhaber wählen, ob die Checksumme nach dem Kurs des Vorlegungstages oder nach dem Kurs des Zahlungstages in die Landeswährung umgerechnet werden soll.

Der Wert der fremden Währung bestimmt sich nach den Handelsgebräuchen des Zahlungsortes. Der Aussteller kann jedoch im Check für die zu zahlende Summe einen Umrechnungskurs bestimmen.

Die Vorschriften der beiden ersten Absätze finden keine Anwendung, wenn der Aussteller die Zahlung in einer bestimmten Währung vorgeschrieben hat (Effektivvermerk).

Lautet der Check auf eine Geldsorte, die im Lande der Ausstellung dieselbe Bezeichnung, aber einen anderen Wert hat als in dem der Zahlung, so wird vermutet, daß die Geldsorte des Zahlungsortes gemeint ist.

1031.

V. Gekreuzter Check und Verrechnungscheck
1. Gekreuzter Check
a) Begriff

1123. Der Aussteller sowie jeder Inhaber können den Check mit den im Artikel 1124 vorgesehenen Wirkungen kreuzen.

Die Kreuzung erfolgt durch zwei gleichlaufende Striche auf

der Vorderseite des Checks. Die Kreuzung kann allgemein oder besonders sein.

Die Kreuzung ist allgemein, wenn zwischen den beiden Strichen keine Angabe oder die Bezeichnung «Bankier» oder ein gleichbedeutender Vermerk steht; sie ist eine besondere, wenn der Name eines Bankiers zwischen die beiden Striche gesetzt ist.

Die allgemeine Kreuzung kann in eine besondere, nicht aber die besondere Kreuzung in eine allgemeine umgewandelt werden.

Die Streichung der Kreuzung oder des Namens des bezeichneten Bankiers gilt als nicht erfolgt.

b) Wirkungen

1124. Ein allgemein gekreuzter Check darf vom Bezogenen nur an einen Bankier oder an einen Kunden des Bezogenen bezahlt werden.

Ein besonders gekreuzter Check darf vom Bezogenen nur an den bezeichneten Bankier oder, wenn dieser selbst der Bezogene ist, an dessen Kunden bezahlt werden. Immerhin kann der bezeichnete Bankier einen anderen Bankier mit der Einziehung des Checks betrauen.

Ein Bankier darf einen gekreuzten Check nur von einem seiner Kunden oder von einem anderen Bankier erwerben. Auch darf er ihn nicht für Rechnung anderer als der vorgenannten Personen einziehen.

Befinden sich auf einem Check mehrere besondere Kreuzungen, so darf der Check vom Bezogenen nur dann bezahlt werden, wenn nicht mehr als zwei Kreuzungen vorliegen und die eine zum Zwecke der Einziehung durch Einlieferung in eine Abrechnungsstelle erfolgt ist.

Der Bezogene oder der Bankier, der den vorstehenden Vorschriften zuwiderhandelt, haftet für den entstandenen Schaden, jedoch nur bis zur Höhe der Checksumme.

1135. Abrechnungsstelle: s. zu 1118.

2. Verrechnungscheck
a) Im allgemeinen

1125. Der Aussteller sowie jeder Inhaber eines Checks kann durch den quer über die Vorderseite gesetzten Vermerk «nur zur Verrechnung» oder durch einen gleichbedeutenden Vermerk untersagen, daß der Check bar bezahlt wird.

Der Bezogene darf in diesem Falle den Check nur im Wege der Gutschrift einlösen (Verrechnung, Überweisung, Ausgleichung). Die Gutschrift gilt als Zahlung.

Die Streichung des Vermerkes «nur zur Verrechnung» gilt als nicht erfolgt.

Der Bezogene, der den vorstehenden Vorschriften zuwiderhandelt, haftet für den entstandenen Schaden, jedoch nur bis zur Höhe der Checksumme

b) Rechte des Inhabers bei Konkurs, Zahlungseinstellung, Zwangsvollstreckung

1126. Der Inhaber eines Verrechnungschecks ist jedoch befugt, vom Bezogenen Barzahlung zu verlangen und bei Nichtzahlung Rückgriff zu nehmen, wenn über das Vermögen des Bezogenen der Konkurs eröffnet worden ist oder wenn er seine Zahlungen eingestellt hat oder wenn eine Zwangsvollstreckung in sein Vermögen fruchtlos verlaufen ist.

Dasselbe gilt, wenn der Inhaber infolge von Maßnahmen, die auf Grund des Bundesgesetzes vom 8. November 1934 über die Banken und Sparkassen getroffen worden sind, über die Gutschrift beim Bezogenen nicht verfügen kann.

c) Rechte des Inhabers bei Verweigerung der Gutschrift oder der Ausgleichung

1127. Der Inhaber eines Verrechnungschecks ist ferner berechtigt, Rückgriff zu nehmen, wenn er nachweist, daß der Bezogene die bedingungslose Gutschrift ablehnt oder daß der Check von der Abrechnungsstelle des Zahlungsortes als zur Ausgleichung von Verbindlichkeiten des Inhabers ungeeignet erklärt worden ist.

Abrechnungsstelle: s. zu 1118.

VI. Rückgriff mangels Zahlung
1. Rückgriffsrechte des Inhabers

1128. Der Inhaber kann gegen die Indossanten, den Aussteller und die anderen Checkverpflichteten Rückgriff nehmen, wenn der rechtzeitig vorgelegte Check nicht eingelöst und die Verweigerung der Zahlung festgestellt worden ist:

1. durch eine öffentliche Urkunde (Protest) oder

2. durch eine schriftliche, datierte Erklärung des Bezogenen auf dem Check, die den Tag der Vorlegung angibt, oder

3. durch eine datierte Erklärung einer Abrechnungsstelle, daß der Check rechtzeitig eingeliefert und nicht bezahlt worden ist.
Ziff. 2. BGE 102 II 270.

2. Protesterhebung. Fristen

1129. Der Protest oder die gleichbedeutende Feststellung muß vor Ablauf der Vorlegungsfrist vorgenommen werden.

Ist die Vorlegung am letzten Tage der Frist erfolgt, so kann der Protest oder die gleichbedeutende Feststellung auch noch an dem folgenden Werktage vorgenommen werden.

3. Inhalt der Rückgriffsforderung

1130. Der Inhaber kann im Wege des Rückgriffs verlangen:

1. die Checksumme, soweit der Check nicht eingelöst worden ist;

2. Zinsen zu sechs vom Hundert seit dem Tage der Vorlegung;

3. die Kosten des Protestes oder der gleichbedeutenden Feststellung und der Nachrichten sowie die anderen Auslagen;

4. eine Provision von höchstens einem Drittel Prozent.

4. Vorbehalt der höheren Gewalt

1131. Steht der rechtzeitigen Vorlegung des Checks oder der rechtzeitigen Erhebung des Protestes oder der Vornahme einer gleichbedeutenden Feststellung ein unüberwindliches Hindernis entgegen (gesetzliche Vorschrift eines Staates oder ein anderer Fall höherer Gewalt), so werden die für diese Handlungen bestimmten Fristen verlängert.

Der Inhaber ist verpflichtet, seinen unmittelbaren Vormann von dem Falle der höheren Gewalt unverzüglich zu benachrichtigen und die Benachrichtigung unter Beifügung des Tages und Ortes sowie seiner Unterschrift auf dem Check oder einem Anhang zu vermerken; im übrigen finden die Vorschriften des Art. 1042 Anwendung.

Fällt die höhere Gewalt weg, so muß der Inhaber den Check

unverzüglich zur Zahlung vorlegen und gegebenenfalls Protest erheben oder eine gleichbedeutende Feststellung vornehmen lassen.

Dauert die höhere Gewalt länger als fünfzehn Tage seit dem Tage, an dem der Inhaber selbst vor Ablauf der Vorlegungsfrist seinen Vormann von dem Falle der höheren Gewalt benachrichtigt hat, so kann Rückgriff genommen werden, ohne daß es der Vorlegung oder der Protesterhebung oder einer gleichbedeutenden Feststellung bedarf.

Tatsachen, die rein persönlich den Inhaber oder denjenigen betreffen, den er mit der Vorlegung des Checks oder mit der Erhebung des Protestes oder mit der Herbeiführung einer gleichbedeutenden Feststellung beauftragt hat, gelten nicht als Fälle höherer Gewalt.

VII. Gefälschter Check

1132. Der aus der Einlösung eines falschen oder verfälschten Checks sich ergebende Schaden trifft den Bezogenen, sofern nicht dem in dem Check genannten Aussteller ein Verschulden zur Last fällt, wie namentlich eine nachlässige Verwahrung der ihm überlassenen Checkformulare.
Bo 1928 S. 137.

VIII. Ausfertigung mehrerer Stücke eines Checks

1133. Checks, die nicht auf den Inhaber gestellt sind und in einem anderen Lande als dem der Ausstellung oder in einem überseeischen Gebiet des Landes der Ausstellung zahlbar sind, und umgekehrt, oder in dem überseeischen Gebiete eines Landes ausgestellt und zahlbar sind, oder in dem überseeischen Gebiete eines Landes ausgestellt und in einem anderen überseeischen Gebiete desselben Landes zahlbar sind, können in mehreren gleichen Ausfertigungen ausgestellt werden. Diese Ausfertigungen müssen im Texte der Urkunde mit fortlaufenden Nummern versehen sein; andernfalls gilt jede Ausfertigung als besonderer Check.

IX. Verjährung

1134. Die Rückgriffsansprüche des Inhabers gegen die Indossanten, den Aussteller und die anderen Checkverpflichteten verjähren in sechs Monaten vom Ablauf der Vorlegungsfrist.

Die Rückgriffsansprüche eines Verpflichteten gegen einen anderen Checkverpflichteten verjähren in sechs Monaten von dem Tage, an dem der Check von dem Verpflichteten eingelöst oder ihm gegenüber gerichtlich geltend gemacht worden ist.
^{1116.}

X. Allgemeine Vorschriften
1. Begriff des «Bankiers»

1135. In diesem Abschnitt sind unter der Bezeichnung «Bankier» Firmen zu verstehen, die dem Bundesgesetz vom 8. November 1934 über die Banken und Sparkassen unterstehen.
SR 952.0

2. Fristbestimmungen
a) Feiertage

1136. Die Vorlegung und der Protest eines Checks können nur an einem Werktage stattfinden.

Fällt der letzte Tag einer Frist, innerhalb derer eine auf den Check bezügliche Handlung, insbesondere die Vorlegung, der Protest oder eine gleichbedeutende Feststellung vorgenommen werden muß, auf einen Sonntag oder einen anderen staatlich anerkannten Feiertag, so wird die Frist bis zum nächsten Werktag verlängert. Feiertage, die in den Lauf einer Frist fallen, werden bei der Berechnung der Frist mitgezählt.

b) Fristberechnung

1137. Bei der Berechnung der in diesem Gesetz vorgesehenen Fristen wird der Tag, an dem sie zu laufen beginnen, nicht mitgezählt.

XI. Geltungsbereich der Gesetze
1. Passive Checkfähigkeit

1138. Das Recht des Landes, in dem der Check zahlbar ist, bestimmt die Personen, auf die ein Check gezogen werden kann.

Ist nach diesem Recht der Check im Hinblick auf die Person des Bezogenen nichtig, so sind gleichwohl die Verpflichtungen aus Unterschriften gültig, die in Ländern auf den Check gesetzt worden sind, deren Recht die Nichtigkeit aus einem solchen Grunde nicht vorsieht.

2. Form und Fristen der Checkerklärungen

1139. Die Form einer Checkerklärung bestimmt sich nach dem Recht des Landes, in dessen Gebiete die Erklärung unterschrieben worden ist. Es genügt jedoch die Beobachtung der Form, die das Recht des Zahlungsortes vorschreibt.

Wenn eine Checkerklärung, die nach den Vorschriften des vorstehenden Absatzes ungültig ist, dem Recht des Landes entspricht, in dessen Gebiet eine spätere Checkerklärung unterschrieben worden ist, so wird durch Mängel in der Form der ersten Checkerklärung die Gültigkeit der späteren Checkerklärung nicht berührt.

Ebenso ist eine Checkerklärung, die ein Schweizer im Ausland abgegeben hat, in der Schweiz gegenüber einem anderen Schweizer gültig, wenn sie den Formerfordernissen des schweizerischen Rechts genügt.

3. Wirkung der Checkerklärungen
a) Recht des Ausstellungsortes

1140. Die Wirkungen der Checkerklärungen bestimmen sich nach dem Recht des Landes, in dessen Gebiete die Erklärungen unterschrieben worden sind.

b) Recht des Zahlungsortes

1141. Das Recht des Landes, in dessen Gebiete der Check zahlbar ist, bestimmt:

1. ob der Check notwendigerweise bei Sicht zahlbar ist oder ob er auf eine bestimmte Zeit nach Sicht gezogen werden kann und welches die Wirkungen sind, wenn auf dem Check ein späterer als der wirkliche Ausstellungstag angegeben ist;

2. die Vorlegungsfrist;

3. ob ein Check angenommen, zertifiziert, bestätigt oder mit einem Visum versehen werden kann, und welches die Wirkungen dieser Vermerke sind;

4. ob der Inhaber eine Teilzahlung verlangen kann und ob er eine solche annehmen muß;

5. ob ein Check gekreuzt oder mit dem Vermerk «nur zur Verrechnung» oder mit einem gleichbedeutenden Vermerk versehen werden kann, und welches die Wirkungen der Kreuzung oder

des Verrechnungsvermerks oder eines gleichbedeutenden Vermerks sind;

6. ob der Inhaber besondere Rechte auf die Deckung hat und welches der Inhalt dieser Rechte ist;

7. ob der Aussteller den Check widerrufen oder gegen die Einlösung des Checks Widerspruch erheben kann;

8. die Maßnahmen, die im Falle des Verlustes oder des Diebstahls des Checks zu ergreifen sind;

9. ob ein Protest oder eine gleichbedeutende Feststellung zur Erhaltung des Rückgriffs gegen die Indossanten, den Aussteller und die anderen Checkverpflichteten notwendig ist.

c) Recht des Wohnsitzes

1142. Der Bereicherungsanspruch gegen den Bezogenen oder den Domiziliaten bestimmt sich nach dem Recht des Landes, in dessen Gebiet diese Personen ihren Wohnsitz haben.

XII. Anwendbarkeit des Wechselrechts

1143. Auf den Check finden die nachstehenden Bestimmungen des Wechselrechts Anwendung:

1. Art. 990 über die Wechselfähigkeit;

2. Art. 993 über Wechsel an eigene Ordre, auf den Aussteller und für Rechnung eines Dritten;

3. Art. 996 bis 1000 über verschiedene Bezeichnung der Wechselsumme, Unterschriften von Wechselunfähigen, Unterschrift ohne Ermächtigung, Haftung des Ausstellers und Blankowechsel;

4. Art. 1003 bis 1005 über das Indossament;

5. Art. 1007 über die Wechseleinreden;

6. Art. 1008 über die Rechte aus dem Vollmachtsindossament;

7. Art. 1021 und 1022 über Form und Wirkungen der Wechselbürgschaft;

8. Art. 1029 über das Recht auf Quittung und Teilzahlung;

9. Art. 1035 bis 1037 und 1039 bis 1041 über den Protest;

10. Art. 1042 über die Benachrichtigung;

11. Art. 1043 über den Protesterlaß;

12. Art. 1044 über die solidarische Haftung der Wechselverpflichteten;

13. Art. 1046 und 1047 über die Rückgriffsforderung bei Einlösung des Wechsels und das Recht auf Aushändigung von Wechsel, Protest und Quittung;

14. Art. 1052 über den Bereicherungsanspruch;
15. Art. 1053 über den Übergang der Deckung;
16. Art. 1064 über das Verhältnis mehrerer Ausfertigungen;
17. Art. 1068 über Änderungen;
18. Art. 1070 und 1071 über die Unterbrechung der Verjährung;
19. Art. 1072 bis 1078 und 1079, Abs. 1, über die Kraftloserklärung;
20. Art. 1083 bis 1085 über den Ausschluß von Respekttagen, den Ort der Vornahme wechselrechtlicher Handlungen und die eigenhändige Unterschrift;
21. Art. 1086, 1088 und 1089 über den Geltungsbereich der Gesetze in bezug auf Wechselfähigkeit, Handlungen zur Ausübung und Erhaltung des Wechselrechts und Ausübung der Rückgriffsrechte.

In Wegfall kommen bei diesen Artikeln die Bestimmungen, die sich auf die Annahme des Wechsels beziehen.

Die Art. 1042, Abs. 1, 1043, Abs. 1 und 3, und 1047 werden für die Anwendung auf den Check in dem Sinne ergänzt, daß an die Stelle des Protestes die gleichbedeutende Feststellung nach Art. 1128, Ziff. 2 und 3, treten kann.

Z. 2: Platzcheck.

XIII. Vorbehalt besondern Rechtes

1144. Vorbehalten bleiben die besondern Bestimmungen über den Postcheck.

PostVG 33 I.

6. Abschnitt Wechselähnliche und andere Ordrepapiere

A. Im allgemeinen
I. Voraussetzungen

1145. Ein Wertpapier gilt als Ordrepapier, wenn es an Ordre lautet oder vom Gesetze als Ordrepapier erklärt ist.

991 Z. 6, 993, 1105.

II. Einreden des Schuldners

1146. Wer aus einem Ordrepapier in Anspruch genommen wird, kann sich nur solcher Einreden bedienen, die entweder gegen die Gültigkeit der Urkunde gerichtet sind oder aus der Urkunde selbst hervorgehen, sowie solcher, die ihm persönlich gegen den jeweiligen Gläubiger zustehen.

Einreden, die sich auf die unmittelbaren Beziehungen des Schuldners zum Aussteller oder zu einem früheren Inhaber gründen, sind zulässig, wenn der Inhaber bei dem Erwerb des Ordrepapiers bewußt zum Nachteil des Schuldners gehandelt hat.
Abs. 2: 1126 II.

B. Wechselähnliche Papiere
I. Anweisungen an Ordre
1. Im allgemeinen

1147. Anweisungen, die im Texte der Urkunde nicht als Wechsel bezeichnet sind, aber ausdrücklich an Ordre lauten und im übrigen den Erfordernissen des gezogenen Wechsels entsprechen, stehen den gezogenen Wechseln gleich.
471.

2. Keine Annahmepflicht

1148. Die Anweisung an Ordre ist nicht zur Annahme vorzulegen.

Wird sie trotzdem vorgelegt, aber ihre Annahme verweigert, so steht dem Inhaber ein Rückgriffsrecht aus diesem Grunde nicht zu.

3. Folgen der Annahme

1149. Wird die Anweisung an Ordre freiwillig angenommen, so steht der Annehmer der Anweisung dem Annehmer des gezogenen Wechsels gleich.

Der Inhaber kann jedoch nicht vor Verfall Rückgriff nehmen, wenn über den Angewiesenen der Konkurs eröffnet worden ist oder wenn der Angewiesene seine Zahlungen eingestellt hat oder wenn eine Zwangsvollstreckung in sein Vermögen fruchtlos verlaufen ist.

Ebenso steht dem Inhaber der Rückgriff vor Verfall nicht zu, wenn über den Anweisenden der Konkurs eröffnet worden ist.

4. Keine Wechselbetreibung

1150. Die Bestimmungen des Bundesgesetzes über Schuldbetrei-

33. Titel. Die Namen-, Inhaber- und Ordrepapiere

bung und Konkurs betreffend die Wechselbetreibung finden auf die Anweisung an Ordre keine Anwendung.

II. Zahlungsversprechen an Ordre

1151. Zahlungsversprechen, die im Texte der Urkunde nicht als Wechsel bezeichnet sind, aber ausdrücklich an Ordre lauten, und im übrigen den Erfordernissen des eigenen Wechsels entsprechen, stehen den eigenen Wechseln gleich.

Für das Zahlungsversprechen an Ordre gelten jedoch die Bestimmungen über die Ehrenzahlung nicht.

Die Bestimmungen des Bundesgesetzes über Schuldbetreibung und Konkurs betreffend die Wechselbetreibung finden auf das Zahlungsversprechen an Ordre keine Anwendung.

C. Andere indossierbare Papiere

1152. Urkunden, in denen der Zeichner sich verpflichtet, nach Ort, Zeit und Summe bestimmte Geldzahlungen zu leisten oder bestimmte Mengen vertretbarer Sachen zu liefern, können, wenn sie ausdrücklich an Ordre lauten, durch Indossament übertragen werden.

Für diese Urkunden sowie für andere indossierbare Papiere, wie Lagerscheine, Warrants, Ladescheine, gelten die Vorschriften des Wechselrechts über die Form des Indossaments, die Legitimation des Inhabers, die Kraftloserklärung sowie über die Pflicht des Inhabers zur Herausgabe.

Dagegen sind die Bestimmungen über den Wechselrückgriff auf solche Papiere nicht anwendbar.

7. Abschnitt Die Warenpapiere

A. Erfordernisse

1153. Warenpapiere, die von einem Lagerhalter oder Frachtführer als Wertpapier ausgestellt werden, müssen enthalten:

1. den Ort und den Tag der Ausstellung und die Unterschrift des Ausstellers;

2. den Namen und den Wohnort des Ausstellers;

3. den Namen und den Wohnort des Einlagerers oder des Absenders;

4. die Bezeichnung der eingelagerten oder aufgegebenen Ware nach Beschaffenheit, Menge und Merkzeichen;

5. die Gebühren und Löhne, die zu entrichten sind oder die vorausbezahlt wurden;

6. die besondern Vereinbarungen, die von den Beteiligten über die Behandlung der Ware getroffen worden sind;

7. die Zahl der Ausfertigungen des Warenpapiers;

8. die Angabe des Verfügungsberechtigten mit Namen oder an Ordre oder als Inhaber.

<small>482. Übertragung: ZGB 925. Konnossement: 440 Anm. BGE 48 II 83. Intern. Übereinkommen: SR 0.747.354.11 SeeschiffahrtG (SR 747.30) 112ff.</small>

B. Der Pfandschein

1154. Wird von mehreren Warenpapieren eines für die Pfandbestellung bestimmt, so muß es als Pfandschein (Warrant) bezeichnet sein und im übrigen der Gestalt eines Warenpapiers entsprechen.

Auf den andern Ausfertigungen ist die Ausstellung des Pfandscheines anzugeben und jede vorgenommene Verpfändung mit Forderungsbetrag und Verfalltag einzutragen.

<small>ZGB 902.</small>

C. Bedeutung der Formvorschriften

1155. Scheine, die über lagernde oder verfrachtete Waren ausgestellt werden, ohne den gesetzlichen Formvorschriften für Warenpapiere zu entsprechen, werden nicht als Wertpapiere anerkannt, sondern gelten nur als Empfangsscheine oder andere Beweisurkunden.

Scheine, die von Lagerhaltern ausgegeben werden, ohne daß die zuständige Behörde die vom Gesetz verlangte Bewilligung erteilt hat, sind, wenn sie den gesetzlichen Formvorschriften entsprechen, als Wertpapiere anzuerkennen. Ihre Aussteller unterliegen einer von der zuständigen kantonalen Behörde zu verhängenden Ordnungsbuße bis zu tausend Franken.

<small>Abs. 1: BGE 109 II 144.</small>

Vierunddreißigster Titel

Anleihensobligationen

1. Abschnitt Prospektzwang bei Ausgabe von Anleihensobligationen

1156. Anleihensobligationen dürfen nur auf Grund eines Prospektes öffentlich zur Zeichnung aufgelegt oder an der Börse eingeführt werden.

Die Bestimmungen über den Prospekt bei Ausgabe neuer Aktien finden entsprechende Anwendung; überdies soll der Prospekt die nähern Angaben enthalten über das Anleihen, insbesondere die Verzinsungs- und Rückzahlungsbedingungen, die für die Obligationen bestellten besonderen Sicherheiten und gegebenenfalls die Vertretung der Anleihensgläubiger.

Sind Obligationen ohne Zugrundelegung eines diesen Vorschriften entsprechenden Prospektes ausgegeben worden, oder enthält dieser unrichtige oder den gesetzlichen Erfordernissen nicht entsprechende Angaben, so sind die Personen, die absichtlich oder fahrlässig mitgewirkt haben, solidarisch für den Schaden haftbar.

2. Abschnitt Gläubigergemeinschaft bei Anleihensobligationen

A. Voraussetzungen

1157. Sind Anleihensobligationen von einem Schuldner, der in der Schweiz seinen Wohnsitz oder eine geschäftliche Niederlassung hat, mit einheitlichen Anleihensbedingungen unmittelbar oder mittelbar durch öffentliche Zeichnung ausgegeben, so bilden die Gläubiger von Gesetzes wegen eine Gläubigergemeinschaft.

Sind mehrere Anleihen ausgegeben, so bilden die Gläubiger jedes Anleihens eine besondere Gläubigergemeinschaft.

Die Vorschriften dieses Abschnittes sind nicht anwendbar auf Anleihen des Bundes, der Kantone, der Gemeinden und anderer Körperschaften und Anstalten des öffentlichen Rechts.

Vgl. auch: BG über die Schuldbetreibung gegen Gemeinden und andere Körperschaften des kantonalen öffentlichen Rechts vom 4. Dezember 1947, SR 282.11.

B. Anleihensvertreter
I. Bestellung

1158. Vertreter, die durch die Anleihensbedingungen bestellt sind, gelten mangels gegenteiliger Bestimmung als Vertreter sowohl der Gläubigergemeinschaft wie des Schuldners.

Die Gläubigerversammlung kann einen oder mehrere Vertreter der Gläubigergemeinschaft wählen.

Mehrere Vertreter üben, wenn es nicht anders bestimmt ist, die Vertretung gemeinsam aus.

II. Befugnisse
1. Im allgemeinen

1159. Der Vertreter hat die Befugnisse, die ihm durch das Gesetz, die Anleihensbedingungen oder die Gläubigerversammlung übertragen werden.

Er verlangt vom Schuldner, wenn die Voraussetzungen vorliegen, die Einberufung einer Gläubigerversammlung, vollzieht deren Beschlüsse und vertritt die Gemeinschaft im Rahmen der ihm übertragenen Befugnisse.

Soweit der Vertreter zur Geltendmachung von Rechten der Gläubiger ermächtigt ist, sind die einzelnen Gläubiger zur selbständigen Ausübung ihrer Rechte nicht befugt.

2. Kontrolle des Schuldners

1160. Solange der Schuldner sich mit der Erfüllung seiner Verpflichtungen aus dem Anleihen im Rückstande befindet, ist der Vertreter der Gläubigergemeinschaft befugt, vom Schuldner alle Aufschlüsse zu verlangen, die für die Gemeinschaft von Interesse sind.

Ist eine Aktiengesellschaft, Kommanditaktiengesellschaft, Gesellschaft mit beschränkter Haftung oder Genossenschaft Schuldnerin, so kann der Vertreter unter den gleichen Voraussetzungen an den Verhandlungen ihrer Organe mit beratender Stimme teilnehmen, soweit Gegenstände behandelt werden, welche die Interessen der Anleihensgläubiger berühren.

Der Vertreter ist zu solchen Verhandlungen einzuladen und hat Anspruch auf rechtzeitige Mitteilung der für die Verhandlungen maßgebenden Grundlagen.

3. Bei pfandgesicherten Anleihen

1161. Ist für ein Anleihen mit Grundpfandrecht oder mit Fahrnispfand ein Vertreter des Schuldners und der Gläubiger bestellt worden, so stehen ihm die gleichen Befugnisse zu wie dem Pfandhalter nach Grundpfandrecht.

Der Vertreter hat die Rechte der Gläubiger, des Schuldners und des Eigentümers der Pfandsache mit aller Sorgfalt und Unparteilichkeit zu wahren.

III. Dahinfallen der Vollmacht

1162. Die Gläubigerversammlung kann die Vollmacht, die sie einem Vertreter erteilt hat, jederzeit widerrufen oder abändern.

Die Vollmacht eines durch die Anleihensbedingungen bestellten Vertreters kann durch einen Beschluß der Gläubigergemeinschaft mit Zustimmung des Schuldners jederzeit widerrufen oder abgeändert werden.

Der Richter kann aus wichtigen Gründen auf Antrag eines Anleihensgläubigers oder des Schuldners die Vollmacht als erloschen erklären.

Fällt die Vollmacht aus irgendeinem Grunde dahin, so trifft auf Verlangen eines Anleihensgläubigers oder des Schuldners der Richter die zum Schutze der Anleihensgläubiger und des Schuldners notwendigen Anordnungen.

IV. Kosten

1163. Die Kosten einer in den Anleihensbedingungen vorgesehenen Vertretung sind vom Anleihensschuldner zu tragen.

Die Kosten einer von der Gläubigergemeinschaft gewählten Vertretung werden aus den Leistungen des Anleihensschuldners gedeckt und allen Anleihensgläubigern nach Maßgabe des Nennwertes der Obligationen, die sie besitzen, in Abzug gebracht.

C. Gläubigerversammlung
I. Im allgemeinen

1164. Die Gläubigergemeinschaft ist befugt, in den Schranken des Gesetzes die geeigneten Maßnahmen zur Wahrung der gemeinsamen Interessen der Anleihensgläubiger, insbesondere gegenüber einer Notlage des Schuldners, zu treffen.

Die Beschlüsse der Gläubigergemeinschaft werden von der Gläubigerversammlung gefaßt und sind gültig, wenn die Voraussetzungen erfüllt sind, die das Gesetz im allgemeinen oder für einzelne Maßnahmen vorsieht.

Soweit rechtsgültige Beschlüsse der Gläubigerversammlung entgegenstehen, können die einzelnen Anleihensgläubiger ihre Rechte nicht mehr selbständig geltend machen.

Die Kosten der Einberufung und der Abhaltung der Gläubigerversammlung trägt der Schuldner.

Abs. 1: BGE 113 II 283.

II. Einberufung
1. Im allgemeinen

1165. Die Gläubigerversammlung wird durch den Schuldner einberufen.

Der Schuldner ist verpflichtet, sie binnen zwanzig Tagen einzuberufen, wenn Anleihensgläubiger, denen zusammen der zwanzigste Teil des im Umlauf befindlichen Kapitals zusteht, oder der Anleihensvertreter die Einberufung schriftlich und unter Angabe des Zweckes und der Gründe verlangen.

Entspricht der Schuldner diesem Begehren nicht, so kann der Richter die Gesuchsteller ermächtigen, von sich aus eine Gläubigerversammlung einzuberufen.

Zuständig ist der Richter des gegenwärtigen oder letzten Wohnsitzes oder der geschäftlichen Niederlassung des Schuldners in der Schweiz.

2. Stundung

1166. Vom Zeitpunkt der ordnungsmäßigen Veröffentlichung der Einladung zur Gläubigerversammlung an bis zur rechtskräftigen Beendigung des Verfahrens vor der Nachlaßbehörde bleiben die fälligen Ansprüche der Anleihensgläubiger gestundet.

Diese Stundung gilt nicht als Zahlungseinstellung im Sinne des Bundesgesetzes über Schuldbetreibung und Konkurs; eine Konkurseröffnung ohne vorgängige Betreibung kann nicht verlangt werden.

Während der Dauer der Stundung ist der Lauf der Verjährungs- und Verwirkungsfristen, welche durch Betreibung unterbrochen werden können, für die fälligen Ansprüche der Anleihensgläubiger gehemmt.

Mißbraucht der Schuldner das Recht auf Stundung, so kann sie von der oberen kantonalen Nachlaßbehörde auf Begehren eines Anleihensgläubigers aufgehoben werden.

III. Abhaltung
1. Stimmrecht

1167. Stimmberechtigt ist der Eigentümer einer Obligation oder sein Vertreter, bei in Nutznießung stehenden Obligationen jedoch der Nutznießer oder sein Vertreter. Der Nutznießer wird aber dem Eigentümer ersatzpflichtig, wenn er bei der Ausübung des Stimmrechts auf dessen Interessen nicht in billiger Weise Rücksicht nimmt.

Obligationen, die im Eigentum oder in der Nutznießung des Schuldners stehen, gewähren kein Stimmrecht. Sind hingegen Obligationen verpfändet, die dem Schuldner gehören, so steht das Stimmrecht dem Pfandgläubiger zu.

Ein dem Schuldner an Obligationen zustehendes Pfandrecht oder Retentionsrecht schließt das Stimmrecht ihres Eigentümers nicht aus.

2. Vertretung einzelner Anleihensgläubiger

1168. Zur Vertretung von Anleihensgläubigern bedarf es, sofern die Vertretung nicht auf Gesetz beruht, einer schriftlichen Vollmacht.

Die Ausübung der Vertretung der stimmberechtigten Anleihensgläubiger durch den Schuldner ist ausgeschlossen.

IV. Verfahrensvorschriften

1169. Der Bundesrat erläßt die Vorschriften über die Einberufung der Gläubigerversammlung, die Mitteilung der Tagesordnung, die Ausweise zur Teilnahme an der Gläubigerversammlung, die Leitung der Versammlung, die Beurkundung und die Mitteilung der Beschlüsse.
Anhang I.

D. Gemeinschaftsbeschlüsse
I. Eingriffe in die Gläubigerrechte
1. Zulässigkeit und erforderliche Mehrheit
a) Bei nur einer Gemeinschaft

1170. Eine Mehrheit von mindestens zwei Dritteln des im Umlauf befindlichen Kapitals ist zur Gültigkeit des Beschlusses erforderlich, wenn es sich um folgende Maßnahmen handelt:

1. Stundung von Zinsen für die Dauer von höchstens fünf Jahren, mit der Möglichkeit der zweimaligen Verlängerung der Stundung um je höchstens fünf Jahre;

2. Erlaß von höchstens fünf Jahreszinsen innerhalb eines Zeitraumes von sieben Jahren;

3. Ermäßigung des Zinsfußes bis zur Hälfte des in den Anleihensbedingungen vereinbarten Satzes oder Umwandlung eines festen Zinsfußes in einen vom Geschäftsergebnis abhängigen Zinsfuß, beides für höchstens zehn Jahre, mit der Möglichkeit der Verlängerung um höchstens fünf Jahre;

4. Verlängerung der Amortisationsfrist um höchstens zehn Jahre durch Herabsetzung der Annuität oder Erhöhung der Zahl der Rückzahlungsquoten oder vorübergehende Einstellung dieser Leistungen, mit der Möglichkeit der Erstreckung um höchstens fünf Jahre;

5. Stundung eines fälligen oder binnen fünf Jahren verfallenden Anleihens oder von Teilbeträgen eines solchen auf höchstens zehn Jahre, mit der Möglichkeit der Verlängerung um höchstens fünf Jahre;

6. Ermächtigung zu einer vorzeitigen Rückzahlung des Kapitals;

7. Einräumung eines Vorgangspfandrechts für dem Unternehmen neu zugeführtes Kapital sowie Änderung an den für ein Anleihen bestellten Sicherheiten oder gänzlicher oder teilweiser Verzicht auf solche;

8. Zustimmung zu einer Änderung der Bestimmungen über Beschränkung der Obligationenausgabe im Verhältnis zum Aktienkapital;

9. Zustimmung zu einer gänzlichen oder teilweisen Umwandlung von Anleihensobligationen in Aktien.

Diese Maßnahmen können miteinander verbunden werden.

b) Bei mehreren Gemeinschaften

1171. Bei einer Mehrheit von Gläubigergemeinschaften kann der Schuldner eine oder mehrere der im vorangehenden Artikel vorgesehenen Maßnahmen den Gemeinschaften gleichzeitig unterbreiten, im ersten Falle mit dem Vorbehalte, daß die Maßnahme nur gültig sein soll, falls sie von allen Gemeinschaften angenommen wird, im zweiten Falle mit dem weitern Vorbehalte, daß die Gültigkeit jeder Maßnahme von der Annahme der übrigen abhängig ist.

Die Vorschläge gelten als angenommen, wenn sie die Zustimmung der Vertretung von mindestens zwei Dritteln des im Umlauf befindlichen Kapitals aller dieser Gläubigergemeinschaf-

c) Feststellung der Mehrheit

1172. Für die Feststellung des im Umlauf befindlichen Kapitals fallen Anleihensobligationen, die kein Stimmrecht gewähren, außer Betracht.

Erreicht ein Antrag in der Gläubigerversammlung nicht die erforderliche Stimmenzahl, so kann der Schuldner die fehlenden Stimmen durch schriftliche und beglaubigte Erklärungen binnen zwei Monaten nach dem Versammlungstage beim Leiter der Versammlung beibringen und dadurch einen gültigen Beschluß herstellen.

2. Beschränkungen
a) Im allgemeinen

1173. Kein Anleihensgläubiger kann durch Gemeinschaftsbeschluß verpflichtet werden, andere als die im Art. 1170 vorgesehenen Eingriffe in die Gläubigerrechte zu dulden oder Leistungen zu machen, die weder in den Anleihensbedingungen vorgesehen noch mit ihm bei der Begebung der Obligation vereinbart worden sind.

Zu einer Vermehrung der Gläubigerrechte ist die Gläubigergemeinschaft ohne Zustimmung des Schuldners nicht befugt.

b) Gleichbehandlung

1174. Die einer Gemeinschaft angehörenden Gläubiger müssen alle gleichmäßig von den Zwangsbeschlüssen betroffen werden, es sei denn, daß jeder etwa ungünstiger behandelte Gläubiger ausdrücklich zustimmt.

Unter Pfandgläubigern darf die bisherige Rangordnung ohne deren Zustimmung nicht abgeändert werden. Vorbehalten bleibt Art. 1170, Ziff. 7.

Zusicherungen oder Zuwendungen an einzelne Gläubiger, durch die sie gegenüber andern der Gemeinschaft angehörenden Gläubigern begünstigt werden, sind ungültig.

c) Status und Bilanz

1175. Ein Antrag auf Ergreifung der in Art. 1170 genannten Maßnahmen darf vom Schuldner nur eingebracht und von der Gläubigerversammlung nur in Beratung gezogen werden auf Grund eines auf den Tag der Gläubigerversammlung aufgestellten Status oder einer ordnungsgemäß errichteten und gegebenenfalls von der Kontrollstelle als richtig bescheinigten Bilanz, die auf einen höchstens sechs Monate zurückliegenden Zeitpunkt abgeschlossen ist.

3. Genehmigung
a) Im allgemeinen

1176. Die Beschlüsse, die einen Eingriff in Gläubigerrechte enthalten, sind nur wirksam und für die nicht zustimmenden Anleihensgläubiger verbindlich, wenn sie von der oberen kantonalen Nachlaßbehörde genehmigt worden sind.

Der Schuldner hat sie dieser Behörde innerhalb eines Monats seit dem Zustandekommen zur Genehmigung zu unterbreiten.

Die Zeit der Verhandlung wird öffentlich bekanntgemacht, mit der Anzeige an die Anleihensgläubiger, daß sie ihre Einwendungen schriftlich oder in der Verhandlung auch mündlich anbringen können.

Die Kosten des Genehmigungsverfahrens trägt der Schuldner.

b) Voraussetzungen

1177. Die Genehmigung darf nur verweigert werden:

1. wenn die Vorschriften über die Einberufung und das Zustandekommen der Beschlüsse der Gläubigerversammlung verletzt worden sind;

2. wenn der zur Abwendung einer Notlage des Schuldners gefaßte Beschluß sich als nicht notwendig herausstellt;

3. wenn die gemeinsamen Interessen der Anleihensgläubiger nicht genügend gewahrt sind;

4. wenn der Beschluß auf unredliche Weise zustande gekommen ist.

c) Weiterzug

1178. Wird die Genehmigung erteilt, so kann sie von jedem Anleihensgläubiger, der dem Beschluß nicht zugestimmt hat, innerhalb dreißig Tagen beim Bundesgericht wegen Gesetzesverletzung oder Unangemessenheit angefochten werden, wobei das für die Rechtspflege in Schuldbetreibungs- und Konkurssachen vorgesehene Verfahren Anwendung findet.

Ebenso kann der Entscheid, mit dem die Genehmigung verweigert wird, von einem Anleihensgläubiger, der dem Beschluß zugestimmt hat, oder vom Schuldner angefochten werden.

d) Widerruf

1179. Stellt sich nachträglich heraus, daß der Beschluß der Gläubigerversammlung auf unredliche Weise zustande gekommen ist, so kann die obere kantonale Nachlaßbehörde auf Begehren eines Anleihensgläubigers die Genehmigung ganz oder teilweise widerrufen.

Das Begehren ist binnen sechs Monaten, nachdem der Anleihensgläubiger vom Anfechtungsgrunde Kenntnis erhalten hat, zu stellen.

Der Widerruf kann vom Schuldner und von jedem Anleihensgläubiger innerhalb dreißig Tagen beim Bundesgericht wegen Gesetzesverletzung oder Unangemessenheit in dem für die Rechtspflege in Schuldbetreibungs- und Konkurssachen vorgesehenen Verfahren angefochten werden. Ebenso kann die Verweigerung des Widerrufs von jedem Anleihensgläubiger, der den Widerruf verlangt hat, angefochten werden.

II. Andere Beschlüsse
1. Vollmacht des Anleihensvertreters

1180. Die Zustimmung der Vertretung von mehr als der Hälfte des im Umlauf befindlichen Kapitals ist erforderlich für den Widerruf und für die Abänderung der einem Anleihensvertreter erteilten Vollmacht.

Der gleichen Mehrheit bedarf ein Beschluß, durch welchen einem Anleihensvertreter Vollmacht zur einheitlichen Wahrung der Rechte der Anleihensgläubiger im Konkurs erteilt wird.

2. Die übrigen Fälle

1181. Für Beschlüsse, die weder in die Gläubigerrechte eingreifen noch den Gläubigern Leistungen auferlegen, genügt die absolute Mehrheit der vertretenen Stimmen, soweit das Gesetz es nicht anders bestimmt oder die Anleihensbedingungen nicht strengere Bestimmungen aufstellen.

Diese Mehrheit berechnet sich in allen Fällen nach dem Nennwert des in der Versammlung vertretenen stimmberechtigten Kapitals.

3. Anfechtung

1182. Beschlüsse im Sinne der Art. 1180 und 1181, die das Gesetz oder vertragliche Vereinbarungen verletzen, können von jedem Anleihensgläubiger der Gemeinschaft, der nicht zugestimmt hat, binnen dreißig Tagen, nachdem er von ihnen Kenntnis erhalten hat, beim Richter angefochten werden.

E. Besondere Anwendungsfälle
I. Konkurs des Schuldners

1183. Gerät ein Anleihensschuldner in Konkurs, so beruft die Konkursversammlung unverzüglich eine Versammlung der Anleihensgläubiger ein, die dem bereits ernannten oder einem von ihr zu ernennenden Vertreter die Vollmacht zur einheitlichen Wahrung der Rechte der Anleihensgläubiger im Konkursverfahren erteilt.

Kommt kein Beschluß über die Erteilung einer Vollmacht zustande, so vertritt jeder Anleihensgläubiger seine Rechte selbständig.

II. Nachlaßvertrag

1184. Im Nachlaßverfahren wird unter Vorbehalt der Vorschriften über die pfandversicherten Anleihen ein besonderer Beschluß der Anleihensgläubiger über die Stellungnahme zum Nachlaßvertrag nicht gefaßt, und es gelten für ihre Zustimmung ausschließlich die Vorschriften des Bundesgesetzes über Schuldbetreibung und Konkurs.

Auf die pfandversicherten Anleihensgläubiger kommen, soweit eine über die Wirkungen des Nachlaßverfahrens hinausgehende Einschränkung ihrer Gläubigerrechte stattfinden soll, die Bestimmungen über die Gläubigergemeinschaft zur Anwendung.

III. Anleihen von Eisenbahn- oder Schiffahrtsunternehmungen

1185. Auf die Anleihensgläubiger einer Eisenbahn- oder Schiffahrtsunternehmung sind die Bestimmungen des gegenwärtigen

Abschnittes unter Vorbehalt der nachfolgenden besonderen Vorschriften anwendbar.

Das Gesuch um Einberufung einer Gläubigerversammlung ist an das Bundesgericht zu richten.

Für die Einberufung der Gläubigerversammlung, die Beurkundung, die Genehmigung und die Ausführung ihrer Beschlüsse ist das Bundesgericht zuständig.

Das Bundesgericht kann nach Eingang des Gesuches um Einberufung einer Gläubigerversammlung eine Stundung mit den in Art. 1166 vorgesehenen Wirkungen anordnen.

F. Zwingendes Recht

1186. Die Rechte, die das Gesetz der Gläubigergemeinschaft und dem Anleihensvertreter zuweist, können durch die Anleihensbedingungen oder durch besondere Abreden zwischen den Gläubigern und dem Schuldner weder ausgeschlossen noch beschränkt werden.

Die erschwerenden Bestimmungen der Anleihensbedingungen über das Zustandekommen der Beschlüsse der Gläubigerversammlung bleiben vorbehalten.

Schluß- und Übergangsbestimmungen

A. Anwendbarkeit des Schlußtitels

1. Die Vorschriften des Schlußtitels des schweizerischen Zivilgesetzbuches vom 10. Dezember 1907 finden auch Anwendung auf dieses Gesetz.

B. Anpassung alter Gesellschaften an das neue Recht
I. Im allgemeinen

2. Aktiengesellschaften, Kommanditaktiengesellschaften und Genossenschaften, die im Zeitpunkte des Inkrafttretens dieses Gesetzes im Handelsregister eingetragen sind, jedoch den gesetzlichen Vorschriften nicht entsprechen, haben bis 30. Juni 1947 ihre Statuten den neuen Bestimmungen anzupassen.

Während dieser Frist unterstehen sie dem bisherigen Rechte, soweit ihre Statuten den neuen Bestimmungen widersprechen.

Kommen die Gesellschaften dieser Vorschrift nicht nach, so sind sie nach Ablauf der Frist durch den Handelsregisterführer von Amtes wegen als aufgelöst zu erklären.

Für Versicherungs- und Kreditgenossenschaften kann der Bundesrat im einzelnen Fall die Anwendbarkeit des alten Rechts verlängern. Der Antrag hierzu muß vor Ablauf von drei Jahren seit Inkrafttreten des Gesetzes gestellt werden.

Al. 1, neue Frist Anhang V Art. 122ff.

II. Wohlfahrtsfonds

3. Haben Aktiengesellschaften, Kommanditaktiengesellschaften und Genossenschaften vor dem Inkrafttreten dieses Gesetzes Vermögensteile zur Gründung und Unterstützung von Wohlfahrtseinrichtungen für Angestellte und Arbeiter sowie für Genossenschafter erkennbar gewidmet, so haben sie diese Fonds binnen fünf Jahren den Bestimmungen der Art. 673 und 862 anzupassen.

III. Umwandlung von Genossenschaften

4. Der Bundesrat kann allgemein oder im einzelnen Fall Vorschriften über die Umwandlung einer Genossenschaft in eine Handelsgesellschaft ohne Liquidation erlassen. Er hat dabei die Interessen der Genossenschafter und der Gläubiger angemessen zu berücksichtigen.

C. Bilanzvorschriften
I. Vorbehalt außerordentlicher Verhältnisse

5. Der Bundesrat ist berechtigt, wenn außerordentliche wirtschaftliche Verhältnisse es erfordern, Bestimmungen zu erlassen, die den Bilanzpflichtigen Abweichungen von den in diesem Gesetz aufgestellten Bilanzierungsvorschriften gestatten. Ein solcher Beschluß des Bundesrates ist zu veröffentlichen.

Wenn bei der Aufstellung einer Bilanz ein solcher Bundesratsbeschluß zur Anwendung gekommen ist, ist dies in der Bilanz zu vermerken.

II. Früher enstandene Währungsverluste

6. Gegenstandslos infolge Dahinfallens des BRB vom 26. Dezember 1919.

D. Haftungsverhältnisse der Genossenschafter

7. Durch Veränderungen, die nach den Vorschriften dieses Gesetzes in den Haftungsverhältnissen der Genossenschafter eintreten, werden die Rechte der im Zeitpunkte des Inkrafttretens vorhandenen Gläubiger nicht beeinträchtigt.

Genossenschaften, deren Mitglieder lediglich kraft der Vorschrift des Art. 689 des bisherigen Obligationenrechts persönlich für die Verbindlichkeiten der Genossenschaft haften, stehen während fünf Jahren unter den Bestimmungen des bisherigen Rechts.

Während dieser Frist können Beschlüsse über ganze oder teilweise Ausschließung der persönlichen Haftung oder über ausdrückliche Feststellung der Haftung in der Generalversammlung mit absoluter Mehrheit der Stimmen gefaßt werden. Die Vorschrift des Art. 889, Abs. 2, über den Austritt findet keine Anwendung.

E. Geschäftsfirmen

8. Die beim Inkrafttreten dieses Gesetzes bestehenden Firmen, die dessen Vorschriften nicht entsprechen, dürfen während zwei Jahren von diesem Zeitpunkte an unverändert fortbestehen.

Bei irgendwelcher Änderung vor Ablauf dieser Frist sind sie jedoch mit gegenwärtigem Gesetze in Einklang zu bringen.

Anhang V Art. 121.

F. Früher ausgegebene Wertpapiere
I. Namenpapiere

9. Die vor dem Inkrafttreten dieses Gesetzes als Namenpapiere ausgestellten Sparkassen- und Depositenhefte, Spareinlage- und Depositenscheine unterstehen den Vorschriften von Art. 977 über Kraftloserklärung von Schuldurkunden auch dann, wenn der Schuldner in der Urkunde sich nicht ausdrücklich vorbehalten hat, ohne Vorweisung der Schuldurkunde und ohne Kraftloserklärung zu leisten.

II. Aktien
1. Nennwert

10. Aktien, die vor dem Inkrafttreten des Gesetzes ausgegeben worden sind, können

1. einen Nennwert unter hundert Franken beibehalten;
2. innerhalb drei Jahren seit dem Inkrafttreten des Gesetzes bei einer Herabsetzung des Grundkapitals auf einen Nennwert unter hundert Franken gebracht werden.

2. Nicht voll einbezahlte Inhaberaktien

11. Auf den Inhaber lautende Aktien und Interimsscheine, die vor dem Inkrafttreten des Gesetzes ausgegeben worden sind, unterstehen den Bestimmungen der Art. 683 und 688, Abs. 1 und 3, nicht.

Das Rechtsverhältnis der Zeichner und Erwerber dieser Aktien richtet sich nach dem bisherigen Rechte.

III. Wechsel und Checks

12. Vor dem Inkrafttreten dieses Gesetzes ausgestellte Wechsel und Checks unterstehen in allen Beziehungen dem bisherigen Rechte.

G. Gläubigergemeinschaft

13. Für Fälle, auf die die Bestimmungen der Verordnung vom 20. Februar 1918 betreffend die Gläubigergemeinschaft bei Anleihensobligationen und der ergänzenden Bundesratsbeschlüsse angewendet worden sind, gelten diese Vorschriften auch fernerhin.
SchUeB 19 II.

H. Sitzverlegung ausländischer Gesellschaften

14. (aufgehoben durch IPRG)

J. Abänderung des Schuldbetreibungs- und Konkursgesetzes

15. Das Bundesgesetz über Schuldbetreibung und Konkurs vom 11. April 1889 wird abgeändert wie folgt:
(siehe im SchKG)

K. Verhältnis zum Bankengesetz
I. Allgemeiner Vorbehalt

16. Die Vorschriften des Bundesgesetzes über die Banken und Sparkassen vom 8. November 1934 bleiben vorbehalten.
SR 952.0

II. Abänderung einzelner Vorschriften

17. Das Bundesgesetz über die Banken und Sparkassen vom 8. November 1934 wird abgeändert wie folgt:
(siehe im BankG)

L. Aufhebung von Bundeszivilrecht

18. Mit dem Inkrafttreten dieses Gesetzes sind die damit im Widerspruch stehenden zivilrechtlichen Bestimmungen des Bundes, insbesondere die dritte Abteilung des Obligationenrechts, betitelt: «Die Handelsgesellschaften, Wertpapiere und Geschäftsfirmen» (Bundesgesetz vom 14. Juni 1881 über das Obligationenrecht, Art. 552 bis 715 und 720 bis 880) aufgehoben.

M. Inkrafttreten dieses Gesetzes

19. Dieses Gesetz tritt mit dem 1. Juli 1937 in Kraft.

Ausgenommen ist der Abschnitt über die Gläubigergemeinschaft bei Anleihensobligationen (Art. 1157–1182), dessen Inkrafttreten der Bundesrat festsetzen wird.

Der Bundesrat wird mit dem Vollzug dieses Gesetzes beauftragt.

Abs. 2 ist überholt.

Anhang I
Bundesrätliche Verordnung
über die Gläubigergemeinschaft bei Anleihensobligationen
(Vom 9. Dezember 1949, SR 221.522.1)

A. Einberufung der Gläubigerversammlung

1. Die Einberufung der Obligationäre zur Gläubigerversammlung erfolgt durch mindestens zweimalige öffentliche Auskündigung im Handelsamtsblatt und in den durch die Anleihensbedingungen angegebenen öffentlichen Blättern. Dabei muß die zweite öffentliche Bekanntmachung mindestens zehn Tage vor dem Versammlungstermin erfolgen.

Gläubiger, deren Obligationen auf den Namen lauten, sind außerdem durch eingeschriebenen Brief mindestens zehn Tage zum voraus einzuladen.

Bei der Einberufung auf Grund einer Ermächtigung des Richters sind überdies seine besonderen Anordnungen zu beachten.

B. Tagesordnung

2. Die Tagesordnung für die Gläubigerversammlung ist den Eingeladenen mit der Einberufung selbst oder doch mindestens zehn Tage vor der Versammlung nach den für die Einberufung geltenden Vorschriften bekanntzugeben.

Jedem Anleihensgläubiger ist auf Verlangen eine Abschrift der Anträge zu verabfolgen.

Über Gegenstände, die nicht derart wenigstens nach ihrem wesentlichen Inhalt bekanntgegeben worden sind, kann auch mit Einstimmigkeit der vertretenen Stimmen kein verbindlicher Beschluß gefaßt werden. Vorbehalten bleiben Beschlüsse, denen alle zur Gemeinschaft gehörenden Obligationäre oder ihre Vertreter zugestimmt haben.

C. Teilnahme an der Gläubigerversammlung
I. Ausweis

3. An den Beratungen und Abstimmungen können nur Personen teilnehmen, die sich bei der Urkundsperson über ihre Stimmberechtigung ausgewiesen haben.

Bei Obligationen, die auf den Inhaber lauten, genügt die

Vorlegung der Titel, für welche das Stimmrecht beansprucht wird, oder die Bescheinigung, daß sie bei einer in der Einberufung bezeichneten Stelle auf den Namen des Inhabers hinterlegt sind.

Bei andern Obligationen ist das Eigentum, gegebenenfalls das Nutznießungsrecht oder das Pfandrecht nachzuweisen. Der Stellvertreter eines Stimmberechtigten hat überdies, sofern die Stellvertretung nicht auf Gesetz beruht, eine schriftliche Vollmacht vorzulegen. Auf Verlangen der Urkundsperson hat der gesetzliche Vertreter sich als solcher auszuweisen.

II. Teilnehmerverzeichnis

4. Es ist ein Verzeichnis der Teilnehmer an der Gläubigerversammlung anzulegen.

Dieses hat den Namen und den Wohnort der Stimmberechtigten und gegebenenfalls ihrer Stellvertreter sowie den Betrag der durch jeden Teilnehmer vertretenen Obligationen anzugeben.

D. Leitung der Versammlung

5. Soweit die Anleihensbedingungen es nicht anders bestimmen, wird der Vorsitzende von der Gläubigerversammlung bezeichnet. Die Urkundsperson kann jedoch nicht als Vorsitzender der Versammlung gewählt werden.

Solange die Versammlung keinen Vorsitzenden hat, steht die vorläufige Leitung dem Anleihensvertreter, in Ermangelung eines solchen, der Urkundsperson zu.

Bei Einberufung auf Anordnung des Richters kann dieser den Vorsitzenden oder den vorläufigen Leiter der Versammlung bezeichnen.

Im Verfahren vor Bundesgericht (Art. 1185 OR) ist die Leitung der Versammlung Sache des Gerichts, sofern dieses nicht im einzelnen Falle etwas anderes anordnet.

E. Beurkundung der Beschlüsse

6. Über jeden Beschluß, sei er in der Gläubigerversammlung gefaßt worden oder durch nachträgliche Zustimmung zustande gekommen, ist eine öffentliche Urkunde zu errichten.

Das Verzeichnis der Teilnehmer sowie gegebenenfalls eine von der Urkundsperson anzufertigende Zusammenstellung der nachträglich zustimmenden Gläubiger ist in die öffentliche Urkunde aufzunehmen oder dieser mit den Belegen über die ordnungsgemäße Einberufung der Versammlung beizufügen.

In der öffentlichen Urkunde sind auf Verlangen die Nummern der Obligationen, deren Inhaber oder Vertreter gegen einen mehrheitlich genehmigten Antrag gestimmt haben, anzugeben.

Das kantonale Recht ordnet die Befugnis zur Beurkundung der Versammlungsbeschlüsse.

F. Mitteilung der Beschlüsse

7. Jeder zustande gekommene Beschluß, der Eingriffe in die Gläubigerrechte vornimmt oder die Anleihensbedingungen sonstwie abändert, ist im Handelsamtsblatt und in den durch die Anleihensbedingungen angegebenen öffentlichen Blättern bekanntzugeben. Den Gläubigern, deren Obligationen auf den Namen lauten, ist er besonders mitzuteilen.

Eine beglaubigte Abschrift des Protokolls sowie gegebenenfalls der Genehmigungsbeschluß der Nachlaßbehörde oder allenfalls des Bundesgerichts und die Gerichtsurteile über erhobene Anfechtungsbegehren sind beim Handelsregister zu den Akten des Schuldners einzureichen.

Die in Kraft erwachsenen Beschlüsse werden, soweit erforderlich, auf den Anleihenstiteln angemerkt.

G. Inkrafttreten

8. Diese Verordnung tritt am 1. Januar 1950 in Kraft.

Anhang II

Bundesbeschluß
über eine Sperrfrist für die Veräußerung nichtlandwirtschaftlicher Grundstücke und die Veröffentlichung von Eigentumsübertragungen von Grundstücken (BBSG)*

(Vom 6. Oktober 1989, SR 211.437.1)

Grundsatz

1. Nichtlandwirtschaftliche Grundstücke dürfen nach ihrem Erwerb während fünf Jahren weder als Ganzes noch in Teilen veräußert werden.

Als Veräußerung gilt ein Vertrag auf Übertragung des Eigentums sowie jedes andere Rechtsgeschäft, das wirtschaftlich einem solchen Vertrag gleichkommt, namentlich:

a) der Vorvertrag sowie die Begründung, Übertragung oder Ausübung eines Kaufrechts;

b) der Vertrag auf Begründung oder Übertragung eines selbständigen und dauernden Baurechts;

c) Die Verpflichtung zur Übertragung einer Mehrheitsbeteiligung an einer juristischen Person, deren Aktiven nach ihrem tatsächlichen Wert zu mehr als zur Hälfte aus Grundstücken bestehen.

Als Erwerb gilt die Eigentumsübertragung im Grundbuch sowie jede andere rechtliche oder tatsächliche Verfügung über eine Sache, die wirtschaftlich einer Eigentumsübertragung gleichkommt.

Baulandgrundstücke gelten als nichtlandwirtschaftliche Grundstücke.

Ausnahmen

2. Die Sperrfrist ist nicht zu beachten, wenn Eigentum veräußert wird:

a) im Erbgang oder in der Erbteilung;

---

* In Revision.

b) an den Ehegatten oder an einen Verwandten des Veräußerers in gerader Linie;

c) an eine Person, die bereits Gesamteigentümer des Grundstücks ist;

d) im Rahmen eines gerichtlichen Nachlaßvertrages, einer Zwangsverwertung oder eines Enteignungsverfahrens;

e) im Rahmen einer Baulandumlegung, die unter behördlicher Mitwirkung durchgeführt wird;

f) auf Grund einer Grenzänderung, die eine Vergrößerung des Grundstücks um höchstens 10 Prozent bewirkt;

g) im Rahmen einer Erhöhung der Wertquote von Mit- oder Stockwerkeigentum um höchstens 10 Prozent;

h) bei der Zusammenlegung, Trennung oder Auflösung von Einrichtungen der beruflichen Vorsorge, wenn dafür eine Genehmigung der Aufsichtsbehörde vorliegt.

Die Sperrfrist ist ferner nicht zu beachten, wenn:

a) der Eigentümer das Grundstück aufgrund einer Anordnung nach dem Bundesgesetz vom 16. Dezember 1983 über den Erwerb von Grundstücken durch Personen im Ausland veräußern muß;

b) der Richter die Änderung der Eigentumsverhältnisse im Grundbuch anordnet.

Abs. 2 lit. a: Anh. VI.

Berechnung der Sperrfrist

3. Die Sperrfrist beginnt zu laufen:

a) beim außergrundbuchlichen Erwerb mit dem Zeitpunkt, in dem das Eigentum tatsächlich erworben wurde;

b) in den übrigen Fällen am Tag der Eintragung in das Grundbuch.

Als Zeitpunkt der Veräußerung gilt das Datum des Vertragsabschlusses.

Die Sperrfrist beginnt mit jedem Eigentumserwerb neu zu laufen, ausgenommen wenn:

a) das Grundstück durch Erbgang, Ehevertrag oder güterrechtliche Auseinandersetzung erworben wird;

b) das Grundstück um höchstens 10 Prozent vergrößert wird;

Sperrfristbeschluß **4**

    c) ein Miteigentümer oder ein Stockwerkeigentümer eine zusätzliche Wertquote von höchstens 10 Prozent erwirbt.

<small>Abs. 3 lit. a: Erbteilung: BGE 116 II 174.</small>

Bewilligung für eine vorzeitige Veräußerung

4. Die kantonale Behörde bewilligt eine Veräußerung vor Ablauf der Sperrfrist, wenn:

    a) der Veräußerer damit keinen Gewinn erzielt;

    b) das Grundstück während mindestens zwei Jahren dem Veräußerer oder seiner Familie als Wohnung oder dem Veräußerer oder seinem Unternehmen überwiegend als Betriebsstätte eines Handels-, Fabrikations- oder eines andern kaufmännisch geführten Gewerbes, eines Handwerkbetriebes oder eines freien Berufes gedient hat;

    c) der Veräußerer das Grundstück als Bauland oder zum Umbau erworben hat und selbst oder durch Dritte maßgeblich mit Arbeit oder Materiallieferungen an der Planung, Erschließung des Grundstücks oder Erstellung des Baus mitgewirkt hat.

    d) Bauland zum Zwecke der Überbauung erworben wird und eine rechtskräftige Baubewilligung vorliegt;

    e) das Grundstück an den Mieter oder Pächter zum Ertragswert veräußert wird;

    f) die Veräußerung der unaufschiebbaren Erfüllung unmittelbarer öffentlicher Aufgaben dient und das Grundstück enteignet werden könnte;

    g) die Veräußerung den Zwecken des Wohnbau- und Eigentumsförderungsgesetzes vom 4. Oktober 1974 oder entsprechender kantonaler Vorschriften dient;

    h) sie im Rahmen einer Neugründung oder Umstrukturierung einer Unternehmung erfolgt, sofern das Grundstück Bestandteil des Geschäftsvermögens bildet und die buchmäßige Neubewertung jede spekulative Absicht ausschließt.

    Als Gewinn im Sinne von Absatz 1 Buchstabe a gilt die Differenz zwischen dem bei der Veräußerung erzielten Erlös und den um einen Zuschlag von drei Hundertstel pro Jahr erhöhten Gestehungskosten. Die Gestehungskosten umfassen den Erwerbspreis (einschließlich Nebenkosten), die Auslagen für notwendige und nützliche Aufwendungen sowie eine angemessene Verzinsung des Eigenkapitals.

Die Bewilligungsbehörde widerruft ihren Entscheid, wenn ihn der Erwerber durch falsche Angaben erschlichen hat oder wenn mit der Überbauung gemäß Absatz 1 Buchstabe d nicht innert eines Jahres begonnen worden ist.

Abs. 1 lit. g: SR 843. Abs. 2: BGE 116 II 564.

Verletzung der Sperrfrist

5. Rechtsgeschäfte, die diesem Beschluß zuwiderlaufen oder seine Umgehung bezwecken, sind nichtig und geben keinen Anspruch auf Eintragung in das Grundbuch.

Der Grundbuchverwalter weist die Anmeldung zur Grundbucheintragung ab, wenn die Sperrfrist zu beachten ist und die Bewilligung für eine vorzeitige Veräußerung fehlt.

Ist ein nichtiges Geschäft im Grundbuch eingetragen worden, so ordnet die Bewilligungsbehörde die Berichtigung des Grundbuches an.

Rechtsschutz

6. Weist der Grundbuchverwalter eine Anmeldung gemäß Artikel 5 Absatz 2 ab, so können der Anmeldende sowie alle übrigen, die von der Abweisung berührt sind, innert 30 Tagen bei der kantonalen Aufsichtsbehörde dagegen Beschwerde führen.

Gegen Verfügungen der Bewilligungsbehörden nach Artikel 4 kann innert 30 Tagen bei einer kantonalen Beschwerdeinstanz Beschwerde erhoben werden.

Gegen letztinstanzliche kantonale Entscheide ist die Verwaltungsgerichtsbeschwerde an das Bundesgericht zulässig.

Vollzug

7. Die Kantone vollziehen diesen Beschluß.

Die Kantonsregierungen können vorläufig die nötigen Vorschriften auf dem Verordnungsweg erlassen.

Veröffentlichung von Eigentumsübertragungen

8. Die Kantone können die Eigentumsübertragungen von Grundstücken veröffentlichen.

Übergangsbestimmung

9. Der Beschluß gilt nicht für Veräußerungsverträge, die vor dem Inkrafttreten des Beschlusses öffentlich beurkundet worden sind.

Schlußbestimmung

10. Dieser Beschluß ist allgemeinverbindlich.

Er wird nach Artikel 89bis Absatz 1 der Bundesverfassung als dringlich erklärt und tritt am Tag nach seiner Verabschiedung in Kraft.

Er untersteht nach Artikel 89bis Absatz 2 der Bundesverfassung dem fakultativen Referendum und gilt bis zum 31. Dezember 1994.

Der Bundesrat kann den Beschluß vorzeitig aufheben.

Abs. 2: 6. Okt. 1989.

Anhang III

Verordnung
über die Mindestanzahlung und die Höchstdauer beim Abzahlungsvertrag

(Vom 23. April 1975, SR 221.211.43)

Der Schweizerische Bundesrat,
gestützt auf Art. 226d Abs. 2 OR
verordnet:

1. Beim Abzahlungsvertrag beträgt die Mindestanzahlung 30 Prozent des Barkaufpreises, die Höchstdauer 24 Monate. Vorbehalten bleibt Art. 2.

2. Bei Möbeln betragen diese Ansätze 25 Prozent des Barkaufpreises und 30 Monate.

Unter Möbeln im Sinne von Abs. 1 sind Zimmereinrichtungsgegenstände wie Tische, Stühle, Schränke und Betten zu verstehen; nicht darunter fallen namentlich Klaviere und Flügel, ebensowenig Radio- und Fernsehapparate oder Plattenspieler sowie Möbel, die ausschließlich oder vorwiegend dem Einbau solcher Geräte dienen.

Die Ansätze von Abs. 1 gelten auch für Kochherde, nicht dagegen für zusätzliche Ausrüstungsgegenstände und Kombinationen mit anderen Haushaltgeräten.

3. Diese Verordnung tritt am 1. Mai 1975 in Kraft.

Anhang IV

Verordnung
betreffend das Verfahren bei der Gewährleistung im Viehhandel

(Vom 14. Nov. 1911, SR 221.211.22)

(In Ausführung von Art. 202, Abs. 1 des OR)

I. Allgemeine Bestimmungen

1. Beim Handel mit Vieh (Pferden, Eseln, Maultieren, Rindvieh, Schafen, Ziegen und Schweinen) besteht eine Pflicht zur Gewährleistung nur insoweit, als der Verkäufer sie dem Käufer schriftlich zugesichert oder den Käufer absichtlich getäuscht hat (Art. 198 OR).

2. Gestützt auf die schriftlich übernommene Gewährleistung für Trächtigkeit haftet der Verkäufer dem Käufer nur, wenn der Mangel dem Verkäufer, nachdem sich sichere Zeichen des Nichtträchtigseins gezeigt haben oder das Tier auf den angegebenen Zeitpunkt nicht geworfen hat, sofort angezeigt und bei der zuständigen Behörde die Untersuchung des Tieres durch Sachverständige verlangt wird.

Gestützt auf die schriftlich zugesicherte Gewährleistung dafür, daß das Tier innert bestimmter Frist werfe, haftet der Verkäufer dem Käufer nur, wenn sofort nach der Geburt deren Verspätung dem Verkäufer angezeigt wird.

3. In den in Art. 2 nicht genannten Fällen der Gewährleistung im Viehhandel haftet, sofern die schriftliche Zusicherung keine Fristbestimmung enthält, der Verkäufer dem Käufer nur, wenn der Mangel binnen neun Tagen, von der Übergabe oder vom Annahmeverzug (Art. 91ff. OR) an gerechnet, entdeckt und dem Verkäufer angezeigt und binnen der gleichen Frist bei der zuständigen Behörde die Untersuchung des Tieres durch Sachverständige verlangt wird (Art. 202, Abs. 1, OR).

Enthält die schriftliche Zusicherung eine Fristbestimmung, so haftet der Verkäufer dem Käufer nur, wenn der Mangel sofort nach der Entdeckung und innert der Garantiefrist dem Verkäufer angezeigt und bei der zuständigen Behörde die Untersuchung des Tieres durch Sachverständige verlangt wird.

4. Bei der Berechnung der Fristen wird der Tag, an dem die Frist zu laufen beginnt, nicht mitgezählt.

Ist der letzte Tag einer Frist ein Sonntag oder ein vom zutreffenden kantonalen Recht anerkannter Feiertag, so endigt sie am nächstfolgenden Werktag.

Eine Frist gilt nur dann als eingehalten, wenn die Handlung innerhalb derselben vorgenommen wird. Schriftliche Eingaben müssen spätestens am letzten Tag der Frist an die Stelle, bei der sie einzureichen sind, gelangt oder zu deren Handen der schweizerischen Post übergeben sein.

II. Das Vorverfahren

5. Die Kantone bezeichnen die zur Leitung des Vorverfahrens kompetente Behörde.

Zur Leitung des Vorverfahrens örtlich zuständig ist die Behörde, in deren Amtskreis sich das Tier befindet.

6. Auf Begehren des Käufers (Art. 2, Abs. 1 und Art. 3) ordnet die Behörde sofort eine Untersuchung des Tieres durch einen oder mehrere Sachverständige an.

7. Sind mehrere Sachverständige ernannt worden und können sie sich über ein gemeinsames Gutachten nicht einigen, so kann die zuständige Behörde auf Begehren einer Partei eine Oberexpertise anordnen.

8. Als Sachverständige sind in der Regel Inhaber eines eidgenössischen tierärztlichen Diploms beizuziehen.

Die Behörde bezeichnet die Sachverständigen, ohne über die zu ernennenden Personen Vorschläge von den Parteien einzuholen.

9. Wer nach kantonalem Zivilprozeßrecht in dem Rechtsstreit das Richteramt nicht ausüben könnte und wer das Tier unmittelbar vor oder nach dem Abschluß des Kaufvertrages tierärztlich behandelt hat, darf als Sachverständiger nicht berufen werden.

Die Behörde hat den Parteien Gelegenheit zu geben, Einspruch gegen die von ihr bezeichneten Sachverständigen zu erheben.

10. Die Untersuchung des Tieres ist von den Sachverständigen innert 48 Stunden nach der Mitteilung ihrer Ernennung vorzunehmen.

Mehrere Sachverständige haben die Untersuchung gemeinsam vorzunehmen.

Von Zeit und Ort der Untersuchung hat die Behörde den Parteien Kenntnis zu geben.

11. Die Sachverständigen prüfen, ob das Tier mit dem gerügten Mangel behaftet ist.

Bejahen sie die Frage, so haben sie den Minderwert des Tieres und den Schaden festzustellen, den der Käufer infolge des Mangels erleidet.

Als Minderwert gilt in allen Fällen die Differenz zwischen dem Verkehrswert, den das Tier in vertragsgemäßem Zustand gehabt hätte und dem Werte des mit dem gerügten Mangel behafteten Tieres.

12. Ist nach dem Gutachten der Sachverständigen zur Feststellung des Tatbestandes die Tötung des Tieres unerläßlich, so hat die Behörde nach Anhörung der Parteien hierüber zu entscheiden.

Steht das Tier während des Verfahrens um oder ist dessen Notschlachtung erforderlich, nachdem bereits eine Expertise stattgefunden hat, so kann die Behörde, auf Verlangen einer Partei, am toten Körper eine weitere Untersuchung anordnen.

13. Die Sachverständigen haben ohne Verzug der Behörde ein schriftliches, motiviertes Gutachten einzureichen.

Die Behörde stellt eine Abschrift des Gutachtens ungesäumt den Parteien zu.

14. Nach Eingang des Gutachtens ordnet die Behörde, sofern die Besichtigung des Tieres nicht mehr erforderlich ist, auf Verlangen einer Partei und unter Benachrichtigung der Beteiligten die öffentliche Versteigerung des Tieres an und nimmt den Erlös in amtliche Verwahrung.

Es steht jedoch den Parteien zu, durch Sicherheitsleistung die Versteigerung auszuschließen.

III. Das Hauptverfahren

15. Auf die Gewährleistungsprozesse der Art. 2 und 3 kommen die Zuständigkeits- und Verfahrensbestimmungen der kantonalen Zivilprozeßordnungen zur Anwendung.

Die Kantone haben jedoch dafür zu sorgen, daß diese Rechtsstreitigkeiten im beschleunigten Verfahren erledigt werden.

16. Im Hauptverfahren wird auch darüber entschieden, wer die Kosten des Vorverfahrens zu tragen hat.

IV. Anwendungs- und Einführungsbestimmungen

17. Die Bestimmungen dieser Verordnung über das Verfahren bei der Gewährleistung beim Viehkauf finden auf den Tauschvertrag (Art. 237 und 238, OR) entsprechende Anwendung.

18. Diese Verordnung tritt am 1. Januar 1912 in Kraft.

Ihre Vorschriften finden auf die vor dem 1. Januar 1912 abgeschlossenen Veräußerungsverträge keine Anwendung.

Anhang V

Handelsregisterverordnung

(Vom 7. Juni 1937, SR 221.411)

Der Schweizerische Bundesrat,
in Ausführung von Art. 929 und 936 des Bundesgesetzes über das Obligationenrecht,
beschließt:

I. Allgemeine Bestimmungen

Organisation, Registerführung in den Kantonen

1. In jedem Kanton wird ein Handelsregister geführt.

Die Kantone können die bezirksweise Führung des Registers anordnen.

Sie bestimmen die Beamten und deren Stellvertreter, denen die Führung des Handelsregisters obliegt, und die Behörde, welcher für das ganze Kantonsgebiet die Aufsicht über das Handelsregister zusteht.

Ausführungsvorschriften der Kantone zum Gesetz oder zu dieser Verordnung bedürfen der Genehmigung des Bundesrates.

Befugnis zur Auferlegung von Bußen

2. Die Befugnis, gegen Anmeldungspflichtige, die schuldhafterweise ihrer Pflicht nicht genügen, gemäß Art. 943 OR mit Ordnungsbußen einzuschreiten, steht der kantonalen Aufsichtsbehörde zu. Doch können die Kantone diese Befugnis ganz oder für bestimmte Fälle dem Registerführer übertragen, unter Vorbehalt der Weiterziehung seiner Verfügungen an die Aufsichtsbehörde.

Verantwortlichkeit. Aufsicht

3. Die Registerführer, ihre Stellvertreter und ihre Aufsichtsbehörden sind gemäß Art. 928 OR für ihre Amtsführung verantwortlich.

Die kantonalen Aufsichtsbehörden haben die Registerführung in ihrem Kanton alljährlich zu prüfen. Über das Ergebnis der Inspektionen ist dem Eidgenössischen Justiz- und Polizeidepartement Bericht zu erstatten.

Die kantonale Aufsichtsbehörde entscheidet über Beschwerden gegen Verfügungen des Registerführers oder bei Säumnis desselben.

Beschwerden gegen Verfügungen des Registerführers sind binnen 14 Tagen von der Zustellung an zu erheben.

Mit Ausnahme bloßer Ermächtigungen sind alle Entscheidungen der kantonalen Aufsichtsbehörden dem Eidgenössischen Justiz- und Polizeidepartement zur Kenntnis zu bringen.

Oberaufsicht

4. Das Eidgenössische Justiz- und Polizeidepartement übt die Oberaufsicht über die Handelsregisterführung in den Kantonen aus und läßt durch das ihm unterstellte Eidgenössische Amt für das Handelsregister Inspektionen vornehmen.

Registerführer, die ihre Obliegenheiten nicht ordnungsgemäß erfüllen, sind auf Verlangen des Departements zur Verantwortung zu ziehen und in schweren Fällen ihres Amtes zu entheben.

Das Eidgenössische Justiz- und Polizeidepartement kann allgemeine Weisungen in Handelsregistersachen erlassen.

Verwaltungsgerichtsbeschwerde

5. Gegen Entscheide des Eidgenössischen Amtes für das Handelsregister und der kantonalen Aufsichtsbehörden kann in Anwendung der Artikel 97 und 98 Buchstabe *g* des Bundesgesetzes vom 16. Dezember 1943 über die Organisation der Bundesrechtspflege binnen 30 Tagen beim Bundesgericht Beschwerde erhoben werden.

BS 3 S. 531; AS 1969 S. 767.

Dienststunden

6. Die Amtsräume des Handelsregisters sind an jedem Werktage während der durch die kantonalen Behörden zu bestimmenden Stunden offenzuhalten.

Sprache des Registers

7. Die Eintragungen ins Handelsregister sind in einer Amtssprache des Bundes abzufassen, die im Registerbezirk nach kantonalem Recht als Amtssprache gilt. Im Kanton Graubünden werden die Eintragungen auf Verlangen zusätzlich in rätoromanischer Sprache vorgenommen.

Belege können in einer andern Sprache eingereicht werden. Wird die Einsicht Dritter dadurch beeinträchtigt, so kann der Registerführer eine beglaubigte Übersetzung verlangen.

Korrektheit der Eintragungen

8. Die Eintragungen sind sorgfältig von Hand oder mit der Schreibmaschine vorzunehmen. Korrekturen auf chemischem oder mechanischem Wege oder durch Zwischenschriften sind untersagt.

Schriftfehler können am Rande berichtigt werden; Berichtigungen sind zu beglaubigen.

Unrichtigkeiten, die nach Vornahme der Eintragung zutage treten, sind durch eine neue Eintragung zu berichtigen, auf welche durch Randvermerk hinzuweisen ist.

Öffentlichkeit

9. Das Handelsregister mit Einschluß der Belege zu den Eintragungen ist öffentlich.

Gegen Entrichtung der festgesetzten Gebühren hat der Registerführer Einsicht in das Register und die Belege zu gestatten. Er hat auf Verlangen Registerauszüge auszustellen sowie zu bescheinigen, daß eine bestimmte Firma nicht eingetragen ist.

Auszüge und Bescheinigungen zu amtlichem Gebrauch sind unentgeltlich abzugeben.

Die einer Eintragung vorausgegangene oder mit ihr zusammenhängende Korrespondenz ist nicht öffentlich.

Abschriften von Registerakten dürfen nur vom Registerführer erstellt und gegen Entrichtung der Gebühr abgegeben werden.

Zur Erteilung telephonischer Auskunft über den Inhalt des Registers ist der Registerführer nur verpflichtet, soweit die Verhältnisse seines Amtes es gestatten.

II. Das Register

1. Einrichtung des Handelsregisters

Inhalt des Registers

10. Das Handelsregister enthält Eintragungen über:

a) Einzelfirmen (Art. 934, Abs. 1 und 2 OR),
b) Kollektivgesellschaften (Titel 24 OR),
c) Kommanditgesellschaften (Titel 25 OR),
d) Aktiengesellschaften (Titel 26 OR),
e) Kommanditaktiengesellschaften (Titel 27 OR),
f) Gesellschaften mit beschränkter Haftung (Titel 28 OR),
g) Genossenschaften (Titel 29 OR),
h) Vereine (Art. 60ff. ZGB),
i) Stiftungen (Art. 80ff. ZGB),
k) selbständige Gewerbe des öffentlichen Rechts,
l) Zweigniederlassungen (Art. 935 OR),
m) nichtkaufmännische Prokuren (Art. 458 Abs. 3 OR),
n) Vertreter von Gemeinderschaften (Art. 341, Abs. 3 ZGB).

Wo in dieser Verordnung der Ausdruck «Firma» verwendet wird, bezeichnet er die Einzelfirmen, Kollektivgesellschaften, Kommanditgesellschaften und juristischen Personen oder deren Namen.

Tagebuch

11. Die Eintragungen werden in das Tagebuch aufgenommen und aus diesem in das Hauptregister übertragen, sobald sie im Schweizerischen Handelsamtsblatt publiziert worden sind.

Hauptregister

12. Das Hauptregister wird in Tabellenform geführt.

Die Tabellen sind so einzurichten, daß in kurzer Zusammenfassung der Inhalt der Eintragung über eine Gründung, Änderung oder Löschung sowie die Verweisung auf die entsprechende Publikation im Schweizerischen Handelsamtsblatt aufgenommen werden können.

Ist die eingetragene Firma zu löschen, so ist der Eintrag mit roter Tinte schräg durchzustreichen und mit einem schwarzen horizontalen Strich abzuschließen. Überdies wird, neben der Ordnungsnummer und dem Datum der Löschung, der Grund der letzteren erwähnt. Gegebenenfalls ist auf die Nachfolge und den Übergang von Aktiven und Passiven hinzuweisen.

Hauptregister in Buchform, Verwendung der Blattseiten, Übertragung

13. Wird das Hauptregister in Buchform geführt, so kann das Blatt nach Löschung einer Firma noch für eine andere Firma verwendet werden, sofern diese voraussichtlich nicht mehr als den noch verfügbaren Raum beansprucht.

Beanspruchen die Eintragung und die nachfolgenden Änderungen einer Firma mehr als ein Blatt, so ist bei der Fortsetzung auf einem neuen Blatt der letzte Totalbestand zu übertragen und auf dem neuen sowohl als auf dem alten Blatt durch eine bezügliche Verweisung der Zusammenhang herzustellen.

Firmenverzeichnis

14. Zum Hauptregister ist ein alphabetisches Verzeichnis der eingetragenen Firmen zu führen.

Wird das Hauptregister als Kartothek geführt und sind die Registerkarten alphabetisch nach Firmen geordnet, kann auf das Firmenverzeichnis verzichtet werden.

Form des Tagebuchs

15. Die Tagebucheintragungen sind auf lose Blätter aufzunehmen, die fortlaufend zu numerieren, geordnet aufzubewahren und jahrgangweise einzubinden sind. Bei weniger als 200 Eintragungen im Jahr sind die Blätter mindestens alle fünf Jahre einzubinden.

Form des Hauptregisters und der Verzeichnisse

15a Das Hauptregister und die Verzeichnisse werden in Buchform oder als Kartothek geführt.

Die Verzeichnisse können als Aufzeichnungen auf elektronischen Datenträgern geführt werden, sofern die Eintragungen, einschließlich die Änderungen und Löschungen, jederzeit lesbar gemacht und ausgedruckt werden können. Ausnahmsweise kann das Eidgenössische Amt für das Handelsregister unter den gleichen Voraussetzungen die Führung des Hauptregisters mittels elektronischer Datenverarbeitung gestatten.

Bücher

16. Die beim Handelsregister verwendeten Bücher müssen gebunden und mit fortlaufenden Seitenzahlen versehen sein. Die Anzahl der Seiten ist auf dem ersten Blatt eines jeden Buches anzugeben und vom Registerführer unterschriftlich zu beglaubigen.

Kartenregister

17. Die Führung von Kartenregistern bedarf der Genehmigung des eidgenössischen Amtes für das Handelsregister.

Wird ein Kartenregister nicht zuverlässig geführt, so kann das Eidgenössische Justiz- und Polizeidepartement die Ersetzung durch die Buchform verfügen.

Die Karten, deren Inhalt gelöscht ist, sind geordnet so aufzubewahren, daß sie jederzeit nachgeschlagen werden können.

Formulare

18. Das Eidgenössische Justiz- und Polizeidepartement kann für die Blätter und Karten des Hauptregisters einheitliche Formulare vorschreiben.

2. Formelle Eintragungsvorschriften, Registerakten

Anmeldung. Eintragung im Tagebuch

19. Die in das Handelsregister einzutragenden Tatsachen können beim Handelsregisteramt mündlich oder schriftlich angemeldet werden.

Die Eintragung wird, sobald ihre Voraussetzungen gegeben sind, vom Registerführer unverzüglich in das Tagebuch aufgenommen. Sie ist mit dem Datum und einer jedes Jahr neu beginnenden Ordnungsnummer zu versehen und vom Registerführer zu unterzeichnen.

Inhalt der Eintragung

20. Gesetz und Verordnung bestimmen den Inhalt der Eintragung in das Handelsregister.

Tatsachen, deren Eintragung nicht vorgesehen ist, können nur dann eingetragen werden, wenn das öffentliche Interesse es rechtfertigt, ihnen Wirkung gegenüber Dritten zu verleihen.

Prüfungspflicht des Registerführers

21. Bevor der Registerführer eine Eintragung vornimmt, hat er zu prüfen, ob hiefür die Voraussetzungen nach Gesetz und Verordnung erfüllt sind.

Bei der Eintragung juristischer Personen ist insbesondere zu prüfen, ob die Statuten keinen zwingenden Vorschriften widersprechen und den vom Gesetz verlangten Inhalt aufweisen.

BGE 105 II 130.

Anmeldende Personen

22. Gesetz und Verordnung bestimmen, wem die Anmeldung einer Eintragung in das Handelsregister obliegt.

Bei juristischen Personen erfolgt die Anmeldung durch die Verwaltung. Besteht diese aus mehreren Personen, so hat der Präsident oder sein Stellvertreter sowie der Sekretär oder ein zweites Mitglied des Verwaltungsrates die Anmeldung zu unterzeichnen.

Mündliche und schriftliche Anmeldung. Unterzeichnung

23. Bei der mündlichen Anmeldung unterzeichnen die anmeldenden Personen die Eintragung vor dem Registerführer. Sie haben sich über ihre Identität auszuweisen, und der Registerführer hat im Anschluß an die Unterzeichnung die Art der Legitimation zu erwähnen.

Bei der schriftlichen Anmeldung sind die Unterschriften zu beglaubigen. Die einer späteren Anmeldung beigesetzten Unterschriften müssen jedoch nur dann beglaubigt werden, wenn sie nicht schon früher für die nämliche Firma abgegeben wurden, es sei denn, daß der Registerführer Grund hat, ihre Echtheit zu bezweifeln.

Stellt der Registerführer den Text der schriftlichen Anmeldung selbst her, so ist er berechtigt, hiefür die im Tarif festgesetzte Gebühr zu erheben.

Unterzeichnung in besonderen Fällen
a) Erben

24. Haben Erben die Anmeldung zu unterzeichnen, so können an ihrer Stelle auch Willensvollstrecker, Erbschaftsliquidatoren oder andere Stellvertreter zeichnen, die nach den Umständen als hiezu bevollmächtigt zu betrachten sind.

Der Registerführer kann sich im Falle des Todes des Inhabers einer Einzelfirma zur Löschung dieser Firma mit der Anmeldung eines einzigen Erben begnügen, wenn der Geschäftsbetrieb aufgehört hat.

b) Geschäftslokal, Angaben persönlicher Natur

25. Die Änderung des Geschäftslokals (der Adresse) bei gleichbleibendem Sitz kann durch einen im Handelsregister eingetragenen Unterschriftsberechtigten der Firma und die Änderung der Angaben über Namen, Heimatort (Staatsangehörigkeit) oder Wohnort einer im Handelsregister eingetragenen Person durch letztere selbst angemeldet werden.

c) Ausscheiden aus der Verwaltung einer juristischen Person

25a. Scheidet ein Mitglied aus der Verwaltung aus, kann es selbst um Löschung nachsuchen. Es muß dazu die erforderlichen Belege vorlegen.

Der Handelsregisterführer gibt der juristischen Person am eingetragenen Rechtsdomizil von dieser Anmeldung sofort Kenntnis. Wird innert einer Frist von zehn Tagen kein privatrechtlicher Einspruch erhoben, so wird die Löschung eingetragen.

Firmaunterschrift

26. Wer zur Führung der Firmaunterschrift befugt ist, hat sie beim Handelsregister zu zeichnen oder in beglaubigter Form einzureichen. Die Zeichnung geschieht in der Weise, daß der Firma der Namenszug beigefügt wird, mit oder ohne Bezeichnung der Eigenschaft, in welcher die Vertretung erfolgt.

Die Inhaber von Einzelfirmen und die geschäftsführenden Gesellschafter von Kollektiv- und Kommanditgesellschaften können auch die Firma so zeichnen, daß sie diese von Hand schreiben, ohne Beisetzung des Namenszuges.

Prokuristen haben in der Weise zu zeichnen, daß sie der Firma einen die Prokura andeutenden Zusatz und ihren Namenszug beifügen.

Allen spätern Anmeldungen, bei denen es sich nicht um eine neue Firmaunterschrift handelt, sind nur die persönlichen Unterschriften der zur Anmeldung verpflichteten Personen beizusetzen.

Firma in verschiedenen Sprachen

27. Wird eine Firma in mehreren Sprachen geführt, so ist nur eine Firmaunterschrift in jeder Sprache der Anmeldung beizusetzen. Die Erfüllung dieses Erfordernisses vorbehalten, braucht ein Zeichnungsberechtigter seinen Namenszug nur einmal abzugeben.

Anmeldungsbelege. Beglaubigung

28. Am Schlusse der Eintragung sind die Belege einzeln aufzuführen.

Beruhen die einzutragenden Tatsachen auf Beschlüssen oder Wahlen von Organen einer juristischen Person, so ist, sofern das Gesetz nicht eine öffentliche Urkunde vorschreibt, ein von einer Urkundsperson zu beglaubigender Auszug aus dem Protokoll des Organs als Beleg zur Anmeldung einzureichen.

Gegen Entrichtung der im Tarif festgesetzten Gebühr kann der Registerführer die Übereinstimmung des Auszuges mit dem ihm vorgelegten Original bestätigen oder den Auszug selbst herstellen.

Für das dem Handelsregisteramt einzureichende Exemplar der Statuten einer Genossenschaft oder eines Vereins genügt die Unterzeichnung durch den Präsidenten und den Protokollführer der Generalversammlung. Die Unterschriften müssen nicht beglaubigt werden, wenn sie dem Registerführer bekannt sind.

Ein beglaubigter Auszug aus dem Protokoll des Organs einer juristischen Person braucht nicht beigebracht zu werden, wenn alle Mitglieder dieses Organs die Eintragung unterzeichnen.

Ausweise über Handelsgesellschaften und juristische Personen

29. Über Handelsgesellschaften und juristische Personen, die sich außerhalb des Registerbezirks, in dem sie ihren Sitz haben, als Kommanditäre an Kommanditgesellschaften oder als Mitglieder von Gesellschaften mit beschränkter Haftung beteiligen, ist ein Auszug aus dem Handelsregister und, wenn ein solcher nicht erhältlich ist, ein ihm gleichwertiger Ausweis über ihren rechtlichen Bestand beizubringen.

Im Ausland errichtete öffentliche Urkunde

30. Eine im Ausland errichtete öffentliche Urkunde kann entgegengenommen werden, wenn sie mit einer Bescheinigung der für den Errichtungsort zuständigen Behörde versehen ist, aus welcher sich ergibt, daß sie von der zuständigen öffentlichen Urkundsperson errichtet worden ist. Ferner sind, unter Vorbehalt abweichender Bestimmungen von Staatsverträgen, die Beglaubigungen der ausländischen Regierung und der zuständigen diplomatischen oder konsularischen Vertretung der Schweiz beizufügen.

Unvollständige Anmeldung

31. Ist eine Anmeldung nicht vorschriftsgemäß unterzeichnet oder können nicht alle vorgeschriebenen Anmeldungsbelege beigebracht werden, so kann die kantonale Aufsichtsbehörde die Ermächtigung zur Eintragung erteilen, wenn besondere Umstände eine Ausnahme rechtfertigen.

Privatrechtlicher Einspruch gegen eine Eintragung

32. Erheben Dritte wegen Verletzung ihrer Rechte beim Handelsregisterführer Einspruch gegen eine vollzogene Eintragung, so sind sie an den Richter zu weisen, es sei denn, daß sie sich auf Vorschriften berufen, die von der Registerbehörde von Amtes wegen zu beobachten sind.

Wird ein privatrechtlicher Einspruch gegen eine noch nicht vollzogene Eintragung erhoben, so hat der Registerführer dem Einsprechenden eine nach dem kantonalen Prozeßrecht genügende Frist zur Erwirkung einer vorsorglichen Verfügung des Richters einzuräumen. Wenn innert dieser Frist der Richter die Eintragung nicht untersagt, so ist sie vorzunehmen, sofern im übrigen ihre Voraussetzungen erfüllt sind.

Löschungen und Änderungen

33. Löschungen und Änderungen sind wie neue Eintragungen zu behandeln. Bei der Löschung einer Firma ist der Grund anzugeben. Die Auflösung einer Gesellschaft wird als Änderung behandelt.

Werden Prokuristen oder andere Bevollmächtigte gelöscht, die nicht Mitglieder von Organen juristischer Personen sind, so ist der Löschungsgrund nicht zu erwähnen.

Archivierung der Anmeldungsakten

34. Die zu einer Eintragung gehörenden Akten sind mit Datum und Ordnungsnummer des Tagebuches zu versehen und jahrgangweise aufzubewahren. Mehrere zur nämlichen Eintragung gehörende Akten sind in einem Umschlag aufzubewahren, der mit Firma, Datum und Ordnungsnummer versehen wird.

Die Aufbewahrung kann auch in der Weise geschehen, daß

alle die nämliche Firma betreffenden Akten in einem Umschlag vereinigt werden. Diese Umschläge sind zu ordnen und so zu überschreiben und aufzubewahren, daß sie jederzeit zur Hand sind.

Werden die Akten zusammengeheftet aufbewahrt, so muß dies so geschehen, daß die Lostrennung eines einzelnen Aktenstükkes ohne Beschädigung möglich ist.

Beschlüsse der Gläubigerversammlungen von Anleihensobligationen

35. Die Urkunden über die Beschlüsse der Gläubigerversammlung von Anleihensobligationen werden beim Handelsregister aufbewahrt. Ihre Einreichung ist im Tagebuch und im Hauptregister unter der Firma des Schuldners einzutragen, im letzteren in der Kolonne «Bemerkungen» unter Erwähnung des Eingangsdatums.

Aufbewahrung der Register und Akten

36. Tagebuch, Hauptregister und, falls nach Artikel 14 obligatorisch, das Firmenregister dürfen nicht vernichtet werden.

Dagegen ist die Vernichtung von Mitgliederlisten (Art. 94 und 99), Meldungen (Art. 91) sowie Belegen (Art. 9 Abs. 1) zehn Jahre nach dem Zeitpunkt der Löschung der betreffenden Firma gestattet. Die eingegangenen und die Kopien der ausgegangenen Korrespondenzen können zehn Jahre nach ihrem Ein- bzw. Ausgang vernichtet werden.

Der Registerführer hat über die Bücher, Verzeichnisse und den Aktenbestand seines Amtes ein Archivverzeichnis zu führen. Das Eidgenössische Amt für das Handelsregister kann Ausnahmen bewilligen.

Edition von Akten

37. Die Bücher und Verzeichnisse dürfen nicht herausgegeben werden, die zu einer Eintragung gehörenden Akten nur auf Befehl des Richters oder der Staatsanwaltschaft, auf Verlangen der kantonalen Aufsichtsbehörde oder des eidgenössischen Amtes für das Handelsregister, in allen Fällen gegen Empfangsbescheinigung.

Um einer Behörde oder Amtsstelle die verlangte Einsichtnahme in bestimmte Akten zu ermöglichen, kann der Registerführer diese einem andern Registeramt oder dem eidgenössischen Amt für das Handelsregister für wenige Tage zustellen.

3. Besondere Bestimmungen über den Registerinhalt

Wahrheit der Eintragungen

38. Alle Eintragungen in das Handelsregister müssen wahr sein, dürfen zu keinen Täuschungen Anlaß geben und keinem öffentlichen Interesse widersprechen.

Stellt sich nach dem Vollzug einer Eintragung heraus, daß sie diesen Anforderungen nicht entspricht, so ist sie im Verfahren gemäß Art. 60 zu ändern oder zu löschen.

OR 944.

Firma in mehreren Sprachen

39. Wird eine Firma in mehreren Sprachen gefaßt, so sind alle Fassungen, die im Geschäftsverkehr verwendet werden, in das Handelsregister einzutragen; sie müssen inhaltlich übereinstimmen.

BGE 106 II 58.

Personalangaben

40. Unter Vorbehalt der Vorschriften über die Firmenbildung ist bei allen in irgendeiner Eigenschaft im Handelsregister zu erwähnenden Personen neben dem Familiennamen mindestens ein ausgeschriebener Vorname, die Staatsangehörigkeit (bei Schweizerbürgern der Heimatort) und der Wohnort zu nennen.

Gesellschaften als Mitglieder anderer Gesellschaften oder ihrer Organe und als Vertreter

41. Kollektiv- und Kommanditgesellschaften sowie juristische Personen können sich weder als unbeschränkt haftende Gesellschafter an Kollektiv- oder Kommanditgesellschaften beteiligen noch zu Mitgliedern der Verwaltung juristischer Personen oder zeichnungsberechtigten Vertretern bestellt werden. Vorbehalten bleiben die Art. 811 und 815, Abs. 2, OR und die Wahl zu Liquidatoren.

Natur des Geschäftes. Geschäftslokal

42. Bei Einzelfirmen, Kollektiv- und Kommanditgesellschaften ist die Natur des Geschäftes und bei juristischen Personen ihr Zweck kurz und sachlich einzutragen.

Ferner ist in allen Fällen in der Eintragung das Geschäftslokal oder das Bureau der Geschäftsführung zu bezeichnen, wenn möglich unter Angabe von Straße und Hausnummer.

Statutarischer Sitz und Domizil

43. Wenn eine juristische Person am Orte des statutarischen Sitzes kein Geschäftsbureau hat, so muß in die Eintragung aufgenommen werden, bei wem sich an diesem Orte das Domizil befindet.

Der Handelsregisterführer darf weder amtlich noch außeramtlich das Domizil einer juristischen Person übernehmen.

Reklame, Untertitel, Abkürzungen

44. Bezeichnungen, die nur der Reklame dienen, dürfen in eine Firma nicht aufgenommen werden.

Untertitel, Kurzbezeichnungen, Stichwörter und ähnliche Ausdrücke sind nur statthaft, sofern sie Bestandteile der Firma bilden.

Nationale Bezeichnungen

45. Einzelfirmen, Handelsgesellschaften und Genossenschaften dürfen in ihrer Firma keine nationalen Bezeichnungen verwenden. Ausnahmen können gestattet werden, wenn sie durch besondere Umstände gerechtfertigt sind.

Die Bewilligung zur Führung einer nationalen Bezeichnung ist beim eidgenössischen Amt für das Handelsregister nachzusuchen. Es darf sie nur erteilen, nachdem es bei der nach den Umständen zuständigen Behörde, Amtsstelle oder Vertretung von Handel, Industrie oder Gewerbe eine Meinungsäußerung eingeholt hat.

Vor Erteilung der Bewilligung darf die Eintragung nicht vorgenommen werden.

Abs. 1: BGE 69 I 128; 82 I 44.

Territoriale und regionale Bezeichnungen

46. Der vorangehende Artikel findet auch Anwendung auf territoriale und regionale Zusätze sowie auf die Bezeichnung des Sitzes in adjektivischer Form, sofern dessen Name zugleich den Kanton bezeichnet.

In der Regel hat das eidgenössische Amt, bevor es die Führung einer solchen Bezeichnung gestattet, ebenfalls zuständigenorts eine Meinungsäußerung einzuholen.

Zur Bezeichnung des Sitzes in substantivischer Form bedarf es keiner Bewilligung.

Abs. 1: BGE 102 Ib 16 («African»).

Anwendung auf Vereine

47. Einzutragende Vereine, die nicht ausschließlich nichtwirtschaftliche Ziele verfolgen, insbesondere die als Vereine konstituierten Berufsverbände, stehen hinsichtlich der Verwendung nationaler und territorialer Bezeichnungen in ihrem Namen unter den Bestimmungen der Art. 45 und 46.

BGE 116 II 605.

Enseignes

48. Die Enseignes (besondere Bezeichnungen des Geschäftslokales) sind in das Handelsregister einzutragen. Sie stehen unter den Bestimmungen der Art. 38, 44–47, 61 und 67.

Verlegung des Sitzes
1. Innerhalb der Schweiz in einen andern Registerbezirk

49. Verlegt eine Firma den Sitz in einen andern Registerbezirk, so ist zuerst die Eintragung in das am neuen Sitz zuständige Register vorzunehmen. Neben den für eine Neueintragung vorgeschriebenen Angaben ist der bisherige Sitz zu erwähnen.

Der Anmeldung am neuen Sitz ist ein Auszug aus dem Register des bisherigen Sitzes beizufügen. Handelt es sich um eine juristische Person, so ist außerdem der Ausweis über die Statutenänderung und weitere Änderungen, ein vom Registerführer des bisherigen Sitzes beglaubigtes Exemplar der Statuten sowie ein Exemplar der neuen Statuten beizufügen.

Der Registerführer am neuen Sitz übermittelt dem Registerführer am bisherigen Sitz spätestens am Tage nach der Eintragung eine Abschrift derselben. Er teilt ihm so bald wie möglich das Publikationsdatum mit. Der Registerführer am bisherigen Sitz nimmt unmittelbar nach dieser Mitteilung von Amtes wegen die Löschung vor.

Der Registerführer am bisherigen Sitz überweist die Belege (Art. 9 Abs. 1) sowie allfällige Meldungen (Art. 91) oder Mitgliederlisten (Art. 94 und 99) dem Registerführer am neuen Sitz.

Sitzverlegung in Kriegszeiten: SR 531.54.

2. Vom Ausland in die Schweiz
a) Allgemeine Voraussetzungen

50. Eine ausländische Gesellschaft kann sich ohne Liquidation und Neugründung dem schweizerischen Recht unterstellen, wenn das ausländische Recht es gestattet, die Gesellschaft die Voraussetzungen des ausländischen Rechts erfüllt und die Anpassung an eine schweizerische Rechtsform möglich ist.

Der Bundesrat kann die Unterstellung unter das schweizerische Recht auch ohne Berücksichtigung des ausländischen Rechts zulassen, insbesondere wenn erhebliche schweizerische Interessen es erfordern.

Eine Gesellschaft, die nach schweizerischem Recht eintragungspflichtig ist, untersteht schweizerischem Recht, sobald sie nachweist, daß sie den Mittelpunkt der Geschäftstätigkeit in die Schweiz verlegt und sich dem schweizerischen Recht angepaßt hat.

b) Besondere Belege

50a. Die Anmeldungspflichtigen haben dem Registerführer folgende besondere Belege vorzulegen:

1. einen Ausweis über den rechtlichen Bestand der Gesellschaft im Ausland;

2. eine Bescheinigung der zuständigen ausländischen Behörde über die Zulässigkeit der Sitzverlegung oder eine Genehmigung des Bundesrates nach Artikel 50 Absatz 2;

3. die Bescheinigung einer sachlich kompetenten schweizerischen Behörde oder Institution über die Möglichkeit der Anpassung an die entsprechende schweizerische Rechtsform, sofern der Registerführer eine solche als erforderlich erachtet;

4. den Nachweis, daß der Mittelpunkt der Geschäftstätigkeit der Gesellschaft in die Schweiz verlegt worden ist;

5. bei einer Kapitalgesellschaft einen Revisionsbericht einer vom Bundesrat hierzu ermächtigten Revisionsstelle, aus welchem sich ergibt, daß das Grundkapital nach schweizerischem Recht gedeckt ist.

3. Von der Schweiz ins Ausland

51. Eine schweizerische Gesellschaft kann sich ohne Liquidation und Neugründung ausländischem Recht unterstellen, wenn sie nachweist:

a) daß die Voraussetzungen nach schweizerischem Recht erfüllt sind;

b) daß sie nach ausländischem Recht fortbesteht; und

c) daß sie unter Hinweis auf die bevorstehende Änderung des Gesellschaftsstatuts ihre Gläubiger öffentlich zur Anmeldung bestehender Ansprüche aufgefordert hat.

Gesellschaften können wegen Verlegung des Sitzes ins Ausland nur gelöscht werden, wenn glaubhaft gemacht wird, daß die Gläubiger befriedigt oder ihre Forderung sichergestellt sind oder wenn die Gläubiger mit der Löschung einverstanden sind.

III. Eintragspflicht und amtliches Verfahren

Eintragspflicht

52. Wer ein Handels-, ein Fabrikations- oder ein anderes nach kaufmännischer Art geführtes Gewerbe betreibt, ist verpflichtet, sich am Orte seiner Hauptniederlassung in das Handelsregister eintragen zu lassen (Art. 934, Abs. 1, OR).

Die Eintragspflicht beginnt mit der Eröffnung des Betriebes.

Als Gewerbe im Sinne dieser Verordnung ist eine selbständige, auf dauernden Erwerb gerichtete wirtschaftliche Tätigkeit zu betrachten.

Abs. 3: BGE 104 Ib 261.

Die Arten der eintragspflichtigen Gewerbe

53. A. Zu den Handelsgewerben gehören insbesondere:

1. Der Erwerb von unbeweglichen und beweglichen Sachen irgendwelcher Art und die Wiederveräußerung derselben in unveränderter oder veränderter Form.

Der Hausierhandel wird nicht zu den Handelsgewerben gerechnet.

2. Der Betrieb von Geld-, Wechsel-, Effekten-, Börsen- und Inkassogeschäften.

3. Die Tätigkeit als Kommissionär, Agent oder Makler.

4. Die Treuhand- und Sachwaltergeschäfte.

5. Die Beförderung von Personen und Gütern irgendwelcher Art und die Lagerung von Handelsware.

6. Die Vermittllung von Nachrichten und die Auskunfterteilung irgendwelcher Art und in irgendeiner Form.

7. Die Versicherungsunternehmungen.
8. Die Verlagsgeschäfte.

B. Fabrikationsgewerbe sind Gewerbe, die durch Bearbeitung von Rohstoffen und andern Waren mit Hilfe von Maschinen oder andern technischen Hilfsmitteln neue oder veredelte Erzeugnisse herstellen.

C. Zu den andern, nach kaufmännischer Art geführten Gewerben gehören diejenigen, die nicht Handels- oder Fabrikationsgewerbe sind, jedoch nach Art und Umfang des Unternehmens einen kaufmännischen Betrieb und eine geordnete Buchführung erfordern.

Lit. C: BGE 100 Ib 345 (med. Klinik).

Ausnahmen von der Eintragspflicht. Roheinnahme

54. Die im vorangehenden Artikel unter den Buchstaben A Ziff. 1, 5 und 8 sowie B und C bezeichneten Gewerbe sind von der Eintragspflicht befreit, wenn ihre jährliche Roheinnahme die Summe von Fr. 100 000 nicht erreicht.

Bestimmung der Roheinnahme
a) Zeitlich

55. Maßgebend ist die Roheinnahme in den zwölf, dem Zeitpunkt der Prüfung der Eintragspflicht unmittelbar vorangegangenen Monaten.

Besteht ein Betrieb noch nicht ein Jahr, so ist die voraussichtliche Roheinnahme maßgebend, berechnet für ein ganzes Jahr auf Grund des seit der Eröffnung des Geschäftes erzielten Ergebnisses.

b) Bei mehreren Betrieben

56. Betreibt der Inhaber eines seiner Natur nach eintragspflichtigen Gewerbes, das die in Art. 54 vorgesehene Roheinnahme nicht erreicht, noch ein anderes Gewerbe, so ist, selbst wenn dieses an sich der Eintragspflicht nicht unterliegen würde, in die maßgebende jährliche Roheinnahme auch diejenige aus dem Nebengewerbe einzurechnen.

Zwangsweise Eintragung

57. Wer nach Art. 934, Abs. 1, OR und Art. 52 bis 56 dieser Verordnung zur Eintragung in das Handelsregister verpflichtet ist und diese Pflicht nicht erfüllt hat, ist vom Registerführer unter Hinweis auf die Vorschriften durch eingeschriebenen Brief oder amtliche Zustellung aufzufordern, binnen 10 Tagen die Eintragung anzumelden oder die Weigerung schriftlich zu begründen.

Die Eintragung kann auch von dritter Seite verlangt werden. Das Begehren ist zu begründen. Der Registerführer erläßt die Aufforderung, wenn er aus den Umständen schließen kann, daß die Voraussetzungen der Eintragspflicht gegeben sind.

Die aufgeforderten Personen sind verpflichtet, die für die Prüfung der Eintragspflicht und für die Eintragung erforderliche Auskunft zu erteilen und vorhandene Geschäftsbücher vorzulegen.

Wenn innerhalb der angesetzten Frist weder die Anmeldung erfolgt, noch Weigerungsgründe schriftlich geltend gemacht werden, so nimmt der Registerführer die Eintragung von Amtes wegen vor. Gleichzeitig macht er der kantonalen Aufsichtsbehörde Anzeige. Die Aufsichtsbehörde büßt den Fehlbaren.
BGE 110 II 396 (Wiedereintragung).

Entscheidung der Aufsichtsbehörde

58. Werden Weigerungsgründe geltend gemacht, so überweist der Registerführer die Angelegenheit der kantonalen Aufsichtsbehörde. Diese prüft die Verhältnisse und entscheidet unverzüglich. Sie teilt den Entscheid mit Begründung den Anmeldungspflichtigen, den Dritten, welche die Eintragung verlangt haben, sowie dem Eidgenössischen Justiz- und Polizeidepartement mit.

Der kantonale Entscheid wird vollzogen, wenn nicht innert 30 Tagen seit seiner Zustellung beim Bundesgericht Beschwerde erhoben worden ist.

Änderungen
a) Im allgemeinen

59. Ist eine Tatsache im Handelsregister eingetragen, so muß auch jede Änderung dieser Tatsache eingetragen werden (Art. 937 OR).

Die Anmeldungspflichtigen haben auch die Eintragung der von einer Verwaltungsbehörde oder vom Richter verfügten Einschränkungen oder Änderungen in der Geschäftsführung oder Vertretung von Firmen zu veranlassen, sofern nicht die Verfügung den Registerführer zur unmittelbaren Eintragung anweist.

b) Zwangsweise Herbeiführung von Änderungen und Löschungen

60. Stimmt eine Eintragung im Handelsregister mit den Tatsachen nicht mehr überein, so fordert der Registerführer den oder die Anmeldungspflichtigen unter Hinweis auf die Vorschriften und unter Ansetzung einer angemessenen Frist durch eingeschriebenen Brief oder amtliche Zustellung auf, die erforderliche Änderung oder Löschung anzumelden.

Wenn innerhalb der angesetzten Frist weder die Anmeldung erfolgt, noch Weigerungsgründe schriftlich geltend gemacht werden, so nimmt der Registerführer die Änderung oder die Löschung von Amtes wegen vor. Gleichzeitig macht er der kantonalen Aufsichtsbehörde Anzeige. Die Aufsichtsbehörde büßt den Fehlbaren.

Werden Weigerungsgründe geltend gemacht, so überweist der Registerführer die Angelegenheit der kantonalen Aufsichtsbehörde. Diese prüft die Verhältnisse und entscheidet unverzüglich. Sie teilt den Entscheid mit Begründung den Anmeldungspflichtigen, den Dritten, welche die Änderung oder die Löschung verlangt haben, sowie dem Eidgenössischen Justiz- und Polizeidepartement mit.

Für die Beschwerde und den Vollzug gilt Artikel 58 Absatz 2.

Anpassung der Firmen an die Vorschriften

61. Das Verfahren nach Artikel 60 gilt sinngemäß, wenn eine Firma nicht oder nicht mehr den Vorschriften entspricht.

Wenn innerhalb der angesetzten Frist weder eine Anmeldung erfolgt, noch Weigerungsgründe schriftlich geltend gemacht werden, so setzt der Registerführer den Wortlaut der Firma von Amtes wegen fest und trägt ihn ein. Werden Weigerungsgründe geltend gemacht oder wird eine Firma angemeldet, welche der Registerführer für unzulässig hält, so überweist er die Angelegenheit der kantonalen Aufsichtsbehörde zum Entscheid.

Kosten des Verfahrens

62. Bei Eintragungen, die im Verfahren der Art. 57 bis 61 erfolgen, haben die Anmeldungspflichtigen sowohl die Handelsregistergebühr als allfällige Kosten des Verfahrens zu tragen.

Hat ein Dritter die Vornahme einer Eintragung, Änderung oder Löschung verlangt und ergibt die Prüfung der Verhältnisse, daß sein Begehren unbegründet war, so hat er, wenn das Verfahren böswillig oder leichtfertig veranlaßt wurde, allfällige Kosten zu tragen. Für die Deckung solcher Kosten kann der Registerführer einen Vorschuß verlangen, wenn er das Begehren für unbegründet hält.

Ermittlung der Eintragspflichtigen und der eingetretenen Änderungen

63. Der Registerführer ist verpflichtet, die Inhaber eintragspflichtiger Gewerbe zu ermitteln und ihre Eintragung herbeizuführen.

Ferner hat er die Eintragungen festzustellen, die mit den Tatsachen nicht mehr übereinstimmen.

Zu diesem Zwecke sind sowohl die Gerichte als die Gemeinde- und Bezirksbehörden verpflichtet, dem Registerführer Eintragspflichtige zu melden und ihm von den die Eintrags-, Änderungs- oder Löschungspflicht begründenden Tatsachen Mitteilung zu machen.

Mindestens einmal in drei Jahren hat der Registerführer die Gemeinde- oder Bezirksbehörden unter Übermittlung einer Liste der ihren Amtskreis betreffenden Eintragungen zu ersuchen, ihm von neu gegründeten Gewerben oder von Änderungen eingetragener Tatsachen Kenntnis zu geben. Die kantonale Aufsichtsbehörde kann auch ein anderes Ermittlungsverfahren anordnen, das den nämlichen Zweck erfüllt.

IV. Konkurse und amtliche Löschungen

1. Konkurs und Nachlaßvertrag mit Vermögensabtretung
a) Eintragung

64. Fällt der Inhaber einer Einzelfirma in Konkurs oder wird eine Gesellschaft durch Konkurs aufgelöst, so hat der Registerführer, gestützt auf die Mitteilung des Konkursrichters, hierüber eine Änderung einzutragen, unter Erwähnung des Datums des Konkurserkenntnisses. Wird eine besondere Konkursverwaltung eingesetzt, so ist sie, gestützt auf die Mitteilung des Konkursamtes, einzutragen.

Der Abschluß eines gerichtlichen Nachlaßvertrages mit Vermögensabtretung wird ebenfalls eingetragen. Die Liquidationskommission hat die Eintragung anzumelden und der Anmeldung einen beglaubigten Auszug aus dem Nachlaßvertrag und das Dispositiv des Urteils beizufügen. Die Eintragung soll das Datum der gerichtlichen Genehmigung des Nachlaßvertrages, die Zusammensetzung der Liquidationskommission, die Vertreter und die Art der Zeichnung enthalten.

b) Widerruf oder Einstellung des Konkurses

65. Wird der Konkurs widerrufen oder das Konkursverfahren mangels Aktiven eingestellt, so hat dies der Registerführer auf die amtliche Mitteilung hin einzutragen, unter Aufhebung des den Konkurs betreffenden Eintrags.

c) Löschung

66. Die Einzelfirma wird gelöscht, wenn der Geschäftsbetrieb aufgehört hat, spätestens aber mit dem Schluß des Konkursverfahrens.

Eine Gesellschaft wird nach Schluß des Konkursverfahrens auf die amtliche Mitteilung des Schlußerkenntnisses hin gelöscht. Wurde das Konkursverfahren mangels Aktiven eingestellt, so erfolgt die Löschung, wenn nicht innert drei Monaten nach der Publikation der Eintragung der Einstellung gegen die Löschung begründeter Einspruch erhoben wird. Ist der Einspruch berechtigt, so ist die Firma mit dem Zusatz «in Liquidation» einzutragen. Nach durchgeführter Liquidation ist die Löschung unter allen Umständen vorzunehmen.

Bei gerichtlichen Nachlaßverträgen mit Vermögensabtretung hat die Liquidationskommission nach Beendigung der Liquidation die Löschung anzumelden.

2. Verfügung des Richters

67. Verfügt der Richter die Änderung einer Firma, ohne den Registerführer unmittelbar zu einer entsprechenden Eintragung anzuweisen, so müssen die Anmeldungspflichtigen um die Eintragung nachsuchen.

Vorbehalten bleibt die Pflicht des Registerführers, vor Eintragung einer Firma zu prüfen, ob diese mit den Vorschriften übereinstimmt (Art. 955 OR).

3. Amtliche Löschung von Einzelfirmen, Kollektiv- und Kommanditgesellschaften

68. Eine Einzelfirma wird von Amtes wegen gelöscht, wenn der

Geschäftsbetrieb infolge Wegzugs oder Todes des Inhabers aufgehört hat und seither sechs Monate verflossen sind, ohne daß er selbst oder im Falle des Todes seine Erben zur Löschung angehalten werden konnten.

Eine Kollektiv- oder Kommanditgesellschaft ist von Amtes wegen zu löschen, wenn der Geschäftsbetrieb infolge Todes, Wegzugs, Konkurses oder Bevormundung sämtlicher Gesellschafter aufgehört hat und die zur Veranlassung der Löschung Verpflichteten hiezu nicht angehalten werden konnten.

Mit Zustimmung der Aufsichtsbehörde können diese Gesellschaften auch gelöscht werden, wenn die genannten Voraussetzungen nicht bei sämtlichen Gesellschaftern eingetreten sind und auf die Ankündigung der Löschung innert der vom Registerführer angesetzten Frist keine begründete Einsprache erhoben wird.

V. Zweigniederlassungen

Gewerbebetrieb als Voraussetzung der Eintragung

69. Es können nur Zweigniederlassungen von Gewerben in das Handelsregister eingetragen werden.

Firma

70. Zweigniederlassungen müssen die gleiche Firma führen wie die Hauptniederlassung; sie dürfen jedoch ihrer Firma besondere Zusätze beifügen, sofern diese nur für die Zweigniederlassung zutreffen.

Die Firma der Zweigniederlassung eines Unternehmens, dessen Sitz sich im Ausland befindet, muß überdies den Ort der Hauptniederlassung, den Ort der Zweigniederlassung und die ausdrückliche Bezeichnung als solche enthalten (Art. 952 OR).

Zweigniederlassung eines schweizerischen Unternehmens
a) Inhalt der Eintragung

71. `Über die Errichtung der Zweigniederlassung einer Firma, deren Hauptsitz sich in der Schweiz befindet, wird in das Handelsregister eingetragen:

a) die rechtliche Natur der Hauptniederlassung, ihre Firma und ihr Sitz;

b) die Feststellung, daß die Hauptniederlassung im Handelsregister ihres Sitzes eingetragen ist;

c) Firma und Sitz der Zweigniederlassung;

d) die Natur des Geschäftes oder der Zweck der Gesellschaft;

e) besondere Bestimmungen, die nur für die Zweigniederlassung gelten;

f) die Vertreter der Zweigniederlassung und die Art der Führung der Unterschrift;

g) das Geschäftslokal.

b) Anmeldung bei Neueintragungen

72. Sollen Zweigniederlassungen neu eingetragen werden, so ist die Anmeldung zu unterzeichnen:

a) bei Einzelfirmen vom Firmainhaber;

b) bei Kollektiv- und Kommanditgesellschaften von sämtlichen zur Vertretung befugten Gesellschaftern;

c) bei juristischen Personen von einem Mitglied der Verwaltung, das Einzelunterschrift führt, oder von zwei Mitgliedern, die kollektiv zeichnungsberechtigt sind; vorbehalten bleibt die Unterschrift gemäß Artikel 22 Absatz 2 sowie bei der Gesellschaft mit beschränkter Haftung die Unterzeichnung durch sämtliche Geschäftsführer (Art. 782 Abs. 2 OR).

Dem Handelsregisteramt ist ein Auszug aus dem Handelsregister der Hauptniederlassung einzureichen, bei juristischen Personen außerdem ein vom Registerführer am Hauptsitz beglaubigtes Exemplar der Statuten sowie ein beglaubigter Auszug aus dem Protokoll die zuständigen Gesellschaftsorgans, das den Beschluß über die Errichtung der Zweigniederlassung, die Bestellung der Vertreter derselben und die Art ihrer Zeichnung enthält.

c) Anmeldung bei Änderungen

73. Sollen Änderungen eingetragen werden, so ist die Anmeldung zu unterzeichnen:

a) bei Einzelfirmen vom Firmeninhaber;

b) bei Kollektiv- und Kommanditgesellschaften von sämtlichen zur Vertretung befugten Gesellschaftern;

c) bei juristischen Personen gemäß Artikel 22 Absatz 2 oder von einem für das Gesamtunternehmen Einzelunterschriftsberechtigten oder von zwei für das Gesamtunternehmen Kollektivunterschriftsberechtigten; vorbehalten bleibt die Unterzeichnung durch sämtliche Geschäftsführer der Gesellschaft mit beschränkter Haftung (Art. 782 Abs. 2 OR).

d) Meldebedürftige Änderungen über die Hauptniederlassung

74. Von einer Änderung über die Hauptniederlassung, die zugleich eine Änderung im Register einer Zweigniederlassung nach sich zieht, hat der Registerführer am Hauptsitz, sofern die Filiale in einem andern Registerbezirk eingetragen ist, dem Registeramt dieser Filiale Kenntnis zu geben.

Im Falle der Revision der Statuten einer juristischen Person ist ein vom Registerführer am Hauptsitz beglaubigtes Exemplar der neuen Statuten dem Registerführer am Ort der Zweigniederlassung zu übermitteln. Die Firma hat zu diesem Zwecke dem Registerführer am Hauptsitz ein Statutenexemplar zur Verfügung zu stellen. Der Registerführer am Ort der Zweigniederlassung merkt den Eingang der Statuten sowohl im Tagebuch als auch im Hauptregister vor, sofern die Akten nicht gemäß Artikel 34 Absatz 2 aufbewahrt werden.

Zweigniederlassung eines ausländischen Unternehmens
a) Erste Zweigniederlassung

75. Die Eintragung der ersten schweizerischen Zweigniederlassung einer Firma, deren Hauptsitz sich im Ausland befindet, muß nach Form und Inhalt der Eintragung einer schweizerischen Hauptniederlassung entsprechen, soweit das ausländische Recht keine Abweichung nötig macht.

Sofern am Orte der Hauptniederlassung keine dem Handelsregister entsprechende Einrichtung besteht, tritt an Stelle des Auszuges aus dem Handelsregister ein amtlicher Nachweis darüber, daß die Firma am Orte der Hauptniederlassung nach den daselbst geltenden Vorschriften zu Recht besteht.

Für die Unterzeichnung der Anmeldung sind die Artikel 72 und 73 anwendbar. Ist ist die Eintragung der Zweigniederlassung erfolgt, so können Änderungen in ihrer Vertretung von den zur Erteilung der Vertretungsbefugnis Berechtigten angemeldet werden.

b) Weitere Zweigniederlassungen

75a. Auf weitere Zweigniederlassungen, welche die ausländische Firma in der Schweiz errichtet, finden die Vorschriften über die Zweigniederlassungen schweizerischer Unternehmen Anwendung.

Die Anmeldung von Änderungen kann von einem hiezu bevollmächtigten Einzelzeichnungsberechtigten, der im schweizerischen Handelsregister eingetragen ist, vorgenommen werden. Die Änderung betreffend die Vertretung der Zweigniederlassungen kann von den zur Erteilung der Vertretungsbefugnis Berechtigten vorgenommen werden.

Meldung an das Register der Hauptniederlassung

76. Der Registerführer hat über die Eintragung und die Löschung einer Zweigniederlassung dem Registerführer der Hauptniederlassung von Amtes wegen unverzüglich einen Auszug zu übermitteln. Gestützt auf diesen Auszug hat letzterer im Hauptregister die Eintragung oder Löschung der Zweigniederlassung unter der Ordnungsnummer und dem Datum der Eintragung im Tagebuch vorzumerken.

Von der Eintragung im Tagebuch sendet der Registerführer dem eidgenössischen Amt für das Handelsregister eine Abschrift zur Kenntnisnahme; sie wird nicht veröffentlicht.

Löschung von Zweigniederlassungen

77. Die zur Anmeldung verpflichteten Personen der Hauptniederlassung haben die Löschung einer Zweigniederlassung zu beantragen, wenn deren Geschäftsbetrieb aufgehört hat.

Die Zweigniederlassungen werden von Amtes wegen gelöscht:

a) wenn sich der Hauptsitz in der Schweiz befindet, gestützt auf eine Mitteilung des Registerführers dieses Sitzes, laut welcher die Hauptniederlassung gelöscht worden ist;

b) wenn sich der Hauptsitz im Ausland befindet, sofern festgestellt ist, daß der Geschäftsbetrieb der Zweigniederlassung aufgehört hat und die Hauptniederlassung der Aufforderung des Registerführers zur Löschung der Zweigniederlassung nicht nachkommt oder selbst erloschen ist.

VI. Besondere Bestimmungen über juristische Personen
1. Aktiengesellschaften*

Simultangründung

78. In der öffentlichen Urkunde über die Simultangründung einer Aktiengesellschaft müssen die Gründer und gegebenenfalls ihre Vertreter mit Familiennamen, Vornamen, Staatsangehörigkeit (bei Schweizer Bürgern Heimatort) und Wohnort bezeichnet werden. Es muß sich aus ihr klar ergeben, wie viele Aktien, gegebenenfalls welcher Gattungen, ein jeder Gründer übernommen hat. Die Vollmachten der vertretenen Gründer und, wenn ausländische Gesellschaften sich an der Gründung beteiligen, die Ausweise darüber, daß sie nach den an ihrem Sitz geltenden Vorschriften zu Recht bestehen, sind zu den Akten des Handelsregisters einzureichen.

Sukzessivgründung und Kapitalerhöhung

79. Falls die öffentliche Urkunde über die konstituierende Generalversammlung die Aktieninhaber nicht nennt oder nicht klar angibt, wie viele Aktien, gegebenenfalls welcher Gattungen, ein jeder übernommen hat, sind dem Handelsregisterführer die Zeichnungsscheine einzureichen.

Diese Bestimmung findet sinngemäß Anwendung auf Kapitalerhöhungen, bei denen Zeichnungsscheine nötig sind.

Einzahlung durch Verrechnung

80. Haben Aktionäre ihre Aktien ganz oder teilweise durch Verrechnung mit Forderungen an die Gesellschaft liberiert, so muß sich aus der öffentlichen Urkunde über die Gründung oder die Kapitalerhöhung ergeben, daß und wie die Existenz dieser Forderungen nachgewiesen worden ist.

In der Handelsregistereintragung ist der Gesamtbetrag desjenigen Teils des Grundkapitals zu nennen, der durch Verrechnung liberiert worden ist.

Sacheinlagen, Übernahme von Vermögenswerten, Gründervorteile

81. Macht ein Aktionär eine auf das Grundkapital anzurechnen-

---

* In Revision.

de Sacheinlage, so muß sie in den Statuten in der vom Gesetz (Art. 628, Abs. 1, OR) vorgeschriebenen Weise bezeichnet sein.

Der Registerführer prüft, ob die Gesellschaft von Aktionären oder Dritten Vermögenswerte übernimmt oder unmittelbar nach der Gründung oder Kapitalerhöhung übernehmen soll. In diesem Falle müssen die Statuten den vom Gesetz vorgeschriebenen Inhalt aufweisen (Art. 628, Abs. 2, OR). Das nämliche gilt für die bei der Gründung oder Kapitalerhöhung ausbedungenen besonderen Vorteile (Art. 628, Abs. 3, OR).

Zur Bezeichnung der Vermögenswerte, welche den Gegenstand von Sacheinlagen oder Sachübernahmen bilden, gehört gegebenenfalls auch die Erwähnung der damit in Zusammenhang stehenden Passiven.

In der Eintragung und Veröffentlichung müssen bei Sacheinlagen und Sachübernahmen nur die Vermögenswerte, der Preis und gegebenenfalls dessen Anrechnung auf das Grundkapital, bei besondern Vorteilen ihr Inhalt und Wert bezeichnet werden.

Bekanntmachungen

82. In der Eintragung müssen die öffentlichen Blätter bezeichnet werden, in welchen die von der Gesellschaft ausgehenden Bekanntmachungen erfolgen sollen.

Die Statuten haben die öffentlichen Blätter zu bezeichnen oder wenigstens das Gesellschaftsorgan, welches sie zu bestimmen befugt ist. Vorbehalten bleibt die Bestimmung, daß alle vom Gesetz vorgeschriebenen Bekanntmachungen im Schweizerischen Handelsamtsblatt zu veröffentlichen sind (Art. 931, Abs. 2, OR).

BGE 69 I 56.

Anmeldung von Einzahlungen auf das Grundkapital

83. Werden auf das nicht voll liberierte Grundkapital einer Aktiengesellschaft weitere Einzahlungen geleistet, so sind sie von der Verwaltung zur Eintragung in das Handelsregister anzumelden.

Der Anmeldung ist ein beglaubigter Auszug aus den Geschäftsbüchern der Gesellschaft oder die Bescheinigung einer Urkundsperson über die erfolgten Einzahlungen beizufügen.

Herabsetzung des Grundkapitals

84. Zur Eintragung der Herabsetzung des Grundkapitals ist dem

Handelsregisteramt außer den bei einer Statutenrevision erforderlichen Belegen der besondere Revisionsbericht einzureichen (Art. 732, Abs. 2, OR).

In die öffentliche Urkunde ist die Bescheinigung aufzunehmen, daß die den Gläubigern für die Anmeldung ihrer Forderungen gesetzte Frist abgelaufen ist und daß sie befriedigt oder sichergestellt worden sind (Art. 734 OR).

Diese Bescheinigung kann unterbleiben, wenn die Herabsetzung des Grundkapitals zur Beseitigung einer durch Verluste entstandenen Unterbilanz erfolgt (Art. 735 OR).

Sind Aktien zurückgekauft und vernichtet worden, so muß die Herabsetzung des Grundkapitals und der Zahl der Aktien selbst dann eingetragen werden, wenn ein entsprechender Betrag in die Passiven der Bilanz eingestellt wird.

Vorlage der Bilanz

85. Wer gestützt auf Art. 704 OR beim Handelsregisteramt Einsicht in die Gewinn- und Verlustrechnung und die Bilanz einer Aktiengesellschaft verlangt, hat sich als Gläubiger der Gesellschaft auszuweisen und die Gebühr für die Einsichtnahme im voraus zu bezahlen.

Der Registerführer fordert die Verwaltung der Gesellschaft auf, bei seinem Amt innert 10 Tagen die Gewinn- und Verlustrechnung sowie die Bilanz in der von den Aktionären genehmigten Fassung, unterzeichnet von den mit der Geschäftsführung betrauten Personen, zur Einsichtnahme aufzulegen.

Gibt die Verwaltung der Gesellschaft der Aufforderung keine Folge oder macht sie Weigerungsgründe geltend, so überweist der Registerführer die Angelegenheit unverzüglich seiner Aufsichtsbehörde. Diese entscheidet über Weigerungsgründe und hat gegebenenfalls durch Auferlegung von Bußen der Aufforderung Nachachtung zu verschaffen. Eine fortgesetzte Weigerung kann die Aufsichtsbehörde auf Kosten der Gesellschaft im Schweizerischen Handelsamtsblatt bekanntgeben. Der Gläubiger kann angehalten werden, zur Deckung der Kosten dieser Publikation einen Vorschuß zu leisten.

Nach erfolgter Einsichtnahme sind die vorgelegten Akten der Gesellschaft zurückzuerstatten.

Nationalität der Verwaltung

86. Entspricht die Zusammensetzung der Verwaltung einer Aktiengesellschaft oder die Ordnung ihrer Vertretung nicht mehr den Vorschriften von Art. 711 OR, so fordert der Handelsregisterführer die Gesellschaft unter Androhung ihrer Auflösung durch eingeschriebenen Brief oder amtliche Zustellung auf, innert einer angemessenen, wenigstens 30 Tage betragenden Frist den gesetzmäßigen Zustand wieder herzustellen.

Wird bis zum Ablauf der Frist der Aufforderung nicht Folge gegeben, so hat der Registerführer die Auflösung der Gesellschaft einzutragen und letztere hievon in Kenntnis zu setzen. Als Liquidatoren sind die Mitglieder der Verwaltung zu bezeichnen, es sei denn, daß die Gesellschaft andere Liquidatoren ernennt.

Wird binnen drei Monaten nach Eintragung der Auflösung der gesetzliche Zustand wieder hergestellt, so kann mit dessen Eintragung die Auflösung widerrufen werden.

Kommanditaktiengesellschaft, Entziehung der Geschäftsführung

87. Wird einem Mitglied der Verwaltung einer Kommanditaktiengesellschaft die Geschäftsführung und Vertretung entzogen (Art. 767 OR), so ist die Entziehung im Handelsregister einzutragen und beizufügen, daß mit ihr auch die unbeschränkte Haftbarkeit dieses Mitgliedes für die künftig entstehenden Verbindlichkeiten der Gesellschaft endigt.

Ist der Name des Mitgliedes in der Firma enthalten, so ist diese zu ändern.

Anmeldung der Auflösung

88. Ist die Verwaltung einer Aktiengesellschaft nicht in der Lage, deren Auflösung und die Bestellung der Liquidatoren gemäß Art. 337 und 740, Abs. 2, OR zur Eintragung in das Handelsregister anzumelden, so hat die Generalversammlung, welche die Auflösung beschließt, die Personen zu bezeichnen, die die Anmeldung einzureichen haben.

Verlust des statutarischen Sitzes

88bis. Besitzt eine juristische Person am Ort des statutarischen Sitzes kein Rechtsdomizil mehr, so fordert sie der Handelsregisterführer, sofern nicht Artikel 89 anwendbar ist, unter Androhung ihrer Auflösung durch eingeschriebenen Brief, amtliche Zustellung oder nötigenfalls amtliche Bekanntmachung auf, innert einer angemessenen, wenigstens 30 Tage betragenden Frist, den rechtmäßigen Zustand wiederherzustellen.

Im übrigen findet Artikel 86 Absätze 2 und 3 sinngemäß Anwendung.

Löschung von Amtes wegen
89. Eine Aktiengesellschaft, die keine Aktiven mehr hat, ist von Amtes wegen zu löschen, wenn ihre Tätigkeit aufgehört hat und ihre Organe und Vertreter in der Schweiz weggefallen sind.

In einem solchen Falle fordert der Registerführer die nach dem Eintrag in seinem Register zur Veranlassung der Löschung Verpflichteten sowie alle übrigen, ihm nach seinen Akten bekannten Mitglieder von Organen oder Vertreter der Gesellschaft auf, innert 30 Tagen das Interesse an der Aufrechterhaltung der Eintragung geltend zu machen, widrigenfalls die Löschung von Amtes wegen angeordnet werde. Eine entsprechende Aufforderung ist durch öffentliche Bekanntmachung an Dritte zu richten.

Ergibt sich, daß die Aktiengesellschaft tatsächlich aufgelöst ist und daß keine Interesse mehr an der Aufrechterhaltung der Eintragung geltend gemacht wird, so verfügt die kantonale Aufsichtsbehörde die Löschung von Amtes wegen.

Aktienmantel, Verkauf: BGE 64 II 365; 67 I 36.

2. Gesellschaften mit beschränkter Haftung

Anwendung von Vorschriften über die Aktiengesellschaft
90. Auf die Gesellschaft mit beschränkter Haftung finden neben den allgemeinen Bestimmungen insbesondere die nachfolgenden Vorschriften dieser Verordnung sinngemäße Anwendung:

a) Art. 78 (Bezeichnung der Gründer),

b) Art. 79 (Übernahme und Einzahlung von Stammeinlagen),

c) Art. 80 (Leistung der Stammeinlagen durch Verrechnung),

d) Art. 81 (Sacheinlagen und Übernahme von Vermögenswerten),

e) Art. 82 (Form der Bekanntmachungen),

f) Art. 84, Abs. 1, 2 und 4 (Herabsetzung des Stammkapitals),

g) Art. 86 (Wohnsitz der Geschäftsführer),

h) Art. 89 (Löschung von Amtes wegen).

Meldungen über den Bestand der Beteiligungen

91. Die gemäß Art. 790, Abs. 2, OR dem Handelsregisteramt zu Beginn jedes Kalenderjahres einzureichende Liste der Namen der Gesellschafter, ihrer Stammeinlagen und der darauf erfolgten Leistungen, oder die Mitteilung, daß seit der letzten Einreichung keine Änderung vorgekommen sei, soll Ende Januar im Besitze des Registerführers sein.

Im Falle der Säumnis fordert dieser die Geschäftsführer unter Hinweis auf die Folgen der Unterlassung durch eingeschriebenen Brief oder amtliche Zustellung auf, innert 10 Tagen die Meldung einzureichen. Wird der Aufforderung nicht Folge geleistet, so hat der Registerführer dies seiner Aufsichtsbehörde anzuzeigen, die den Geschäftsführern unter Auferlegung einer Buße eine neue Frist einräumt und nötigenfalls durch Fortsetzung dieses Verfahrens der Meldepflicht Nachachtung verschafft.

Für die Eintragung von Änderungen in das Handelsregister findet, sofern die Meldung selbst nicht genügt, das Verfahren nach Art. 60 dieser Verordnung Anwendung.

3. Genossenschaften

Voraussetzung der Eintragung

92. Körperschaften, bei welchen eine persönliche Haftbarkeit ausgeschlossen ist und deren Mitglieder nicht ihre wirtschaftlichen Interessen in der Hauptsache in bestimmter, nicht nur in Geldleistung bestehender Weise durch gemeinsame Selbsthilfe zu fördern oder zu sichern suchen, können nicht als Genossenschaften eingetragen werden.

Dagegen ist die Eintragung von Genossenschaften mit gemeinnützigem Zweck statthaft.

Inhalt der Eintragung und Veröffentlichung

93. Die Eintragung der Genossenschaft soll enthalten:

a) das Datum der Statuten,

b) die Firma und den Sitz der Genossenschaft,

c) den Zweck,

d) eine allfällige Verpflichtung der Genossenschafter zu Geld- oder andern Leistungen sowie deren Art und Höhe,

e) die Ordnung der persönlichen Haftbarkeit und gegebenenfalls der Nachschußpflicht der Genossenschafter,

f) die Form der von der Genossenschaft ausgehenden Bekanntmachungen gemäß Art. 82 dieser Verordnung,

g) die Namen der mit der Verwaltung und Vertretung beauftragten Personen und die Art der Vertretung.

Zur Veröffentlichung gelangt ein Auszug, der Aufschluß gibt über Firma, Sitz, Zweck, Bekanntmachungen, den Nominalbetrag allfälliger Stammanteile, die Haftungsverhältnisse, die mit der Vertretung beauftragten Personen und die Art der Vertretung.

Persönlich haftende Genossenschafter
a) Mitgliederliste

94. Der Registerführer hat für jede Genossenschaft mit persönlicher Haftung oder Nachschußpflicht der Mitglieder, ausgenommen die konzessionierten Versicherungsgenossenschaften (Art. 877 OR), gestützt auf das ihm einzureichende Verzeichnis (Art. 835, Abs. 4, OR) eine Mitgliederliste anzulegen und an Hand der ihm gemeldeten Änderungen im Mitgliederbestand nachzuführen.

Die Liste soll den Familiennamen, den Vornamen, das Geburtsjahr, den Heimatort und den Wohnort der Genossenschafter enthalten und auf die eingereichten Verzeichnisse und Nachträge hinweisen. Eine Mehrheit von Personen darf nur zusammengefaßt werden, wenn es sich um Kollektiv- oder Kommanditgesellschaften oder juristische Personen handelt.

b) Verzeichnisse, Nachträge

95. Die Verzeichnisse und Nachträge der persönlich haftenden Genossenschafter sind vom Sekretär der Verwaltung zu unterzeichnen.

Zu Beginn jedes Jahres hat der Handelsregisterführer die Verwaltung derjenigen Genossenschaften, die im abgelaufenen Jahre keine Änderung im Mitgliederbestand gemeldet haben, auf die ihr nach dem Gesetz obliegende Pflicht und ihre Verantwortlichkeit (Art. 877, Abs. 1, und Art. 902, Abs. 3, OR) hinzuweisen.

Die eingereichten Schriftstücke werden mit dem Eingangsdatum versehen und bei den Akten der Genossenschaft aufbewahrt.

Eine Veröffentlichung der Verzeichnisse und ihrer Nachträge findet nicht statt, und im Hauptregister wird keine Vormerkung angebracht.

Anwendung von Vorschriften über die Aktiengesellschaft

96. Auf die Genossenschaft finden außerdem die nachfolgenden Vorschriften dieser Verordnung entsprechende Anwendung:

a) Art. 86, wenn die Zusammensetzung der Verwaltung oder die Ordnung ihrer Vertretung nicht mehr den Vorschriften des Art. 895 OR entspricht,

b) Art. 88 über die Anmeldung der Auflösung,

c) Art. 89 über die Löschung von Amtes wegen.

4. Vereine

Eintragung

97. Die Eintragung über den Verein soll enthalten:
a) das Datum der Statuten,
b) den Namen,
c) den Sitz,
d) den Zweck,
e) die Mittel,
f) die Organisation, die Vertretung und die Art der Zeichnung.

Belege zur Eintragung

98. Die Anmeldung ist vom Vorstand des Vereins zu unterzeichnen. Ihr sind beizufügen:

a) ein beglaubigter Auszug aus dem Protokoll der Generalversammlung über die Annahme der Statuten und die Bestellung der Organe sowie gegebenenfalls der Ausweis über die Bezeichnung der zur Führung der Unterschrift befugten Personen und die Art der Zeichnung;

b) ein Exemplar der Statuten (Art. 28).

Persönlich haftende Mitglieder

99. Wenn die Statuten eines Vereins bestimmen, daß die Mitglieder für dessen Verbindlichkeiten persönlich haften oder zu Nachschüssen verpflichtet werden können, so sind diese Statutenbestimmungen in der Eintragung zu erwähnen. Die Liste der Mitglieder ist dem Handelsregisteramt einzureichen, das ein Verzeichnis anzulegen hat. Auf die Meldungen von Änderungen im Mitgliederbestand und die Nachführung des Verzeichnisses finden die für die Genossenschaft geltenden Vorschriften (Art. 94 und 95) entsprechende Anwendung.

Amtliche Löschung

100. Auf eingetragene, zur Eintragung verpflichtete Vereine, die in Konkurs geraten sind, finden die Art. 64 bis 66 dieser Verordnung entsprechende Anwendung.

Eingetragene, aber nicht eintragspflichtige Vereine sind gestützt auf die Mitteilung des Konkurserkenntnisses im Handelsregister von Amtes wegen zu löschen.

Im übrigen wird ein Verein auf Weisung der kantonalen Aufsichtsbehörde von Amtes wegen gelöscht, wenn er aufgelöst ist und keine Vorstandsmitglieder mehr vorhanden sind, die zur Anmeldung der Löschung angehalten werden können.

5. Stiftungen

Eintragung

101. Die Eintragung über die Stiftung soll enthalten:
 a) das Datum der Errichtung,
 b) den Namen,
 c) den Sitz,
 d) den Zweck,
 e) die Organisation, die Vertretung und die Art der Zeichnung.

Belege zur Eintragung

102. Zu der von der Verwaltung zu unterzeichnenden Eintragung ist die Stiftungsurkunde in Original oder beglaubigter Abschrift einzureichen; ebenso allfällige Reglemente, welche die Organisation und Vertretung der Stiftung ordnen.

Jede spätere Änderung der Stiftungsurkunde und solcher

Reglemente ist beim Handelsregisteramt ebenfalls anzumelden. Vorbehalten bleiben Änderungen, die auf Anweisung der zuständigen Aufsichtsbehörde unmittelbar einzutragen sind.

Aufsichtsbehörde

103. Der Registerführer gibt von der Eintragung der Stiftung derjenigen Behörde Kenntnis, der die Stiftungsaufsicht zukommt, und holt von ihr die Bestätigung ein, daß sie die Aufsicht übernommen habe. Bestehen Zweifel darüber, welche Behörde zur Führung der Aufsicht zuständig ist, so hat der Registerführer die Abklärung der Frage herbeizuführen.

Die Bezeichnung der Aufsichtsbehörde ist im Hauptregister vorzumerken und dem eidgenössischen Amt für das Handelsregister mitzuteilen.

Dieses Amt führt ein nach Kantonen geordnetes Verzeichnis der Stiftungen.

Amtliche Löschung

104. Eine Stiftung wird, nachdem sie aufgehoben worden ist, gestützt auf eine Mitteilung der zuständigen Behörde oder des Richters (Art. 88 und 89 ZGB) von Amtes wegen gelöscht.

VII. Nichtkaufmännische Prokuren und Vertreter von Gemeinderschaften

Nichtkaufmännische Prokura
a) Eintragung

105. Wer für ein nicht eintragungspflichtiges Geschäft einen Prokuristen bestellen will, (Art. 458 Abs. 3 OR), hat die Prokura beim Handelsregisteramt zur Eintragung anzumelden.

Die Eintragung muß den Namen des Vollmachtgebers und denjenigen des Prokuristen enthalten (Art. 40). Sie ist durch den Vollmachtgeber zu unterzeichnen. Der Bevollmächtigte hat dem Namen des Vollmachtgebers seinen Namenszug mit einem die Prokura andeutenden Zusatz beizufügen.

b) Löschung von Amtes wegen

106. Die Eintragung der nichtkaufmännischen Prokura wird von Amtes wegen gelöscht:

1. wenn der Vollmachtgeber in Konkurs gerät; die Löschung hat zu erfolgen, sobald der Registerführer vom Konkursausbruch Kenntnis erhält;

2. nach dem Tode des Vollmachtgebers, wenn seither ein Jahr verflossen ist und die Erben zur Löschung nicht angehalten werden können;

3. wenn der Prokurist gestorben ist und der Vollmachtgeber nicht zur Löschung angehalten werden kann.

Vertreter von Gemeinderschaften
a) Eintragung

107. Soll das Haupt einer Gemeinderschaft in das Handelsregister eingetragen werden (Art. 341, Abs. 3, ZGB), so hat es die Eintragung anzumelden.

Die Eintragung soll die Bezeichnung der Gemeinderschaft, das Datum ihrer Errichtung, deren Sitz sowie den Namen, den Beruf, den Heimatort und den Wohnort des Hauptes der Gemeinderschaft enthalten.

Der Anmeldung ist ein beglaubigter Auszug aus dem Gemeinderschaftsvertrag beizugeben, der über die Zusammensetzung der Gemeinderschaft, über deren Haupt und die Ausschließung der übrigen Gemeinder von der Vertretung Aufschluß erteilt.

b) Veröffentlichung

108. Die Eintragungen über die Gemeinderschaftsvertreter sind in den von den Kantonen zu bezeichnenden Publikationsorganen zu veröffentlichen.

Wird das Schweizerische Handelsamtsblatt als Publikationsorgan bestimmt, so ist für die Veröffentlichung eine besondere Gebühr zu entrichten.

c) Löschung von Amtes wegen

109. Die Eintragung ist von Amtes wegen zu löschen, wenn die Vertretungsbefugnis des Hauptes dahingefallen oder die Gemeinderschaft aufgehoben worden ist.

VIII. Eheliches Güterrecht

(Art. 110–112 aufgehoben)

IX. Das eidgenössische Amt für das Handelsregister

Publikation der Eintragungen

113. Alle Eintragungen in das Handelsregister werden in dem von Gesetz oder Verordnung vorgeschriebenen Inhalt ohne Verzug durch das eidgenössische Amt für das Handelsregister im Schweizerischen Handelsamtsblatt veröffentlicht (Art. 931, Abs. 1, OR).

Ausgenommen sind die Eintragungen, die gemäß ausdrücklicher Vorschrift nicht veröffentlicht werden sollen, sowie die Eintragungen über die Vertreter von Gemeinderschaften, welche in den von den Kantonen bezeichneten Amtsblättern veröffentlicht werden.

Übermittlung der Eintragungen an das eidgenössische Amt

114. Spätestens am Tage nach der Eintragung hat der Registerführer eine von ihm unterzeichnete Abschrift derselben dem eidgenössischen Amt für das Handelsregister zu übermitteln.

Handelt es sich um Änderungen oder Löschungen, so ist in allen Fällen die Natur des Geschäftes, bei juristischen Personen der Zweck kurz anzugeben, sofern nicht die Firma darüber Aufschluß gibt.

Genehmigung einer Eintragung durch das eidgenössische Amt

115. Das eidgenössische Amt für das Handelsregister prüft die Eintragungen und ordnet, nachdem es festgestellt hat, daß sie den Vorschriften entsprechen, ihre Bekanntmachung an, sofern alle Voraussetzungen für die Publikation erfüllt sind.

Eine Eintragung, die dem eidgenössischen Amt mitzuteilen ist, wird unter der Voraussetzung der Genehmigung durch dieses Amt wirksam. Vor der Genehmigung dürfen keine Auszüge aus dem Handelsregister ausgestellt werden.

Form der Veröffentlichung

116. Die Art und Weise der Veröffentlichung der Eintragungen im Schweizerischen Handelsamtsblatt wird vom eidgenössischen

Amt für das Handelsregister nach Verständigung mit der Leitung des Blattes bestimmt. Über Begehren, die eine Änderung zum Gegenstande haben, entscheidet das Eidgenössische Justiz- und Polizeidepartement.

Beanstandung einer Eintragung

117. Verweigert das eidgenössische Amt die Genehmigung einer Eintragung, so hat es ohne Verzug den kantonalen Registerführer hievon unter Angabe der Gründe in Kenntnis zu setzen.

Eintragungen, die nicht genehmigt werden können, weil wesentliche Erfordernisse nicht erfüllt sind, müssen gestrichen werden. Im Tagebuch ist die Streichung vorzumerken. Sobald die Voraussetzungen der Eintragung gegeben sind, muß diese unter neuem Datum neu vorgenommen werden.

Eine Eintragung, deren Veröffentlichung aus irgendeinem Grunde nicht vor Ablauf von zwei Monaten angeordnet werden kann, darf ihr ursprüngliches Eintragsdatum nicht beibehalten. Sie ist zu streichen und erst unter dem Datum desjenigen Tages neu vorzunehmen, an welchem alle Voraussetzungen der Veröffentlichung erfüllt sind.

Veröffentlichung in kantonalen Blättern

118. Es ist den Kantonen gestattet, die Eintragungen im Handelsregister noch durch andere Publikationsorgane zu veröffentlichen, nachdem sie im Handelsamtsblatt erschienen sind; jedoch dürfen hiefür keine Gebühren erhoben werden.

Zentralregister

119. Beim eidgenössischen Amt für das Handelsregister wird ein Zentralregister sämtlicher im schweizerischen Handelsregister eingetragenen Firmen von juristischen Personen geführt.

Über die Stiftungen wird das Register gesondert geführt und nach Kantonen geordnet.

Das Zentralregister kann im Falle des Bedürfnisses nach Weisung des Eidgenössischen Justiz- und Polizeidepartements erweitert werden.

Über die Eintragungen im Zentralregister wird Behörden und Privaten auf Verlangen schriftlich, jedoch nicht mündlich oder telephonisch Auskunft erteilt. Die Auskunft an Private ist gebührenpflichtig.

Handelsamtsblatt

120. Die kantonalen Handelsregisterämter erhalten das Schweizerische Handelsamtsblatt kostenfrei.

Die Registerführer haben es sorgfältig zu sammeln und eingebunden aufzubewahren.

Anhang Va

Gebührentarif

für das Handelsregister

(Vom 3. Dezember 1954, SR 221.411.1)

Der Schweizerische Bundesrat,
in Ausführung von Artikel 929 und 936 des Bundesgesetzes über das Obligationenrecht,
beschließt:

I. Eintragungen
der kantonalen Handelsregister

A. Neueintragungen
1. Am Hauptsitz

1. Für die Eintragung in das Handelsregister haben zu entrichten: Fr.

1. Einzelfirmen 90.–
2. Kollektiv- und Kommanditgesellschaften......... 180.–
3. Aktiengesellschaften und Kommanditaktiengesellschaften 440.–
4. Gesellschaften mit beschränkter Haftung 440.–
5. Genossenschaften 300.–
6. Vereine.. 280.–
7. Stiftungen 180.–
8. Institute auf Rechnung öffentlicher Gemeinwesen.. 350.–
9. Vertreter von Gemeinderschaften 60.–
10. der Nichtkaufmann, der einen Prokuristen bestellt.. 60.–

Beträgt bei den unter Ziffer 3, 4, 5 und 8 aufgeführten juristischen Personen das Grund-, Stamm- oder Dotationskapital mehr als 200 000 Franken, so erhöht sich die Grundgebühr um 0,2 Promille der diesen Betrag übersteigenden Summe, jedoch höchstens bis auf 10 000 Franken.

Bei konzessionierten Versicherungsgenossenschaften ohne Genossenschaftskapital wird dieser Zuschlag auf dem Reinvermögen berechnet, unter Ausschluß der versicherungstechnischen Reserven.

Für jede einzutragende Zeichnungsberechtigung wird zusätzlich eine Gebühr von 25 Franken erhoben.

Für die Verlegung des Sitzes einer Firma vom Ausland in die Schweiz wird die gleiche Gebühr wie für eine Neueintragung erhoben.

2. Zweigniederlassungen

2. Für die Eintragung einer Zweigniederlassung beträgt die Gebühr 50 Prozent des nach Artikel 1 für den Hauptsitz vorgesehenen Betrages, höchstens aber 2500 Franken.

Befindet sich der Hauptsitz im Ausland, so ist für die Eintragung der ersten Zweigniederlassung in der Schweiz die gleiche Gebühr zu beziehen wie für einen Hauptsitz. Für weitere schweizerische Zweigniederlassungen gilt Absatz 1 hievor.

B. Änderungen und Löschungen
1. Am Hauptsitz
a) Allgemeines

3. Werden mehrere Änderungen gleichzeitig eingetragen, so beträgt die Gebühr die Summe der für die einzelnen Eintragungen geschuldeten Beträge.

Ist für die Ergänzung oder Änderung eines Eintrages keine Gebühr vorgesehen, so ist sie nach ähnlichen Fällen festzusetzen.

b) Statutenänderungen

4. Für die Eintragung von Statutenänderungen sind zu beziehen:
 a) 50 Prozent der Grundgebühr, wenn das Kapital erhöht oder herabgesetzt wird;
 b) 40 Prozent der Grundgebühr in allen andern Fällen, sofern nicht Buchstabe c anwendbar ist;
 c) 20 Prozent der Grundgebühr für die dem Umfange nach geringfügigen Änderungen.

Wird das Kapital erhöht oder herabgesetzt, so ist der Zuschlag gemäß Artikel 1, Absatz 2, auf der Grundlage des neuen Kapitals zu berechnen.

c) Übrige Änderungen

5. Für Änderungen, die nicht unter Artikel 4 fallen, sind folgende Gebühren zu beziehen:

1. Verlegung des Sitzes (inbegriffen Eintragung der neuen Adresse):
    a) innerhalb desselben Registerbezirks 25 Franken;
    b) in einen andern Registerbezirk 60 Franken.
2. Änderung der Firma, Eintragung und Löschung einer fremdsprachigen Fassung 50 Franken;
3. Änderung der Geschäftsnatur 50 Franken;
4. Abtretung oder Übernahme eines Vermögens oder eines Geschäftes mit Aktiven und Passiven nach Artikel 181 des Obligationenrechts 25 Franken;
5. weitere Einzahlungen auf das Grundkapital einer Aktiengesellschaft oder Kommanditaktiengesellschaft sowie Herabsetzung und Wiedererhöhung des Gesellschaftskapitals ohne Statutenrevision 65 Franken;
6. Eintragung der Ausgabe von Genußscheinen nach der Gründung sowie Änderung oder Löschung des Eintrages 65 Franken;
7. Eintragung oder Streichung eines Publikationsorgans 25 Franken;
8. Übertragung einer Stammeinlage einer Gesellschaft mit beschränkter Haftung 65 Franken;
9. je 60 Franken:
    a) für die Eintragung der Auflösung;
    b) für die Eintragung eines Nachlaßvertrages mit Vermögensabtretung;
    c) für die Eintragung des Widerrufs einer vom Registerführer verfügten Auflösung;
    d) für die Wiedereintragung einer gelöschten Firma;
10. bei Kollektiv- und Kommanditgesellschaften:
    a) Eintragung eines neuen Gesellschafters und Löschung eines Gesellschafters 50 Franken;
    b) Änderung der Kommanditsumme eines Gesellschafters 50 Franken;
    c) Umwandlung eines Kommanditärs in einen unbeschränkt haftenden Gesellschafter und umgekehrt 50 Franken;
    d) Umwandlung in eine Kommandit- oder Kollektivgesellschaft 130 Franken;
    e) Auflösung und Fortsetzung des Geschäftes durch einen Gesellschafter als Einzelkaufmann 130 Franken.

In der Gebühr von 130 Franken (Buchstabe d und e) sind Löschungen und Änderungen in der Vertretungsbefugnis von Gesellschaftern inbegriffen, nicht aber die Eintragung neuer Gesellschafter und Unterschriften.

11. Eintragung, Änderung und Löschung einer Enseigne 50 Franken;

12. Eintragung einer neuen Geschäftsadresse 15 Franken;

13. Änderung der Personalangaben einer eingetragenen Person 15 Franken;

14. Eintragung eines Mitgliedes der Verwaltung, eines Geschäftsführers einer Gesellschaft mit beschränkter Haftung, eines Liquidators sowie Änderung und Löschung eines solchen Eintrages 15 Franken. Diese Gebühr ist ebenfalls anwendbar für Mitglieder der Aufsichtsstelle einer Kommanditaktiengesellschaft;

15. Eintragung, Änderung oder Löschung einer Unterschrift oder der Eigenschaft, in der die Vertretung erfolgt, 25 Franken.

2. Zweigniederlassungen

6. Bei Zweigniederlassungen wird die Gebühr in allen Fällen nach den Artikeln 3 und 5 berechnet.

3. Anleihensobligationen

7. Für das Vormerken der Einreichung von Urkunden über Anleihensobligationen sind 25 Franken zu entrichten.

4. Löschung

8. Für die vollständige Löschung der in Artikel 1 und 2 erwähnten Eintragungen beträgt die Gebühr 30 Franken bei Einzelfirmen, 90 Franken in den übrigen Fällen.

II. Besondere Obliegenheiten der kantonalen Handelsregisterämter

Sondergebühren
a) Im allgemeinen

9. Die kantonalen Handelsregisterämter beziehen in nachstehenden Fällen folgende Gebühren:

1. für die Abfassung einer Anmeldung 8–50 Franken.

2. für die Beglaubigung einer Unterschrift 8 Franken; wenn

gleichzeitig die persönliche und die Firmaunterschrift beglaubigt werden je 5 Franken;

3. für die Abweisung einer Anmeldung, wenn sie schriftlich und unter Angabe der Gründe und des Rechtsmittels erfolgt, 15–180 Franken;

4. für die Prüfung des Entwurfes eines Handelsregisterbeleges, insbesondere von Statuten, 15–300 Franken;

5. für die Beglaubigung oder die Erstellung von Anmeldungsbelegen im Sinne von Artikel 28 Absatz 3 der Verordnung vom 7. Juni 1937 über das Handelsregister 8–90 Franken;

6. für Kopien von Registerakten sowie für einen Registerauszug oder eine Bestätigung, daß eine bestimmte Firma nicht eingetragen ist, 4–90 Franken;

7. für mündliche oder telefonische Auskunft 4 Franken für jede Firma; bei zeitraubenden Nachschlagungen kann die Gebühr bis auf 20 Franken erhöht werden.

b) Nachführung von Mitgliederverzeichnissen

10. Bei der Anlegung und Nachführung der Verzeichnisse der persönlich haftenden oder zu Nachschüssen verpflichteten Mitglieder von Genossenschaften oder Vereinen sind bei Eintragungen und Löschungen 2 Franken für jedes Mitglied zu erheben.

Für die Mitteilung an die Verwaltung, daß ein oder mehrere Mitglieder auf eigenes Begehren oder auf Verlangen eines Erben gestrichen worden sind, ist eine Gebühr von 8 Franken zu entrichten.

c) Einforderung der Bilanz

11. Für die Behandlung eines Begehrens um Einforderung der Gewinn- und Verlustrechnung und der Bilanz einer Aktiengesellschaft oder Kommanditaktiengesellschaft nach Artikel 704 des Obligationenrechts sind 20–90 Franken zu entrichten, gleichgültig, ob ihm entsprochen wird oder nicht.

d) Aufforderung zur Wiederherstellung des gesetzlichen Zustandes

12. Für alle Aufforderungen gemäß den Artikeln 57, 60, 86, 88bis und 91 Absatz 2 der Verordnung vom 7. Juni 1937 über das Handelsregister sind 10–40 Franken zu erheben.

In den Fällen der Artikel 57 und 60 der Verordnung vom

7. Juni 1937 über das Handelsregister wird die Gebühr nur geschuldet, wenn die entsprechende Eintragung erfolgt.

III. Verfügungen kantonaler Aufsichtsbehörden

a) Ersatzpflichtige

13. Die Kosten des Verfahrens sind aufzuerlegen:

1. Nach Artikel 31 der Verordnung über das Handelsregister der betreffenden Firma.

2. Nach Artikel 3, Absatz 3, der Verordnung über das Handelsregister dem Beschwerdeführer, soweit er unterliegt.

3. Nach Artikel 58, Absatz 1, 60, Absatz 2, und 61 der Verordnung über das Handelsregister:

a) den säumigen Aufgeforderten, sofern die Anmeldepflicht bejaht wird;

b) allfälligen Gesuchstellern, wenn die Anmeldepflicht verneint wird und das Verfahren böswillig oder leichtfertig veranlaßt worden ist.

4. Nach Artikel 85, Absatz 3, der Verordnung über das Handelsregister der unterliegenden Partei.

5. Nach Artikel 91, Absatz 2, der Verordnung über das Handelsregister den säumigen Geschäftsführern.

b) Art der Kosten

14. Die kantonalen Aufsichtsbehörden beziehen:

a) die Auslagen;

b) eine Spruchgebühr bis 700 Franken, je nach Bedeutung der Verfügung und Arbeitsaufwand;

c) eine Schreibgebühr nach kantonalem Recht für jede Ausfertigung eines Entscheides sowie für Abschriften.

IV. Obliegenheiten des Eidgenössischen Amtes für das Handelsregister

15. Das Eidgenössische Amt für das Handelsregister bezieht folgende Gebühren:

1. für Auskunft über den Inhalt des Zentralregisters 10–30 Franken für jede Firma, die Gegenstand der Nachforschung ist;

2. für die Behandlung eines Gesuches um Bewilligung einer

nationalen, territorialen oder regionalen Bezeichnung 40–180 Franken;

3. für die Bestätigung, daß eine noch nicht veröffentlichte Eintragung genehmigt worden ist, 35 Franken, Kosten inbegriffen;

4. für nicht unter Ziffer 1 fallende Auskunft, ob eine Tatsache im Handelsregister eingetragen ist oder nicht, 5–10 Franken.

V. Befreiung von der Gebührenpflicht

a) Widerruf der Anmeldung

16. Wird eine Anmeldung nach der Eintragung, jedoch vor Anordnung der Veröffentlichung widerrufen, so ermäßigt sich die Gebühr um ein Viertel.

Erfolgt der Widerruf vor der Eintragung, aber nach der Prüfung der Eintragungsbelege, so findet Artikel 9 Ziffer 4 sinngemäß Anwendung.

b) Eintragungen von Amtes wegen

17. Eintragungen von Amtes wegen erfolgen gebührenfrei mit Ausnahme derjenigen, die nach Artikel 57, 58, 60, 86, 88bis und 104 der Verordnung über das Handelsregister vorgenommen werden.

c) Auskünfte an Behörden

18. Behörden und weitere Stellen mit amtlichem Charakter sind von der Bezahlung der in Artikel 9 Ziffer 7 und Artikel 15 Ziffer 4 erwähnten Gebühren befreit.

d) Herabsetzung von Gebühren

19. Gebühren über 500 Franken können auf Gesuch und im Einvernehmen mit dem kantonalen Handelsregisteramt durch das Eidgenössische Amt für das Handelsregister höchstens auf diesen Betrag herabgesetzt werden, wenn ihre volle Erhebung offenbare Härte bedeuten würde.

e) Erlaß

20. Unter Vorbehalt von Artikel 19 dürfen geschuldete Gebühren weder erlassen noch ermäßigt werden.

Ist der Schuldner mittellos, ohne bekannte Adresse oder im

Ausland, so kann nach Verständigung mit dem Eidgenössischen Amt für das Handelsregister die Gebühr als uneinbringlich abgeschrieben werden.

Auf Verlangen des Handelsregisteramtes sind die Behörden des Wohnortes des Schuldners verpflichtet, über dessen persönliche Verhältnisse schriftlich und gebührenfrei Auskunft zu erteilen.

VI. Kostentragung und Vollstreckung

a) Kostentragung

21. Wer zur Anmeldung einer Eintragung berechtigt oder verpflichtet ist, wer eine Anmeldung einreicht oder eine Amtshandlung verlangt, haftet persönlich für die Bezahlung der Gebühren und Auslagen. Mehrere Personen haften solidarisch. Ebenso haftet solidarisch die Firma, für die die Eintragung befugterweise nachgesucht oder von Amtes wegen angeordnet worden ist.

Die Kosten für die Abweisung einer Anmeldung tragen die Anmeldenden; mit ihnen haftet solidarisch die Firma, die die Anmeldung veranlaßt hat.

Die Gebühren sind im voraus zu entrichten. Eintragungen und Amtshandlungen, die nur auf Antrag vorzunehmen sind, können verweigert werden, solange der Vorschuß nicht geleistet ist.

Abs. 1: BGE 115 II 93 (Notar).

b) Vollstreckung

22. Rechtskräftige Entscheide und Verfügungen der kantonalen Handelsregisterämter und Aufsichtsbehörden sowie des Eidgenössischen Amtes für das Handelsregister betreffend Zahlung von Gebühren oder Ordnungsbußen sowie Rückerstattung von Auslagen und Kosten sind in der ganzen Schweiz vollstreckbaren Gerichtsurteilen nach Artikel 80 des Bundesgesetzes über Schuldbetreibung und Konkurs gleichgestellt.

VII. Verteilung der Gebühren zwischen Bund und Kantonen

23. Die Gebühren für die Handelsregistereintragungen, die nach eidgenössischer oder kantonaler Vorschrift im Schweizerischen Handelsamtsblatt ganz oder teilweise veröffentlicht werden, fallen zu 25 Prozent der Eidgenossenschaft und zu 75 Prozent dem Kanton zu, der die Eintragung vollzogen hat. Die gleiche Regelung gilt auch für Eintragungen nach Artikel 5 Ziffer 14, die nicht der Publikationspflicht unterliegen.

Die übrigen Gebühren erhält der Bund oder der betreffende Kanton, je nachdem, wer die Amtshandlung vorgenommen hat. Ordnungsbußen fallen den Kantonen zu.

Der Anteil des Bundes an den von den kantonalen Handelsregisterämtern bezogenen Gebühren ist zu Beginn jedes Jahres an die Eidgenössische Staatskasse abzuliefern.

VIII. Schlußbestimmung

24. Dieser Gebührentarif tritt am 1. Januar 1955 in Kraft. Damit ist der Gebührentarif vom 21. Juni 1947/13. Dezember 1946 aufgehoben.

Anhang Vb

Bundesgesetz
betreffend Strafbestimmungen zum Handelsregister- und Firmenrecht

(Vom 6. Oktober 1923, SR 221.414)

1. Wer den Handelsregisterführer mit Vorsatz dazu veranlaßt hat, eine Registereintragung vorzunehmen, die geeignet ist, eine Täuschung zu bewirken, sei es über die in das Register einzutragende Person, oder deren Wohnsitz, oder deren Staatsangehörigkeit, sei es über den Betrag, die Zusammensetzung oder die Einbezahlung des Kapitals einer Gesellschaft, wird, sofern schwerere Strafbestimmungen nicht in Anwendung zu bringen sind, mit Gefängnis bis zu sechs Monaten oder mit Buße bis zu zwanzigtausend Franken bestraft. Beide Strafen können verbunden werden.

Handelt der Täter fahrlässig, so ist die Strafe Buße bis zu zehntausend Franken.

2. Wer, um eine Täuschung zu bewirken, für ein im Handelsregister eingetragenes Geschäft eine Firma verwendet, die mit der im Handelsregister eingetragenen nicht übereinstimmt, wird mit Gefängnis bis zu sechs Monaten oder mit Buße bis zu zwanzigtausend Franken bestraft. Beide Strafen können verbunden werden.

Wer ohne Täuschungsabsicht für ein solches Geschäft eine Firma verwendet, die mit der im Handelsregister eingetragenen nicht übereinstimmt, wird mit Buße bis zu zehntausend Franken bestraft. Der Täter bleibt straflos, wenn durch Verwendung dieser Firma eine erhebliche Täuschung nicht bewirkt werden kann.

3. Wer mit Täuschungsabsicht für ein im Handelsregister nicht eingetragenes Geschäft, gleichviel ob dieses zur Eintragung verpflichtet ist oder nicht, eine Bezeichnung verwendet, die geeignet ist, eine Täuschung zu bewirken,

wer, ohne Bewilligung zu besitzen, für ein solches Geschäft eine Bezeichnung verwendet, die nur mit behördlicher Bewilligung gebraucht werden darf, wird mit Gefängnis[1]) bis zu drei Monaten oder mit Buße bis zu zehntausend Franken bestraft. Beide Strafen können verbunden werden.

4. Wer in Verbindung mit einer Firma oder Geschäftsbezeichnung ein Bildzeichen nationaler Art verwendet, wird, wenn diese Verbindung geeignet ist, über die Nationalität des Geschäftes eine Täuschung zu bewirken, mit Gefängnis) bis zu drei Monaten oder mit Buße bis zu zehntausend Franken bestraft. Beide Strafen können verbunden werden.

5. Der Richter kann die Einziehung von Gegenständen verfügen, die zur Begehung der Widerhandlung gedient haben oder hierfür bestimmt waren, und die Unbrauchbarmachung oder Vernichtung dieser Gegenstände anordnen.

6. Die Widerhandlungen gegen Art. 1–4 dieses Gesetzes verjähren in einem Jahr.

Die Verjährungsfrist beginnt mit dem Tage zu laufen, an dem der Täter die strafbare Tätigkeit ausführt und, wenn das strafbare Verhalten dauert, mit dem Tage, an dem dieses Verhalten aufhört.

7. Soweit dieses Gesetz nichts Abweichendes bestimmt, findet der erste Abschnitt des Bundesgesetzes über das Bundesstrafrecht der schweizerischen Eidgenossenschaft vom 4. Februar 1853 Anwendung[2]).

8. Die Verfolgung und Beurteilung der Widerhandlungen gegen Art. 1–4 dieses Gesetzes liegt den Kantonen ob.

9. Der Bundesrat setzt den Beginn der Wirksamkeit dieses Gesetzes fest.

---

[1]) Heute Haft, StGB Art. 333 II.
[2]) Heute die allgem. Bestimmungen des StGB (Art. 334).

Anhang VI

Bundesgesetz

über den Erwerb von Grundstücken durch Personen im Ausland (BewG)

(vom 16. Dezember 1983, SR 211.412.41)

1. Kapitel: Zweck und Grundsätze

Zweck

1. Dieses Gesetz beschränkt den Erwerb von Grundstücken durch Personen im Ausland, um die Überfremdung des einheimischen Bodens zu verhindern.

Bewilligungspflicht

2. Personen im Ausland bedürfen für den Erwerb von Grundstücken einer Bewilligung der zuständigen kantonalen Behörde.

Bundesrecht und kantonales Recht

3. Die Bewilligung wird nur aus den Gründen erteilt, die dieses Gesetz vorsieht.

Die Kantone können zur Wahrung ihrer unterschiedlichen Interessen zusätzliche Bewilligungsgründe und weitergehende Beschränkungen vorsehen, soweit dieses Gesetz sie dazu ermächtigt.

2. Kapitel: Bewilligungspflicht

Erwerb von Grundstücken

4. Als Erwerb eines Grundstückes gilt:

a) der Erwerb des Eigentums, eines Baurechts, eines Wohnrechts oder der Nutznießung an einem Grundstück;

b) die Beteiligung an einer vermögensfähigen Gesellschaft ohne juristische Persönlichkeit, zu deren Aktiven ein Grundstück in der Schweiz gehört oder deren tatsächlicher Zweck der Erwerb von Grundstücken ist;

c) der Erwerb des Eigentums oder der Nutznießung an einem Anteil an einem Immobilienanlagefonds, dessen Anteilscheine auf dem Markt nicht regelmäßig gehandelt werden, oder an einem ähnlichen Vermögen;

d) der Erwerb des Eigentums oder der Nutznießung an einem Anteil an einer juristischen Person, deren Aktiven nach ihrem tatsächlichen Wert zu mehr als einem Drittel aus Grundstücken in der Schweiz bestehen, sofern Personen im Ausland dadurch eine beherrschende Stellung erhalten oder verstärken;

e) der Erwerb des Eigentums oder der Nutznießung an einem Anteil an einer juristischen Person, deren tatsächlicher Zweck der Erwerb von Grundstücken ist;

f) die Begründung und Ausübung eines Kaufs-, Vorkaufs- oder Rückkaufsrechts an einem Grundstück oder an einem Anteil im Sinne der Buchstaben b–e;

g) der Erwerb anderer Rechte, die dem Erwerber eine ähnliche Stellung wie dem Eigentümer eines Grundstückes verschaffen.

Als Erwerb eines Grundstückes gilt es auch, wenn eine juristische Person oder vermögensfähige Gesellschaft ohne juristische Persönlichkeit ihren statutarischen oder tatsächlichen Sitz ins Ausland verlegt und Rechte an einem Grundstück beibehält.

Abs. 1 lit. d und e: BGE 115 Ib 102.

Personen im Ausland

5. Als Personen im Ausland gelten:

a) natürliche Personen, die nicht das Recht haben, sich in der Schweiz niederzulassen;

b) juristische Personen oder vermögensfähige Gesellschaften ohne juristische Persönlichkeit, die ihren statutarischen oder tatsächlichen Sitz im Ausland haben;

c) juristische Personen oder vermögensfähige Gesellschaften ohne juristische Persönlichkeit, die ihren statutarischen und tatsächlichen Sitz in der Schweiz haben und in denen Personen im Ausland eine beherrschende Stellung innehaben;

d) natürliche Personen mit dem Recht auf Niederlassung oder juristische Personen oder vermögensfähige Gesellschaften ohne juristische Persönlichkeit mit Sitz in der Schweiz, wenn sie ein Grundstück für Rechnung von Personen im Ausland erwerben.

Der Bewilligungspflicht unterstehen auch natürliche Personen ausländischer Staatsangehörigkeit für den Erwerb von Grundstücken in der Nähe einer wichtigen militärischen Anlage.

Beherrschende Stellung

6. Eine Person im Ausland hat eine beherrschende Stellung inne, wenn sie aufgrund ihrer finanziellen Beteiligung, ihres Stimmrechtes oder aus anderen Gründen allein oder gemeinsam mit anderen Personen im Ausland die Verwaltung oder Geschäftsführung entscheidend beeinflussen kann.

Die Beherrschung einer juristischen Person durch Personen im Ausland wird vermutet, wenn diese:

a) mehr als einen Drittel des Aktien-, Stamm- oder Genossenschafts- und gegebenenfalls des Partizipationsscheinkapitals besitzen;

b) über mehr als einen Drittel der Stimmen in der General- oder Gesellschafterversammlung verfügen;

c) die Mehrheit des Stiftungsrates oder der Begünstigten einer Stiftung des privaten Rechts stellen;

d) der juristischen Person rückzahlbare Mittel zur Verfügung stellen, die mehr als die Hälfte der Differenz zwischen den Aktiven der juristischen Person und ihren Schulden gegenüber nicht bewilligungspflichtigen Personen ausmachen.

Die Beherrschung einer Kollektiv- oder Kommanditgesellschaft durch Personen im Ausland wird vermutet, wenn eine oder mehrere von ihnen:

a) unbeschränkt haftende Gesellschafter sind;

b) der Gesellschaft als Kommanditäre Mittel zur Verfügung stellen, die einen Drittel der Eigenmittel der Gesellschaft übersteigen;

c) der Gesellschaft oder unbeschränkt haftenden Gesellschaftern rückzahlbare Mittel zur Verfügung stellen, die mehr als die Hälfte der Differenz zwischen den Aktiven der Gesellschaft und ihren Schulden gegenüber nicht bewilligungspflichtigen Personen ausmachen.

Ausnahmen von der Bewilligungspflicht

7. Keiner Bewilligung bedürfen:

a) gesetzliche Erben im Sinne des schweizerischen Rechts im Erbgang;

b) Verwandte des Veräußerers in auf- und absteigender Linie sowie dessen Ehegatte;

c) Geschwister des Veräußerers, die bereits Mit- oder Gesamteigentum am Grundstück haben;

d) Stockwerkeigentümer für den Tausch ihrer Stockwerke im selben Objekt;

e) der Erwerber, der ein Grundstück als Realersatz bei einer Enteignung, Landumlegung oder Güterzusammenlegung nach dem Recht des Bundes oder des Kantons erhält;

f) der Erwerber, der ein Grundstück als Ersatz für ein anderes erwirbt, das er an eine öffentlichrechtliche Körperschaft oder Anstalt veräußert hat;

g) der Erwerber, der eine geringfügige Fläche infolge einer Grenzbereinigung oder infolge einer Erhöhung der Wertquote von Stockwerkeigentum erwirbt;

h) ausländische Staaten und internationale Organisationen des Völkerrechts, wenn sie ein Grundstück zu einem in der Schweiz anerkannten öffentlichen Zweck erwerben, oder andere Erwerber, wenn das staatspolitische Interesse des Bundes es gebietet; die Fläche darf nicht größer sein, als es der Verwendungszweck erfordert.

3. Kapitel: Bewilligungs- und Verweigerungsgründe

Allgemeine Bewilligungsgründe

8. Der Erwerb wird bewilligt, wenn das Grundstück dienen soll:

a) dem Erwerber als ständige Betriebsstätte seines Handels-, Fabrikations- oder eines anderen nach kaufmännischer Art geführten Gewerbes, eines Handwerksbetriebes oder eines freien Berufes;

b) als Kapitalanlage aus der Geschäftstätigkeit ausländischer und ausländisch beherrschter, in der Schweiz zum Geschäftsbetrieb zugelassener Versicherungseinrichtungen, sofern die allgemein anerkannten Anlagegrundsätze beachtet werden und der Wert aller Grundstücke des Erwerbers die von der Versicherungsaufsichtsbehörde als technisch notwendig erachteten Rückstellungen für das Schweizer Geschäft nicht übersteigt;

c) zur Personalvorsorge von inländischen Betriebsstätten oder zu ausschließlich gemeinnützigen Zwecken, wenn der Erwerber für das Grundstück von der direkten Bundessteuer befreit ist;

d) zur Deckung pfandgesicherter Forderungen ausländischer und ausländisch beherrschter, in der Schweiz zum Geschäftsbetrieb zugelassener Banken und Versicherungseinrichtungen in Zwangsverwertungen und Liquidationsvergleichen, mit der Auflage, das Grundstück innert zweier Jahre seit dem Erwerb wieder zu veräußern.

Einem Erben, welcher der Bewilligung bedarf und keinen Bewilligungsgrund hat, wird der Erwerb mit der Auflage bewilligt, das Grundstück innert zweier Jahre wieder zu veräußern.

Einer natürlichen Person, die von einer anderen eine Haupt-, Zweit- oder Ferienwohnung oder eine Wohneinheit in einem Apparthotel erwirbt und dafür mangels kantonaler Bestimmungen oder infolge einer örtlichen Bewilligungssperre keinen Bewilligungsgrund hat, wird die Bewilligung erteilt, wenn ein Härtefall für den Veräußerer vorliegt. Als Härtefall gilt eine nachträglich eingetretene, unvorhersehbare Notlage des Veräußerers, die er nur abwenden kann, indem er das Grundstück an eine Person im Ausland veräußert. Eine Bewilligung aus diesem Grunde wird auf das kantonale Bewilligungskontingent für den Erwerb von Ferienwohnungen und Wohneinheiten in Apparthotels angerechnet.

Zusätzliche kantonale Bewilligungsgründe

9. Die Kantone können durch Gesetz bestimmen, daß der Erwerb bewilligt wird, wenn das Grundstück dient:

a) dem sozialen Wohnungsbau nach kantonalem Recht und ohne Bundeshilfe in Orten, die unter Wohnungsnot leiden, oder wenn sich auf dem Grundstück solche neuerstellten Wohnbauten befinden;

b) einer natürlichen Person als Hauptwohnung am Ort ihres rechtmäßigen und tatsächlichen Wohnsitzes, solange dieser andauert;

c) einer natürlichen Person als Zweitwohnung an einem Ort, zu dem sie außergewöhnlich enge, schutzwürdige Beziehungen unterhält, solange diese andauern.

Die Kantone können außerdem durch Gesetz bestimmen, daß einer natürlichen Person der Erwerb als Ferienwohnung oder als Wohneinheit in einem Apparthotel im Rahmen des kantonalen Kontingents bewilligt werden kann.

Die Kantone bestimmen periodisch die Orte, die nach einem genehmigten Entwicklungskonzept im Sinne des Bundesrechts über die Investitionshilfe in Berggebieten oder nach einer gleichwertigen amtlichen Planung des Erwerbs von Ferienwohnungen oder von Wohneinheiten in Appartholtels durch Personen im Ausland bedürfen, um den Fremdenverkehr zu fördern.

Appartholtels

10. Als Appartholtel gilt ein neues oder zu erneuerndes Hotel im Stockwerkeigentum des Betriebsinhabers, von Personen im Ausland und gegebenenfalls von Drittpersonen, wenn es folgende Voraussetzungen erfüllt:

a) Eigentum des Betriebsinhabers an den besonderen Anlagen und Einrichtungen für den Hotelbetrieb und an den Wohneinheiten im Umfang von insgesamt mindestens 51 Prozent der Wertquoten;

b) dauernde hotelmäßige Bewirtschaftung der Wohneinheiten im Umfange von mindestens 65 Prozent der darauf entfallenden Wertquoten, einschließlich aller dem Betriebsinhaber gehörenden Wohneinheiten;

c) angemessenes Dienstleistungsangebot, entsprechende bauliche und betriebliche Eignung sowie mutmaßliche Wirtschaftlichkeit des Hotels, gestützt auf ein Gutachten der Schweizerischen Gesellschaft für Hotelkredit.

Bewilligungskontingente

11. Der Bundesrat bestimmt nach Anhören der Kantonsregierungen, jeweils für die Dauer von zwei Jahren, die jährlichen kantonalen Bewilligungskontingente für den Erwerb von Ferienwohnungen und Wohneinheiten in Appartholtels im Rahmen einer gesamtschweizerischen Höchstzahl; er berücksichtigt dabei die staatspolitischen und volkswirtschaftlichen Interessen des Landes.

Er setzt diese Höchstzahl schrittweise herab. Wenn es die volkswirtschaftlichen Interessen des Landes zwingend erfordern und es staatspolitischen Interessen nicht widerspricht, kann er diese Zahl beibehalten oder vorübergehend hinaufsetzen, ohne jedoch die für die erste zweijährige Periode festgesetzte Höchstzahl zu überschreiten.

Er bemißt die kantonalen Kontingente nach der Bedeutung

des Fremdenverkehrs für die Kantone, den touristischen Entwicklungsplanungen und dem Anteil an ausländischem Grundeigentum auf ihrem Gebiet.

Die Kantone regeln die Verteilung der Bewilligungen aus ihrem Kontingent.

Zwingende Verweigerungsgründe

12. Die Bewilligung wird auf jeden Fall verweigert, wenn:

a) das Grundstück einer nach diesem Gesetz unzulässigen Kapitalanlage dient;

b) die Fläche größer ist, als es der Verwendungszweck erfordert;

c) der Erwerber versucht hat, dieses Gesetz zu umgehen;

d) dem Erwerber einer Zweitwohnung, einer Ferienwohnung oder einer Wohneinheit in einem Apparthotel, seinem Ehegatten oder seinen Kindern unter 20 Jahren bereits eine solche Wohnung in der Schweiz gehört;

e) das Grundstück in der Nähe einer wichtigen militärischen Anlage liegt und der Erwerb die militärische Sicherheit gefährden kann;

f) der Erwerb staatspolitischen Interessen widerspricht.

Weitergehende kantonale Beschränkungen

13. Die Kantone können durch Gesetz den Erwerb von Ferienwohnungen und von Wohneinheiten in Apparthotels weitergehend einschränken, indem sie insbesondere:

a) eine Bewilligungssperre einführen;

b) den Erwerb von Ferienwohnungen nur im Rahmen von Stockwerkeigentum oder einer anderen Gesamtheit mehrerer Ferienwohnungen zulassen;

c) für eine Gesamtheit von Ferienwohnungen und für Wohneinheiten in Apparthotels den Erwerb nur bis zu einer bestimmten Quote des Wohnraums zulassen;

d) zugunsten von Personen, die keiner Bewilligung bedürfen, ein Vorkaufsrecht zum Verkehrswert einführen;

e) den Erwerb auf das Baurecht, das Wohnrecht oder die Nutznießung beschränken.

Die Gemeinden können diese Einschränkungen von sich aus einführen. Die Kantone regeln das Verfahren.

Bedingungen und Auflagen

14. Die Bewilligung wird unter Bedingungen und Auflagen erteilt, die sicherstellen, daß das Grundstück zu dem vom Erwerber geltend gemachten Zweck verwendet wird.

Der Bundesrat regelt die Mindestbedingungen und -auflagen, soweit dieses Gesetz sie nicht regelt, und den Verfall von Bewilligungen.

Auflagen sind im Grundbuch anzumerken.

Sie können auf Antrag des Erwerbers aus zwingenden Gründen widerrufen werden.

Wird die Bewilligungspflicht verneint, weil Personen im Ausland keine beherrschende Stellung innehaben, so ist diese Feststellung an die Auflage zu knüpfen, daß der Erwerber vor jeder Änderung der Verhältnisse, welche die Bewilligungspflicht begründen könnte, erneut um die Feststellung nachzusuchen hat.

4. Kapitel: **Behörden und Verfahren**

Kantonale Behörden

15. Jeder Kanton bezeichnet:

a) eine oder mehrere Bewilligungsbehörden, die über die Bewilligungspflicht, die Bewilligung und den Widerruf einer Bewilligung oder Auflage entscheiden;

b) eine beschwerdeberechtigte Behörde, die auch den Widerruf einer Bewilligung oder die Einleitung eines Strafverfahrens verlangen und auf Beseitigung des rechtswidrigen Zustandes klagen kann;

c) eine Beschwerdeinstanz.

Zuständig ist die Behörde am Ort des Grundstücks; beim Erwerb von Anteilen an juristischen Personen oder bei der Beteiligung an einer vermögensfähigen Gesellschaft ohne juristische Persönlichkeit ist die Behörde zuständig, in deren Amtsbereich wertmäßig der größte Teil der Grundstücke liegt.

Das Eidgenössische Justiz- und Polizeidepartement entscheidet in Kompetenzkonflikten zwischen den Behörden verschiedener Kantone.

Bundesbehörden

16. Der Bundesrat stellt nach Anhören der Kantonsregierung fest, ob:

a) es sich um einen Erwerb handelt, für den der Erwerber aus Gründen des staatspolitischen Interesses des Bundes keiner Bewilligung bedarf;

b) der Erwerb staatspolitischen Interessen widerspricht; trifft dies zu, so verweigert er die Bewilligung.

Das Eidgenössische Departement für auswärtige Angelegenheiten stellt nach Anhören der Kantonsregierung fest, ob der Erwerber ein ausländischer Staat oder eine internationale Organisation des Völkerrechts ist und das Grundstück zu einem in der Schweiz anerkannten öffentlichen Zweck erwirbt.

Das Eidgenössische Militärdepartement stellt fest, ob der Erwerb eines Grundstücks in der Nähe einer wichtigen militärischen Anlage die militärische Sicherheit gefährden kann; trifft dies zu, so verweigert es die Bewilligung.

In den übrigen Fällen sind das Eidgenössische Justiz- und Polizeidepartement und, soweit dieses Gesetz es vorsieht, das Bundesamt für Justiz zuständig.

Bewilligungsverfahren

17. Erwerber, deren Bewilligungspflicht sich nicht ohne weiteres ausschließen läßt, haben spätestens nach dem Abschluß des Rechtsgeschäftes oder, mangels dessen, nach dem Erwerb um die Bewilligung oder die Feststellung nachzusuchen, daß sie keiner Bewilligung bedürfen.

Die Bewilligungsbehörde eröffnet ihre Verfügung mit Begründung und Rechtsmittelbelehrung den Parteien, der Gemeinde, in der das Grundstück liegt, und mit den vollständigen Akten der beschwerdeberechtigten kantonalen Behörde.

Verzichtet die beschwerdeberechtigte kantonale Behörde auf eine Beschwerde oder zieht sie diese zurück, so eröffnet sie die Verfügung mit den vollständigen Akten kostenlos dem Bundesamt für Justiz.

Grundbuch und Handelsregister

18. Kann der Grundbuchverwalter die Bewilligungspflicht nicht ohne weiteres ausschließen, so setzt er das Verfahren aus und räumt dem Erwerber eine Frist von 30 Tagen ein, um die Bewilligung oder die Feststellung einzuholen, daß er keiner Bewilligung bedarf; er weist die Anmeldung ab, wenn der Erwerber nicht fristgerecht handelt oder die Bewilligung verweigert wird.

Der Handelsregisterführer verfährt wie der Grundbuchverwalter; er verweist jedoch eine juristische Person oder vermögensfähige Gesellschaft ohne juristische Persönlichkeit, die ihren Sitz von der Schweiz in das Ausland verlegt, vor der Löschung in jedem Falle an die Bewilligungsbehörde.

Die abweisende Verfügung des Grundbuchverwalters und des Handelsregisterführers unterliegt der Beschwerde an die nach diesem Gesetz zuständige kantonale Beschwerdeinstanz; diese Beschwerde tritt an die Stelle der Beschwerde an die Aufsichtsbehörde für das Grundbuch oder Handelsregister.

Der Bundesrat regelt das Verfahren zwischen Grundbuchverwalter, Bewilligungsbehörde und dem Eidgenössischen Militärdepartement, soweit es sich um den Erwerb in der Nähe einer wichtigen militärischen Anlage handelt.

Zwangsversteigerung

19. Ersteigert jemand ein Grundstück in einer Zwangsversteigerung, so hat er der Steigerungsbehörde nach dem Zuschlag schriftlich zu erklären, ob er eine Person im Ausland ist, namentlich ob er auf Rechnung einer Person im Ausland handelt; er ist darauf und auf die Bewilligungspflicht von Personen im Ausland für den Erwerb von Grundstücken in den Steigerungsbedingungen aufmerksam zu machen.

Besteht Gewißheit über die Bewilligungspflicht und liegt noch keine rechtskräftige Bewilligung vor oder läßt sich die Bewilligungspflicht ohne nähere Prüfung nicht ausschließen, so räumt die Steigerungsbehörde dem Erwerber unter Mitteilung an den Grundbuchverwalter eine Frist von zehn Tagen ein, um:

a) die Bewilligung oder die Feststellung einzuholen, daß der Erwerber keiner Bewilligung bedarf;

b) den Kaufpreis sicherzustellen, wobei für die Dauer der Sicherstellung ein jährlicher Zins von 5 Prozent zu entrichten ist;

c) die Kosten einer erneuten Versteigerung sicherzustellen.

Handelt der Erwerber nicht fristgerecht oder wird die Bewilligung rechtskräftig verweigert, so hebt die Steigerungsbehörde unter Mitteilung an den Grundbuchverwalter den Zuschlag auf und ordnet eine neue Versteigerung an.

Die Aufhebungsverfügung der Steigerungsbehörde unterliegt der Beschwerde an die nach diesem Gesetz zuständige kantonale Beschwerdeinstanz; diese Beschwerde tritt an die Stelle der Beschwerde an die Aufsichtsbehörde für Schuldbetreibung und Konkurs.

Wird bei der erneuten Versteigerung ein geringerer Erlös erzielt, so haftet der erste Ersteigerer für den Ausfall und allen weiteren Schaden.

Beschwerde an die kantonale Beschwerdeinstanz

20. Der Beschwerde an die kantonale Beschwerdeinstanz unterliegen die Verfügungen der Bewilligungsbehörde, des Grundbuchverwalters, des Handelsregisterführers und der Steigerungsbehörde.

Das Beschwerderecht steht zu:

a) dem Erwerber, dem Veräußerer und anderen Personen, die ein schutzwürdiges Interesse an der Aufhebung oder Änderung der Verfügung haben;

b) der beschwerdeberechtigten kantonalen Behörde oder, wenn diese auf die Beschwerde verzichtet oder sie zurückzieht, dem Bundesamt für Justiz;

c) der Gemeinde, in der das Grundstück liegt, gegen eine Bewilligung, gegen die Feststellung, daß der Erwerber keiner Bewilligung bedarf, und gegen den Widerruf einer Auflage.

Die Beschwerdefrist beträgt 30 Tage seit der Eröffnung der Verfügung an die Parteien oder die beschwerdeberechtigte Behörde.

Die kantonale Beschwerdeinstanz eröffnet ihren Entscheid mit Begründung und Rechtsmittelbelehrung den beschwerdeberechtigten Personen, der Bewilligungsbehörde und, kostenlos, den beschwerdeberechtigten Behörden.

Beschwerde an Bundesbehörden

21. Eidgenössische Beschwerdeinstanzen sind:

a) das Bundesgericht für Verwaltungsgerichtsbeschwerden

gegen Entscheide kantonaler Beschwerdeinstanzen und des Eidgenössischen Justiz- und Polizeidepartements;

b) der Bundesrat für Beschwerden gegen Verfügungen des Eidgenössischen Departements für auswärtige Angelegenheiten und des Eidgenössischen Militärdepartements;

c) das Eidgenössische Justiz- und Polizeidepartement für Beschwerden gegen Verfügungen des Bundesamtes für Justiz.

Die zur Beschwerde an die kantonale Beschwerdeinstanz berechtigten Parteien und Behörden sind auch zur Verwaltungsgerichtsbeschwerde an das Bundesgericht berechtigt.

Die Verwaltungsgerichtsbeschwerde ist auch zulässig gegen Entscheide gestützt auf kantonales öffentliches Recht; rügt der Beschwerdeführer die Verletzung einer Bestimmung selbständigen kantonalen Rechts, so beschränkt sich die Prüfung durch das Bundesgericht auf Willkür.

Beweiserhebung

22. Die Bewilligungsbehörde und die kantonale Beschwerdeinstanz stellen den Sachverhalt von Amtes wegen fest. Sie stellen nur auf Vorbringen ab, die sie geprüft und über die sie nötigenfalls Beweis erhoben haben.

Die Bewilligungsbehörde, die kantonale Beschwerdeinstanz, das Bundesgericht und, außerhalb eines Verfahrens dieser Behörden, die beschwerdeberechtigte kantonale Behörde und das Bundesamt für Justiz können Auskunft über alle Tatsachen verlangen, die für die Bewilligungspflicht oder die Bewilligung von Bedeutung sind.

Auskunftspflichtig ist, wer von Amtes wegen, berufsmäßig, vertraglich, als Organ einer juristischen Person oder Gesellschaft ohne juristische Persönlichkeit oder eines Anlagefonds durch Finanzierung oder auf andere Weise an der Vorbereitung, dem Abschluß oder dem Vollzug eines Rechtsgeschäftes über den Erwerb mitwirkt; er hat auf Verlangen auch Einsicht in die Geschäftsbücher, Korrespondenzen oder Belege zu gewähren und sie herauszugeben.

Die Behörde kann zuungunsten des Erwerbers entscheiden, wenn ein Auskunftspflichtiger die notwendige und zumutbare Mitwirkung verweigert.

Vorsorgliche Maßnahmen

23. Die kantonalen Behörden und, außerhalb eines Verfahrens, auch das Bundesamt für Justiz können vorsorgliche Maßnahmen anordnen, um einen rechtlichen oder tatsächlichen Zustand unverändert zu erhalten.

Die Beschwerde gegen eine vorsorgliche Verfügung hat keine aufschiebende Wirkung.

Rechts- und Amtshilfe

24. Die Verwaltungs- und Gerichtsbehörden des Bundes und der Kantone leisten sich gegenseitig Rechts- und Amtshilfe.

Behörden und Beamte, die in ihrer amtlichen Eigenschaft Widerhandlungen wahrnehmen oder Kenntnis davon erhalten, sind verpflichtet, sie sofort der zuständigen kantonalen Strafverfolgungsbehörde, der beschwerdeberechtigten kantonalen Behörde oder dem Bundesamt für Justiz anzuzeigen.

Die zuständigen Behörden liefern dem Bundesamt für Justiz die zur Führung und Veröffentlichung einer Statistik über den Erwerb von Grundstücken durch Personen im Ausland notwendigen Angaben; das Bundesamt für Justiz erteilt den zuständigen Behörden Auskunft über Tatsachen, die für die Bewilligungspflicht oder die Bewilligung von Bedeutung sind.

5. Kapitel: **Sanktionen**

1. Abschnitt: **Verwaltungsrecht**

Widerruf der Bewilligung

25. Die Bewilligung wird von Amtes wegen widerrufen, wenn der Erwerber sie durch unrichtige Angaben erschlichen hat oder eine Auflage trotz Mahnung nicht einhält.

Sanktionen nach dem Ausländerrecht bleiben vorbehalten.

2. Abschnitt: **Zivilrecht**

Unwirksamkeit und Nichtigkeit

26. Rechtsgeschäfte über einen Erwerb, für den der Erwerber einer Bewilligung bedarf, bleiben ohne rechtskräftige Bewilligung unwirksam.

Sie werden nichtig, wenn:

a) der Erwerber das Rechtsgeschäft vollzieht, ohne um die Bewilligung nachzusuchen oder bevor die Bewilligung in Rechtskraft tritt;

b) die Bewilligungsbehörde die Bewilligung rechtskräftig verweigert oder widerrufen hat;

c) der Grundbuchverwalter oder Handelsregisterführer die Anmeldung abweist, ohne daß die Bewilligungsbehörde die Bewilligung vorgängig verweigert hat;

d) die Steigerungsbehörde den Zuschlag aufhebt, ohne daß die Bewilligungsbehörde die Bewilligung vorgängig verweigert hat.

Unwirksamkeit und Nichtigkeit sind von Amtes wegen zu beachten.

Sie haben zur Folge, daß:

a) versprochene Leistungen nicht gefordert werden dürfen;

b) Leistungen innerhalb eines Jahres zurückgefordert werden können, seit der Kläger Kenntnis von seinem Rückforderungsanspruch hat, oder innerhalb eines Jahres seit Abschluß eines Strafverfahrens, spätestens aber innerhalb von zehn Jahren, seit die Leistung erbracht worden ist;

c) von Amtes wegen auf Beseitigung eines rechtswidrigen Zustandes geklagt wird.

Beseitigung des rechtswidrigen Zustandes

27. Die beschwerdeberechtigte kantonale Behörde oder, wenn diese nicht handelt, das Bundesamt für Justiz klagt gegen die Parteien beim Richter am Ort der gelegenen Sache auf:

a) Wiederherstellung des ursprünglichen Zustandes, wenn ein Grundstück aufgrund eines mangels Bewilligung nichtigen Rechtsgeschäftes erworben wurde;

b) Auflösung der juristischen Person mit Verfall ihres Vermögens an das Gemeinwesen im Falle von Artikel 57 Absatz 3 des Zivilgesetzbuches.

Erweist sich die Wiederherstellung des ursprünglichen Zustandes als unmöglich oder untunlich, so ordnet der Richter die öffentliche Versteigerung nach den Vorschriften über die Zwangsverwertung von Grundstücken an. Der Erwerber kann nur seine Gestehungskosten beanspruchen; ein Mehrerlös fällt dem Kanton zu.

Die Klage auf Wiederherstellung des ursprünglichen Zustandes entfällt, wenn die Parteien ihn wieder hergestellt haben oder ein gutgläubiger Dritter das Grundstück erworben hat.

Beide Klagen sind anzubringen:

a) innerhalb eines Jahres seit einem rechtskräftigen Entscheid, der die Nichtigkeit bewirkt;

b) im übrigen innerhalb von zehn Jahren seit dem Erwerb, wobei die Klagefrist während eines Verwaltungsverfahrens ruht;

c) spätestens bis zur Verjährung der Strafverfolgung, wenn diese länger dauert.

Für den Schutz gutgläubig erworbener dinglicher Rechte und die Ersatzpflicht gilt Artikel 975 Absatz 2 des Zivilgesetzbuches.

Abs.1 und 2: BGE 113 II 450.

3. Abschnitt: Strafrecht

Umgehung der Bewilligungspflicht

28. Wer vorsätzlich ein mangels Bewilligung nichtiges Rechtsgeschäft vollzieht oder als Erbe, der für den Erwerb der Bewilligung bedarf, nicht fristgerecht um diese nachsucht, wird mit Gefängnis oder Buße bis zu 100 000 Franken bestraft.

Handelt der Täter gewerbsmäßig, so ist die Strafe Gefängnis nicht unter sechs Monaten.

Handelt der Täter fahrlässig, so ist die Strafe Buße bis zu 50 000 Franken.

Stellt der Täter den ursprünglichen Zustand wieder her, so kann der Richter die Strafe mildern.

Unrichtige Angaben

29. Wer vorsätzlich einer zuständigen Behörde über Tatsachen, die für die Bewilligungspflicht oder für die Bewilligung von Bedeutung sind, unrichtige oder unvollständige Angaben macht oder einen Irrtum der Behörde arglistig benutzt, wird mit Gefängnis oder mit Buße bis zu 100 000 Franken bestraft.

Wer fahrlässig unrichtige oder unvollständige Angaben macht, wird mit Buße bis zu 50 000 Franken bestraft.

BGE 114 IV 67.

Mißachtung von Auflagen

30. Wer vorsätzlich eine Auflage mißachtet, wird mit Gefängnis oder mit Buße bis zu 100 000 Franken bestraft.

Handelt der Täter fahrlässig, so ist die Strafe Buße bis zu 50 000 Franken.

Wird die Auflage nachträglich widerrufen oder kommt der Täter nachträglich der Auflage nach, so ist die Strafe Buße bis zu 20 000 Franken.

Bis zur rechtskräftigen Erledigung eines Verfahrens auf Widerruf der Auflage darf der Strafrichter nicht urteilen.

Verweigerung von Auskunft oder Edition

31. Wer sich weigert, der Auskunfts- oder Editionspflicht nachzukommen, die ihm die zuständige Behörde unter Hinweis auf die Strafandrohung dieses Artikels auferlegt, wird mit Haft oder mit Buße bis zu 50 000 Franken bestraft. Er bleibt straflos, wenn er sich auf ein Berufsgeheimnis nach Artikel 321 des Strafgesetzbuches berufen kann.

BGE 114 IV 67.

Verjährung

32. Die Strafverfolgung verjährt:

a) in zwei Jahren für die Verweigerung von Auskunft oder Edition;

b) in fünf Jahren für andere Übertretungen;

c) in zehn Jahren für Vergehen.

Die Strafe für eine Übertretung verjährt in fünf Jahren.

Einziehung unrechtmäßiger Vermögensvorteile

33. Wer durch eine Widerhandlung einen unrechtmäßigen Vorteil erlangt, der nicht auf Klage hin beseitigt wird, ist bis zur Verjährung der Strafverfolgung ohne Rücksicht auf die Strafbarkeit einer bestimmten Person zu verpflichten, einen entsprechenden Betrag an den Kanton zu zahlen.

Geschenke und andere Zuwendungen verfallen nach Artikel 59 des Strafgesetzbuches.

Widerhandlungen im Geschäftsbetrieb

34. Für Widerhandlungen im Geschäftsbetrieb gelten die Artikel 6 und 7 des Verwaltungsstrafrechts sinngemäß.
SR 313.0

Strafverfolgung

35. Die Strafverfolgung obliegt den Kantonen.

Jede Einleitung eines Strafverfahrens, alle Einstellungsbeschlüsse, Strafbescheide und Strafurteile sind ohne Verzug und unentgeltlich der Bundesanwaltschaft mitzuteilen; diese kann jederzeit Auskunft über den Stand eines hängigen Strafverfahrens verlangen.

Die Artikel 258 und 259 des Bundesgesetzes über die Bundesstrafrechtspflege sind anwendbar.
Abs. 3: SR 312.0

6. Kapitel Schlußbestimmungen

Ausführungsbestimmungen

36. Der Bundesrat und die Kantone erlassen die notwendigen Ausführungsbestimmungen.

Die Kantone können außer ihren notwendigen Ausführungsbestimmungen auch ergänzende gesetzliche Bestimmungen, zu deren Erlaß dieses Gesetz sie ermächtigt, vorläufig durch nicht referendumspflichtige Verordnung erlassen; diese Verordnungen bleiben bis zum Erlaß gesetzlicher Bestimmungen in Kraft, längstens jedoch für die Dauer von drei Jahren seit dem Inkrafttreten dieses Gesetzes.

Die kantonalen Bestimmungen bedürfen der Genehmigung des Bundesrates; Bestimmungen, welche die Gemeinden erlassen, sind dem Bundesamt für Justiz zur Kenntnis zu bringen.
Abs. 1: Verordnung des Bundesrates über den Erwerb von Grundstücken durch Personen im Ausland, vom 1. Oktober 1984 (SR 211.412.411).

Aufhebung und Änderung anderer Erlasse

37. Der Bundesbeschluß vom 23. März 1961 über den Erwerb von Grundstücken durch Personen im Ausland wird aufgehoben.

Das Bundesgesetz vom 23. Juni 1950 über den Schutz militärischer Anlagen wird wie folgt geändert: ...

Übergangsbestimmung
38. Dieses Gesetz und die gestützt darauf erlassenen Ausführungsbestimmungen sind auf Bewilligungen anwendbar, die nach dem Inkrafttreten dieses Gesetzes in erster Instanz erteilt werden, soweit sie nicht auf rechtskräftigen Grundsatzbewilligungen nach dem früheren Recht beruhen.

Bewilligungskontingente
39. Der Bundesrat setzt für die erste Periode von zwei Jahren die gesamtschweizerische Höchstzahl an Bewilligungen für Ferienwohnungen und Wohneinheiten in Apparthotels auf höchstens zwei Drittel der Bewilligungen fest, die im Durchschnitt der fünf letzten Jahre vor Inkrafttreten dieses Gesetzes für den Erwerb von Zweitwohnungen im Sinne des früheren Rechts erteilt worden sind.

Referendum und Inkrafttreten
40. (Das Gesetz ist am 1. Januar 1985 in Kraft getreten.)

Anhang VII
Übergangsbestimmungen zum neuen Bürgschaftsrecht (Art. 492 ff.)

Die Bestimmungen des neuen Rechts finden Anwendung auf alle Bürgschaften, die nach dem Inkrafttreten dieses Gesetzes eingegangen worden sind.

Auf Bürgschaften, die vor dem Inkrafttreten dieses Gesetzes eingegangen worden sind, finden die Bestimmungen des neuen Rechts nur hinsichtlich der später eintretenden Tatsachen und mit folgenden Einschränkungen Anwendung:

1. Nicht anwendbar sind die neuen Art. 492, Abs. 3; 496, Abs. 2; 497, Abs. 3 und 4; 499; 500; 501, Abs. 4; 507, Abs. 4 und 6; 511, Abs. 1.

2. Die Vorschriften der neuen Art. 493 über die Form und 494 über das Erfordernis der Zustimmung des Ehegatten sind auf altrechtliche Bürgschaften nur anwendbar, soweit sie sich auf nachträgliche Änderungen der Bürgschaft beziehen.

3. Art. 496, Abs. 1, gilt mit der Maßgabe, daß der Bürge nicht nur vor dem Hauptschuldner und vor Verwertung der Grundpfänder, sondern auch vor Verwertung der übrigen Pfandrechte belangt werden kann, sofern der Hauptschuldner mit seiner Leistung im Rückstand und erfolglos gemahnt worden oder seine Zahlungsunfähigkeit offenkundig ist.

4. Für die Mitteilung des Rückstandes gemäß Art. 505, Abs. 1, wird dem Gläubiger eine Frist von sechs Monaten nach Eintritt des Rückstandes, mindestens aber eine solche von drei Monaten seit dem Inkrafttreten des Gesetzes gewährt.

5. Die Bestimmung des Art. 505, Abs. 2, findet nur Anwendung auf Konkurse, die mindestens drei Monate nach Inkrafttreten des Gesetzes eröffnet, sowie auf Nachlaßstundungen, die mindestens drei Monate nach Inkrafttreten des Gesetzes bewilligt worden sind.

6. Die in Art. 509, Abs. 3, genannte Frist beginnt für altrechtliche Bürgschaften erst mit dem Inkrafttreten des Gesetzes zu laufen.

Die Vorschriften der Art. 67 bis 71 des Bundesgesetzes vom 1. Oktober 1925 über das Zollwesen bleiben vorbehalten.

Anhang VII

Der Bundesrat bestimmt den Zeitpunkt des Inkrafttretens dieses Gesetzes.
Vom Bundesrat auf den 1. Juli 1942 in Kraft erklärt. Abs. 2, Tatsachen: BGE 70 II 277.

Anhang VIIa
Schluß- und Übergangsbestimmungen zum neuen Aktienrecht (Art. 620 ff.)

A. Schlußtitel des Zivilgesetzbuches

1. Der Schlußtitel des Zivilgesetzbuches gilt für dieses Gesetz.

B. Anpassung an das neue Recht
I. Im allgemeinen

2. Aktiengesellschaften und Kommanditaktiengesellschaften, die im Zeitpunkt des Inkrafttretens dieses Gesetzes im Handelsregister eingetragen sind, jedoch den neuen gesetzlichen Vorschriften nicht entsprechen, müssen innert fünf Jahren ihre Statuten den neuen Bestimmungen anpassen.

Gesellschaften, die ihre Statuten trotz öffentlicher Aufforderung durch mehrfache Publikation im Schweizerischen Handelsamtsblatt und in den kantonalen Amtsblättern nicht innert fünf Jahren den Bestimmungen über das Mindestkapital, die Mindesteinlage und die Partizipations- und Genußscheine anpassen, werden auf Antrag des Handelsregisterführers vom Richter aufgelöst. Der Richter kann eine Nachfrist von höchstens sechs Monaten ansetzen. Gesellschaften, die vor dem 1. Januar 1985 gegründet wurden, sind von der Anpassung ihrer Statutenbestimmung über das Mindestkapital ausgenommen. Gesellschaften, deren Partizipationskapital am 1. Januar 1985 das Doppelte des Aktienkapitals überstieg, sind von dessen Anpassung an die gesetzliche Begrenzung ausgenommen.

Andere statutarische Bestimmungen, die mit dem neuen Recht unvereinbar sind, bleiben bis zur Anpassung, längstens aber noch fünf Jahre, in Kraft.

II. Einzelne Bestimmungen
1. Partizipations- und Genußscheine

3. Die Artikel 656a, 656b Absätze 2 und 3, 656c und 656d sowie 656g gelten für bestehende Gesellschaften mit dem Inkrafttreten dieses Gesetzes, auch wenn ihnen die Statuten oder Ausgabebedingungen widersprechen. Sie gelten für Titel, die als Partizipationsscheine oder Genußscheine bezeichnet sind, einen Nennwert haben und in den Passiven der Bilanz ausgewiesen sind.

Die Gesellschaften müssen für die in Absatz 1 genannten Titel innert fünf Jahren die Ausgabebedingungen in den Statuten niederlegen und Artikel 656f anpassen, die erforderlichen Eintragungen in das Handelsregister veranlassen und die Titel, die sich im Umlauf befinden und nicht als Partizipationsscheine bezeichnet sind, mit dieser Bezeichnung versehen.

Für andere als in Absatz 1 genannte Titel gelten die neuen Vorschriften über die Genußscheine, auch wenn sie als Partizipationsscheine bezeichnet sind. Innert fünf Jahren müssen sie nach dem neuen Recht bezeichnet werden und dürfen keinen Nennwert mehr angeben. Die Statuten sind entsprechend abzuändern. Vorbehalten bleibt die Umwandlung in Partizipationsscheine.

2. Ablehnung von Namenaktionären

4. In Ergänzung zu Artikel 685d Absatz 1 kann die Gesellschaft, aufgrund statutarischer Bestimmung, Personen als Erwerber börsenkotierter Namenaktien ablehnen, soweit und solange deren Anerkennung die Gesellschaft daran hindern könnte, durch Bundesgesetze geforderte Nachweise über die Zusammensetzung des Kreises der Aktionäre zu erbringen.

3. Stimmrechtsaktien

5. Gesellschaften, die in Anwendung von Artikel 10 der Schluß- und Übergangsbestimmungen des Bundesgesetzes vom 18. Dezember 1936 über die Revision der Titel 24–33 des Obligationenrechtes Stimmrechtsaktien mit einem Nennwert von unter zehn Franken beibehalten haben, sowie Gesellschaften, bei denen der Nennwert der größeren Aktien mehr als das Zehnfache des Nennwertes der kleineren Aktien beträgt, müssen ihre Statuten dem Artikel 693 Absatz 2 zweiter Satz nicht anpassen. Sie dürfen jedoch keine neuen Aktien mehr ausgeben, deren Nennwert mehr als das Zehnfache des Nennwertes der kleineren Aktien oder weniger als zehn Prozent des Nennwertes der größeren Aktien beträgt.

4. Qualifizierte Mehrheiten

6. Hat eine Gesellschaft durch bloße Wiedergabe von Bestimmungen des bisherigen Rechts für bestimmte Beschlüsse Vorschriften über qualifizierte Mehrheiten in die Statuten übernommen, so kann binnen eines Jahres seit dem Inkrafttreten dieses

Gesetzes mit absoluter Mehrheit aller an einer Generalversammlung vertretenen Aktienstimmen die Anpassung an das neue Recht beschlossen werden.

C. Änderung von Bundesgesetzen
7. Es werden geändert: ...

D. Referendum
8. Dieses Gesetz untersteht dem fakultativen Referendum.

E. Inkrafttreten
9. Der Bundesrat bestimmt das Inkrafttreten.
Vermutlich: 1. Juli 1992.

Anhang VIII
Verordnung
über die Miete und Pacht von Wohn- und Geschäftsräumen (VMWG)

(Vom 9. Mai 1990, SR 221.213.11)

Geltungsbereich
(Art. 253a Abs. 1 OR)

1. Als Sachen, die der Vermieter dem Mieter zusammen mit Wohn- und Geschäftsräumen zum Gebrauch überläßt, gelten insbesondere Mobilien, Garagen, Autoeinstell- und Abstellplätze sowie Gärten.

Ausnahmen
(Art. 253a Abs. 2, 253b Abs. 2 und 3 OR)

2. Für luxuriöse Wohnungen und Einfamilienhäuser mit sechs oder mehr Wohnräumen (ohne Anrechnung der Küche) gilt der 2. Abschnitt des Achten Titels des Obligationenrechts (Art. 269–270e) nicht.

Für Wohnungen, deren Bereitstellung von der öffentlichen Hand gefördert wurde und deren Mietzinse durch eine Behörde kontrolliert werden, gelten nur die Artikel 253–268b, 269, 269d Absatz 3, 270e und 271–274g des Obligationenrechts sowie die Artikel 3–10 und 20–23 dieser Verordnung.

Koppelungsgeschäfte
(Art. 254 OR)

3. Als Koppelungsgeschäft im Sinne von Artikel 254 des Obligationenrechts gilt insbesondere die Verpflichtung des Mieters, die Mietsache, Möbel oder Aktien zu kaufen oder einen Versicherungsvertrag abzuschließen.

Nebenkosten im allgemeinen
(Art. 257a OR)

4. Erhebt der Vermieter die Nebenkosten aufgrund einer Abrechnung, muß er diese jährlich mindestens einmal erstellen und dem Mieter vorlegen.

Erhebt er sie pauschal, muß er auf Durchschnittswerte dreier Jahre abstellen.

Anrechenbare Heizungs- und Warmwasserkosten
(Art. 257b Abs. 1 OR)

5. Als Heizungs- und Warmwasserkosten anrechenbar sind die tatsächlichen Aufwendungen, die mit dem Betrieb der Heizungsanlage oder der zentralen Warmwasseraufbereitungsanlage direkt zusammenhängen.

Darunter fallen insbesondere die Aufwendungen für:

a) die Brennstoffe und die Energie, die verbraucht wurden;

b) die Elektrizität zum Betrieb von Brennern und Pumpen;

c) die Betriebskosten für Alternativenergien;

d) die Reinigung der Heizungsanlage und des Kamins, das Auskratzen, Ausbrennen und Einölen der Heizkessel sowie die Abfall- und Schlackenbeseitigung;

e) die periodische Revision der Heizungsanlage einschließlich des Öltanks sowie das Entkalken der Warmwasseranlage, der Boiler und des Leitungsnetzes;

f) die Verbrauchserfassung und den Abrechnungsservice für die verbrauchsabhängige Heizkostenabrechnung sowie den Unterhalt der nötigen Apparate;

g) die Wartung;

h) die Versicherungsprämien, soweit sie sich ausschließlich auf die Heizungsanlage beziehen;

i) die Verwaltungsarbeit, die mit dem Betrieb der Heizungsanlage zusammenhängt.

Die Kosten für die Wartung und die Verwaltung dürfen nach Aufwand oder im Rahmen der üblichen Ansätze angerechnet werden.

Nicht anrechenbare Heizungs- und Warmwasserkosten
(Art. 257b Abs. 1 OR)

6. Nicht als Heizungs- und Warmwasseraufbereitungskosten anrechenbar sind die Aufwendungen für:

a) die Reparatur und Erneuerung der Anlagen;

b) die Verzinsung und Abschreibung der Anlagen.

Nicht vermietete Wohn- und Geschäftsräume
(Art. 257b Abs. 1 OR)

7. Die Heizungskosten für nicht vermietete Wohn- und Geschäftsräume trägt der Vermieter.

Sind keine Geräte zur Erfassung des Wärmeverbrauchs der einzelnen Verbraucher installiert und wurden nicht vermietete Wohn- und Geschäftsräume nachweisbar nur soweit geheizt, als dies zur Verhinderung von Frostschäden notwendig ist, muß der Vermieter nur einen Teil der Heizungskosten übernehmen, die nach dem normalen Verteilungsschlüssel auf Wohn- und Geschäftsräume entfallen. Dieser Teil beträgt in der Regel:

a) ein Drittel für Zwei- bis Dreifamilienhäuser;

b) die Hälfte für Vier- bis Achtfamilienhäuser;

c) zwei Drittel für größere Gebäude sowie für Büro- und Geschäftshäuser.

Abrechnung
(Art. 257b OR)

8. Erhält der Mieter mit der jährlichen Heizungskostenrechnung nicht eine detaillierte Abrechnung und Aufteilung der Heizungs- und Warmwasseraufbereitungskosten, so ist auf der Rechnung ausdrücklich darauf hinzuweisen, daß er die detaillierte Abrechnung verlangen kann.

Der Mieter oder sein bevollmächtigter Vertreter ist berechtigt, die sachdienlichen Originalunterlagen einzusehen und über den Anfangs- und Endbestand von Heizmaterialien Auskunft zu verlangen.

Kündigungen
(Art. 266 l Abs. 2 OR)

9. Das Formular für die Mitteilung der Kündigung im Sinne von Artikel 266 l Absatz 2 des Obligationenrechts muß enthalten:

a) die Bezeichnung des Mietgegenstandes, auf welchen sich die Kündigung bezieht;

b) den Zeitpunkt, auf den die Kündigung wirksam wird;

c) den Hinweis, daß der Vermieter die Kündigung auf Verlangen des Mieters begründen muß;

d) die gesetzlichen Voraussetzungen der Anfechtung der Kündigung und der Erstreckung des Mietverhältnisses (Art. 271–273 OR);

e) das Verzeichnis der Schlichtungsbehörden und ihre örtliche Zuständigkeit.

Die Kantone sorgen dafür, daß in den Gemeinden Formulare in genügender Zahl zur Verfügung stehen. Sie können zu diesem Zweck eigene Formulare in den Gemeindekanzleien auflegen.

Offensichtlich übersetzter Kaufpreis
(Art. 269 OR)

10. Als offensichtlich übersetzt im Sinne von Artikel 269 des Obligationenrechts gilt ein Kaufpreis, der den Ertragswert einer Liegenschaft, berechnet auf den orts- oder quartierüblichen Mietzinsen für gleichartige Objekte, erheblich übersteigt.

Orts- und quartierübliche Mietzinse
(Art. 269a Bst. a OR)

11. Maßgeblich für die Ermittlung der orts- und quartierüblichen Mietzinse im Sinne von Artikel 269a Buchstabe a des Obligationenrechts sind die Mietzinse für Wohn- und Geschäftsräume, die nach Lage, Größe, Ausstattung, Zustand und Bauperiode mit der Mietsache vergleichbar sind.

Bei Geschäftsräumen kann der Vergleich im Sinne von Artikel 269a Buchstabe a des Obligationenrechts mit den quartierüblichen Quadratmeterpreisen gleichartiger Objekte erfolgen.

Außer Betracht fallen Mietzinse, die auf einer Marktbeherrschung durch einen Vermieter oder eine Vermietergruppe beruhen.

Amtliche Statistiken sind zu berücksichtigen.

Kostensteigerungen
(Art. 269a Bst. b OR)

12. Als Kostensteigerungen im Sinne von Artikel 269a Buchstabe b des Obligationenrechts gelten insbesondere Erhöhungen der Hypothekarzinse, der Gebühren, Objektsteuern, Baurechtszinse, Versicherungsprämien sowie Erhöhungen der Unterhaltskosten.

Aus Handänderungen sich ergebende Kosten gelten als Teil der Erwerbskosten und nicht als Kostensteigerungen.

Hypothekarzinse
(Art. 269a Bst. b OR)

13. Eine Hypothekarzinserhöhung von einem Viertel Prozent berechtigt in der Regel zu einer Mietzinserhöhung von höchstens:

a) 2 Prozent bei Hypothekarzinssätzen von mehr als 6 Prozent;

b) 2,5 Prozent bei Hypothekarzinssätzen zwischen 5 und 6 Prozent;

c) 3 Prozent bei Hypothekarzinssätzen von weniger als 5 Prozent.

Bei Hypothekarzinssenkungen sind die Mietzinse entsprechend herabzusetzen oder die Einsparungen mit inzwischen eingetretenen Kostensteigerungen zu verrechnen.

Bei Zahlungsplänen im Sinne von Artikel 269a Buchstabe d und Rahmenmietverträgen im Sinne von Artikel 269a Buchstabe f des Obligationenrechts gelten bei Hypothekarzinsänderungen stattdessen die für solche Fälle vereinbarten Regelungen.

Wird unter Verzicht auf Quartierüblichkeit und Teuerungsausgleich dauernd mit der reinen Kostenmiete gerechnet, so kann der Mietzins bei Hypothekarzinserhöhungen im Umfang der Mehrbelastung für das gesamte investierte Kapital erhöht werden.

Bei Mietzinsanpassungen infolge von Hypothekarzinsänderungen ist im übrigen zu berücksichtigen, ob und inwieweit frühere Hypothekarzinsänderungen zu Mietzinsanpassungen geführt haben.

Mehrleistungen des Vermieters
(Art. 269a Bst. b OR)

14. Als Mehrleistungen im Sinne von Artikel 269a Buchstabe b des Obligationenrechts gelten Investitionen für wertvermehrende Verbesserungen, die Vergrößerung der Mietsache sowie zusätzliche Nebenleistungen. Die Kosten umfassender Überholungen gelten in der Regel zu 50–70 Prozent als wertvermehrende Investitionen.

Mietzinserhöhungen wegen wertvermehrender Verbesserungen sind nicht mißbräuchlich, wenn sie den angemessenen Satz für Verzinsung, Amortisation und Unterhalt der Investition nicht überschreiten.

Bruttorendite
(Art. 269a Bst. c OR)

15. Die Bruttorendite im Sinne von Artikel 269a Buchstabe c des Obligationenrechts wird auf den Anlagekosten berechnet.

Außer Betracht fallen offensichtlich übersetzte Land-, Bau- und Erwerbskosten.

Teuerungsausgleich
(Art. 269a Bst. e OR)

16. Zum Ausgleich der Teuerung auf dem risikotragenden Kapital im Sinne von Artikel 269a Buchstabe e des Obligationenrechts darf der Mietzins um höchstens 40 Prozent der Steigerung des Landesindexes der Konsumentenpreise erhöht werden.

Indexierte Mietzinse für Wohnungen
(Art. 269b OR)

17. Haben die Parteien für die Miete einer Wohnung einen indexierten Mietzins vereinbart, darf die jeweilige Mietzinserhöhung vier Fünftel der Steigerung des Landesindexes der Konsumentenpreise nicht übersteigen.

Bei einer Senkung des Landesindexes ist der Mietzins entsprechend anzupassen.

Unvollständige Mietzinsanpassung

18. Macht der Vermieter die ihm zustehende Mietzinsanpassung nicht vollständig geltend, hat er diesen Vorbehalt in Franken oder in Prozenten des Mietzinses festzulegen.

Formular zur Mitteilung von Mietzinserhöhungen und anderen einseitigen Vertragsänderungen
(Art. 269d OR)

19. Das Formular für die Mitteilung von Mietzinserhöhungen und anderen einseitigen Vertragsänderungen im Sinne von Artikel 269d des Obligationenrechts muß enthalten:

a) Für Mietzinserhöhungen:
   1. den bisherigen Mietzins und die bisherige Belastung des Mieters für Nebenkosten;
   2. den neuen Mietzins und die neue Belastung des Mieters für Nebenkosten;
   3. den Zeitpunkt, auf den die Erhöhung in Kraft tritt;
   4. die klare Begründung der Erhöhung.

b) Für andere einseitige Vertragsänderungen:
   1. die Umschreibung dieser Forderung;
   2. den Zeitpunkt, auf den sie wirksam wird;
   3. die klare Begründung dieser Forderung.

c) Für beide Fälle:
   1. die gesetzlichen Voraussetzungen der Anfechtung;

2. das Verzeichnis der Schlichtungsbehörden und ihre örtliche Zuständigkeit.

Absatz 1 gilt ferner sinngemäß, wenn der Vermieter den Mietzins einem vereinbarten Index anpaßt oder ihn auf Grund der vereinbarten Staffelung erhöht. Bei indexgebundenen Mietverhältnissen darf die Mitteilung frühestens nach der öffentlichen Bekanntgabe des neuen Indexstandes erfolgen. Bei gestaffelten Mietzinsen darf die Mitteilung frühestens vier Monate vor Eintritt jeder Mietzinserhöhung erfolgen. Die Kantone können als rechtsgenügendes Formular in diesem Fall die Kopie der Mietzinsvereinbarung bezeichnen.

Absatz 1 ist sinngemäß anzuwenden, wenn die Kantone im Sinne von Artikel 270 Absatz 2 des Obligationenrechts die Verwendung des Formulars beim Abschluß eines neuen Mietvertrags obligatorisch erklären.

Die Kantone sorgen dafür, daß in den Gemeinden Formulare in genügender Zahl zur Verfügung stehen. Sie können zu diesem Zweck eigene Formulare in den Gemeindekanzleien auflegen.

Begründungspflicht des Vermieters
(Art. 269d Abs. 2 und 3 OR)

20. Bei Mietzinserhöhungen wegen Kostensteigerungen oder wegen wertvermehrenden Verbesserungen des Vermieters kann der Mieter verlangen, daß der geltend gemachte Differenzbetrag zahlenmäßig begründet wird. Die 30tägige Anfechtungsfrist wird dadurch nicht berührt.

Im Schlichtungsverfahren kann der Mieter verlangen, daß für alle geltend gemachten Gründe der Mietzinserhöhung die sachdienlichen Belege vorgelegt werden.

Aufgaben der Schlichtungsbehörden
(Art. 274a Abs. 1 und 274e OR)

21. Die Schlichtungsbehörden haben im Schlichtungsverfahren eine Einigung der Parteien anzustreben, die sich auf das gesamte Mietverhältnis (Höhe des Mietzinses, Dauer des Vertrags, Kündigungsfrist usw.) erstreckt. Der Inhalt der Abmachungen ist schriftlich festzuhalten und jeder Partei auszuhändigen.

Die Schlichtungsbehörden sind verpflichtet, Mieter und Vermieter außerhalb eines Anfechtungsverfahrens, insbesondere

Miete und Pacht von Wohn- und Geschäftsräumen

vor Abschluß eines Mietvertrags, zu beraten. Sie haben namentlich Mietern und Vermietern behilflich zu sein, sich selbst ein Urteil darüber zu bilden, ob ein Mietzins mißbräuchlich ist.

Die Schlichtungsbehörden können einzelne Mitglieder oder das Sekretariat mit der Beratung betrauen.

Zusammensetzung und Kosten der Schlichtungsbehörden
(Art. 274a OR)

22. Die Schlichtungsbehörden bestehen aus mindestens je einem Vertreter der Vermieter und der Mieter sowie einem unabhängigen Vorsitzenden.

Die Kantone sind verpflichtet, die Zusammensetzung der Schlichtungsbehörden und deren Zuständigkeit periodisch zu veröffentlichen.

Die Kosten der Schlichtungsbehörden sind von den Kantonen zu tragen.

Berichterstattung über die Schlichtungsbehörden und Bekanntgabe richterlicher Urteile

23. Die Kantone haben dem Eidgenössischen Volkswirtschaftsdepartement halbjährlich über die Tätigkeit der Schlichtungsbehörden Bericht zu erstatten. Aus dem Bericht müssen die Zahl der Fälle, der jeweilige Grund der Anrufung sowie die Art der Erledigung ersichtlich sein.

Die Kantone haben die zuständigen kantonalen richterlichen Behörden zu verpflichten, ein Doppel der Urteile über angefochtene Mietzinse und andere Forderungen der Vermieter dem Eidgenössischen Volkswirtschaftsdepartement zuzustellen.

Das Eidgenössische Volkswirtschaftsdepartement sorgt für deren Auswertung und Veröffentlichung in geeigneter Form.

Vollzug

24. Das Eidgenössische Volkswirtschaftsdepartement ist mit dem Vollzug beauftragt.

Aufhebung bisherigen Rechts

25. Die Verordnung vom 10. Juli 1972 über Maßnahmen gegen Mißbräuche im Mietwesen wird aufgehoben.

Übergangsbestimmungen

26. Die Vorschriften über den Schutz vor mißbräuchlichen

Mietzinsen und andern mißbräuchlichen Forderungen des Vermieters bei der Miete von Wohn- und Geschäftsräumen sind anwendbar auf Anfangsmietzinse oder Mietzinserhöhungen, die mit Wirkung auf einen Zeitpunkt nach dem 1. Juli 1990 festgelegt oder mitgeteilt werden.

Wurde eine Mietzinserhöhung vor dem 1. Juli 1990, aber mit Wirkung auf einen Zeitpunkt danach mitgeteilt, so beginnt die Frist für die Anfechtung (Art. 270b OR) am 1. Juli 1990 zu laufen. Für die Anfechtung eines Anfangsmietzinses, der vor dem 1. Juli 1990, aber mit Wirkung auf einen Zeitpunkt danach festgelegt wurde, gilt die Frist gemäß Artikel 270 des Obligationenrechts.

Mietverhältnisse mit indexierten oder gestaffelten Mietzinsen, die nach dem 1. Juli 1990 beginnen, unterstehen dem neuen Recht; Mietverhältnisse mit indexierten oder gestaffelten Mietzinsen, die vor dem 1. Juli 1990 begonnen haben, aber erst später enden, unterstehen dem alten Recht.

Basiert der Mietzins am 1. Juli 1990 auf einem Hypothekarzinsstand von weniger als 6 Prozent, so kann der Vermieter auch später für jedes Viertel Prozent, das unter diesem Stand liegt, den Mietzins um 3,5 Prozent erhöhen.

Inkrafttreten

27. Die Verordnung tritt am 1. Juli 1990 in Kraft.

Anhang IX
Bundesgesetz
gegen den unlauteren Wettbewerb
(UWG)

(vom 19. Dezember 1986, SR 241)

1. Kapitel
Zweck

1. Dieses Gesetz bezweckt, den lauteren und unverfälschten Wettbewerb im Interesse aller Beteiligten zu gewährleisten.

Vgl. auch Kartellgesetz, SR 251.

2. Kapitel
Zivil- und prozeßrechtliche Bestimmungen

1. Abschnitt: **Widerrechtlichkeit des unlauteren Wettbewerbs**

Grundsatz

2. Unlauter und widerrechtlich ist jedes täuschende oder in anderer Weise gegen den Grundsatz von Treu und Glauben verstoßende Verhalten oder Geschäftsgebaren, welches das Verhältnis zwischen Mitbewerbern oder zwischen Anbietern und Abnehmern beeinflußt.

Unlautere Werbe- und Verkaufsmethoden und anderes widerrechtliches Verhalten

3. Unlauter handelt insbesondere, wer:

a) andere, ihre Waren, Werke, Leistungen, deren Preise oder ihre Geschäftsverhältnisse durch unrichtige, irreführende oder unnötig verletzende Äußerungen herabsetzt;

b) über sich, seine Firma, seine Geschäftsbezeichnung, seine Waren, Werke oder Leistungen, deren Preise, die vorrätige Menge oder seine Geschäftsverhältnisse unrichtige oder irreführende Angaben macht oder in entsprechender Weise Dritte im Wettbewerb begünstigt;

c) unzutreffende Titel oder Berufsbezeichnungen verwendet, die geeignet sind, den Anschein besonderer Auszeichnungen oder Fähigkeiten zu erwecken;

d) Maßnahmen trifft, die geeignet sind, Verwechslungen mit den Waren, Werken, Leistungen oder dem Geschäftsbetrieb eines anderen herbeizuführen;

e) sich, seine Waren, Werke, Leistungen oder deren Preise in unrichtiger, irreführender, unnötig herabsetzender oder anlehnender Weise mit anderen, ihren Waren, Werken, Leistungen oder deren Preisen vergleicht oder in entsprechender Weise Dritte im Wettbewerb begünstigt;

f) ausgewählte Waren, Werke oder Leistungen wiederholt unter Einstandspreisen anbietet, diese Angebote in der Werbung besonders hervorhebt und damit den Kunden über die eigene oder die Leistungsfähigkeit von Mitbewerbern täuscht; Täuschung wird vermutet, wenn der Verkaufspreis unter dem Einstandspreis vergleichbarer Bezüge gleichartiger Waren, Werke oder Leistungen liegt; weist der Beklagte den tatsächlichen Einstandspreis nach, so ist dieser für die Beurteilung maßgebend;

g) den Kunden durch Zugaben über den tatsächlichen Wert des Angebots täuscht;

h) den Kunden durch besonders aggressive Verkaufsmethoden in seiner Entscheidungsfreiheit beeinträchtigt;

i) die Beschaffenheit, die Menge, den Verwendungszweck, den Nutzen oder die Gefährlichkeit von Waren, Werken oder Leistungen verschleiert und dadurch den Kunden täuscht;

k) es bei öffentlichen Auskündigungen über einen Abzahlungskauf oder ein ihm gleichgestelltes Rechtsgeschäft unterläßt, seine Firma eindeutig zu bezeichnen, klare Angaben über den Bar- oder den Gesamtkaufpreis zu machen oder den Teilzahlungsbetrag in Franken und Jahresprozenten genau zu beziffern;

l) es bei öffentlichen Auskündigungen über Kleinkredite unterläßt, seine Firma eindeutig zu bezeichnen, klare Angaben über die Kreditsumme oder den maximalen rückzahlbaren Gesamtbetrag zu machen oder die maximalen Kreditkosten in Franken und Jahresprozenten genau zu beziffern;

m) im Rahmen einer geschäftlichen Tätigkeit einen Abzahlungskauf, einen Vorauszahlungskauf oder einen Kleinkreditvertrag anbietet oder abschließt und dabei Vertragsformulare verwendet, die unvollständige oder unrichtige Angaben über den Gegenstand des Vertrages, den Preis, die Zahlungsbedingungen, die Vertragsdauer, das Widerrufs- oder Kündigungsrecht des Kunden oder über sein Recht zu vorzeitiger Bezahlung der Restschuld enthalten.

Verleitung zu Vertragsverletzung oder -auflösung

4. Unlauter handelt insbesondere, wer:

a) Abnehmer zum Vertragsbruch verleitet, um selber mit ihnen einen Vertrag abschließen zu können;

b) sich oder einem andern Vorteile zu verschaffen sucht, indem er Arbeitnehmern, Beauftragten oder anderen Hilfspersonen eines Dritten Vergünstigungen gewährt oder anbietet, die diesen rechtmäßig nicht zustehen und die geeignet sind, diese Personen zu pflichtwidrigem Verhalten bei ihren dienstlichen oder geschäftlichen Verrichtungen zu verleiten;

c) Arbeitnehmer, Beauftragte oder andere Hilfspersonen zum Verrat oder zur Auskundschaftung von Fabrikations- oder Geschäftsgeheimnissen ihres Arbeitgebers oder Auftraggebers verleitet;

d) einen Käufer oder Kreditnehmer, der einen Abzahlungskauf, einen Vorauszahlungskauf oder einen Kleinkreditvertrag abgeschlossen hat, veranlaßt, den Vertrag zu widerrufen, oder einen Käufer, der einen Vorauszahlungskauf abgeschlossen hat, veranlaßt, diesen zu kündigen, um selber mit ihm einen solchen Vertrag abzuschließen.

Verwertung fremder Leistung

5. Unlauter handelt insbesondere, wer:

a) ein ihm anvertrautes Arbeitsergebnis wie Offerten, Berechnungen oder Pläne unbefugt verwertet;

b) ein Arbeitsergebnis eines Dritten wie Offerten, Berechnungen oder Pläne verwertet, obwohl er wissen muß, daß es ihm unbefugterweise überlassen oder zugänglich gemacht worden ist;

c) das marktreife Arbeitsergebnis eines andern ohne angemessenen eigenen Aufwand durch technische Reproduktionsverfahren als solches übernimmt und verwertet.

Verletzung von Fabrikations- und Geschäftsgeheimnissen

6. Unlauter handelt insbesondere, wer Fabrikations- oder Geschäftsgeheimnisse, die er ausgekundschaftet oder sonstwie unrechtmäßig erfahren hat, verwertet oder andern mitteilt.

Nichteinhaltung von Arbeitsbedingungen

7. Unlauter handelt insbesondere, wer Arbeitsbedingungen nicht einhält, die durch Rechtssatz oder Vertrag auch dem Mitbewerber auferlegt, oder berufs- oder ortsüblich sind.

Verwendung mißbräuchlicher Geschäftsbedingungen

8. Unlauter handelt insbesondere, wer vorformulierte allgemeine Geschäftsbedingungen verwendet, die in irreführender Weise zum Nachteil einer Vertragspartei:

a) von der unmittelbar oder sinngemäß anwendbaren gesetzlichen Ordnung erheblich abweichen oder

b) eine der Vertragsnatur erheblich widersprechende Verteilung von Rechten und Pflichten vorsehen.

2. Abschnitt: Klageberechtigung

Grundsatz

9. Wer durch unlauteren Wettbewerb in seiner Kundschaft, seinem Kredit oder beruflichen Ansehen, in seinem Geschäftsbetrieb oder sonst in seinen wirtschaftlichen Interessen bedroht oder verletzt wird, kann dem Richter beantragen:

a) eine drohende Verletzung zu verbieten;

b) eine bestehende Verletzung zu beseitigen;

c) die Widerrechtlichkeit einer Verletzung festzustellen, wenn sich diese weiterhin störend auswirkt.

Er kann insbesondere verlangen, daß eine Berichtigung oder das Urteil Dritten mitgeteilt oder veröffentlicht wird.

Es kann außerdem nach Maßgabe des Obligationenrechts auf Schadenersatz und Genugtuung sowie auf Herausgabe eines Gewinnes entsprechend den Bestimmungen über die Geschäftsführung ohne Auftrag klagen.

IPRG 136.

Klagen von Kunden und Organisationen

10. Die Klagen gemäß Artikel 9 stehen ebenso den Kunden zu, die durch unlauteren Wettbewerb in ihren wirtschaftlichen Interessen bedroht oder verletzt sind.

Ferner können nach Artikel 9 Absätze 1 und 2 klagen:

a) Berufs- und Wirtschaftsverbände, die nach den Statuten zur Wahrung der wirtschaftlichen Interessen ihrer Mitglieder befugt sind;

b) Organisationen von gesamtschweizerischer oder regionaler Bedeutung, die sich statutengemäß dem Konsumentenschutz widmen.

Klagen gegen den Geschäftsherrn

11. Ist der unlautere Wettbewerb von Arbeitnehmern oder anderen Hilfspersonen bei dienstlichen oder geschäftlichen Verrichtungen begangen worden, so kann auch gegen den Geschäftsherrn nach Artikel 9 Absätze 1 und 2 geklagt werden.

3. Abschnitt: Prozeßrechtliche Bestimmungen

Gerichtsstand

12. Klagen wegen unlauteren Wettbewerbs sind am Wohnsitz oder Sitz des Beklagten anzubringen.

Steht ein zivilrechtlicher Anspruch wegen unlauteren Wettbewerbs im Zusammenhang mit einer zivilrechtlichen Streitigkeit, für die das entsprechende Bundesgesetz eine einzige kantonale Instanz oder andere Gerichtsstände vorsieht, so kann die Klage wegen unlauteren Wettbewerbs auch an diese angehoben werden. Ist eine einzige kantonale Instanz vorgesehen, so ist die Berufung an das Bundesgericht ohne Rücksicht auf den Streitwert zulässig.

Schlichtungsverfahren oder einfaches und rasches Prozeßverfahren

13. Die Kantone sehen für Streitigkeiten wegen unlauteren Wettbewerbs bis zu einem vom Bundesrat zu bestimmenden Streitwert ein Schlichtungsverfahren oder ein einfaches und rasches Prozeßverfahren vor. Dieses Verfahren ist auch auf Streitigkeiten ohne Streitwert anwendbar.

Verordnung über die Streitwertgrenzen im Verfahren des Konsumentenschutzes und des unlauteren Wettbewerbs, SR 944.8.

Vorsorgliche Maßnahmen

14. Auf vorsorgliche Maßnahmen sind die Artikel 28c–28f des Schweizerischen Zivilgesetzbuches sinngemäß anwendbar.

Wahrung von Fabrikations- und Geschäftsgeheimnissen

15. In Streitigkeiten gemäß Artikel 3 Buchstabe f sind die Fabrikations- und Geschäftsgeheimnisse der Parteien zu wahren.

Beweismittel, durch die solche Geheimnisse offenbart werden können, dürfen der Gegenpartei nur soweit zugänglich gemacht werden, als dies mit der Wahrung der Geheimnisse vereinbar ist.

StGB Art. 162.

3. Kapitel
Verwaltungsrechtliche Bestimmungen

1. Abschnitt: **Preisbekanntgabe an Konsumenten**

Pflicht zur Preisbekanntgabe

16. Für Waren, die dem Konsumenten zum Kaufe angeboten werden, ist der tatsächlich zu bezahlende Preis bekanntzugeben, soweit der Bundesrat keine Ausnahmen vorsieht. Ausnahmen sind insbesondere aus technischen oder Sicherheitsgründen zulässig. Dieselbe Pflicht besteht für die vom Bundesrat bezeichneten Dienstleistungen.

Der Bundesrat regelt die Bekanntgabe von Preisen und Trinkgeldern.

Für meßbare Güter und Leistungen gelten zudem die Bestimmungen von Artikel 11 des Bundesgesetzes vom 9. Juni 1977 über das Meßwesen.

Preisbekanntgabeverordnung, SR 942.211. Abs. 3: SR 941.20.

Preisbekanntgabe in der Werbung

17. Werden Preise oder Preisreduktionen in der Werbung angezeigt, so richtet sich deren Bekanntgabe nach den vom Bundesrat zu erlassenden Bestimmungen.

Irreführende Preisbekanntgabe

18. Es ist unzulässig, in irreführender Weise:
 a) Preise bekanntzugeben;
 b) auf Preisreduktionen hinzuweisen oder
 c) neben dem tatsächlich zu bezahlenden Preis weitere Preise aufzuführen.

Auskunftspflicht

19. Die zuständigen Organe der Kantone können Auskünfte einholen und Unterlagen verlangen, soweit es die Abklärung des Sachverhalts erfordert.

Der Auskunftspflicht unterstehen:

a) Personen und Firmen, die Konsumenten Waren zum Kauf anbieten oder solche Waren herstellen, kaufen oder damit Handel treiben;

b) Personen und Firmen, die Dienstleistungen anbieten, erbringen, vermitteln oder in Anspruch nehmen;

c) Organisationen der Wirtschaft;

d) Organisationen von gesamtschweizerischer oder regionaler Bedeutung, die sich statutengemäß dem Konsumentenschutz widmen.

Die Auskunftspflicht entfällt, wenn nach Artikel 42 des Bundesgesetzes über den Bundeszivilprozeß die Aussage verweigert werden kann.

Bestimmungen der Kantone über das Verwaltungs- und Strafverfahren bleiben vorbehalten.

Vgl. Preisüberwachungsgesetz, SR 942.20. Abs. 3: SR 273.

Vollzug

20. Der Vollzug obliegt den Kantonen, die Oberaufsicht dem Bund.

Der Bundesrat erläßt die Ausführungsbestimmungen.

2. Abschnitt: Ausverkäufe und ähnliche Veranstaltungen

Bewilligungspflicht

21. Für die öffentliche Ankündigung und die Durchführung von Ausverkäufen oder ähnlichen Veranstaltungen, bei denen vorübergehend besondere Vergünstigungen in Aussicht gestellt werden, braucht es eine Bewilligung der zuständigen kantonalen Behörde.

Die Bewilligung wird verweigert oder an beschränkende Bedingungen geknüpft, wenn es die Gewährleistung des lauteren Wettbewerbs erfordert. Für einen Total- oder einen Teilausverkauf darf die Bewilligung, außer in Härtefällen, nur erteilt werden, wenn das Geschäft seit mindestens einem Jahr geführt worden ist.

Nach einem Totalausverkauf darf der Gesuchsteller, außer in Härtefällen, innert der nächsten ein bis fünf Jahre kein gleichartiges Geschäft eröffnen noch sich an einem solchen Geschäft in irgendeiner Form beteiligen. Wird das Verbot mißachtet, so kann das Geschäft geschlossen werden. Dieser Absatz gilt für Teilausverkäufe sinngemäß.

Der Bundesrat erläßt die Ausführungsvorschriften. Er hört vorher die Kantone und die interessierten Berufs- und Wirtschaftsverbände und die Konsumentenorganisationen von gesamtschweizerischer oder regionaler Bedeutung an.

Ausverkaufsverordnung, SR 241.1.

Befugnisse der Kantone

22. Die Kantone können, im Rahmen dieses Gesetzes und der Verordnung des Bundesrates, weitere Vorschriften über Ausverkäufe und ähnliche Veranstaltungen aufstellen und für vorsätzliche oder fahrlässige Zuwiderhandlung Haft und Buße androhen.

Die Kantone können für Ausverkäufe und ähnliche Veranstaltungen Gebühren erheben.

4. Kapitel

Strafbestimmungen

Unlauterer Wettbewerb

23. Wer vorsätzlich unlauteren Wettbewerb nach den Artikeln 3, 4, 5 oder 6 begeht, wird auf Antrag mit Gefängnis oder Buße bis zu 100 000 Franken bestraft. Strafantrag stellen kann, wer nach den Artikeln 9 und 10 zur Zivilklage berechtigt ist.

Verletzung der Pflicht zur Preisbekanntgabe an Konsumenten

24. Wer vorsätzlich:

a) die Pflicht zur Preisbekanntgabe (Art. 16) verletzt;

b) den Vorschriften über die Preisbekanntgabe in der Werbung (Art. 17) zuwiderhandelt;

c) in irreführender Weise Preise bekanntgibt (Art. 18);

d) die Auskunftspflicht im Zusammenhang mit der Preisbekanntgabe (Art. 19) verletzt;

e) den Ausführungsvorschriften des Bundesrates über die Preisbekanntgabe (Art. 16 und 20) zuwiderhandelt,

wird mit Haft oder Buße bis zu 20 000 Franken bestraft.

Handelt der Täter fahrlässig, so ist die Strafe Buße.

Verletzung der Ausverkaufsvorschriften

25. Wer vorsätzlich den Ausverkaufsvorschriften (Art. 21) zuwiderhandelt, wird mit Haft oder Buße bis zu 20 000 Franken bestraft.

Handelt der Täter fahrlässig, so ist die Strafe Buße.

Widerhandlungen in Geschäftsbetrieben

26. Für Widerhandlungen in Geschäftsbetrieben, durch Beauftragte und dergleichen sind die Artikel 6 und 7 des Verwaltungsstrafrechtsgesetzes anwendbar.
SR 313.0.

Strafverfolgung

27. Die Strafverfolgung ist Sache der Kantone.

Die kantonalen Behörden teilen sämtliche Urteile, Strafbescheide und Einstellungsbeschlüsse aus den Bereichen der Preisbekanntgabe an Konsumenten und der Ausverkäufe sowie ähnlichen Veranstaltungen unverzüglich und unentgeltlich in vollständiger Ausfertigung der Bundesanwaltschaft zuhanden des Eidgenössischen Volkswirtschaftsdepartementes mit.

5. Kapitel

Schlußbestimmungen

Aufhebung bisherigen Rechts

28. Das Bundesgesetz vom 30. September 1943 über den unlauteren Wettbewerb wird aufgehoben.

Referendum und Inkrafttreten

29. Dieses Gesetz untersteht dem fakultativen Referendum.
Der Bundesrat bestimmt das Inkrafttreten.
In Kraft getreten am 1. März 1988.

Anhang X

Bundesgesetz
über die landwirtschaftliche Pacht (LPG)

(vom 4. Oktober 1985, SR 221.213.2)

1. Kapitel: **Geltungsbereich**

1. Abschnitt: **Grundsatz**

1. Dieses Gesetz gilt für die Pacht:
a) von Grundstücken zur landwirtschaftlichen Nutzung;
b) von landwirtschaftlichen Gewerben;
c) nichtlandwirtschaftlicher Nebengewerbe, die mit einem landwirtschaftlichen Gewerbe eine wirtschaftliche Einheit bilden.

Das Gesetz gilt auch für Rechtsgeschäfte, die das gleiche bezwecken wie die landwirtschaftliche Pacht und ohne Unterstellung unter das Gesetz den von diesem angestrebten Schutz vereiteln würden.

Für die Pacht von Allmenden, Alpen und Weiden sowie von Nutzungs- und Anteilsrechten an solchen gelten die Bestimmungen über die Pacht von landwirtschaftlichen Grundstücken.

Soweit dieses Gesetz nicht anwendbar ist oder keine besondern Vorschriften enthält, gilt das Obligationenrecht, mit Ausnahme der Bestimmungen über die Pacht von Wohn- und Geschäftsräumen, derjenigen über die Hinterlegung des Pachtzinses und derjenigen über die Behörden und das Verfahren.

2. Abschnitt: **Ausnahmen**

Kleine Grundstücke

2. Dieses Gesetz gilt nicht für die Pacht:
a) von Rebgrundstücken unter 15 Aren;
b) anderer landwirtschaftlicher Grundstücke ohne Gebäude und unter 25 Aren.

Die Kantone können dem Gesetz auch kleinere Grundstücke unterstellen.

Die Flächen von mehreren, vom gleichen Eigentümer an den gleichen Pächter verpachteten Grundstücken werden zusammengerechnet. Das gleiche gilt, wenn ein Eigentümer ein Grundstück an verschiedene Pächter verpachtet.

Alpen und Weiden

3. Die Kantone können für die Pacht von Alpen und Weiden sowie von Nutzungs- und Anteilsrechten an solchen abweichende Bestimmungen erlassen.

2. Kapitel: Der landwirtschaftliche Pachtvertrag

1. Abschnitt: Begriff

4. Durch den landwirtschaftlichen Pachtvertrag verpflichtet sich der Verpächter, dem Pächter ein Gewerbe oder ein Grundstück zur landwirtschaftlichen Nutzung zu überlassen, und der Pächter, dafür einen Zins zu bezahlen.

Der Pachtzins kann in Geld, einem Teil der Früchte (Teilpacht) oder in einer andern Sachleistung bestehen. Bei der Teilpacht richtet sich das Recht des Verpächters an den Früchten nach dem Ortsgebrauch, wenn nichts anderes vereinbart ist.

2. Abschnitt: Vorpachtrecht

Vorpachtrecht der Nachkommen des Verpächters

5. Die Kantone können für Nachkommen des Verpächters eines landwirtschaftlichen Gewerbes, welche dieses selber bewirtschaften wollen und dafür geeignet sind, ein Vorpachtrecht vorsehen.

Der Nachkomme kann ein solches Vorpachtrecht einem Dritten nur dann entgegenhalten, wenn es im Grundbuch angemerkt worden ist; jeder Nachkomme, der das 18. Altersjahr vollendet hat, kann ohne Zustimmung eines gesetzlichen Vertreters die Anmerkung seines Vorpachtrechts im Grundbuch verlangen.

Im übrigen regeln die Kantone die Einzelheiten und das Verfahren.

Vorpachtrecht an Alpweiden

6. Die Kantone können für Landwirte in Berggegenden ein

Vorpachtrecht an benachbarten Alpweiden vorsehen. Sie regeln die Einzelheiten und das Verfahren.

3. Abschnitt: Pachtdauer

Erstmalige Verpachtung

7. Die erste Pachtdauer beträgt für landwirtschaftliche Gewerbe mindestens neun Jahre und für einzelne Grundstücke mindestens sechs Jahre.

Die Vereinbarung einer kürzeren Pachtdauer ist nur gültig, wenn die Behörde sie bewilligt hat. Das Gesuch ist spätestens drei Monate nach dem Antritt der Pacht einzureichen.

Eine kürzere Pachtdauer wird bewilligt, wenn:

a) der Pachtgegenstand ganz oder teilweise in einer Bauzone nach Artikel 15 des Raumplanungsgesetzes vom 22. Juni 1979 liegt und für die Verkürzung wichtige Gründe der Raumplanung bestehen;

b) persönliche oder wirtschaftliche Verhältnisse einer Partei oder andere sachliche Gründe die Verkürzung rechtfertigen.

Wird die Bewilligung verweigert oder das Gesuch zu spät eingereicht, so gilt die gesetzliche Mindestpachtdauer.

Abs. 3 lit. a: SR 700.

Fortsetzung der Pacht

8. Der Pachtvertrag gilt unverändert für jeweils weitere sechs Jahre, wenn er:

a) auf unbestimmte Zeit abgeschlossen und nicht ordnungsgemäß gekündigt worden ist;

b) auf bestimmte Zeit abgeschlossen ist und nach der vereinbarten Pachtdauer stillschweigend fortgesetzt wird.

Die Vereinbarung einer Fortsetzung auf kürzere Zeit ist nur gültig, wenn die Behörde sie bewilligt hat. Das Gesuch ist spätestens drei Monate nach Beginn der Fortsetzung einzureichen.

Die Bestimmungen über die Verkürzung der Pachtdauer bei der erstmaligen Verpachtung gelten sinngemäß.

Pachtdauer für Spezialkulturen

9. Für die Pacht von Grundstücken mit Spezialkulturen wie Reben und Obstanlagen können die Kantone eine andere Pachtdauer festsetzen.

4. Abschnitt: Anpassung an veränderte Verhältnisse

Pachtzinsanpassung im allgemeinen

10. Ändert der Bundesrat die Ansätze für die Bemessung des zulässigen Pachtzinses, so kann jede Partei die Anpassung des vereinbarten Pachtzinses auf das folgende Pachtjahr verlangen.

Pachtzinsanpassung bei Änderung des Ertragswerts

11. Wird der Wert eines verpachteten Gewerbes oder Grundstücks infolge eines Naturereignisses, von Bodenverbesserungen, Vergrößerung oder Verminderung der Fläche, Neu- oder Umbauten, Abbruch oder Stillegung eines Gebäudes oder anderer Umstände dauernd verändert, so kann jede Partei verlangen, daß der Ertragswert neu festgesetzt und der Pachtzins auf Beginn des folgenden Pachtjahres angepaßt wird. Dies kann auch verlangt werden, wenn die allgemeinen Grundlagen für die Schätzung des Ertragswerts ändern.

Anpassung anderer Vertragsbestimmungen

12. Jede Partei kann verlangen, daß andere Vertragsbestimmungen an veränderte Verhältnisse angepaßt werden, wenn der Vertrag für sie unzumutbar geworden ist.

Pachtzinsnachlaß

13. Ist der gewöhnliche Ertrag wegen eines außerordentlichen Unglücksfalles oder Naturereignisses vorübergehend beträchtlich zurückgegangen, so kann der Pächter verlangen, daß der Pachtzins für bestimmte Zeit angemessen herabgesetzt wird.

5. Abschnitt: Veräußerung des Pachtgegenstandes

Kauf bricht Pacht nicht

14. Wird der Pachtgegenstand veräußert oder dem Verpächter im Schuldbetreibungs- oder Konkursverfahren entzogen, so tritt der Erwerber in den Pachtvertrag ein.

Ausnahmen

15. Der Erwerber kann den Pachtvertrag auflösen, wenn er den Pachtgegenstand unmittelbar zu Bauzwecken oder zu öffentlichen Zwecken oder zur Selbstbewirtschaftung erwirbt.

Will der Erwerber den Pachtvertrag nicht übernehmen, so muß er dem Pächter innert dreier Monate seit Abschluß des Veräußerungsvertrags schriftlich anzeigen, daß die Pacht nach Ablauf einer Frist von mindestens einem Jahr auf den folgenden ortsüblichen Frühjahrs- oder Herbsttermin aufgelöst sei.

Wird die Pacht aufgelöst, so kann der Pächter innert 30 Tagen seit Empfang der Anzeige des Erwerbers auf Erstreckung klagen. Der Richter erstreckt die Pacht um mindestens sechs Monate, jedoch um höchstens zwei Jahre, wenn die Beendigung für den Pächter oder seine Familie eine Härte zur Folge hat, die auch unter Würdigung der Interessen des neuen Eigentümers nicht zu rechtfertigen ist.

Der Verpächter muß dem Pächter den Schaden ersetzen, der aus der vorzeitigen Beendigung der Pacht entsteht. Der Pächter braucht den Pachtgegenstand erst zu verlassen, wenn ihm Schadenersatz oder hinreichende Sicherheit geleistet worden ist.

Die vorzeitige Beendigung der Pacht kann mit schriftlicher Zustimmung des Pächters im Veräußerungsvertrag geregelt werden.

Abs. 1: BGE 115 II 181.

6. Abschnitt: **Beendigung der Pacht**

Kündigung im allgemeinen

16. Die Kündigung eines Pachtvertrags ist nur gültig, wenn sie schriftlich erfolgt. Auf Verlangen ist sie zu begründen.

Die Kündigungsfrist beträgt ein Jahr, wenn das Gesetz nichts anderes bestimmt; die Parteien können eine längere Frist vereinbaren.

Ist nichts anderes vereinbart, kann nur auf den ortsüblichen Frühjahrs- oder Herbsttermin gekündigt werden.

Vorzeitige Kündigung

17. Ist die Erfüllung des Vertrags für eine Partei aus wichtigen Gründen unzumutbar geworden, so kann sie die Pacht auf den folgenden Frühjahrs- oder Herbsttermin schriftlich kündigen. Die Kündigungsfrist beträgt sechs Monate.

Der Richter bestimmt die vermögensrechtlichen Folgen unter Würdigung aller Umstände.

Tod des Pächters

18. Stirbt der Pächter, so können seine Erben oder der Verpächter den Pachtvertrag auf den folgenden Frühjahrs- oder Herbsttermin schriftlich kündigen. Die Kündigungsfrist beträgt sechs Monate.

Wird der Pachtvertrag vom Verpächter gekündigt, so kann ein Nachkomme oder der Ehegatte des Pächters innert 30 Tagen den Eintritt in den Pachtvertrag erklären. Der Verpächter kann unter mehreren Bewerbern denjenigen bezeichnen, der in den Pachtvertrag eintreten soll.

Bietet der Eintretende keine Gewähr für eine ordnungsgemäße Bewirtschaftung des Pachtgegenstandes oder ist die Fortsetzung der Pacht für den Verpächter aus andern Gründen unzumutbar, so kann der Verpächter innert 30 Tagen seit der Eintrittserklärung auf Auflösung des Pachtvertrags klagen.

Übernahme von Zupachten bei Betriebsübergabe

19. Übergibt der Inhaber ein landwirtschaftliches Gewerbe, das teilweise im Eigentum und teilweise gepachtet ist, einer anderen Person zur Betriebsführung, so kann der Übernehmer des Gewerbes dem Verpächter eines Zupachtgrundstücks schriftlich erklären, daß er dieses Grundstück pachtweise weiterbewirtschaften möchte.

Lehnt der Verpächter nicht innert dreier Monate seit Empfang der Erklärung den Übernehmer als neuen Pächter ab, oder verlangt er innert derselben Frist nicht den Abschluß eines neuen Pachtvertrages mit dem Übernehmer, so tritt dieser in den laufenden Pachtvertrag ein.

Güterzusammenlegung

20. Bringt eine Güterzusammenlegung oder die Umlegung von landwirtschaftlichem Boden für ein verpachtetes Grundstück eine wesentliche Änderung in der Bewirtschaftung mit sich, so kann jede Partei den Pachtvertrag auf Antritt des neuen Besitzstandes schriftlich auflösen.

Ein Anspruch auf Entschädigung wegen vorzeitiger Beendigung der Pacht besteht nicht.

Zahlungsrückstand des Pächters

21. Ist der Pächter während der Pachtzeit mit einer Zinszahlung im Rückstand, so kann ihm der Verpächter schriftlich androhen, daß der Pachtvertrag in sechs Monaten aufgelöst sei, wenn der ausstehende Zins bis dahin nicht bezahlt sei.

Wird der Vertrag aufgelöst, so muß der Pächter den Schaden ersetzen, sofern er nicht beweist, daß ihn kein Verschulden trifft.

7. Abschnitt: Unterhaltspflicht und Auseinandersetzung

Unterhaltspflicht, Reparaturen

22. Der Verpächter ist verpflichtet, Hauptreparaturen am Pachtgegenstand, die während der Pachtzeit notwendig werden, sobald ihm der Pächter von deren Notwendigkeit Kenntnis gegeben hat, auf seine Kosten auszuführen.

Der Pächter ist berechtigt, notwendige Hauptreparaturen selber auszuführen, wenn der Verpächter sie auf Anzeige hin nicht innert nützlicher Frist vorgenommen und seine Verpflichtung hiezu nicht bestritten hat. Er kann spätestens bei Beendigung der Pacht hiefür Entschädigung verlangen.

Der Pächter ist verpflichtet, auf seine Kosten für den ordentlichen Unterhalt des Pachtgegenstandes zu sorgen. Er hat die kleineren Reparaturen, insbesondere den gewöhnlichen Unterhalt der Wege, Stege, Gräben, Dämme, Zäune, Dächer, Wasserleitungen usw. nach Ortsgebrauch vorzunehmen.

Die Parteien können vereinbaren, daß der Pächter eine weitergehende Unterhaltspflicht übernimmt und für Hauptreparaturen aufzukommen hat.

Erneuerungen und Änderungen durch den Pächter

22a. Der Pächter kann Erneuerungen und Änderungen in der hergebrachten Bewirtschaftung nur mit Zustimmung des Verpächters vornehmen, wenn sie über die Pachtzeit hinaus von wesentlicher Bedeutung sein können.

Rückgabe. Verbesserungen und Verschlechterungen

23. Bei Beendigung der Pacht ist der Pachtgegenstand in dem Zustand, in dem er sich befindet, zurückzugeben.

Sofern nichts anderes vereinbart ist, kann der Pächter bei Beendigung der Pacht verlangen, daß er für den Aufwand für Verbesserungen angemessen entschädigt wird, die er mit Zustimmung des Verpächters vorgenommen hat.

Für Verbesserungen, die lediglich aus der gehörigen Bewirtschaftung hervorgegangen sind, kann er keinen Ersatz fordern.

Für Verschlechterungen, die bei gehöriger Bewirtschaftung hätten vermieden werden können, hat er Ersatz zu leisten.

Früchte
24. Der Pächter hat keinen Anspruch auf die Früchte, die bei der Beendigung der Pacht noch nicht geerntet sind, wenn Vertrag oder Ortsgebrauch nichts anderes bestimmen.

Er kann aber für seinen Aufwand eine angemessene Entschädigung verlangen.

Vorräte
25. Der Pächter muß die Futter-, Streue- und Düngervorräte zurücklassen, die einer ordentlichen Bewirtschaftung im letzten Pachtjahr entsprechen, wenn Vertrag oder Ortsgebrauch nichts anderes bestimmen.

Hat er beim Pachtantritt weniger empfangen, so hat er ein Recht auf Ersatz des Mehrwertes; hat er mehr empfangen, so hat er für Ersatz zu sorgen oder den Minderwert zu ersetzen.

7. Abschnitt[bis]: **Retentionsrecht des Verpächters**

25b. Der Verpächter hat für einen verfallenen und einen laufenden Jahrespachtzins das gleiche Retentionsrecht wie der Vermieter von Geschäftsräumen.

8. Abschnitt: **Pachterstreckung durch den Richter**

Klage
26. Kündigt eine Partei den Pachtvertrag, so kann die andere Partei innert dreier Monate seit Empfang der Kündigung beim Richter auf Erstreckung der Pacht klagen.

Läuft ein auf bestimmte Zeit abgeschlossener Pachtvertrag aus und kommt kein neuer Vertrag zustande, so kann jede Partei spätestens neun Monate vor Ablauf der Pacht beim Richter auf Erstreckung der Pacht klagen.

Urteil
27. Der Richter erstreckt die Pacht, wenn dies für den Beklagten zumutbar ist.

Hat der Verpächter gekündigt, so muß er nachweisen, daß die Fortsetzung der Pacht für ihn unzumutbar oder aus andern Gründen nicht gerechtfertigt ist. Die Fortsetzung der Pacht ist insbesondere unzumutbar oder nicht gerechtfertigt, wenn:

a) der Pächter schwerwiegend gegen seine gesetzlichen oder vertraglichen Pflichten verstoßen hat;

b) der Pächter zahlungsunfähig ist;

c) der Verpächter, sein Ehegatte, ein naher Verwandter oder Verschwägerter den Pachtgegenstand selber bewirtschaften will;

d) das Gewerbe nicht erhaltenswürdig ist;

e) das Gewerbe oder das Grundstück ganz oder teilweise in einer Bauzone nach Artikel 15 des Raumplanungsgesetzes vom 22. Juni 1979 liegt und in naher Zukunft überbaut werden soll.

Der behördliche Entscheid über den Pachtzins macht die Fortsetzung der Pacht in keinem Fall unzumutbar.

Der Richter erstreckt die Pacht um drei bis sechs Jahre. Er würdigt dabei die persönlichen Verhältnisse und berücksichtigt namentlich die Art des Pachtgegenstandes und eine allfällige Abkürzung der Pachtdauer.

Abs. 2 lit. c: BGE 115 II 181.

Anpassung der Vertragsbestimmungen

28. Auf Begehren einer Partei kann der Richter bei Erstreckung der Pacht die Vertragsbestimmungen den veränderten Verhältnissen anpassen.

9. Abschnitt: **Zwingende Bestimmungen**

29. Ist nichts anderes bestimmt, so kann der Pächter auf die Rechte, die ihm oder seinen Erben nach den Vorschriften dieses Kapitels zustehen, nicht zum voraus verzichten. Abweichende Vereinbarungen sind nichtig.

3. Kapitel: **Parzellenweise Verpachtung und Zupacht**

1. Abschnitt: **Parzellenweise Verpachtung**

Bewilligungspflicht

30. Wer von einem landwirtschaftlichen Gewerbe einzelne Grundstücke oder Teile von einzelnen Grundstücken verpachtet (parzellenweise Verpachtung), bedarf einer Bewilligung.

Der Verpächter braucht keine Bewilligung, wenn er insgesamt nicht mehr als 10 Prozent der ursprünglichen Nutzfläche des Gewerbes verpachtet und der Pachtgegenstand keine Gebäude umfaßt.

Bewilligungsgründe

31. Der Verpächter muß die Bewilligung vor Pachtantritt bei der kantonalen Bewilligungsbehörde einholen.

Die Bewilligung wird nur erteilt, wenn eine der folgenden Voraussetzungen erfüllt ist, nämlich:

a) ein landwirtschaftliches Gewerbe, das einer bäuerlichen Familie eine gute landwirtschaftliche Existenz bietet, durch die parzellenweise Verpachtung weder als selbständige Wirtschaftseinheit aufgelöst noch so weit verkleinert wird, daß es für eine gute landwirtschaftliche Existenz nicht mehr genügt;

b) das landwirtschaftliche Gewerbe bereits vor der parzellenweisen Verpachtung einer bäuerlichen Familie keine gute landwirtschaftliche Existenz mehr bot;

c) das landwirtschaftliche Gewerbe nicht mehr erhaltungswürdig ist;

d) das landwirtschaftliche Gewerbe ganz oder überwiegend in einer Bauzone nach Artikel 15 des Raumplanungsgesetzes vom 22. Juni 1979 liegt;

e) das Gewerbe nur vorübergehend parzellenweise verpachtet und später wieder als Ganzes bewirtschaftet werden soll;

f) der Verpächter das Gewerbe bisher selber bewirtschaftet hat, dazu jedoch aus persönlichen Gründen, wie schwere Krankheit oder vorgerücktes Alter, nur noch teilweise in der Lage ist.

In die Beurteilung, ob ein Gewerbe eine gute landwirtschaftliche Existenz bietet, sind nichtlandwirtschaftliche Gewerbe einzubeziehen, die mit jenem als Nebenbetrieb eng verbunden sind; ferner sind die örtlichen Verhältnisse zu würdigen.

Folgen der Bewilligungsverweigerung

32. Wird die Bewilligung verweigert, so löst die Bewilligungsbehörde den Pachtvertrag auf den nächsten zumutbaren Frühjahrs- oder Herbsttermin auf und ordnet die Räumung des Grundstücks an.

Die Parteien haben keinen Anspruch auf den Ersatz des Schadens, der ihnen aus der Auflösung des Pachtvertrags entsteht.

2. Abschnitt: Zupacht

Einsprache

33. Gegen die Zupacht eines landwirtschaftlichen Gewerbes oder einer Parzelle kann Einsprache erhoben werden, wenn die Grundstücke, die der Zupächter bereits bewirtschaftet, einer bäuerlichen Familie eine überdurchschnittlich gute Existenz bieten.

Gegen die Zupacht eines Grundstücks, das vom Mittelpunkt des Betriebes des Pächters weit entfernt ist und offensichtlich außerhalb des ortsüblichen Bewirtschaftungsbereichs liegt, kann in jedem Fall Einsprache erhoben werden.

Bei der Zupacht durch juristische Personen, Anstalten und Kollektiv- und Kommanditgesellschaften sind auch diejenigen Pachtverträge zu berücksichtigen, die von natürlichen Personen, welche die juristische Person, Anstalt oder Gesellschaft beherrschen, abgeschlossen wurden.

Einspracheberechtigt sind Personen, die ein schutzwürdiges Interesse haben, sowie die vom Kanton bezeichneten Behörden.

Die Einsprache ist innert dreier Monate seit Kenntnis des Vertragsabschlusses bei der zuständigen Behörde zu erheben. Nach Ablauf eines halben Jahres seit Antritt der Pacht sind nur noch Einsprachen der Behörden zulässig.

Zulässigkeit der Zupacht

34. Die Einsprache ist abzuweisen, wenn der Zupächter besondere Gründe für den Abschluß des Pachtvertrags nachweist oder wenn nach dem Pachtgegenstand keine andere Nachfrage besteht.

Folgen des Einspracheentscheides

35. Wird die Einsprache gutgeheißen, so hebt die Bewilligungsbehörde den Pachtvertrag mit einer Frist von mindestens sechs Monaten auf den folgenden ortsüblichen Frühjahrs- oder Herbsttermin auf.

Die Parteien haben keinen Anspruch auf den Ersatz des Schadens, der ihnen aus der Aufhebung des Pachtvertrags entsteht.

Landwirtschaftliche Pacht

4. Kapitel: **Pachtzins**

1. Abschnitt: **Grundsätze**

36. Der Pachtzins unterliegt der Kontrolle; er darf das zulässige Maß nicht übersteigen.

Der Bundesrat setzt die Sätze für die Verzinsung des Ertragswerts und die Abgeltung der Verpächterlasten fest und bestimmt den Zuschlag für die allgemeinen Vorteile.

Naturalleistungen und andere vereinbarte Nebenleistungen sind an den Pachtzins anzurechnen.

Für die Bemessung des Pachtzinses ist auch zu berücksichtigen, was der Pächter dem Verpächter für eine Mietsache oder einen nichtlandwirtschaftlichen Pachtgegenstand bezahlt, die mit einer überwiegend landwirtschaftlichen Pacht verbunden sind.

Abs. 2: Pachtzinsverordnung, s. Anhang Xa.

2. Abschnitt: **Bemessung**

Pachtzins für Gewerbe

37. Der Pachtzins für landwirtschaftliche Gewerbe setzt sich zusammen aus:

a) einer angemessenen Verzinsung des Ertragswerts im Sinn von Artikel 6 des Bundesgesetzes vom 12. Dezember 1940 über die Entschuldung landwirtschaftlicher Heimwesen;

b) der Abgeltung der mittleren Aufwendungen der Verpächter für Anlagen und Einrichtungen (Verpächterlasten).

Lit. a: SR 211.412.12.

Pachtzins für einzelne Grundstücke

38. Der Pachtzins für einzelne Grundstücke setzt sich zusammen aus:

a) einer angemessenen Verzinsung des Ertragswerts im Sinn von Artikel 6 des Bundesgesetzes vom 12. Dezember 1940 über die Entschuldung landwirtschaftlicher Heimwesen;

b) der Abgeltung der mittleren Aufwendungen der Verpächter für Anlagen und Einrichtungen (Verpächterlasten);

c) einem Zuschlag für die allgemeinen sich für den Pächter aus einer Zupacht ergebenden Vorteile.

Im Einzelfall sind auf den Betrieb bezogene Zuschläge von je höchstens 15 Prozent zulässig, wenn das Grundstück:

a) eine bessere Arrondierung ermöglicht;
b) für den Betrieb des Gewerbes günstig liegt.

Für landwirtschaftliche Gebäude dürfen keine Zuschläge nach den Absätzen 1 Buchstabe c und 2 eingereicht werden.

<small>Abs. 1 lit. a: SR 211.412.12.</small>

Zinse für Miet- und nichtlandwirtschaftliche Pachtsachen

39. Für die Bemessung des Zinses für Miet- und nichtlandwirtschaftliche Pachtsachen, die mit einer überwiegend landwirtschaftlichen Pacht verbunden sind, gelten die Vorschriften über Maßnahmen gegen mißbräuchliche Mietzinse.

<small>SR 221.213.1</small>

Zinssatz. Verpächterlasten

40. Der Bundesrat setzt den Satz für die Verzinsung des Ertragswerts aufgrund des durchschnittlichen Zinssatzes für erste Hypotheken im Mittel mehrerer Jahre fest und paßt ihn den nachhaltig veränderten Zinsverhältnissen an.

Dieser Satz vermindert sich für Gewerbe um einen Viertel.

Der Bundesrat bestimmt den Ansatz für die Verpächterlasten nach den durchschnittlichen Aufwendungen in der Bemessungsperiode, die für die Berechnung des Ertragswerts gilt.

Zuschlag für längere Pachtdauer

41. Verabreden die Parteien eine Fortsetzungsdauer, welche die gesetzliche Fortsetzungsdauer um mindestens drei Jahre übersteigt, so ist für die ganze Fortsetzungsdauer ein Zuschlag von 15 Prozent zum Pachtzins zulässig.

3. Abschnitt: Pachtzinskontrolle

Pachtzinsbewilligung für Gewerbe

42. Der Pachtzins für Gewerbe bedarf der Bewilligung.

Der Verpächter muß den Pachtzins innert dreier Monate seit dem Pachtantritt oder der mit dem Pächter vereinbarten Anpassung bewilligen lassen. Wird der Pachtzins angepaßt, weil der Bundesrat die Sätze für die Bemessung des Pachtzinses geändert hat, so ist keine Bewilligung nötig. Auf Begehren einer Partei erläßt die Behörde über den zulässigen Umfang der Anpassung eine Feststellungsverfügung.

Erhält die vom Kanton bezeichnete Behörde Kenntnis von einem nichtbewilligten Pachtzins, so leitet sie das Bewilligungsverfahren ein.

Einsprache gegen den Pachtzins für Grundstücke

43. Gegen den vereinbarten Pachtzins für einzelne Grundstücke können die vom Kanton bezeichneten Behörden bei der Bewilligungsbehörde Einsprache erheben.

Die Einsprache ist innert dreier Monate seit Kenntnis des Vertragsabschlusses oder der Anpassung des Pachtzinses zu erheben.

Entscheid der Bewilligungsbehörde

44. Die Bewilligungsbehörde entscheidet, ob der vereinbarte Pachtzins für das Gewerbe oder das Grundstück zulässig ist.

Sie setzt zu hohe Pachtzinse auf das erlaubte Maß herab.

Sie eröffnet ihren Entscheid den Parteien und teilt ihn der zur Einsprache berechtigten Behörde mit.

Zivilrechtliche Folgen

45. Die Vereinbarung über den Pachtzins ist nichtig, soweit dieser das durch die Behörde festgesetzte Maß übersteigt.

Pachtzinse, die aufgrund einer nichtigen Vereinbarung bezahlt worden sind, können innert eines Jahres seit dem rechtskräftigen Entscheid über den Pachtzins, spätestens aber fünf Jahre nach ihrer Bezahlung zurückgefordert werden.

Die Nichtigkeit des Pachtzinses berührt im übrigen die Gültigkeit des Pachtvertrages nicht.

Nichtige Abreden

46. Die Vertragsparteien können auf die Rechte, die ihnen nach diesem Abschnitt zustehen, nicht zum voraus verzichten.

5. Kapitel: Verfahren und Behörden

1. Abschnitt: Verfahren und Rechtsmittel

Grundsätze

47. Die Kantone sehen ein einfaches und rasches Verfahren vor.

Der Richter und die Verwaltungsbehörden stellen den Sachverhalt von Amtes wegen fest. Die Parteien sind anzuhören.

Soweit das Gesetz das Verfahren nicht regelt, ordnen es die Kantone.

Zivilrechtliche Klagen, Gerichtsstand
48. Klagen aus dem Pachtvertrag beurteilt der Richter.

Sie können am Wohnsitz des Beklagten oder am Ort des Pachtgegenstandes eingereicht werden.

Feststellungsverfügung der Verwaltungsbehörde
49. Eine Partei, die ein schutzwürdiges Interesse hat, kann von der zuständigen Behörde feststellen lassen, ob die Verkürzung der Pachtdauer, die parzellenweise Verpachtung, die Zupacht oder der Pachtzins genehmigt werden kann.

Die Partei kann schon vor dem Abschluß des Pachtvertrags um Erlaß einer Feststellungsverfügung nachsuchen.

Beschwerde an die kantonale Beschwerdeinstanz
50. Gegen Verfügungen der erstinstanzlichen Verwaltungsbehörde kann innert 30 Tagen Beschwerde bei der kantonalen Beschwerdeinstanz erhoben werden.

Die Beschwerdeinstanz eröffnet ihren Entscheid den Vertragsparteien und dem Einsprecher; sie teilt ihn der Vorinstanz mit.

Beschwerde an die Eidgenössische Pachtrekurskommission
51. Letztinstanzliche kantonale Beschwerdeentscheide unterliegen der Beschwerde an die verwaltungsunabhängige Eidgenössische Pachtrekurskommission, die endgültig entscheidet.*

Die Eidgenössische Pachtrekurskommission besteht aus höchstens neun Mitgliedern. Der Bundesrat bestellt die Kommission und regelt deren Organisation.

Das Verfahren richtet sich nach dem Verwaltungsverfahrensgesetz; die Beschwerdefrist beträgt 30 Tage.
Abs. 3: SR 172.021.

Auskunftspflicht
52. Die Beteiligten müssen der zuständigen Verwaltungsbehör-

---

* Bei Annahme des BGBG (s. Vorwort) wird hier bei Art. 51, Abs. 1, der Satz beigefügt: «Das Eidgenössische Justiz- und Polizeidepartement ist zur Beschwerde berechtigt.»

de auf Verlangen Auskunft erteilen, Einsicht in die Urkunden gewähren und den Augenschein gestatten, soweit es für die Erteilung einer Bewilligung, einen Einsprache- oder Beschwerdeentscheid oder eine Feststellungsverfügung notwendig ist.

2. Abschnitt: **Kantonale Behörden**

53. Die Kantone bezeichnen:
a) die Bewilligungsbehörden;
b) die zur Einsprache berechtigten Behörden;
c) die Beschwerdeinstanz.

6. Kapitel: **Strafbestimmungen**

Widerhandlungen

54. Wer als Verpächter für die parzellenweise Verpachtung keine Bewilligung einholt oder eine solche Pacht nach Verweigerung der Bewilligung weiterführt,

wer als Pächter bei parzellenweiser Verpachtung die Pacht antritt, ohne daß hiefür die Bewilligung eingeholt worden ist, oder eine solche Pacht nach Verweigerung der Bewilligung weiterführt,

wer eine Zupacht, die auf Einsprache hin aufgelöst worden ist, weiterführt,

wer einen bewilligungsbedürftigen, aber nicht bewilligten Pachtzins fordert oder bezahlt,

wer mehr als den bewilligten Pachtzins fordert oder bezahlt, wird mit Buße bis zu 10 000 Franken bestraft.

Wer seine Auskunftspflicht nicht erfüllt, indem er einer unter Hinweis auf die Strafandrohung dieses Artikels an ihn erlassenen Verfügung der zuständigen Behörde nicht Folge leistet, wird mit Buße bestraft.

Verjährung

55. Eine Widerhandlung verjährt in zwei Jahren, die Strafe für die Widerhandlung in fünf Jahren.

Anwendung auf juristische Personen, Handelsgesellschaften und Körperschaften

56. Artikel 6 des Verwaltungsstrafrechts ist anwendbar. Er gilt auch für Widerhandlungen in der Verwaltung einer öffentlichen Körperschaft.

SR 313.0

Strafverfolgung

57. Die Kantone verfolgen und beurteilen die Widerhandlungen.

7. Kapitel: **Schlußbestimmungen**

1. Abschnitt: **Kantonale Ausführungsbestimmungen**

58. Die kantonalen Ausführungsbestimmungen sind erst gültig, wenn sie der Bundesrat genehmigt hat.

Die Kantone passen auf das Inkrafttreten dieses Gesetzes ihre Ausführungsbestimmungen und ihre Behördenorganisation an.

Mit dem Inkrafttreten dieses Gesetzes sind widersprechende kantonale Vorschriften aufgehoben.

2. Abschnitt: **Änderung und Aufhebung von Bundesrecht**

59. ...

3. Abschnitt: **Übergangsbestimmungen**

60. Das Gesetz gilt mit Ausnahme der Bestimmungen über die Pachtdauer und die parzellenweise Verpachtung und Zupacht auch für Pachtverträge, die vor seinem Inkrafttreten abgeschlossen oder fortgesetzt worden sind. Beginnt die Fortsetzung einer Pacht nach dem Inkrafttreten, gilt die neue Fortsetzungsdauer.

Läßt sich das Datum des Pachtantritts nicht mehr feststellen, so gilt der ortsübliche Frühjahrstermin 1973 als Pachtantritt.

(Abs. 3 und 4: ...)

4. Abschnitt: **Referendum und Inkrafttreten**

61. ...

Anhang Xa

Verordnung
über die Bemessung des landwirtschaftlichen Pachtzinses (Pachtzinsverordnung)

(vom 11. Februar 1987, SR 221.213.241)

1. Abschnitt: **Grundlagen**

1. Für die Verzinsung des Ertragswertes gilt der Satz von 6 Prozent. Er vermindert sich für Gewerbe um einen Viertel (Art. 40 Abs. 2 des Gesetzes).

Ertragswert, Mietwert, Normalbedarf an Wohnraum, bereinigte Bodenpunktzahl und Gesamtnutzungsdauer bestimmen sich nach der Verordnung vom 28. Dezember 1951 über die Schätzung des landwirtschaftlichen Ertragswertes und der dazugehörigen Anleitung.

Abs. 2: SR 211.412.123.

2. Abschnitt: **Pachtzins für Gewerbe**

Elemente des Pachtzinses

2. Der höchstzulässige Pachtzins für Gewerbe setzt sich aus der Verzinsung des Ertragswertes und der Abgeltung der Verpächterlasten zusammen.

Verzinsung

3. Die Verzinsung beträgt 4,5 Prozent des Ertragswertes des Gewerbes unter Einschluß der Gebäude und allfälliger Dauerkulturen.

Abgeltung der Verpächterlasten

4. Die Abgeltung der Verpächterlasten setzt sich zusammen aus:

a) 55 Prozent des Mietwertes der Gebäude;

b) der Abschreibung auf Dauerkulturen (wie Reben und Obstanlagen), wenn die Erneuerung der Anlage dem Verpächter obliegt.

Die Abschreibung auf Dauerkulturen entspricht dem Ertragswert der Anlage (ohne Boden) im ersten Vollertragsjahr bzw.

zu Beginn der Vollertragsphase, geteilt durch die Gesamtnutzungsdauer in Jahren.

Pachtzins für zusätzlichen Wohnraum

5. Der Pachtzins für Wohnraum, der den landwirtschaftlichen Normalbedarf übersteigt, entspricht dem effektiv erzielbaren Mietzins ohne Nebenkosten.

3. Abschnitt: Pachtzins für einzelne Grundstücke

Elemente des Pachtzinses

6. Der höchstzulässige Pachtzins für einzelne Grundstücke setzt sich zusammen aus:

a) dem Pachtzins für den Boden (Art. 7 und 8);

b) dem Pachtzins für die Anlagen von Dauerkulturen (Art. 9);

c) dem Pachtzins für Gebäude (Art. 10).

Pachtzins für Boden (ohne Rebboden und Sömmerungsweiden)

7. Der höchstzulässige Pachtzins für Boden setzt sich zusammen aus dem Basispachtzins, bereinigt aufgrund der örtlichen Verhältnisse, und allfälligen betriebsbezogenen Zuschlägen.

Der Basispachtzins umfaßt die Verzinsung, die Abgeltung der Verpächterlasten und einen Zuschlag für allgemeine Vorteile der Zupacht (Art. 38 Abs. 1 des Gesetzes). Er ergibt sich aus folgender Multiplikation: bereinigte Bodenpunktzahl mal 7,5 Rappen mal Fläche in Aren.

Die kantonale Bewilligungsbehörde kann den Basispachtzins um bis zu 15 Prozent vermindern oder erhöhen, um den besonderen örtlichen Verhältnissen, das heißt den in einem Gebiet oder Gebietsabschnitt vorherrschenden Betriebsstrukturen oder Bewirtschaftungsverhältnissen, Rechnung zu tragen. Der so festgelegte Abzug oder Zuschlag gilt für jede Pachtzinsfestsetzung im betreffenden Gebiet oder Gebietsabschnitt.

Zum Pachtzins nach den Absätzen 2 und 3 sind betriebsbezogene Zuschläge von je höchstens 15 Prozent zulässig (Art. 38 Abs. 2 des Gesetzes), wenn das Grundstück:

a) dem Pächter eine bessere Arrondierung seines Betriebes ermöglicht;

b) für den Betrieb des Pächters günstig liegt, insbesondere

wenn die Wegdistanz und die Höhendifferenz zwischen Betrieb und Grundstück gering sind.

Pachtzins für Rebboden

8. Der höchstzulässige Pachtzins für Rebboden setzt sich zusammen aus dem Basispachtzins von 7,5 Prozent des Bodenertragswertes, bereinigt aufgrund der örtlichen Verhältnisse im Sinne von Artikel 7 Absatz 3, und allfälligen betriebsbezogenen Zuschlägen im Sinne von Artikel 7 Absatz 4.

Pachtzins für Dauerkulturen

9. Der höchstzulässige Pachtzins für Dauerkulturen (wie Reben und Obstanlagen) auf einzelnen Grundstücken setzt sich zusammen aus dem Pachtzins für den Boden (Art. 7 bzw. 8) und dem Pachtzins für die Anlage.

Der Pachtzins für die Anlage setzt sich zusammen aus:

a) der Verzinsung; sie beträgt in der Regel 6 Prozent des durchschnittlichen Ertragswertes der Anlage während der Gesamtnutzungsdauer; als durchschnittlicher Ertragswert gelten 50–55 Prozent des Ertragswertes im ersten Vollertragsjahr bzw. zu Beginn der Vollertragsphase;

b) der Abschreibung nach Artikel 4 Absatz 2, wenn die Erneuerung der Anlage dem Verpächter obliegt.

Pachtzins für Gebäude

10. Der höchstzulässige Pachtzins für Gebäude auf einzelnen Grundstücken entspricht dem Mietwert des Gebäudes.

Pachtzins für Sömmerungsweiden

11. Der höchstzulässige Pachtzins für Sömmerungsweiden setzt sich zusammen aus:

a) dem Pachtzins für den Boden;
b) dem Pachtzins für die Gebäude (Art. 10).

Der Pachtzins für den Boden setzt sich zusammen aus dem Basispachtzins von 7,5 Prozent des Bodenertragswertes, bereinigt aufgrund der örtlichen Verhältnisse im Sinne von Artikel 7 Absatz 3, und allfälligen betriebsbezogenen Zuschlägen im Sinne von Artikel 7 Absatz 4.

4. Abschnitt: **Besondere Verhältnisse**

Pachtzinsreduktion bei Mehrbelastung des Pächters

12. Übernimmt der Pächter durch Vereinbarung Nebenleistungen wie Unterhaltspflichten, die über das gesetzliche Maß hinausgehen, so ist die im höchstzulässigen Pachtzins eingeschlossene Abgeltung der Verpächterlasten anteilmässig herabzusetzen. Bei Gebäuden auf einzelnen Grundstücken (Art. 10) darf sich der höchstzulässige Pachtzins deswegen um höchstens 50 Prozent vermindern.

Zuschlag für längere Pachtdauer

13. Verabreden die Parteien eine Fortsetzungsdauer, welche die gesetzliche Fortsetzungsdauer um mindestens drei Jahre übersteigt, so ist für die ganze Fortsetzungssdauer ein Zuschlag von 15 Prozent zum Pachtzins nach den Artikeln 2–12 zulässig (Art. 41 des Gesetzes).

Ausnahmeregelung bei außerordentlichen Verhältnissen

14. Ist die Berechnung des Pachtzinses nach den Artikeln 2–12 nicht möglich, weil allgemeine Grundlagen für die Schätzung des Ertragswertes fehlen, oder führt diese Berechnung in Anbetracht der besondern sachlichen Verhältnisse zu einem unbilligen Ergebnis, so kann der Pachtzins anders berechnet bzw. der berechnete Pachtzins angemessen erhöht oder vermindert werden. Die Grundsätze nach den Artikeln 36–40 des Gesetzes bleiben in jedem Fall anwendbar.

5. Abschnitt: **Inkrafttreten**

15. Diese Verordnung tritt am 25. Februar 1987 in Kraft.

Alphabetisches Sachregister

**Die Zahlen bedeuten die Artikel, die römischen Zahlen deren Absätze.
Anm. = Anmerkung.**

Abänderliche gesetzliche Vorschriften 19 II.
Abberufung von Organen und Bevollmächtigten der A.G. 705, 726, 741, der GmbH. 814, 823, der Genossenschaft 890, 905; s. auch *Entzug und Widerruf.*
Abbruch, Material auf 187.
Abgangsentschädigung 339b ff.
Abhanden gekommener Schuldschein 90, Wechsel 1006 II, 1072, 1095, Check 1112; s. ferner *Kraftloserklärung.*
Abrechnungsstelle (Clearing) 1028 II, 1118.
Abschluß eines Vertrages 1 ff., durch Stellvertreter 32 ff., stillschweigender 6, 395.
Abschreibungen 669.
Abschriften des Wechsels 1066/7.
Absicht, rechtswidrige 41, Wegbedingung der Haftung für 100, bei Kauf 192/3, bei Schenkung 248, im Aktienrecht 752 ff.
Abstimmung A.G. 703, GmbH. 808, Genossenschaft 855, 880, 888; s. auch *Mehrheitsbeschlüsse und Stimmrecht.*
Abstrakte Schuld 17, Schadensberechnung 191 III, 215 II.

Abtretung von Forderungen 164 ff., mehrfache 167, streitige 168, entgeltliche und unentgeltliche 171, zahlungshalber 172, bei Dienstvertrag 327 II, bei Leibrente 519, des Gesellschaftsanteils 542, des Genossenschaftsanteils 849; s. auch *Übertragung.*
Abwendung der Auflösung der GmbH. 794.
Abwesende, Antrag an solche 5, 10.
Abzahlungsgeschäft 226/8, Eigentumsvorbehalt 227 (ausgeschlossen beim Grundstückskauf) 217. Anh. III.
Agentur 418a ff.
Agio bei Aktienausgabe 624.
Akkordarbeit 319, 326, 326a.
Akkreditiv 466 Anm.
Aktien, Unterschrift 622 V, Nennwert 622 IV, 623/4.
Aktienbuch 686.
Aktieneinzahlung, Kaduzierung 681 ff.
Aktiengesellschaft 620 ff.
Aktienkapital 620 ff., 650 ff.
Aktienmantel Anh. V 89 Anm.
Aktienzeichnung 630, 644.
Aktionär 660 ff.
Akzept s. *Annahme.*
Alleininhaber s. *Einzelfirma.*

A

Alleinvertretung 394 Anm.
Allgemeine Geschäftsbedingungen 256.
Allgemeinverbindlicherklärung von Gesamtarbeitsverträgen 356 Anm.
Allonge 1003, 1021.
Alternativobligation 72.
Amortisation s. *Kraftloserklärung*.
Amtsbürgschaft 500, 503, 510, 512.
Analphabet 15, 1085 II.
Änderung von Verträgen 12 II, des Urteils bei Schadenersatz 46 II, der Vermögensverhältnisse des Schenkers 250 Z. 2, der Bürgschaft 493, 494, der Statuten 647, im Handelsregister 937, Anhang V 33, 59f., des Wechsels 1068.
Anfechtung eines Vertrages, Frist 31, der Versteigerung 230, von Mietzins 270bff., des Verpfründungsvertrages 525, der Generalversammlungsbeschlüsse der A.G. 706, der Generalversammlungsbeschlüsse der GmbH. 808 VI, der Generalversammlungsbeschlüsse der Genossenschaft 891.
Angeld 158.
Angestellte, Haftung des Geschäftsherrn 55, 101, öffentliche 61, Verjährung ihrer Forderungen 128 Z. 3; s. *Dienstvertrag*.

Anlagefonds 394 Anm.
Anleihensobligationen 1156 ff., Anhang V 35.
Annahme des Wechsels 1005, 1011ff., 1025, des Checks (ungültig) 1104, des Ordrepapiers 1148/9.
Annahmeverzug s. *Verzug*.
Annoncenpacht 275 Anm.
Anpassungsfrist für das neue Recht SchUeB 2.
Anrechnung der Zahlungen 85ff.
Anschlußpfändung 529.
Anspruchskonkurrenz 41 Anm.
Anstifter 50.
Anteil am Geschäftsergebnis des Arbeitgebers 322a, der einfachen Gesellschaft 533, der Kollektivgesellschaft 558, der Kommanditgesellschaft 601, der Aktiengesellschaft 660 ff., der Verwaltung der A.G. 677, bei GmbH. 804; s. ferner *Gesellschaftsanteil* und *Reingewinn*.
Anteilbuch der GmbH. 790.
Anteilschein des Genossenschafters 849, 852/3.
Antrag zum Vertragsabschluß 3 ff.
Anweisung 466ff., an Ordre 1147ff., an Inhaber 471.
Anwesende, Antrag unter, 4.
Anzahlung 226a–m, Anh. III.
Apports s. *Sacheinlagen*.
Arbeit, Recht auf 326.

Alphabetisches Sachregister **A**

Arbeiter, Haftung des Dienstherrn 55, 101, 113; s. ferner *Arbeitsvertrag.*
Arbeitgeberverbände 356ff.
Arbeitsunfähigkeit 45.
Arbeitsvermittlung 319 Anm.
Arbeitsvertrag 319ff.
Architekt Anm. zu 363 und 394.
Arzt 45 Anm.
Ärztliche Behandlung, Verjährung 128, des Pfründers 524.
Atomenergie, Haftung 41 Anm.
Aufbewahrung, Pflicht des Käufers 204, des Frachtführers 444, der Geschäftsbücher 962, Handelsregister Anhang V 36; s. ferner *Hinterlegungsvertrag.*
Aufhebung der Forderung 115, der Schenkung 249ff., der Verpfründung 527.
Auflage (Schenkung) 245/6, (Verlagsvertrag) 382ff.
Auflösung des Vertrags s. *Rücktritt* und *Wichtige Gründe,* – der einfachen Gesellschaft 545ff., der Kollektivges. 574ff., der Kommanditges. 619, der A.G. 625, 736ff., der GmbH. 775, 793ff., 813, 820ff., der Genossenschaft 911ff., Abwendung der GmbH. 794.
Aufnahme s. *Eintritt.*
Aufruf s. *Kraftloserklärung.*
Aufschlußpflicht des Gläubigers bei Bürgschaft 503.

Aufsichtspflicht beim Lehrvertrag 345a, bei der Amts- und Dienstbürgschaft 509, bei der A.G. 722.
Auftrag, einfacher 394ff., Annahmepflicht 395, Umfang, Ermächtigung 396, Übertragung 399, Widerruf 404, Erlöschen 405.
Ausbesserungen des Mietgegenstandes 259, des Pachtgegenstandes 279, 289.
Auseinandersetzung s. *Liquid.*
Auskündung durch Auslobung 8, unwahre 48.
Auskunft, Haftung für 41 Anm., Recht des Aktionärs 697, der Verwaltungsräte 715a, Handelsregister Anhang V, 9, 119.
Auslage von Waren als Vertragsantrag 7 III.
Auslagen des Kommissionärs 431, des Lagerhalters 485, des Gesellschafters 537, 549 usw.
Ausländer, Grundstückkauf Anh. VI.
Ausländische Aktiengesellschaft, Sitzverlegung nach der Schweiz SchUeB 14.
Auslegung der Verträge 18.
Auslieferungsprovision des Kommissionärs 432.
Auslobung 8.
Ausverkauf Anhang IX 21ff.
Ausscheiden einzelner Kollektivgesellschafter 576, aus der

573

A–B

GmbH. 822, aus der Genossenschaft 842 ff., 864, 876.
Ausschließung eines Kollektivgesellschafters 577/8, des Gesellschafters der GmbH. 800 f., 822, des Genossenschafters 846.
Ausspielgeschäft 515.
Aussteller des Wechsels 999.
Ausstreichen s. *Streichungen*.
Austritt s. *Ausscheiden*.
Autor 380 ff.
Aval s. *Wechselbürgschaft*.

Bankdiskont 104.
Bankengesetz SchUeB 16.
Bankier als Checkbezogener 1102, 1124, 1135.
Banknoten 84 Anm.; 988.
Bankprovision 104.
Barzahlung bei der Versteigerung 233.
Baugrund 365, 368, 375.
Bauland 218 II.
Bauten 375.
Bauwerk 365, 371, 375 usw.
Bauzinsen 77 Z. 8, 802, bei A.G. 676, Rückerstattung 678.
Beamte, öffentliche 61, 342.
Bedingungen 151 ff., beim Grundstückskauf 217, bei Schenkung 245, beim Mäklervertrag 413, im Wechsel 1002.
Beendigung s. *Auflösung*.
Befreiung des Bürgen 497, 504, 506, 509, 510.
Befristete Bürgschaft 502.

Begünstiger 50 III.
Beitragspflicht des Gesellschafters 531.
Beitritt s. *Eintritt*.
Bekanntmachungen des Handelsregisters 931 ff., der A.G. 641 Z. 11.
Beköstigung, Verjährung 128.
Benachrichtigung, Pflicht bei Bürgschaft 505, 508, Wechsel 1042, 1051 II, 1054 IV.
Bereicherung, ungerechtfertigte 62 ff., bei vollmachtloser Stellvertretung 39 III, bei Unmöglichwerden der Leistung 119 II, im Wechselrecht 1052, 1093.
Berichtigung b. Verlag 385, im Handelsregister, Anh. V 8.
Berufsverbände 356 ff.
Beschädigung des Frachtgutes 448.
Besicht, Kauf auf 223/5.
Bestandteil des Grundstücks beim Fahrniskauf 187.
Betreibung 105, Verzugszinse, als Unterbruch der Verjährung 135, 138, durch – entzogene Miet- 261 oder Pachtsache 290, Zulässigkeit gegen Leibrente 519, gegen Gesellschafter 569, 574, 607, 694, Schuldbetreibungsrecht 123.
Betriebsgefahren 328.
Betrug s. *Täuschung*.
Beweggrund, Irrtum im 24 II.
Beweislast ZGB 8 ff., beim Kauf nach Muster 222.

Beweismittel, Recht auf Herausgabe 170, 503, 879.
Beweisregeln ZGB 8 ff.
Beweiswürdigung, freie 43 Anm., ZGB 4.
Bewirtschaftung des Pachtgegenstandes 283.
Bezugsrecht d. Aktionärs 652b, bei GmbH. 787.
Bezugsschein für Couponsbogen 981.
Bilanz 958 ff., Anh. V 85, der Kollektivges. 558, 587, SchUeB 5, der A.G. 663a, 704, 742, Anhang V 85, der GmbH. 805, der Genossenschaft 856.
Blankoindossament 1002/4 (Check), 1109 IV.
Blankovollmacht 32 Anm.
Blankowechsel 1000.
Blankozession 165 Anm.
Blinde, Unterschrift 14 III (Wechsel), 1085 III.
Börsenmäkler 418.
Börsenpapiere, Lieferung als Differenzgeschäft 513.
Börsenpreis 93, 191, 215, 436.
Boykott 20 Anm.
Brief als Schriftform 13 II.
Bücher, Aufbewahrung 962, Vorlegung 963, der aufgelösten Kollektivges. 590 I, A.G. 747.
Buchführung, kaufmännische 722, 957 ff.
Bund, öffentliches Recht desselben 33, 342, Bundesgesetzgebung 61, 342, 876, ZGB 5.
Bürgerrecht s. *Nationalität.*
Bürgschaft 492 ff., einfache 495, solidarische 496, 497, auf Zeit 510, unbefristete 511, Haftungsbetrag 493, 499, Verringerung 500, 503, Abänderung 494, Verlängerung 509, Befreiung 497, 504, 506, 509, Beendigung 509, Rücktritt 510, Verrechnung 121, Wechselbürgschaft 1020 ff., Checkbürgschaft 1114.
Bußen, Handelsreg., Anh., V 2.

Camionneur 456 III.
Charter 253 Anm.
Check 1100 ff., gekreuzter 1123 f., Verrechnungscheck 1125/6, Anwendung des Wechselrechts 1143, Übergangsbestimmungen SchUeB 12.
Checkbürgschaft 1114.
Checkfähigkeit, passive 1102, 1138.
Checkvertrag 1103.
Clausula rebus sic stantibus ZGB 2. Anm.
Clearing s. *Verrechnungsstelle.*
Coupons 980, 987.
Culpa in contrahendo 41 Anm.

Darlehen 312 ff., an Wertschriften und Waren 317.
Décharge s. *Entlastung.*

D–E

Deckung des Wechsels, Übergang 1053, des Checks 1103.
Deckungskauf 191.
Décompte 323a.
Delcredere des Agenten 418a, c, des Kommissionärs 430, des Handelsreisenden 348a.
Delegiertenversammlung der Genossenschaft 892.
Delegierter 717.
Depesche als Briefform 13.
Depositenhefte SchUeB 9.
Deposition s. *Hinterlegung*.
Depositum irregulare 481.
Depotvertreter bei A.G. 689d.
Diebstahl, Haftung f. 487, 490.
Dienstboten 128 Z. 3, 134 Z. 4; s. ferner *Arbeitsvertrag*.
Dienstbürgschaft 500, 503, 510, 512.
Dienste 394.
Dienstleute des Gastes und Fuhrmannes 487ff.
Dienstliche Verrichtung 55.
Dienstvertrag s. *Arbeitsvertrag*.
Differenzgeschäft 513.
Direktor 718.
Diskont bei Vorleistung 81, Bankdiskont 104.
Dispositives Recht 19 II.
Distanzkauf 189, 204.
Dividende 675.
Domizil s. *Sitz*.
Domizilcheck, Domizilwechsel s. *Zahlungsort*.
Draufgeld 158.
Dritter, Eintritt eines D. als Gläubiger 110, Vertrag zu Lasten eines D. 111, Versprechen zugunsten eines D. 112, Versicherung zugunsten eines D. 113, Verrechnung 122. Übertragung des Auftrags 399.
Drohende Gefahr, Abwendung 52 II, 59.
Drohender Schaden 59.
Drohung 29.
Duplikate d. Wechsels 1063/5.
Durchstreichen s. *Streichung*.

Editionspflicht 963, Anh. V 37.
«Effektiv», Klausel 84 II, 1031 III, 1122 III.
Ehefrau, Ehegatte, Bürgschaft 494.
Eheliches Güterrecht, Schranken der Schenkungsfreiheit 240.
Ehrenannahme 1055/1.
Ehreneintritt, -Zahlg. 1054ff.
Eigene Aktien, Erwerb 659.
Eigener Wechsel 1096ff.
Eigengeschäft des Kommissionärs 436.
Eigentumsvorbehalt 227, beim Grundstückskauf 217 II.
Einfache Bürgschaft s. *Bürgschaft*.
Einfache Gesellschaft s. *Gesellschaft*.
Einfamilienhaus 253b.
Einkaufskommission 425ff.
Einmanngesellschaft 625. Anm. 775, 831.
Einreden des nicht erfüllten Vertrags 82, 97ff., der Ver-

576

jährung 135, 138/9, des Solidarschuldners 145, des Abtretungsschuldners 169, des Schuldübernehmers 179, des Käufers 210, des Bestellers 371, gegen d. Frachtführer 454, des Angewiesenen 468, des Bürgen 502, 507, aus Inhaberpapier 979, 980, aus Wechsel 1007, aus Ordrepapier 1146.

Einsichtrecht des Gesellschafters 541, des Kollektivgesellschafters 557, des Aktionärs 696/7, des Genossenschafters 857, bei d. GmbH. 819, bei Handelsregister Anhang V 37.

Einspruch bei Handelsregister Anhang V 32.

Einsteller 302 ff.

Eintragungspflicht Anhang V 52 ff.

Eintritt in die Genossenschaft 839 f; 875; s. *Selbsteintritt*.

Einwilligung in die schädigende Handlung 44.

Einzahlung der Aktien, 681 f.

Einzelfirma, Einzelkaufmann 945/6.

Eisenbahnen, Frachtgeschäft 455 ff.

Eisenbahn- und Schiffahrtsunternehmungen 1182, Anhang I 29, Ia 1.

Elektrizität, Lieferung 184 Anm.

Emission 652a, 752.

Enseignes Anh. V. 48.

Enteignung 259.

Entlassung aus der Bürgschaft s. *Befreiung*.

Entlastung der Verwaltung der A.G. 758, GmbH. 808 V, Genossenschaft 887.

Entmündigung des Gesellschafters 545 Z. 3; s. ferner *Handlungsfähigkeit*.

Entschuldung, landwirtschaftliche 218.

Entwehrung beim Kauf 192 ff., beim Werkvertrag 365.

Entwendung, Haftung 487, 490.

Entzug des Mietobjektes 261, des Pachtobjektes 290, der Geschäftsführung der einfachen Gesellschaft 539 II, b. Kollektivgesellschaft 565, b. Kommanditaktiengesellschaft 767, b. GmbH. 814; s. *Abberufung und Widerruf*.

Erbausschlagung keine Schenkung 239.

Erbeinsetzung bei der Verpfründung 521–22.

Erbrecht als Schranke der Schenkung 240.

Erbteilung, Schuldübernahme dabei 183.

Erbübergang 516.

Erbvertrag 521.

Erfindungen des Dienstpflichtigen 332.

Erfüllung der Schuld 68 ff., 97 ff.

Erfüllungsinteresse 97, 191.

Erfüllungsort, -zeit s. *Ort, Zeit der Erfüllung.*
Erlaß s. *Schulderlaß.*
Erlöschen der Vollmacht 37, der Forderung 114 ff.
Ermächtigung 32 ff., fehlende 38.
Ermessen, richterliches ZGB 4.
Erneuerung, stillschweigende, des Mietvertrages 266, der Gesellschaft 546 III; s. ferner *Fortsetzung.*
Erpressung 29.
Erstreckung des Mietverhältnisses 272 ff.
Esel 198.
Eviktion s. *Entwehrung.*

Fahrlässigkeit 41 ff., Wegbedingung der Haftung 100.
Fahrniskauf, Begriff 187.
Fahrnispfandrecht, Verjährung der Forderung 140.
Faksimile als Unterschrift 14 II, (Wechsel) 1085 II.
Fälligkeit s. *Verfalltag.*
Fälschung des Wechsels 997, des Checks 1132.
Falsus procurator 38, 998.
Familienwohnung 273a.
Feiertag 78, 1081.
Ferien des Arbeitnehmers 329 a–e, des Heimarbeiters 353c.
Ferienwohnung 253a.
Fiduziarisches Rechtsgeschäft 18 Anm., 164 Anm., 401 Anm.
Filiale s. *Zweigniederlassung.*

Firma des Einzelkaufmanns 934, d. Kollektivgesellschaft 554 Z. 2, 947/8, der Kommanditgesellschaft 596 Z. 1, 607, 947/8, der A.G. 641 Z. 2, 950, der Kommanditaktiengesellschaft 947/8, der GmbH. 781 Z. 2, 949, 951, der Genossenschaft 950/1, von Ehefrauen 945 II; ferner SchUeB 8. Wahrheit 944, Anhang V 38. Ausschließlichkeit 946, 951. Unterscheidbarkeit 951 Anm.
Fixgeschäft 102 II, 108 Z. 3, 190.
Fonds, SchUeB 3, der Genossenschaft 862; vgl. SchUeB 3.
Form, schriftliche der Verträge 11 ff., vorbehaltene 16, gesetzl. Vorschrift 11.
Fortsetzung der Gesellschaft 545, des Geschäfts der Kollektivges. nach Ausscheiden von Gesellschaftern 579 ff.; s. *Erneuerung.*
Frachten, Bürgschaft für 493, 500, 509.
Frachtvertrag 440 ff., Haftung des Frachtführers 447, 449, Verjährung 445.
Frankolieferung 189.
Freizeichnung 100.
Freizeit des Dienstpflichtigen 329.
Fristen 77 ff. im Wechselrecht 1024 ff., 1081/2, im Check-

Alphabetisches Sachregister F–G

recht 1136/1137; s. ferner *Nachfrist und Verjährung.*
Früchte beim Fahrniskauf 187, 195, 213, beim Pachtvertrag 275; Anh. X 24.
Fuhrleute 490/1.
Furchterregung 29 ff.
Fusion zweier Geschäfte 182, bei der Aktiengesellschaft 748 ff., zweier Genossenschaften 914.
Fütterung, Kosten b. Leihe 307.

Garage 266e, 472 Anm.
Garantie 111, 492 Anm.
Gast- und Stallwirte, Haftung 487 ff.
Gattungsschuld 71, 120, 185, 206, 312, 466, 481, 484, 1152.
Gebäude, Schaden durch 58/9, Mangel 219, 371.
Gebrauchsleihe 305 ff.
Gebühren, Handelsregister, Anhang Va.
Gefahrübergang 119, 185, 220, 477, 481, 531.
Gehilfe 50.
Geistige Getränke, Kleinvertrieb 186.
Gekreuzter Check 1123.
Gelegenheitsgesellschaft 530.
Gemeinsame Forderung 70.
Gemeinschaftliche Rechte der Gesellschafter 544.
Gemeinwesen, Verjährung der Forderungen 125 Z. 3.
Genehmigung unverbindlicher Verträge 21, 31, vollmachtloser Stellvertretung 38, der gekauften Sache 201, 224/5, des Werks 370, der Geschäftsführung ohne Auftrag 424.
Generalbevollmächtigter der einfach. Gesellschaft 535 III.
Generalunternehmer 363 Anm.
Generalversammlung der Aktiengesellschaft 698 ff., der Genossenschaft 879 ff.
Genossenschaft, Begriff 828, Übergangsrecht für Haftung 7.
Genossenschafter, Rechte 855 ff., Pflichten 866 ff.
Genossenschaftsanteil 853, Übertragung 849 f.
Genossenschaftsverbände 921 ff.
Genugtuung 47, 49, 60/1.
Genußschein 657.
Gerätschaften bei Pacht 277, 299b, bei Werkvertrag 364.
Gerichtsstand bei Aktiengesellsch. 761, Mietstreitigkeiten 274b.
Gesamtarbeitsvertrag 356 ff.
Gesamtausgabe 386.
Gesamteigentum 544.
Gesamtsache 209.
Geschädigter 44.
Geschäft 945, Übernahme mit Aktiven und Passiven 181/182, 953, (Kollektivgesellschaft) 592 II; s. ferner *Fusion.*
Geschäftsbericht der Aktiengesellschaft 662 ff.

579

G

Geschäftsbesorgung s. *Geschäftsführung*.
Geschäftsbücher s. *Bücher*.
Geschäftsfirmen 944 ff., s. ferner *Firma*.
Geschäftsführung der einfachen Gesellschaft 535 ff., der Kollektivgesellschaft 563 ff., der Kommanditgesellschaft 599 f., der GmbH. 811 ff., ohne Auftrag 419 ff.
Geschäftsgeheimnis beim Arbeitsvertrag 321a, bei der Agentur 418d, Anhang IX 1, 13, 21.
Geschäftsherr 55, 101, 422/4, 458 ff., Anhang VIII 8.
Geschäftskundschaft 48.
Geschäftslokal 253a, 271 ff., 1084, 1143 Z. 20, Anhang V 42.
Geschäftsübernahme s. *Übernahme*.
Geschäftszeit 79.
Gesellschaft, einfache 530 ff., Gesamteigentum 544, mit beschränkt. Haftung 772 ff., als Mitglied bei anderer Anhang V 41.
Gesellschafter, Haftung gegenüber Dritten 543.
Gesellschafterversammlung der GmbH. 808/810.
Gesellschaftsanteil bei GmbH. 789 ff., s. auch *Stammeinlage*.
Gesellschaftsvermögen 544, bei Auflösung 548.

Gesetzeskonkurrenz bei Schadenshaftung 51.
Gestohlen s. *abhandengekommen*.
Getränke, geistige, Klagbarkeit von Forderungen 186.
Gewährleistung bei Abtretung 173, bei Kauf 192 ff., bei Viehhandel 198/9, Anhang IV, beim Grundstückskauf 219, bei Versteigerung 234, bei Miete 256, bei Pacht 278, bei Werkvertrag 365 ff., bei Gesellschaft 531.
Gewässerschutz 41 Anm.
Gewalt s. *Höhere Gewalt*.
Gewerbe, kaufmännisch geführtes 458, 462, 552, 594/5, 934, Anh. V 53, landwirtschaftl. 218, konzessioniertes 101 II vgl. 395, 455.
Gewicht beim Kauf 212.
Gewinnanteil s. *Anteil*.
Gewohnheitsrecht ZGB 1 II; s. auch *Übung*.
Gezogener Wechsel 991 ff.
Gläubigergemeinschaft 1157 ff. und Anhang I.
Gläubigerversammlung bei Gläubigergemeinschaft 1163 ff.
Gratifikation 322d.
Grundbuch 217–19, 235, 242, 247, 260, 282.
Gründerbericht, Aktiengesellschaft 629 ff.

G–H

Gründerverantwortlichkeit, A.G. 752ff., GmbH. 827, Genossenschaft 834 Anm.

Grundkapital der A.G. s. *Aktienkapital*.

Grundstückskauf 216ff., Versteigerung 232. Ausländer: Anh. VI, Sperrfrist Anh. II.

Gründung der Aktiengesellsch. 625ff., d. GmbH. 775, 779ff., der Genossenschaft 831ff.

Gült 989.

Gute Sitte 19, 20, 41, 230, 326.

Gute Treue, Treu und Glauben 8, 24, 48, 156, 191, 215, 304, 321a, 415, 546. ZGB 2.

Güterrecht, eheliches, bei Schenkung 240.

Güterzusammenlegung Anh. X 20.

Haftgeld 158.

Haftpflichtversicherung 113.

Haftung, Wegbedingung 100, der Wechselverpflichteten 1005; s. ferner *Gründerverantwortlichkeit* und *Verantwortlichkeit, Wegbedingung*.

Handelsamtsblatt 931.

Handelsbrauch s. *Übung*.

Handelsgewerbe s. *Kaufmännisches Gewerbe*.

Handelsregister 927ff. Anh. V.

Handelsregisterführer, Haftbarkeit 928.

Handelsreisender 347ff.

Handlung, unerlaubte, s. *Unerlaubte Handlung*.

Handlungsfähigkeit, Beurteilung 53, bei Vollmacht 35, bei Schaden 54, bei Schenkung 240/1, bei Auftrag 405, 409, bei Agentur 418s, bei Geschäftsführung ohne Auftrag 421, bei Bürgschaft 492, 502, 507, des Gesellschafters 545 Z. 3, des Kommanditärs 619, bei Kommanditaktiengesellschaft 770, bei Wechsel 690, des Checkausstellers 1120.

Handlungsvollmacht 40, 462, 464/5, bei Kollektivgesellschaft 566, bei GmbH. 816.

Handwerksarbeit 128 Z. 3.

Handzeichen als Unterschrift 15, 1085 II.

Hauptniederlassung 934.

Hauptsache, Wandelung 209.

Hauptschuldner 136, 492ff.

Hausgemeinschaft 328a, 524, 527.

Hausgenosse, als Hilfsperson 101.

Haustürkauf 40aff.

Heilungskosten 45 II.

Heimarbeit 351ff.

Heiratsvermittlung 416.

Heizkosten 257b, Anh. VIII 5f.

Herabsetzung der Ersatzpflicht 44, der Konventionalstrafe 163, des Mietzinses 254, des Mäklerlohnes 417, bei Verpfründung 525, des Aktien-

kapitals 732 ff., Anhang V 84.
Hilfsperson, Haftung für 101.
Hinterlegung bei Verzug 92 ff., bei streitiger Abtretung 168, Mietzins 259g ff., bei Frachtvertrag 444, 451, 453, Sequester 480, bei Liquidation der A.G. 744, bei Wechsel 1032, 1080, bei Kraftloserklärung 987; s. auch *Pflichtaktien*.
Hinterlegungsvertrag 472 ff., mehrere Aufbewahrer 478, vertretbare Sachen 481, 484, Warenpapiere 482, Stimmrecht hinterlegter Aktien 689 V.
Höhere Gewalt beim Wechsel 1051, im Checkrecht 1131.
Holdinggesellschaft 708.
Honorar beim Verlagsvertrag 388 ff., beim Auftrag 394, bei Gesellschaft 537, bei Kollektivgesellschaft 558/9.
Hotelier, Haftung 487 ff.
Hypothekarzins, Einfluß auf Mietzins, Anh. VIII 13.

Indexgebundenheit von Mietzinsen 269b.
Indossament 684, 968 ff., 1001 ff., 1108/9, 1152.
Inhaber des Wechsels, Legitimation 1006, Indossament an 1002, Check auf 1105, 1111.
Inhaberaktien 622, 683, Übergangsrecht SchUeB 11.
Inhaberanweisung 471.
Inhabercheck 1111.
Inhaberpapiere 978 ff., 976.
Inkassoindossament 1008, **-zession** 164 Anm.
Instruktion des Dritten beim Auftrag 399.
Interimsscheine 688, Übergangsrecht SchUeB 11.
Internationales Privatrecht s. IPRG (in Parallelausgabe des ZGB).
Intervention s. *Ehreneintritt*.
Inventar b. Pacht 276, 298/99.
Irrtum 23 ff., 63, bei Bürgschaft 492, 502, 507.

Jagdwild, Schadenshaft. 56 III.
Jahr 77.
Jahresbericht s. *Geschäftsber*.
Jugendarbeit 329e.

Kaduzierung der Aktien 681 ff., der Anteile der GmbH. 800, Genossenschaft 867.
Kalender, versch. 1027, 1117.
Kamionneur 456 III.
Kantone, Haftung für Handelsregisterführer 928 III, Vorschriften über Beamtenhaftung 61 II, Zwangsvollstreckung 97, Wirtszeche 186, Güterschlächterei 218, Versteigerung 236, Normalarbeitsvertrag 359, Dienstverträge Beamter 342, Mäkler 418, Anstalten 763. Öffentl. Recht ZGB 6.
Kapital 620, 773.

Kartell Anh. IX 1 Anm.
Kaufleute, kaufmännischer Verkehr, Verzugszins 104, Fixgeschäft 190/1, Gewicht 212, Schadenberechnung 215, Darlehen 313/4.
Kaufmännisches Gewerbe 458, 462, 552, 594, 772, 934.
Kaufpreis, Bestimmbarkeit 184 III, Bestimmung 216, Fälligkeit 213.
Kaufsrecht 216 ff.
Kaufvertrag 184 ff.
Kausalzusammenhang 42 Anm.
Kaution des Arbeitnehmers 330, des Mieters 257 e.
Kinder, Forderungen an die Eltern. Verjährung 134 Z. 1.
Klageeinleitung 135 Anm.
Klaglosigkeit, von Spiel und Wette 513.
Kleinverkauf 128, 186.
Kollektivgesellschaft 552 ff., Haftung 568/9.
Kollektivprokura 460.
Kommanditaktiengesellschaft 764 ff.
Kommanditgesellschaft 594 ff., unbeschränkt haftende Gesellschafter 594 II, 613.
Kommanditsumme 596 Z. 2, 608 ff.
Kommission zu Ein- oder Verkauf 425 ff., Kreditgewährung 429 f., Provision 432 ff., Selbsteintrittsrecht 436, Widerruf 438.
Kompensation s. *Verrechnung.*
Konfusion, Vereinigung 118.
Konkrete Schadenberechnung beim Kauf 191 III, 215 I.
Konkurrenzverbot, Arbeitsvertrag 340 ff., Agentur 418 d, Prokurist 464, Gesellschaft 536, Kollektivgesellschaft 561, GmbH. 818.
Konkurs bei Vollmacht 35, bei zweiseitigen Verträgen 83, bei Verrechnung 123, bei Verjährung 135, 138, bei Schenkung 250, bei Miete 261, bei Pacht 290, 297a, bei Verlagsvertrag 392, bei Auftrag 401, 405, bei Agentur 418s, bei Anweisung 470, bei Bürgschaft 495, 496, 501, 504, 505, bei Verpfründung 529, bei Gesellschaft 545 Z. 3, bei Kollektivgesellschaft 570/1, 575, 577, bei Kommanditgesellschaft 615, 619, bei A.G. 736, bei Kommanditaktiengesellschaft 770, des Gesellschafters der GmbH. 793, des ausscheidenden Genossenschafters 845, der Genossenschaft 873, des Wechselbezogenen 1033 Z. 2, des Wechselausstellers 1033 Z. 3, 1034 VI, des Checkausstellers 1120, 1034, des Checkbezogenen 1126, Eintragung 939, Anhang V 64, bei Anleihensobligat. 1179; s. auch *Zahlungsunfähigkeit.* Anhang V 64 ff.

583

Konnossement 440 Anm., 1153 Anm.
Konsignation 471 Anm.
Konsortium 530.
Kontokorrent 117, 124 III, 314 III.
Kontrolle s. *Einsicht.*
Kontrollstelle der Genossenschaft 906. *Für A.G. s. Revisionsstelle.*
Konventionalstrafe 160–163, 105 II, 340b, 499 Z. 1, 799.
Konzern 663eff., 697h, 731a.
Konzessioniertes Gewerbe s. *Gewerbe.*
Kopien des Wechsels 1066/7, vgl. 1133.
Koppelungsgeschäft 254.
Körperverletzung 46, 47.
Kostbarkeiten 488.
Kosten, Anrechnung 85, der Übergabe und des Transportes bei Fahrniskauf 188/189, bei Wandelung 208, bei Gebrauchsleihe 307, bei Hinterlegungsvertrag 477, bei Bürgschaft 499.
Kostenansatz, beim Werkvertrag, Überschreitung 375.
Kraftloserklärung der Wertpapiere 90 II, 971ff., 981ff., 1072ff., 1143 Z. 19.
Krankheit des Arbeitnehmers 324a, 336e.
Kreditauftrag 408ff.
Kreditbrief 407.
Kreuz s. *Handzeichen.*

Kreuzung, Check 1123, 1141 Z. 5.
Kundenkreis 418u.
Kündigung 102, 130, der Miete 266aff., 271ff., der Pacht 296ff., 300, 297, der Viehverstellung 304, des Darlehens 318, des Arbeitsvertrags 334ff., des Lehrvertrags 346, des Handelsreisendenvertrags 350, der Agentur 418q, des Auftrags 404, der Bürgschaft 501, 511, bei Verpfründung 526, der einfachen Gesellschaft 545/6, der Kollektivgesellschaft 575, der Kommanditgesellschaft 619, der Kommanditaktiengesellschaft 771, bei GmbH. 793, der Genossenschaft 844.
Kündigungsschutz 271ff.
Künftige Schuld 492.
Künstlerisches Werk 380.

Ladeschein 482, 1152ff.
Lagergeschäft, Lagerhalter 482ff.
Lagerhaus 92.
Lagerschein 1152ff.
Landesmünze s. *Währung.*
Landwirtschaftliche Grundstücke, Kauf 218, Anh. VI, Pacht Anh. X.
Landwirtschaftliches Arbeitsverhältnis 336c.
Landwirtschaftliches Gewerbe s. *Gewerbe.*

Alphabetisches Sachregister L–M

Last, dingliche, auf der verkauften Sache 196.
Lasten des Miet- und des Pachtobjektes 256b, 280.
Lebensmittel, Verjährung 128.
Lebensversicherungsgesellschaften, konzessionierte, Bilanzierung 667 III.
Lebenszeit, Gesellschaft auf 546, Verpfründung auf 521.
Legitimation des Wechselinhabers 1006.
Lehrvertrag 344 ff.
Leibrente 516 ff.
Leibrentenvertrag 516 ff.; s. auch *Rente.*
Leichtsinn 21.
Leihe 305 ff., Stimmrecht geliehener Aktien 689 V.
Liefertermin beim Kauf 190.
Liegenschaft s. *Grundstück.*
Liegenschaftsvermittlung s. *Mäklervertrag.*
Limite s. *Preisansatz.*
Liquidation s. *Auflösung.*
Liquidationsbilanz 587, 742.
Liquidator bei anderer Gesellschaft Anhang V 41.
Literarisches Werk 380.
Lizenzvertrag 275 Anm.
Lohn, Verrechnung 125, Abzug 159, Verjährung 128, s. ferner *Arbeitsvertrag.*
Löschung der Prokura 461, der Handlungsvollmacht 465, der Gesellschaften 589, 746, 823, 913 I, der Firma 938, im Handelsregister Anhang V 33, 60, 66 ff., 89.
Lotteriegeschäft 515.
Lücke im Gesetz ZGB 2 Anm., im Vertrag 18 Anm.
Luftfahrt, Transport 447 Anm.
Luxuswohnung 253b.

Mahnung 102.
Mäklergebühr (Wechsel) 1049 II.
Mäklervertrag 412 ff., bedingter 413, Lohn 414 ff.
Mandat s. *Auftrag.*
Mängel des Vertragsabschlusses 23 ff., der Mietsache 259 ff., s. ferner *Gewährleistung.*
Mängelrüge beim Kauf 201, beim Viehhandel 202, bei absichtlicher Täuschung 203, beim Werkvertrag 370.
Marktpreis 93, 191, 212, 215, 436.
Maß, Mangel im, beim Grundstückskauf 219.
Maßnahmen, vorsorgliche 1072, Anhang IX 9.
Material auf Abbruch oder aus Steinbrüchen, Kauf 187, für den Dienstpflichtigen 338.
Maultiere 198.
Mechanische Unterschrift s. *Faksimile.*
Mehrarbeit bei Arbeitsvertrag 321c.
Mehrere Schädiger 50.

585

Mehrere Schulden, Zahlung, Anrechnung 86 f.
Mehrheitsbeschlüsse, qualifizierte, der A.G. 704, der GmbH. 791, 820 Z. 2, 825, der Genossenschaft 888/9, der Gläubigergemeinschaft 1173.
Mehrwert des Pachtgegenstandes 299.
Meister 345a.
Mietvertrag 253 ff.
Mietzins 257 ff., 269 ff.
Mikrofilm 962.
Militärdienst des Arbeitnehmers 336 ff., des Agenten 418m.
Minderheiten in der A.G., Schutz 709.
Minderung des Kaufpreises 205 ff.
Mißbrauch eines Rechts, ZGB 2 II, im Mietwesen Anh. VIII.
Mißbräuchliche Mietzinse 269 ff.
Mißverhältnis, offenbares 21.
Mitbürgschaft 497.
Mitgliederverzeichnis der Genossenschafter 836 III.
Mitverschulden 44.
Monat 76/7.
Mobiliar, Miete 267.
Motiv, Irrtum im 24 II.
Motorfahrzeug 43 Anm., 327b.
Mündel, Forderungen an den Vormund, Verjähr. 134 Z. 2.
Münze s. *Währung.*
Muster, Kauf nach 222.

Nachbildung der Unterschrift s. *Unterschrift.*
Nachbürgschaft 497, 498.
Nachfrist zur Vertragserfüllung 107/8, 139.
Nachindossament 1010, 1113.
Nachklage 46 II.
Nachlaßvertrag 114 III, bei Bürgschaft 495, 505, Anhang V 64, 66.
Nachmänner 1044 IV, 1055, 1064.
Nachschußpflicht bei der GmbH. 803, bei der Genossenschaft 871.
Nachsichtwechsel 1013, 1025/6, 1099.
Nachwährschaft s. *Gewährleistung.*
Namenaktien 622, 684.
Namenpapiere 974 ff., Übertragung 967 II, Übergangsrecht SchUeB 9.
Nationalität des Kollektivgesellschafters 554 Z. 1, des Kommanditgesellschafters 596 Z. 1, des Kommanditaktiengesellschafters 765 II, bei GmbH. 781 Z. 4, bei Genossenschaft 895, der Verwaltung der Aktiengesellschaft 708. Anh. V 45, 86.
Nebenbestimmungen 12.
Nebenkosten 257a.
Nebenpunkte bei Vertragsabschluß 2, 184 Anm.
Nebenrechte 94, 114, 133, 170, 178, 180.

Nebensachen 209.
Negatives Vertragsinteresse 26, 109 II, 404 II.
Nennwert der Aktien 622 IV, 623/4, Übergangsrecht SchUeB 10.
Neuerung 116/7.
«Nicht an Ordre» 1001, 1105, 1108.
Nichterfüllung d. Vertrags 97 ff.
Nichtgenehmigung 39.
Nichtigkeit des Vertrages 20, Wucher 21, Irrtum 23, Betrug 28, Drohung 29, des Verzichts auf Vollmachtswiderruf 34, bei Wegbedingung der Haftung 100/1, der Änderung der Verjährungsvorschriften 129, des Verzichts auf Verjährung 141, bei widerrechtlicher Bedingung 157, bei Versteigerung 232, bei Darlehen 314, 317, bei Gesamtarbeitsvertrag 357, des Verzichts auf Kontrollrecht bei Gesellschaften 541, 557, 598, des Zinsversprechens im Wechsel 995; s. ferner *Ungültigkeit* und *Wegbedingung der Haftung*.
Nichtschuld, Zahlung 63.
Nichttun, Verpflichtung zu 98 II.
Niederlassung s. *Haupt- und Zweigniederlassung*.
Nießbrauch s. *Nutznießung*.
Nominalwert s. *Nennwert*.
Normalarbeitsvertrag 359 ff.

Notadresse 1040 Z. 6, 1054, 1059.
Notar, Verjährung 128 Z. 3.
Notlage 21, 30, 44 II, 334.
Notstand, Notwehr 52.
Notverkauf s. *Selbsthilfeverkauf*.
Novation s. *Neuerung*.
Nutzen nach Eintritt der Bedingung 153, nach Entwehrung 195, nach Wandelung 208.
Nutzen und Gefahr, Übergang bei Kauf 185, 220, bei Hinterlegung vertretbarer Sachen 481.
Nutznießung als Hinderung der Verjährung 134, an Anleihensobligationen 1167.

Obligationen s. *Anleihensobligationen*.
Öffentliche Angestellte und Beamte, Schadenshaftung 61, Arbeitsvertrag 342.
Öffentliche Anstalten, Rechtsanwendung 763.
Öffentliche Ordnung, Verstoß gegen 19 II.
Öffentliche Transportanstalt 456.
Öffentliche Urkunde ZGB 9.
Öffentliche Versteigerung s. *Versteigerung*.
Öffentliches Recht 33.
Öffentlichkeit des Handelsregisters 930. Anhang V 9.
Öffentlich-rechtliche Anstalt 763, Bürgschaft für 493, 500, 509.

Öffentlich-rechtliche Forderungen, Verjährung 125 Z. 3.
Öffentlich-rechtliche Körperschaften, Übernahme einer Aktiengesellschaft 751, Beteiligung von Aktiengesellschaften 762, Übernahme einer Genossenschaft 915, Beteiligung an Genossenschaft 926, Gläubigergemeinschaft 1181, 1157 Anm.
Öffentlich-rechtliche Personenverbände 829.
Öffentlich-rechtliche Schuld, Bürgschaft 493, 500, 509, Schuldner 1181.
Offerte s. *Antrag*.
«Ohne Kosten», «Ohne Protest» 1043, 1143 Z. 11, 1069 II.
«Ohne Obligo» 999.
Optionsrecht 653d.
Ordre, eigene 993.
Ordrepapiere 967 II, 1145.
Organe von Gesellschaften 40, der A.G. 698 ff., der GmbH. 808 ff., der Genossenschaft 879 ff.
Ort der Erfüllung 74, der Hinterlegung 92, der Zahlung s. *Zahlungsort*.
Örtliche Rechtsanwendung im Wechselrecht 1086 ff., im Checkrecht 1138.
Ortsgebrauch s. *Übung*.

Pachtvertrag 275 ff., landwirtschaftliche Pacht Anh. X und Xa.
Pachtzins, 281 f., Anh. X 36 ff., Anh. Xa.
Partizipationsschein 656a ff.
Passive Checkfähigkeit 1102, 1138.
Personalfürsorgeeinrichtung 331a ff.
Persönliche Erfüllung 68, bei Leihe 306, beim Arbeitsvertrag 321, beim Werkvertrag 364 II, beim Auftrag 398 III.
Persönlichkeit, Recht der 19 II, 49, A.G. 643, GmbH. 783, Genossenschaft 838.
Pfändbarkeit, Ausschluß 519.
Pfandhalter bei Anleihen 1161 und Anhang.
Pfandindossament 1009.
Pfandrecht an Aktien, Stimmrecht 689b, an Anleihensobligationen, Stimmrecht 1167.
Pfandschein 1154.
Pfändung des Tieres 57, fruchtlose 83, Anschluß des Pfründers 529.
Pferd s. *Vieh*.
Pflege beim Arbeitsvertrag 328a, bei Verpfründung 521, 524.
Pflicht, sittliche 239 III, familienrechtliche 249 Z. 2, 250 Z. 3.
Pfründer, Pfrundgeber s. *Verpfründungsvertrag*.
Polizei 59 II, 978 II.
Positive Vertragsverletzung 107 Anm.

Positives Vertragsinteresse 97, 191.
Post 455 III.
Postcheck 1144.
Präjudizierung des Wechsels 1050 ff.
Präsentation s. *Vorlegung*.
Preisangabe bei Auslage von Waren 7, Anh. IX 20a ff.
Preisansatz bei Kommission 428.
Preisausschreiben 8.
Preisbekanntgabe Anh. IX 16 ff.
Preisliste, Versendung als Vertragsantrag 7 II.
Preisüberwachung 184 Anm.
Privatgläubiger, Privatvermögen der Kollektivgesellschafter 570, 572, des Kommanditgesellschafters 613, 617.
Probe, Kauf nach 222, auf 223/5.
Probezeit beim Arbeitsvertrag 335b, beim Lehrvertrag 346.
Prokura 458 ff., 464/5, bei Kollektivgesellschaft 566, bei A.G. 721, bei GmbH. 816, Anhang V 105, 106.
Prokuraindossament 1008.
Prospekt, Aktiengesellschaft 652a.
Protest, Wechsel 1034 ff., 1051 III, 1055 II, 1088 ff., Check 1128 f.
Protesterlaß 1043.
Protokoll d. Generalversammlung 702, der Verwaltung 713.

Provision beim Arbeitsvertrag 322b, des Handelsreisenden 349b, beim Agenten 418g ff., 418t, bei Kommission 425, 430, 432/4, 436, beim Wechselregreß 1045 Z. 4, 1046 Z. 4, Check 1143 Z. 13.
Prozeßfähigkeit der Kollektivgesellschaft 562.
Prozeßvollmacht 396.
Prüfung beim Verkäufer 224, beim Käufer 225.
Publikation s. *Bekanntmachungen*.
Publikumsgesellschaft 663c.

Qualifizierte Mehrheitsbeschlüsse s. *Mehrheitsbeschl.*
Qualität der geschuldeten Sache 71 II.
Quittung 87 f., 1029, 1047, 1143 Z. 8, 13.

Rat s. *Auskunft*.
Rechenschaft, Pflicht des Beauftragten 400.
Rechnungsfehler 24 III.
Rechnungsrevisor s. *Kontrollstelle*.
Rechtsagenten, -anwälte, Verjährung 128 Z. 3.
Rechtsanwendung, örtliche 1086 ff., 1138 ff.
Rechtsgründe, verschiedene, bei Schadenshaftung 51.
Rechtsmißbrauch s. *Mißbrauch*.
Rechtswidriger Erfolg, Rückerstattung 66.

Regreß s. *Rückgriff.*

Reingewinn der Aktiengesellschaft 660 ff., der GmbH. 777 Z. 8, 804 ff., der Genossenschaft 858 ff.

Reisevertrag 394 Anm.

Rektaklausel beim Wechsel 1001, 1005, Check 1105.

Remittent 991 Anm., 1105.

Rente als Schadenersatz 43, Verzugszins 105, Verjährung 128, 131, umgewandelt aus Verpfründung 527, s. ferner *Leibrentenvertrag.*

Reparaturen s. *Ausbesserung.*

Reservefonds 671 ff., 805, 860.

Reserven der A.G. 671 ff.

Resolutivbedingung 154.

Respekttage b. Wechsel 1083.

Retentionsrecht des Tierpfänders 57, des Vermieters 268 ff., des Verpächters 299c, des Beauftragten 401, des Agenten 418o, des Kommissionärs 434, des Frachtführers 451, des Lagerhalters 485 III, der Gast- und Stallwirte 491, des Handelsreisenden 349e.

Reugeld 158.

Revalierung 506 Anm.

Revisionsstelle 727 ff., 755.

Revisionsverbände 906.

Rückbürgschaft 498 II.

Rückerstattungspflicht von Dividenden und Bauzinsen der Aktiengesellschaft 678, von Tantiemen u. a. Bezügen der Verwaltung der A.G. 679, der Gesellschafter der GmbH. 806, bei der Genossenschaft 904.

Rückfall der Schenkung 247.

Rückforderung aus ungerechtfertigter Bereicherung 62 ff., bei Vertragsrücktritt 109, 195, bei Spiel und Wette 514 II, bei Schenkung 249, Ausschluß der Rückforderung 66.

Rückgabe der Vollmachtsurkunde 36, des Schuldscheins 88 ff., des Mietgegenstandes 267 f., des Pachtgegenstandes 299 ff., des Wechsels 1029, 1047, des Checks 1143 Z. 8, 13, der Wertpapiere 966.

Rückgriff bei Verschulden mehrerer 50, bei Gesetzeskonkurrenz 51, des Geschäftsherrn 55, bei Tierschaden 56, des Werkeigentümers 58, bei Unteilbarkeit 70, unter Solidarschuldnern 148/9, des Frachtführers 449, des Spediteurs 457, bei Bürgschaft 497, 502, 504, 507, 508, 509, bei aktienrechtlicher Verantwortlichkeit 759, beim Wechsel 1015, 1033, 1045, 1089, beim Check 1111, 1126/8, 1130, 1149.

Rückkaufsrecht 216 ff.

Rücknahme des Frachtgutes 43.

Rücknahmerecht 94.

R–S

Rücktritt von Preisausschreiben und Auslobung 8, wegen Übervorteilung 21, wegen Zahlungsunfähigkeit des andern Teils 83, des Schuldners 95, wegen Verzug des Schuldners 107ff., bei Teilzahlungen 162, beim Abzahlungsgeschäft 226f., gegen Reugeld 158, Konventionalstrafe 160, vom Kauf 190, 196, 205, 214, 233, beim Tausch 237/8, bei der Miete 258, 264, bei der Pacht 288, 293, des Verleihers 309, des Darleihers 316, beim Arbeitsvertrag 337ff., beim Werkvertrag 366, 368/9, 373, 375, 377, beim Verlagsvertrag 383, beim Hinterlegungsvertrag 475/6, beim Frachtvertrag 443, des Bürgen 510, vom Gesellschaftsvertrage 545, 577ff., s. auch *Kündigung* und *wichtige Gründe.*
Rückwechsel 1049.
Rückzession 165 Anm.

Sacheinlage des Kommanditärs 596 II, bei Gründung der Aktiengesellschaft 628, 634, Anhang V 81, bei Gründung der GmbH. 778, 798.
Sachverständige 367, 388, 661.
Sammeldepot 481.
Sammelwerke 382.
Schadenersatz aus unerlaubter Handlung 41ff., aus Vertrag 97ff., Abänderung des Urteils 46 II, bei A.G. 756ff.
Schadlosbürgschaft 495.
Schätzung b. d. Pacht 276, 299.
Schenkung 239ff. Verzugszins 105.
Schiedsgericht 135 Z. 2, 194, 274b, 396, 382.
Schiffsmiete 253 Anm.
Schlichtungsstelle für Mietverhältnisse 274a, Anh. VIII 21ff.
Schmiergelder Anh. IX 1e, 13e.
Schreibunkundige 15, 1085 II.
Schriftform der Verträge 13ff.
Schuldanerkennung s. *Schuldbekenntnis.*
Schuldbekenntnis 17, 18 II, 164 II.
Schuldbrief 989.
Schuldenruf 742 II.
Schulderlaß 115 Anm.
Schuldschein, Rückgabe 88 II, 89 III, Abhandenkommen 90, bei Abtretung 164 III, 170 II, Klagloser 514.
Schuldübernahme 175ff., bei Erbteilung 183, bei Grundpfand 183, Bürgschaft 493.
Schuldverschreibung s. *Schuldschein.*
Schutzmaßregeln bei Arbeitsvertrag 328.
Schwangerschaft 324a.
Schwarzarbeit 321a.

Schweigepflicht der Revisoren 730, 819, 909.
Schweine s. *Vieh*.
Schweizerbürgerrecht s. *Nationalität*.
Selbsteintrittsrecht des Kommissionärs 436.
Selbsthilfe, Selbstschutz 52 III.
Selbsthilfeverkauf 93, 204, 215, 427, 435, 444 ff., 453.
Selbstkäufer, -verkäufer, Kommission 436 ff.
Selbstkontrahieren 32 Anm.
Selbstpfändung des Tiers 57.
Selbstschuldner, Selbstzahler 496.
Selbstverschulden 44.
Sensal 418.
Sequester 480.
Sicherheiten, der verbürgten Schuld, Haftung des Gläubigers 509/10.
Sicherheitsregreß 1033.
Sicherstellung bei Schadenersatz 43, bei Zahlungsunfähigkeit 83, bei Bedingung 152, bei Schuldübernahme 175, bei Miete 257e, bei Arbeitsvertrag 337a, bei Bürgschaft 506, bei Verpfändung 523, bei Fusion 748 Z. 2.
Sichtcheck 1115, 1141.
Sichtwechsel 992 II, 995, 1012/3, 1023 f., 1050, nach Sicht 1013, 1015, 1025 f., 1050/1, 1099, 1099 II.
Simulation 18.
Sitte, gute s. *Gute Sitte*.

Sittliche Pflicht 63, 239.
Sittlichkeit 328.
Sitz der Firma 935 Anm., Anh. V 43, der Kollektivgesellschaft 554, der Kommanditgesellschaft 596, der A.G. 640/1, der GmbH. 780, der Genossenschaft 835. Verlegung Anhang V 49 ff., ausländischer A.G. SchUeB 14.
Skonto 81.
Societas leonina 533 II.
Solidarbürgschaft 496.
Solidarhaftung 50.
Solidarität 143 ff., gesetzliche: 50, 181, 308, 403, 425, 440, 478, 483, 496/7, 544, 568, 605, 645, 759, 764, 797, 802, 827, 869, 918, 1044, unechte 51 Anm.
Solidarschuld, Verzicht des Schuldners a. Verjährung 141 II.
Sonderprüfung (A.G.) 697a ff.
Sorgfalt, gebotene 55, Pflicht des Mieters 257f, Pflicht des Pächters 283 ff., des Arbeitnehmers 321a, des Beauftragten 398 II, des Frachtführers 447, des Gläubigers bei Bürgschaft 503, des Gesellschafters 538, der Verwaltung der A.G. 722 I.
Sparheft 965 Anm.; 978 Anm.
Sparkasse 314.
Sparkassenhefte SchUeB 9.
Spediteur 439, 456 II, 457.
Spekulation 513.

Sperrfrist für Grundstückveräußerung Anh. II.
Spesen des Arbeitnehmers 327a, des Handelsreisenden 349d.
Spiel und Wette 513 ff., Bürgschaft 502.
Sprache bei Handelsregister Anh. V 7, 27, 39.
Sprungregreß 1044.
Staatsangehörigkeit s. *Nationalität*.
Stallungen 267.
Stallwirte 490/1.
Stammeinlagen bei der GmbH. 774, 787, 789 ff., Abtretung 791, 796.
Stammkapital der GmbH. 772 ff., 786/8.
Statuten der Aktiengesellsch. 626/7, (Änderung) 647, der GmbH. 776/8, 784/5, der Genossenschaft 832/4.
Steigerung s. *Versteigerung*.
Steinbruch 187.
Stellenvermittler 418.
Stellvertretung 32 ff., indirekte 410, s. auch *Vertretung*.
Stempel für Unterschrift s. *Faksimile*.
Steuern, Bürgschaft für 493, 500, 509.
Stiftungen, Anh. V 101 ff.
Stillschweigen, Vertragsabschluß durch 1, 6, 370, 395, Ermächtigung 458, Fortsetzung der Miete 268, der Pacht 292, des Arbeitsvertrages 335, Genehmigung des Werkes 370, des Auftrags 395, der Prokura und Handlungsvollmacht 458, der Hinterlegung vertretbarer Sachen 481, Fortsetzung der Gesellschaft 546, 574.
Stillstand der Verjährung 134.
Stimmrecht in der A.G. 626 Z. 5, 627 Z. 10, 689 ff., 707 Anm., bei Verpfändung, Hinterlegung und Leihe 689 V, bei gemeinschaftlichem Eigentum 690 I, bei Nutznießung 690 II, Strohmänner 691, 707 Anm., in der GmbH. 777 Z. 4, 808 IV, in der Genossenschaft 833 Z. 7, 855, 885, 887; s. auch *Abstimmung*.
Strafbare Handlung 60.
Strafurteil 53, 60 Anm.
Streichungen im Wechsel 1006, 1019, 1047, im Check 1125 III.
Streik 357a Abs. 2.
Streitverkündung 193 II.
Strohmänner 632 Anm., 691.
Stücklohn s. *Akkordarbeit*.
Stundenlohn 319.
Stundung, eigenmächtige 410.
Subrogation 110, 505.
Subskription 3.
Substitution 398 III.
Sühneversuch 135, 137.
Sukzessivliefergeschäft 91, 107 Anm., 500.
Summenlagerung 484.

S–T

Syndikat 530 Anm.

Tage 77 ff.
Taglohn 319.
Taglöhner, Verjährung 128 Z. 3.
Talon s. *Bezugsschein*.
Tantieme des Arbeitnehmers 322a, in der A.G. 677.
Taragewicht 212 II.
Tarif, Versendung als Antrag 7 II.
Tarifvertrag s. *Gesamtarbeitsvertrag*.
Täuschung, absichtliche 28, 31, 198/9, 203, 210, 234, 452.
Tauschvertrag 237.
Taxe, Mäkler 414.
Teilannahme (-akzept) 1048.
Teilbare Schuld, Bürgschaft 497.
Teilindossament 1002, 1109 II.
Teilweise Nichtigkeit 20, Wandelung 209.
Teilzahlung 69, 85, 162, 226 ff., 504, 1029 II, 1141 Z. 4.
Teilzeitarbeit 319.
tel quel Klausel 199.
Telefon 4.
Telegramm 13 II.
Territoriale Bezeichnung bei Firma Anh. V 46.
Theatervorstellung 363 Anm.
Tier, Schadenshaftung 56, Schadenspfändung 57, Leihe 307, Haftung des Stallwirts 490; s. auch *Vieh*.
Tochtergesellschaft 625 Anm.
Tod bei Vollmacht 35, des Schenkers 252, des Mieters 266i, des Pächters 297b, des Entlehners 311, des Arbeitgebers 338a, des Werkunternehmers 379, des Urhebers bei Verlagsvertrag 392, des Auftraggebers und Beauftragten 405, bei Agentur 418s, bei Prokura und Handlungsvollmacht 465, des Pfandgebers 528, des Gesellschafters 545 Z. 2, 547 II, des unbeschränkt haftenden Kommanditgesellschafters 770, des Genossenschafters 847, 864, 876, des Gesellschafters der GmbH. 792, des Vollmachtindossanten 1008 III, des Checkausstellers 1120.
Tonfilm 393 Anm.
Tort moral 49.
Tötung eines Menschen 45, 47, des Schenkers 251, eines schädigenden Tiers 57.
Trächtigkeit 202.
Transport s. *Frachtvertrag*.
Transportanstalten, Konzessionierte 455/6, 671 V.
Transportkosten beim Kauf 189.
Trassant 991 Anm.
Trassiert eigener Wechsel 993 II.
Tratte, nicht akzept. 1012 II.
Treu und Glauben, gute Treue 8, 24/5, 48, 156, 191, 215, 304, 321a, 415, 546, 866. ZGB 2.
Treuhandgesellschaften 906.
Trödelvertrag 184 Anm.
Tun, Verpflichtung zu 98.

Alphabetisches Sachregister **U**

Übergabe des Kaufgegenstandes 188 ff., der Mietsache 256a, des Pachtgegenstandes 278.
Übergang von Rechten durch Gesetz, Urteil 166, 170, 381, auf den Beauftragten 401, auf den Bürgen 505, der Leibrente 516 III.
Überjähriges Arbeitsverhältnis 336b.
Übermittlung, unrichtige 27.
Übernahme der Schuld s. *Schuldübernahme,* eines Vermögens od. Geschäftes 181/2, 953, einer A.G. durch eine Kommanditgesellschaft 750, durch öffentlich-rechtliche Körperschaft 751.
Überschuldung der Aktiengesellschaft 725, der GmbH. 817, der Genossenschaft 903.
Übersendung der Kaufsache 204.
Übersetzung, Verlagsvertrag 387.
Überstunden 321c.
Übertragung bei Arbeitsvertrag 333, bei Werkvertrag 364 II, des Auftrags 399, der Aktien 627 Z. 8, 684 II, der Namensaktie 684, der Wertpapiere 967 ff., s. auch *Abtretung.*
Übervorteilung 21.
Üblich 314, 321c, 322, 327, 367, 394/5.
Übung (Usance, Ortsgebrauch) Einleitung 5 Anm., 18 Anm.

73, 81, 158, 184, 188, 211/3, 263, 275, 284, 286, 290, 302, 304, 364, 389, 398, 414, 429/30, 859, 861, 1031, ZGB 1 II.
Umwandlung von Geschäften 182, der Aktiengesellschaft in GmbH. 824 ff., der Genossenschaft in eine Handelsgesellschaft SchUeB 4, Aktien 622 III, von Namen- und Ordrepapieren 970, von Obligationen in Aktien Anhang I 16, Ia 8.
Umzugstermin 266b–d.
Unabänderliche Gesetzesvorschriften 19, Fristen 129.
Unbefristete Bürgschaft 503.
Unbefristete Verbindlichkeit 75.
Unbestellte Sache 6a.
Unerfahrenheit, Ausbeutung 21.
Unerlaubte Handlung 40 ff., der Kollektivgesellschafter 567 III, Liquidatoren 585 IV, 743, der GmbH. 814 IV, der Genossenschaft 899 III.
Unfähigwerden des Unternehmers 379, des Urhebers 392.
Unfälle beim Transport 449, des Arbeitnehmers 324a, 328a.
Ungerechtfertigte Bereicherung s. *Bereicherung.*
Ungewißheit über die Person des Gläubigers 96.
Ungültigkeit des zum voraus erklärten Verzichts 34, der Konventionalstrafe 163, der Wegbedingung 192, 199, von Belastungen des Käufers

Universalversammlung der A.G. 701, 884.

Unklagbarkeit der Forderung aus Spiel und Wette 513; s. *Nichtigkeit, Ungültigkeit, Anfechtung.*

Unkosten bei der Kommission 436.

Unlauterer Wettbewerb Anh. IX.

Unmöglichkeit des Vertragsinhaltes 20, der Erfüllung 97, 119, der Benutzung des Mietobjektes 258, des Pachtobjektes 280.

Unmöglichwerden der Leistung 119, beim Werkvertrag 378, beim Verlagsvertrag 392.

Unpfändbare Leibrente 519.

Unsittlichkeit 41 II, s. *Widerrechtlichkeit.*

Unteilbarkeit der Leistung 70, Verzicht auf Verjährung 141 III.

Unterbeteiligung 542.

Unterbilanz 725 Abs. 1, 735.

Unterbrechung der Verjährung 135 ff., 1070/1.

Untergang der Kaufsache 207 (vgl. 185), des Werkes vor der Übergabe 376, des Werkes nach der Ablieferung an den Verleger 390, der Auflage 391, des Frachtgutes 447–49, 454.

Unterhalt 125 Ziff. 2, des Pachtgegenstandes 283 ff., des Arbeitnehmers 322, 344, auf Lebenszeit 521.

Untermiete 262, 273b.

Unternehmer s. *Werkvertrag.*

Unterpacht 291.

Unterscheidbarkeit der Firmen 946 II, 951.

Unterschrift, eigenhändige 14 I, mechanische 14 II, des Blinden 14 III, durch Handzeichen 15, beim Wechsel 997/8, 1085.

Unverbindlichkeit des Vertrages 20, bei Wucher 21, Irrtum 23, Betrug, Drohung 28/9; s. auch *Wegbedingung der Haftung* und *Nichtigkeit.*

Unzeit, Kündigung zur 336e.

Unzulässige Bedingung 157.

Urabstimmung der Genossenschaft 855, 880.

Urheber 50, im Verlagsrecht 380 ff.

Urkunde, s. *Editionspflicht, öffentliche* ZGB 9.

Urteil, Abänderung bei Schadenersatz 46 II.

Urteilsfähigkeit, Beurteilung 53; s. auch *Handlungsfähigkeit.*

Usance s. *Übung.*

Veränderungen des Wechsels 1068.

Verantwortlichkeit aus Gründung (A.G.) 752 ff. (GmbH.) 827, aus Verwaltung, Geschäftsführung und Kontrolle (A.G.) 754 ff. (Kommandit-A.G. 769) (GmbH.) 827, (Genossenschaft) 916 ff. (Handelsregister) Anh. V 3.

Veräußerung des Miet- oder Pachtgegenstandes 259, 281, von Grundstücken durch den Prokuristen 459, den Beauftragten 396, verpfändeter Grundstücke 183, von Immobilien 582.

Verbesserungen bei Verlag 385.

Verbrechen, als Aufhebungsgrund bei Schenkung 249, 250.

Verderbnis der geschuldeten Sache 93, der übersandten Sache 204, des Kommissionsgutes 427, des Lagergutes 483, des Frachtgutes 445.

Vereinigung v. Gläubiger und Schuldner 118, von Geschäften 182; s. ferner *Fusion*.

Verfall, Zahlung vor, des Wechsels 1030, des Checks 1153 ff.

Verfallklausel 162, 228.

Verfalltag 75, 81, 102 II, 1023 ff., 1081 ff.

Verfügungen von Todes wegen 245, des Verlaggebers 382, über das reisende Gut 443, über die hinterlegte Sache 481.

Vergleich 396 III, 582.

Vergütung beim Arbeitsvertrag für Erfindungen 332, beim Werkvertrag 363, 368 bis 369, 372–79, beim Auftrag 394, bei der Kommission 425, 431 ff., 436, 439, beim Frachtvertrag 440 ff., Hinterlegungsvertrag 472, s. auch *Honorar* und *Provision*.

Verhinderung der Erfüllung 91 ff., des Eintritts der Bedingung 156.

Verjährung aus unerlaubter Handlung 60, aus Bereicherung 67, aus Vertrag 127 ff., Stillstand 134, Unterbrechung 135 ff., bei Pfandrecht 140, Verzicht 141, bei Kauf 210, 219, bei Schenkung 251, bei Darlehen 315, bei Werkvertrag 371, bei Frachtvertrag 454, der verbürgten Schuld 492, 502, des Rückgriffs bei Bürgschaft 507, bei Kollektivgesellschaft 591/3, aus Verantwortlichkeit (bei A.G.) 760, (bei GmbH.) 827, Rückerstattung bei GmbH. 806, bei Genossenschaft 864, 878, im Wechselrecht 1069 ff., im Checkrecht 1134, 1143 Z. 18, bei Anleihensobligationen 1166 III.

Verkauf s. *Selbsthilfeverkauf*.

Verkaufskommission 425 ff.

Verkaufsrecht des Schuldners 93, des Käufers 204, keines 218, des Kommissionärs 427, 435, des Lagerhalters 483, des Frachtführers 444 bis 446, 453.

Verkehr, kaufmännischer, s. *Kaufleute.*

Verkehrsunfall 41 ff.; SVG.

Verlagsvertrag 380 ff., mehrere Verfasser 393, Preisbestimmung 384, Honorar 388 ff., Erlöschen 392.

Verlängerung der Frist 80.

Verletzung in den persönlichen Verhältnissen 49.

Verlust der Gesellschaft 532, der Kollektivgesellschaft 560, der Kommanditgesellschaft 601, der GmbH. 803, 817; s. *abhandengekommen* und *Untergang.*

Verlustschein 83, 250 II.

Vermengung beim Lagergeschäft 484.

Vermögensübernahme s. *Übernahme.*

Vermögensverhältnisse, geänderte des Schenkers 250.

Vernichtung der Sachen des Gastes oder Fuhrmannes 487, 490.

Verpackung 212, 441/2.

Verpflichtungsgrund, Angabe nicht nötig 17.

Verpfründungsvertrag 521 ff.

Verrechnung 120 ff., beim Mietvertrag 265, bei Pacht 294, 323b, bei Bürgschaft 121, bei Kollektivgesellschaft 573, bei Kommanditges. 614, bei Gründung Anhang V 80.

Verrechnungscheck 1125/6, 1141 Z. 5.

Verrechnungsverkehr 501 IV, Verrechnungsstelle 1028, 1118.

Verrichtung, dienstliche 55.

Verschollenerklärung 35.

Verschwendung, Einfluß auf Schenkung 240.

Verschwiegenheit, Pflicht der Revisoren 730, 819, 909.

Versendung, Kauf mit 204.

Versicherung 287, 426, zugunsten eines Dritten 113.

Versicherungsgenossenschaften 893.

Versicherungsvertrag der Genossenschaften 841, Gesetz über den, Vorbehalt 100 III, 520.

Versorger 45 Anm.

Versorgerschaden 45 III.

Verspätung, Schaden 103, des Frachtgutes 448 ff.

Versprechen, widerrechtliches, unsittliches 163, der Leistung eines Dritten 111.

Versteigerung 218, 229 ff., 435.

Versteller, Verstellung 302 ff.

Vertragsabschluß 1.

Vertragsfähigkeit s. *Handlungsfähigkeit.*

Vertragsfreiheit 19.

Alphabetisches Sachregister V

Vertragsinhalt, unmöglicher, widerrechtlicher, unsittlicher 20 I.

Vertragsstrafe s. *Konventionalstrafe.*

Vertretbare Sachen s. *Gattungsschuld.*

Vertretung 32 ff., der einfachen Gesellschaft 543, der Kollektivgesellschaft 555, 563 ff., der Kommanditgesellschaft 603 ff., der A.G. 718 ff., der Kommandit-A.G. 767, der GmbH. 811 ff., der Genossenschaft 898 ff., bei Wechselunterschrift 998; s. ferner *Prokura, Handlungsvollmacht, Prokuraindossament, Anleihensobligationen.*

Vervielfältigung bei Verlag 384, des Wechsels 1063 ff., des Checks 1133.

Verwaltung der Genossenschaft 894 ff.; s. auch *Geschäftsführung.*

Verwaltungsrat der A.G. 707 ff.

Verwendungen, Ersatz bei Auslobung 8, bei Nichtschuld 65, des Käufers 196, 208, des Pächters 299 ff., des Entlehners 307, des Beauftragten 402, des Mäklers 413, 415, des Geschäftsführers ohne Auftrag 422, des Kommissionärs 431, des Aufbewahrers 475, des Gesellschafters 537, 557, 598.

Verwirkung 135 Anm.

Verzeichnis der Genossenschafter 907.

Verzicht auf Vollmacht 34, auf Verjährung 141, bei Konventionalstrafe 160, als Schenkung 239, bei Bürgschaft 505, bei Gesellschaft 541, Kollektivges. 559, Kommanditges. 603.

Verzug des Gläubigers 91 bis 95, des Schuldners 102 ff., beim Arbeitsvertrag 324, des Wechselgläubigers 759, Konventionalstrafe 160, mit einer Teilzahlung 226 bis 228, des Verkäufers 190 bis 191, des Käufers 214, 215, des Mieters 257d, des Pächters 282, des Unternehmers 366, des Bestellers 376, des Kommittenten 435, beim Frachtvertrag 444, des Anweisungsempfängers 467, 469, des Hauptschuldners 499, 506, des Aktionärs; s. *Kaduzierung.*

Verzugszins 104 ff.

Verzinsung s. *Zins.*

Vieh, Gewährleistung beim Handel 198, 202, Anhang IV, in Pacht 276.

Viehpacht 302 ff.

Viehverstellung 302 ff.

Vierteljahr 77.

Vinkulierte Namenaktien 685a ff.

V–W

Vollmacht 32 ff., 348b, für Bürgschaft 493 VI.
Vollmachtindossament 1008.
Vollmachtlose Stellvertretung 38, 998.
Vollstreckbarkeitsvorschriften 97.
Voranschlag s. *Kostenansatz.*
Vorausklage bei Bürgschaft 496, 495.
Vorbehalt von Nebenpunkten 2, einer Form 16.
Vorbehaltlose Annahme, Bezahlung 452.
Vorbereitungshandlungen des Gläubigers 91.
Vorbürge 498.
Vorenthaltene Sachen 125.
Vorkaufsvertrag betr. Grundstücke 216.
Vorlegung des Wechsels zur Annahme 1011 ff., 1055, zur Zahlung 1027 III, 1028; des Checks zur Zahlung 1116; s. auch *Edition.*
Vormänner 1042, 1046, 1049, 1063.
Vormerkung im Grundbuch 247, 260, 282, 261b.
Vormund 33, Stillstand der Verjährung gegen ihn 135 Z. 2.
Vormundschaftsbehörde Stillstand der Verjährung gegen sie 134 Z. 2, Klage auf Ungültigerklärung der Schenkung 240, bei Bürgschaft der Ehefrau 494.
Vorpachtrecht Anh. X 5 ff.

Vorräte 666 (A.G.), bei Beendigung des Pachtvertrages Anh. X 25.
Vorschuß beim Arbeitsvertrag 323 IV, des Kommissionärs 429, 431, des Gesellschafters 537, 557, 598, zum Behuf des Spieles oder der Wette 513.
Vorvertrag 32, 216 II, bei Bürgschaft 493.
Vorzeitige Erfüllung 81.
Vorzugsaktie 654 ff.

Wagen, Haftung der Stallwirte 490.
Wahlrecht des Solidarschuldners 150; des Verkäufers bei Abzahlung 226.
Wahlschuld 72.
Wahrheit des Handelsregisters Anhang V 38.
Währung 84, Bilanzierung 960, SchUeB 6, Anhang III, des Wechsels 1031, des Checks 1122.
Wandelrecht 653d.
Wandelung des Kaufs 205 ff.
Waren, Auslage 7, Kleinverkauf 128 Z. 3, Warenkauf, internationaler, 187 Anm., Darlehen in solchen 317, Liefergesellschaft mit Spielcharakter 513; s. auch *Börsen- und Marktpreis.*
Warenpapiere 482, 486 II, 1152, 1153 ff.
Warrant 1152, 1154.

Wechsel 990 ff., SchUeB 12.
Wechselähnliche Ordrepapiere 1145 ff.
Wechselbetreibung 1150/1.
Wechselbürgschaft 1020 ff.
Wechselfähigkeit 990, 997, 1086.
Wechselhaftung, solidarische 1044.
Wechselkopien 1066/7.
Wechselzeichnung, Ermächtigung 462.
Wegbedingung der Haftung, ungültige, für Nichterfüllung 100, der Gewährleistung beim Kauf 192, 199, bei Versteigerung 234, bei Transportanstalten 455, der Gastwirte 489; s. auch *Verzicht*.
Werk, Haftung für 58 ff., literar., künstlerisches 380.
Werklohn 363, 372 ff.
Werkstätte, Kündigung 267.
Werkvertrag 363 ff.
Werkzeug des Arbeitnehmers 327, des Unternehmers 364.
Wertpapier 471, 482 II, 667, 789 III, 853 III, 965 ff.
Wettbewerb, unlauterer, Anhang IX.
Wette 513 ff.
Wichtige Gründe als Aufhebung der Miete 266g, der Pacht 297, des Arbeitsvertrags 337, der Agentur 418r, der Verpfründung 527, im Gesellschaftsrecht 545, 577, 619, 820 Z. 4, 822, 843, 846, 890.

Widerrechtlichkeit des Vertragsinhalts 19, 20, bei unerlaubter Handlung 41, bei Drohung 29, bei Bereicherung 66, bei Bedingung 157, bei Konventionalstrafe 163.
Widerruf des Antrages und der Annahme 9, des Haustürkaufs 40a, der Vollmacht 34, 465, 470, 565, der Schenkung 249 ff., des Auftrags 404, der Kommission 425, 435, 438, des Frachtvertrages 443, der einem Gesellschafter übertragenen Geschäftsführung 539, 557, 598, des Checks 1119; s. auch *Abberufung, Kündigung*.
Wiedereintragung der Kollektivgesellschaft 589 Anm., der A.G. 746 Anm.
Wild, Schadenshaftung 56 III.
Wille, übereinstimmender 18.
Willensäußerung, übereinstimmende 1.
Wirt s. *Gastwirt*.
Wirtsschulden 128, 186.
Wochen 77 ff.
Wohlfahrtseinrichtungen, Fonds 673, 862, SchUeB 3.
Wohnsitz als Erfüllungsort 74, bei Bürgschaft 495, 501, des Kollektivgesellschafters 554 Z. 1, des Kommanditgesellschafters 596 Z. 1, der Verwaltung der Genossenschaft 895, der Geschäftsführer der

GmbH. 813, der Verwaltungsräte der A.G. 711.
Wohnung, Kündigung 266c, 271 ff., Pfründer 524.
Wucher 21.

Zahl der Aktionäre 625, der Gesellschafter m.b.H. 775, der Genossenschafter 831.
Zahlstelle s. *Zahlungsort*.
Zahltag 323.
Zahlung des Wechsels vor Verfall 1030.
Zahlungshalber, Abtretung 172, Anweisung 467.
Zahlungsort, Zahlstelle, beim Wechsel 994, 1017, 1090, beim Check 1101, 1107, 1141; s. auch *Ort der Erfüllung*.
Zahlungsunfähigkeit bei zweiseitigem Vertrag 83, 171 Anm., bei Darlehen 316, bei Bürgschaft 496, bei Wechsel 1033 Z. 2, bei Check 1126; s. auch *Überschuldung* und *Verlustschein*.
Zahlungsverbot bei Inhaberpapieren 978.
Zahnarzt Anm. zu 394.
Zeichen als Unterschrift 15, 1085 II.
Zeichnungsscheine bei Gründung der A.G. 652.
Zeit der Erfüllung 75 ff., bei Wechsel 1028, Bürgschaft auf 502.
Zeitlohn 319.
Zeitrechnung, verschiedene 1027, 1117.
Zeitschriften 382.
Zeitungsartikel, Urheberrecht 382.
Zerstückelung landwirtschaftlicher Gewerbe 218.
Zertifikate für Aktien 688 Anm.
Zession s. *Abtretung*.
Zeugnis des Arbeitnehmers 330a, des Lehrlings 346a.
Zimmer, möblierte, 266e.
Zinscoupon 980.
Zinse 73, rückständige 85, Quittung für spätern Zins oder für Kapitalschuld 89, Verzugszins 105, 634, Nachforderung 114, Verjährung 128, 133, unterbrechen die Verjährung 135, bei der Abtretung 170, 173, beim Kauf 195, 208, 213, bei Viehpacht 302, beim Darlehen 313, beim Auftrag 400, 402, bei der Geschäftsführung ohne Auftrag 422, bei der Kommission 425, 431, bei der Bürgschaft 499, bei der Gesellschaft 537, 558/9, 611, 675/6, 678, 804, 859, beim Wechsel 995, 1045/6, beim Check 1106, 1130 Z. 2, bei Inhaberpapieren 980.
Zinseszins 105, 314.
Zölle beim Kauf 189 III, beim Lagergeschäft 485, Bürgschaft für 493, 500, 509.

Zufall, Haftung für 103, bei Wandelung 207, bei Leihe 306 III, beim Werkvertrag 376, 378, beim Verlagsvertrag 391, bei Geschäftsführung ohne Auftrag 420 III, bei Hinterlegung 474 II, bei Spiel und Wette 514, beim Wechsel 1051.
Zug um Zug, Erfüllung, bei Kauf 184 III.
Zugaben Anhang IX 20.
Zukünftige Schuld 494.
Zupacht Anh. X 33 ff.

Zurückbehaltungsrecht s. *Retentionsrecht.*
Zwang 29.
Zwangsversteigerung 229 ff.
Zwangsvollstreckung 97.
Zweigniederlassung 935, 952, (Prokura) 460, der A.G. 642, der GmbH. 782, der Genossenschaft 837. Anhang V 69 ff.
Zweiseitiger Vertrag 82/3, Verzug 107.
Zwischenfrachtführer 449.